광고심리학

양 윤 · 최윤식 · 나은영 · 홍종필 · 김철민 · 김연진 공저

ADVERTISING PSYCHOLOGY

학지사

머 ¦ 리 ¦ 말

　이 책의 저자들은 대학교에서 광고심리학 관련 과목을 강의하면서 공통적으로 한 가지 매우 아쉬운 경험을 하였는데, 그것은 광고심리학을 적절하게 다룬 교재를 찾을 수 없었다는 것이다. 서점에 있는 광고심리학 관련 책들을 보면, 대부분 소비자심리학 또는 소비자행동 관련 책들과 체재와 내용이 유사하다. 비록 광고심리학에서 소비자가 차지하는 비중이 매우 크다 하더라도, 책의 체제와 내용이 서로 유사하기 때문에 기존의 광고심리학 관련 책들은 광고심리학의 본질을 제대로 드러내지 못하고 있다. 이러한 아쉬움에 여섯 명의 저자가 모여서 광고심리학 책을 집필하였다. 물론 이 책의 내용도 광고심리학을 완벽하게 다루지는 못하였지만, 기존의 책들과 차별화하고자 노력하였다.

　이 책의 구성은 광고대행사에서 광고를 만드는 실제 과정에 근거를 두고 있다. 제1부에서는 광고에 관한 전반적인 흐름(제1장), 그리고 광고가 소비자에게 영향을 주는 심리과정에서 중요한 역할을 하는 심리기제들(제2장과 제3장)에 관해 살펴보았다. 제2부는 마케팅 목표, 광고목표 및 광고 콘셉트(제4장), 그리고 통합 마케팅 커뮤니케이션(제5장)에 관해 다루었다. 제5장에서 소개하는 통합 마케팅 커뮤니케이션은 최근에 광고가 어떠한 방향으로 변하고 있는지를 보여 줄 것이다. 제3부는 광고제작을 다루고 있으며 광고에서의 창의성(제6장), 광고소구와 설득 커뮤니케이션(제7장), 광고와 크리에이티브 기법(제8장) 등을 포함하였다. 제4부에서는 매체계획(제9장)과 매체유형(제10장)을 다루었다. 제5부는 광고가 소비자에게 미친 영향을 측정하는 방법(제11장)에 관해 살펴보았다. 특히 제5부를 담당한 저자는 광고회사 HS애드의 AE로 현업에서 실질적으로 수행하고 있는 광고효과 측정에 관해 실례를 들어 설명하고 있다. 제6부는 광고와 기호학(제12장), 아동 · 청소년 · 노년층의 소비심리 및 공익광고(제13장), 그리고 정치광고 및 기만광고(제14장) 등을 다루었다.

　각 공저자가 집필한 내용은 다음과 같다. 양윤 교수는 제1, 2, 3장을 집필하였고 제14장을 나은영 교수와 공동으로 집필하였으며, 최윤식 교수는 제8, 12장을, 나은영 교수는 제7, 13장을, 홍종필 교수는 제5, 9, 10장을, 김철민 교수는 제4, 6장을, 그리고 김연진 부장은 제11장을 집필하였다.

　독자 여러분에게 당부할 사항이 하나 있다. 책만 읽지 말고 실제 광고를 접하면서 이 책에 있는 내용들을 하나하나 검토해 본다면, 광고가 참으로 매력적인 분야라는 것을 알게 될 것이다. 이 책을 통해 심리학이 광고에 영향을 주는 과정에 관한 분명한 이해와 유익한 많은 지식이 독자에게 전달되기를 바란다.

　마지막으로 이 책을 출간하는 데 도움을 주신 학지사의 김진환 사장님께 감사함을 표한다. 그리고 저자들의 부모님과 가족들의 아낌없는 성원에 진심으로 감사한 마음을 전하면서 이 책을 바친다.

2011년 2월
저자 일동

차 ι 례

⊙ 머리말 _ 3

제1부 소개

제1장 **광고심리학이란 무엇인가** ································· 11
1. 광고의 역사 _ 12
2. 광고의 기능 _ 13
3. 광고의 유형 _ 14
4. 광고의 필요성 _ 15
5. 미래 광고의 방향 _ 16
6. 광고효과의 일반 모형 _ 17

제2장 **광고효과의 심리 과정 1** ································· 19
1. 지각 _ 21
2. 동기 _ 39
3. 감정 _ 51
4. 태도 _ 57

제3장 **광고효과의 심리 과정 2** ································· 89
1. 태도변화 _ 89
2. 학습 _ 96
3. 기억 _ 111
4. 성격 _ 130

제2부　광고기획

💡 제4장　**마케팅 목표, 광고목표 및 광고 콘셉트**·····················167

　　　1. 마케팅 목표와 마케팅 믹스 _ 168

　　　2. 광고목표 _ 174

　　　3. 광고 콘셉트 _ 183

💡 제5장　**통합 마케팅 커뮤니케이션**····························187

　　　1. IMC의 개념과 정의 _ 189

　　　2. IMC의 출현 배경 _ 191

　　　3. IMC 전략의 수립과정 _ 201

제3부　광고제작

💡 제6장　**광고와 창의성**·······························215

　　　1. 창의성이란 무엇인가 _ 216

　　　2. 아이디어 발상 원리 규명 1: 기존 지식의 내용과 구조 _ 231

　　　3. 아이디어 발상 원리 규명 2: 기존 지식을 활용한 체계적 발상 _ 238

💡 제7장　**광고소구와 설득 커뮤니케이션**·······················249

　　　1. 생각 바꾸기: 이성에 호소하는 정보처리 의존 소구 _ 250

　　　2. 마음 바꾸기: 감정에 호소하는 이미지 의존 소구 _ 261

　　　3. 행동 이끌어내기: 가장 쉽게 행동하도록 만드는 환경 조성 _ 277

제8장 **광고와 크리에이티브 기법** ································· 285

　1. 광고란 무엇인가 _ 285

　2. 크리에이티브 전략 _ 291

　3. 광고 크리에이티브 시스템 _ 295

　4. 광고 크리에이티브의 실제 _ 307

　5. 광고표현의 기법들 _ 309

제4부 광고매체

제9장 **매체계획** ·· 325

　1. 광고 매체계획 _ 330

　2. 매체계획 분야의 주요 용어 _ 332

　3. 매체계획의 수립과정 _ 334

제10장 **매체유형** ·· 353

　1. 국내 매체별 광고비 현황 _ 353

　2. 인쇄매체 _ 355

　3. 방송매체 _ 359

　4. 옥외매체 _ 369

　5. 인터넷 매체 _ 370

　6. 모바일 매체 _ 372

제5부 광고효과

💡 **제11장 광고효과의 측정** ································· **381**

    1. 광고효과란 무엇인가 _ 382

    2. 광고효과 측정을 어떻게 해야 하는가 _ 393

    3. 뉴미디어 시대의 광고 패러다임의 변화 _ 401

    4. 지금까지의 마케팅은 절반에 불과했다: 암묵적 태도 측정의 필요성 _ 412

제6부 광고심리학 관련 제 분야

💡 **제12장 광고와 기호학** ······························· **423**

    1. 커뮤니케이션의 두 가지 시각 _ 423

    2. 기호학으로 광고 이해하기 _ 425

    3. 창의적인 광고를 위한 기호학적 접근 _ 441

    4. 실제 광고의 기호학적 분석 사례 _ 448

💡 **제13장 아동, 청소년, 노년층의 소비심리 및 공익광고** ········ **453**

    1. 관심 밖의 소비자: 아동, 청소년 및 노년층 _ 453

    2. 아동의 특성과 광고 _ 455

    3. 청소년의 특성과 광고 _ 464

    4. 노년층 대상의 실버 마케팅 _ 472

    5. 공익광고의 주제와 전략 _ 479

💡 **제14장 정치광고 및 기만광고** ······················· **489**

    1. 정치광고 _ 489

    2. 기만광고 _ 508

◉ 찾아보기 _ 527

제1부

소 개

제1장   광고심리학이란 무엇인가
제2장   광고효과의 심리 과정 1
제3장   광고효과의 심리 과정 2

제1장
광고심리학이란 무엇인가

'자본주의의 꽃'이라고 일컬어지는 광고는 매우 매력적인 분야다. 무엇보다도 광고는 과학과 예술이 결합되는 학문분야로서, 과학적 예술이라고도 말할 수 있을 것이다. 이러한 광고를 학문적으로 연구하는 분야는 많지만, 그중에서도 심리학의 영향력은 매우 크다. 심리학에서 광고에 관심을 두는 하위 영역으로는 광고심리학, 소비자심리학, 사회심리학, 인지심리학 등이 있다. 무엇보다도 사회심리학은 태도와 태도변화 및

광고심리학
광고가 소비자에게 영향을 주는 데 관련되는 일련의 과정들과 그 결과인 광고효과의 측정을 심리학의 지식을 적용하여 연구하는 학문 분야

설득 커뮤니케이션 등에서, 인지심리학은 정보처리, 지각, 기억 및 광고효과의 측정 등에서, 그리고 소비자심리학은 광고표적(target)인 소비자에 관한 심층적인 연구를 통해서 광고심리학에 많은 영향을 주고 있다. 따라서 심리학의 이러한 영역들에 근거하여 광고심리학을 정의하면, "광고가 소비자에게 영향을 주는 데 관련되는 일련의 과정들과 그 결과인 광고효과의 측정을 심리학의 지식을 적용하여 연구하는 학문 분야"라고 할 수 있다.

이 장에서는 광고에 관한 전반적인 흐름을 살펴보고자 한다. 먼저 광고의 역사를 짧

게 살펴보고, 그다음으로 광고의 기능, 광고의 유형, 광고의 필요성, 미래 광고의 방향 그리고 광고효과의 일반모형을 살펴본다.

1. 광고의 역사

광고의 기원은 일반적으로 기원전 1,000년경의 그리스의 테베에서 발견된, '도망간 노예를 잡아주면 금화를 주겠다'는 내용의 파피루스 조각으로 보고 있다. 이후 15세기 중반 활자가 발명되어 저렴한 인쇄가 시작된 때부터 진정한 매스커뮤니케이션 의미로 서의 광고가 탄생하였다. 1600년대 중반 신문이 발간되었고, 신문에 정기적으로 광고를 게재함으로써 신문을 통한 인쇄광고가 활성화되었다. 19세기에는 산업혁명과 산업 성장에 따라 철도가 발전하게 되고 철도를 통해 많은 지역에 광고물이 배포되었다.

20세기에 들어서서는 심리학자들이 개인적으로 심리학 지식을 광고에 적용시키기 시작하였다. 그중에서 월터 딜 스코트(Walter Dill Scott)는 1903년에 『광고이론과 실제(*The Theory and Practice of Advertising*)』라는 책을 출간하였는데, 이는 기업세계의 문제해결을 돕기 위해 심리학을 사용하는 것에 대해 알린 최초의 책이었다. 아울러 그는 1908년에 『광고심리학(*The Psychology of Advertising*)』이라는 책도 출간하였다.

[그림 1-1] | 프랑스 화가 로트렉의 광고용 작품(1880년대)

한편 심리학에서 행동주의를 창시한 존 왓슨(John B. Watson)은 교수직에서 물러나 자신의 이론인 조건형성(제3장의 '2. 학습' 참조)을 광고에 접목시켰고 광고대행사 부회장을 지내기도 했다.

1920년대 이후에는 라디오 광고가 활발히 전개되었다. 1945년 이후에는 TV광고가 주를 이루었고, 그 영향력은 실로 엄청났다. 현재에도, 비록 그 영향력이 예전만 못하지만, TV광고는 여전히 소비자에게 많은 영향을 주고 있다.

2000년대 들어서서 광고에 새로운 변화가 나타나기 시작하였다. 인터넷의 발달로 오프라인과 온라인을 결합한 '통합 마케팅 커뮤니케이션(integrated marketing communication: IMC)' 접근이 등장하여 오늘에 이르고 있다.

2. 광고의 기능

광고의 기능은 19세기 후반까지 공적인 알림에 의해 타인의 주의를 끄는 것이었다. 즉, 특정한 내용을 대중에게 알리는 것이 주목적이었다. 그 후 20세기 중반까지는 설득이 광고의 주요 기능이었다. 광고를 본 소비자가 그 광고제품을 갖고 싶도록 만듦으로써 수요를 창출하는 것이 주목적이었다. 이 시기에는 광고를 설득 커뮤니케이션과 동일한 맥락에서 생각하였으며, 이에 사회심리학의 태도 변화와 설득에 관련된 여러 이론, 원리, 기법들이 광고에 적용되었다. 이러한 설득기능은 특정 상표의 우월성을 소비자에게 전달함으로써 소비자의 구매 욕구를 불러일으키고, 소비자가 구매결정에 도달하도록 유도하는 것이었다.

20세기 후반부터 현재에 이르러서는 광고를 단순히 설득의 관점만으로 설명하는 것은 어려워졌다. 그 이유로 매체의 변화를 들 수 있는데, 즉 신문 또는 잡지를 대상으로 하는 인쇄매체에서 텔레비전을 대상으로 하는 방송매체로 광고의 비중이 이동을 하였기 때문이다. 일반적으로 인쇄매체의 특성은 소비자가 능동적으로 접촉하며 소비자의 관여상태를 높일 수 있다는 것이다. 반면 방송매체는 소비자가 수동적이며, 낮은 관여상태에 놓인다. 이러한 차이에 따라 광고의 설득기능은 인쇄매체의 전성시대에 탄생한 것이다. 그러나 현대 광고의 기능은 복합적이다. 더욱이 최근에는 인터넷의 발전으로 과거의 일방향 관계에서 양방향 관계로 광고와 소비자가 연결되기 때문에 광고의 기능은 설득을 넘어서서 정보의 전달 및 수집 그리고 소비자와의 장기적인 관계를 구축하여 고객가치를 획득하고 극대화하는 것에까지 그 기능이 다양해졌다.

3. 광고의 유형

광고의 유형은 상업(영리)광고, 공익(비영리)광고 그리고 정치광고 등으로 구분할 수 있다. 상업광고에는 제품광고, 서비스 광고, 이미지 광고 등이 포함된다. 이미지 광고는 기업과 긍정적 이미지를 연합시키고 부정적 이미지와는 단절시켜 기업에 대한 호의적인 이미지를 구축하게 만드는 광고다. [그림 1-2]의 왼쪽 광고는 크리넥스 티슈를

[그림 1-2] | 기업이미지 광고

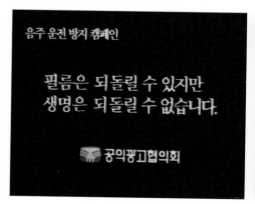

[그림 1-3] | 공익광고

생산하는 유한킴벌리의 이미지 광고다. 휴지를 만들기 위해서는 나무가 필요한데, 나무를 베어내는 것은 친환경적이 아니다. 이 광고는 이러한 기업의 부정적인 이미지를 불식시키기 위해 나무를 심어 환경을 보호한다는 긍정적인 이미지를 전달하려는 것이다. [그림 1-2]의 오른쪽 광고는 국민은행의 이미지 광고로, 김연아의 최고라는 이미지를 국민은행과 연합하려는 것이다. 공익광고는 공공의 이익을 위해 대중의 의식을 고취하려는 광고다. [그림 1-3]의 왼쪽 광고는 음주 운전 방지 공익광고이며, [그림 1-3]의 오른쪽 광고는 금연 공익광고로, 담배의 해로움을 실제로 보여 줌으로써 금연하라는 내용을 전달하고 있다. 정치광고는 상업광고와 유사하다. 친사회적 광고인 공익광고는 제13장에서 그리고 정치광고는 제14장에서 살펴볼 것이다.

4. 광고의 필요성

　오늘날 광고의 영향력이 증가하고 있는데, 여기에는 다음과 같은 배경이 있다. 우선 국가 경쟁력의 주체가 변화하였다. 20세기의 경쟁력이 기업 중심의 생산성에 있었다면, 21세기의 경쟁력은 소비자에게 있다. 미래 시장에서는 소비자의 욕구를 정확히 파악하여 이에 합당한 제품을 소비자에게 신속히 제공함으로써 소비자의 만족을 극대화하는 것이 가장 중요한 문제다.

　둘째, 소비자의 영향력이 증가하였다. 이는 인터넷으로 소비자가 정보를 수월하게 수집하고 전달할 수 있게 됨으로써 소비자의 기업에 대한 영향력이 증가하였기 때문이다. 예를 들어, 인터넷에서 소비자의 제품평가와 관련한 사용자 후기 또는 프로슈머(prosumer)의 활동을 보면, 오늘날 소비자의 적극성과 능동성을 볼 수 있다.

프로슈머
생산자와 소비자를 결합한 개념

　셋째, 마케팅 믹스의 상대적 비중이 변화하고 있다. 마케팅 믹스에는 제품, 가격, 유통, 촉진 등이 포함된다. 우선 제품의 경우, 최근 들어 대부분 기업들의 제품품질이 거의 비슷하고 기업들이 기본적으로 품질을 계속해서 관리하며 개선하기에 과거처럼

마케팅 믹스
제품, 가격, 유통, 촉진의 네 가지 마케팅 요소들의 결합

품질경쟁은 의미가 거의 없다. 예를 들어, 과거에 가정에 있는 제품들을 보면 대부분 시장에서 대표적인 한 회사의 제품들이었지만, 요즘은 다양한 기업의 제품들로 갖춰

져 있다. 또한 1980년대에 국내의 대표적인 가전업체의 유명한 광고문구인 "한 번의 선택이 10년을 좌우합니다."를 요즘의 소비자가 본다면 어떤 생각을 할까? 가격과 유통의 경우도 마찬가지다. 전자상거래, 아웃렛 매장, 또는 대형 유통업의 발달에 따라 과거에 비해 가격과 유통이 소비자에게 미치는 영향력은 감소하고 있다.

그러나 촉진의 경우는 다르다. 즉, 기업에서 광고를 어떻게 활용하느냐가 가장 중요한 문제로 등장하고 있다. 그 옛날 박카스와 영진 구론산의 대결, 코카콜라와 펩시콜라의 혈투, 나이키와 리복 간의 전쟁, 가전업체들 간의 치열한 경쟁 등을 보면 승리의 여신인 소비자가 무엇에 의해 마음을 움직였는지를 알 수 있다. 다른 모든 조건이 동일하다면, 제품 또는 상표에 대한 소비자의 인식에서 차이를 유발하는 것이 광고다. 소비자를 정확히 이해하는 광고는 손실이 아니라 투자임을 기업은 분명히 인식해야 한다.

일례로, 나이키의 그 유명한 카피인 "Just do it"을 생각해 보자. 1980년대 중반 나이키는 리복에게 미국 시장에서 1위를 내주었다. 시장 탈환을 위해 나이키는 대대적인 소비자 조사를 실시하였고, 운동화의 주 고객들 중 한 집단인 10~20대 여성에게서 자기실현의 욕구가 강하게 내재해있음을 발견하였다. 이에 나이키는 소비자 자신의 꿈을 실현하라는 의미에서 나이키와 함께 지금 시작하라는 "Just do it" 광고 캠페인을 실시하였고, 이를 통해 시장을 탈환하였다. 물론 이 사례는 옛날 것이지만, 이 사례의 본질은 요즘에도 전혀 변하지 않고 있다.

5. 미래 광고의 방향

21세기가 지식기반 사회라는 것은 이미 잘 알려져 있다. 이러한 시대적 변화에 근거해 보면, 광고를 통해서도 지식획득이 가능할 수 있을 것이다. 소비자는 소비환경을 이해하는 데 도움을 주는 지식을 전달하는 대상에 대해 호의적인 태도를 형성한다. 따라서 미래에는 광고에 소비자에게 도움이 되는 지식 또는 가치 있는 정보를 담는 것이 중요해질 수 있을 것이다.

아울러 앞으로는 개별 소비자의 중요성이 더욱 부각될 것이다. 이에 광고뿐만 아니라 기업은 개인의 특정한 욕구에 더 부응해야 할 것이다. 기업은 개별 소비자의 구매행위를 모니터하고 데이터베이스를 구축하여, 이를 근거로 기업과 소비자 간의 양방향 관계를 형성하고 더 나아가 소비자와의 장기적인 관계구축을 통해 개별 소비자의 중요한 가치를 극대화해야 할 것이다. 따라서 미래 광고 시장에서는 인터넷 또는 스마트 TV를 통해 소비자의 개인적 관심과 개성을 반영하는 개인 맞춤형 광고가 활성화될 것으로 예측해 볼 수 있다.

6. 광고효과의 일반 모형

[그림 1-4]는 광고가 소비자에게 영향을 주는 과정에 관한 일반적인 모형이다. 소비자는 광고자극에 노출된 후 여러 심리기제에 근거해 행동을 일으킨다. 광고자극에 의해 소비자가 자신의 심리기제를 작동시킬 때, 인구통계 특성(예, 연령, 성별, 소득 등) 또는 사회경제 수준과 같은 소비자 특성, 그리고 광고환경 등이 이러한 심리기제에 영향을 줄 수 있다. 광고환경의 경우, 미시적 환경의 한 요소인 경쟁사의 광고상태 또는 여러 다른 광고상태 등에 의한 광고혼잡도, 그리고 거시적 환경인 문화와 하위문화 등이 소비자의 심리기제에 영향을 줄 수 있다. 아울러 소비자 특성과 광고환경은 소비자의 행동에도 영향을 줄 수 있다.

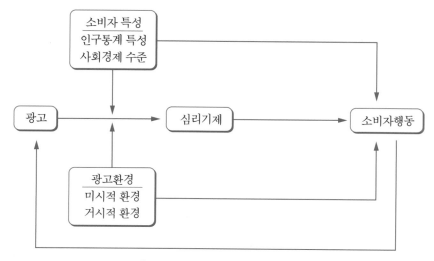

[그림 1-4] | 광고효과의 일반 모형

소비자의 심리기제에는 지각, 동기, 감정, 태도(태도변화), 학습, 기억, 성격 등이 포함되며, 이러한 각각의 기제는 다음의 제2장과 제3장에서 구체적으로 다룰 것이다. 이러한 심리기제에 근거해 소비자는 행동을 일으키는데, 소비자 행동에는 실질적인 구매행동뿐만 아니라, 구매의도, 사용, 제품(상표) 또는 서비스와 관련된 정보를 탐색하는 행위, 또는 타인에게 광고정보를 전달하는 구전행위 등과 같은 다양한 행동들이 포함된다. 마지막으로 소비자가 표출하는 행동결과에 근거해 기업 또는 기관은 자사의 광고를 유지하거나 변경하려고 할 것이다.

요약

광고심리학의 정의는 "광고가 소비자에게 영향을 주는 데 관련되는 일련의 과정들과 그 결과인 광고효과의 측정을 심리학의 지식을 적용하여 연구하는 학문 분야"라고 할 수 있다. 오늘날 현대 광고의 기능은 복합적으로 설득을 넘어서서 정보의 전달 및 수집 그리고 소비자와의 장기적인 관계를 구축하여 고객가치를 획득하고 극대화하는 것에까지 그 기능이 다양해졌다. 광고의 유형은 상업(영리)광고, 공익(비영리)광고 그리고 정치광고 등으로 구분할 수 있다. 상업광고에는 제품광고, 서비스 광고, 이미지 광고 등이 포함된다. 다른 모든 조건이 동일하다면, 제품 또는 상표에 대한 소비자의 인식에서 차이를 유발하는 것이 광고다. 소비자를 정확히 이해하는 광고는 손실이 아니라 투자임을 기업은 분명히 인식해야 한다. 미래에는 광고에 소비자가 필요로 하는 지식을 담는 것이 중요해질 수 있을 것이며, 아울러 인터넷 또는 스마트 TV를 통해 소비자의 개인적 관심과 개성을 반영하는 개인 맞춤형 광고가 활성화될 것이다. 광고가 소비자에게 영향을 주는 과정에 관한 일반적인 모형에 따르면, 소비자는 광고자극에 노출된 후 여러 심리기제에 근거해 행동을 일으킨다. 광고자극에 의해 소비자가 자신의 심리기제를 작동시킬 때, 소비자 특성 및 광고환경이 심리기제에 영향을 줄 수 있다. 소비자의 심리기제에는 지각, 동기, 감정, 태도, 학습, 기억, 성격 등이 포함되며, 이러한 심리기제에 근거해 소비자는 행동을 일으킨다. 마지막으로, 소비자가 표출하는 행동결과에 근거해 기업 또는 기관은 자사의 광고를 유지하거나 변경하려고 할 것이다.

제**2**장
광고효과의 심리 과정 1*

　광고가 소비자에게 영향을 주는 전반적인 과정을 이해하기 위해서는 심리학의 지식
이 필요하다. [그림 2-1]에서 보듯이, 기본적으로 소비자는 광고를 지각해야 하며, 그
다음에 소비자의 동기, 감정, 태도, 학습, 기억 그리고 성격 등의 심리기제가 작동을
한다. 그런데 이러한 심리기제들은 상호 간에 영향을 주고받는다. 다시 말해, 광고에
대한 소비자의 지각이 주요한 다른 심리기제들을 작동시킬 수 있고, 역으로 이러한 심
리기제들이 광고에 대한 소비자의 지각에 영향을 줄 수 있다. 그다음에 지각을 포함하
여 이러한 심리기제들이 종합적으로 또는 개별적으로 작용하여 소비자의 행동에 영향
을 줄 수 있다.

　예를 들어, 한 소비자가 탤런트 원빈이 등장하는 TV 커피광고를 봤다면, 소비자는
그 광고의 특정한 장면을 지각하여 그 커피를 마셔야겠다는 동기가 유발될 수 있고, 그
장면이 멋있고 짜릿하다는 감정을 가질 수 있으며, 그 커피에 대해 호의적인 태도를 형

---

* 이번 장의 내용은 양윤(2008)의 『소비자 심리학』에서 발췌하여 정리하였다.

성할 수 있다. 또는 그 커피와 원빈과의 연합을 통해 원빈에 대해 갖고 있던 생각을 커피로 전이할 수 있으며, 그 장면을 기억해서 훗날 모방하거나 점포에서 그 커피상표를 인출할 수 있을 것이다. 더 나아가서, 광고모델의 이미지와 특정한 장면의 의미에 근거해 소비자는 그 커피상표에 나름대로의 성격을 부여할 수도 있을 것이다. 이러한 전반적인 심리작용에 근거해 소비자는 광고된 커피상표를 구매해야겠다는 의도를 가지거나 그 상표를 구매하는 행동을 하게 될 수도 있을 것이다.

그런데 만일 소비자가 커피를 마시고자 하는 동기가 없거나, 분노와 같은 부정적인 감정 상태에 놓여 있거나, 광고모델이나 커피상표에 대해 부정적인 태도를 갖고 있다면, 또는 광고된 커피상표에 대해 소비자가 과거에 안 좋은 경험을 했거나, 소비자의 기억에 그 광고모델에 대한 관련 정보가 전혀 없거나, 커피상표는 낭만적인 이미지나 성격을 가져야 한다고 생각한다면, 그 소비자는 그 커피광고를 어떻게 지각할까? 결국 광고에 대한 지각은 소비자의 심리상태에 따라 달라질 것이며, 이에 따라 소비자의 행동 역시 달라질 것이다.

따라서 광고가 소비자에게 미치는 전반적인 효과과정을 이해하기 위해서는 이러한 심리기제들을 먼저 이해하는 것이 중요하다. 이번 장에서는 지각, 동기, 감정, 태도(태

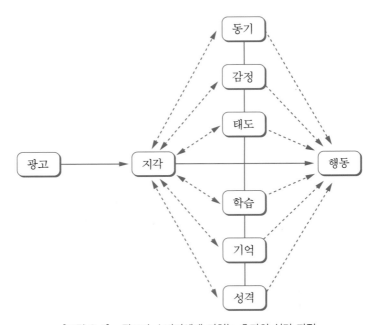

[그림 2-1] | 광고가 소비자에게 미치는 효과의 심리 과정

도변화는 다음 제3장에서 다룸) 등의 심리기제들에 관해 살펴볼 것이며, 학습, 기억, 성격 등은 제3장에서 살펴볼 것이다. 그리고 소비자의 행동은 독립적으로 다루지 않고 각각의 기제에서 살펴볼 것이다.

1. 지각

지각은 선택적으로 감각기관에 수용된 정보를 체제화하고 해석하는 과정으로 정의되며, 선별, 체제화, 해석 등이 지각에 근거가 되는 기본과정이다. 인간은 항상 수많은 자극에 쌓여 생활하지만, 모든 자극을 다 처리할 수는 없다. 인간은 감각기관에 들어오는 많은 자극을 선택적으로 받아들임으로써 혼돈과 왜곡으로부터 스스로를 방어할 수 있다. 이러한 의미에서 지각은 단순히 감각투입만의 함수가 아니라, 오히려 개개인이 경험하는 개인적 이미지(지각)를 형성하기 위해 상호작용하는 두 가지 다른 투입의 결과라고 볼 수 있다.

한 가지 형태의 투입은 외부환경으로부터의 물리적 자극이고, 다른 형태의 투입은 이전 경험에 근거한 기대, 동기 및 학습과 같은 성향들로 소비자 자신에 의해 제공된다. 이런 두 가지 다른 투입의 결합이 개별 소비자로 하여금 소비환경에 관한 매우 개인적인 이미지를 산출하도록 작용한다. 개별 소비자는 독특한 경험, 욕구, 소망, 및 기대 등을 가지고 있기 때문에 개별 소비자의 지각 또한 독특하다. 이는 모든 사람이 완벽하게 동일한 방식으로 세계를 보지 않는 이유를 설명해 준다. 소비자는 소비환경 안에서의 자극을 선별적으로 받아들이고, 심리학 원리에 의해 이런 자극을 체제화하며, 그들의 욕구, 기대 및 경험에 근거해 주관적으로 이런 자극에 의미를 부여하여 해석한다. 따라서 자극의 선별과 체제화에 관해 살펴보는 것이 중요하며, 또한 자극해석에서 기호의 영향에 관한 기호학에 관해서도 살펴볼 것이다.

먼저 지각과정에 관해 살펴보기 전에 인간의 감각에 관한 기본적인 내용을 살펴볼 필요가 있다. 심리적 수준에서 감각은 단순한 자극(예, 오뚜기 마크)과 연합된 경험이고, 지각은 감각의 체제화 또는 통합 그리고 의미 있는 해석(예, 식품회사)을 포함한다.

1) 감각

감각은 자극(예, 광고물, 제품, 포장, 상표 등)에 대한 감각수용기의 즉각적이고 직접적인 반응이다. 자극이란 감각기관에 들어오는 정보를 의미한다. 자극의 예는 제품, 포장, 상표, 광고물 등을 들 수 있다. 감각수용기는 감각정보를 받아들이는 인체기관(눈, 코, 귀, 입, 피부)이다. 그 기관의 기능은 보고, 듣고, 냄새 맡고, 맛보고, 느끼는 것이다. 이러한 기능은 대부분의 소비재를 사용하는 데 단독으로 또는 결합하여 작용한다. 자극에 대한 민감성은 개인의 감각수용기의 수준(예, 시력, 청력)과 노출자극의 양또는 강도에 따라 변한다. 예를 들어, 시각장애우는 정상인보다 더 발달한 청각을 가질 수 있어서 정상인이 들을 수 없는 소리를 들을 수 있을 것이다. 후각은 인간의 기억과 밀접히 관련된 감각이다. 저자의 유학시절, 한 미국 대학생이 어제 자기가 2년 전에 헤어졌던 여자 친구를 다시 만났는데, 만나자마자 자신이 무슨 말을 했는지 알겠느냐고 물었던 적이 있다. 그 대학생은 "너 2년 전에 쓰던 향수 지금도 쓰고 있구나."라고 했다고 한다.

(1) 절대역

자극이 존재한다는 것을 아는 데 필요한 자극의 최소 강도인 절대역은 개인이 감각을 경험할 수 있는 가장 낮은 수준이다. 절대역에서 자극에 대한 반응은 100%가 아니라 50%를 유지한다. 즉, 어떤 경우에는 반응이 일어나고 어떤 경우에는 반응이 안 일어나는데, 그 수준이 바로 50%다.

절대역
자극이 존재한다는 것을 아는 데 필요한 자극의 최소 강도

사람이 '뭔가 있다'와 '없다' 간의 차이를 탐지할 수 있는 수준이 바로 자극에 대한 개인의 절대역이다. 감각체계는 자극 에너지가 절대역에 도달하지 못하면 반응하지 않는다. 예를 들어, 운전자가 도로 주변에 있는 광고판의 내용을 파악할 수 있는 거리가 그 운전자의 시각에서의 절대역이다. 다른 모든 조건이 동일하다고 전제하고, 자동차에 함께 타고 있는 두 사람이 동일한 광고판을 각각 다른 시간에 봤다면, 이는 그들이 서로 다른 절대역을 갖고 있음을 의미한다.

한편 변화가 없는 일정한 자극조건에서 절대역은 증가한다(즉, 감각이 점점 둔해진다). 처음에 인상적이었던 광고도 자주 보다 보면 눈에 들어오지 않는다. 즉, 자극(예,

광고물)이 변화 없이 일정하다면, 사람은 그 자극에 대해 둔감해진다. 이는 지각에서의 순응과 관련이 있다. 순응이란 어떤 감각에 익숙해지는 것을 말한다. 즉, 자극의 어떤 수준에 적응하는 것이다.

감각순응은 많은 광고인이 관심을 갖는 문제로, 이는 광고물에 정규적으로 변화를 주어야 하기 때문이다. 그들은 소비자가 인쇄광고와 TV광고에 익숙해져서 더 이상 광고를 보지 않을 것이라는 데 주목한다. 즉, 광고물은 탐지되기에 충분한 감각투입을 더 이상 제공하지 못할 것이다.

소비자가 광고를 본다는 것을 확신하기 위해 마케터는 감각투입을 증가시키려고 노력한다. 예를 들어, 신문에서 한 지면을 모두 차지하는 전면광고, 광고카피에서의 지나치게 강렬한 표현 등이다. 이와는 반대로 다른 광고 제작자들은 감각투입을 감소시킴으로써 주의를 끌려고 한다. 이들은 주의를 끌기 위해 음악이나 다른 음향효과를 제거하는 것과 같은 고요함을 사용한다(Olsen, 1994). 어떤 마케터는 주의를 끌기 위해 그들의 광고를 내보낼 특이매체를 찾는다. 버스, 택시 또는 버스 정류장에다 광고판을 부착하기도 하고, TV쇼나 영화에 제품을 내보내기도 하며, 프로 테니스 시합에서 보면 선수의 옷에 광고를 부착하기도 있다. 광고가 가능한 모든 매체를 동원한다고 해도 과언이 아니다.

(2) 차이역

차이역이란 두 자극 간의 변화나 차이를 탐지하는 감각체계의 능력을 말하며, 두 자극 간에 탐지될 수 있는 최소한의 차이가 최소가지차이(just noticeable difference: j.n.d.)다. 차이역에서도 차이에 대한 탐지반응은 100%가 아니라 50%를 유지한다. 즉, 어떤 경우에는 차이가 탐지되고 어떤 경우에는 탐지가 되지 않는데, 그 수준이 바로 50%다.

차이역
두 개의 자극을 구별하는 데 필요한 자극 강도

최소가지차이
두 개의 자극을 구별하는 데 필요한 최소한의 차이

마케터는 오랫동안 누적된 광고의 영향력에 노출된 소비자의 호의적인 인식을 유지한 채 기존의 포장디자인을 개선하길 원한다. 이러한 경우에, 최소가지차이 수준에서의 작은 변화를 통해 소비자가 최소한의 차이를 느끼게 한다. 예를 들면, 미국의 유명한 소금회사인 모톤(Morton)의 트레이드마크인 비 오는 날 우산을 들고 소금을 흘리면서 걷는 소녀의 모습은 오랫동안 미국 소비자에게 호감을 불러일으키고 있다([그림 2-

[그림 2-2] ㅣ 모톤의 트레이드마크

21 참조). 소녀의 치마 길이와 머리 모양에서 최소가지차이 수준의 변화를 줌으로써 이 디자인의 급격한 변화와 소비자의 식상함을 동시에 막고 소비자의 호의적인 태도를 유지하였다.

(3) 식역하 지각

절대역과 밀접히 관련되는 것이 식역하 지각이다. 식역하란 용어는 '절대역 아래'를 의미한다. 자극의 강도가 절대역 아래에 있기에 자극은 탐지될 수 없는 것이다. 그러나 식역하 지각은 의식적인 인식 수준 아래에서 제시된 자극임에도 불구하고 사람의 행동과 감정에 영향을 줄 수 있다는 생각을 반영한다.

식역하 지각
절대역 아래에 있는 자극이 사람의 행동과 감정에 영향을 줄 수 있다는 생각을 반영함

1957년 미국 뉴저지의 한 영화극장에서 관람객은 'Drink Coca-Cola'와 'Eat popcorn'이라는 메시지에 노출되었다. 이 메시지는 영화에 삽입되어 관람객이 의식적으로 탐지할 수 없을 정도로 빨리 제시되었다. 이러한 절차를 수행하였던 마케팅 회사는 극장에서 코카콜라의 판매가 17%, 그리고 팝콘의 판매가 58% 증가했다고 주장하였다(Brean, 1958).

만일 이 주장이 옳다면, 그리고 이러한 절차가 효력을 발휘한다면, 광고주에게는 기쁨이지만 소비자에게는 악몽일 것이다. 소비자는 자신도 모르는 사이에 통제되고 영향을 받을 것이다. 그러나 연구자들이 이러한 절차를 수행했던 마케팅 회사에 절차에 관한 상세한 내용을 요청했을 때, 그 회사가 거절함으로써 연구자들은 절차와 결과를 정밀하게 평가할 수 없었다. 따라서 어느 누구도 극장에서의 판매 증가가 식역하 자극에 기인한 것인지, 영화 내용(영화 제목이 '피크닉'인데, 먹고 마시는 사람들을 보여 줌)에 기인한 것인지, 관람객의 수와 특성(극장에 많은 관람객이 있었을 수도 있고, 그들 중에 팝콘을 먹고 코카콜라를 마시는 성인이 더 많았을 수도 있음)에 기인한 것인지, 아니면 팝콘과 콜라의 진열 방식에 기인한 것인지 결론을 내릴 수 없었다.

이 사건으로 말미암아 심리학자들은 1950년대 후반부터 1960년대 초반까지 본격적으로 식역하 지각을 연구하였다. 식역하 지각에 관한 연구들은 상반된 결과를 보여 주었다. 몇몇 연구는 식역하 자극이 효과가 있음을 보고하였지만(예, Lazarus & McCleary, 1951), 대부분의 연구는 효과가 없다고 보고하였다(예, Konecni & Slamenka, 1972). 그 결과 많은 심리학자들은 식역하 지각의 효과를 의문시하였다.

이러한 식역하의 지각은 현실세계의 광고에서 세 가지 유형으로 나타난다. 첫째, 간결하게 제시된 시각자극, 둘째, 저음에서 빠른 속도로 제시되는 청각 메시지, 셋째, 인쇄광고에서 삽입되거나 숨겨진 성적인 이미지 또는 단어 등이다. 키(Key, 1973)는 인쇄광고물에 광고제작자가 에로틱한 메시지나 죽음의 상징을 의도적으로 삽입한다고 주장하는 두 권의 책을 저술하였다.

실례로, 미국 소비자는 금연, 체중감량, 자존심 고양 그리고 외국어 학습 등을 돕기 위해 고안된 식역하의 메시지가 들어 있는 오디오테이프 구매에 많은 돈을 지출한다. 이러한 테이프는 긴장을 풀어 주는 음악 속에 삽입된 식역하의 메시지(예, "나는 천천히 씹는다." "나는 적게 먹는다." "나는 할 수 있다." 등)를 갖고 있고, 사용자는 청각적으로 이 메시지를 지각할 수는 없지만, 잠재의식적으로 인식할 수 있을 것이라고 가정한다.

과연 식역하 지각을 이용한 광고는 효과가 있는가? 한 심리학자에 따르면(Moore, 1982), "효과는 없다, 당신이 보는 것이 바로 지각하는 것이다." 그는 식역하 자극은 지극히 약하고 다른 강력한 메시지에 의해 확실하게 가려진다고 주장한다. 아울러 사람들이 일반적으로 자극에 대해 어떻게 반응해야 하는지를 스스로 통제하기 때문에, 사람은 자신이 원하지 않는 무언가를 하도록 설득하려는 어떤 시도도 걸러낸다는 것이다. 무엇보다도 효과여부를 떠나서 식역하 지각이 심각한 윤리문제를 일으킬 수 있음에 유념해야만 한다.

(4) 소비자 순응

절대역 및 차이역의 개념과 밀접히 관련되는 개념이 순응이다. 누구든지 자극에 대한 순응과정을 경험한다. 예를 들어, 뜨거운 목욕물에 몸을 처음 담글 때는 힘들지만, 얼마 안 있어서 상당히 기분이 좋아짐을 독자는 경험했을 것이다. 감각에서의 이러한 변화는 물이

순응
개인이 특정 자극에 반복적으로 접촉함으로써
그 자극에 대해 둔감해지는 심리현상

시원해져서 일어난 것이 아니다. 이는 사람의 신경세포가 물의 온도에 적응함으로써 사람의 뇌로 목욕물이 뜨겁다는 신호를 더 이상 보내지 않기 때문이다. 순응은 개인이 반복적으로 자극을 접할 때 일어난다. 순응수준은 사람이 익숙해지는 자극의 수준이나 양이며, 자극수준에서의 변화가 비교되는 참조점이다.

순응은 제품과 광고전략을 위한 함의를 갖는다. 소비자가 어느 일정 기간 동안에 제공된 어떤 모양, 스타일이나 메시지에 적응을 하기 때문에, 제품 또는 광고메시지를 신선하게 유지하기 위해서는 마케터가 이러한 것들을 주기적으로 변화시켜야만 한다. 다시 말해, 소비자가 제품, 디자인 또는 광고 등에 순응하면, 소비자는 이러한 자극에 대해 둔감해질 뿐만 아니라 싫증을 일으킨다. 따라서 마케터는 소비자의 순응을 막아야 한다. 이를 위해서 마케터는 제품, 디자인, 광고 등에 변화를 주어야 하며, 소비자가 무언가가 변했다는 것을 인식해야 한다.

2) 선별과정

실제로 사람은 자신을 둘러쌓고 있는 수많은 자극 중 단지 극소수만을 받아들인다. 예를 들어, 슈퍼마켓에 있는 한 주부를 생각해 보자. 그녀는 많은 제품, 많은 사람, 여러 냄새, 매장 내의 여러 종류의 소리 등에 노출되어 있지만, 그녀 주변의 모든 자극에 신경을 쓰지 않고 비교적 짧은 시간에 그녀가 원하는 품목들을 선택하고, 돈을 지불하며, 매장을 떠난다. 이는 그녀가 선별과정에 의해 이러한 일들을 할 수 있음을 설명해 준다. 이러한 과정에서 어떤 자극이 선택되는가는 자극 자체의 특성 이외에 몇 가지 주요한 소비자 요인, 즉 소비자의 사전 경험(이는 소비자의 기대에 영향을 줌) 그리고 소비자

의 그 순간의 동기(소비자의 욕구 또는 흥미) 등에 달려 있다. 이런 각각의 요인에 의해 특정자극이 지각될 가능성이 증가 또는 감소될 수 있다.

(1) 주의

선별과정에서 살펴봐야 할 한 가지 중요한 개념이 주의다. 주의는 특정 대상에 대한 정보처리 용량의 배분으로 정의되는데, 이는 정보가 의식적으로 처리되도록 인지적 용량을 특정한 대상이나 과제에 할당하는 것을 말한다. 누군가가 광고에 주의를 기울인다는 것은 그 광고를 처리하기 위해서 정신적 노력을 어느 정도 투입함을 의미한다. 아울러 개인이 어떤 과제에 정신적 노력을 상당히 투입하고 있다면, 개인은 그 과제에 상당히 관련되어 있는 것이다. 독자는 매우 중요한 시험을 앞두고 책 읽을 때를 생각하면 쉽게 이해할 수 있을 것이다.

주의는 크게 두 가지 특성을 갖는다. 한 가지는 선택이고, 다른 하나는 집중이다. 주의의 선택적 특성은 정보가 과잉부하되지 않도록 해 준다. 앞서 언급한 매장 내 소비자의 예에서 소비자는 자신을 둘러싸고 있는 모든 정보를 처리할 수가 없다. 소비자는 정보의 과부하를 막기 위해 주의의 선택적 특성을 활용하여 필요한 정보를 우선적으로 처리한다. 정보 과부하를 방지하려는 반응에는 각각의 정보에 대하여 시간을 적게 투자하는 것, 하위 순위의 정보를 무시하는 것, 또는 어떤 감각적 투입을 완전히 차단해 버리는 것 등이 포함된다.

주의의 집중특성은 어떤 과제나 대상에 정신적 노력을 얼마나 투입해야 하는지를 결정한다. 사람은 과제나 대상의 특성에 따라 정신적 노력의 투입 양을 변화시킨다. 예를 들어, 컴퓨터를 처음 구매하는 소비자는 컴퓨터 관련 정보에 상당히 주의를 하지만, 컴퓨터에 익숙한 소비자는 정보에 덜 주의한다. 따라서 주의는 자극과 수용자의 특성에 따라 달라지는 것이다.

소비자의 주의는 자발적으로 또는 비자발적으로 활성화될 수 있다. 소비자가 개인적으로 관련되는 정보를 능동적으로 탐색할 때, 이들의 주의는 자발적이다. 자발적 주의는 선택적 특성을 지닌다. 소비자가 특정 제품에 관련될수록 그들의 주의는 선택적이 되어 자신과 관련되는 정보에 초점을 맞춘다. 예를 들어, 노트북을 구매하려고 하는 소비자를 생각해 보자. 이 소비자는 다른 어떤 정보보다 노트북과 관련되는 정보를 능동적으로 탐색할 것이며, 관련이 없는 것으로 보이는 정보에는 주의하지 않을 것이다.

소비자는 비자발적으로도 주의할 수 있다. 비자발적 주의는 소비자가 놀랍거나, 신기하거나, 위협적이거나, 기대치 않았던 무언가에 노출될 때 일어난다. 이럴 경우에 소비자는 자동적으로 자극에 눈을 맞춤으로써 주의한다. 어떤 마케팅 자극은 우리가 그것을 무시할 수 없게끔 우리의 주의를 끈다. 마케터가 이러한 비자발적 영향력을 분명하게 이해한다면, 그들은 더 나은 제품을 설계할 수 있고 더 나은 광고를 개발할 수 있으며 보다 효과적인 마케팅 전략을 구사할 수 있다.

또한 현저한 자극이 비자발적 주의를 유도한다. 현저한 자극을 무시하기란 쉽지 않다. 어떤 제품, 포장, 광고 등은 그것들이 차별적이고 흥미롭기 때문에 시선을 끈다. 예를 들어, 롤스로이스는 다른 자동차들과는 매우 차별적이기에 거리에서 정말로 눈에 잘 띈다. 길쭉한 원통형의 프링글스 감자칩 용기는 다른 과자포장과 달라서 매장 선반에서 쉽게 눈에 띈다. 오뚜기 식품의 노란색 포장은 다른 식품포장과 차별적이어서 소비자의 눈을 사로잡는 경향이 있다.

그러나 현저성은 맥락 의존적 특성을 지닌다. 다시 말해, 한 맥락이나 상황에서 현저한 자극은 다른 맥락이나 상황에서는 현저하지 않을 수 있다. 예를 들어, 특정한 롤스로이스 자동차는 롤스로이스 자동차들로만 주차되어 있는 주차장에서는 눈에 잘 안 들어올 것이다. 특정한 프링글스 감자칩은 유사한 원통형 용기들로 가득 찬 선반에서는 현저하지 않을 것이다. 오뚜기 식품의 노란 포장 역시 마찬가지일 수 있다. 자극은 그것이 다른 자극들과 매우 다를 때에만 현저한 특성을 갖는다. 독특하거나 차별적인 자극은 전경으로 분명하게 보이고 나머지 다른 것들은 배경으로 뚜렷하게 보이지 않는다. 이것이 지각의 전-배경 원리다. 소비자의 비자발적 주의를 유발할 수 있는 구체적인 자극특성에 관해서는 다음에 언급할 것이다.

자발적 주의든 비자발적 주의든 사람은 자극에 주의할 때마다 생리적 흥분을 경험한다. 이러한 흥분은 혈압 증가, 뇌파 형태의 변화, 가쁜 호흡, 손의 발한, 눈동자 팽창 등에 의해 측정될 수 있다. 독자는 매우 선정적이거나 공포를 유발하는 영화 장면을 봤을 때 어떠했는지를 생각해보면 쉽게 알 수 있을 것이다. 따라서 광고효과를 평가하는 한 가지 방법이 광고를 보는 소비자의 생리적 변화를 측정하는 것이다. 대표적인 생리적 지표로는 맥박 수, 눈동자 크기에서의 변화, 또는 뇌의 특정한 부위에서의 활성화 등을 들 수 있다.

① 자극 특성

신기성   기대하지 않았던 방식으로, 또는 예상하지 못한 장소에 나타나는 자극은 소비자의 주의를 끄는 경향이 있다. 주의를 끌기에는 덜 적합한 의외의 장소에 놓인 광고도 소비자의 주의를 끄는 경향이 있다. 이러한 장소로는 쇼핑용 손수레의 뒤쪽 받침대, 터널의 벽, 실내 운동장의 마루 등을 들 수 있다. 광고가 보이기에는 더 의외의 장소로 공중화장실, 가로수, 지하철 계단 등을 들 수 있다. 교회 게시판에 캠벨수프의 광고를 부착하기로 한 결정에 관해 캠벨수프 회사의 경영진은 다음과 같이 말하고 있다. "소비자가 광고에 주목하게 만들기 위해서는 소비자를 긴장시켜야만 한다. …… 소비자가 쇼핑하고 기도하며 일하는 곳 어디서든지 그들이 우리의 광고를 보게 해야만 한다."

아울러 신기한 제품도 주의를 끌 수 있다. 신기한 제품은 초기에는 높은 판매율을 보이는 경향이 있다. 그러나 신기성은 시간과 더불어 점점 사라지므로 기업은 신제품을 계속해서 개발해야만 한다.

생생함   주변자극에 의해 영향을 받기에 맥락 의존적인 현저한 자극과는 달리, 주변자극과는 별개인 생생한 자극은 맥락에 관계없이 주의를 끈다. 생생한 자극은 정서적으로 흥미롭고, 구체적이면서 이미지를 생성하며, 감각적 시간적 또는 공간적으로 근접해 있다(Nisbett & Ross, 1980).

대비   대비는 가장 많이 주의를 끄는 자극 속성들 중 한 요인이다. 사람은 자신의 배경과 대비가 되는 자극에 주의를 하는 경향이 있다. 서로 대비가 되거나 불일치하는 자극을 제시하는 것이 주의를 증가시키는 지각적 갈등을 일으킨다.

대비 원리에 근거를 둔 광고기법은 다양하다. 예를 들어, 컬러광고 전후의 흑백광고는 주의력을 높일 수 있다. 유사하게 프로그램의 음량보다 더 큰 TV 또는 라디오 광고 역시 더 큰 주의를 끌 수 있다. 이 두 가지 예는 적응수준과 관련됨을 주목해야 한다. 다시 말해, 소비자는 컬러광고 또는 어떤 음량에 적응하게 되고, 만일 적응수준이 깨진다면 주의를 한다는 것이다.

크기   일반적으로 자극이 클수록, 주의를 더 한다. 인쇄광고의 크기에서의 증가가 소비자로 하여금 주의할 기회를 높일 것이다(Finn, 1988). 유사하게 광고 내의 삽화 또는 그림의 크기에서의 증가가 주의력을 높일 것이다. 매장에서 소비자가 제품을 주목할 가능성은 제품이 놓일 진열대 공간의 크기에 달려 있다. 충동구매 품목의 경우 이것은 특히 중요하다(Cox, 1970).

색채   주의를 끌며 자극을 유지할 힘은 색의 사용에 의해 명백히 증가할 수 있다(Finn, 1988). 비록 컬러광고가 비용이 많이 들지만, 그 효과는 비용을 상쇄시키기에 충분하다. 그러나 오늘날 TV와 잡지에서의 컬러광고는 너무나 보편적이어서 오히려 흑백광고가 대비에 근거하여 소비자의 주의를 더 끌 수도 있을 것이다.

강도   자극강도가 크면 클수록, 주의를 더 끈다. 예를 들면, 더 큰 소리와 밝은 칼라는 주의력을 높일 수 있다. 라디오와 TV광고는 종종 주의를 끌기 위해 큰 소리로 시작하기도 한다. 인쇄물에서 밝은 색을 사용한 칼라광고도 또한 꽤 보편적이다.

위치   자극은 단순히 위치적 속성 때문에 주목될 수도 있다. 예를 들어, 식료 잡화점에서 충동구매 품목들은 소비자의 눈에 잘 띄는 계산대 옆에 전략적으로 놓여 있다.
위치는 인쇄매체에서도 또한 중요하다. 한 연구는 잡지에서 후반부보다 전반부에 위치한 광고, 왼쪽 페이지보다 오른쪽 페이지에 위치한 광고, 그리고 내부 앞쪽 표지, 내부 뒤쪽 표지 및 외부 뒤쪽 표지에 위치한 광고 등이 더 큰 주의를 받는다고 보고하였다(Finn, 1988). 추측컨대, 이런 효과는 소비자가 잡지를 읽는 습관과 관련된 것 같다.

운동   움직이는 자극은 정지된 자극보다 더 큰 주의를 받는다. 우리는 회전하는 옥외 광고판 또는 움직이는 것처럼 보이는 네온광고 등이 주의를 끌 수 있다는 것을 안다. 신문이나 잡지에서의 광고는 물결선을 이용해 움직임을 묘사하려고 한다. 즉, 인쇄광고는 소비자의 주의를 끌도록 가현운동(apparent movement)을 일으킬 수 있다.

가현운동
실제로는 운동이 없지만, 운동이 일어나는 것처럼 지각하는 심리현상

[그림 2-3] ¦ 특이매체를 이용한 광고에서의 신기성 예

[그림 2-4] ¦ 대비와 색채의 예

[그림 2-5] ¦ 운동의 예

② 소비자 요인

기대   사람은 보통 자신이 보려고 기대하는 것을 보며, 사람이 보려고 기대하는 것은 보통 친숙성이나 사전경험에 의해 영향을 받는다. 여기서 기대란 특정한 방식으로 반응하려는 준비성으로 정의된다. 마케팅 맥락에서 소비자는 제품과 제품 속성을 자신의 기대에 따라 지각하는 경향이 있다. 최근에 개봉한 영화가 재미없다고 친구로부터 전해들은 소비자는 아마도 그 영화가 재미없다고 지각할 것이다.

다른 한편, 기대와 명백하게 불일치하는 자극은 기대와 일치하는 자극보다 더 주의를 끈다(양윤, 김수희, 2000). 예를 들어, 몇 년 전에 방영된 광고에서 한 여성모델이 얼굴을 면도하는 장면은 소비자의 기대와 명백히 불일치하는 것으로 소비자의 주의를 끌 수 있었을 것이다. 그러나 기대 불일치에 관한 연구는 한 가지 주의해야 할 사항이 있는데, 이는 불일치의 정도다. 불일치가 심할 경우 소비자의 주의는 끌 수 있을지 모르겠지만, 지나친 불일치는 소비자의 심도 있는 정보처리를 방해할 수 있다. 따라서 불일치 수준을 조심스럽게 조작해야 할 것이다.

동기   사람은 자신이 원하는 것을 지각하는 경향이 있다. 사람의 욕구가 강할수록, 환경에서 무관한 자극을 무시하려는 경향은 커진다. 건강에 관심이 많은 소비자는 그런 관심이 없는 소비자보다 건강에 관한 광고에 더 주의를 기울일 것이다. 또한 개인의 지각과정은 단순히 그 개인에게 중요한 환경요소에 더 밀접히 맞춰진다. 배고픈 사람은 음식점 표시나 음식에 더 민감해진다.

마케터는 소비자의 지각된 욕구에 그들의 제품을 맞춰야 하며, 소비자의 욕구를 가장 잘 만족시켜 주는 제품만이 소비자의 마음속에 남을 것이고, 아울러 추후의 구매 가능성도 높아질 것이다. 소비자의 지각된 욕구를 확인하는 방법은 다양하다. 예를 들면, 마케터는 마케팅조사를 통해 소비자가 제품범주의 이상적인 속성으로 고려하는 사항 또는 소비자가 자신의 욕구가 특정 제품범주와 관련된다고 지각하는 것 등을 결정할 수 있다. 그 다음에 마케터는 소비자의 욕구에 근거하여 시장을 세분화할 수 있고 각각의 세분화된 시장에서 특정 제품이 소비자의 특정한 욕구나 흥미를 만족시켜 준다고 소비자가 지각하게끔 제품광고를 변경시킬 수 있다.

관여   관여는 특정한 상황에서 자극에 의해 유발되는 지각된 개인적 중요성 또는 흥미의 수준을 의미한다(Antil, 1984). 소비자의 관여가 높아질수록 소비자는 구매와 관련된 정보에 주의를 기울이고, 정보를 이해하고 정교화 하는 데 훨씬 더 동기화된다.

> **관여**
> 특정한 상황에서 자극에 의해 유발되는 지각된 개인적 중요성 또는 흥미의 수준

　소비자의 관여수준에 영향을 미치는 가장 중요한 요인들은 고려 중인 제품유형, 소비자가 수용한 커뮤니케이션의 특징, 소비자가 처한 상황의 특징 그리고 소비자의 성격 등이다. 예를 들어, 소비자가 고려하는 제품이나 서비스가 비싸고 사회적으로 눈길을 끌며 구매에 위험이 따를 때 소비자 관여는 일반적으로 증가하는데, 이를 제품관여라고 한다. 또한 메시지 이슈 또는 커뮤니케이션 매체가 소비자의 관여를 높일 수 있는데, 이를 이슈관여 또는 매체관여라고 한다. 예를 들어, 디지털 카메라를 구입하려는 소비자는 디지털 카메라에 관한 메시지 또는 관련 전문 잡지에 더 주의할 것이다. 아울러 구매가 이루어지는 상황이나 맥락이 관여에 영향을 줄 수 있다. 만일 구매목표가 약혼녀와 같이 중요한 사람에게 선물하는 것이라면, 구매자의 관여는 높아질 것이다. 더 나아가 구매자의 성격도 관여에 영향을 줄 수 있는데, 이는 여러 다른 소비자가 동일한 제품, 상황, 커뮤니케이션에 다르게 반응할 수 있는 원인과 관련된다.

3) 지각 체제화

　사람은 환경으로부터 자신이 선택한 자극을 별도의 분리된 부분으로 지각하지 않는다. 오히려 사람은 자극을 집단으로 체제화하고 통합된 전체로 지각하는 경향이 있다. 이러한 지각 체제화의 원리는 20세기 초반에 게슈탈트 심리학(Gestalt psychology)을 발전시킨 독일 심리학자들에 의해 제안되었다. 지각 체제화의 기본적인 두 가지 원리로는 전경-배경 그리고 집단화를 들 수 있다.

(1) 전경-배경

　사람은 자신의 지각을 전경과 배경이라는 두 가지 패턴으로 체제화하는 경향이 있다. 전경은 더 확고하고 더 잘 규정되어 있으며 배경의 전면에 나타나 보이는 반면에, 배경은 보통 불분명하고 흐릿하며 연속적으로 나타나 보인다. 다시 말해, 전경은 우세한 것으로 나타나기 때문에 분명히 지각이 되지만, 배경은 예속적인 것으로 나타나 덜

[그림 2-6] ι 전경과 배경의 반전 예

중요한 것으로 지각된다.

광고인은 소비자가 주목할 자극이 배경이 아니라 전경이 되도록 조심스럽게 광고를 제작해야 한다. 광고의 배경(예, 모델, 음악, 그림 등)이 전경이 되는 상표명이나 제품을 손상시켜서는 안 된다. 고전적인 예로, 미국에서 두 명의 유명한 남녀 영화배우를 모델로 사용한 코닥 카메라 광고에서 많은 소비자가 코닥 상표 대신에 폴라로이드 상표를 회상하여 상표의 회상률은 극히 낮았지만, 광고에서의 두 남녀 모델의 회상률은 높게 나타남으로써 모델이 상표의 지각을 방해하였다. 다시 말해, 이 예는 광고인의 의도와는 반대로 전경과 배경이 뒤바뀐 경우로, 광고인은 전경-배경의 반전을 피하도록 조심해야 한다. [그림 2-6]은 전경과 배경이 반전될 수 있음을 보여 주는 예다. 독자 여러분의 눈에는 무엇이 전경으로 보이는가?

(2) 집단화

자극을 집단화하는 데 활용될 수 있는 원리는 여러 가지가 있다. 여기서는 소비자 행동에 적절히 적용될 수 있는 두 가지 원리를 살펴볼 것이다. 먼저 유사성 원리는 사람이 유사한 외양을 공유하는

유사성 원리
서로 유사한 자극들을 묶어서 함께 지각하는 경향성

대상을 함께 묶어서 지각하려는 경향성이다. 사람은 통합된 상이나 인상을 형성하기

위해 유사한 자극을 자동적으로 묶는 경향이 있다. 예를 들어, 슈퍼마켓의 라면 진열대에서는 매운맛 라면들의 붉은색 포장이 많이 띈다. 이는 붉은색이 매운맛을 표현해 주기 때문이기도 하지만, 무엇보다도 이 품목의 선두상표와 유사하게 보이려는 전략이다. 이는 학습에서 다룰 주요 내용인 일반화에도 동일하게 적용된다.

자극 집단화에 관한 중요한 두 번째 원리가 완결성이다. 사람은 불완전한 자극패턴을 완성해서 지각하는 강력한 경향성을 지니고 있다. 다시 말해, 사람은 생략된 부분을 의식적으로 완성시키려고 한다. 사람은 불완전한 자극을 보면 긴장을 일으키고

완결성 원리
자극에서 생략된 부분을 의식적으로 완결하여 지각하는 경향성

긴장을 감소시키기 위해 불완전한 자극을 완전하게 만들려고 동기화된다. [그림 2-7]은 완결성 원리를 보여준다. 독자 여러분은 왼쪽 그림에서 무엇이 보이는가?

1972년에 보고된 고전적 연구에서 불완전한 광고가 완전한 광고보다 더 잘 기억된다는 것을 보여 주었다(Heimbach & Jacoby, 1972). 이 연구결과는 소비자가 불완전한 자극을 완전하게 만들려고 노력을 기울이며, 따라서 불완전한 자극에 더 많이 주의를 한다는 것을 말해 준다.

완결성 욕구는 마케터에게 흥미 있는 시사점을 제공한다. 불완전한 광고메시지의 제시가 소비자로 하여금 메시지에 더 깊게 관여하도록 자극한다는 것이다(예, 오ㄸㄱ 라면). 이와 유사하게 빈번하게 제시된 TV광고의 음악을 라디오광고에서 사용하여 좋은 결과를 얻을 수 있음이 밝혀졌다. 특정 TV광고에 친숙한 소비자는 라디오광고에서 시각부분이 생략된 음악만은 불완전한 것으로 지각하고, 완결성 욕구에 의해 TV광고

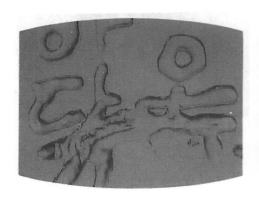

[그림 2-7] ㅣ 완결성 원리의 예

의 시각적 내용을 정신적으로 재생시킬 수 있다. 결론적으로 소비환경에서 마케터는 집단화를 통해 제품에다 바람직한 의미를 연결시킬 수 있다.

4) 해석

해석은 감각자극에 의미를 부여하는 것이다. 이러한 해석과정을 통해 사람은 자극이 무엇인지를 이해한다. 해석단계에서 사람은 자극이 무엇일 것이라는 기대감뿐만 아니라 자극과 관련된 정보를 장기기억에서 인출한다. 이는 도식처리와 밀접히 관련되는 것으로 기억에서 다룰 것이다. 아울러 사람의 욕구, 기대, 사전경험 등과 같은 개인적인 경향성 또는 선입견이 자극해석에 영향을 준다. 예를 들어, 어떤 소비자는 가격은 저렴해야 한다고 생각하는 반면에 다른 소비자는 가격이 저렴한 제품은 나쁘다고 본다면, 각각의 소비자가 가격이 저렴한 동일한 제품을 보았을 때 이들이 이 제품에 대해 부여하는 의미는 완전히 다를 것이다. 또한 소비자가 사전에 특정한 제품 또는 상표에 대해 긍정적(부정적)인 경험을 하였다면, 훗날 동일하거나 유사한 제품에 대해 이 소비자가 부여하는 의미는 긍정적(부정적)일 것이다.

해석은 인지적 또는 사실적 해석, 그리고 감정적 해석의 두 가지 유형이 있다. 인지적 해석은 자극이 기존의 의미범주에 놓이는 과정이다(Cohen & Basu, 1987). 기존의 범주에 새로운 정보를 추가하는 것이 기존범주 그리고 기존범주와 다른 범주와의 관계 등을 변경시킨다. 예를 들어, MP3 플레이어가 시장에 처음 나왔을 때, 소비자는 이 제품을 평가하기 위해 MP3 플레이어를 기존의 CD 플레이어 범주에 포함시켰을 수도 있다. 차후에 이 제품과 관련된 정보 또는 경험이 증가함에 따라 많은 소비자가 이 제품에 대해 충분히 알게 되고 다양한 상표와 기종을 분류하기 위해 CD 플레이어 범주 내의 하위범주 또는 기존의 CD 플레이어와는 별도의 새로운 범주를 형성했을 것이다. 최근의 DMB폰 또는 스마트폰은 어떠할지 독자가 생각해 보면 좋을 것이다.

해석의 두 번째 유형인 감정적 해석은 광고와 같은 자극에 의해 유발되는 감정반응이다(Aaker, Stayman, & Vezina, 1988). 예를 들어, 소비자가 '어머니가 아기를 사랑스러운 눈길로 바라보며 돌보는 광고'를 보았을 때 이들이 따뜻한 정을 느끼는 것은 자연스럽고 정상적인 반응이기에, 이 광고에 대한 해석은 다분히 감정적일 것이다.

(1) 기호학

소비자는 소비환경에서 받은 정보를 해석하는 과정에서 정보의 의미를 해독할 것이다. 이런 정보해독과 관련하여, 기호학(semiotics)은 사람이 기호로부터 어떻게 의미를 획득하는지를 분석하기 위해 개발되었다. 여기서 기호란 서로에게 정보를 전달하

기호학
기호들이 커뮤니케이션하는 방식과 그 기호들을 사용하는 데 지배하는 규칙들이 무엇인지를 규명하는 학문

기 위해 사용된 단어(상표 포함), 제스처, 그림, 제품 및 로고 등을 말한다. 기호학 분야는 마케팅의 판매촉진 전략과 매우 관련이 있다. 즉, 다양한 상징 또는 기호를 통해 제품이나 서비스에 관한 정보가 소비자에게 전달된다.

사람이 환경에서 상징에 감정적으로 어떻게 반응하는지를 이해하기 위해서는 다양한 기호의 공유된 의미를 이해해야 한다. 예를 들어, [그림 2-8]의 사진으로부터 당신은 무슨 의미를 획득할 수 있는가? 대부분의 사람에게 테니스공의 크루아상 모양은 프랑스의 빵을 상징한다. 여기서 크루아상 모양은 프랑스를 대변하는 기호로 작용한다. 이 광고는 펜 테니스공이 프랑스 오픈에서 공인구로 사용됨을 보여 주고 있다.

상징과 기호는 타인에게 의미를 전달하기 위해 사용된다. 기호학 분석은 의사전달 과정에서 기호가 어떻게 작용하는지를 보여 주기 위해 제안되었다. [그림 2-9]에서 보

[그림 2-8] ㅣ 펜(Penn)사는 프랑스 오픈에서 자사의 테니스공 사용을 상징하기 위해 크루아상 빵의 형태를 사용함. (펜사의 소유)

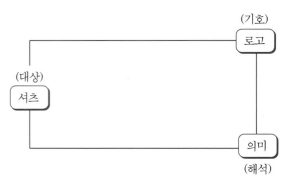

[그림 2-9] ▮ 기호학 분석

기호학 분석은 철학자 C. S. 피어스(C. S. Peirce)의 저술에 근거를 두며, 기호학 분석에 대한 논의는 데이비드 믹 (David Mick)의 논문(Mick, 1986)에 제시되어 있다.

듯이, 기호학 분석은 대상, 기호 및 해석 등을 포함한다. 대상은 전달되어야 하는 의미를 갖는 것으로, 제품, 사람 또는 아이디어 등이 포함된다. 기호는 대상의 의미를 전달하기 위해 사용되는 상징을 말하며, 해석은 기호에 대한 사람의 반응과 기호로부터 파생되는 의미를 나타낸다(Mick, 1986).

[그림 2-9]에서 전달할 의미를 가지는 대상은 셔츠다. 기호는 셔츠의 로고로, 예를 들면 폴로의 말, 라코스테의 악어 등이 포함될 수 있다. 로고는 대상에다 의미를 주도록 개발되었다. 따라서 폴로의 '말' 로고에서 비롯되는 의미는 고가, 고품질, 정교함, 멋 등이 포함될 수 있다.

기호학 영역은 마케팅 의사전달에 특히 중요하다. 마케터와 광고인은 상징의 사용과 그들의 표적시장 내의 소비자가 상징을 어떻게 해석하는가에 주의를 기울여야 한다. 예를 들어, 하나의 기호로 작용하는 상표명에 대한 소비자의 해석이 중요하다. 미국 GM은 자동차 '쉐보레 노바'를 남아메리카에 출시했지만 대실패하였다. 주로 스페인어를 쓰는 남미에서 '노바(no va)'는 '가지 않는다'는 뜻이기 때문이었다. 포드도 남미에 '피에라(Fiera)'를 출시했다가 "'추한 노파'를 누가 타겠느냐."는 빈정거림만 받았다. 그리고 1980년대 유고슬라비아의 소형차 '유고(Yugo)'는 미국시장에서 소비자에게 "너 죽어라(You go!)"는 의미로 받아들여져 고전을 면치 못하였다. 한편 1990년대 우리의 현대자동차 '엘란트라(Elantra)'는 스페인에 '란트라(Lantra)'라는 이름으로 수출되었다. 이는 '엘란트라'가 스페인에서 부정적인 의미로 받아들여지기 때문이었다. 다시 한번 강조하면, 기업은 표적시장의 소비자가 기호를 어떻게 해석하는가에 주의를 기울여야 한다. 이러한 기호학에 관해서는 제12장에서 상세히 다룰 것이다.

2. 동기

소비자의 욕구나 동기를 이해하는 것은 소비자를 연구하는 데 필수적이다. 소비자의 욕구나 동기를 이해하면 차후에 그러한 욕구나 동기에 의해 유발되는 행동을 예측할 수 있고, 이를 통해 소비자를 바람직한 방향으로 유도할 수 있다. 예를 들어, 강박구매를 생각해 보자. 강박구매란 소비자가 자신의 심리적으로 공허한 마음을 채우기 위해 보이는 구매행동의 한 유형인데, 이러한 구매행동을 보이는 소비자는 케이블 TV의 홈쇼핑에서 강박적인 구매를 함으로써 엄청난 재정적 압박을 받고는 한다. 이러한 소비자의 행동 형태에 근거해 홈쇼핑 시 적절한 조치(예, 공익광고)를 취한다면, 이러한 소비자를 보호할 수 있을 것이다. 이 절에서는 소비자의 소비욕구를 설명할 수 있는 심리학의 동기이론에 관해 살펴볼 것이다.

1) 동기과정

[그림 2-10]는 동기과정을 제시한 것이다. 이 그림은 사람이 동기 상태를 경험할 때 발생하는 일련의 사건에 관한 모델을 보여 준다. 이 모델에서 보면, 욕구인식, 추동 상태, 목표 지향적 행동, 목표 그리고 감정 등과 같은 동기의 다섯 가지 주요 개념이 있다. 다섯 가지 개념을 포함하는 이 모델을 소비자 심리에 적용시켜 설명하면 다음과 같다.

동기과정은 욕구를 인식하게 하는 자극이 나타나는 순간에 작동한다. 이러한 자극은 개인내부에서 나타날 수 있다. 개인의 내부자극의 예로는 배고픔, 갈증, 무언가 변화를 향한 갈망을 들 수 있으며, 개인은 이러한 자극에 의해 식사, 물 마시기, 여행 등의 욕구를 인식할 수 있다. 또한 이러한 자극은 개인외부에서도 나타날 수 있다. 예를 들어, 제품에 대한 광고 또는 친구의 조언 등이 이에 해당한다. 만일 내부 또는 외부의 특정 자극이 개인의 현실상태와 이상상태 사이의 차이를 벌려놓는다면, 욕구가 인식된다. 다시 말해, 개인이 자신의 현실상태와 이상상태 간의 불일치를 지각할 때 욕구

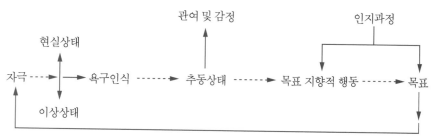

[그림 2-10] ㅣ 동기과정의 단순 모델

인식이 일어난다. 예를 들어, 한 개인이 자신이 현재 갖고 있는 컴퓨터의 기능으로는 그래픽 작업을 정교하게 할 수 없기에(현실상태), 또는 애플 컴퓨터가 훨씬 정교하고 섬세한 그래픽 작업에 적합하다는 것(이상상태)을 알게 됐기에 애플 컴퓨터에 대한 구매욕구를 가질 수 있을 것이다. 여기서 중요한 것은 개인이 반드시 두 상태 간의 차이를 지각해야 한다는 것이다. 비록 차이가 있을지라도 개인이 그 차이를 지각하지 못하면, 욕구인식은 일어나지 않는다.

연구자들은 욕구를 표현 욕구와 효용 욕구로 구분한다. 표현 욕구는 사회적 또는 심미적 요구를 달성하려는 욕구다. 이 욕구는 개인의 자기 개념 유지와 관련이 있다. 예를 들어, 자기 자신을 표현하고 싶어 하는 대학생은 의복과 헤어스타일에서 표현 욕구를 강하게 느낄 것이다. 효용 욕구는 생필품을 구매하거나 프린터 토너를 바꾸는 것과 같이 기본적인 문제를 해결하려는 욕구다.

표현 욕구
사회적 또는 심미적 요구를 달성하려는 욕구

효용 욕구
생필품 구매와 같은 기본적인 문제를 해결하려는 욕구

한편 욕구에 관해서는 다음과 같은 두 가지 특성이 있다. 첫째, 욕구는 생래적이거나 학습될 수 있다. 사람은 유전적으로 다양한 생리적 욕구를 가지고 있다(예, 음식, 공기, 물 등). 또한 사람은 자신의 많은 욕구를 이차조건형성 과정(제3장의 '2. 학습' 참조)과 소비자 사회화를 통해 학습하기도 한다. 둘째, 사람의 욕구는 결코 충분하게 만족될 수 없다. 이는 한 욕구가 어느 정도 충족되면, 또 다른 욕구가 대신해서 나타날 것이기 때문이다. 이 점은 나중에 매슬로우(Maslow)의 욕구위계에서 다시 언급할 것이다.

소비자 사회화
개인이 소비환경에서 소비자로서의 역할과 관련되는 기술, 지식, 태도 등을 획득하는 과정

활성화된 욕구는 추동상태를 만들어 낸다. 추동(drive)이란 충족되지 않은 욕구의 결과로 생기는 긴장(tension)에 의해 나타나는 힘을 말한다. 이러한 추동은 정서적 또

는 생리적 각성으로 나타난다. 생리적 각성은 여러 방법으로 측정할 수 있다. 지필조사 또는 맥박, 혈압, 눈동자 크기 등에서의 변화와 같은 생리적 과정의 모니터링을 통해 측정이 가능하다. 추동상태의 수준이 그 개인의 관여와 감정상태의 수준에 영향을 준다. 즉, 추동이 증가할 때, 감정은 강렬해지고, 관여와 정보처리의 수준은 더욱 높아진다. 예를 들어, 배고픔의 욕구가 강해질수록, 개인의 추동은 더욱 증가하고, 이는 음식에 대한 관여를 더욱 높여 어떤 정보보다도 음식에 관한 정보를 우선적으로 처리하게 한다. '금강산도 식후경'이 이에 관련된다.

　사람이 추동상태를 경험할 때, 그들은 목표지향적 행동을 일으킨다. 목표 지향적 행동은 개인의 욕구상태를 해결하기 위해 취해진 행위다. 소비자 맥락에서 목표 지향적 행동으로는 정보탐색, 제품에 관해 타인과 이야기하기, 만족할 수 있는 구매를 위한 쇼핑, 제품과 서비스구매 등을 들 수 있다. 예를 들어, 한 소비자가 컴퓨터를 구매하려는 욕구를 가졌을 때, 이 욕구는 소비자에게 컴퓨터를 소유하고자 애태우는 감정 상태인 추동을 불러일으키고, 이 추동상태가 소비자의 목표 지향적 행동인 컴퓨터 구매를 유도할 것이다. 이때 어떤 컴퓨터를 구매할 것이냐는 다음의 목표에 달려 있다.

　목표는 유인대상으로 소비자가 자신의 욕구를 충족시킬 것이라고 지각하는 제품, 서비스, 정보, 심지어 의미 있는 타인 등을 의미한다. 소비자는 이 유인을 통해 자신의 욕구를 충족시키며, 동시에 자신의 현실상태와 이상상태 간의 차이를 좁힌다. 앞의 예에서 추동상태에 의해 촉발된 목표 지향적 행동은 유인을 향한 것이고, 유인을 얻음으로써 욕구는 충족된다. 목표인 유인은 결국 목표 지향적 행동의, 그리고 동기과정의 종착지다.

　[그림 2-10]에서 보면, 인지과정이 목표 지향적 행동과 목표에 영향을 미침을 알 수 있다. 개인이 선택하는 특정 대상이나 목표, 그리고 이를 달성하기 위해 취하는 행위패턴은 개인의 사고와 학습의 결과다. 사람은 자신의 사전학습(경험)과 판단과정에 근거해 적절한 목표 지향적 행동 및 목표를 선정한다. 즉, 과거에 자신에게 최대의 만족을 주었던 행동과 목표를 선정할 것이며, 아울러 선정 시 자신의 판단에 의존하기도 할 것이다.

　한편, 목표는 자극과 다시 연결된다. 즉, 목표를 획득함으로써 동기과정이 종결되는 것이 아님을 알 수 있다. 새로운 자극의 출현이 동기과정을 다시 촉발시킴으로써 이 과정은 계속해서 순환한다.

2) 매슬로우의 욕구위계

욕구위계
인간의 일반적인 동기로서 생리적 욕구, 안전 욕구, 소속/애정 욕구, 자존심 욕구, 지적 욕구, 심미적 욕구, 자기실현 욕구의 위계로 나타난다.

욕구위계에 관해서는 광고소구와 설득커뮤니케이션을 다룬 제7장에서 구체적으로 살펴볼 것이므로, 여기서는 간략히 소개하고자 한다. 심리학자인 매슬로우(Abraham Maslow)는 동기에 관한 한 가지 영향력 있는 접근을 제안하였다. 그의 접근은 개별 성장과 절정경험을 이해하기 위해 개발된 일반적인 접근이다(Maslow, 1970). 매슬로우는 생물적 욕구와 심리적 욕구의 위계를 형성하였으며, 그는 이 위계 내에서 동기수준을 상술하였다. 매슬로우의 욕구위계는 인간욕구의 일곱 가지 기본수준을 제시하는데, 이 수준은 낮은 수준(생물)의 욕구로부터 높은 수준(심리)의 욕구로 순서가 정렬되어 있다. 일곱 가지 욕구를 낮은 수준부터 정렬시키면, 생리적 욕구, 안전 욕구, 소속·애정 욕구, 자존심 욕구, 지적 욕구, 심미적 욕구, 자기실현 욕구로 구분된다.

3) 제한된 범위의 동기 이론

지난 20년간의 동기연구에서 나타난 한 가지 추세는 매슬로우의 욕구위계와 같이 인간의 전반적인 동기수준을 밝히려는 연구와는 달리 인간행동의 일부분을 설명하기 위한 제한된 범위의 동기연구가 주를 이룬 것이다. 심리학자들에 의해 연구된, 제한된 범위의 동기이론으로는 반대과정 이론, 최적자극수준유지 동기, 다양성추구 동기, 쾌락경험 욕구, 조절초점, 행동자유에 대한 열망, 소비자 독특성 욕구 등이 있다.

(1) 반대과정 이론

반대과정 이론(opponent-process theory, Solomon, 1980)에 따르면, 긍정적이거나 부정적인 즉각적 감정반응을 일으키는 자극을 사람이 받았을 때, 두 가지 반응이 발생한다. 하나는 개인이 즉각적인 긍정적 또는 부정적 감정반응을 경험하는 것이고, 다른 하나는 최초에 경험했던 감정과는 반대되는 감정을 갖는 반응을 그 다음에 경험한다는 것이다. 경험한 전반적인 감정은 이런 두 가지 감정반응의 결합이다. 두 번째 감정반응이 지연되기 때문에, 개인은 처음에 긍정적 또는 부정적 감정을 강하게 경험한다. 그러나 시간이 어느 정도 경과한 후, 처음에 경험한 감정은 그 강도가 약해지고 대신에 반대 감정이 강하게 나타난다.

다시 말해, 서로 반대되는 두 개의 감정이 동시에 발생하지만, 처음에는 한 감정의 강도가 강해 반대되는 감정을 느끼지 못하며, 시간이 경과함에 따라 처음 감정의 강도는 약해지고 반대 감정의 강도가 강해짐으로써 반대 감정을 경험하는 것이다. 이에 관한 예로 저자가 군대에서 경험한 낙하산 훈련을 들 수 있다. 저자가 처음으로 낙하산 훈련을 받았을 때, 즉 처음으로 모형 비행기에서 뛰어내리기 직전 이루 말할 수 없는 두려움의 부정적 감정을 강하게 느꼈지만, 안전하게 착지한 후 뭔가를 해낸 것 같은 뿌듯함과 기쁨의 긍정적 감정을 강하게 느꼈다.

반대과정 이론은 신용카드의 반복되는 과도한 사용으로 재정적 문제를 갖는 소비자의 행동을 설명할 수 있다. 신용카드로 물건을 구매할 때 긍정적 감정과 부정적 감정이 동시에 발생하지만, 긍정적 감정의 강도가 강해 부정적 감정은 영향을 주지 못한다. 그러나 시간이 흘러 카드대금 결제일이 다가오면 긍정적 감정의 강도는 약해지고, 부정적 감정의 강도가 강해지면서 소비자는 불편해지기 시작한다. 소비자는 이러한 불편함을 해결하기 위해 긍정적 감정을 유발하는 또 다른 구매를 하며, 이러한 악순환이 결국 소비자의 재정을 어렵게 만든다.

반대과정 이론
서로 반대되는 두 개의 감정이 동시에 발생하지만, 처음에는 한 감정의 강도가 강해 반대 감정을 느끼지 못하며, 시간이 경과함에 따라 처음 감정의 강도는 약해지고 반대 감정의 강도가 강해짐으로써 반대 감정을 경험함을 설명하는 동기이론

(2) 최적자극수준유지 동기

동기 관련 연구들은 사람이 자극의 최적수준을 유지하려는 강력한 동기를 가지고 있다고 한다(Raju, 1980). 최적자극수준은 생리적 활성화나 각성에 대한 개인의 선호하는 양으로, 매우 낮은 수준(예, 수면)부터 매우 높은 수준(예, 심한 긴장)으로까지 변할 수 있다. 사람은 자극에 대한 자신의 최적수준을 유지하려고 동기부여 되기에 투입되는 자극수준이 너무 높거나 너무 낮을 때마다 그 수준을 수정하기 위한 행위를 할 것이다.

최적자극수준유지 동기
사람이 자극에 대한 자신의 최적수준을 유지하기 위해 동기화된다는 동기이론

어느 시점에서의 개인의 자극에 대한 수준은 내적 및 외적 요인에 의해 영향을 받는다. 내적요인은 연령과 성격특성을 포함한다. 예를 들어, 자극의 더 높은 수준을 열망하는 사람은 감각추구를 측정하는 척도에서 높은 점수를 얻는다(Zuckerman, 1979).

그들이 원하는 자극의 높은 수준을 유지하기 위해, 감각추구자는 번지점프 또는 암벽 등반과 같은 위험한 활동을 기꺼이 하려는 경향이 있다. 외적요인은 환경의 불확실성과 위험에 영향을 주는 요인이다. 예를 들어, 감각추구자는 그들이 위험을 즐기기 때문에 잘 조직화된 기업에서 일하기보다는 스스로 회사를 운영하는 경향이 있다.

요약하면, 사람은 자신의 최적자극수준을 유지하기 위해 그들의 행위와 환경을 조절하려고 한다. 각성수준이 너무 높을 때 사람은 낮추려고 하고, 너무 낮을 때 자신의 행동을 변경함으로써 자극수준을 높이려고 한다.

소비자 측면에서 볼 때, 많은 제품과 서비스가 소비자의 자극수준을 높이거나 낮출 수 있다. 예를 들어, 수면제와 같은 약은 각성수준을 낮추고 카페인은 각성수준을 높인다. 또한 래프팅, 사냥, 스포츠, 놀이기구 등과 같은 많은 레저활동이 각성수준에 상당한 영향을 준다.

자극의 최적수준을 유지하려는 동기는 소비자가 보이는 상표전환과 다양성추구 행동을 설명할 수 있다(Menon & Kahn, 1995). 소비자는 분명한 이유 없이 자신이 사용하던 상표를 바꾸고는 한다. 예를 들어, 한 소비자가 오랫동안 비누의 한 가지 특정한 상표를 계속해서 구매해 오다가 갑자기 다른 상표로 전환하는 경우가 있다. 이때 그 소비자에게 이유를 물으면, 단지 바꾸고 싶었을 뿐이라고 종종 말할 것이다. 소비자의 자발적인 상표전환에 관한 가능한 이유는 소비자가 싫증이 나서 그 싫증으로부터 일시적으로 벗어나기 위해 자신의 일상사를 바꾸고 싶어 한다는 것이다.

한 연구는 높은 활동수준을 필요로 하는 사람은 빈번한 상표전환과 제품구매에서의 혁신을 보일 수 있으며, 또한 위험을 감수하려는 경향이 있다는 것을 보여 주었다(Raju, 1980). 다른 연구는 높은 최적자극 수준을 가진 소비자는 확장적인 정보탐색 행동을 보이며, 반복되는 광고에 더 싫증을 내고, 패스트푸드 선택 시 다양성추구 행위를 더 보이며, 도박을 하거나 위험을 추구하려는 경향이 강하다는 것을 보여 주었다(Steenkamp & Baumgartner, 1992).

(3) 다양성추구 동기

최적자극수준과 관련하여 다양성추구를 함께 고려하는 것이 바람직하다. 다양성추구 개념은 1950년대 중반에 심리학에서 처음으로 소개되었다(Berlyne, 1960; Fisk & Maddi, 1961; Leuba, 1955). 다양성추구에 관한 심리학 분야의 연구들은 대체로 최적

자극수준의 개념에서 다양성추구를 설명하였다. 즉, 심리학에서의 다양성추구란 자극에 대한 내적욕구에서 발생하는 것으로서 사람은 환경이 제공하는 자극수준이 이상적수준 이하(최적수준 이하)로 떨어지게 되면 싫증을 느끼게 되어 탐험행동 및 진기함 추구와 같은 더 큰 자극적 투입을 필요로 하게 된다. 반대로 환경이 너무 높은 자극수준(최적수준 이상)을 제공하게 되면, 사람은 다양성회피와 같은 수단을 통해 투입을 감소하거나 단순화시킨 적절한 상황을 추구한다는 것이다.

소비자 동기로서의 다양성추구는 상당히 연구할 만한 가치가 있는 주제로 생각되었는데, 이는 다양성추구가 전통적인 정보처리 관점에 의해 설명되기 어려운 비목적적 행동에 대한 관심을 일부 반영하기 때문이다(Van Trijp, Hoyer, & Inman, 1996). 특히 이러한 종류의 행동은 소비의 실용적인 관점보다 경험적이거나 쾌락적인 동기로 설명되는 것으로 보인다(Holbrook & Hirschman, 1982).

많은 연구가 소비자의 상표선택 행위에서 나타나는 다양성추구 성향에 관해 정의를 내리고 있는데, 이들이 내린 정의를 보면 일반적으로 다양성추구 성향이란 특정 상표의 구매가 다음 구매상황에서 그 상표의 구매확률을 감소시키게 되는 경우를 의미한

> **다양성추구 성향**
> 특정 상표의 구매가 다음 구매상황에서 그 상표의 구매확률을 감소시키는 경향성

다(Bawa, 1990; Menon & Kahn, 1995). 이는 다양성추구 성향을 반복구매 확률의 감소로 규정한 기존의 상표선택 행위 연구들과 같은 맥락에서 이해할 수 있는데, 소비자가 동일 제품을 반복적으로 구매할 경우 그 제품에 싫증이 나서 다양성을 추구하는 행위를 표출한다는 것이다(양윤, 최훈희, 2002). 특히 어떤 연구자는 특정 상표에 대한 선호는 일정하게 남아 있지만 다양성에 대한 욕구가 발생하는 것으로 다양성추구 행동에 대한 정의를 내리고 있다(Menon & Kahn, 1995).

어떤 연구자는 다양성추구를 순수 다양성추구와 유발된 행위다양성으로 구분하여 순수 다양성추구는 내재적 동기요인(다양성추구 욕구와 같은 개인차 변수)에 의해서, 그리고 유발된 행위다양성은 외재적 동기요인(예, 세일 상표)에 의해서 결정되는 것으로 보았으며, 두 요인이 모두 상표전환과 같은 동일한 행동을 유발하는 것으로 보았다(Van Trijp, Hoyer, & Inman, 1996). 그러나 순수 다양성추구 행동과 유발된 행동변화는 다르며, 다양성추구 행동은 개인차 특성 및 제품범주와 관련이 있다. 이들은 감정과 강하게 연합되어 있는 쾌락적 제품(예, 음식, 음료수, 초콜릿 등)은 포만반응을 더 빨리 일으키기 때문에 실용적인 제품에 비해 다양성의 욕구를 더욱 증가시킨다는 것을

보여 주었다.

(4) 쾌락경험 욕구

쾌락경험을 향한 열망은 최적자극수준을 유지하려는 욕구와 밀접히 관련되어 있다.

쾌락소비
환상을 만들어 내고, 새로운 감각을 느끼며, 감정적 각성을 얻기 위해 제품과 서비스를 사용하려는 소비자의 욕구를 반영한 소비

소비자 연구에서 쾌락소비(hedonic consumption)는 환상을 만들어 내고, 새로운 감각을 느끼며, 감정적 각성을 얻기 위해 제품과 서비스를 사용하려는 소비자의 욕구를 말한다(Holbrook & Hirschman, 1982). 이러한 쾌락소비는 프로이트(S. Freud)의 정신분석뿐만 아니라 제품의 상징적 가치에 관한 사회학의 개념에 근거를 둔다. 정신분석에 근거한 쾌락소비 접근은 소비에 대한 감정적 이유, 그리고 제품이 환상이나 감정적 각성을 유발시키기 위해 어떻게 사용되는지에 초점을 맞춘다. 상징성에 근거한 쾌락소비의 경우, 제품은 객관적인 실체일 뿐만 아니라 정서적·사회적 의미의 표시이기도 하다. 예를 들어, 다이아몬드는 빛나는 카본 크리스털일 뿐만 아니라 사랑, 영원, 지위 등의 상징이기도 하다.

① 감정경험의 열망

쾌락주의(hedonism)는 감각을 통해 기쁨을 얻는 것을 의미한다. 그러나 소비자행동

쾌락주의
감각을 통해 기쁨을 얻고자 하는 인간의 성향

맥락에서 이 용어는 보다 더 복잡해지는데, 이는 소비자가 추구하려는 감정이 일관되게 기쁨이 아닐 수도 있기 때문이다. 사람은 사랑, 증오, 공포, 슬픔, 분노, 혐오 등과 같은 다양한 감정을 경험하고자 한다. 사람이 부정적인 감정을 추구한다는 것이 어떻게 보면 기이하게 보일 것이다. 그러나 사람은 공포를 유발시키는 번지점프나 영화 또는 엽기적인 것을 즐긴다. 따라서 소비자 맥락에서의 쾌락주의란 소비를 통해 긍정적 감정뿐만 아니라 부정적인 감정도 경험하려는 것으로 보아야 한다. 비록 이러한 부정적인 감정이 궁극적으로는 소비자 자신에게 쾌감을 주는 것이겠지만 말이다.

쾌락주의 이론가의 주장은 감정적 열망이 소비자가 제품을 선택할 때 효용동기보다 때때로 더 우세할 수 있다는 것이다(Hirschman & Holbrook, 1982). 효용성 차원에서 본다면, 정신적으로 온전한 남성이 애인에게 100송이의 장미를 선물하는 것은 이상한 것이다. 불과 며칠 내에 시들어 버릴 꽃에 많은 돈을 지불하는 것이 말이 되는가? 그러

나 장미선물은 효용성이 아니라 꽃의 상징적 가치와 이러한 상징성에 의해 선물을 받는 사람에게서 나타나는 감정에 의해 이해해야 한다. 장미 또는 다이아몬드는 제품의 단순한 효용이 아니라 사랑이라는 감정을 강하게 표현하는 것이다.

② 레저활동의 열망

쾌락소비의 또 다른 형태가 레저활동에 대한 열망이다. 그런데 레저활동은 실질적으로 사적 경험이다. 이는 어떤 사람은 레저로 규정하는 것을 다른 사람은 일로 규정할 수 있기 때문이다(Fontenella & Zinkhan, 1992; Unger & Kernan, 1983). 레저는 다차원이며, 다양한 욕구를 수반한다. 예를 들어, 어떤 사람은 타인에게 자신을 보여 주기 위해, 어떤 사람은 기쁨을 얻기 위해, 어떤 사람은 최적자극수준을 유지하기 위해 레저활동을 한다.

레저활동에 대한 다른 주요한 이유들은 다음과 같다. 첫째, 내적만족에 대한 열망으로, 여기서 소비자는 레저활동을 보상으로 생각한다. 예를 들어, 힘든 산행을 마친 후 뿌듯함을 느끼는 사람의 경우를 생각해 보라. 이 경우에 돈이나 칭찬 같은 외부보상은 중요한 것이 아니다. 심지어 어떤 연구가는 내적만족이 레저활동의 주요 결정요소이며 다른 모든 개념은 내적만족이 어떻게 획득되는지를 단지 설명할 뿐이라고 주장한다(Iso-Ahola, 1980).

둘째, 레저활동에의 몰입으로 소비자는 레저활동에 완전히 몰입하여 그 활동 중에는 자신의 모든 일상사를 잊어버린다. 예를 들어, 바둑에 몰입한 사람은 도끼자루가 썩는지도 모를 정도로 주변적인 것에 대해서는 완벽하게 무신경해진다.

셋째, 지각된 자유로 레저활동은 철저하게 개인의 자유의지로 행해지며, 개인은 레저활동을 통해 자유를 만끽한다. 강압이나 의무에 의해 행해지는 것은 레저가 아니다(Howes, 1977).

넷째, 환경과 자신에 대한 정복감으로 개인은 무언가를 잘하기 위해 또는 방해를 극복하기 위해 노력한다. 즉, 무언가를 성취하기 위해 자신을 시험하거나 환경을 정복하려고 한다. 예를 들어, 요트로 항해를 하는 사람, 등산을 하는 사람, 운동을 즐기는 사람은 이러한 욕구를 가지는 경향이 강하다.

다섯째, 각성으로 각성에 대한 욕구는 레저활동의 주요한 동인이다. 신기하고 복잡하고 위험한 레저활동은 개인의 각성수준을 일시적으로 증가시킬 수 있으며, 쾌감을 산출한다(Hendrix, Kinnear, & Taylor, 1978).

(5) 조절초점

쾌락을 추구하고 고통을 회피하려는 쾌락주의는 인간의 기본적인 동기다. 그러나 한 연구자는 쾌락주의가 많은 경험적 증거에 의해 지지되고는 있지만, 인간의 포괄적인 전략적 행동을 이해하는 데에는 쾌락주의만으로는 충분하지 않다고 보았다(Higgins, 1997). 그는 쾌락주의의 단순한 주장을 넘어 실제적으로 사람이 어떻게 다른 전략을 사용하여 쾌락을 추구하고 고통을 회피하는지를 밝혀야 한다고 하였다. 이러한 맥락에서 그는 쾌락주의가 조작되는 두 가지 다른 조절초점 유형을 제시하였다.

조절초점은 사람이 기쁨을 추구하고 고통을 회피하려는 동기를 갖고 있다는 일반론에 근거한다. 이는 사람이 어떠한 목표를 갖고 그 목표를 어떻게 충족시키는지를 설명하는 개념으로, 사람이 원하는 목표를 향상, 성취, 열망 등과 같은 촉진목표와 책임,

조절초점
사람이 어떤 목표를 갖고 그 목표를 어떻게 충족시키는지를 설명하는 개념으로, 촉진목표와 예방목표의 두 가지 목표로 구분된다.

의무, 안전 등과 같은 예방목표 두 가지로 구분한다. 촉진동기는 만족스럽거나 바라던 결과를 얻기 위해 현재의 상황을 향상시키려는 목표를 지닌 상태를 의미하며, 예방동기는 불만족스럽거나 바라지 않는 결과가 발생하는 것을 막기 위해 현재의 상황을 유지하려는 목표를 지닌 상태를 의미한다(Higgins, 1997). 예를 들어, 시험을 앞두고 있는 학생에게 있어 촉진동기는 시험에 합격하려는 목표이며, 예방동기는 시험에 불합격하지 않으려는 목표를 의미한다.

어떤 연구자들은 촉진동기를 지닌 개인은 열망과 성취를 강조하며 긍정적 결과의 유무에 초점을 맞추고, 예방동기를 지닌 개인은 책임과 안전을 염려하며 부정적 결과의 유무에 초점을 맞춘다고 하였다(Shah, Higgins, & Friedman, 1998). 따라서 강한 촉진동기를 지닌 개인은 성취와 관련된 유인에 더 동기화되고, 예방동기가 더 강한 개인은 안전과 관련된 유인가에 더 동기화된다.

촉진동기
만족스럽거나 바라던 결과를 얻기 위해 현재의 상황을 향상시키려는 목표를 지닌 상태

예방동기
불만족스럽거나 바라지 않는 결과가 발생하는 것을 막기 위해 현재의 상황을 유지하려는 목표를 지닌 상태

조절초점 이론에 따르면 촉진초점과 예방초점은 서로 다른 이상적인 욕구상태를 향한 조절을 위해 서로 다른 전략수단을 사용하는데, 촉진동기를 지닌 개인은 자신의 목표달성을 위해 접근전략 수단을 사용하며, 예방동기를 지닌 개인은 자신의 목표달

성을 위해 회피전략 수단을 사용한다(Higgins, 1997). 이와 더불어 촉진동기를 지닌 개인은 긍정적 결과의 획득에 대한 열망을 나타내며, 예방동기를 지닌 개인은 손실에 대한 경계를 나타낸다(Idson, Liberman, & Higgins, 2000).

촉진동기를 지닌 소비자와 예방동기를 지닌 소비자를 비교한 연구들에 따르면, 촉진동기(예방동기)를 지닌 소비자는 긍정적(부정적) 결과(Aaker & Lee, 2001), 광고에 대한 주관적인 감정반응(광고메시지 내용, Pham & Avnet, 2004), 쾌락적이며 매력적인 성과와 관련된 속성(효용적이며 비매력적인 신뢰성과 관련된 속성, Chernov, 2004a), 그리고 현 상태에서 벗어나려는(현 상태를 유지하려는) 행위(Chernov, 2004b) 등에 의해 더 잘 설득되었다.

(6) 행동자유에 대한 열망

행동자유에 대한 열망은 외부의 제약 없이 행동을 수행하려는 욕구다. 소비자가 제품이나 서비스를 선택하려는 자신의 자유가 방해를 받을 때, 소비자는 이러한 위협에 대항하여 반발한다. 이러한 상태를 '심리적 저항(psychological reactance)'이라고 한다(Brehm, 1966). '저항'이란 행동자유가 위협을 받는 개인의 동기 상태를 말한다. 예를 들어, 소비자 맥락에서 하루만 세일하는 경우가 며칠 세일의 경우보다 소비자의 구매욕구를 훨씬 강하게 자극한다. 또는 판매수량을 제한하는 경우에도 소비자의 구매욕구를 강하게 자극한다. 이는 세일기간 또는 판매수량에 제약을 가함으로써 소비자의 자유로운 구매행위를 방해했기 때문에 생긴 심리적 저항의 결과다.

행동자유에 대한 열망
외부의 제약 없이 행동을 수행하려는 욕구

심리적 저항
개인의 자유가 위협받을 때, 이러한 위협에 대항하여 반발하려는 개인의 동기 상태

행동에 제약을 가하는 위협에는 두 가지 유형이 있다(Linder & Crane, 1970). 첫째, 사회적 위협은 소비자로 하여금 무언가를 하게 하는 타인의 외부압력이다. 예를 들어, 소비자로 하여금 어떤 제품을 구매하도록 또는 어떤 영화를 보도록 압력을 가하는 것이다. 만일 그 압력이 너무 크다면, 소비자는 반발할 수도 있고 결과적으로 부메랑 효과를 일으킬 수도 있다. 이러한 예에서 소비자는 압력을 행사하는 사람이 의도하는 방향과는 정반대 방향으로 움직인다. 둘째, 비개인적 위협은 특정한 제품이나 서비스를 구매하려는 소비자의 능력을 제한하는 장벽이다. 예를 들어, 제품이 품절되는 경우, 소비자에게 이용가능하지 않은 경우, 제품가격이 인상되는 경우, 소비자가 감당할 수

없는 경우다. 이러한 각각의 장벽에 대한 소비자의 가능한 반응은 크게 두 가지다. 하나는 특정 제품을 재평가하여 그 제품을 더 원하는 것이고, 다른 하나는 처음에 선택되지 않은 대안을 더욱 긍정적으로 재평가하는 것이다.

소비자가 저항을 경험하려면 세 가지 조건이 충족되어야 한다(Clee & Wicklund, 1980). 첫째, 소비자가 자신이 주어진 상황에서 방해받지 않고 자유스럽게 선택할 수 있다고 믿어야 한다. 그러나 대안적인 제품들이 이용 가능하지 않아서 소비자가 자유선택을 할 수 없게 되는 경우에는 저항을 경험하지 않을 것이다. 둘째, 소비자가 자신의 자유가 위협받는다고 느껴야 한다. 셋째, 구매결정이 소비자에게 중요한 것이어야 한다. 이러한 세 가지 조건이 충족됐을 때 소비자는 심리적 저항을 경험한다.

(7) 소비자 독특성 욕구

소비자의 독특한 구매행동을 설명해 줄 수 있는 '소비자 독특성 욕구' 척도가 국내외에서 개발되었다(김완석, 유연재, 2003; Tepper, Bearden, & Hunter, 2001). 독특성 욕구는 타인과 구별되는 자신만의 독특함이나 고유함을 표현하고자 하는 개인의 욕구로

독특성 욕구
타인과 구별되는 자신만의 독특함이나 고유함을 표현하고자 하는 개인의 욕구

정의되며, 사람은 이러한 욕구를 외적 행동을 통해 드러내려고 한다(Snyder & Fromkin, 1977).

독특성 욕구 이론에 따르면, 타인과 다르게 보이려는 욕구는 자신의 독특성이 위협을 받는 상황에서 유발된다. 사람은 자기를 구별해 주는 행동을 통해 자신의 자존감을 고취하고, 부정적인 감정을 감소시키려 한다. 따라서 소비행동은 개인의 독특성 욕구가 드러날 수 있는 매우 적절한 분야다. 사람은 타인과 자신을 구별하기 위해 소비행위를 하거나 소유물을 과시함으로써 자신의 독특성 욕구를 충족시킬 수 있다(Snyder, 1992). 독특성 욕구를 소비상황에 적용하면, 독특성 욕구가 높은 소비자는 의도적으로 시각적으로 또는 기능적으로 독특한 제품을 구매하거나 과시하여 타인과 자신을 차별하려고 시도한다.

3. 감정

감정과 동기는 밀접한 관련이 있다. 감정은 기본적 동기와 동일한 방식으로 행동을 활성화하고 그 방향을 지시한다. 또한 감정은 동기화된 행동을 동반한다. 예를 들어, 성은 강력한 동기일 뿐만 아니라 강력한 쾌락의 원천이다.

1) 용어 및 개념

우리나라 문헌에서 감정, 정서, 느낌, 기분, 감성 등이 혼합되어 사용되는 것을 자주 보는데, 영어에서도 affect, emotion, feeling, mood 등이 잘 구분되지 않고 사용된다. 저자는 국내 심리학자들 중에서 감정 분야의 전문가인 조은경(1997)의 의견을 반영하여 emotion을 정서로, feeling을 느낌으로, mood를 기분으로 번역하였다. 그리고 저자는 affect를 감정으로 번역하였고, 감정이 정서, 느낌, 기분을 모두 포함하는 일반적이며 포괄적인 용어라고 보는 것이 타당하다고 생각한다.

한편 조은경(1997)은 emotion을 감성으로 번역하는 것은 지나치게 성향적인(dispositional) 것으로 보이기에 부적절하다고 보았다. 이에 근거하여 저자는 소비자·광고 분야에서 affect를 감성으로 번역하는 것 역시 부적절하다고 생각한다. 감성은 감각과 감정이 결합된 것이며, 영어로 sensitivity가 적절할 것이다.

지금까지의 연구들을 살펴보면, 일반적으로 학자들 간에 정서와 기분은 비교적 일관성 있게 구분되고 있다(Ekman & Davidson, 1994). 정서는 기분에 비해서 지속시간이 짧고, 선행사건이 분명히 지각되며, 대상이 뚜렷하고, 독특한 얼굴표정과 강렬한 생물학적 과정을 수반하며, 행동(준비성)에 변화를 가져온다. 반면에 기분은 일시적이지만 정서에 비해 비교적 오랫동안 유지되며, 뚜렷한 선행사건을 지각하지 못하는 경우가 많고, 고유한 표현행동이나 생물학적 과정에 변화가 없으며, 판단 및 결정과 같은 인지과정에서의 변화를 초래한다.

한 연구자는 즉각적인 두드러진 선행요인들이 없다는 점을 기분과 정서를 구분하는 주요 특징으로 지적한다(Forgas, 1995). 이는 기분이 불특정적인 일반적 감정 상태로 구체적인 표적을 향한 것이 아니라는 것을 의미한다. 즉, 분노와 같은 부정적 정서는 그런 정서를 일으킨 원인에게로 향해 있지만, 부정적 기분은 그러한 표적을 가지고 있지 않다는 것이다. 즉, 기분은 표적 지향적이기보다는 환경에 대한 반응을 포함한다는 것이다.

한편 정서는 높은 각성수준을 수반하기 때문에 다른 정서가 동시에 일어나기 어렵도록 억제하지만, 기분은 각성수준이 낮기 때문에 다른 성격의 기분이 동시에 경험될 수 있다고 제안하는 학자도 있다. 그러나 정서와 기분이 발생하는 상황이 뚜렷이 구분되는 것은 아니고, 때로는 정서가 경험된 후에 특정한 기분으로 발전하기도 하고, 어떤 기분상태에서 특정한 정서를 더 쉽게 경험하기도 한다(조은경, 1997). 이러한 고찰에 근거해 볼 때, 기분이 정서보다 더 부드러운 표현임을 알 수 있다.

2) 정서의 구조

〈표 2-1〉은 사람이 생활하면서 경험하는 기본적인 정서를 보여 준다(Izard, 1977). 소비자 연구가는 이 분류를 많이 사용하였다. 예를 들어, 한 연구에서 연구가는 소비자에게 그들이 구매한 신차에 관한 그들의 감정을 질문하였다. 감정측정은 〈표 2-1〉에서 제시된 10개의 정서들을 가지고 이루어졌다. 연구결과는 만족한 소비자는 유쾌한 놀라움 그리고 흥미로움의 반응을 보였지만, 불만족한 소비자는 분노, 혐오, 멸시, 죄책감, 비탄 등의 반응을 보였고 이러한 정서는 소비자에게 적대감을 심어 주었다(Westbrook & Oliver, 1991).

연구가들은 〈표 2-1〉에서 확인된 것 같은 정서들이 감정반응의 두 가지 기본 양극 차원에서 유래한다는 것을 발견하였다. 첫 번째 차원은 쾌(pleasant)-불쾌(unpleasant)이고, 두 번째 차원은 흥분(aroused)-수동(passive)이다(Russell, 1980). [그림 2-11]은 정서의 2차원 구조를 보여 준다. 2차원에 의해 형성된 4개의 사분면에, 기쁨, 분노, 안

〈표 2-1〉 정서 경험에 대한 아이자드의 분류

분류			
1. 흥미(interest)	2. 기쁨(joy)	3. 놀람(surprise)	4. 분노(anger)
5. 비탄(distress)	6. 혐오(disgust)	7. 멸시(contempt)	8. 공포(fear)
9. 부끄러움(shame)	10. 죄책감(guilt)		

출처: Izard(1977).

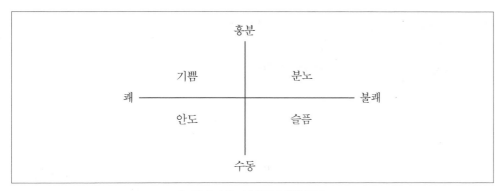

[그림 2-11] | 정서의 2차원 구조

도(contentment), 슬픔(sadness) 등과 같은 특정한 정서가 놓일 수 있다. 예를 들어, 만일 소비자가 매우 유쾌하면서 흥분한다면, 소비자는 기쁨의 정서를 경험한다. 대조적으로 만일 소비자가 매우 불쾌하면서 꽤 수동적이라면, 소비자는 슬픔의 정서를 경험한다. 한 연구는 소비자가 TV광고에 대해서 이러한 차원을 경험한다는 것을 확인하였다(Mano, 1996).

(1) 강력한 정서의 경험

소비자가 강력한 정서를 경험하는가? 독자가 소비자 고발센터에 가보면 그렇다는 것을 알게 된다. 또한 인터넷에 올라오는 소비자의 고발 내용을 보더라도 알 수 있다. 몇 년 전의 만두 파동과 미국산 쇠고기에 관한 소비자의 반응은 어떠했는가? 소비자는 분노에서 격노까지 매우 강한 부정적 정서를 경험할 수 있다. 또한 소비자는 강한 긍정적 정서(예, 기쁨)를 경험하기도 한다. 예를 들어, 독자가 기대하지 않았던 선물을 받았던 때를 회상해 보라. 독자의 반응은 어떠하였는가?

여기서 한 가지 흥미로운 점은 소비자가 TV광고 또는 인쇄광고를 봤을 때 기쁨, 분노, 공포, 성적욕망, 놀라움 등의 정서를 정말로 경험하느냐다. 만일 경험한다면, 이러한 정서의 강도는 비교적 낮을 것임에 틀림없다. 만일 강도가 낮다면, 이러한 정서가 행동에 영향을 줄 수 있겠는가? 연구결과는 낮은 수준의 정서도 소비자의 인지와 행동에 영향을 준다고 제안한다(Allen, Machleit, & Marine, 1988).

메시지 전략은 부분적으로 광고제작자가 표적집단에서 끌어내기 원하는 정서 유형에 근거한다. 사실상 메시지소구 유형은 광고제작자가 끌어내려는 정서에 의해 명명된다. 예를 들어, 공포소구는 공포를, 죄책감 소구는 죄책감을, 성적 소구는 성적 욕망을, 유머소구는 유머를 끌어내려고 개발된 광고메시지다. 메시지 전략은 제7장의 광고소구와 설득 커뮤니케이션에서 다룰 것이다.

(2) 경험하는 정서의 유형

소비자는 〈표 2-1〉에서 제시한 정서유형을 모두 경험하는가? 소비자연구가에 의한 한 가지 일관된 결과는 광고에 대한 반응이 두 가지 정서차원에 근거한다는 것이다(Edell & Burke, 1987; Westbrook, 1987). 즉, 하나는 긍정적인 감정상태로 구성되고, 다른 하나는 부정적 감정상태로 구성된다. 이 결과의 시사점은 단일 메시지 또는 사건이 소비자로부터 좋고 나쁜 감정 둘 다를 동시에 끄집어낼 수 있다는 점이다.

이러한 결합은 종종 일어난다. 예를 들어, 의약품 광고의 경우 처음에는 무척 고통스러워하는 환자의 모습을 보여 주다가 약 투여 후 환하게 웃는 환자의 모습을 보여 준다. 이러한 광고는 소비자에게서 두려움과 불안이라는 부정적 정서 그리고 즐거움과 기쁨이라는 긍정적 정서를 동시에 끄집어낸다. 이러한 정서유형에 대한 분석이 광고로부터 제품이나 서비스에 대한 소비자의 반응으로 옮겨갈 때, 감정반응의 범위는 극적으로 증가한다. 예를 들어, 구매 직후부터 문제를 자주 일으키는 신차를 갖고 있는 소비자를 생각해 보자. 이 소비자는 분명히 분노, 혐오, 멸시감 등을 경험할 것이다.

따라서 선행연구들은 소비자가 앞에서 기술한 정서경험의 2차원을 경험한다고 제안한다. 다시 말해, 소비자의 정서는 긍정적 또는 부정적 그리고 능동적 또는 수동적일 수 있다.

(3) 감정강도에서의 개인차

소비자는 감정강도에서 개인차를 갖는가? 연구가들은 동일한 감정자극에 대해 소비자가 다른 감정강도를 가지고 반응한다는 것을 보여 주었다. 감정강도는 감정을 유발하는 자극에 대해 개인이 경험하는 감정과 관련된 강도에서의 안정된 차이를 말한다

감정강도
감정을 유발하는 자극에 대해 개인이 경험하는 감정과 관련된 강도에서의 안정된 차이

(Larsen & Diener, 1987). 연구들은 감정강도가 높은 소비자가 낮은 소비자보다 감정을 유발하는 광고에 대해 더 강하게 반응한다는 것을 확인하였다(양윤, 고은형, 2000; 양윤, 민재연, 2004; Moore, Harris, & Chen, 1994). 또한 감정강도가 높은 소비자가 감정을

유발하는 광고에 대해 더 긍정적인 태도를 보인다. 이러한 결과들은 강력한 감정소구를 활용하려는 마케터에게서 감정강도가 중요한 시장세분화 요인이 될 수 있음을 시사한다(Moore, Harris, & Chen, 1995).

3) 감정과 정보처리

소비자 분야에서는 감정 중 기분에 관한 연구가 많이 이루어졌다. 기분에 관한 연구들은 인지적 측면에서 기분의 효과를 알아보는 데 초점을 맞추었다. 이러한 연구는 기분이 소비자의 지각, 판단, 사고, 기억 등의 인지과정에 영향을 준다는 것을 보여 주었다.

먼저 기분이 정보처리를 방해한다고 보는 이론이 있는데, 이는 정교화 가능성 모형(Petty & Cacioppo, 1986, 제3장 참조)과 휴리스틱-체계 모형(Chaiken, 1980)이다. 이 두 모형은 메시지 처리능력과 동기가 낮을 경우 메시지 주장의 강도가 태도형성에 미치는 영향이 약화되는데, 이때 기분이 능력과 동기를 결정하는 요인이 된다고 가정한다.

기분이 정보처리에 미치는 영향을 설명하는 또 다른 이론들이 있는데, 이는 기분유지/전환 이론, 쾌락연계성 이론, 그리고 위험판별 이론 등이다.

긍정적 또는 부정적 기분이 정보처리에 미치는 효과를 설명하는 기분유지/전환 이론은 긍정적인 기분의 사람은 자신의 기분을 유지시키기 위해 긍정적인 정보에 더 주의를 기울이도록 동기화되고, 반면에 부정적 기분의 사람은 자신의 기분을 향상시켜 주는 정보에 주의를 기울임으로써 기분을 전환하도록 동기화된다고 설명한다(Schaller & Cialdini, 1990). 따라서 이 관점은, 긍정적 기분이나 부정적 기분에 상관없이, 사람은 항상 긍정적인 정보를 부정적인 정보보다 더 설득적인 것으로 간주한다고 주장한다.

쾌락연계성 이론(Wegener & Petty, 1994)은 사람은 긍정적인 상태를 획득하거나 유지하기 위해 자신들의 기분을 관리하려 한다고 주장한다. 이 이론에 따르면, 메시지는 그 메시지의 처리가 메시지 수용자에게 긍정적이거나 또는 부정적인 결과를 가져올 수 있다는 일종의 신호가 되고, 메시지 처리에 착수하려는 수용자의 동기는 그러한 단서와 그들의 현재 기분상태에 기초하여 결정된다. 즉, 긍정적 기분에 있는 사람은 메시지를 면밀히 검토할 능력은 지니고 있지만, 긍정적 기분상태를 유지하거나 증가시키려는 동기가 작용함에 따라 정보처리가 다르게 된다는 것이다.

쾌락연계성 이론은 긍정적 기분의 사람들이 기분을 향상시키는 메시지는 처리하고, 우울하거나 부정적인 정보는 피하도록 동기화된다고 설명하는 점에서는 기분유지/전환 이론과 유사하다. 그러나 기분유지/전환 이론과 달리, 쾌락연계성 이론은 부정적 기분상태의 사람은 이미 부정적인 기분에 있기 때문에 정보가 자신들의 기분을 어떻게 손상시킬지에 대하여 신경 쓰지 않고, 따라서 이러한 경우 긍정적이거나 부정적인 정보의 효과는 약하거나 유의하지 않게 된다고 설명한다. 그러나 쾌락연계성 이론은 긍정적인 기분에 있는 소비자는 부정적인 기분에 있는 소비자에 비해 모든 부정적인 제품정보에 결정 가중치를 덜 주는 경향이 있다고 제안한다.

위험판별 이론은 긍정적 기분의 사람이 무조건 부정적인 메시지의 처리를 피하기보다는 메시지가 나타내는 손실이 현실적이고 클 때, 또는 그것이 메시지 수용자에게 중요한 것일 때, 신중한 위험 관련 결정을 내림으로써 부정적인 정보를 주의 깊게 고려한다고 설명한다(Isen & Geva, 1987; Isen & Patrick, 1983). 이 이론에 따르면, 긍정적인 기분상태의 사람에게는 긍정적인 메시지보다 부정적인 메시지가 더 효과적인데, 이는 긍정적인 상태의 사람이 그렇지 않은 사람보다 잃을 것이 더 많으므로 손실에 대하여 더 고려하기 때문이다. 또한 긍정적인 상태의 사람이 긍정적 감정에 대한 장기간의 통제를 유지하려고 동기화되면, 현재의 긍정적 감정이 손상되는 것을 감수하고 부정적인 정보에 대하여 더 수용적이게 된다. 긍정적 기분의 사람은 중요하고 큰 이해관계의 위험과 더 사소하고 낮은 이해관계의 위험을 더 잘 구별할 수 있는 더 나은 결정자라고 할 수 있는 것이다. 반대로 부정적 감정은 비용과 편익의 적절한 가중치를 방해하는 것으로 보인다. 따라서 부정적 기분의 사람은 위험의 정도에 상관없이 부정적으로 반응한다.

한편 감정에 관한 최근의 연구 흐름은 정보처리에서 긍정적 감정과 부정적 감정 간의 차이를 살펴보는 데서 벗어나 긍정적 감정과 부정적 감정의 하위 유형들 간의 차이를 밝혀 내는 데 관심을 둔다. 다시 말해, 긍정적 감정의 하위 유형인 기쁨, 행복, 유쾌함 간에 그리고 부정적 감정의 하위 유형인 슬픔, 분노, 짜증 간에 소비자의 정보처리에서 어떠한 차이가 있는지를 밝히려고 한다. 한 연구는 부정적 감정의 하위 유형인 분노와 슬픔 간에 차이가 있음을 보여 주었다(양윤, 조수완, 2008). 이 연구에서 분노한 소비자는 슬픈 소비자보다 광고메시지의 결론을 추론하는 데 시간이 덜 걸렸으며, 광고를 본 후 광고제품에 대해 추론한 양에서도 더 적었다.

결론적으로 앞에서 살펴본 이론 및 연구들은 감정이 소비자의 정보처리에 명백하게 영향을 준다는 것을 실증적으로 보여 주고 있으며, 이를 통해 광고에 대한 소비자 연구에서 감정의 중요성을 부각시키고 있다.

4. 태도

태도란 어떤 대상에 대한 개인의 호의적 또는 비호의적인 성향(predisposition)을 나타내는 내적 감정의 표현을 말한다. 심리적 과정의 결과로서 태도는 직접적으로 관찰할 수는 없고, 개인이 말한 것에서 또는 개인의 행동에서 추론해야 한다. 따라서 소비자연구가는 소비자에게 질문을 하거나 소비자의 행동에서 추론함으로써 소비자의 태도를 평가한다. 예를 들면, 만일 소비자연구가가 한 소비자가 오뚜기 라면을 일관되게 구매했고 친구들에게 그것을 권한다는 것을 질문을 통해 알았다면, 그 소비자가 오뚜기 라면에 대해 긍정적인 태도를 갖고 있다고 추론할 것이다.

소비자 맥락에서 태도란 어떤 주어진 대상(예, 상표, 서비스, 매장 등)에 관해 일관적으로 호의적이거나 비호의적인 방식으로 행동하게 하는 학습된 성향으로 정의된다. 이 정의의 각 부분(대상, 학습된 성향, 일관성 등)이 태도의 중요한 특성을 기술하며 소비자행동에서의 태도의 역할을 이해하는 데 중요하다. 이 절에서는 태도의 특성, 기능, 구성요소, 태도모형, 행동과의 관계 등에 관해 살펴볼 것이다.

1) 태도의 특성

앞서 소비자태도에 대해 언급한 정의에서 대상을 폭넓게 해석할 수 있으나, 소비자 맥락에서는 제품범주, 상표, 서비스, 광고, 가격 또는 매장 등과 같이 특정한 소비자 또는 마케팅과 관련된 개념으로 대체하는 것이 적절하다. 예를 들어, 만일 다양한 자동차에 대한 사용자의 태도를 조사한다면, 태도대상은 소나타, SM5, 그랜저, 체어맨 등이 포함될 수 있다.

둘째, 태도가 학습된다는 것은 일반적으로 받아들여지고 있다. 구매행동과 관련 있는 태도는 제품에 대한 직접적인 경험, 타인으로부터 얻어진 정보, 그리고 광고에의 노출 등의 결과로 형성된다. 따라서 태도는 행동과 동일한 것이 아니라, 태도대상에 대한 호의적이거나 비호의적인 평가를 나타냄을 명심하는 것이 중요하다. 성향으로서 태도는 동기적 특질을 갖는다. 다시 말해, 소비자로 하여금 특정한 행동을 하도록 유도할 수 있다.

셋째, 태도는 행동과 관련하여 비교적 일관성을 갖는다. 여기서 일관성을 영구성과 혼돈해서는 안 된다. 태도는 영구적이지 않고, 변화할 수 있다. 이는 다음 장의 '1. 태도변화'에서 다룰 것이다. 정상적으로 소비자의 태도가 행동과 일치할 것이라고 우리는 기대한다. 예를 들어, 신라면을 매우 좋아하는 소비자는 신라면을 구매할 것이라고 기대할 수 있고, 유사하게 이런 소비자는 열라면에 관심을 두지 않을 것이며, 구매하지도 않을 것이라고 기대할 수 있다. 그러나 소비환경은 종종 변화하며, 따라서 소비자의 태도와 행동에 영향을 미치는 상황변수를 고려해야만 한다.

상황이란 한 특정 시점에서 태도와 행동 간의 관계에 영향을 주는 사건이나 환경을 말하며, 소비자로 하여금 자신의 태도와 일치되지 않는 방식으로 행동하게 만들 수 있다. 예를 들어, 매번 다른 상표의 커피를 구매하는 소비자를 상상해 보자. 이 소비자가 보이는 상표전환이 이전 상표에 대한 부정적인 태도나 불만족을 반영할 수도 있겠지만, 특정한 상황변수(예, 품절, 가격인상 등)에 의해 영향을 받았을 수도 있다. 또 다른 예로 만일 한 소비자가 카페인이 없는 커피를 매번 구매한다면, 이 소비자가 그 커피에 대해 호의적인 태도를 갖고 있다고 잘못 추론할 수도 있을 것이다. 즉, 이 소비자는 원래 카페인이 없는 커피의 맛을 싫어하지만, 그러한 커피를 마셔야만 한다는 의사 지시에 따른 것일 수도 있을 것이다. 따라서 태도측정에서 행동이 일어나는 상황을 고려하는 것이 중요하며, 이는 소비자태도와 행동 간의 관계를 해석할 때 주의해야 함을 시사한다.

2) 태도의 기능

만일 마케터가 소비자에게 무언가를 얼마나 좋아하는지 또는 무언가에 대해 어떻게 느끼고 있는지를 묻는다면, 소비자는 질문대상에 대한 자신의 태도를 드러낼 것이다. 실제로 태도가 일단 형성되면, 태도는 소비자의 장기기억에 저장될 수 있고, 나아가서 적절한 경우가 생길 때, 태도는 소비자가 당면한 문제를 처리할 수 있도록 기억에서 인출될 수 있다. 이런 방식으로 태도는 기능을 발휘하며, 태도의 기능은 소비자로 하여금 소비환경과 더 효율적으로 상호작용하게 한다.

　가장 많은 주의를 받은 태도의 기능이론은 다니엘 카츠(Daniel Katz, 1960)에 의해 제안된 것으로, 그는 기능을 네 가지로 구분하였는데, 이는 효용성 기능, 자아방어 기능, 가치표현 기능, 지식 기능 등이다.

① 효용성 기능

　태도의 효용성 기능은 소비자로 하여금 바람직한 욕구를 달성하게 한다. 즉, 효용성 기능은 사람으로 하여금 즐겁거나 보상적인 대상을 얻게 하고 불쾌하거나 바람직하지 않은 대상을 피하도록 함으로써 보상을 극대화하고 불쾌감이나 처벌을 극소화하려는 효용주의 개념을 나타낸다. 예를 들어, 빠른 진통과 안전

효용성 기능
사람이 즐겁거나 보상적인 대상을 얻게 하고 불쾌하거나 바람직하지 않은 대상을 피하게 함으로써 보상을 극대화하고 불쾌감이나 처벌을 극소화하려는 태도의 기능

성이 두통약의 가장 중요한 기준이라고 생각하는 소비자는 이러한 기준을 충족시킬 수 있는 상표에 대해서는 호의적일 것이지만, 그렇지 못한 상표에 대해서는 비호의적일 것이다.

② 자아방어 기능

　태도의 자아방어 기능은 사람으로 하여금 불안과 위협에서 벗어나 자아와 자기이미지를 보호하게 해 준다. 카츠에 의해 제안된 자아방어 기능은 프로이트의 정신분석학적 접근에서 유래하며, 이와 관련하여 태도는 일종의 방어기제로 작용한다.

　소비자 맥락에서 담배를 피우는 사람은 흡연의 단점에 대하여 자신을 방어하기 위해 흡연에 대해 긍정적인 태도를 가질 수 있으며, 이와 유사하게 자신의 신체적 부적절함(예, 비만)에 대해 자신을 방어하기 위해 다이어트식품

자아방어 기능
사람이 불안과 위협에서 벗어나 자아와 자기이미지를 보호하게 하는 태도의 기능

가치표현 기능
개인의 중심적 가치와 자기개념을 표현하게 하는 태도의 기능

지식 기능
사람이 자신의 세계를 이해하는 데 도움을 줄 기준으로 작용하는 태도의 기능

에 대해 긍정적인 태도를 표출하거나 구매할 수 있을 것이다. 다시 말해, 일부 제품(예, 구강살균제, 껌)은 불안을 야기하는 상황을 피하기 위해 구매되는데, 소비자는 사회적 수용, 자신감 등과 연관되어 자신의 자아를 방어해 줄 수 있는 상표에 대해 긍정적인 태도를 갖는다.

③ 가치표현 기능

가치표현 기능도 정신분석학적 접근에서 유래했지만, 자아방어기제로 작용하기보다 개인의 중심적 가치와 자기개념을 표현하도록 유도한다. 실제로 태도의 표현은 개인으로 하여금 자신의 자기개념을 규정하도록 도울 수 있다. 소비자 맥락에서 가치표현 기능은 소비자로 하여금 자신의 가치 또는 자기개념을 표현해 주는 제품을 구매하게 할 것이다.

④ 지식 기능

태도는 또한 사람이 자신의 세계를 이해하는 데 도움을 줄 기준으로 작용할 수 있다. 즉, 태도는 사람이 조직화되지 않고 혼란한 세계에 의미를 부여하도록 돕는다. 예를 들어, 소비자는 화려하고 요란한 외투를 입은 판매원에 대해 또는 부드러운 음악과 호화로운 실내장식으로 꾸며진 매장에 대해 태도를 발전시킬 것이고, 이러한 상황에 접했을 때 소비자는 그 태도에 근거하여 정보를 해석할 것이다. 이러한 절차는 소비자가 자신의 소비환경을 단순화하도록 돕는다.

따라서 만일 소비자가 화려하고 요란한 외투를 입은 판매원을 부정적으로 본다면, 그 소비자는 이런 판매원과의 거래에 저항감을 느끼거나 거래를 하지 않을 것이다. 이 예에서 소비자는 이런 판매원의 말을 들어야 하느냐 아니냐에 관해 생각할 필요가 없고, 대신에 태도는 소비자로 하여금 더 중요한 문제에 초점을 두게 하여 판매원과의 접촉 자체를 단순화시킨다.

요약하면, 태도는 상이한 기능을 가지며 수행하는 기능에 따라서 제품, 상표, 서비스 또는 광고에 대한 소비자의 전반적인 평가도 달라진다. 즉, 여러 소비자가 여러 가지 다른 이유로 동일한 제품이나 광고를 좋아하거나 싫어할 수 있기 때문에 태도의 기능을 참조하는 것이 유용할 수 있다.

3) 태도의 구성요소

태도는 세 가지 주요 요소, 즉 인지요소, 감정요소, 행동요소 등을 가지고 있다.

인지요소   태도의 첫 번째 요소는 개인의 인지와 관련된다. 즉, 태도대상과의 직접

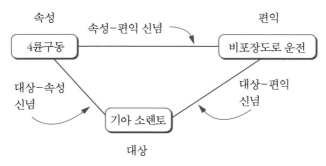

[그림 2-12] ㅣ 대상, 속성, 편익 간의 관계

적인 경험과 다양한 출처로부터의 관련된 정보의 결합에 의해 얻어지는 지식과 지각을 포함한다. 이러한 지식과 지각은 신념의 형태를 취하며, 이 신념은 태도대상이 다양한 속성을 갖고 있고 특정한 행동이 특정한 결과를 가져올 거라는 소비자의 믿음을 나타낸다. 속성이란 대상이 가지고 있거나 또는 가지지 못한 특성을 말한다. 예를 들어, 소비자는 오뚜기 진라면이 '식물성 기름에 튀기며, 방부제가 없고, 믿을 수 있는 회사제품이며, 맛이 있다.' 라고 믿을 수 있는데, 이러한 각 신념은 이 상표의 속성에 관한 소비자의 지식과 지각을 반영한다. 따라서 이러한 신념들의 총체가 태도대상에 대한 태도의 인지성분을 나타낸다.

한편 인지요소인 신념은 세 가지 형태로 나타날 수 있다. 첫째, 대상-속성 신념으로, 이는 대상이 특정 속성을 갖고 있다는 지식을 말한다. 예를 들어, '기아 소렌토(대상)는 4륜구동(속성)이다.'를 들 수 있다. 둘째, 속성-편익 신념으로, 편익(benefit)이란 속성이 소비자에게 제공하는 긍정적인 성과를 말한다. 즉, 속성-편익 신념은 특정 속성이 특정 편익을 제공할 것이라는 소비자의 지각을 의미한다. 예를 들어, '4륜구동(속성)은 진흙길과 같은 비포장도로를 달릴 수 있다(편익).'를 들 수 있다. 셋째, 대상-편익 신념으로, 이는 특정 대상(예, 제품, 상표 등)이 특정한 편익을 제공할 것이라는 소비자의 지각을 말한다. 예를 들어, '기아 소렌토(대상)는 진흙길과 같은 비포장도로를 달릴 수 있다(편익).'를 들 수 있다. 이러한 세 가지 형태의 신념이 [그림 2-12]에 제시되어 있다.

감정요소   특정 제품이나 상표에 대한 소비자의 감정이 태도의 감정요소를 나타낸다. 이러한 감정은 평가 차원으로 태도대상에 대한 개인의 전반적 평가를 반영한다.

즉, 개인이 특정한 태도대상을 호의적이거나 비호의적인 것으로 또는 좋아하거나 싫어하는 것으로 평가하는 정도를 의미한다.

　소비자가 태도대상에 관하여 부여하는 감정반응은 태도대상의 각 속성에 대한 소비자 자신의 신념에 근거를 두는데, 간혹 태도대상에 관한 신념 자체 외에도 개인 또는 상황 요인으로부터 영향을 받을 수 있다는 점에 유의해야 한다. 예를 들어, 롯데 자일리톨 껌 가격이 500원이라는 신념은 '적당하다'라는 긍정적 반응 또는 '비싸다'라는 부정적 반응을 야기할 수 있고, 또 다른 예로 카시오 디지털 전자 손목시계가 시간을 측정할 때 편하다는 신념은 운동을 하려는 상황에서는 긍정적 반응을 일으키겠지만, 결혼예물을 준비하는 상황에서는 부정적 반응을 일으킬 것이다. 따라서 각 신념이 어떠한 감정반응을 일으키는지는 소비자와 상황 간의 상호작용에 근거한다고 볼 수 있다.

　행동요소　　태도의 마지막 구성요소인 행동요소는 개인이 태도대상과 관련하여 특정한 방식으로 행동할 가능성 또는 경향성을 나타낸다. 비록 행동요소에 실제 행위가 포함될 수도 있지만, 마케팅과 소비자연구에서, 행동요소는 소비자의 구매의도로 빈번히 다루어지며, 구매의도 척도에 의해 소비자가 제품을 구매하려는 가능성을 측정한다. 구매의도 척도의 예는 다음과 같다.

당신이 12개월 내에 삼성 캠코더를 구매할 가능성은 어떻게 됩니까?

분명히 구매 안 함	아마도 구매 안 함	확신 못함	아마도 구매함	분명히 구매함
1	2	3	4	5

(1) 태도의 구성요소의 위계

　태도의 구성요소들은 구매과정에 따라 그 위계가 달라지는데, 이를 효과의 위계라 한다. 다시 말해, 효과의 위계는 신념, 감정, 행동이 발생하는 순서가 구매과정에 따라 달라짐을 기술한다. 〈표 2-2〉는 네 가지의 가능한 구매과정과 이러한 각각의 과정에 관련된 효과의 위계를 보여 주는데, 이는 표준학습위계, 저관여위계, 경험위계 그리고 행동영향위계다.

〈표 2-2〉 구매과정 및 관련된 효과의 위계

구매 과정	효과의 위계
1. 고관여	표준학습위계: 신념 – 감정 – 행동
2. 저관여	저관여위계: 신념 – 행동 – 감정
3. 경험/충동	경험위계: 감정 – 행동 – 신념
4. 행동영향 행동	행동영향위계: 행동 – 신념 – 감정

① 표준학습위계

이 위계에서 소비자는 대상에 대한 신념을 먼저 형성하고, 그 다음에 대상에 대한 감정을 가지며, 마지막으로 대상과 관련되는 행동(예, 구매행동)을 일으킨다. 신념이 감정을 유발하고 감정이 행동을 이끄는 이러한 형태가 표준학습위계(Ray, 1973) 또는 고관여위계다. 구매결정에서 관여가 증가할 때, 소비자는 제품대안에 대해 확장적인 정보탐색을 하는 경향이 있고, 그 결과로서 대안에 관한 많은 신념을 형성하는 경향이 있다. 또한 소비자는 대안을 비교하고 평가하는 데 많은 시간을 들이는 경향이 있다. 이러한 문제해결 과정을 통해 소비자는 확실한 태도를 형성한다. 이러한 신념과 태도의 형성과 더불어, 소비자의 행동의도는 제품 또는 서비스를 구매하려는 행동을 일으킨다. 요약하면, 소비자가 특정한 구매결정에 높게 관여될 때, 그들은 확장적 문제해결 행위를 일으켜서 표준학습위계를 따른다. 즉, 신념형성, 태도형성, 행동의 순서를 따른다.

② 저관여위계

1960년대에 소비자연구가는 많은 소비자가 고관여위계의 패턴을 따르지 않고 구매를 한다는 것을 인식하기 시작하였다(Lavidge & Steiner, 1961). 많은 경우에 소비자는 사전에 감정을 갖지 않은 채 제품을 구매한다. 이러한 경우 소비자가 제품에 관한 신념을 먼저 형성하고, 뒤이어서 구매를 하며, 구매 후에 제품에 관한 태도를 형성한다(Olshavsky & Granbois, 1979).

구매상황에서 소비자의 관여수준이 낮을 때 태도는 구매행동이 일어난 후에 나타난다. 저관여 결정에서의 구매과정은 고관여 결정과는 꽤 다르다. 이러한 경우에 소비자는 확장적인 문제해결을 하려는 동기가 없다. 대신에 소비자는 피상적인 방식으로 소수의 제품대안을 고려하고 이에 따라 대안에 관한 제한된 수의 신념을 형성하는 제한된 결정과정을 사용한다. 소비자가 대안을 자세히 평가하지 않기 때문에, 이들이 대안에 대한 태도를 형성하지 못할 수 있다. 저관여 상황에서 태도는 소비자가 제품 또는 서비스를 구매하고 사용해 본 후 그들이 제품 또는 서비스에 관해 어떻게 느끼는지를 회상할 때 형성되는 경향이 있다. 따라서 소비자가 저관여 구매상황에 있을 때, 그들은 제한된 문제해결 과정을 일으켜서 저관여위계라는 패턴을 따라가는 경향이 있다. 즉, 신념형성, 구매행동, 태도형성의 순서를 따른다.

③ 경험위계

경험적 관점에서 보면, 소비자는 어떤 감정이나 흥분을 얻으려는 강력한 욕구 때문에 행동을 한다. 이러한 경우 효과위계는 감정이나 태도로부터 시작한다. 예를 들어, 친구가 라이브뮤직 콘서트에 가자고 했을 경우를 생각해 보자. 당신의 결정은 아마도 콘서트에 관해 당신이 갖는 감정에 근거할 것이다. 만일 당신이 콘서트에 가는 이유를 누군가가 묻는다면, 당신은 몇 가지 신념을 말할 수 있을 것이지만, 이러한 신념은 아마도 당신의 결정에서 당신의 감정보다는 훨씬 덜 결정적일 것이다. 사실상 이러한 신념은 당신의 결정을 단지 정당화하기 위한 것일 수 있다.

경험위계는 강력한 감정반응으로 시작하고, 이러한 감정에 근거한 행동이 뒤따르며, 마지막으로 행동을 정당화하기 위한 신념을 형성한다. 이러한 경험위계의 대표적인 예가 충동구매다. 충동구매에서는 강력한 긍정적 감정이 먼저 생기고 뒤따라서 구매행위가 일어난다(Rook & Hoch, 1985).

감정이 신념형성보다 먼저 발생한다는 가설은 매우 매력적이지만, 여전히 논쟁의 여지가 있다. 경험위계를 직접적으로 검증한 연구는 거의 없다. 경험위계를 확인하려는 주요 이유는 어떤 구매에서는 감정적 결정이 합리적 결정보다 우선하고 지배적임을 강조하기 위한 것이다. 몇몇 연구자는 감정이 고관여 구매상황에서조차도 결정적인 영향력을 발휘할 수 있음을 지적하였다. 예를 들어, 주택이나 자동차를 구매할 때, 관여수준은 높지만 어떤 소비자의 경우 정보처리가 중단되고 감정이 결정적 역할을 할 수도 있다.

또한 감정적 반응은 어떤 사람에게는 공포를 유발하는(예, 헌혈) 행동에 강력한 영향을 미칠 수 있다. 헌혈에서 감정의 역할을 조사한 한 연구에서 연구자들은 헌혈 경험이 적은 사람에게서 슬픔, 모욕, 기쁨 등과 같은 감정반응이 헌혈을 예측하는 데 주요한 역할을 했음을 발견하였다. 흥미롭게도 헌혈 경험이 많은 사람에게서는 공포감정이 헌혈과 부정적으로 관련되었다. 다시 말해, 헌혈에 대한 두려움이 가장 작은 사람이 헌혈을 할 가능성이 가장 높았다(Allen, Machleit, & Kleine, 1992).

④ 행동영향위계

행동영향위계는 강력한 상황 또는 환경적 힘이 소비자로 하여금 제품에 관한 감정이 없이도 제품을 구매하게 할 수 있다고 제안한다. 예를 들어, 백화점의 세일을 생각해 보자. 많은 사람이 몰려들어 세일 제품을 보거나 구매할 때, 당신은 어떻게 했는가? 틀림없이 제품에 대한 신념이나 감정이 없이 그 제품을 구매한 경험이 있을 것이다. 이러한 구매를 설명하는 것이 행동영향위계다. 이러한 효과위계에서는 행동이 먼저 일어나고, 그 다음에 신념, 감정 순으로 나타날 수 있다. 그러나 행동 다음에 신념 또는 감정이 나타난다는 것은 아직까지 분명하지 않다.

⑤ 효과위계에 관한 부수적 언급

30년 전의 소비자행동 연구가들은 신념, 감정, 행동 간의 관계에 대한 단순한 일차원적 견해를 가졌었다. 오늘날 이 견해는 많은 연구가들이 다양한 구매환경에서 효과의 여러 다른 위계가 나타날 수 있음을 제안할 만큼 매우 복잡해졌다. 예를 들어, 소비자가 일상적인 구매결정을 내릴 때 제품구매 전에 감정이 없다는 것(예, 저관여위계)이 정말로 타당한 것인가? 또는 충동구매에서 소비자가 제품에 관한 신념을 구매 전에 형성할 수 없다는 것이 가능한 것인가? 이러한 물음은 구매행동에 관한 효과위계가 현실적으로 다양해질 필요가 있음을 말해 준다. 소비자는 제품 또는 서비스를 구매하기 전에 그것에 관한 기초적인 신념과 약간은 애매모호한 감정을 가질 수도 있을 것이다. 효과의 다양한 위계가 마케터에게 주는 의미는 다양한 구매과정에서 신념, 태도 그리고 행동 간의 발생 순서가 상대적이라는 것이다.

4) 태도모형

여기서는 균형이론, 다속성 모형, 단순노출 효과 그리고 태도 접근 가능성에 대해 살펴보고자 한다.

(1) 균형이론

　사람은 생활 속의 여러 가지 요소들 사이에 균형과 일관성을 유지하려는 경향이 강하다. 균형과 일관성을 지향하고 유지하는 과정에서 태도가 형성되기도 하고 변화하기도 한다.

　균형이론은 하이더(Heider, 1958)에 의해 제안된 이론으로, 그는 사람에게는 태도와 타인과의 관계들 사이에 조화하는 균형을 유지하려는 동기가 있다고 제안하였다. 이 이론은 관찰자(O), 타인(P), 특정의 태도대상(X) 사이의 인지적 관계를 다룬다. 여기서 관찰자, 타인 및 태도대상은 인지요소라고 한다. 소비자 맥락에서, O는 소비자이고, P는 광고모델일 수 있으며, X는 상표라고 볼 수 있다. 균형이론에 따르면, 이러한 세 가지 인지요소는 균형을 이루는 인지체계를 형성한다.

균형이론
관찰자, 타인, 태도대상 사이의 인지적 관계가 균형을 이루도록 태도가 형성된다는 이론

　[그림 2-13]은 인지요소들 간의 인지체계를 보여 준다. 여기서 두 가지 유형의 연결이 인지요소들을 결합한다. 하나는 감정연결이고, 다른 하나는 단위관계(unit relation)다. 감정연결은 태도와 동일하다. 따라서 감정연결은 P와 X에 대한 O의 평가로, 이는 P와 X에 대한 긍정적 또는 부정적 감정으로 나타난다. 균형이론에서는 긍정적 감정은 '+'로, 부정적 감정은 '−'로 표현한다.

　두 번째 단위관계는 O가 P와 X가 서로 연결된다고 지각할 때 발생한다. 이는 O가 P와 X가 서로 연결되지 않는다고 지각하면, 인지 일관성이 작동하지 않아 균형이론이 성립되지 않음을 의미한다. 그런데 감정연결과 마찬가지로, P와 X 간의 관계 역시 긍정적 또는 부정적일 수 있다. 긍정적 단위관계는 O가 P와 X 간에 호의적 관계로 한 단위를 형성한다고 지각함을 의미하며, 부정적 단위관계는 O가 P와 X 간에 비호의적 단위관계를 형성한다고 지각함을 의미한다.

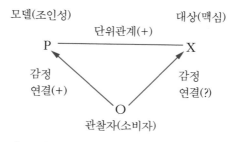

[그림 2-13] ┃ 균형이론에서 인지요소들 간의 인지체계

소비자 맥락에서 단위관계를 형성할 수 있는 다양한 방법이 있다. 이러한 방법들 중에서 가장 널리 사용되는 세 가지 방법은 다음과 같다. 첫째, 광고제품에 관해 잘 알려진 전문가를 선정한다. 예를 들어, 유명한 운동선수를 해당 운동용품의 모델로 선정하는 것이다. 둘째, 모델과 장기간 독점 계약을 함으로써 계약사의 상표하고만 연합시킨다. 화장품 회사들이 이 방법을 주로 사용한다. 셋째, 모델이 광고제품을 대중 앞에서 일관되게 사용하게 한다.

[그림 2-13]을 보면, 소비자인 관찰자는 광고모델에 대해 긍정적인 태도를 가지고 있으며, 모델이 태도대상인 맥심에 대해 긍정적인 태도를 갖고 있다고 지각하고 있다. 이럴 경우, 세 인지요소들 간에 균형을 이루려면, 소비자가 맥심에 대해 긍정적인 태도(+)를 형성해야 한다.

균형이론은 인지체계를 위에서 언급한 균형상태와 불균형상태로 구분한다. 균형상태는 O-P, P-X, O-X 간의 부호(+/-)의 교적이 '+'를 이루는 상태이며, 교적이 '-'면 불균형상태다. [그림 2-14]는 균형이론에서 균형상태와 불균형상태의 예를 보여 준다. 불균형상태는 균형상태로 변화를 일으키는데, 변화가 일어나는 방법은 세 가지가 있다. 즉, O-P, P-X, O-X 중 한 연결에서 변화를 일으키는 것이지만, 최소한의 노력으로 균형이 회복되는 방향으로 변화가 일어난다.

예를 들어, [그림 2-13]에서 소비자가 맥심에 대해 부정적인 태도를 갖고 있다면, 인지체계는 불균형상태에 놓이게 된다. 이 경우 균형을 회복하기 위해서는 소비자가 맥심을 좋아하거나, 조인성을 싫어하거나, 아니면 조인성이 맥심을 싫어하게 만들어야 한다. 따라서 최소한의 노력으로 변화가 가능한 O-X 또는 O-P 방향에서 변화가

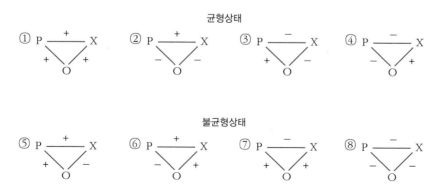

[그림 2-14] | 균형이론에서 균형상태와 불균형상태의 예

일어날 것이다. 이러한 점은 광고에서 모델의 중요성을 시사한다. 이는 모델에 대한 소비자의 태도가 확고하다면, 태도대상에 대한 소비자의 태도형성뿐만 아니라 태도변화 역시 쉬울 것이기 때문이다.

이러한 변화와 관련하여 한 가지 흥미로운 점은 관찰자 자신이 싫어하는 사람과 겪는 인지불균형 상태([그림 2-14]에서 ⑥과 ⑧)에서는 균형을 맞추려는 노력이 적게 나타나 이 경우를 불균형이라기보다는 무균형(nonbalanced) 상태라고 보는 것이 적절하다는 것이다. 즉, 무균형 상태에서는 관찰자는 타인이 태도대상에 대해 어떤 태도를 갖고 있든 상관하지 않는다(홍대식, 1985). 소비자 맥락에서 소비자가 모델을 싫어한다면, 그 모델이 특정 제품 또는 상표에 대해 어떤 태도를 지니든 상관하지 않고 소비자 자신이 그 제품 또는 상표에 대해 독립적인 태도를 형성할 수 있다.

(2) 다속성 모형

다속성 태도 모형은 선별된 제품속성이나 신념에 의해 태도를 알아낼 수 있기 때문에 소비자연구가와 마케터에게 흥미를 주고 있다. 특히 사회심리학자인 마틴 피시바인(Martin Fishbein)과 그의 동료에 의해 제안된 모형이 가장 많은 관심을 받았으며, 이 모형은 다른 많은 연구를 촉진하였다(Fishbein & Ajzen, 1975). 여기서는 피시바인의 네 가지 모형, 즉 대상태도 모형, 행동태도 모형, 합리적 행위 모형, 계획된 행위 모형에 대해 살펴본다.

① 대상태도 모형

대상태도 모형(attitude-toward-object model)은 제품이나 특정 상표에 관한 태도를 측정하는 데 매우 적합하다. 이 모형에 따르면, 소비자의 태도는 제품이나 특정한 상표가 갖고 있는 속성에 대한 소비자의 신념, 그리고 이런 속성에 대한 소비자 평가의

대상태도 모형
개인의 태도는 제품이나 상표가 갖고 있는 속성에 대한 개인의 신념과 이런 속성에 대한 개인평가의 함수로 나타남을 보여 주는 모형

함수로 나타난다. 다시 말해, 소비자는 긍정적인 속성들의 적절한 수준을 갖고 있다고 평가한 상표에 대해서는 호의적인 태도를 가지지만, 바람직한 속성들의 부적절한 수준을 갖고 있거나 부정적인 속성들을 갖고 있다고 느낀 상표에 대해서는 비호의적인 태도를 갖는다.

피시바인(1963)의 대상태도 모형은 다음과 같은 공식으로 기술할 수 있다.

$$A_o = \sum_{i=1}^{n} b_i e_i$$

여기서, A_o = 특정한 대상에 대한 태도

b_i = 태도대상이 속성 i를 갖고 있다는 신념의 강도(예, '○○○ 라면은 정제된 식물성 기름만을 항상 사용한다.')

e_i = 속성 i에 대한 평가(예, '정제된 식물성 기름은 나에게는 정말로 좋다.')

n = 현저한 속성의 수

그리고 대상태도를 측정하는 질문의 예는 다음과 같다.

신념 측정의 예:

1. ○○○ 라면은 정제된 식물성 기름을 사용하는가?

전혀 아니다   매우 그렇다

1   2   3   4   5   6   7

2. ○○○ 라면에는 방부제가 들어 있는가?

전혀 아니다   매우 그렇다

1   2   3   4   5   6   7

평가 측정의 예:

1. 라면에 정제된 식물성 기름을 사용하는 것에 대해 어떻게 생각하는가?

매우 나쁘다   매우 좋다

-3   -2   -1   0   1   2   3

2. 라면에 방부제가 들어 있는 것에 대해 어떻게 생각하는가?

매우 나쁘다   매우 좋다

-3   -2   -1   0   1   2   3

소비자의 특정한 대상태도를 파악하기 위해, 조사자는 이와 같은 공식을 사용하여 신념 측정치들과 평가 측정치들을 결합하면 된다.

다른 한편, 소비자가 갖고 있는 대상태도를 직접적으로 측정하는 것도 가능하다. 이

를 전반적 태도 측정이라 부르며, 이는 특정한 대상에 대해 소비자가 갖고 있는 전반적인 감정을 직접적으로 측정하는 것이다. 전반적인 태도를 측정하기 위해서는 의미변별 척도(semantic differential scale)가 사용될 수 있으며, 이 척도에서는 서로 반대되는 감정 관련 형용사를 양극에 위치시킨다. 예를 들어, ○○○ 라면에 대한 전반적 태도는 다음과 같은 방식으로 측정할 수 있다.

당신은 ○○○ 라면에 대해 어떻게 생각하십니까? 해당 번호에 동그라미해 주십시오.

| 싫은 | | | | | | 좋은 |
| 1 | 2 | 3 | 4 | 5 | 6 | 7 |

| 비호의적인 | | | | | | 호의적인 |
| 1 | 2 | 3 | 4 | 5 | 6 | 7 |

| 부정적인 | | | | | | 긍정적인 |
| 1 | 2 | 3 | 4 | 5 | 6 | 7 |

대상태도를 측정하기 위해, 조사자는 대상태도 모형과 전반적 태도 양자를 활용할 수 있다. 전반적 태도는 사용하기 간편하다는 장점이 있고, 대상태도 모형은 소비자의 태도에 대한 구체적인 정보를 제공한다는 장점이 있다.

② 행동태도 모형

행동태도 모형(attitude-toward-behavior model)은 대상과 관련 있는 행위에 대한 개인의 태도를 나타내며, 대상태도 모형보다는 실제 행동에 더 밀접히 관련되는 것 같다. 예를 들어, 1억 원 이상 하는 벤츠 자동차를 구매하려는 행위에 관한 소비자의 태도(행동태도)를 아는 것이 벤츠 자동차에 대한 소비자의 태도(대상태도)를 아는 것보다 잠정적인 구매행위를 더 잘 예측할 수 있을 것이다. 소비자가 1억 원 이상인 자동차에 대해 긍정적인 태도를 가질 수 있겠지만, 그러한 자동차를 구매하는 것에 대해서는 부정적인 태도를 지닐 수 있기 때문에 행동태도가 대상태도보다 잠정적인 구매행위를 예측하는 데 더 적합할 수 있다.

행동태도 모형은 다음과 같이 기술할 수 있다(Ajzen & Fishbein, 1980).

행동태도 모형
대상과 관련 있는 행위에 대한 개인의 태도를 측정하는 모형

$$A_{(beh)} = \sum_{i=1}^{n} b_i e_i$$

여기서, $A_{(beh)}$ = 특정한 행위를 수행하는 것에 대한 전반적인 태도

b_i = 특정한 행위가 성과 i를 산출할 것이라는 신념의 강도(예, '오뚜기 스파게티를 사면 집에서 만든 맛을 정말로 즐길 수 있다.')

e_i = 성과 i에 대한 평가(예, '집에서 만든 맛을 즐길 수 있다는 것은 좋다.')

n = 현저한 성과의 수

③ 합리적 행위 모형

행동의도 모형으로도 불리는 합리적 행위 모형(theory of reasoned action)은 대상태도 모형과 행동태도 모형이 행동을 잘 예견하지 못함을 보완한 것으로, 행동을 더 잘 설명하고 예견하기 위해 설계된 구조에다 태도 요소를 포괄적으로 통합하였다(Ajzen

합리적 행위 모형
행동태도 모형에 개인의 주관적 규범과 행동의도를 결합한 태도 모형

& Fishbein, 1980). 따라서 앞의 대상태도 모형과 행동태도 모형을 다른 방식으로 확장시켰다.

[그림 2-15]는 합리적 행위 모형을 나타내고 있다(Ajzen & Fishbein, 1980). 그림에서 보면, 행동에 대한 최상의 예견원이 행위의도임을 알 수 있다. 따라서 만일 소비자 연구가가 행동을 예견하는 데에만 관심이 있다면, 구매의도 척도를 사용하여 의도를 직접적으로 측정할 것이다. 그러나 만일 특정한 상황에서 소비자의 구매의도에 기여하는 요인들을 이해하는데도 관심이 있다면, 그림에서 의도를 야기하는 여러 요인들을 고려할 것이다. 다시 말해, 소비자의 행동태도와 주관적 규범 등을 살펴볼 것이다.

앞에서 언급한 행동태도는 감정으로도 직접 측정할 수 있을 것이다(예, 구매에 대한 전반적인 호의도 측정). 또한 주관적 규범은 소비자가 수행하려고 고려 중인 특정 행위에 대해 관련된 타인(가족, 친구, 동료 등)이 어떻게 생각할 것인지에 관한 소비자의 감정을 평가함으로써 직접적으로 측정될 수 있다. 다시 말해, 관련된 타인들이 예견된 특정 행위를 호의적으로 보는지 아니면 비호의적으로 보는지를 측정하면 된다. 예를 들어, 만일 대학생이 자신의 기숙사 방에다 놓기 위해 텔레비전 구매를 고려 중이고 자신의 부모나 방 친구가 그 구매를 어떻게 생각할지(승인할지 또는 반대할지)를 스스로에게 묻는다면, 이것은 소비자 자신의 주관적 규범을 반영하는 것이다.

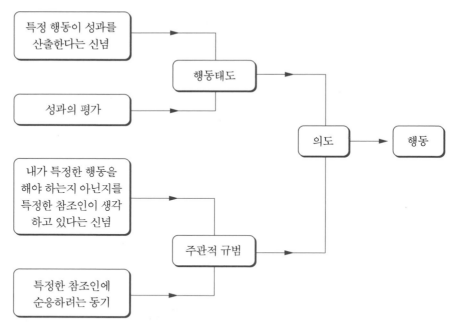

[그림 2-15] ㅣ 합리적 행위 모형의 단순화된 패턴

출처: Schiffman & Kanuk(1991), p. 236.

소비자연구가는 또한 주관적 규범의 근거가 되는 요인을 밝혀낼 수 있다. 이는 특정 개인이 관련 있는 타인에게 귀인하는 규범적 신념뿐만 아니라 관련된 타인 각자에게 순응하려는 특정 개인의 동기를 평가함으로써 가능한데, 여기서 규범적 신념이란 특정한 참조인물이 내가 특정한 행동을 해야만 한다고 생각하는지, 아니면 해서는 안 된다고 생각하는지에 관한 개인의 신념을 의미한다. 앞에서 예로 제시한 새로운 TV를 구매하려고 생각하는 대학생을 상상해 보자. 예견된 구매에 관한 이 학생의 주관적 규범을 이해하기 위해서는 이 학생과 관련된 타인(부모 또는 방 친구)을 확인해야 하고, 새로운 TV를 구매하는 것에 대해 관련된 타인 각자가 어떻게 반응할지에 관한 학생 자신의 신념(예, "부모님은 낭비라고 생각하시겠지만, 내 방 친구는 좋아할 것이다")도 알아야 하며, 또한 자신의 부모님 또는 방 친구에게 순응하려는 이 학생의 동기도 살펴야 할 것이다.

이러한 논의와 예들은 합리적 행위 모형이 상호 관련된 태도요소들의 연속체라는 것을 제안한다. 다시 말해, 신념들은 태도에 선행하며, 규범적 신념들은 주관적 규범에 선행하고, 태도와 주관적 규범은 의도에 선행하며, 의도는 실제 행동에 선행한다.

많은 연구가가 합리적 행위 모형을 검증하였고, 결과들은 이 모형이 다른 모형에 비해 낫다는 것을 보여 주었지만(Ryan & Bonfield, 1980), 또 다른 연구가는 이 모형이 정확하지 않을 수도 있다고 제안하였다. 특히 주관적 규범 요인의 역할에 관해 의문점이 제기되었다(Ryan & Bonfield, 1975).

④ 계획된 행위 모형

계획된 행위 모형(theory of planned behavior)은 다양한 행동을 설명하기 위해 합리적 행위 모형에서 도출된 것이다. 합리적 행위 모형에서는 사람들이 보이는 대부분의 행위가 의지적 행동 범주에 속한다고 하였지만(Ajzen & Fishbein, 1980), 몇몇 연구자

계획된 행위 모형
합리적 행위 모형에 행동 통제력인 지각된 행동통제를 결합한 태도 모형

는 많은 행동이 종종 행위자의 통제를 넘어선 요인에 의존한다고 제안하고, 합리적 행위 모형으로는 목표 지향적 행동을 예견할 수 없다고 하였다(Sheppard, Hartwick, & Warshaw, 1988). 따라서 불완전한 통제하에 있는 행동을 예견할 때, 행동의 통제 관련 요소가 고려되어야 한다는 것이 제안되었다. 즉, 행동이 일어나기 위해서는 그 행동을 수행하려는 개인의 동기와 성공적인 수행을 위한 능력에 관한 고려가 필요하다는 것이다.

이에 계획된 행위 모형에서는 합리적 행위 모형에 행동 통제력에 관한 요소를 첨가시킴으로써 이론의 범위를 목표 지향적 행동에까지 확장시켰다(Ajzen, 1985; Ajzen & Madden, 1986). 새로 첨가된 지각된 행동통제(perceived behavioral control)는 행동수행의 용이성 또는 난이도에 관한 개인의 지각을 의미한다. [그림 2-16]은 지각된 행동통제가 첨가된 계획된 행위 모형을 보여 준다.

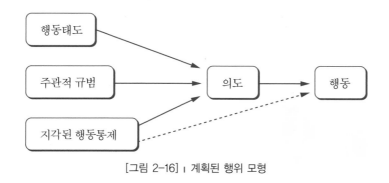

[그림 2-16] ┃ 계획된 행위 모형

계획된 행위 모형에서, 지각된 행동통제는 행동태도 그리고 주관적 규범과 함께 행동의도를 결정하며, 아울러 행동에도 직접적인 영향을 미칠 수 있다. 지각된 행동통제는 사람이 어떤 행위를 수행하길 원할 때, 그 행위를 할 수 있다고 자신이 지각하는 능력으로 측정하는데, 여기에는 두 가지 요소가 포함된다. 한 가지 요소는 행동통제에 대한 신념이고, 다른 요소는 행동수행에 대한 특정 통제요인의 지각된 강도다. 예를 들어, 벤츠 자동차를 구매하고자 하는 소비자에게는 그 자동차를 실제로 구매할 수 있다는 신념(행동통제 신념)이 있어야 구매행위가 일어날 수 있다. 아울러 행동의도와 행동 간의 연결에는 상황적 제약(행동수행에 대한 특정 통제요인)이 고려되어야 한다. 예를 들어, 벤츠 자동차를 구매할 수 있다는 신념이 있더라도, 소비자의 재정상태가 안 좋다면, 구매행위는 일어나지 않을 것이다.

아이젠(Ajzen, 1985)은 행동을 예측하는 데 합리적 행위 모형에 행동에 대한 통제력을 추가하는 것으로 충분하다고 보았으며, 더 이상의 변수를 추가하는 것이 설명력을 증대시키지 못한다고 보았다. 그러나 사람이 행동통제의 문제를 고려하지 않을 경우, 계획된 행위 모형은 합리적 행위 모형으로 환원된다. 이 경우 의도나 행동은 행동통제에 대한 신념에 의해 영향을 받지 않는다는 문제가 남는다.

(3) 단순노출 효과

단순노출 효과는 최근의 많은 소비자행동과 광고 영역에서 마케팅 자극에 대한 저관여 노출이 그러한 자극에 대해 더 긍정적인 태도를 산출하게 하는 방법으로 소개되었다. 제이언스(Zajonc)는 "어떤 자극에 대한 단순한 반복노출은 그에 대한 태도를 향상시키는 충분조건이다."라는 것을 관찰함으로써 노출효과를 정의하였다. 그는 자극에 대한 선호는 어떠한 연합된 인지활동 없이, 단순한 강화되지 않은 반복노출로부터 간단히 만들어지며, 즉 친숙성이 호감으로 이끈다고 가정하였고, 여러 연구를 고찰한 끝에 동일한 결론을 내렸다(Zajonc, 1968). 예를 들어, 'XBR'이라는 상표를 소비자가 단순하게 여러 번 반복해서 보면, 이 상표에 대해 친숙성이 증가하고 결국에는 호의적인 태도가 나타난다는 것이다.

단순노출 효과
중립적 자극에 대한 단순한 반복노출이 자극에 대한 긍정적 태도를 유발한다는 태도 모형

모든 단순노출 실험에서 노출과 감정의 긍정적 관계를 발견한 것은 아니었다. 비중립적인 자극, 즉 초기에 부정적인 자극에 대한 노출의 증가는 그 자극에 대해 더 부정

적인 평가를 산출한다는 결과도 있다(Bornstein, 1989; Grush, 1976). 그러나 대부분의 마케팅 자극은 초기에 중립적 자극으로 출발한다고 가정되므로, 마케팅 자극에 대한 노출−감정의 긍정적 관계를 기대할 수 있다.

소비자연구에서 태도변화가 일어나는 과정은 주요한 논점이다. 심리학자에 의해 20여 년간 단순노출 효과에 관한 체계적인 연구가 이루어졌지만, 소비자행동에서 단순 노출 효과가 어떻게, 어떤 조건에서 작용하는지에 대한 통찰을 거의 제공하지 못했다 (Bornstein, 1989; Vanhule, 1994). 그 이유는 단순노출이 어떻게 감정에 영향을 미치는 지에 대한 잘 받아들여지는 이론이 없기 때문인데, 단순노출 효과 배후의 역동은 여전 히 논쟁거리이다.

단순노출 효과를 설명하려는 이론들은 여러 가지가 있지만(Grush, 1976; Moreland & Zajonc, 1979; Zajonc, 1968), 현재 단순노출 효과에서 어떻게 감정이 생성되는지에 대 한 해석은 두 개의 흐름으로 볼 수 있다. 독립성 가설과 인지−감정 가설이 그것인데, 전자는 단순노출 효과를 어떠한 인지적 과정의 개입 없이 일어나는 감정반응으로 설 명하려는 견해(Kunst-Wilson & Zajonc, 1980; Zajonc, 1980; Zajonc & Markus, 1982)이 며, 후자는 단순노출에서의 감정반응을 일련의 인지과정의 마지막 단계로 보는 관점 이다(Anand & Sternthal, 1991; Lazarus, 1984; Tsal, 1985).

두 명의 연구가에 의해 시작된 태도형성과 변화에 대한 논쟁(Fishbein & Middlestadt 1995, 1997; Miniard & Barone, 1997; Schwarz, 1997)에서 단순노출에 의한 태도변화 가 하나의 쟁점으로 언급되었다. 이 연구가들(Fishbein & Middlestadt, 1995)은 인지− 감정 가설의 맥을 이어 단순노출 효과연구에 대한 인지적 접근을 제안하였다. 그들은 단순노출 효과를 인지활동과 무관한 태도형성과 변화 과정으로 보는 것은 잘못된 방 법론에 기인한 것으로 보았다. 즉, 단순노출 효과에 대한 기존의 연구들은 기저의 인 지구조를 적절하게 측정하려는 시도가 없었는데, 이것은 태도변화의 기제로서 신념에 근거한 변화의 역할이 무시되어 왔음을 의미하므로 단순노출 효과가 독립성 가설로 설명될 수 있는 과정임을 주장하기 이전에 기저의 인지구조를 적절하게 측정해야 한 다고 하였다. 만일 적절하게 기저의 인지구조를 측정하면 단순노출에 의한 태도변화 도 인지구조의 변화에 근거하여 변화한다는 것을 알 수 있다고 주장하였다. 이들이 제 안한 방법에 의해 단순노출 효과를 연구한 결과, 중립적인 상표명에 대한 단순노출이 제품에 대한 선호도뿐만 아니라 제품에 대한 인지구조에도 영향을 주었다(양윤, 김혜

영, 2001). 이는 단순노출 효과가 소비자 영역에서는 인지과정에 근거한 태도변화 과정
이라는 인지−감정 가설을 지지하는 것으로 보인다.

(4) 태도 접근 가능성

대상에 노출될 때 태도가 활성화되는 정도를 결정하는 것이 태도 접근 가능성이다
(Fazio, 1986). 파지오(Fazio)는 이러한 태도 접근 가능성
을 태도−비태도 연속선으로 설명하였다. 한 극단은 비태
도적인 것으로, 이는 대상에 대한 어떠한 사전평가도 기
억에서 유용하지 않고, 연속선을 따라 이동하면 평가와

태도 접근 가능성
이전에 형성된 태도가 행동을 일으키는 상황에서 기
억으로부터 활성화될 가능성에 영향을 주고, 행동은
그 태도가 행동상황에서 기억에서 활성화될 때 태도
에 의해 영향을 받는다는 태도 모형

대상 간의 연합강도, 즉 태도의 접근 가능성이 증가하게 된다. 따라서 다른 한 극단은
잘 학습된 강한 연합이 형성되며, 이 연합은 평가가 대상에 관한 관찰이나 언급으로 기
억에서 자동적으로 활성화될 수 있을 만큼 충분히 강하므로, 태도−행동 일관성은 태
도−비태도 연속선에 따른 위치의 함수로서 변화할 것으로 기대된다. 즉, 태도 접근 가
능성이 이전에 형성된 태도가 행동을 일으키는 상황에서 기억으로부터 활성화될 가능
성에 영향을 주고, 행동은 그 태도가 행동상황에서 기억에서 활성화될 때만 태도에 의
해 영향을 받는다.

여러 연구자는 태도 접근 가능성이 태도대상과 그 대상에 대한 태도의 활성화된 연
합의 빈도를 다양하게 함으로써 이루어진다고 보았다. 즉, 태도 접근 가능성이 태도를
활성화하고 반복적으로 표현하는 것에 의해 증가될 수 있다고 보았다(Fazio, Chen,
McDonel, & Sherman, 1982; Fazio, Powell, & Herr, 1983; Powell & Fazio, 1984). 따라
서 반복된 활성화는 증가되는 태도 접근 가능성의 수단으로 채택되었다(Berger &
Mitchell, 1989). 반복적으로 활성화된 태도는 한 번 활성화된 태도보다 더 기억에서 접
근 가능하였다. 즉, 태도는 반복적으로 활성화된 참가자에게서 그렇지 않은 태도보다
더욱 기억에 접근 가능하였다(Berger, 1992).

소비자 영역에서 행해졌던 연구에서는 제품에 대한 태도와 그 태도의 접근 가능성
을 평가하였다. 컴퓨터로 제품을 제시하고 'like' 또는 'dislike' 키를 누르는 반응시
간을 측정하였다. 두 번째로 질문지 과제에서 태도를 측정하였고, 마지막으로 10개의
선택대안 중에서 5가지 제품을 선택하게 하였다. 결과는 특정 제품에 대해 태도 접근
가능성이 높은 참가자가 태도 접근 가능성이 낮은 참가자보다 더 큰 태도−행동 일관

성을 보였다. 즉, 더 접근 가능한 제품태도가 쉽게 인출되지 않는 태도보다 제품선택에 더욱 영향을 미쳤다(Fazio, Powell, & Williams, 1989).

또 다른 연구자(Kardes, 1988)는 접근 가능성이 노력의 증가로 높아지기 때문에, 상표태도에 기초한 추론은 더 적은 노력의 인지적 기제에 기초한 태도보다 더 접근 가능해야 한다고 주장하였다. 즉, 태도 접근 가능성이 반복적인 광고, 반복적인 태도 활성화, 혹은 직접적인 행동경험을 통해 대상과 평가 사이의 연합강도를 조절하는 것으로 보았다.

이렇듯 파지오 이외의 여러 연구자가 접근 가능한 태도를 가진 사람이 많은 면에서 더 강한 태도를 갖는다는 증거를 축적하였다. 그리고 지금까지의 연구된 결과들을 보면, 태도 접근 가능성을 제품에 대한 태도, 광고에 대한 태도 및 구매결정 등과 같은 소비자 영역에서 적용하고자 하는 노력이 이어졌다. 따라서 태도 접근 가능성이 소비자의 구매의도를 예측하는 데 중요한 기능을 할 가능성을 찾아볼 수 있을 것이다. 즉, 태도강도를 결정하는 요인들 사이의 인과적 연결과 연합적 연결을 더욱 명확히 하고, 태도의 예언적 가치에 대한 그런 요인들의 영향이 소비자의 태도에 대한 이해와 행동과의 관계가 더욱 발전하도록 하는 데 필요하다고 보는 것이다.

5) 태도와 행동

소비자연구가가 가장 곤혹스러워하는 문제들 중 하나가 소비자의 태도로부터 구매행동을 예측하는 것이 어렵다는 것이다. 사실상 많은 소비자연구가가 구매행동에 대한 태도의 예측력에 관해 회의적이다. 이 문제에 관한 현재의 견해는 연구가들이 태도가 행동을 예측할 수 있는 정도에 영향을 주는 요인들을 인식해야 한다는 것이다(Cialdini, Petty, & Cacioppo, 1981). 이와 관련하여 6가지 요인들을 살펴보면 다음과 같다.

소비자 관여　태도는 앞에서 언급한 표준학습위계가 작동하는 고관여 조건에서만 구매행동을 예측할 수 있을 것이다.

태도측정　태도측정은 신뢰할 만하고 타당해야 하며, 행동측정과 동일한 수준에서 이루어져야만 한다. 예를 들어, 만일 행동이 환경보호와 같은 특정한 기부에 관한 것이라면, 태도는 일반적인 기부에 관한 질문으로 측정될 수 없고, 특정한 기부에 대한 직접적이면서도 구체적인 질문으로 측정해야 한다. 이와 유사하게 시간변수에 관해서도 주의해야 한다. 예를 들어, 만일 행동이 6개월 이내에 신형 소나타 자동차를 구매하려는 것이라면, 태도측정도 이에 맞춰야 한다. 태도측정과 행동시점 간의 시간간격이 길면 길수록, 그 관계는 약해질 것이다.

타인의 영향　구매에 관한 타인의 영향력과 이 영향력에 따르려는 소비자의 동기가 태도-행동 간의 관계에 영향을 준다.

상황요인　공휴일, 시간압력, 또는 재정상태와 같은 상황요인들이 행동에 대한 태도의 예측력을 약화시킬 수 있다.

타 상표의 영향　비록 한 상표에 대한 소비자의 태도가 꽤 호의적일지라도, 만일 다른 상표에 대한 그 소비자의 태도가 더 호의적이라면, 다른 상표가 구매될 가능성은 더 높아질 것이다.

태도강도　태도가 행동에 영향을 주기 위해서는 태도가 소비자의 기억에서 강력하게 활성화되어야 한다. 많은 연구는 태도가 강할수록, 기억으로부터 더 잘 인출될 것이고 행동에 영향을 줄 수 있음을 보여 주었다.

소비자가 소비환경에서 제품자극을 감지하기 위해서는 자극이 절대역과 차이역에 도달해야 한다. 절대역이란 반응을 일으키는 자극의 최소 강도이며, 차이역이란 두 자극 간의 변화나 차이를 탐지하는 감각체계의 능력을 말하며, 두 자극 간에 탐지될 수 있는 최소한의 차이가 최소가치차이(j.n.d)다. 절대역 아래에 있는 식역하 지각은 효과성에 관계없이 심각한 윤리적 문제를 야기할 수 있음을 유념해야 한다. 절대역 및 차이역의 개념과 밀접히 관련되는 개념이 순응이다. 소비자가 제품, 디자인, 또는 광고 등에 순응을 하면, 소비자는 이러한 자극에 대해 둔감해질 뿐만 아니라 싫증을 일으키게 된다. 따라서 마케터는 제품, 디자인, 광고 등에 변화를 주어야 하며, 소비자가 무언가가 변했다는 것을 인식해야 한다.

소비자는 소비환경에서의 모든 정보를 다 수용하는 것이 아니다. 소비자는 선별과정에 의해 극소수의 정보만을 수용하는데, 이러한 선별과정에 영향을 주는 요인이 주의다. 주의는 특정 대상에 대한 정보처리 용량의 배분으로 정의되는데, 이는 정보가 의식적으로 처리되도록 인지적 용량을 특정한 대상이나 과제에 할당하는 것을 말한다. 주의는 자극 자체의 특성에 의해서도 유발되지만, 소비자 요인에 의해서도 유발된다. 소비자 요인에는 기대, 동기, 관여 등이 있다. 관여란 특정한 상황에서 자극에 의해 유발되는 지각된 개인적 중요성 또는 흥미의 수준을 의미한다. 소비자의 관여 수준이 높아질수록 소비자는 구매와 관련된 정보에 주의를 기울이고, 정보를 이해하고 정교화 하는데 훨씬 더 동기화된다.

사람은 환경으로부터 자신이 선택한 자극을 별도의 분리된 부분으로 지각하지 않는다. 오히려 사람은 자극을 집단으로 체제화하고 통합된 전체로 지각하는 경향이 있다. 이러한 지각 체제화의 원리가 전경-배경 그리고 집단화다. 전경-배경에서 주의해야 할 점은 소비자가 전경과 배경을 뒤바꿔서 지각하지 않게 해야 한다는 것이다. 집단화 원리 중에서 소비자 영역에 중요한 것이 유사성과 완결성이다. 유사성은 일반화와 관련이 깊고, 완결성은 불완전한 자극패턴을 완성해서 지각하는 경향성을 말한다.

해석은 감각자극에 의미를 부여하는 것이다. 이러한 해석과정을 통해 사람은 자극이 무엇인지를 이해한다. 해석단계에서 사람은 자극이 무엇일 것이라는 기대감뿐만 아니라 자극과 관련된 정보를 장기기억에서 인출한다. 해석과정에서 중요하게 살펴봐야 할 것이 있는데, 그것은 기호학이다. 소비자는 소비환경으로부터 받은 정보를 해석하는 과정에서 정보의 의미를 해독할 것이다. 이런 정보해독과 관련하여 기호학은 사람이 기호로부터 어떻게 의미를 획득하는지를 분석하기 위해 개발되었다. 여기서 기호란 서로에게 정보를 전달하기 위해 사용된 단어(상표명 포함), 제스처, 그림, 제품 및 로고 등을 말한다. 기호학 분야는 촉진전략과 매우 관련이 있다. 즉, 다양한 상징 또는 기호를 통해 제품이나 서비스에 관한 정보가 소비자에게 전달된다.

동기는 어떤 목표를 향하여 행동을 활성화시키고, 방향을 설정해 주며, 유지시키는 개인 내부의 힘으로 정의할 수 있다. 동기의 단순모델에 따르면, 자극은 욕구의 이상상태와 현실 상태 사이의 차이를 창조한다. 이러한 차이가 존재할 때 개인은 직접적인 행동을 이끄는 욕구를 인식한다. 소비자의 목표 지향적 행동은 소비자의 현실상태가 이상상태로 옮겨지도록 해 주는 유인대상을 획득하는데 초점을 맞춘다.

매슬로우의 욕구위계에는 생리적 욕구, 안전 욕구, 소속·애정 욕구, 자존심 욕구, 지적 욕구, 심미적 욕구, 자기실현 욕구 등이 있다. 제한된 범위에서 인간의 동기를 설명하려는 이론에는 반대과정 이론, 최적자극수준유지 동기, 다양성추구 동기, 쾌락경험 욕구, 조절초점, 행동자유에 대한 열망, 그리고 소비자 독특성 욕구 등이 있다.

감정과 동기는 밀접한 관련이 있다. 감정은 기본적 동기와 동일한 방식으로 행동을 활성화하고 그 방향을 지시한다. 또한 감정은 동기화된 행동을 동반한다. 소비자 분야에서 감정에 관한 연구들은 기분이 인지적 측면에서 미치는 효과를 알아보는 데 초점을 맞추었다. 이러한 연구는 기분이 소비자의 지각, 판단, 사고, 기억 등의 인지과정에 영향을 준다는 것을 보여 주었다.

태도란 어떤 대상에 대한 개인의 호의적 또는 비호의적인 성향을 나타내는 내적 감정의 표현을 말한다. 태도의 특성으로는 태도는 대상을 가지며, 학습되고, 비교적 일관성이 있으며, 상황 내에서 형성된다는 것이다. 태도는 개인으로 하여금 자신의 환경과 더 효율적으로 상호작용하게 하기 위해 네 가지 기능을 발휘한다. 이러한 기능으로는 효용성 기능, 자아방어 기능, 가치표현 기능, 지식 기능 등을 들 수 있다.

태도는 인지적, 감정적 그리고, 행동적 성분의 세 가지 요소로 구성되어 있다. 인지적 성분은 제품과 서비스에 관한 소비자의 지식과 지각을 포함하며 신념의 형태를 취한다. 감정적 성분은 특정한 제품이나 서비스에 관한 소비자의 감정에 초점을 두며, 호의도 평정에 의거하여 태도대상에 대한 전반적인 평가를 반영한다. 행동적 성분은 태도대상과 관련하여 특정한 방식으로 소비자가 행동할 가능성이나 경향성을 나타낸다. 마케팅과 소비자행동에서, 행동적 요소는 소비자의 구매의도로 빈번히 다루어진다.

균형이론은 사람이 태도와 타인과의 관계 사이에서 조화하는 균형을 유지하려는 동기를 갖는다고 제안하였다. 태도에 관한 다속성 모형(대상태도 모형, 행동태도 모형, 합리적 행위 모형, 계획된 행위 모형 등)은 소비자 연구가로부터 많은 주의를 받았다. 대상태도 모형에 따르면, 소비자의 태도는 제품이나 특정한 상표가 갖고 있는 속성에 대한 소비자의 신념, 그리고 이런 속성에 대한 소비자 평가의 함수로 나타난다. 행동태도 모형은 대상과 관련 있는 행위에 대한 개인의 태도를 나타내며, 대상태도 모형보다는 실제 행동에 더 밀접히 관련되는 것 같다. 합리적 행위 모형은 행동태도에 주관적 규범과 행동의도를 결합한 모형이다. 계획된 행위 모형은 합리적 행위 이론에 지각된 행동통제를 결합한 이론이다. 단순노출 효과는 사전에는 중립적이었던 자극에 반복적으로 노출되면 긍정적 반응이 발생할 수 있다는 것이다. 태도 접근 가능성은 이전에 형성된 태도가 행동을 일으키는 상황에서 기억으로부터 활성화될 가능성에 영향을 주고, 행동은 그 태도가 행동 상황에서 기억으로부터 활성화될 때에만 태도에 의해 영향을 받는다고 주장하였다.

참고문헌

김완석, 유연재(2003). 한국판 소비자 독특성 욕구척도(K-CNFU): 척도개발과 타당화. 한국심리학회지: 소비자 · 광고, 4(1), 79-101.

양윤(2008). 소비자심리학. 서울: 학지사.

양윤, 고은형(2000). 감정강도와 인지욕구가 광고 · 상표태도 형성에 미치는 영향: 여대생을 중심으로. 광고연구, 48호, 79-99.

양윤, 김수희(2000). 광고 불일치성과 광고기억: 정보처리양식의 조절적 역할. 광고학연구, 11(1), 7-33.

양윤, 김혜영(2001). 단순노출이 소비자의 태도변화 과정에 미치는 영향: 인지욕구, 제품유형, 노출빈도를 중심으로. 한국심리학회지: 소비자 · 광고, 2(1), 43-68.

양윤, 민재연(2004). 무드, 정보처리유형 및 광고유형이 광고에 대한 감정인지반응과 광고태도에 미치는 영향. 광고학연구, 15(3), 7-37.

양윤, 조수완(2008). 부정적 감정과 정보처리 유형이 추론에 미치는 영향: 분노와 슬픔을 중심으로. 한국심리학회지: 소비자 · 광고, 10(2), 299-319.

양윤, 최훈희(2002). 무드와 제품범주에 따른 다양성 추구행동과 무드와 다양성 추구경향성에 따른 정보탐색 행동. 광고학연구, 13(3), 71-102.

조은경(1997). 정서지능을 뭐라고 이해할 것인가? 한국심리학회 1997년 동계연구세미나 발표논문집, 47-62.

홍대식(1985). 삼차적 사회관계에서의 인지적-감정적 반응의 역학과 대인관계의 과정. 사회심리학연구, 2(2), 61-94.

Aaker, D. A., Stayman, D. M., & Vezina, R. (1988). Identifying feelings elicited by advertising. *Psychology & Marketing, 5,* 1-16.

Aaker, J. L., & Lee, A. Y. (2001). "I" seek pleasures and "we" avoid pains: The role of self-regulatory goals in information processing and persuasion. *Journal of Consumer Research, 28*(1), 33-49.

Ajzen, I., & Fishbein, M. (1980). *Understanding attitudes and predicting social behavior.* Upper Saddle River, NJ: Prentice-Hall.

Ajzen, I., & Madden, T. J. (1986). Prediction of goal-directed behavior: Attitudes, intentions and perceived behavioral control. *Journal of Experimental Social Psychology, 22,* 453-474.

Ajzen, I. (1985). From intentions to action: A theory of planned action. In J. Kuhl & J. Beckman (Eds.). *Action control: From cognition to behavior* (pp. 11-39). NY: Springer.

Allen, C., Machleit, K. A., & Kleine, S. S. (1992). A comparison of attitudes and emotions as predictors of behavior at diverse levels of behavioral experience. *Journal of Consumer Research, 18,* 493-504.

Allen, C., Machleit, K., & Marine, S. (1988). On assessing the emotionality of advertising via Izard's differential emotions scale. *Advances in Consumer Research, 15,* 226-231.

Anand, P., & Sternthal, B. (1991). Perceptual fluency and affect without recognition. *Memory and Cognition, 19*(3), 293-300.

Antil, J. H. (1984). Conceptualization and operationalization of involvement. *Advances in Consumer Research, 11,* 203-209.

Bawa, K. (1990). Modeling inertia and variety seeking tendencise in brand choice behavior. *Marketing Science, 9*(summer), 263-278.

Berger, I. E. (1992). The nature of attitude accessibility and attitude confidence: a triangulated experiment. *Journal of Consumer Psychology, 1*(2), 103-123.

Berger, I. E., & Mitchell, A. A. (1989). The Effect of advertising on attitude accessibility, attitude confidence, and the attitude-behavior relationship. *Journal of Consumer Research, 16,* 269-279.

Berlyne, D. E. (1960). *Conflict, arousal, and curiosity.* New York: McGraw-Hill Book Company.

Bornstein, R. F. (1989). Exposure and affect: Overview and meta-analysis of research, 1968-1987. *Psychological Bulletin, 106*(2), 265-289.

Brean, H. (1958). What hidden sell is all about. *Life, March 31,* 104-114.

Brehm, J. W. (1966). *A theory of psychological reactance.* New York: Academic Press.

Chaiken, S. (1980). Heuristic versus systematic information processing and the use of source versus message cues in persuasion. *Journal of Personality and Social Psychology, 39,* 752-766.

Chernov, A. (2004a). Goal-attribute compatibility in consumer choice. *Journal of Consumer Psychology, 13*(1, 2), 141-150.

Chernov, A. (2004b). Goal orientation and consumer preference for the status quo. *Journal of Consumer Research, 31*(3), 557-565.

Cialdini, R., Petty, R., & Caccioppo, J. (1981). Attitude and attitude change. *Annual Review of Psychology, 32,* 357-404.

Clee, M., & Wicklund, R. (1980). Consumer behavior and psychological reactance. *Journal of Consumer Research, 6,* 389-405.

Cohen, J. B., & Basu, K. (1987). Alternative models of categorization. *Journal of Consumer Research, 13*(4), 455-472.

Cox, K. K. (1970). The effect of shelf space upon sales of branded products. *Journal of Marketing Research, 7,* 55-58.

Edell, J., & Burke, M. (1987). The power of feeling in understanding advertising effect. *Journal of Consumer Research, 14,* 421-433.

Ekman, P., & Davidson, R. J. (1994). *The nature of emotion: Fundamental questions.* New York: Oxford University Press.

Fazio, R. H. (1986). How do attitudes guide behavior? In R. M. Sorrentino & E. T. Higgins (Eds.), *Handbook of motivation and cognition: Foundations of social behavior* (pp. 204-243). New York: Guilford Press.

Fazio, R. H., Chen, J., McDonel, E. C., & Sherman, S. J. (1982). Attitude accessibility, attitude-behavior consistency, and the strength of the object-evaluation association. *Journal of Experimental Social Psychology, 18,* 339-357.

Fazio, R. H., Powell, M. C., & Herr, P. M. (1983). Toward a process model of the attitude-behavior relation: Accessing one's attitude upon mere observation of the attitude object. *Journal of Personality and Social Psychology, 44*(4), 723-735.

Fazio, R. H., Powell, M. C., & Williams, C. J. (1989). The role of attitude accessibility in the attitude-to-behavior process. *Journal of Consumer Research, 16,* 280-288.

Finn, A. (1988). Print ad recognition readership scores: An information processing perspective. *Journal of Marketing Research, 25,* 168-177.

Fishbein, M. & Ajzen, I. (1975). *Belief, attitude, intention, and behavior: An introduction* to theory and research. Reading, MA: Addison-Wesley.

Fishbein, M., & Middlestadt, S. (1995). Noncognitive effects on attitude formation and change: Fact or artifact? *Journal of Consumer Psychology, 4*(2), 181-202.

Fishbein, M., & Middlestadt, S. (1997). A striking lack of evidence for nonbelief-based attitude formation and change: A response to five commentaries. *Journal of Consumer Psychology, 6*(1), 107-115.

Fishbein, M. (1963). An investigation of the relationships between beliefs about an object and the attitude toward the object. *Human Relations, 16*, 233-240.

Fisk, D. W., & Maddi, S. (1961). *Functions of varied experience.* Homewood, Illinois: The Dorsey Press, Inc.

Fontenella, S. de M., & Zinkhan, G. M. (1992). Gender differences in the perception of leisure: A conceptual model. *Advances in Consumer Research, 20*, 534-540.

Forgas, J. (1995). Mood and judgment: The affect infusion model(AMI). *Psychological Bulletin, 17*, 39-66.

Grush, J. E. (1976). Attitude formation and mere exposure phenomena: A nonartifactual explanation of empirical findings. *Journal of Personality and Social Psychology, 33*(3), 281-290.

Heider, F. (1958). *The psychology of interpersonal relations.* New York: John Wiley.

Heimbach, J. T., & Jacoby, J. (1972). The Zeigarnik effect in advertising. In M. Venkatesan (Ed.), *Proceedings of the third annual conference* (pp. 746-758). Association for Consumer Research.

Hendrix, P., Kinnear, T., & Taylor, J. (1978). The allocation of time by consumers. *Advances in Consumer Research, 5*, 38-44.

Higgins, E. T. (1997). Beyond pleasure and pain. *American Psychologist, 52*(12), 1280-1300.

Hirschman, E. C., & Holbrook, M. (1982). Hedonic consumption: Emerging concepts, methods, and propositions. *Journal of Marketing, 46*, 92-101.

Holbrook, M., & Hirschman, E. (1982). The experiential aspects of consumption: Consumer fantasies, feelings, and fun. *Journal of Consumer Research, 9*, 132-140.

Howes, D. K. (1977). Time budgets and consumer leisure-time behavior. *Advances in Consumer Research, 4*, 221-229.

Idson, L. C., Liberman, N., & Higgins, E. T. (2000). Distinguishing gains from nonlosses and losses from nongains: A regulatory focus perspective on hedonic intensity. *Journal of Experimental Social Psychology, 36*(3), 252-274.

Isen, A. M., & Geva, N. (1987). The influence of positive affect on acceptable levels of risk: The person with a large canoe has a large worry. *Organizational Behavior and Human Decision, 39*, 145-154.

Isen, A. M., & Patrick, R. (1983). The effects of positive feelings on risk taking: When the chips are down. *Organizational Behavior and Human Decision, 31*, 194-202.

Iso-Ahola, S. (1980). *The Social psychology of leisure and recreation.* Dubuque, IA: William C. Brown.

Izard, C. E. (1977). *Human emotion.* New York: Plenum Press.

Kardes, F. R. (1988). Spontaneous inference processes in advertising: The effects of conclusion omission and involvement on persuasion. *Journal of Consumer Research, 15*, 225-233.

Katz, D. (1960). The functional approach to attitudes. *Public Opinion Quarterly, 24*, 163-204.

Key, W. B. (1973). *Subliminal seduction: Ad media's manipulation of a not so innocent America.* Englewood Cliffs, NJ: Prentice Hall.

Konecni, V. J., & Slamenka, N. J. (1972). Awareness in verbal non-operant conditioning. *Journal of Experimental Psychology, 94*, 248-254.

Kunst-Wilson, W. R., & Zajonc, R. B. (1980). Affective discrimination of stimuli that cannot be recognized. *Science, 207*, 557-558.

Larsen, R., & Diener, E. (1987). Affect intensity as an individual difference characteristic: A review. *Journal of Research in Personality, 21*, 1-39.

Lavidge, R., & Steiner, G. (1961). A model for predictive measurements of advertising effectiveness. *Journal of Marketing, 25*, 59-62.

Lazarus, R. J., & McCleary, R. A. (1951). Autonomic discrimination without awareness: A study of subception. *Psychology Review, 58*, 113-122.

Lazarus, R. S. (1984). On the primacy of cognition. *American Psychologist, 39*(2), 124-129.

Leuba, C. (1955). Toward some integration of learning theories the concept of optimal stimulation. *Psychological Reports, 1*, 27-33.

Linder, D., & Crane, K. (1970). Reactance theory analysis of predecisional cognitive processes. *Journal of Personality and Social Psychology, 15*, 258-264.

Mano, H. (1996). Assessing emotional reactions to TV ads: A replication and extension with brief adjective checklist. *Advances in Consumer Research, 23*, 63-69.

Maslow, A. (1970). *Motivation and personality* (2nd ed.). New York: Harper & Row.

Menon, S., & Kahn, B. E. (1995). The impact of context on variety seeking in product choice. *Journal of Consumer Research, 22*, 285-295.

Mick, D. G. (1986). Consumer research and semiotics: Exploring the morphology of signs, symbols, and significance. *Journal of Consumer Research, 13*, 196-213.

Miniard, P. W., & Barone, M. J. (1997). The case for noncognitive determinants of attitude: A critique of Fishbein and Middlestadt. *Journal of Consumer Psychology, 6*(1), 77-91.

Moore, D. J., Harris, W. D., & Chen, H. C. (1994). Exploring the role of individual differences in affect intensity on the consumer's response to advertising appeals. *Advances in Consumer Research, 21*, 181-187.

Moore, D. J., Harris, W. D., & Chen, H. C. (1995). Affect intensity: An individual difference response to advertising appeals. *Journal of Consumer Research, 22*, 154-164.

Moore, T. E. (1982). Subliminal advantage: What you see is what you get. *Journal of Marketing, 46*, 38-47.

Moreland, R. L., & Zajonc, R. B. (1979). Exposure effects may not depend on stimulus recognition. *Journal of Personality and Social Psychology, 37*(6), 1085-1089.

Nisbett, R. E., & Ross, L. (1980). *Human inference: Strategies and shortcomings of social judgment*. Englewood Cliffs, NJ: Prentice-Hall.

Olsen, G. D. (1994). Observations: The sound of silence: Functions and use of silence in television advertising. *Journal of Advertising Research, 34*(5), 89-95.

Olshavsky, R. W., & Granbois, D. H. (1979). Consumer decision making: fact or fiction? *Journal of Consumer Research, 6*, 93-100.

Petty, R. E., & Cacioppo, J. T. (1986a). The elaboration likelihood model of persuasion. *Advances in Experimental Social Psychology, 19*, 123-205.

Petty, R. E., & Cacioppo, J. T. (1986b). *Communication and persuasion: Central and peripheral routes to attitude change*. New York: Springer-verlag.

Pham, M. T., & Avnet, T. (2004). Ideals and oughts and the reliance on affect versus substance in persuasion. *Journal of Consumer Research, 30*(4), 503-518.

Powell, M. C., & Fazio, R. H. (1984). Attitude accessibility as a function of repeated attitudinal expression. *Personality and Social Psychology Bulletin, 10*, 139-148.

Raju, P. S. (1980). Optimal stimulation level: Its relationships to personality, demographics, and exploratory behavior. *Journal of Consumer Research, 7*, 272-282.

Ray, M. (1973). Marketing communications and the hierarchy-of-effects. In P. Clarke (Ed.), *New models for mass communications* (pp. 147-176). Beverly Hills, CA: Sage Publications.

Rook, D. W., & Hoch, S. J. (1985). Consuming impulses. *Advances in Consumer Behavior, 12*, 23-27.

Russell, J. A. (1980). A circumplex model of affects. *Journal of Personality and Social Psychology, 36*, 1152-1168.

Ryan, M. J., & Bonfield, E. H. (1975). The Fishbein extended model and consumer behavior. *Journal of Consumer Research, 2*, 118-136.

Ryan, M. J., & Bonfield, E. H. (1980). Fishbein's intentions model: A test of external and pragmatic validity. *Journal of Marketing, 44*, 82-95.

Schaller M., & Cialdini, R. B. (1990). Happiness, sadness, and helping: A motivational integration. In R. Sorrentino & E. T. Higgins (Eds.), *Handbook of motivation and cognition: Foundation of social behavior* (2nd ed., pp. 527-561). New York: Guilford.

Schiffman, L. G., & Kanuk, L. L. (1991). *Consumer behavior* (4th ed.). Englewood Cliffs, NJ: Prentice-Hall.

Schwarz, N. (1997). Mood and attitude judgments: A comment on Fishbein and Middlestadt. *Journal of Consumer Psychology, 6*(1), 93-98.

Shah, J., Higgins, E. T., & Friedman, R. S. (1998). Performance incentives and means: How regulatory focus influences goal attainment. *Journal of Personality and Social Psychology, 74*(2), 285-293.

Sheppard, B. H., Hartwick, J, & Warshaw, P. R. (1988). The theory of reasoned action: A meta-analysis of past research with recommendations for modifications and future research. *Journal of Consumer Research, 15*, 325-343.

Snyder, C. R., & Fromkin, H. L. (1977). Abnormality as a positive characteristic the development and validation of a scale measuring need for uniqueness. *Journal of Abnormal Psychology, 86*, 518-527.

Snyder, C. R. (1992). Product scarcity by need for uniqueness interaction: A consumer catch-22 carousel? *Basic and Applied Social Psychology, 13*, 9-24.

Solomon, R. L. (1980). The opponent-process theory of acquired motivation. *American Psychologist, 35*, 691-712.

Steenkamp, J-B. E., & Baumgartner, H. (1992). The role of optimum stimulation level in exploratory consumer behavior. *Journal of Consumer Research, 19*, 434-448.

Tepper, K., Bearden, W. O., & Hunter, G. L. (2001). Consumers' need for uniqueness: Scale development and validation. *Journal of Consumer Research, 28*, 50-66.

Tsal, Y. (1985). On the relationship between cognitive and affective processes: A critique of Zajonc and Markus. *Journal of Consumer Research, 12*, 358-362.

Unger, L. S., & Kernan, J. B. (1983). On the meaning of leisure: An investigation of some determinants of the subjective experience. *Journal of Consumer Research, 9*, 381-392.

Van Trijp, H. C., Hoyer, W. D., & Inman, J. J. (1996). Why switch? Product category-level explanations for true variety-seeking behavior. *Journal of Marketing Research, 33*, 281-292.

Vanhule, M. (1994). Mere exposure and cognitive-affective debate revisited. *Advances in Consumer Research, 21*, 264-269.

Wegener, D. T., & Petty, R. E. (1994). Mood management across affective states: The hedonic contingency hypothesis. *Journal of Personality and Social Psychology, 66*(6), 1034-1048.

Westbrook, R. A., & Oliver, R. L. (1991). The dimensionality of consumption emotion patterns and consumer satisfaction. *Journal of Consumer Research, 18*, 84-91.

Westbrook, R. A. (1987). Product/consumption-based affective responses and post-purchase processes. *Journal of Marketing Research, 24*, 258-270.

Zajonc, R. B., & Markus, H. (1982). Affective and cognitive factors in preferences. *Journal of Consumer Research, 9*, 123-131.

Zajonc, R. B. (1968). Attitudinal effects of mere exposure. *Journal of Personality and Social Psychology, 9*, 1-27.

Zajonc, R. B. (1980). Feeling and thinking. Preferences need no inferences. *American Psychologist, 35*(2), 151-175.

Zuckerman, M. (1979). *Sensation seeking: Beyond the optimum level of arousal.* Hillsdale, NJ: Lawrence Erlbaum.

제**3**장
광고효과의 심리 과정 2[*]

이번 장에서는 광고가 소비자에게 미치는 전반적인 효과과정에 관련되는 심리기제 중에서 태도변화, 학습, 기억, 성격 등에 관해 살펴볼 것이다.

1. 태도변화

마케터는 소비자의 행동에 영향을 주기 위해 소비자의 기존 신념과 태도를 변화시키려 한다. 예를 들어, 머리에 염색을 하면 염색약 때문에 시력이 나빠진다고 믿어서 머리 염색약을 구매하지 않는 소비자가 있다고 하자. 이 소비자는 머리 염색약에 대해 부정적인 태도를 지닐 것으로 예측할 수 있다. 이러한 소비자의 태도를 바꾸려면, 어떻게 하면 되겠는가? 이러한 경우 소비자의 머리 염색약에 대한 신념을 바꿔야 한다.

---

* 이번 장의 내용은 양윤(2008)의 『소비자 심리학』에서 발췌하여 정리하였다.

즉, 염색약과 시력과는 아무런 관련이 없음을 보여 줌으로써 염색약에 대한 태도를 긍정적으로 바꿀 수 있고, 나아가 구매를 유도할 수 있다.

사회심리학에 근거해 보면, 태도변화는 크게 두 가지 차원에서 이루어지는데, 하나는 설득에 의한 태도변화이고, 다른 하나는 행동에 따른 태도변화다. 여기서는 설득에 의한 태도변화와 광고태도를 살펴볼 것이다. 행동에 따른 태도변화는 광고소구와 설득 커뮤니케이션을 다룬 제7장을 살펴보면 된다.

1) 설득에 의한 태도변화

설득이란 출처가 전달내용을 수신자에게 보내어 소기의 목적을 달성하려는 의사소통 행위로, 수신자의 신념, 태도, 행동에 영향을 미치려는 명백한 시도로 정의된다. 설득과정은 일반적으로 출처, 수신자, 메시지 등의 3요인을 포함하며, 이러한 세 요인을 구분하여 각 요인의 영향이 설득에 어떻게 영향을 미치는지를 살펴볼 수 있다. 이러한 요인들은 실제로 서로 밀접히 관련되어 구분하기가 어렵고, 편의상 구분을 한 것이다. 이러한 세 요소들의 영향력은 제7장에서 살펴보고, 여기서는 태도변화와 관련된 이론들을 살펴볼 것이다. 태도변화 이론에는 정교화 가능성 모형과 다속성 모형이 있다.

(1) 정교화 가능성 모형

만일 이 책의 독자가 TV 또는 잡지광고를 본다면, 광고를 어떻게 처리할까? 아마 독자는 두 가지 유형으로 분류될 수 있을 것이다. 한 유형은 광고에서 말하고자 하는 주된 내용(예, 제품 특성 또는 상표)에 집중할 것이고, 다른 유형은 광고모델, 음악 또는

정교화 가능성 모형
메시지가 중심경로와 주변경로에서 처리되어 설득을 유발한다는 태도변화 모형

그림 등과 같은 주변적인 것에 관심을 둘 것이다. 이런 상이한 처리과정이 일어나는 원인에 대한 연구가 태도변화 연구에서 주요 관심사였다. 많은 태도변화 연구들 중에서도 태도변화가 두 가지 별개의 과정을 통해서 이루어질 수 있음을 보여 준 이론이 있는데, 이것이 바로 페티와 카시오포(Petty & Cacioppo, 1986a)의 정교화 가능성 모형(elaboration likelihood model: ELM)이다([그림 3-1] 참조). 그림에서 보듯이, 정교화 가능성 모형은 처리과정을 중심경로 처리와 주변경로 처리로 구분하여 위의 상이한 과정을 설명하고 있다.

① 처리경로에 따른 태도변화

중심경로를 통한 태도변화　　신념과 태도의 변화가 중심경로를 통해 이루어질 때, 소비자는 메시지(전달내용)에 주의를 기울인다. 소비자는 메시지를 더욱 심사숙고하며 자신의 태도와 비교한다. 만일 소비자가 메시지를 처리할 수 있다면, 그들은 메시지와 관련된 많은 인지반응을 산출할 것이다(Petty & Cacioppo, 1986b). 인지반응이란

> **인지반응**
> 소비자가 메시지를 처리한 결과로 생기는 호의적이거나 비호의적인 생각

소비자가 메시지를 처리한 결과로 생기는 호의적이거나 비호의적인 생각을 말한다. 이러한 인지반응이 메시지를 지지하거나 지지하지 않는 정도에 부분적으로 의존하여 소비자는 신념을 변화시킬 수 있다. 만일 신념이 변화하면, 그다음으로 태도가 변화할 수 있다. 신념과 태도가 중심경로 처리에 의해 변화할 때, 그 변화된 태도는 비교적 오래 지속되고, 행동을 예측할 수 있게 해 주며(Cialdini, Petty, & Cacioppo, 1981), 새로운 설득에 대응하는 저항력을 지닌다(Haugtvedt & Petty, 1992). 설득이 중심경로를 통해 일어날 때, 소비자는 메시지를 평가하기 위해 중심단서를 사용한다. 중심단서란 메시지 주장의 질과 직접적으로 관련되는 지지 자료 및 아이디어를 말한다(Park & Hastak, 1995).

주변경로를 통한 태도변화　　태도변화가 주변경로를 통해 이루어질 때, 소비자는 메시지의 논지를 주의 깊게 고려하지 않기 때문에 인지반응이 일어날 가능성은 매우 현저하게 낮아진다. 대신에 소비자는 메시지를 수용할지 아니면 기각할지를 결정하기 위해 주변단서를 사용한다. 주변단서는 메시지 출처의 매력과 전문성, 메시지 주장의

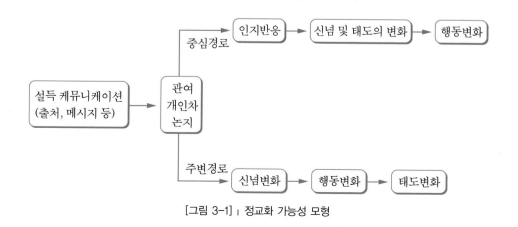

[그림 3-1] ı 정교화 가능성 모형

수, 메시지가 제시되는 맥락에 영향을 주는 긍정적이거나 부정적인 자극(예, 즐거운 음악) 그리고 그림 이미지 등과 같은 요인들을 말한다. 주변경로를 통해 정보처리가 일어날 때, 소비자의 신념은 변화할 수 있겠지만, 소비자의 태도가 변화할 가능성은 낮다. 비록 태도변화가 일어날지라도, 그 변화는 일시적일 것이고 행동을 예측해 주지 못할 것이다(Cacioppo, Harkins, & Petty, 1981; Petty, Cacioppo, & Schumann, 1983; Miniard, Sirdeshmukh, & Innis, 1992).

② 처리경로에 영향을 주는 요인

소비자가 정보를 중심경로를 통해 처리할지 아니면 주변경로를 통해 처리할지는 다음과 같은 요인 즉, 관여, 인지욕구, 처리능력, 메시지 논지 등에 의해 결정된다.

관여   저관여 상황의 경우, 소비자는 주변경로를 통해 정보를 처리하며, 주변단서는 중심단서보다 신념과 행동변화에 더 큰 영향을 준다. 광고모델의 선호도와 매력 같은 요인들은 저관여 조건에서 메시지 주장의 질보다 소비자에게 더 큰 영향을 준다. 반대로 고관여 상황의 경우, 소비자는 중심경로 처리를 하며, 중심단서가 소비자의 신념, 태도 및 행동에 더 큰 영향을 준다(Petty, Cacioppo, & Schumann, 1983).

인지 욕구   인지 욕구는 사람이 생각하는 것을 즐기거나 원하는 경향성을 나타낸다. 인지 욕구가 높은 소비자는 제품과 직접적으로 관련된 정보(예, 기능 속성)가 많은 광고에 더 반응적이지만, 광고의 주변적인 면(예, 모델)에는 덜 반응한다(Haugtvedt et al., 1988, 1992). 반면에 인지 욕구가 낮은 소비자는 광고의 주변적이거나 배경적인 면(예, 매력적인 모델 또는 유명인)에 더 주의를 하는 경향이 있다. 따라서 인지 욕구가 높은 소비자는 중심경로를 통해 중심단서를 처리할 것이지만, 인지 욕구가 낮은 소비자는 주변경로를 통해 주변단서를 처리할 것이다.

처리능력   소비자가 아무리 메시지를 처리하려는 동기가 높더라도, 소비자가 메시지를 처리할 능력이 없으면 중심경로 처리가 아니라 주변경로 처리를 할 수 밖에 없다. 즉, 소비자의 능력이 어떤 경로를 통해 정보를 처리할지를 결정하는 변수로 작용한다. 제품의 복잡한 속성을 담고 있는 메시지를 이해할 수 있는 능력이 있고, 제품정보와 관런된 메시지 주장이나 논지의 취약점을 평가할 수 있는 능력이 있어야 중심경로 처리가 가능하다.

　메시지가 쉽게 이해될 때, 높은 수준의 정보처리가 일어날 수 있다. 결과적으로 소비자는 메시지의 사실적 내용에 주의를 하고, 출처의 전문성은 그들의 태도에 영향을 주지 못한다. 반대로 메시지가 이해하기 어려울 때, 소비자는 메시지를 처리하는 데 어려움을 가지며, 상표태도를 형성하기 위해 정보출처의 전문성과 같은 주변단서에 의존한다.

　메시지 이해와 관련하여, 과거의 소비자연구가는 메시지를 이해하는 것이 설득의 전제 조건이라고 주장하였다. 즉, 소비자는 메시지가 전달하려는 바를 이해해야만 한다. 오늘날의 소비자연구가는 이해와 설득 간의 관계가 과거와 달리 복잡하다고 믿는다. 정교화 가능성 모형에 따르면, 소비자가 메시지를 이해한다면 그들이 중심경로 처리를 통해 설득될 수 있다. 아울러 소비자가 메시지를 이해하지 못하여도 그들은 주변단서를 사용한 주변경로 처리를 통해 설득될 수 있다. 따라서 광고인은 소비자를 설득하기 위한 메시지를 작성할 때, 중심단서와 주변단서를 효율적으로 결합하여야 한다.

　메시지의 논지　　메시지의 논지 또는 주장이 논리적이고 탄탄하며 강력하게 구성되어 있다면, 소비자는 중심경로 처리를 한다. 그러나 메시지의 주장이 비논리적이며 부실하다면, 소비자는 주변경로 처리를 한다(Petty & Cacioppo, 1984).

(2) 다속성 모형

　앞에서 다룬 태도형성을 위한 다속성 모형의 근거가 되는 개념들은 소비자의 신념, 태도 및 행동을 바꾸기 위해 적용될 수 있다.

① 대상태도 모형

　대상태도 모형은 태도가 세 가지 요인에 의해 형성된다고 제안하는데, 이는 첫째, 소비자가 대상을 평가하기 위해 사용하는 현저한 속성, 둘째, 특정한 속성에 대한 소비자의 평가(예, 좋다, 나쁘다), 셋째, 특정 대상이 특정 속성을 지니고 있으리라는 소비자의 신념 등이다.

　이 모형은 의사전달자가 소비자의 태도를 변화시키기 위한 세 가지 기본적인 전략이 있다고 제안한다. 첫째는 제품속성에 대한 소비자의 평가를 바꾸려는 시도다. 예를 들어, 삼성 자동차의 타임벨트는 다른 자동차와는 달리 금속체인으로 되어 있는데, 만일 소비자가 이 점에 대해 부정적인 평가를 하고 있다면, 마케터는 금속체인은 50만km까지 교체할 필요가 없고, 엔진에 전혀 지장을 주지 않음을 강조함으로써 소비자의 부정적 평가를 긍정적 평가로 바꿀 수 있다.

두 번째 전략은 새로운 속성을 추가하는 것이다. 이는 소비자가 생각하지는 못하였지만, 그들의 태도에 영향을 줄 수 있는 속성을 소개하는 것이다. 예를 들어, 삼성 자동차의 타임벨트가 금속체인으로 되어 있다는 것을 모르는 소비자에게 이 점을 부각시키는 것이다.

세 번째 전략은 제품속성에 대한 소비자의 신념을 변화시키는 것이다. 이 전략은 세 가지 전략들 중 가장 손쉬운 전략일 것이다. 왜냐하면 기업이 이 전략을 실행하기 위해 다양한 방법을 사용할 수 있기 때문이다. 광고에서 믿을 수 있는 모델 또는 시범을 통해 소비자의 신념이 잘못됐음을 설명하거나 보여 주면 된다. 예를 들어, 라면에 방부제가 들어 있다고 또는 라면이 더러운 기름으로 튀겨진다고 믿는 소비자의 잘못된 신념을 광고에서 생산과정 또는 성분분석 결과를 보여 줌으로써 바꿀 수 있다.

② 합리적 행위 모형

합리적 행위 모형은 행동태도 모형에 주관적 규범 및 행동의도를 첨가한 모형이다. 이 모형은 태도변화를 위한 두 가지 전략을 제안한다. 첫째는 행동결과에 대한 소비자의 지각에 영향을 주는 것이다. 예를 들어, 음주운전 방지를 위한 공익광고에서 음주운전의 처참한 결과를 생생히 보여 줌으로써 음주운전에 대한 소비자의 생각을 바꾸는 것이다.

두 번째 전략은 주관적 규범에 관한 것이다. 이 모형은 소비자의 행동의도에 미치는 타인의 영향력을 중요시한다. 따라서 소비자에게 영향을 미칠 수 있는 가족, 동료집단 또는 준거집단의 영향력을 광고에서 표현하는 것이다. 준거집단이란 소비자가 자신의 신념, 태도, 행동의 옳음을 평가하기 위한 준거점으로 활용하는 집단을 말한다. 예를 들어, 십대가 가입하고 싶어 하는 유명인 팬클럽 또는 성인소비자가 가입하고 싶어 하는 공동체나 동호회 등을 들 수 있다. 이러한 타인의 영향력을 고려한 광고의 예로, 금연광고에서 흡연자 때문에 괴로워하는 가족을 보여 준다거나 제품광고에서 특정 상표를 사용하는 동료들을 보여 주는 경우를 들 수 있다.

2) 광고에 대한 태도

소비자의 신념을 변화시키지 않고 소비자의 상표에 대한 태도를 변화시킬 수 있는 방법이 있는데, 이는 소비자의 광고에 대한 태도에 영향을 주는 것이다. 연구자들은 소비자가 상표태도를 형성하는 것처럼 광고태도 역시 형성하며, 이러한 광고태도가 소비자의 상표태도에 영향을 미침을 보여 주었다(Mitchell & Olson, 1981). 광고태도는 특정한 광고에 노출되는 동안 특정한 광고자극에 대한 소비자의 선호를 말한다(Lutz, 1985). 광고태도는 광고내용과 이미지의 생생함, 광고를 보는 순간의 소비자 기분상태, 광고가 소비자로부터 불러내는 감정, 광고가 제시되는 TV 프로그램에 대한 소비자의 선호 등과 같은 다양한 요인에 의해 영향을 받는다(Lord, Lee, & Sauer, 1994). 이러한 요인들은 고관여와 저관여 조건, 그리고 소비자가 광고상표에 친숙한지에 따라 광고태도에 영향을 준다(Phelps & Thorson, 1991).

많은 연구자는 광고태도, 감정, 광고이미지의 수준, 상표태도, 상표인지(예, 제품-속성 신념) 간의 관계를 연구하였다(Edell & Burke, 1987; Holbrook & Batra, 1987; Mitchell & Olson, 1981). 그중 한 연구에서는 광고태도가 상표태도에 영향을 주며, 나아가 상표선택에 영향을 주는 것으로 나타났다(Hanson & Biehal, 1995). 또 다른 결과는 광고에 의해 유발되는 감정이 광고태도에 영향을 준다고 나타났다(Olney, Holbrook, & Batra, 1991).

어떤 연구결과는 높은 수준의 심상을 내포하고 있는 광고가 소비자의 광고태도에 영향을 준다고 지적하였다(Bone & Ellen, 1992). 심상은 광고가 소비자로 하여금 제품을 사용하는 모습을 상상하게끔 하는 정도, 그리고 소비자로 하여금 자신의 신념과 감정을 광고와 연결 짓도록 하는 정도를 말한다. 구체적인 단어, 생생한 언어 또는 그림 이미지 등을 사용하는 광고, 소비자에게 광고제품의 사용을 상상하게 하는 광고, 그리고 매우 그럴듯한 광고는 소비자의 광고태도에 강력한 영향을 준다.

[그림 3-2]는 이러한 모든 관계를 보여 준다. 그림에서 광고내용은 언어와 그림요소로 나뉜다. 각 요소는 감정뿐만 아니라 상표인식에도 영향을 준다. 그다음에 감정은 광고태도에 영향을 주며, 광고태도는 상표태도에 영향을 준다. 마지막으로 상표인식

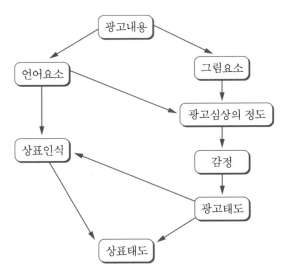

[그림 3-2] ┃ 광고태도와 설득과정

은 상표태도에 영향을 준다(Brown & Stayman, 1992). 한편 광고태도가 상표인식에 영향을 주더라도, 그 효과는 일시적일 수 있다(Chattopadhyay & Nedungadi, 1992). 다시 말해, 광고태도는 감정을 내포하고 있기 때문에 설득효과가 일시적일 수 있다.

매우 긍정적인 광고태도의 한 가지 장점은 소비자가 광고를 보는 시간을 증가시키는 것이다. 소비자는 그들이 광고를 보는 시간을 통제하는 두 가지 수단을 가지고 있다. 하나는 채널 바꾸기(zapping)로 광고가 나오면 다른 채널로 바꿔 버리는 것이고, 나머지 하나는 빨리 지나가기(zipping)로 광고 부분을 빨리 지나가게 하는 것이다. 연구자들은 광고가 소비자에게서 유쾌함과 흥분을 증가시킬 때, 채널 바꾸기와 빨리 지나가기가 감소함을 보여 주었다(Boles & Burton, 1992).

2. 학습

사람의 학습원리 및 과정을 아는 것은 심리학자뿐만 아니라 소비자연구가와 마케터에게도 지대한 관심의 대상이다. 마케터가 관심을 갖는 이유는 제품이나 서비스에 관해 소비자를 교육시킬 수 있기 때문이다. 예를 들어, 마케터는 소비자가 자사상표를 좋아하도록 그리고 경쟁상표와 차별화하도록 효율적으로 그들을 교육시킬 수 있는 방법에 관심이 많다. 이 문제는 바로 학습에 의해 해결될 수 있다.

학습은 "환경사건과의 경험으로부터 생기는 행동에서의 비교적 영속적인 변화" (Domjan & Burkhard, 1986)로 정의된다. 이 정의에 따르면, 학습은 개인이 환경조건의 변화에 대한 반응으로 목표 지향적 행동을 변경시키는 적응과정으로 보인다. 마케팅 측면에서 볼 때, 학습은 소비자가 새로운 정보를 이해하기 위해 그들의 신념을 변경시킬 때 일어난다고 볼 수 있다(Hoch & Deighton, 1989). 학습은 외현적인 행동반응뿐만 아니라 태도와 여러 인지요소의 학습을 포함한다.

심리학에서의 일반 학습이론과 소비자 연구 영역에서의 학습이론 적용은 학습의 두 가지 주요 형태를 구분한다. 첫째는 자극-반응/행동 또는 연합학습으로, 여기엔 고전적 조건형성과 조작적 조건형성이 포함된다. 연합학습이란 유기체가 환경 내의 사건들을 서로 연결할 때 일어나며, 이 연결은 자극들 간의 연합을 나타내는 고전적 조건형성뿐만 아니라 강화에 선행하는 반응의 빈도가 강화에 의해 증가하는 조작적 조건형성에 의해서도 행해진다. 둘째는 인지학습이다. 인지학습은 학습자 내면의 정신과정을 중요시한다. 인지학습에서는 인간을 자신의 환경을 정복하기 위해 환경으로부터의 정보를 능동적으로 사용하는 문제해결자로 간주한다.

여기서는 먼저 소비자행동과 광고 맥락에서 비교적 주의를 덜 받은 고전적 조건형성을 살펴보고, 다음에 조작적 조건형성과 인지학습의 한 유형인 사회학습 이론에 대해 살펴보고자 한다.

1) 고전적 조건형성

고전적 조건형성은 소비자행동과 광고 맥락에서 중요한 영향력을 발휘할 수 있는데, 이 영향력은 코카콜라 회사 경영자의 말에서 잘 예증될 수 있다. "파블로프는 중립적인 대상을 가지고 그것을 의미 있는 대상과 연합시킴으로써, 중립적인 대상을 무언가 의미 있는 상징으로 만들었다. ……이것은 현대광고에서 우리가 하려고 노력하는 바로 그것이다."(Wilkie, 1986)

고전적 조건형성
자극들 간의 연합을 통해 새로운 반응을 만들어 내는 학습기제

고전적 조건형성은 원래 중립적인 조건자극(conditioned stimulus: CS)과 반응을 유발하는 무조건자극(unconditioned stimulus: UCS)과의 반복적인 짝짓기, 즉 연합에 의

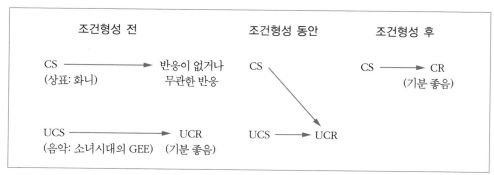

[그림 3-3] | 고전적 조건형성의 소비자행동 적용 예

해 일어난다. 다시 말해, 러시아의 생리학자인 이반 파블로프(Ivan Pavlov)의 실험에 따르면, 조건자극(예, 종소리)이 무조건자극(예, 음식)보다 시간상 약간 먼저 제시되는데, 여기서 무조건자극은 자동적으로 무조건반응(예, 타액 분비)을 일으킨다. 이 실험에서 조건자극과 무조건자극 간의 반복적 연합의 결과로 조건자극만 가지고도 무조건반응(unconditioned response: UCR)과 같거나 유사한 반응(파블로프의 실험에서는 동일한 반응)을 일으키게 되며, 이 반응을 조건반응(conditioned response: CR)이라고 한다.

광고 측면에서 볼 때 조건자극으로는 상표, 제품, 기타 소비품 등을 들 수 있고, 무조건자극에는 인기 있는 유명인, 음악, 그림 등이 포함된다. 이것들의 연합을 통해([그림 3-3] 참조), 조건자극(예, 상표)이 무조건자극(예, 유명인 또는 음악)에 의해 일어나는 무조건반응(예, 좋아한다거나 귀엽다는 감정)과 동일하거나 유사한 조건반응(예, 좋아한다거나 멋있다는 감정)을 일으킬 수 있다. 다시 말해, 특색 있는 음악(무조건자극)이 정서적으로 시청자를 흥분(무조건 반응)시킨다면 그 음악과 짝지어진 상표(조건자극)가 유사하게 소비자를 흥분(조건반응)시키게 된다는 것이다.

고전적 조건형성이 소비자행동을 변경시킬 수 있다는 실험실 연구가 있다. 한 연구자는 학생들에게 그들이 좋아하는 음악 또는 싫어하는 음악(무조건 자극) 중 하나를 들려주는 동안 베이지색 또는 푸른색 볼펜(조건 자극) 하나를 슬라이드로 보여 줌으로써 고전적 조건형성 상황을 설정하였다. 학생들에게 베이지색 또는 푸른색의 볼펜 중 하나를 선택하도록 했을 때, 대부분의 학생들은 그들이 좋아하는 음악과 연합된 볼펜을 더 선호(조건반응)하였다(Gorn, 1982).

(1) 고전적 조건형성의 중요 특성과 적용

고전적 조건형성에는 소비자행동과 관련되는 네 가지 중요 특성들이 있는데, 이는 반복, 자극일반화, 자극변별 및 이차 조건형성이다.

① 반복

반복은 조건자극과 무조건자극 간의 연합강도를 증가시키며 망각을 늦춘다. 그러나 연구들은 기억파지를 도울 반복의 양에는 제한이 있다고 제안한다. 과학습(학습에 필요한 양을 넘어서는 반복)이 기억파지를 도울지라도, 어느 순간부터 사람은 반복노출에 포만감을 가지며 결국 파지는 쇠퇴한다. '광고싫증(advertising wearout)'으로 알려진 이 효과는 광고메시지나 내용을 변경함으로써 줄어들 수 있다(제2장 '(4) 소비자 순응 참조'). 어떤 마케터는 광고에서 동일한 주제나 내용을 반복하더라도 다른 배경, 다른 활자, 다른 광고모델 등을 사용하는 표면변화(cosmetic variation) 전략을 적용시켜 광고 싫증을 피한다(Schumann, Petty, & Clemons, 1990; Unnava & Burnkrant, 1991).

광고에서 실재변화(substantive variation)는 표면적 특성은 그대로 두면서 주제나 내용을 바꾸는 것이다. 한 연구는 실재적으로 바뀐 광고를 본 소비자가 표면적으로 바뀐 광고를 본 소비자보다 제품속성에 대한 정보를 더 많이 처리하고, 그 제품에 대해 긍정적인 생각을 더 많이 한다는 것을 발견하였다(Haugtvedt, Schumann, Schneier, & Warren, 1994). 아울러 실재적으로 변화한 광고에 노출한 후 형성된 태도는 경쟁적 공격에 직면했을 때 변화에 더 강하게 저항하였다.

비록 반복원리가 광고인들 사이에서 잘 인식되었다 하더라도, 반복횟수에 관해서는 모든 사람이 동의하는 것은 아니다. 어떤 학자들은 광고에 대해 3회 반복이면 충분하다고 주장한다. 즉, 1회에 소비자가 제품이나 상표를 인식하고, 2회에 소비자가 제품이나 상표에 주의하여 이것의 관련성을 파악하며, 3회에 이것의 편익을 파지한다는 것이다. 다른 학자들은 효과가 나타나기 위해서는 11회에서 12회의 반복이 필요할 것이라고 주장한다.

반복의 효과성은 경쟁광고의 양에 따라 달라진다. 경쟁광고의 횟수가 많을수록 간섭이 일어날 가능성은 더욱 커지고, 결국 소비자는 반복으로 인해 나타나는 이전 학습을 망각할 수 있다. 앞서 언급한 3회 반복효과는 모든 조건이 통제된 실험실 연구결과이므로, 현실에서 광고혼잡도(advertising clutter)를 고려한다면 3회 반복보다는 더 많은 반복이 필요할 수도 있다.

② 자극일반화

일반화란 본래의 조건자극과 유사한 다른 조건자극에 의해서도 조건반응이 일어나는 것을 말한다. 앞의 파블로프 실험에서 조건자극(예, 종소리)과 무조건자극(예, 음식) 간의 연합에 의해 종소리만으로도 조건반응(예, 타액 분비)이 일어난 후, 종소리와 유사한 다른 조건자극(예, 방울소리)을 제시하여도 조건반응이 일어나는데, 이를 일반화라고 부른다.

일반화
본래의 조건자극과 유사한 다른 조건자극에 의해서도 조건반응이 일어나는 현상

자극일반화는 시장에서 모방제품이 성공하는 이유를 설명한다. 이는 소비자가 자신이 광고에서 본 진품과 모방제품을 혼동하기 때문이다. 이것은 또한 지역상표의 포장용기가 전국적으로 시장 점유율이 높은 상표의 포장용기를 닮는 이유도 설명한다. 즉, 소비자로 하여금 선두상표와 혼동하게 하여 소비자가 이 상표를 구매하게 만들려는 것이다. 예를 들면, 국내 라면의 선두상표인 신라면의 포장은 빨간색이고, 다른 회사의 매운 라면의 포장도 전부 빨간색이다.

③ 자극변별

변별은 일반화와 반대되는 과정으로 유사한 조건자극 간의 차이를 식별하여 특정한 조건자극에만 반응하는 것을 말한다. 유사한 자극들을 변별할 수 있는 소비자의 능력은 소비자 마음에 상표에 대한 독특한 이미지를 심어 주려는 위치화(포지서닝, positioning) 전략의 근거가 된다.

변별
유사한 조건자극들 간에 차이를 식별하여 특정한 조건자극에만 반응하는 현상

위치화 제품이나 서비스가 소비자 마음에서 차지하는 이미지 또는 위치는 제품이나 서비스의 성공에 매우 중요하다. 마케터가 자사제품이 소비자의 특정한 욕구를 만족시킬 것임을 독특한 방식으로 강조하는 강력한 커뮤니케이션 프로그램을 소비자에게 집중시킬 때, 마케터는 소비자가 제품선반에서 자사제품과 경쟁제품을 변별해 주기를 원한다. 소비자가 그들의 지각을 일반화하여 선두제품의 특정한 특성을 자사

위치화
소비자에게 특정 제품이 그들의 욕구를 만족시킬 것임을 인식시키기 위해 상표의 독특한 이미지를 심어 주려는 전략

제품에도 귀속시키기를 원하는 모방회사와는 달리, 시장에서의 선두주자는 소비자가 유사한 자극들을 변별해 주기를 원한다. 효과적인 위치화와 자극변별로부터 나타나는 호의적인 태도는 미래의 구매행동에 영향을 줄 만큼 충분히 오랫동안 유지된다 (Grossman & Till, 1998).

제품차별화　　대부분의 제품차별화 전략은 소비자에게 관련 있고, 의미 있으며, 가치 있는 속성에 근거하여 소비자가 자사제품이나 상표와 경쟁제품이나 상표를 구분하도록 수립된다. 그러나

> **제품차별화**
> 소비자가 자사제품과 경쟁제품을 구분하게 하려는 전략

많은 마케터는 제품이나 상표에 내포된 편익과 실질적으로 무관할 수 있는 속성에 근거하여 자사제품이나 상표를 성공적으로 차별화하기도 한다(Carpenter, Glazer, & Nakamoto, 1994).

일단 자극변별이 일어나면 선두상표를 무너뜨리는 것은 매우 어렵다. 한 가지 설명은 선두상표는 보통 시장에서 일등이고 소비자가 상표명과 제품을 연합하도록 오랫동안 교육시켰다는 점이다. 일반적으로 상표명과 특정한 제품을 연합시키는 학습기간이 길수록 소비자는 더욱 변별을 하고 자극을 덜 일반화한다.

④ 이차 조건형성

파블로프의 실험에서 종소리(CS)에 노출된 후에 음식(UCS)이 뒤따르던 개의 예를 회상해 보자. 여기서 종소리는 조건반응(CR)을 유발한다. 일단 조건형성되면 종소리는 무조건자극의 힘을 획득한다. 이제 만일 개가 또 다른 조건자극인 불빛(CS2)에 노출된 후에 종소리(음식이 아니라)가 뒤따르는 상황에 놓이게 되면, 불빛 자체도 비록 먹이와 짝지어진 적은 한 번도 없지만 결국 조건반응을 유발한다. (물론 종소리가 음식과 다시 짝지어지는 시행도 있어야만 한다. 그렇지 않다면 종소리와 음식 사이에 원래 조건형성되었던 관계가 소거되고 만다.) 무조건자극을 예측하는 종소리와 짝지어진 후에

> **이차 조건형성**
> 한 조건자극이 조건반응을 일으키는 학습을 한 후에 그 조건자극을 또 다른 조건자극과 연합하면 또 다른 조건자극에 의해서도 조건반응이 일어나는 현상

불빛이 조건반응을 일으키는 능력을 이차 조건형성(second-order conditioning)이라고 부른다.

광고에서 무조건자극으로 활용되는 유명배우, 탤런트, 운동선수 등은 원래 의미가 중립적인 조건자극이다. 이들은 특정한 영화나 드라마 또는 운동경기(무조건 자극)에

의해 의미를 부여받는다. 즉, 이들과 특정한 영화, 드라마, 운동경기와의 연합이 이들에게 영화, 드라마, 운동경기에서의 의미를 부여한다. 다시 말해, 소비자가 이들로부터 받는 의미는 이들이 원래부터 갖고 있던 것이 아니라 영화, 드라마, 운동경기에서 전이된 것이다. 따라서 광고에서는 이차 조건형성에 근거해 조건자극이었던 모델을 무조건자극처럼 활용하는 것이다.

마케터는 특히 유명배우와 탤런트의 이미지가 영원하지 않음에 주의해야 한다. 이들은 자신에게 주어지는 역할에 의해 언제든지 이미지를 변화시킬 수 있다. 이는 광고에서 고전적 조건형성에 의해 나타나는 조건자극(예, 상표)과 조건반응(예, 기분 좋음, 귀여움 등) 간의 관계가 깨질 수 있음을 의미한다. 따라서 제품이나 상표에 장기적으로 확고한 의미를 부여하고 싶은 경우에는 무조건자극으로 활용되는 광고모델의 선정에 상당한 주의를 기울여야 한다.

(2) 조건자극과 무조건자극 간의 관계

고전적 조건형성의 전통적인 견해에 따르면, 조건자극은 고전적 조건형성이 일어나기 위해 시간상 무조건자극에 선행해야 한다. 이 견해는 거의 옳고 고전적 조건형성이 일어나지 않을 상황을 정확하게 확인하기 위해 사용될 수 있다. 예를 들면, 무조건자극이 조건자극에 선행한다면 고전적 조건형성은 일어나지 않을 것이며, 이 현상을 역행 조건형성이라 한다.

또한 고전적 조건형성의 시간적 선행성 견해는 조건자극과 무조건자극이 동시에 제시되는 경우에도 조건형성이 일어나지 않는다고 예견한다. 동시 조건형성의 실패는 고전적 조건형성이 잡지나 신문광고 등과 같이 정지된 상황에서 사용될 때 소비자의 행동을 변경시킬 수 없을 것임을 시사한다. 이런 상황에서는 제품이나 상표가 무조건자극 전에 신뢰할 만하게 제시될 수가 없기 때문이다. 동시 조건형성의 실패는 제품을 먼저 제시하고 곧 뒤이어 무조건자극(예, 음악)을 제시하는 것이 동시에 제시하는 것보다 더 효과적임을 시사하며, 이것이 지연 조건형성이다.

역행 및 동시 조건형성에 의해 시간적 선행성 견해가 옳더라도, 몇몇 결정적인 연구들은 고전적 조건형성을 다르게 특징짓고 있다. 한 연구자는 실험에서 조건자극이 제시되지 않을 때 무조건자극이 나타날 가능성이 증가할 경우 조건형성의 양이 감소한다는 것을 보여 주었다(Rescorla, 1967). 그는 연구결과에 근거하여 조건형성이 일어나기 위해서는 조건자극이 무조건자극을 예견해야 한다고 주장하였다. 다시 말해, 시간적 선행보다는 예견성이 더 중요하다는 것이다.

고전적 조건형성의 예견성 견해는 광고 이외의 상황에서 조건자극(예, 제품, 상표)의 여분의 노출을 최소화해야 함을 시사한다. 무조건자극이 없이 조건자극의 제시가 많아질수록 조건자극의 예견성은 감소하며, 따라서 조건반응이 일어나지 않을 수도 있다. 이 점은 마케터에게 다음의 세 가지 시사점을 제공한다.

첫째, 고전적 조건형성은 접할 기회가 희귀한 제품뿐만 아니라 빈번하게 접하는 제품에 대해서도 그 제품에 대한 소비자의 행동을 변경시키는 데 비효율적일 수 있다. 예를 들면, 고전적 조건형성은 매일의 광고 이외에도 빈번하게 접할 수 있는 제품에 대한 광고에서는 작동이 잘 안 될 수 있다. 조건형성의 효율성은 무조건자극 없이 제품이 제시될 때 감소할 것이다. 따라서 고전적 조건형성은 광고 이외에는 잘 노출되지 않는 신제품의 경우엔 잘 작동할 수 있을 것이다.

둘째, 예견성 견해는 소비자의 행동을 변경시키기 위해 고전적 조건형성을 사용하기 원하는 광고인이 여러 형태의 광고를 사용해서는 안 됨을 시사한다. 조건자극이 무조건자극을 예견할 수 있는 TV광고 이외에 그렇지 않은 신문이나 잡지 등에도 특정 제품이 빈번히 광고된다면, 소비자가 무조건자극 없이 제품에 노출되고, 따라서 예견성이 깨지기 때문에 고전적 조건형성의 효율성은 감소할 것이다.

셋째, 조건자극이 없는 경우 무조건자극의 제시를 최소화하여야 한다. 음악을 사용하여 선호를 조건형성하기 위해서는 새롭거나 친숙하지 않은 음악이 사용되어야 한다. 만일 친숙한 음악이 사용된다면, 그 무조건자극은 조건자극에 의해 예견되지 않을 때에도 빈번하게 나타날 수 있다. 다시 말해, 소비자가 제품과의 연합에 관계없이 무조건자극을 광고 이외에도 자주 접할 수 있게 되고, 따라서 조건형성의 효율성을 감소시킬 것이다.

지금까지 살펴본 고전적 조건형성에 관한 대부분의 내용이 주의 깊게 통제된 실험실 연구로부터 유래하였기 때문에 소비자행동이 일어나는 복잡한 실세계에 이런 원리들이 잘 적용될 수 있는지 의문스러울 수 있다. 따라서 연구들은 실제 이런 상황에서 고전적 조건형성이 어떤 역할을 하는지 정확하게 결정짓기 위해 행해져야 한다. 앞으로의 연구들은 소비자행동과 광고에서 고전적 조건형성의 역할을 체계적으로 설정할 필요가 있다.

2) 조작적 조건형성

스키너(B. F. Skinner)에 따르면, 대부분의 개인학습은 개인이 적절한 행동을 선택하기 위해 보상되는 통제된 환경에서 일어난다. 소비자행동 측면에서 보면, 조작적 조건형성은 어떤 구매행동보

조작적 조건형성
행동과 보상을 연합하여 그 행동을 학습하게 하는 기제

다 더 호의적인 성과(예, 보상)를 가져올 시행착오 과정을 통해 소비자가 학습한다는 것을 제안한다. 즉, 호의적인 경험이 소비자로 하여금 특정한 소비행동을 반복하도록 학습시키는 도구로 작용한다.

스키너는 동물을 상대로 연구하여 자신의 학습모형을 발전시켰다. 그는 자신의 이름을 붙인 '스키너 상자(Skinner Box)'에다 쥐를 넣어 두고 만일 쥐가 적절한 행동을 한다면(예, 지렛대 누르기 또는 열쇠 쪼기), 음식(긍정적 강화물)을 받도록 하였다. 스키너는 이런 간단한 학습모형으로 비둘기가 탁구게임을 하고, 춤을 추도록 학습시키는 등 놀라운 일을 할 수 있었다. 마케팅 맥락에서 자신의 몸에 잘 맞는 청바지 스타일(긍정적 강화물)을 발견하기 전에 청바지의 여러 상표와 스타일을 시험해 보는 소비자는 조작적 조건형성을 하고 있다고 볼 수 있다. 추측하건대, 가장 잘 맞는 상표가 계속해서 구매될 것이다.

고전적 조건형성에서와 같이 조작적 조건형성에서도 자극일반화와 자극변별이 일어난다. 이 둘의 원리를 고전적 조건형성에서 이미 설명하였기에 여기서는 생략할 것이다. 대신에 강화, 행동조성, 행동수정 등과 같은 조작적 조건형성의 중요한 특성을 살펴볼 것이다.

(1) 강화

조작적 조건형성을 일으키는 데 필수적인 강화에는 여러 유형이 있다. 여기에는 긍정적 강화와 부정적 강화, 전체 강화와 부분 강화 그리고 강화일정 등이 포함된다. 먼저 강화와 강화물 간의 차이를 살펴보자. 강화는 반응의 가능성을 증가시키는 과정을 말하며, 강화물은 그 가능성을 증가시키는 자극을 말한다.

① 긍정적 강화와 부정적 강화

스키너는 반응이 반복될 기회에 영향을 주는 강화를 두 가지 형태로 구분하였다. 첫

째, 긍정적 강화는 특정한 반응에 뒤따라서 제시할 때 그 반응의 가능성을 증가시키는 것으로, 돈이나 칭찬과 같은 자극이 긍정적 강화물로 작용한다. 당신의 머릿결을 부드럽고 빛나게 하는 샴푸는 그 샴푸의 반복 사용의 가능성을 높일 것이다.

둘째, 부정적 강화는 특정한 반응에 뒤따라서 제거할 때 그 반응을 증가시키는 것으로, 불안, 고통, 통증처럼 불쾌하거나 부정적인 자극이 부정적 강화물로 작용한다. 예를 들어, 소매치기가 여행자의 지갑을 훔치는 장면을 보여 주는 광고는 소비자로 하여금 여행자 수표나 신용카드를 사용하도록 고무시킬 것이다. 그런데 부정적 강화물은 처벌과 혼동되어서는 안 된다. 처벌은 행동이 일어나지 않게 한다. 예를 들어, 주차위반 과태료는 부정적 강화물이 아니라 처벌로 운전자로 하여금 불법주차를 못하게 한다.

광고메시지에서의 공포소구가 부정적 강화물의 예로, 갑작스러운 죽음으로 자신의 가족을 불쌍히 남겨 둘 남편에게 경고하는 생명보험 광고는 생명보험 가입을 고무시키는 부정적 강화물이다. 또한 두통약을 판매하려는 마케터는 가라앉지 않는 두통의 고통스러운 증상을 보여 주는 부정적 강화물을 사용한다. 이런 예들에서 보면, 부정적 강화물을 사용하는 광고는 광고된 제품을 구매함으로써 부정적인 결과를 피하도록 소비자를 고무시킨다.

긍정적 강화물이든 부정적 강화물이든 간에 강화물은 바람직한 반응을 유도하기 위해 사용될 수 있다. 그러나 학습된 반응이 더 이상 강화되지 않는다면, 그 반응이 더 이상 일어나지 않는 소거현상이 발생할 것이다.

② 전체강화와 부분강화

소비자 학습에 영향을 주는 또 다른 중요 요인이 강화의 시기다. 강화일정이 시간의 일부분에 걸쳐 분산적으로 수행되어야 하는가? 아니면 강화일정이 전체 시간에 걸쳐 집중적으로 수행돼야 하는가? 즉, 전자의 부분강화와 후자의 전체강화 중 어느 것을 마케터가 택해야 하는지 중요한 문제가 아닐 수 없다. 다시 말해, 전체집중 광고는 더 많은 초기학습을 산출하나, 부분분산 광고는 보통 지속적인 학습을 야기하기 때문에 매체 일정을 계획하는 광고인들은 신경을 써야 한다. 광고인이 (신제품을 소개하거나 경쟁사의 전격적인 광고 캠페인에 직면해서) 즉각적인 효과를 원할 때 일반적으로 전체집중 일정을 사용하지만, 광고목표가 지속적이고 반복적인 구매유지에 있다면 부분분산 일정을 선호한다. 따라서 많은 광고인은 두 종류의 광고일정을 결합하여 사용한다.

신제품 도입 시 처음에는 전체집중 광고를 사용하고, 나머지 주기 동안은 부분분산 광고를 활용한다.

③ 강화일정

앞서 언급한 부분강화에는 네 가지 유형, 즉 고정간격 일정, 변동간격 일정, 고정비율 일정 및 변동비율 일정이 있다.

고정간격 일정은 일정한 시간간격이 경과한 다음 일어나는 반응을 강화하는 것이다. 여기서 시간간격은 일정하게 고정되어 있다. 따라서 일정한 시간이 지나지 않으면 강화물이 주어지지 않는다. 기업에서의 월급 그리고 백화점에서의 정기바겐세일 등이 고정간격 일정의 대표적인 예다. 이 일정에서는 강화 직전에 반응이 증가한다. 이와 관련하여 대학교에서 치러지는 중간시험과 기말시험을 생각해 보라. 중간 · 기말 시험의 일정은 학기 초에 미리 정해진다. 이 책을 읽고 있는 대학생 독자들이 언제 집중적으로 공부하는지 스스로 돌이켜보면 쉽게 이해할 수 있다.

변동간격 일정에서도 강화가 특정한 시간간격이 경과하는 것에 의존하지만, 그 간격이 예측할 수 없게 변한다. 이 일정에서 유기체는 하나의 보상도 놓치는 일 없이 너무 느리지 않도록 조심하면서 착실한 반응을 보인다. 예를 들어, 백화점에서의 비정기 바겐세일이 이에 해당한다. 고정간격 일정과 변동간격 일정은 시간에 의한 간격일정으로 분류된다.

고정비율 일정은 일정하게 고정된 수의 반응이 일어나야만 강화물이 주어지는 것이다. 이 일정에서 유기체는 많은 보상을 얻기 위해 짧은 시간에 많은 반응을 보이는 경향이 있다. 이 일정은 강화 직후의 휴식과 높은 반응률이라는 특성을 지닌다. 피자쿠폰 10장을 모으면 1판은 무료인 경우, 주유소에서 주유실적이 5만점이면 온천여행권이 주어지는 경우, 그리고 비행기 마일리지 등이 대표적인 예다. 고정비율 일정에 근거한 마케팅 전략이 빈도 마케팅이다. 이 전략은 구매한 양에 따라 증가하는 가치를 지닌 보상을 소비자에게 제공함으로써 소비자의 구매행동을 강화한다.

빈도 마케팅
일정한 반응빈도(고정비율)에 근거하여 소비자를 보상하는 마케팅 기법

변동비율 일정에서도 특정한 수의 반응을 행한 후에 강화물이 제공되지만, 그 수가 예측할 수 없게 변한다. 이 일정에서 유기체는 강화를 받은 다음에도 휴식 없이 장시간 높은 반응률을 보인다. 예를 들어, 도박과 복권이 이에 해당한다. 고정비율 일정과 변

동비율 일정은 반응 수에 의한 비율일정으로 분류된다.

3) 사회학습 이론

인간의 지식은 스스로 행동하거나 반응함으로써만 얻어지는 것은 아니다. 인간은 시행착오에 의지할 필요도 없다. 인간은 타인을 관찰함으로써 학습할 수 있으며, 이것이 사회학습이라고 알려져 있다. 사회학습에서 인간은 타인의 행동을 관찰하고 나서 그들의

사회학습
인간은 타인의 행동을 관찰, 모방 또는 대리적으로 학습할 수 있다는 학습기제

행동을 모방한다. 타인은 학습자의 모델이 되며, 학습자는 조금씩 각 단계를 힘들게 습득하는 대신에 전체의 행동패턴을 학습할 수 있다. 많은 사람은 부모, 교사나 친구를 모방하며, 어떤 사람은 전혀 만나지도 않았던 배우, 소설의 주인공 또는 운동선수를 모방한다.

인지학습의 한 유형인 사회학습은 조작적 조건형성의 학습이론과 인간의 인지과정을 통합한 학습이론이다. 이 이론의 창시자인 반두라(Bandura, 1977, 1986)는 세 가지 중요한 제안을 하였다.

첫째, 인간은 자신의 행동의 가능한 결과를 예측하고 이에 따라 자신의 행동을 변화시키는 상징적 존재다. 이와 관련하여 인간은 어떤 반응에 뒤따르는 결과의 규칙성을 추론하기에, 어떤 상황에서 특정한 반응이 특정한 결과를 초래할 것이라는 기대를 형성한다.

둘째, 인간은 타인의 행동을 관찰함으로써 그리고 이러한 행동의 결과를 주목함으로써 학습을 하는데, 이것을 대리학습이라고 한다. 이때 정보를 전달하기 위해서는 모델의 역할이 중요하다. 모델은 타인이 관찰하려하고 모방하려는 행동을 수행하는 누군가다. 대리학습은 모델의 행동결과가 매우 분명하고 관찰자에게 현저한 것일 때 즉각적으로 일어난다. 게다가 관찰자가 이러한 결과를 긍정적으로 평가할수록, 모델의 행동을 모방하려는 경향은 더욱 증가한다.

셋째, 인간은 자신의 행동을 조절할 능력을 갖고 있다. 이러한 자기조절 과정을 통해, 인간은 자기만족과 자기비판 같은 내적인 보상(긍정/부정)을 스스로에게 제공한다.

이러한 제안들로부터 사회학습 이론이 왜 조작적 조건형성과 인지이론을 통합한 것인지를 알 수 있다. 인간이 결과를 예측할 수 있는 상징적 존재라는 생각은 인지이론과

일치한다. 보상이라는 강화물이 행동을 통제한다는 생각은 조작적 조건형성에서 나온 것이다. 이때 조작적 조건형성에서의 강화는 외부환경으로부터 생기지만, 사회학습 이론에서는 외부로부터의 강화뿐만 아니라 내적 강화 역시 중요한 역할을 한다. 사회학습 이론은 이러한 생각에다 사람은 타인의 행동이 어떻게 강화되고 처벌되는지를 관찰함으로써 배울 수 있다는 생각을 더한 것이다.

(1) 사회학습의 과정

반두라는 사회학습이 4개의 과정(주의, 기억, 재생, 동기화 등)으로 구성된다고 제안하였다. 첫째, 주의과정은 모델의 행동을 관찰하는 것이다. 모델에 집중되는 주의는 모델의 매력, 호감 가는 개인적 특성, 권위, 연령, 성별, 종교적 신념, 정치적 태도 그리고 관찰자와의 유사성 등과 같은 요인에 달려 있다. 그런데 사람마다 모델이 표출하는 행동에 대해 다르게 반응한다. 의존적이고 자기존중감이 낮은 사람은 성공적인 타인의 행동을 더욱 모델링하려는 경향이 있는 듯하다.

둘째, 기억과정은 모델의 행동을 파지하는 것이다. 즉, 인간은 모델의 행동을 내적 심상이나 언어적 기술을 사용하여 표상함으로써 이 행동을 기억한다. 셋째, 재생과정은 기억과정에서 파지된 인지적 표상을 행동으로 변화시키는 것이다. 이때 행동은 반드시 외부로 표현될 필요가 없고, 마음속에서 상상을 통해 재생될 수 있다. 넷째, 동기화과정에서 재생된 행동에 대한 실제적, 상상적 보상이 그 행동의 유발 가능성을 결정한다. 이때 보상은 외부에서 주어질 수도 있고, 자기조절과정에 의해 관찰자 스스로가 줄 수도 있다. 외부보상이든 내부보상이든 간에 보상이 많이 주어질수록 그 행동이 다시 일어날 가능성은 더 높아진다.

(2) 사회학습 이론과 소비자

사회학습 이론에서는 관찰과 모델링이 핵심개념이다. 따라서 모델이 매우 중요하다. 그런데 사람은 아무나 학습모델로 삼지 않는다. 소비자도 마찬가지인데, 자신에게 영향을 줄 수 있는 대상을 모델로 삼는다. 즉, 앞에서 기술한 요인들에 의해 소비자는 모델을 선정한다. 소비자 측면에서 볼 때, 모델은 광고모델이 대표적일 것이다. 사회학습 이론에 근거해 보면, 광고모델은 소비자 학습을 일으키기 위한 가장 중요한 첫 단추다. 따라서 광고인은 광고모델의 선정에 상당히 신경을 써야만 한다.

반두라(1977)는 신제품 수용은 부분적으로 개척자로부터의 대리학습에 근거한다고 주장하였다. 개척자란 평균인보다 신제품을 시용하는 데 더 모험적인 사람을 말하며, 혁신자와 동일한 의미를 갖는다. 대리학습에 근거해 보면, 타인이 신제품 또는 서비스를 구매할 것인지를 결정하는 것은 신제품 또는 서비스를 사용하는 모델의 행동과 이에 대한 결과의 관찰에 달려 있다. 반두라에 따르면, 모델은 혁신을 예증하고 정당화할 뿐만 아니라 타인이 혁신을 수용하도록 격려함으로써 제품에 대한 옹호자로도 작용한다는 것이다.

자기조절과정에 의한 내부보상이 사회학습에서 중요한 역할을 한다. 이러한 내부보상은 소비자에게서 종종 나타난다. 소비자는 무언가 힘든 일 또는 의미 있는 일을 성공적으로 마쳤을 때 자기 자신에게 스스로 보상을 하는데, 이것을 자기선물(self-gift)이라고 한다. 저자의 경우 마음에 쏙 드는 논문을 학술지에 게재한 후에는 거의 술 소비를 한다. 자기선물은 소비자 자신에게 있었던 힘든 과정을 잊게 하고 자신의 일을 다시 할 수 있도록 해주는 좋은 강화물이다.

특히 외부보상 없이 내부보상만으로도 행동이 강화될 수 있음은 마케터에게 중요한 시사점을 제공한다. 소비자의 자기만족이 대표적인 예인데, 구매제품에 대한 외부평가와 관계없이(어떤 경우에는 부정적 평가에 직면해서도) 소비자가 스스로 자기만족을 느낀다면 구매제품에 대해 호의적인 태도를 지닐 수 있다. 따라서 소비자가 제품을 구매한 후 자신을 스스로 보상할 수 있게 하는 마케팅 또는 광고전략이 필요하다.

한편 사회학습 이론은 세 가지 목적을 위해 마케팅에 적용될 수 있다. 첫째, 모델의 행위는 완전히 새로운 형태의 행동을 창출하기 위해 사용될 수 있다. 둘째, 모델은 바람직하지 않은 행동이 일어날 가능성을 줄이기 위해 사용될 수 있다. 셋째, 모델은 이전에 학습된 행동의 재발을 촉진하기 위해 사용될 수 있다.

긍정적 강화물은 소비자가 이전에 한 번도 둘러 보지 않은 매장에 들어가는 것과 같은 새로운 행동을 소비자로 하여금 취하도록 유도할 수 있다. 이를 통해 매장 안에서 타인의 행동을 관찰하고 이러한 관찰이 그 행동을 따라하도록 자극할 수 있을 것이다. 광고인은 사회학습 이론에 근거하여 소비자가 모방할 것이라는 희망을 갖고 매력적인 광고모델을 광고에 등장시킨다. 이러한 유형의 광고에서 광고모델의 행동(신제품을 사용하는 것)은 그 모델의 구매에 대해 주변 사람들이 칭찬해 줌으로써 긍정적으로 강화된다. 이러한 광고는 소비자가 광고로부터 대리학습을 획득하여 광고제품을 구매할 가능성을 증가시키고자 하는 것이다.

모델링은 바람직하지 않은 행동을 억제하기 위해서도 사용될 수 있다. 광고에서 모델이 바람직하지 않은 행동(예, 음주운전, 흡연, 약물남용, 청소년 범죄 등)을 하여 처벌되는 것을 보여 줌으로써 그 행동의 가능성을 낮추려고 한다. 이는 주로 공익광고에서 볼 수 있다.

모델링은 소비자가 이전에 학습한 행동을 다양한 상황에서 반복할 가능성을 증가시키기도 한다. 모델의 행동은 그 행동이 적절한 때를 소비자에게 말해 주는 일종의 변별자극으로 작용한다. 예를 들어, 마케터가 제품이나 서비스를 재위치화하려고 시도하는 경우다. 예를 들어, 게토레이라는 음료가 국내에 처음 들어왔을 때, 이 상표는 스포츠 음료로 위치화되었다. 광고는 이 제품이 운동을 한 후에 마시는 음료수임을 보여 주었다. 그러나 회사는 이 제품의 전반적인 판매를 증가시키기 위해 게토레이를 운동 이외의 상황(예, 목욕 후)에서도 갈증을 빨리 해소시켜 주는 이온음료로 재위치화하였다. 광고에서는 모델이 갈증을 일으키는 다양한 상황에서 게토레이를 마시는 장면을 보여 줌으로써 모델의 행동을 변별자극으로 사용하였고, 이 전략은 성공적이었다.

또 다른 예는 미국의 플로리다 시트러스 그로버스(Florida Citrus Growers)의 오렌지주스 광고다. 이 회사는 소비자가 오렌지주스를 아침식사 시간 이외에도 마시도록 몇 년 동안 광고를 통해 설득하였다. 이 광고는 매력적인 모델이 수영한 후 또는 열심히 운동한 후에 오렌지주스를 마시는 것을 보여 주었다. 아침식사를 할 때 오렌지주스를 마시는 것은 대부분의 미국인에게는 자연스러운 것이다. 이 광고는 모델의 행동을 변별자극으로 사용함으로써 소비자가 다른 상황에서도 오렌지주스를 마시도록 설득하여 오렌지주스의 전반적인 판매를 증가시키고자 하였다. 그러나 결과는 좋지 않았다. 이는 미국 소비자에게 오렌지주스는 아침식사 시간에 마시는 것으로 강하게 위치화되었기 때문이다. 물론 이러한 실패 사례도 있지만, 이러한 극단적인 경우를 제외하고 모델링은 소비자가 이전에 학습한 행동을 다양한 상황에서 반복할 가능성을 증가시키기 위해 사용될 수 있다.

3. 기억

기억은 과거사건 또는 생각에 관한 정보를 파지하는 과정을 말하며, 기억과정은 정보의 부호화, 저장 및 인출 등을 포함한다. 부호화란 정보가 기억에 저장되는 형태(즉, 부호)로의 변환을 지칭한다. 저장은 부호화된 정보가 신경계에 어떤 기록(즉, 기억흔적)으로 남겨져 나중에 사용하기 위한 형태로 보관되는 것이다. 인출은 저장된 모든 기억흔적 중에서 특정한 것을 선택하여 회상하려는 시도다.

기억과정에 관한 한 가지 영향력 있는 설명이 다중저장 모델로, 이 모델은 작업기억과 장기기억 등의 두 가지 관련된 기억을 제시한다. 우선 다중저장 모델에 근거한 기억구조를 살펴보고, 다음에 장기기억과 관련하여 소비자의 지식체계를 언급할 것이다. 아울러 기억을 연구하는 심리학자들의 관심을 끌고 있는 감정과 기억 간의 관계 그리고 암묵기억에 관해서도 살펴볼 것이다.

1) 기억구조

다중저장 모델에 따르면, 정보는 감각등록기에 처음으로 등록되고 여기서 자극은 부수적인 처리용량이 할당되어야 하는지를 결정하기 위해 무의식적 방식으로 간략히 분석된다. 만일 감각등록기에서 특정 자극이 개인과 관련되는 것으로 생각되면, 처리용량이 그 자극에 할당되고 정보는 작업기억으로 이동한다. 장기기억은 부호화와 인출과정을 통해 작업기억과 연결된다. 작업기억이든 장기기억이든 간에 부호화, 저장 그리고 인출의 세 과정은 공통적으로 관련된다.

(1) 작업기억

일단 자극이 감각등록기를 통과하면, 그 자극은 작업기억으로 들어간다. 작업기억은 매우 짧은 기간(18~30초) 동안만 정보를 파지한다. 예를 들어, 한 소비자가 친구로부터 '프리자리오' 상표를 들은 직후에 "듣긴 들었는데, 그 상표명이 무엇이었는지 잘 모르겠어."라고 말하는 경우가 작업기억에 해당한다. 비록 작업기억이 정보를

작업기억
짧은 기간 동안 정보를 파지하며 감각투입과 장기기억의 내용을 결합하는 기억유형

파지하는 것은 극히 짧은 기간이지만, 사실상 이 과정에서 범주화와 해석이 가능하도록 감각투입과 장기기억의 내용이 결합된다. 이러한 결합과정 때문에 과거에는 단기기억으로 불렸지만, 현재에는 작업기억 또는 활동기억으로 부른다.

① 부호화

작업기억에서 정보는 주로 청각적으로 부호화된다. 청각부호화 이외에 시각부호화 또는 의미부호화도 가능하지만, 청각부호화가 매우 우세하다. 한 연구(Baddeley, 1966a, b)에서 연구자는 실험참가자에게 5개의 단어목록 또는 10개의 단어목록 중 하나를 기억하게 하였다. 5개의 단어목록은 작업기억의 범위에 있지만, 10개의 단어목록은 그 범위를 초과한다. 두 목록에서 모든 단어들은 청각적으로 관련되거나(예, bat, hat, cat), 의미적으로 관련되거나(예, tiny, small, little), 또는 무관하다(예, bat, desk, tiny). 실험결과는 기억수행이 청각적으로 관련된 5개의 단어목록 조건과 의미적으로 관련된 10개의 단어목록 조건에서 가장 저조하였다. 5개의 단어목록에서의 청각적 혼동은 작업기억에서는 청각부호화가, 10개의 단어목록에서의 의미적 혼동은 장기기억에서는 의미부호화가 우세함을 보여 준다. 따라서 정보가 작업기억에 저장되느냐 아니면 장기기억에 저장되느냐에 따라 정보는 다르게 부호화된다.

작업기억에서 청각부호화의 우세는 마케터에게 중요한 시사점을 제공한다. 모든 정보는 작업기억을 거쳐 장기기억으로 넘어간다. 즉, 정보가 작업기억에서 부호화되지 않는다면, 이 정보는 장기기억으로 넘어갈 수 없다. 이 점은 바로 제품정보들 중에서 가장 영향력이 큰 상표명의 중요성과 직결되는 것이다. 정보가 소리의 형태로 부호화되어 기억된다는 것은 상표명의 선정에 중요한 의미를 갖는다. 기업에서 좀 특이한 상표를 선택하려다 보니 외래어를 쓰기도 하고 특이한 발음의 상표명을 쓰기도 한다. 그러나 어떤 상표명의 발음이 생소하거나 어려워서 청각적으로 부호화되기가 어렵다면, 이 상표명은 작업기억에 저장되지 못할 것이고 장기기억으로 옮겨가지도 못할 것이다. 비록 특이한 발음일수록 일단 저장만 된다면 그 기억은 오래 가겠지만, 이는 소비자와 기업 모두가 상당한 노력을 기울여야 가능하다. 따라서 마케터는 청각적으로 쉽게 부호화될 수 있는, 즉 발음하기 쉬운 상표명을 선정하는 데 노력을 기울이는 것이 더 바람직할 것이다. 상표명과 관련된 문제는 장기기억의 부호화과정에서 다시 설명할 것이다.

② 저장

용량 및 편화   작업기억은 제한된 용량을 가지고 있다. 심리학자 밀러(Miller, 1956)
는 마법의 수(magic number) 7을 제안하였는데, 이는 작
업기억의 용량이 7±2라는 것이다. 그러나 투입된 정보
를 친숙하고 유의미한 단위로 묶는 편화(chunking)에 의

편화
투입된 정보를 친숙하고 유의미한 단위로 묶어 작업
기억의 용량을 증가시키는 기법

해 용량[7±2편(chunk)]을 확장시킬 수 있다. 예를 들어, FB-ICA-RC-IAIB-M과 같은
12개의 철자를 생각해 보자. 보통은 제시된 순서대로 이 철자들을 외우려고 할 것이
다. 철자가 12개이기 때문에 한꺼번에 외우기는 어렵다. 그러나 이 철자를 FBI-CAR-
CIA-IBM과 같이 재배열하면 쉽게 기억할 수 있을 것이다. 이처럼 친숙한 4개의 편으
로 묶으면 기억하기가 아주 쉬워지면서, 12개의 철자가 4개의 편으로 줄어들어 작업
기억의 용량을 늘릴 수 있다.

이러한 편화는 놀랄 만큼 기억력을 증가시킨다. 물론 편화는 장기기억의 도움을 받
아야 한다. 즉, 장기기억에 저장되어 있는 친숙한 정보가 작업기억으로 전이되어야 한
다. 일상적으로 사람은 장기기억에 이미 저장되어 있는 정보를 끄집어내어서 작업기
억의 정보를 평가하고 이해하는 데 사용한다. 이러한 의미에서 단기기억을 작업기업
이라 부른다. 이러한 편화는 언어적 정보로만 이루어지는 것은 아니며, 공간적인 정보
또는 시각적인 정보(예, 그림)로도 가능하다. 예를 들어, 숙련된 전자기술자들은 복잡
한 회로판을 잘 기억한다. 이들은 회로판을 의미 있는 단위로 묶을 수 있기 때문이다
(Egan & Schwartz, 1979).

광고에서 이 편화기법은 매우 중요하다. 제한된 시간과 공간에 많은 제품정보를 제
시할 수도 없거니와 소비자가 많은 정보를 받아들이지도 못하기 때문에 이 편화를 최
대한 활용하는 것이 좋다. 편화가 광고효과를 증가시킴에 있어서 특히 시각적인 전략
과 결합될 때, 가장 중요한 전략이 될 수 있다. 상표명, 슬로건, 로고 등 모두가 많은 양
의 정보를 전달하기 위한 영향력 있는 편으로 사용될 수 있다. 즉, 편화는 광고가 전달
하기 원하는 상표의 주요 특징들을 요약하여 전달할 수 있다. 예를 들면, 켈로그의
'most cereal'은 많은 정보를 함께 편화한 것으로, most란 단어는 여러 가지 성분들이
배합되어 있음을 보여 주고 있다. 종합 비타민제에서 종합이란 단어도 마찬가지다. 아
울러 그림도 광고에서 효과적인 편화의 좋은 예가 될 수 있다. 미국의 Arrow Pest
Control이라는 살충제 제조회사의 로고는 화살에 맞아 벌레가 죽는 모습을 보여 주고

있다. 이는 한 개의 편에서 상표의 이름뿐만 아니라 그 회사가 무엇을 하는지도 전달해 주고 있다(이창우, 김상기, 곽원섭, 1991).

시연　　작업기억의 경우, 정보의 저장기간이 매우 짧아 특별한 노력을 기울이지 않으면 작업기억의 정보는 곧 사라진다. 작업기억에서의 이러한 망각은 크게 두 가지에 의해 일어난다. 첫째는 소멸로 시간의 경과에 따라 자연스럽게 정보가 사라지는 것이고, 둘째는 대치로 작업기억의 제한된 용량 때문에 새로운 정보가 들어오면 옛날 정보가 밀려서 사라지는 것이다.

따라서 망각을 막기 위해서는 시연 또는 암송을 해야 한다. 시연은 정보에 대한 언어적 반복을 말하며, 정보를 작업기억에 유지시킬 뿐만 아니라 장기기억으로 전이하도록 만든다. 시연에 대한 한 가지 예는 전화번호를 본 후 그 번호를 다 누를 때까지 전화번호를 말없이 머릿속에서 반복하는 것이다.

한 연구가는 광고제품에 대한 어린 아동의 회상에 미치는 시연의 효과를 연구하였다(Macklin, 1986). 4~9세의 어린 아동들의 한 집단은 상표명을 소리 내어 말함으로써 그 이름을 시연하였지만, 다른 집단은 그렇게 하지 않았다. 연구결과는 상표명을 시연한 아동들이 그렇지 않은 아동들보다 상표명을 더 잘 회상할 수 있음을 보여 주었다. 이 연구의 시사점은 광고내용(예, 징글 및 슬로건)의 반복을 유도하는 광고가 소비자의 작업기억에서 장기기억으로의 정보 전이를 향상시킬 수 있다는 것이다.

시연에는 두 가지 유형이 있다. 유지 시연은 정보를 작업기억에 유지시키려는 적극적 노력을 말하는데, 이러한 경우 정보 자체의 의미를 생각하지 않고 지속적이며 반복적으로 정보를 암송하는 것이다. 정교화 시연은 정보의 의미를 생각하며 정보를 장기기억에 부호화시키려는 노력을 말한다. 앞의 전화번호 예에서 전화번호만을 단지 시연하는 것이 아니라, 그 전화번호가 누구의 것인지를 생각하면서 시연하면 훗날 인출이 훨씬 용이해진다. 즉, 소비자가 상표나 제품에 대해 정교화 시연을 해야 장기기억의 전이뿐만 아니라 훗날의 인출도 훨씬 용이해지는 것이다. 따라서 마케터는 상표나 제품과 관련된 적절한 의미를 광고에 부여함으로써 소비자의 정교화 시연을 도와야 한다.

③ 인출

작업기억에서 정보를 인출하는 방식으로 두 가지를 생각해 볼 수 있다. 하나는 병렬

탐색(parallel search)이고, 다른 하나는 순차탐색(serial search)이다. 병렬탐색은 작업기억의 모든 정보를 동시에 탐사하여 관련 정보를 인출하는 방식이고, 순차탐색은 정보를 순차적으로 하나씩 탐사하여 관련 정보를 인출하는 방식이다.

스턴버그(Sternberg, 1966, 1969)에 따르면, 작업기억에서의 정보인출은 순차탐색에 의해 이루어진다. 따라서 인출정보가 작업기억의 저장목록에서 차지하는 위치에 따라 인출시간이 달라진다. 목록에서 인출정보가 앞에 있으면 인출시간은 짧아지지만, 뒤에 있으면 인출시간은 길어진다. 아울러 목록 내의 정보가 많아질수록 인출시간은 따라서 늘어난다. 그러나 이러한 순차탐색은 실제로는 매우 빨라서 사람이 이것을 인식하지 못할 정도로 매우 신속하게 일어난다.

(2) 장기기억

정보를 몇 분(예, 친구들끼리의 영화에 관한 대화에서 앞에 나왔던 내용을 기억하는 것) 정도의 짧은 기간이나 평생(예, 초등학교 시절에 유행했던 유행가에 대한 기억)에 이르기까지 파지해야 할 때 장기기억이 관여한다. 장기기억의 두드러진 특징은 그 양상이

장기기억
짧게는 몇 분에서 길게는 평생에 이르기까지 무제한의 정보를 파지할 수 있는 기억 유형

매우 다양하다는 데 있다. 저장되어 있는 정보의 내용뿐만 아니라 기억에 사용되는 부호, 정보가 재부호화 또는 추상화되는 방법, 기억의 구성과 재구성, 기억의 지속성 등의 측면에서 장기기억은 다양하고 광범위한 양상을 보인다.

저자의 경우, 새우깡의 "손이 가요 손이 가……."라는 광고음악(commercial song: CM song)은 이 노래가 나온 지 수십 년이 지났지만 아직까지도 기억에 생생하게 남아 있으며, 초등학교 시절 가게에서 구매했던 과자의 상표(예, 삼양 라면땅)도 아직까지 기억한다.

① 부호화

장기기억의 부호화는 의미부호에 크게 의존한다. 의미부호화란 단어, 사건, 대상, 상징 등에 언어적 의미를 부여하는 것을 말한다. 문장을 듣고 몇 분이 지난 후에 회상할 수 있는 것은 대부분 문장의 의미다. 예를 들어, 소비자가 어떤 자동차에 대해 '37,850,000원, 3000cc, 6기통, 최고속도 300km, 천연가죽시트, 네비게이터와 DVD 장착'이라는 정보를 들은 후 얼마 지나서 누군가에게 이 자동차에 대해 이야기할 때

'비싸고 힘이 좋으며 고급스런 자동차'라고 일반적으로 말하게 된다. 이는 소비자가 제품정보를 의미로 부호화하였기 때문이다.

마케터는 상표명을 개발할 때 의미부호화 과정을 이해해야 한다. 전수연과 양윤 (2004)은 단어로 된 상표명(예, 공간구성)과 비단어로 된 상표명(예, 공간소)의 회상과 재인을 연구하였다. 이들은 의미가 통하는 단어의 회상과 재인이 모두 좋기 때문에 상표명을 선정해야 할 때 단어로 된 상표명을 선정하거나, 비단어일 경우에는 의미추출이 용이하여 표적단어의 의미를 연상시킬 수 있는 상표명을 사용하는 것이 소비자의 기억에 도움을 준다는 것을 보여 주었다. 이는 제품정보가 소비자의 장기기억에 부호화될 때 의미로 부호화된다는 점에 근거한 것이다. 의미가 통하거나 의미추출이 용이한 상표명은 언어적으로 그리고 시각적으로도 수월하게 부호화되며 소비자의 기존 지식구조와도 일치하기에 기억이 잘된다.

그러나 장기기억에서 의미부호만이 사용되는 것은 아니다. 의미부호 이외에도 청각 및 시각부호는 물론 미각, 후각, 촉각 역시 장기기억의 부호로 사용될 수 있다. 또한 사람은 기억 속에 사건의 순서나 일화도 부호화할 수 있다.

② 저장 및 인출

장기기억은 우리의 모든 지식을 담고 있는 무제한의 영원한 저장고로 볼 수 있다. 어떤 심리학자들은 지구상에 현존하는 어떤 컴퓨터도 인간의 장기기억의 저장용량을 아직까지 초과하지 못한다고 말하고 있다. 아울러 심리학에서 장기기억의 망각은 정보 자체를 상실하였기보다는 정보에 접속하지 못하기 때문이라고 보는 점에 근거한다면, 장기기억에서의 저장은 뇌손상과 같은 특수한 경우가 아니라면 특별한 문제를 일으키지 않는 것으로 보인다. 따라서 심리학자들은 장기기억에서 망각이라는 용어보다는 인출실패라는 용어를 더 선호한다. 장기기억에서의 저장은 다음에 언급할 소비자 지식에서 다룰 것이다.

회상과 재인　　장기기억에서의 인출은 회상과 재인에 의해 살펴볼 수 있다. 회상은 최소한의 인출단서를 사용하여 기억하고 있는 항목들을 끄집어내는 것이다(예, "어제 저녁 TV ○○드라마가 시작하기 전에 본 광고들을 이야기해 보십시오"). 회상에는 자유회상과 보조회상이 대표적으로 다루어

자유회상
기억된 항목을 특정한 단서 없이 생각나는 대로 인출하는 방법

진다. 자유회상(또는 비보조 회상)은 기억된 항목을 특정한 단서 없이 그저 생각나는 대
로 말하게 하는 것이다(예, "어제 본 광고들을 이야기하시오."). **보조회상**
보조회상은 어떤 단서를 제공하고 항목을 끄집어내게 하는 것   단서를 제공하고 기억된 항목을 인출하는 방법
이다. 바로 앞에서 언급한 것이 보조회상의 예다.

재인은 특정한 항목을 전에 본 적이 있는지를 묻는 것이다(예, "어제 저녁 TV ○○드
라마가 시작하기 전에 AA광고를 봤습니까?"). 재인에서의 인출단   **재인**
서가 회상에서의 인출단서보다 더 구체적이고 유용하기 때문   특정한 항목을 전에 본 적이 있는지를 확인하는 방법
에, 일반적으로 회상보다 재인에서 성과가 우수하다(Tulving, 1974).

회상과 재인을 좀 더 구체적으로 비교한 린치와 스룰(Lynch & Srull, 1982)은, 회상
은 2단계로 이루어지는데 첫 단계는 어떤 특정항목을 독립적으로 인출하는 것이고 그
후에 그 항목이 특정 맥락 내에 존재하는지를 확인하는 일종의 재인을 수행한다고 말
했다. 반면 재인은 인출단계는 무시하고 확인하는 단계만으로 이루어진다. 회상의 2
단계적 특성 때문에 회상할 수 있는 항목은 항상 재인할 수 있으나, 그 반대는 항상 성
립하는 것은 아니다.

장기기억에서 정보를 끄집어내기 위해서는 인출단서의 역할이 매우 중요하다. 식료
품점에서의 쇼핑은 보통 재인과 관련된다. 만일 소비자가 찾으려는 제품이 라면처럼
저관여 특성을 지녔다면, 소비자는 자신이 구매할 제품을 위해 제품 선반을 단순히 훑
어보면 된다. 즉, 앞에서 설명한 재인과정처럼 제품 선반에서 자신이 원하는 제품이
있는지를 확인하면 된다. 그런데 종종 소비자가 매장에서 자신이 원하는 상표나 제품
을 인출하지 못하는 경우가 있다. 이러한 경우 만일 매장에 적절한 인출단서가 있다면,
소비자의 인출은 용이해질 것이다.

소비자의 회상 또는 재인을 돕는 인출단서는 광고에서 나타난 언어적 또는 시각적
정보를 제품용기(또는 제품 자체)에 제시함으로써 만들어질 수 있다(Keller, 1987). 매장
에서 이루어지는 광고인 구매시점(point of purchase: POP) 광고 역시 소비자에게 적
절한 인출단서(예, 점포에 설치된 코카콜라 병 또는 켈로그 시리얼의 호랑이 등)를 제공하려
는 것이다.

또 다른 인출단서로는 광고에서 사용되는 음악을 들 수 있다. 소비자가 말로 전달된
메시지보다 노래로 전달된 메시지를 더 잘 회상한다는 증거가 있다. 사실상 광고용 노
래(CM song)와 같은 많은 징글(jingle, 음악광고)은 오랫동안 소비자의 기억에 남아 있

다. 한 연구는 소비자에게 메시지를 노래로 전달하는 것과 말로 전달하는 것 간의 효과를 비교 검증하였다. 연구결과 메시지의 세 행이 노래로 불리어졌을 때 소비자는 유의하게 더 많은 단어를 회상할 수 있었다. 이 연구는 음악이 회상을 실질적으로 개선시키는 매우 강력한 인출단서라고 하였다(Wallace, 1990).

마케터는 소비자가 자사의 제품과 상표를 용이하게 회상/재인하도록 적절한 인출단서를 제공하는 데 신경을 써야 한다.

인출실패와 간섭   장기기억에서 정보의 인출실패는 두 종류의 간섭(역행간섭과 순행간섭)에 의해 일어난다. 역행간섭은 새로운 정보가 옛날 정보의 인출을 방해하는 것이고, 순행간섭은 옛날 정보가 새로운 정보의 인출을 방해하는 것을 말한다. 예를 들어, 이사를 했을 경우 새집의 전화번호를 회상하려고 할 때 옛날 집 전화번호가 회상되는 경우가 순행간섭의 예이고, 어느 정도 시간이 흐른 후 새집의

역행간섭
새로운 정보가 옛날 정보의 인출을 방해하는 현상

순행간섭
옛날 정보가 새로운 정보의 인출을 방해하는 현상

전화번호는 잘 회상되지만 옛날 집 전화번호의 회상이 어려운 경우가 있는데 이것이 역행간섭의 예다.

역행간섭과 순행간섭으로 생기는 인출실패는 마케터에게 문제를 야기할 수 있다. 고전적 연구는 학습자료 간의 간섭은 자료의 내용이 유사할수록 증가한다는 것을 보여 주었다(Osgood, 1964). 실험심리학에서의 결과에 근거해 볼 때, 만일 소비자가 유사한 형태의 광고주장에 접한다면, 혼동이 일어날 것이고 광고에 대한 학습은 방해될 것이다. 역행/순행 간섭에 관한 연구는 경쟁광고들이 유사한 제품을 내보낼수록 또는 제품성능을 기술하기 위해 유사한 형용사나 수식어를 사용하는 제품을 포함할수록 혼란은 더욱 커질 것임을 시사한다.

그런데 한 연구는 간섭효과가 친숙하지 않은 상표에서만 일어남을 발견하였다(Kent & Allen, 1994). 연구결과는 친숙한 상표의 회상은 친숙한 경쟁상표 또는 친숙하지 않은 경쟁상표의 정보에 의해 영향을 받지 않음을 보여 주었다. 이러한 결과는 소비자에게 친숙한 상표가 시장에서 중요한 장점을 가짐을 시사한다. 만일 친숙한 상표의 광고는 친숙하지 않은 상표의 광고를 간섭하지만, 그 반대 현상은 일어나지 않는다면 시장에 먼저 진출하여 소비자에게 친숙해지는 것이 무엇보다 중요하다.

폰 레스톨프 효과　　간섭연구에서 또 다른 재미있는 발견이 폰 레스톨프 효과(von Restorff effect)다. 폰 레스톨프의 실험에서는 비교적 동질적인 항목들 중에서 한 가지 독특한 항목이 훨씬 용이하게 회상됨을 보여 주었는데, 이는 역행/순행 간섭이 최소화되었

폰 레스톨프 효과
비교적 동질적인 항목들 중에서 독특한 항목이 훨씬 용이하게 회상되는 효과

기 때문이다. 이 효과는 정보 현저성 또는 기억에서 자극(예, 상표) 활성화 수준의 중요성을 예증한다(Alba & Chattopadhyay, 1986). 일반적으로 자극이 현저할수록, 그 자극은 기억에 더 잘 부호화될 것이고 나중에 더 잘 회상될 것이다. 마케터는 제품을 독특하게 만듦으로써, 제품을 계속해서 광고함으로써, 또는 구매시점 광고와 같은 인출단서를 사용함으로써 제품의 현저성을 증가시킬 수 있다. 광고의 주요목표들 중 하나가 신기성, 대조, 색채, 놀라움, 운동, 크기 등과 같은 자극특성을 사용하여 광고가 소비자에게 매우 현저하게 인식되도록 하는 것이다.

　만일 소비자가 한 상표를 매우 현저하게 인식한다면, 경쟁상표의 회상은 일반적으로 낮아진다(Alba & Chattopadhyay, 1986). 따라서 상표관리자가 자사의 상표를 소비자가 현저하게 인식하게 할 수 있다면, 경쟁상표의 회상은 역행간섭으로 억제될 수 있다. 기억에서 현저한 상표가 경쟁상표의 회상을 억제할 때, 억제된 상표들은 소비자의 상표고려군에서 제외될 수도 있다.

자이가닉 효과　　인출실패에 영향을 줄 수 있는 또 다른 요인이 자이가닉 효과(Zeigarnik effect)로, 이 용어는 이 효과를 발견한 독일의 게슈탈트 심리학자의 이름에서 따온 것이다. 이 효과는 사람이 방해받거나 미완성인 과제를 수행할 때 발생한다.

자이가닉 효과
완성 과제보다 미완성 과제의 정보가 더 잘 회상되는 효과

미완성 과제로부터의 정보회상과 완성 과제로부터의 정보회상을 비교한 결과는 미완성 과제의 정보가 더 잘 회상됨을 보여 주었다(Harris, Sturm, Klassen, & Bechtold, 1986). 이는 지각의 집단화에서 다룬 완결성 원리와 관련된다.

　이 효과는 드라마 광고의 효과성을 설명한다. 드라마 광고는 드라마처럼 주제를 가지고 연속되는 광고를 말한다. 드라마와 같은 주제가 소비자의 관심을 유도하여 1회 광고를 시청한 후, 소비자는 그 주제가 끝날 때까지 다음 번 광고를 기대하게 된다.

2) 소비자 지식

소비환경에 관한 소비자의 지식은 장기기억에 저장되며, 여기서 소비자 지식이란 소비자가 특정 제품이나 서비스와 관련해 가지고 있는 경험과 정보를 말한다(Alba & Hutchinson, 1987). 소비자의 지식이 증가할수록, 소비자는 한 제품을 많은 차원에서 생각할 수 있고 상표를 세부적으로 구분할 수 있다.

소비자 지식
소비자가 특정 제품이나 서비스와 관련해 갖고 있는 경험과 정보

소비자 지식에는 세 가지 유형이 있다. 첫 번째 유형은 소비자가 장기기억에 저장하고 있는 제품에 관한 객관적 지식 또는 정확한 정보다. 두 번째 유형은 소비자가 제품에 관해 갖고 있는 주관적 지식 또는 소비자의 지각이다. 흥미롭게도 소비자가 알고 있다고 생각하는 것과 정말로 알고 있는 것 간에는 상당한 차이가 있고, 그래서 객관적 지식과 주관적 지식은 상관이 높지 않다(Park, Mothersbaugh, & Feick, 1994). 세 번째 유형은 타인의 지식에 관한 정보다. 이는 다른 소비자가 특정 제품에 관해 어떻게 생각하고 있는지를 아는 것을 말한다.

(1) 소비자 지식의 특성

소비자 지식은 세 가지 특성을 갖고 있는 것으로 제안되었다. 이는 첫째, 소비자가 생각하는 차원의 수(차원성), 둘째, 소비자가 주제에 관해 상세히 생각하는 정도(명료성), 셋째, 소비자가 소비주제에 관해 생각하기 위해 사용할 수 있는 추상수준(추상성) 등이다(Alba & Hutchinson, 1987).

차원성은 소비자가 무언가에 관해 생각할 수 있는 여러 다른 방식의 수를 나타낸다. 예를 들어, 포도주에 관해 많은 양의 지식을 갖고 있는 소비자는 다양한 차원에 의해 포도주를 생각할 수 있다. 초보자는 한 가지 차원(예, 가격)에 근거해 생각할 것이지만, 전문가는 여러 차원(예, 색, 향, 산도, 출처, 맛 등)에 근거해 생각할 것이다. 명료성은 소비자가 차원에 따라 얼마나 상세히 차이를 구별할 수 있는가를 말한다. 전문가는 포도주의 산도를 평정할 때, 초보자보다 더 자세하게 차이를 식별할 수 있을 것이다.

마지막으로, 추상성은 소비자가 무언가를 매우 구체적인 것으로부터 매우 추상적인 것까지의 범위에 걸쳐 얼마나 다르게 생각할 수 있는가를 말한다. 구체적 수준에서 소비자는 제품을 그것의 세부적인 속성에 의해 생각할 것이다. 따라서 구체적 수준에서

〈표 3-1〉 수단-목적-고리 모형에서의 추상성 수준

수준 1	구체적 속성: 물리적이며 실체적인 제품 특성에 대한 비교적 직접적이고 단일차원적인 묘사. 예를 들면 크기, 색채 등이 포함된다.
수준 2	추상적 속성: 물리적 특성에서 제거된 제품의 품질. 예를 들면, 성능, 스타일 등과 같은 몇몇의 주관적 속성이 포함된다.
수준 3	기능적 결과: 제품사용으로 생기는 실체적인 성과. 예를 들면, 체중감소 또는 재산증가 등이다.
수준 4	심리사회적 결과: 제품/서비스의 사용과 연합된 추상적이며 개인적인 의미. 예를 들면, '기분 좋음' 또는 '매우 중요함' 등이다.
수준 5	도구적 가치: 어떤 품질과 관련하여 제품이 소비자를 어떻게 도울 수 있는지에 연관된 추상적 의미. 도구적 가치의 예는 정직, 책임, 용기, 사랑 등이 포함된다.
수준 6	목적 가치: 사람들이 그들의 삶을 어떻게 영위하길 원하며 세상에서 어떤 삶을 원하는지를 나타내는 목적적 소망. 예를 들면, 자유, 평등, 지혜, 세계 평화, 및 성숙한 사랑의 경험 등이 포함된다.

출처: Walker, Celsi, & Olson(1986).

포도주 전문가는 제품을 색, 향기, 산도 및 기타 속성 등에 근거해 평가할 것이다. 추상적 수준에서 소비자는 포도주를 그것의 기능적 결과(예, 취하게 한다든지 또는 이완시킨다든지)와 관련해 평가할 수도 있을 것이다. 보다 더 추상적인 수준에서 소비자는 포도주를 목적가치(예, 종교적으로 영도된 삶을 살려는 소망)와 관련지어 평가할 수도 있을 것이다. 목적가치란 평가의 가장 폭넓은 수준을 나타낸다. 연구결과에 따르면, 전문가는 구체적인 것에서 추상적인 것으로 또는 추상적인 것에서 구체적인 것으로 이동할 수 있도록 추상성의 여러 다른 수준에서 조직화된 지식을 갖고 있다(Walker et al., 1986).

추상성 수준의 아이디어는 수단-목적-고리 모형과 밀접한 관계를 갖는다. 〈표 3-1〉은 각각의 추상성 수준을 기술하고 있다. 가장 구체적인 수준에서 소비자는 제품이 갖고 있는 구체적 속성에 초점을 맞춘다. 가장 추상적인 수준에서 소비자는 제품과 그것의 사용을 자신의 목적가치와 관련짓는다.

① 소비자 지식체계의 시사점

소비자의 지식체계에 대한 연구가 마케터에게 어떤 시시점을 제공하는가? 소비자의 지식이 증가할 때, 소비자는 지식을 더 잘 조직하며, 정보처리 시 더 효율적이고 정확해지며, 정보를 더 잘 회상할 수 있다(Alba & Hutchinson, 1987). 이런 결과는 마케터가 촉진자료를 개발하기 전에 소비자의 지식수준을 고려해야 한다는 것을 시사한다.

지식이 많은 소비자를 표적으로 하는 메시지는 초보자를 표적으로 하는 메시지보다 훨씬 더 복잡해질 수 있다. 또한 제품개발 시, 엔지니어는 제품에 관해 풍부한 지식을 갖고 있기에 자신이 만든 복잡한 기계도 자신의 눈에는 복잡하게 보이지 않는다. 그러나 소비자는 다르다. 즉, 제품에 관한 지식이 적은 소비자에게는 그 기계가 매우 복잡하게 보일 것이다. 일례로, 독자가 가전제품(예, DVD플레이어)의 사용법을 기술한 매뉴얼을 보고, 단번에 이해하여 제대로 따라했는지를 회상해 보라. 매뉴얼을 따라 해 보던 중에 "뭐가 이리 복잡해!"라고 말한 적은 없었는가? 따라서 제품은 엔지니어가 아니라 사용자를 위해 설계되어야 한다. 따라서 소비자 지식은 매우 효율적인 시장세분화 요인이 될 수 있다.

미국의 컴퓨터 산업체는 컴퓨터에 관한 메시지 작성 시 어느 정도로 메시지를 복잡하게 해야 하는지 어려움에 직면했었다. 성공적인 회사들은 그들의 촉진 메시지를 적절한 복잡성 수준에서 조절하였다. 한 고전적인 예로, IBM이 1988년에 신세대 개인용 컴퓨터를 시장에 내놓았을 때 광고메시지는 무척 간단하였다. IBM은 컴퓨터의 기술적 특성보다는 오히려 컴퓨터가 줄 수 있는 혜택을 보여 주는 데 초점을 맞추었다. 따라서 광고는 기억용량과 처리속도 등과 같은 제품의 구체적 속성을 강조하기보다는 컴퓨터가 문제를 어떻게 해결하는지를 보여 주는 데 중점을 두었다. 수단-목적-고리 모형에서 보면, IBM 광고는 제품사용의 기능적 결과에 초점을 맞추었다. 이 수준에서 소비자는 제품의 결과와 혜택을 평가한다.

그러나 추상성의 그다음 수준인 심리사회적 결과도 또한 중요할 수 있다. 심리사회적 수준에서 마케터는 타인이 소비자 자신을 보는 방식에 제품이 어떻게 영향을 주는지, 그리고 제품의 사용이 소비자로 하여금 어떤 느낌을 갖게 하는지에 관심을 둘 것이다. IBM은 또한 광고에서 자사가 세계에서 가장 큰 컴퓨터 회사이고 항상 소비자 곁에 있을 것이라는 메시지를 강조함으로써 심리사회적 수준에도 초점을 맞추었다. "IBM과 함께함으로써 당신은 실수를 범할 수 없다."는 메시지는 분명히 추상성의 심리사회적 수준에 초점을 둔 것이다.

(2) 기억 연결망

소비자 지식의 한 측면은 의미기억을 포함한다. 의미기억은 사람이 장기기억에 언어적 정보의 의미를 저장하는 방식을 말하는 것으로, 의미

의미기억
장기기억에 언어적 정보의 의미를 저장하는 방식

기억에서의 정보는 연결망 형태로 조직된다는 강력한 증거가 있다(Lynch & Srull, 1982). [그림 3-4]는 자동차에 대한 기억 연결망이 어떤 형태로 나타나는지를 보여 주는 한 예

기억 연결망
저장된 의미개념을 나타내는 기억마디들의 연결망

다. 연결망은 저장된 의미적 개념을 나타내는 일련의 기억마디(nodes)이고, 기억마디들을 연결해 주는 선들은 가능한 연합을 나타낸다. 의미기억에 관해 잘 알려진 이론에 따르면, 정보는 의미 연결망으로부터 확산적 활동을 통해 회상된다(Collins & Loftus, 1975). 따라서 만일 자극이 한 마디를 활성화하면, 활성화는 연결망을 통해 확산될 것이며 다른 마디들을 활성화할 것이다. 활성화된 각각의 마디는 회상되는 기억을 나타낸다.

연구가들은 정보의 5가지 형태가 기억마디에 저장될 수 있다고 제안하였는데, 이는 ① 상표명, ② 상표에 관한 광고, ③ 상표속성, ④ 제품범주, ⑤ 상표와 광고에 관한 평가적 반응(Hutchinson & Moore, 1984) 등이다.

[그림 3-4]에서 보듯이, 람보르기니 자동차를 구매하려고 계획하는 누군가에 의해

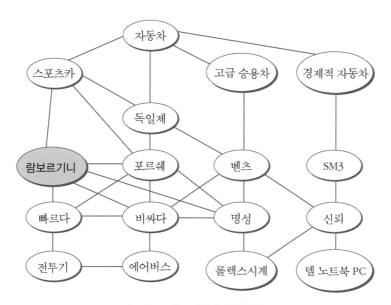

[그림 3-4] | 의미기억 연결망

람보르기니 마디가 활성화된다고 생각하자. 람보르기니 마디의 활성화는 의미 연결망 속으로 확산될 것이고, 그 결과 많은 부수적인 마디가 활성화될 것이다. 이런 마디들은 람보르기니의 의미개념과 연합이 된다. 따라서 람보르기니의 다양한 속성들(예, 스포츠카, 빠름, 고가, 명성 등)이 연합되어 떠오를 수 있다. 이 외에도 기억에서 자동차의 유사한 다른 상표 및 다양한 평가반응도 활성화될 수 있다. 물론 여러 다른 소비자가 다른 기억구조를 갖고 있을 것이고, 의미개념의 활성화는 꽤 다른 연합을 나타낼 수 있을 것이다.

소비자의 기억에 있는 상표와 그 상표의 품질 간의 관계가 제품-속성 연합으로, 이런 연합은 소비자가 다양한 상표에 관한 태도를 형성하는 데에서 중요한 역할을 하며 차후의 구매행동에도 직접적으로 영향을 준다. 따라서 마케터는 소비자가 상표와 다양한 속성들 간에 갖는 연합을 알아야만 한다.

(3) 도식

도식(sehema)이란 기억에서 체계적으로 조직화된 지식구조를 말한다. 이를 기억 연결망과 관련지으면 하나의 기억마디가 활성화될 때 마음에 떠오르는 연합들의 전체 덩어리를 도식이라고 할 수 있다. 또한 한 연구자는 도식을 한 개인이 가지고 있는 조직화된 기대들의 집합으로 보고 있다(Bettman, 1979). 이러한 도식은 서로 다른 여러 추상수준에서 일어날 수 있으며, 따라서 기억마디들 간의 상호관계에 대한 더 고차원적인 구조를 나타낸다. 다시 말해, 각각의 기억마디만으로는 특정 대상에 대한 체계적인 정보를 제공하지 못한다. 특정 대상에 관한 체계적인 정보는 바로 기억마디들 간의 총체적 연합인 도식에 의해 제공될 수 있다. 즉, 도식은 특정 대상을 설명해 주는 하나의 전체적인 연결망 구조로 볼 수 있다.

도식
기억에서 체계적으로 조직화된 지식구조

또한 도식을 한 개인이 갖고 있는 조직화된 기대들의 집합으로 볼 수 있기 때문에, 소비자는 도식에 근거하여 특정 대상에 대해 추론할 수 있다. 다시 말해, 어떤 구매대상이 자동차라면, 도식에 의해 상표는 어떻고, 가격은 어떻게 되며, 성능은 어느 정도인지 등등에 관한 추론이 가능해진다. 따라서 [그림 3-4]에서의 SM3 도식은 마디들 간의 연합 및 특정 개인이 SM3에 관해 갖고 있는 기대 등으로 구성되어 있다.

한편 연구결과들은 기존의 도식과 일치하는 정보가 그 도식과 우선적으로 연합되어 처리되며, 새로운 정보가 들어오면 기존의 도식과 일치하는 방향으로 해석될 수 있음

튼튼한 치아, 환한 미소

이중불소 함유
잇몸질환 예방성분 강화
더블민트의 상쾌한 맛   Toothpaste RST

튼튼한 치아, 환한 미소

이중불소 함유
잇몸질환 예방성분 강화
더블민트의 상쾌한 맛   Toothpaste RST

[그림 3-5] ㅣ 도식 일치와 불일치의 예

을 보여 주었다(Bower et al., 1979). 그러나 어떤 연구결과는 새로운 정보가 도식과 불일치할 때, 개인은 더 열심히 정보를 처리할 것이고, 결과적으로 그 자극에 대한 기억이 향상될 것이라고 제안하고 있다(Judd & Kulik, 1980). 따라서 소비자가 자신의 기대와 일치하지 않는 정보를 받았을 때, 소비자는 불일치 정보에 더 많은 인지용량을 할당(즉, 더 깊이 정보를 처리)하는 경향이 있을 것이고, 이런 경우에 그 정보는 작업기억에서 장기기억으로 전이될 가능성이 더 많을 것이다(Houston et al., 1987).

도식은 변하지 않는 고정된 구성체가 아니라 투입되는 정보의 종류에 따라 강화되기도 하고, 변할 수도 있는 유연성을 갖고 있다. 다시 말해, 연결망 조직은 투입되는 정보에 따라 더 체계적으로 강화되기도 하고, 수정을 통해 보완되기도 한다. 결론적으로 소비자의 제품에 관한 경험과 지식이 증가할수록, 소비자의 도식(또는 연결망)은 더욱 정교해지고 복잡해질 것이다.

3) 구성기억

인간의 기억은 외부에서 들어오는 정보를 있는 그대로 받아들이지 않는다. 기억은 구성 및 재구성 과정을 거친다. 사건에 대한 기억은 그 기억을 만든 객관적 실체로부터 체계적으로 멀어질 수 있는데, 기억과정은 기억이 형성되는 시점에서뿐만 아니라(구성 과정을 통해서) 시간이 경과한 후에도(재구성과정을 통해서) 일어난다. 이러한 구성 및 재구성 과정은 도식에 근거한 추론 그리고 외부의 암시 등에 의해 발생한다.

예를 들어, 저자가 금요일 저녁 친구들과 술집에 가서 술을 마셨는데, 실수로 병을 깼다. 이러한 상황에서 독자는 저자가 무슨 병을 깼는지 생각해 보라. 십중팔구 술병이라고 할 것이다. 그러나 저자는 술병이 아니라 콜라병을 깼다. 독자는 왜 술병이라고 했을까? 이는 저자가 술집에서 술을 마셨다는 단서에 의해 독자는 술집 도식을 작동시켜서 추론했기 때문이다. 즉, 기억의 구성과정이 작동한 것이다.

이렇듯이 소비자는 광고에서 제공되는 제품정보를 있는 그대로 받아들이지 않는다. 대신에 소비자는 자신의 도식, 기대, 직관, 논리, 타인이 전하는 말 등등을 사용하여 제품정보를 각색하여 저장한다(구성기억). 여기서 한 가지 중요한 점은 이러한 구성기억에 의해 제품정보에 대한 소비자의 기억이 왜곡될 수 있다는 것이다. 다시 말해, 소비자는 제품정보를 마케터의 의도와는 달리 엉뚱하거나 부정적인 것으로 받아들일 수 있다.

구성기억
도식에 근거한 추론 그리고 외부암시 등에 의해 투입 정보를 다르게 구성하는 과정

반면에 어떤 광고는 기억의 이러한 특성을 활용하여 소비자가 제품정보를 왜곡해서 받아들이게 할 수 있다. 양윤(2003)은 "당신과 가족의 건강을 지키십시오. 유토피아 캡슐이 있습니다."라는 광고문구를 소비자에게 제시했을 때, 이들이 "유토피아 캡슐을 복용하면 건강해질 것이다."라고 추론하는 것을 발견하였다. 제시된 광고문구에서는 건강과 캡슐 간에 어떠한 인과관계도 존재하지 않는다. 단지 소비자가 구성기억에 의해 인과관계를 추론한 것이다. 이러한 구성기억에 의해 소비자는 자신도 의식하지 못한 채 광고로부터 기만당할 수 있다. 기만광고에 관해서는 제14장에서 구체적으로 살펴볼 것이다.

4) 기억과 감정

기억과 감정에 관한 심리학 연구(Bower, 1981)는 마케터에게 상당한 영향을 주었다. 이에 소비자행동 연구는 소비자의 기분상태와 소비자의 기억과정 간의 관계에 초점을 맞추었다. 관련 연구들은 소비자가 자신의 기분상태와 동일한 감정특성을 갖는 정보를 더 잘 기억한다는 것을 보여 주었다. 즉, 소비자가 슬플 때 그들은 슬픈 정보를 더 잘 회상하였고, 반대로 그들이 기분 좋을 때는 기분 좋은 정보를 더 잘 회상하였다. 정말로 소비자의 기분상태가 소비자의 기억에서 정보가 어떻게 조직되는지 뿐만 아니라 정보의 부호화와 인출에 영향을 준다는 증거는 많다(Gardner, 1987; Knowles, Grove, & Burroughs, 1993).

한 연구는 소비자의 긍정적, 부정적 또는 중립적인 기분을 유도하기 위해 소비자로 하여금 행복하거나, 슬프거나 또는 중립적인 과거 경험들을 생각하게 하였다. 그다음에 이들은 한 스포츠카에 관한 한 장의 인쇄광고물을 보았고, 광고물을 읽는 동안 그 자동차에 대한 인상을 형성하였다. 이 연구의 가설은 소비자가 광고물을 읽을 때, 그들의 기분상태가 광고정보의 부호화에 영향을 미칠 거라는 것이었다. 연구가는 소비자로부터 유도된 기분이 48시간 후 자동차에 대한 평정에 영향을 주었음을 발견하였다. 즉, 슬픈 기분상태에서 광고정보를 부호화했던 소비자가 중립적 기분상태였던 소비자보다 스포츠카에 대해 더 낮은 평가를 하였다. 스포츠카에 대한 가장 높은 평가는 긍정적인 기분상태에서 광고정보를 부호화했던 소비자 집단에서 나타났다(Srull, 1986).

또 다른 연구에서 소비자는 슬픈 TV쇼(예, '60 Minutes') 또는 행복한 TV쇼(예, 'Real People')를 시청하였다. 그 다음에 이들은 TV쇼가 방영되는 동안 나왔던 광고를 평가하였다.[1] 연구결과, 소비자는 행복한 기분을 유도하는 TV쇼에 나왔던 광고의 정보를 더 많이 회상하였다. 이 결과는 긍정적인 기분이 소비자로 하여금 그들의 기억으로부터 더 많은 정보를 인출하도록 돕는다는 것을 시사한다(Goldberg & Gorn, 1987).

기억과 감정 간의 관계에 대한 연구는 제품이나 서비스 정보가 소비자에게 제공될 때, 일반적으로 마케터가 소비자의 기분상태를 긍정적으로 만들어야 한다고 제안한다. 많은 기법들이 소비자의 긍정적인 기분을 유도하기 위해 사용될 수 있는데, 예를 들어, 광고에서 유머 또는 매력적인 모델의 활용을 들 수 있다. 또 다른 시사점은 제품사용이 부정적인 기분을 일으키는 한, 제품정보의 학습은 억제될 수 있고, 이를 통해 제품정보의 부호화, 저장, 인출 등이 방해 또는 왜곡될 수 있다는 것이다.

제품 또는 서비스를 이용했을 때 부정적인 감정을 일으키는 요인은 많지만, 한 가지 예로 제품 또는 서비스 사용의 복잡성을 들 수 있다. 대부분의 소비자는 제품 또는 서비스 이용에 대한 일반적인 각본이나 절차 지식을 보편적으로 갖고 있다. 그런데 이러한 각본이나 절차 지식에 위배되는 제품 또는 서비스는 소비자에게 당혹감을 주고, 이들은 제품 또는 서비스 이용이 너무 복잡하다고 생각한다. 예를 들어, 한 소비자가 식당에서 식사를 하는 상황을 생각해 보자. 소비자의 식당에 대한 각본 또는 절차지식은

---

1) 미국의 광고는 중간광고의 형태로 진행되는데, 중간광고는 TV프로그램의 전후뿐만 아니라 프로그램이 방영되는 도중에도 광고를 내보내는 것을 말한다. 우리의 광고는 블록광고 형태로, 이 광고형태는 TV 프로그램 전후에만 광고를 묶어서 내보내는 것을 말한다.

"식당에 들어간다, 자리에 앉는다, 종업원에게 주문한다, 식사한다, 돈을 지불한다."
일 것이다. 그런데 한 소비자가 어느 식당에 들어가서 자리에 앉으려고 할 때, "밖에서
기다려 주십시오. 종업원이 안내할 것입니다"라는 말을 듣는다면, 이 소비자는 "뭐가
이래!"라고 말할 수 있을 것이다.

이 예는 제품과 서비스를 개발할 때 또는 광고를 제작할 때 항상 소비자를 중심으로
생각하라는 것을 강조한다. 제품, 서비스, 광고디자이너의 마인드가 아니라 소비자의
마인드를 읽으라는 것이다. 무엇보다 소비자의 지식구조를 이해한다면, 제품과 서비
스를 사용하거나 광고를 이해할 때 복잡성으로 인해 생길 수 있는 부정적 감정을 막을
수 있을 것이다.

5) 암묵기억

지금까지는 사람들이 기억과정에 관련되어 있음을 분명히 알고 있는 명시 또는 외
현기억(explicit memory)에 관해 다루었다. 이번에는 명시기억과는 다른 암묵 또는 내
현기억(implicit memory)을 간략히 소개하고자 한다.

암묵기억에 관해 알기 위해서는 앞의 지각에서 다루어진 식역하 지각을 다시 생각해

암묵기억
기억과정에 의식이 관여하지 않는 기억

볼 필요가 있다. 우선 이러한 잠재의식을 이해하기 위한 최선의 방
법은 목적으로서의 기억과 수단으로서의 기억을 구분하는 것이다

(Jacoby, 1991; Jacoby, Kelley, & Dywan, 1989; Jacoby, Woloshyn, & Kelley, 1989). 사람
은 분명한 기억과제(예, 재인, 보조회상, 또는 자유회상 과제)를 수행하기 위해 장기기억
으로부터 정보를 인출하려고 의식적으로 노력할 때, 기억은 주의라는 목적을 갖는다.
다시 말해, 사람은 자신이 기억에 초점을 맞추고 기억에 의지함을 알고 있다. 그러나
기억은 또한 판단과 결정을 위한 수단으로서도 사용된다. 사람이 암묵기억 과제를 수
행하기 위한 수단으로 기억을 사용할 때, 사람은 자신이 기억과정을 사용하고 있음을
의식하지 못하며 사전경험과 기억에 의해 영향을 받고 있음을 깨닫지 못한다. 즉, 암묵
기억이란 기억과정에 의식이 관여하지 않는 기억을 말한다.

예를 들어, 대부분의 소비자는 '진솔티슈'라는 상표명에 친숙하지 않기 때문에, 이것
이 잘 알려진 상표가 아니라고 가정한다. 그러나 소비자가 이 상표명을 여러 상표명이
있는 목록에서 읽은 후에는 이 상표명이 보다 친숙한 것처럼 보일 것이다. 암묵기억에

관한 한 실험(Jacoby, Woloshyn, & Kelley, 1989)에서, 실험 참가자들은 이름 목록에 제시된 'Sebastian Weisdorf'와 모든 다른 이름들이 잘 알려진 것이 아니라고 듣는다. 그러나 참가자들은 이름목록에 충분히 주의한 조건과 주의가 분산된 조건으로 나뉘어서 이 목록을 읽었다. 주의분산 조건에서는 참가자가 두 가지 과제를 동시에 수행함으로써 주의가 분산되었기에, 이들이 목록에 제시된 이름들에 충분한 주의를 기울이는 것은 어려웠다. 목록을 읽은 후 참가자는 이전 목록에서 제시된 이름들 중에서 몇 가지와 새로운 몇몇 이름들로 구성된 또 다른 목록을 보았다. 실험결과, 충분히 주의를 기울인 조건의 참가자는 이전 목록에서 제시된 몇 가지 이름들이 비록 친숙할지라도, 잘 알려진 이름이 아니라는 것을 알았다. 그러나 주의분산 조건의 참가자는 명성과 친숙성을 혼동하였다. 다시 말해, 이전 목록에서 제시된 이름들에 대한 사전경험에 따라 그러한 이름이 단순히 친숙할 뿐인데도, 친숙한 이름들이 잘 알려진 것이라고 판단하였다.

기본적으로 참가자들은 친숙하다는 느낌이 어디서 왔는지를 몰랐기 때문에, 이들이 명성과 친숙성을 혼동한 것이었다. 친숙하다는 느낌이 무관한 사건에 의해 영향을 받으며 우리가 이러한 영향력을 의식할 때를 제외하고는, 친숙한 것은 잘 알려진, 타당하거나 사실인, 그리고 통제할 수 있는 것으로 보인다. 우리가 느낌이나 신념이 어디서 왔는지를 알지 못할 때, 우리는 출처 기억상실증을 경험한다. 이것이 우리로 하여금 출처혼동과 부정확한 추론 또는 결론에 빠지게 한다.

다시 제2장의 식역하 지각으로 돌아가서 만일 영화 관람자가 식역하 메시지를 받아들였다면(사실 1/3,000초 노출에서 이것은 불가능하다) 그리고 만일 관람자가 잠재의식이 그 메시지의 출처라고 가정했다면(영화스크린이 메시지의 출처라고 보기보다는), 식역하의 지각은 가능했을지도 모르겠다(물론 이것은 실로 엄청난 가정이지만). 아울러 사람이 많은 느낌과 신념의 출처를 의식하지 못한다는 것은 흥미롭다. 예를 들어, 많은 소비자가 식역하 광고를 보거나 듣지만, 그것을 어디서 보거나 들었는지 알지 못한다. 얄궂게도 출처 기억상실증의 이러한 특정한 예가 많은 사람으로 하여금 식역하 광고가 실제보다 더 효과적이라고 가정하게 만든다.

결론적으로 암묵기억은 실제로 존재하며 사람에게 영향력을 행사한다. 그러나 암묵기억이 식역하 자극보다는 광고에 대한 우연노출을 설명하는 데 더 적합할 것이다. 소비자는 광고에 정말 우연히 노출되는 경우가 있는데, 이러한 경우에는 소비자 자신이 그러한 광고에 노출되었는지, 그 내용이 무엇이었는지를 의식적으로 알 수가 없을 수 있다. 이때 암묵기억이 우연히 노출된 광고의 효과를 연구하는데 기여할 수 있을 것이다(양윤, 김경민, 2004).

4. 성격

마케터들은 소비자의 성격특성에 오랫동안 주의를 기울였다. 이들은 소비자의 구매품목, 구매시기, 구매방법 등이 성격에 의해 영향을 받을 것이라고 직관적으로 생각하였다. 이러한 이유에 따라 광고인들은 소비자의 특정한 성격특성을 광고메시지에서 빈번하게 묘사하였다. 예를 들어, 몇 년 전 리바이스 청바지 광고에서의 "나는 나야!"라는 광고카피가 이에 해당한다.

심리학자들은 성격을 '개인의 환경에 대한 적응을 결정짓는 특징적인 행동패턴과 사고양식'으로 정의하고 있다. 이 정의에서 보면, '행동과 사고'라는 용어가 나오는데, 인간의 성격은 우리 눈으로 직접 볼 수 있는 것이 아니라 외부로 드러난 행동과 사고유형을 통해 역으로 우리가 추론하는 것이다. 예를 들어, 독자가 누군가를 만났는데 그 사람이 조용히 차분하게 말을 하고 매우 긍정적으로 사고를 한다면, 독자는 그 사람이 차분하면서도 밝은 성격의 소유자일 거라고 생각할 것이다. 따라서 성격에 대한 정의를 이러한 맥락에서 이해하면 된다.

일반적으로 성격은 많은 특징을 갖고 있다. 첫 번째 특성은 개인의 행동은 어느 정도 일관성을 보여야 한다는 것이다. 즉, 성격특성은 단기적인 것이 아니라 오히려 시간에 걸쳐 비교적 안정성을 보인다. 두 번째 특성은 행동이 특정인과 타인을 구별해 줄 수 있어야 한다는 것이다. 즉, 어떤 성격특성은 모든 소비자가 공유할 수 있는 것은 아니다.

세 번째 특성은 성격과 상황 간의 상호작용으로, 예를 들어 한 연구는 독단적 성격특성이 선물구매에서 나타나는 혁신성에 영향을 주는 과제상황과 상호작용한다는 것을 발견하였다(Coney & Harmon, 1979). 혁신성이란 새롭거나 다른 제품을 구매하려는 소비자의 경향성을 말하며, 독단적인 사람은 완고하게 생각하며 새로운 아이디어에 대해 편협한 경향이 있다. 이런 특성은 상황에 의존하여 꽤 다른 행동을 야기할 수 있다. 한 연구에서 소비자가 사적인 개별용무를 위해 선물을 구입할 때, 독단적인 소비자일수록 선물선택에서 혁신성을 덜 보이지만, 반대로 타인을 위한 공적인 용무를 위해 선물을 구매할 때는 독단성이 높을수록 더 혁신적 구매를 하는 반대 패턴을 보였다(Coney & Harmon, 1979).

네 번째 특성은 하나의 특정한 경우에 근거한 성격의 단일측정으로부터 개인의 행동을 정확하게 예견하리라고 기대해서는 안 된다는 것이다(Kassarjian & Sheffet, 1975). 성격특성은 특정한 행동과 엄격하게 연결되지 않는다. 따라서 소비자의 특정한 성격특성에 근거하여 소비자가 얼마나 많은 콜라를 구매할지 또는 어떤 가구를 구매할지 예측할 수는 없으며, 특정한 상표의 선택은 개인차(성격), 상황, 및 제품 등의 상호작용에 의존한다. 즉, 성격과 구매 간의 단순한 자극-반응 연결은 존재하지 않는다.

성격측정과 행동 간의 낮은 상관에 기여하는 또 다른 요인은 행동의 단일측정이 신뢰할 만하지 못하다는 것이다. 한 연구는 애완동물에 대한 고양이 주인과 개 주인의 정서적 애착을 평가하는 척도와 그들의 애완동물에게 인간의 음식을 주려는 경향성 간의 관계를 연구하였다(Lastovicka & Joachimsthaler, 1988). 연구자들은 정서적 애착과 인간의 음식을 주는 것 간의 상관은 평가된 날의 수가 증가할 때 따라서 증가한다고 보고하였다. 즉, 이 연구는 성격-행동 관계를 평가하기 위해서는 여러 경우에 근거하여 행동을 측정해야 함을 보여 주고 있다. 성격의 이런 네 가지 특성들은 마케팅 전략 수립 시 영향을 줄 수 있다.

여기서는 소비자심리학 영역에서 널리 알려진 프로이트의 정신분석학 이론을 소개하고, 그 다음에 특질론, 소비자 성격척도 그리고 자기개념을 살펴보고자 한다. 아울러 2000년대에 들어서 각광을 받았던 상표성격에 관해서도 살펴본다.

〈여기서 잠깐〉

당신은 미니밴 또는 SUV?

소비자 연구자들은 다양한 제품이 다양한 사람들을 끌어들인다고 말한다. 이는 특히 우리가 운전하는 자동차의 경우에 사실인 것 같다. 미니밴과 SUV(sport utility vehicles)를 소유한 5,400명에 대한 조사는 소유한 자동차의 유형이 소유자의 성격에 관해 많은 것을 말해 준다고 하였다. 그리고 아마도 이것이 자동차를 선택한 이유가 될 수 있을 것이다.

이 조사는 미니밴을 구매했던 사람들보다 SUV 소유자들이 더 침착하지 못하고, 더 즐거움을 추구하며, 덜 사교적이고, 범죄에 대해 더 두려움을 나타내는 경향이 있음을 보여 주었다. SUV 운전자들보다 미니밴 소유자들은 자신감이 더 높고, 사교적이며, 결혼과 출산에 대해 더

편하게 생각하는 경향이 있었다.

두 집단은 그들이 그들의 차를 '통제하기를' 원한다고 말했지만, 그 표현대로 동일한 것을 의미하지는 않는다. 미니밴 소유자들의 통제는 안전함, 운전 시 조절 능력, 주차 용이성 등을 의미하였고, SUV 소유자들의 통제는 그들 주변의 모든 사람에 대한 지배감을 의미하였다.

SUV 운전자들이 더 공격적이고, 주변의 다른 차량의 운전자들에게 덜 관심을 갖는다는 것은 놀라운 것이 아니다. Ford, GM, DaimlerChrysler 등의 자문인 한 프랑스 인류학자는 "SUV는 남성적이고 독단적으로, 종종 18륜 트럭의 후드와 닮은 후드 그리고 살쾡이 이빨 모양을 내기 위해 라디에이터그릴을 가로지르는 수직 금속조각을 장착한 것으로 설계된다. SUV는 미국인들의 폭력과 범죄에 대한 심원한 두려움에 소구하기 위해 디자인된다."고 말하였다.

SUV는 무기('전장을 위한 장갑차')와 같다고 그는 결론을 내렸다. SUV의 메시지는 "나를 방해하지 말라."다.

당신은 어떤 차를 운전하시겠습니까? 음……?

출처: Bradsher(2000): Schultz & Schultz(2006), p. 427에서 재인용.

1) 정신분석학

프로이트의 성격에 관한 정신분석학 이론은 인간행동을 이해하는 데 많은 영향을 주었다. 프로이트는 인간의 마음을 빙산에 비유하였다. 물 위에 있는 작은 부분은 현재의 인식인 의식이다. 전의식은 지금 당장에는 마음에 있지 않지만, 노력하면 의식에 떠올릴 수 있는 모든 정보다(예, 작년 겨울방학에 무엇을 했는가라는 질문을 받으면, 머리에서 겨울방학 동안 한 내용들이 떠오르는 것). 물 아래에 있는 빙산의 매우 큰 부분인 무의식은 사고와 행동에 영향을 주는 충동, 욕구, 그리고 접근 불가능한 기억의 저장고다. 프로이트는 무의식을 일상생활의 정상적인 성격기능에서 가장 중요한 것으로 보았다.

(1) 성격구조

프로이트의 구조모델에 따르면, 성격은 행동을 지배하는 세 가지 시스템인 원초아, 자아, 초자아로 구성되어 있으며, 이것들은 상호작용한다. 출생과 동시에 나타나는 원초아(id)는 성격의 가장 원초적인 부분으로 자아와 초자아도 여기에서 발달한다. 원초아는 가장 기본적인 생물학적 충동으로 구성되어 있다. 여기에는 먹고, 마시고, 배설하려는 욕구, 고통을 피하고 성적쾌락을 추구하려는 욕구 등이 있다. 원초아는 쾌락원리에 따라 작동하여 이러한 충동을 즉각적으로 만족시키려고 한다. 즉, 외적 환경에 관계없이 지속적으로 쾌락을 얻고 고통을 피하려고 한다.

아이가 성장할 때, 자아(ego)가 발달하기 시작한다. 아이는 자신의 충동이 언제나 즉각적으로 충족될 수 없다는 것을 알게 된다. 성격의 한 부분인 자아는 어린 아동이 현실의 요구를 고려하는 것을 배우면서 발달한다. 자아는 현실원리에 따르기에, 충동의 만족은 그 상황이 적절할 때까지 지연되어야 한다는 것을 아이에게 말해 준다. 따라서 자아는 본질적으로 성격의 집행자로 원초아의 요구, 현실 그리고 초자아의 요구 간을 중재한다.

성격의 세 번째 요소인 초자아(superego)는 행위가 옳은지 그른지를 판단한다. 초자아는 사회의 가치와 도덕에 관한 내면화된 표상이다. 초자아는 개인의 양심과 도덕적으로 이상적인 사람에 관한 이미지다. 프로이트에 따르면, 초자아는 아동 중기 동안 부모가 주는 상과 처벌에 대한 반응 그리고 동일시 과정을 통해 형성된다.

성격의 이러한 세 가지 성분은 종종 갈등을 일으킨다. 자아는 원초아가 원하는 충동의 즉각적 만족을 지연시킨다. 초자아는 원초아와 자아 두 성분 모두와 싸우는데, 이는 원초아와 자아의 행동에 도덕적 요소가 부족하기 때문이다. 매우 잘 통합된 성격의 경우, 자아는 안정적이면서 융통성 있는 통제를 유지하고, 현실원리가 지배한다. 프로이트는 원초아의 전부와 자아와 초자아의 대부분이 무의식에 있고, 자아와 초자아의 작은 부분만이 의식적이거나 전의식적이라고 제안하였다.

(2) 정신분석학과 촉진전략

인간의 행위에 숨어 있는 무의식적 동기를 확인하기 위한 꿈, 환상, 상징 등을 강조하는 정신분석학은 마케팅에 많은 영향을 주었다. 마케터들은 소비자의 무의식 동기에 소구할 수 있는 촉진주제와 용기를 개발하려고 하며, 여전히 소비자의 무의식적 구매동기를 자극하는 상징과 환상을 확인하기 위해 정신분석학을 이용하고 있다.

정신분석학은 마케터가 사용할 수 있는 많은 상징을 제안하였다. 예를 들어, 제품의 디자인과 용기 또는 광고 등에서 남성과 여성의 성적인 상징을 사용하는데, 기다란 원통모양은 남성 상징을 그리고 동그랗고 빨아들이는 모양은 여성 상징을 나타낸다. 몇몇 작가들은 광고대행사가 성적인 에너지인 리비도(libido)를 흥분시켜 판매를 촉진하기 위해 광고에 성적인 상징들을 사용할 것을 자극하는 많은 책들을 출간하였다(Key, 1973). 몇몇 회사들은 그들의 광고에 이러한 상징들을 의도적으로 사용하고 있다.

삶에서 성적충동을 추구하게 하는 리비도 이외에도, 정신분석학은 사람으로 하여금 파괴적인 행동을 하게 하는 죽음에 대한 소망을 제안하였다. 어떤 연구가는 주류회사들이 자사의 술 광고에서 얼음조각에 죽음의 가면을 삽입하곤 하는데, 이는 지나칠 정도로 술을 마시는 사람에게서 죽음의 소망을 불러일으키고 결국 이들이 자사 제품을 더 많이 소비하게 만들기 위해서라고 주장하였다(key, 1973). 아울러 이러한 죽음의 소망은 공격적인 행동으로도 표출되기 때문에, 광고에서 공격적인 장면을 삽입하는 경우도 간혹 있다.

이러한 상징과 관련하여 한 가지 주의할 점은 상징을 앞에서 다룬 식역하 자극과 구분해야 한다는 것이다. 상징은 전달된 의미를 통해 소비자에게 강력한 영향을 미칠 수 있지만, 식역하 자극은 앞에서 언급한 것처럼, 소비자에게 영향을 주지 못한다.

2) 특질론

특질론(trait theory)은 사람들을 그들의 지배적인 특성 또는 특질에 따라 분류하는 것이다. 심리학자에 따르면, 특질(trait)은 '한 개인을 다른 사람과 비교적 영속적이며 일관되게 구분해 주는 어떤 특성'이다. 특질론은 사람들의 성향을 형용사로 기술하

특질
한 개인을 다른 사람과 비교적 영속적이며 일관되게 구분해 주는 어떤 특성

며, 사람의 성격은 형용사로 표현된 특정한 특질들의 결합으로부터 나타난다. 예를 들어, 사람은 자신의 성격이 어떠냐는 물음에 '보수적인' '외향적인' '침착한' '사교적인' 등의 형용사를 사용하여 답하곤 하는데 이것이 바로 특질이며, 이러한 특질들의 결합(예, 안정적이고, 외향적이며, 사교적인 등)이 성격으로 나타난다. 〈표 3-2〉는 다양한 평가도구를 사용해 요인분석을 수행한 결과, 신뢰할 만하게 나타나는 5개의 특질요인(Big-5 요인)을 나타낸다. 제시된 형용사 쌍은 각 요인을 잘 나타내는 특질척도의 예들이다(McCrae & Costa, 1987).

1960년대에 행해진 소비자 성격에 관한 초기연구들은 특질론에 근거하였다. 예를 들어, 한 연구는 포드 자동차와 쉐보레 자동차를 소유한 소비자를 구분해 줄 수 있는 특질을 연구하였다(Evans, 1959). 비록 이 연구가 의미 있는 결과를 산출하지는 못했지

〈표 3-2〉 대표적인 5개 특질 요인

특질 요인	대표적인 특질 척도
개방성	인습적인–창의적인, 무사안일한–대담한, 보수적인–자유로운
성실성	부주의한–조심스러운, 믿을 수 없는–믿을 만한, 게으른–성실한
외향성	위축된–사교적인, 조용한–말 많은, 억제된–자발적인
친밀성	성마른–성품이 좋은, 무자비한–마음이 따뜻한, 이기적–이타적
신경증	침착한–걱정 많은, 강인한–상처를 잘 입는, 안정된–불안정한

만, 정신분석학에 근거한 질적인 동기조사에 가까웠던 소비자 조사를 성격에 근거한 양적조사로 바꾸어 놓은 중요한 계기를 마련하였다. 다른 연구들은 지붕을 덮어다 폈다 할 수 있는 컨버터블 자동차, 소형 자동차, 표준모델 자동차의 소유주들 간의 (Westfall, 1962), 그리고 필터가 있는 담배와 필터가 없는 담배를 피우는 흡연가들 간의(Kaponin, 1960) 특질을 비교분석하였다. 이러한 연구들의 결과들은 일반적으로 실망스러웠고 심한 비판을 받았다(Kassarjian, 1971).

이러한 실망스러운 결과를 산출했던 원인은 측정된 성격특성이 연구하고자 하는 특정한 구매행동과 직접적으로 관련이 없었기 때문이었다. 다시 말해, 연구에서 사용된 특질들은 인간의 일반적인 성격특성을 말해 주는 것이었는데, 이를 세부적인 구매행동에 적용하였기 때문이었다. 예를 들어, 만일 소비자연구가가 표적집단의 충동구매 성향을 측정하길 원한다면, 심리학자들에 의해 확인된 일반적인 성격특성보다는 충동구매성향에 관한 특질을 직접 측정해야만 한다. 따라서 성격특질을 사용하려는 소비자연구가들은 특질을 가지고 특정한 상표의 구매여부를 예측하기보다는 폭넓은 제품범주(예, 청결제품, 중형자동차)의 구매 또는 소비를 연구하는 것이 보다 더 현실적이라고 인식하게 되었다.

한편 특질 척도는 신뢰도와 타당도를 갖고 있어야 한다. 신뢰도는 척도의 측정결과가 얼마나 일관적인가를 평가하는 것이다. 높은 신뢰도를 갖고 있는 척도는 척도 구성 문항들 간에 일관성이 있으며, 반복 시행했을 때 유사한 결과를 산출한다. 타당도는 척도가 측정하고자 하는 것을 측정하는 정도를 평가하는 것이다. 예를 들어, 충동구매성향 척도는 충동구매 성향을 측정해야 타당한 것이지, 지능을 측정한다면 타당하지 않은 것이다.

3) 소비자 성격 척도

지금까지 소비자연구가는 특정한 구매행동을 직접적으로 측정해 줄 수 있는 신뢰할 수 있고 타당한 많은 특질 척도를 개발하였다(Mowen & Minor, 1998; Schiffman & Kanuk, 2000; Solomon, 1999 참조). 적절히 사용한다면, 이러한 척도들은 시장세분화, 제품위치화, 효율적인 촉진소구 개발 등에서 마케터에게 도움을 줄 수 있다. 여기서는 이러한 척도들 중 몇 가지를 간략히 소개할 것이다.

(1) 자기감시

소비자연구가들은 1980년대 이후 자기감시(self-monitoring)와 인지 욕구(need for cognition)의 두 가지 성격요인이 다양한 소비자행동에 어떻게 영향을 주는지에 관심을 두기 시작하였다. 먼저 자기감시에 관해 살펴본 다음, 인지 욕구에 관해 언급할

자기감시
사람이 사회활동과 대인관계에서 자기표현을 관리할 수 있는 정도

것이다.

스나이더(Snyder, 1979)에 따르면, 사람은 사회활동과 대인관계에서 자신이 처해 있는 상황에 더 잘 적응하고(또한 적응하고 있는 것처럼 보이려고), 또한 타인으로부터 인정을 받기 위해 자신의 이미지와 인상을 조작하여 표현하려 하며 또한 표현할 수 있는 능력을 가지고 있다. 자기감시 이론의 주요 관심은 ① 사람의 사회활동과 대인관계에서 어느 정도까지 타인에 비치는 자신의 이미지와 인상을 통제하려고 하는가, ② 대인관계에서 이러한 전략을 사용한 결과는 무엇인가 등의 두 가지 명제이며, 이 두 가지 질문에 답하고자 하는 것이 자기감시 이론의 목적이다. 이 이론은 이러한 조작과 통제능력에서의 개인차를 고려한 것이 특징이다. 즉, 자기표현을 관리하고 또한 할 수 있는 범위(또는 정도)가 사람에 따라 다르며 이 차이를 측정하고 수량화시킬 수 있다는 것이 스나이더의 주장이다.

따라서 그는 정도의 높고 낮음에 따라 자기감시가 높은 사람과 자기감시가 낮은 사람으로 분류할 수 있다고 주장하며, 이들의 특징을 다음과 같이 정의하였다. 자기감시가 높은 사람이란 자신의 행동이 사회생활과 대인관계에서 적절한가에 관심이 큰 사람이며, 따라서 자신의 표출행동과 자기표현이 타인에게 어떻게 받아들여질 것인가에 민감하며 자신의 언어적, 비언어적 자기표현의 감시수단으로서 상황단서를 이용하는

사람이다. 이에 비해 자기감시가 낮은 사람은 자기표현이 사회적으로 적절한가에 대한 사회적 정보에 대해 별로 주의를 기울이지 않으며, 또한 자기표현에 대한 기술도 다양하지 못하다. 따라서 이들의 표출행동과 자기표현은 그들의 정서상태와 태도(또한 가치와 성향)에 의해 통제를 받게 된다.

자기감시를 소비자행동에 적용한 경우는 다음과 같다. 스나이더(1974)는 자기감시가 높은 사람과 낮은 사람을 구별해 낼 수 있는 척도를 제작하였고, 이 척도의 일반화를 위해 광고와 관련된 연구에서 자기감시 척도를 적용하였다(Snyder & DeBono, 1985). 연구자들은 자기감시 정도가 높은 사람의 태도는 자신의 태도가 사회적이나 상황적으로 적합한가에 의해 형성되기 때문에, 이러한 사람은 제품을 사용함으로써 얻을 수 있다고 주장하는 이미지에 대한 광고의 전달내용에 특히 주의를 기울이고 이에 영향을 받을 것이라는 가설을 세웠다. 예를 들면, 자기감시가 높은 사람은 스포티하게 보이는 자동차 광고, 하얀 치아의 밝은 미소를 강조하는 치약광고 등에 반응할 것이다.

또한 자기감시가 낮은 사람은 자신의 가치표출을 중시하는 태도를 갖기 때문에, 제품의 품질을 강조하는 광고를 자신들의 내재된 태도나 가치 또는 다른 평가적 기준에 맞추어 해석할 것이라는 가설을 세웠다. 예를 들면, 스카치위스키의 맛이 좋다고 생각하는 사람은 스카치위스키를 마시는 그 자체를 즐길 것이며, 이러한 사람은 특정 스카치위스키의 맛에 대한 정보를 제공하는 광고에 주의를 할 것이며 더 반응적일 것이라는 가설이다.

이들은 세 가지 제품(위스키, 담배, 커피 등)을 대상으로 두 가지의 광고기법을 이용, 즉 다른 것은 다 동일하지만 단지 광고와 관련된 카피가 하나는 제품의 이미지를, 다른 하나는 제품의 품질을 소구하는 기법을 이용하여 광고에 대한 호의도와 제품의 구매의도에 대해 자기감시의 높고 낮음이 차이를 유발할 수 있는가에 대한 연구를 한 결과 유의한 차이가 있음을 밝혀내고, 자신들의 가설이 검증되었다고 주장하였다.

김상기와 양윤(1995)의 연구에서도 자기감시가 높은 소비자는 연상된 이미지 광고문구를, 그리고 자기감시가 낮은 소비자는 물리적 특성에 관한 광고문구를 더 선호하였다. 또한 양윤(1996)의 청바지에 관한 정보획득 연구에서도 자기감시가 높은 소비자가 낮은 소비자보다 물리적 속성(예, 형태유지, 세탁 편리성, 옷감의 질, 변색 유무)에 비해 심리적 속성(예, 디자인, 색상, 착용감, 조화성)을 더 많이 탐색하였다. 지금까지의 연구 결과들을 고찰해 보면, 소구 유형에 따라 자기감시가 높은 사람과 낮은 사람이 제품의 태도나 구매의도 또는 정보처리에서 차이를 보임을 알 수 있다.

(2) 인지 욕구

인지 욕구는 사람이 생각하는 것을 즐기거나 원하는 경향성에 대한 측정을 나타낸

인지 욕구
사람이 생각하는 것을 즐기거나 원하는 경향성

다. 카시오포와 페티(Cacioppo & Petty, 1982)의 인지 욕구 개념은 개인이 노력하여 정보를 처리하는 데서 얻게 되는 내적인 즐거움에 초점을 두고 있다. 다시 말해, 인지 욕구는 사람이 생각하는 것을 즐기거나 원하는 경향성을 의미한다.

카시오포와 페티(1982)에 따르면, 인지 욕구 척도에서 높은 점수를 받은 사람은 본질적으로 생각하는 것을 즐기지만, 척도에서 낮은 점수를 받은 사람은 힘든 인지적 활동을 피하는 경향이 있다. 인지 욕구가 낮은 사람은 특정한 주장에서 핵심을 구별하지 못하며, 오히려 제공된 주장에 근거하여 자신의 태도를 형성하기 위해 요구되는 인지적 노력을 피하기를 전형적으로 좋아하는 것으로 특징지을 수 있다.

여러 연구는 인지 욕구가 높은 소비자가 제품과 직접적으로 관련된 정보(예, 기능)가 많은 광고에 더 반응하지만, 광고의 주변적인 면(예, 모델)에는 덜 반응한다고 지적하고 있다(Haugtvedt et al., 1988, 1992). 반면에 인지 욕구가 비교적 낮은 소비자는 광고의 주변적이거나 배경적인 면(예, 매력적인 모델 또는 유명인)에 더 주의를 하는 경향이 있다.

한국형 인지 욕구 척도를 개발하여 소비자행동을 살펴본 김완석(1994)의 연구에서는 인지 욕구가 높은 소비자일수록 상표에 대한 사전탐색을 더 많이 하고, 제품선택에 걸리는 시간이 더 길다고 생각하는 것으로 나타났고, 인지 욕구가 높은 집단이 낮은 집단에 비해 자동차와 정장을 구매할 때 유의하게 더 많은 속성을 고려하였다. 또한 인지 욕구가 높은 집단에서는 물리적 속성이, 그리고 낮은 집단에서는 심리적 속성이 더 많이 고려되는 경향이 있음을 보여 주었다. 청바지 구매 시 소비자가 보이는 정보획득 행동을 연구한 양윤(1996)의 연구에서도 인지 욕구가 높은 소비자가 더 많은 정보를 탐색하였다. 지금까지 이 영역의 많은 연구결과를 고찰하면, 인지 욕구에 따라 소비자행동에서 차이가 있음을 분명히 알 수 있다.

이에 따라 마케터가 인지 욕구와 같은 성격요인을 이해하는 것이 이로울 것이다. 인지 욕구가 낮은 소비자를 위해 광고는 더 많이 반복될 필요가 있을 수 있고, 인지 욕구가 높은 소비자의 경우에는 반복횟수를 줄이는 대신에 정보의 양을 늘리거나 광고시

간을 늘릴 필요가 있을 것이다. 한편 인지 욕구가 높은 소비자는 정보를 얻기 위해 신문이나 잡지를 더 이용하는 경향이 있을 수 있고, 인지 욕구가 낮은 소비자를 위해서는 텔레비전이 더 유용할 수 있다. 인지 욕구 변수에 의해 시장을 세분화하는 것은 어렵지만, 인지 욕구에 따른 소비자 유형을 이해하는 것이 성격변수를 고려하지 않는 것보다는 광고메시지 작성 시 더 큰 도움을 줄 수 있다.

(3) 애매함에 대한 관용

애매함에 대한 관용(tolerance for ambiguity)의 개념은 애매하거나 비일관적인 상황에 대해 사람이 어떻게 반응하는지를 다루는 것으로, 애매함에 참을성이 있는 개인은 비일관적인 상황에 긍정적인

애매함에 대한 관용
애매하거나 비일관적인 상황에 대한 사람의 반응 양식

방식으로 반응하지만, 애매함에 대해 비관용적인 개인은 비일관적인 상황을 위협적이며 바람직하지 않은 것으로 보는 경향이 있다. 다음과 같은 세 가지 다른 형태의 상황이 애매한 것으로 확인되었다. 첫째, 사람이 정보를 전혀 갖고 있지 못한 완벽하게 새로운 상황은 애매한 것으로 고려되며, 둘째, 사람을 정보로 당황하게 하는 경향이 있는 매우 복잡한 상황은 매우 애매한 상황으로 간주되고, 셋째, 반박적인 정보를 갖고 있는 상황도 애매한 것으로 고려되고 있다(Budner, 1962). 이런 상황들은 ① 신기한, ② 복잡한, 그리고 ③ 해결할 수 없는 상황으로 특징지을 수 있다.

애매함에 대한 관용의 성격구성이 여러 소비자 과제에서 소비자에게 영향을 줄 수 있다. 예를 들면, 한 연구는 애매함에 대해 관용적인 것으로 분류된 소비자가 애매함에 비관용적인 소비자보다 새로운 것으로 지각된 제품에 더 긍정적으로 반응한다는 것을 발견하였다(Blake et al., 1973). 이러한 결과는 타당성을 가지고 있다. 새로운 제품을 구매할 때 소비자는 신기한 상황에 접하게 될 것이고, 애매함에 관용적인 소비자는 이런 상황에 더 긍정적으로 반응할 것이다. 이 연구결과는 마케터에게 신제품 도입 시 애매함에 관용적인 경향이 있는 소비자층을 표적시장으로 선정해야 한다는 것을 제안한다.

애매함에 대한 관용의 두 번째 적용 영역이 정보탐색 경향성과 관련이 있다. 한 연구는 소비자가 제품을 선택하기 위해 필요한 정보를 탐색하는 정도에 영향을 주는 요인들을 조사하였다. 이때 애매함에 관용적인 소비자가 선택과제가 더 복잡할수록, 그리고 제품이 더 신기할수록 정보탐색을 더 많이 할 것으로 예견할 수 있고, 연구결과는 이 예

견을 지지하였다(Schaninger & Sciglimpaglia, 1981).

(4) 시각처리 대 언어처리

또 다른 유망한 영역이 소비자를 시각처리자(visualizers)와 언어처리자(verbalizers)로 구분하는 것이다(Gutman, 1988; MacInnis, 1987). 시각처리자는 시각적 정보와 시각을 강조하는 제품을 선호하며, 반면에 언어처리자는 기술되는 언어적 정보와 언어적 정보로 광고되는 제품을 선호하는 경향이 있다. 따라서 마케터는 종종 두 유형의 소비자에게 동시에 소구하려 한다.

한 연구는 시각처리와 언어처리의 정보처리 유형에 따라 우연 광고노출의 영향에서 어떠한 차이가 나타나는지를 살펴보았다(양윤, 김경민, 2004). 이들의 연구는 제품이 나타나는 맥락이 제공되는 광고에서 시각처리자는 그림 정보단서에 의해, 그리고 언어처리자는 언어 정보단서에 의해 영향을 받아 우연히 노출된 광고제품을 구매 고려군에 더 많이 포함시킴을 보여 주었다.

시각처리
시각 정보를 우선적으로 처리하는 유형

언어처리
언어 정보를 우선적으로 처리하는 유형

(5) 분리 대 연결

분리-연결(separateness-connectedness) 특질은 사람들이 자신의 자기개념을 독립성(타인과의 분리) 대 상호의존성(타인과의 연합)으로 지각하는 정도를 측정하는 변수다(Wang & Mowen, 1997). 연결 특질이 강한 사람은 중요한 타인을 자신의 일부분으로 또는 자신의 확장으로 간주하지만, 분리 특질이 강한 사람은 자신을 타인과 구분하며 '나'와 '남' 사이에 명확한 경계를 설정한다. 연구자들은 분리-연결 특질이 많은 인구통계학적 변수들에서 차이가 있음을 보여 주었다. 예를 들어, 여성은 남성보다, 그리고 동양 문화권의 사람들이 미국, 캐나다, 유럽의 서양 사람들보다 연결 특질의 자기개념을 더 갖고 있다(Wang & Mowen, 1997).

분리 대 연결
사람이 자신의 자기개념을 독립성 대 상호의존성으로 지각하는 정도를 나타내는 특질

한 연구는 분리-연결 특질이 광고에 대한 소비자의 반응에 영향을 준다는 것을 보여 주었다(Wang & Mowen, 1997). 응답자들은 먼저 분리-연결 척도에 반응하였고, 2주일 후 디스커버 신용카드의 광고를 평가하였다. 이 광고에는 다음과 같은 분리 또는 연결 관련 주제가 포함되어 있었다.

분리 주제: "우리 결혼은 나와 크리스를 함께하게 하였지만, 결혼으로 인해 나 자신의 정체성을 잃어버리지는 않았습니다. 나는 나만의 세계를 가지고 있으며 독립적이며 독특한 라이프스타일을 유지하고 있습니다. ……당신이 원하는 것을 하시되, 항상 당신 자신을 생각하십시오. 당신의 신용카드는 누군가의 신용카드와 같을 수는 없습니다."

연결 주제: "우리 결혼은 우리를 함께하게 하였고, 결혼으로 인해 우리 각자는 서로의 한부분이 되었습니다. 우리 가족은 우리 삶이 되었으며……우리는 우리 상호 간의 활동과 공동 결정에 의해 우리 관계를 함께 만들어 가고 있습니다."

연구가들은 분리-연결 특질에서의 개인차가 광고에 대한 응답자의 태도에 영향을 미침을 발견하였다. 분리(연결) 특질이 강한 응답자들은 분리(연결) 주제의 광고를 호의적으로, 그리고 연결(분리) 주제의 광고를 비호의적으로 평가하였다.

(6) 특질 척도의 사용

특질 척도를 효과적으로 사용하기 위한 일반적인 규칙에 대해 살펴보고자 한다. 특질 척도를 적용하기 위해서는 먼저 마케터는 표적소비자의 구매행동 또는 인구통계학적 특성에 의해 시장을 세분화하여야 한다. 예를 들어, '17차'와 같은 음료수를 적당히 구매하는 소비자로 하여금 '17차'를 더 자주 구매하도록 유도하는 것이 마케터의 목표라고 하자. 마케터는 우선 '17차'를 가끔씩 구매하는 소비자, 적당히 구매하는 소비자, 자주 구매하는 소비자로 분류된 샘플을 확보할 것이다. 다음에 마케터는 이러한 소비자 샘플로 하여금 특질 척도에 반응하게 할 것이고, 세 집단에서의 특질을 비교할 것이다. 그다음 단계에서는 적당히 구매하는 소비자와 자주 구매하는 소비자를 구분해 주는 특질에 초점을 둔 광고 콘셉트를 채택하여 광고를 만들 것이다. 아울러 적당히 구매하는 소비자의 인구통계학적 특성 또한 확인될 것이다.

표적시장의 인구통계학적 특성을 확인하는 것은 매우 중요하다. 사실상 기업은 이 작업을 먼저 수행한다. 예를 들어, 주류인 '백세주'의 표적시장의 인구통계학적 특성이 연령은 40대이고, 직업은 관리직이며, 학력은 대졸이고, 수입은 중상이라고 하자. 이러한 특성들이 확인되면, 마케터는 이러한 특성들을 지닌 소비자 샘플로 하여금 일련의 특질 척도들에 반응하게 할 수 있다. 이러한 척도들에 대한 반응결과에 근거하여 마케터는 이러한 집단에 가장 잘 소구할 수 있는 촉진메시지를 개발할 수 있다. 또한 마케터는 표적시장의 지배적인 성격 특질에 근거하여 '백세주'를 위한 위치화 전략을 수립할 수도 있다. 예를 들어, 만일 표적시장이 분리 특질을 갖고 있다면, 자사의 '백세주'를 '나만의 술 백세주'로 위치화할 수 있을 것이다. 반대로 표적시장이 연결 특질을 갖고 있다면, '우리 하나되는 백세주'로 위치화할 수 있을 것이다.

결론적으로, 성격 정보는 일반적으로 마케터가 표적시장을 인구통계학적으로 또는 행동적으로 세분한 후에야 수집할 수 있다. 그런데 기업이 자사제품에 대한 이러한 자료를 매번 수집하는 것은 어려울 뿐만 아니라 비용이 너무 많이 든다. 따라서 마케터는 제품−사용 특성 또는 즉각적으로 이용할 수 있는 인구통계학적 정보에 근거하여 표적시장의 프로파일을 확보해야 한다.

4) 자기개념

자기개념(self-concept)은 "자기 자신을 하나의 대상으로 나타내는 개인의 사고와 감정의 총합"(Rosenberg, 1979)으로, 사람은 자신의 자기개념과 일치되게 행동하려는 욕구가 있기 때문에 자기 자신에 대한 지각이 성격의 기본을 형성한다. 이런

자기개념
자기 자신을 하나의 대상으로 나타내는 개인의 사고와 감정의 총합

자기일관적 행동은 사람으로 하여금 자신의 자존심을 유지하게 하고 사람에게 타인과의 상호작용에서 예견성을 제공한다. 즉, 사람이 자기 자신에 관해 갖는 이미지가 특정한 행동패턴을 표출할 수 있다. 그러나 소비행동을 이해하는 데 있어서의 자기개념의 중요성에도 불구하고, 소비자 영역에서 자기개념에 대한 연구는 많이 행해지지 않았다.

자기개념에 대한 중요한 결과는 사람이 하나 이상의 자기개념을 갖는다는 것으로, 한 연구자는 다음과 같은 여섯 가지 형태의 자기개념을 제시하고 있다(Sirgy, 1982). ① 현실적 자기: 개인이 자기 자신을 현실적으로 어떻게 지각하고 있는가? ② 이상적 자기: 개인이 자기 자신을 어떻게 지각할 것인가? ③ 사회적 자기: 타인이 현재 자신을 어떻게 지각하고 있는가? ④ 이상적 사회적 자기: 타인이 자신을 어떻게 지각할 것인가? ⑤ 기대된 자기: 현실적 자기와 이상적 자기 사이의 어디엔가 놓이는 자기 이미지, 그리고 ⑥ 상황적 자기: 특정한 상황에서의 자기 이미지 등이다(〈표 3-3〉 참조).

〈표 3-3〉 자기개념의 다양한 유형

유형
1. 현실적 자기: 개인이 자신을 현실적으로 지각하는 자기
2. 이상적 자기: 개인이 자신을 이상적으로 지각하는 자기
3. 사회적 자기: 타인이 현재 자신을 어떻게 지각하고 있는가와 관련된 자기
4. 이상적 사회적 자기: 타인이 자신을 어떻게 지각할 것인가와 관련된 자기
5. 기대된 자기: 현실적 자기와 이상적 자기 사이의 어디엔가 놓이는 자기 이미지
6. 상황적 자기: 특정한 상황에서의 자기 이미지
7. 확장된 자기: 자기 이미지에 미치는 개인 소유물의 영향을 포함하는 자기개념
8. 가능한 자기들: 개인이 되고 싶어 하는 것, 될 수 있는 것, 또는 되는 것이 두려운 것

그 밖에 확장된 자기(Belk, 1988)와 가능한 자기들(Morgan, 1993)과 같은 유형도 있다. 확장된 자기는 자기 이미지에 미치는 소유물의 영향을 의미한다. 즉, 개인이 소유한 물건을 통해 자신의 이미지를 드러내는 것을 말한다. 가능한 자기들은 개인이 되고 싶어 하는 것, 될 수 있는 것, 되는 것이 두려운 것 등을 지각하는 정도를 말한다. 가능한 자기들은 자기개념의 어떤 유형보다도 더 미래 지향적이다.

1) 자기개념과 상징적 상호작용주의

인간은 자신을 외부로 드러내려는 성향을 지니고 있다. 이때 인간은 환경에서의 무언가를 활용하여 자신을 표현한다. 환경에서의 무언가란 바로 개인을 들어낼 수 있게 하는 하나의 상징물이다. 즉, 자신을 표현하기 위해서는 환경에서 개인과 상징 간의 상호작용

상징적 상호작용주의
환경에서 자신을 표현하기 위한 개인과 상징 간의 상호작용

이 필요한데, 이를 상징적 상호작용주의(symbolic interactionism)라고 한다. 상징적 상호작용주의에 근거하면, 소비자는 상징적 환경에서 생활하며 자신을 둘러싸고 있는 상징들을 빈번히 해석한다(Mead, 1934).

자기개념이 구매행동에 어떻게 영향을 주는지를 이해하기 위해서는 제품이 소비자에게 상징으로 작용할 수 있다는 것을 인식해야 한다. 어떤 연구가는 소비자가 제품을 구매하는 일차적인 이유가 제품의 기능적 혜택 때문이 아니라 제품의 상징적 가치 때문이라고 주장하고 있다(Levy, 1959). 또 다른 연구가는 소비자의 성격이 그들이 사용하는 제품에 의해 나타날 수 있다고 말하고 있다(Tucker, 1957). 사실상 다양한 연구들

이 사람의 자기이미지와 그 사람이 구매한 어떤 제품 간의 관계를 발견하였다. 자기이미지와 제품이미지 간에 일치를 보이는 제품으로는 자동차, 건강용 제품, 세탁용 제품, 레저용 제품, 의복, 식품, 집안 장식제, 가구, 잡지 등을 들 수 있다(Belk et al., 1982).

어떤 제품이 소비자에게 상징으로 가장 잘 나타나는가? 한 연구가는 소비자가 자신과 타인 간에 의사전달을 하기 위해 사용하는 제품이 상징으로 작용한다고 주장하고 있다(Holman, 1981). 이런 의사전달용 제품은 세 가지 특성을 갖는다. 첫째, 제품은 사용 시 가시성(visibility)을 가져야 하며, 따라서 구매, 소비, 처분 등이 타인에게 즉각적으로 명백해야 한다. 둘째, 제품은 변산도(variability)를 보여야 한다. 즉, 어떤 소비자는 특정 제품을 소유할 자원을 가지고 있는 반면에 다른 소비자는 그 제품을 소유할 시간적 또는 재정적 자원을 가지고 있지 못한 경우로, 만일 모든 사람이 특정 제품을 소유하고 있고 또는 특정 서비스를 받고 있다면 그것은 상징으로 작용하지 않을 수 있다. 셋째, 상징적 제품은 성격을 지녀야 한다. 여기서 성격이란 의인화(personalizability)를 의미하며, 의인화란 제품이 보편적 사용자에 대한 고정관념적 이미지를 나타내는 정도를 말한다. 자동차 또는 보석과 같은 상징적 제품이 가시성, 변산도, 의인화 등의 세 가지 특성을 어떻게 지니고 있는지 누구든 쉽게 알 수 있다.

예를 들어, 고가의 벤츠 자동차는 자기개념을 전달하는 제품의 세 가지 특성을 충족시킨다. 벤츠 자체의 분명한 외형과 마크에 기인하여 사용 시 가시성을 가지며, 제한된 소비자만이 소유할 정도의 매우 높은 가격으로 인해 변산도를 가지고, 고가의 자동차에 투자할 소비자 유형에 관한 정보를 주기 때문에 의인화도 갖고 있다.

[그림 3-6]에 제품의 상징적 특성에 대한 중요성이 제시되어 있다. 그림에서 보면,

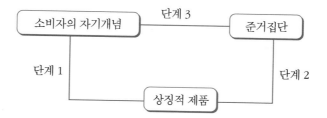

단계 1: 소비자가 자신을 상징적으로 나타내는 제품을 구매함
단계 2: 준거집단이 제품과 소비자를 연합시킴
단계 3: 준거집단이 제품의 상징적 특성을 소비자에게 귀인시킴

[그림 3-6] ┃ 상징적 제품을 통한 타인으로의 자기 전달

① 소비자의 자기개념, ② 청중이나 준거집단, 그리고 ③ 상징으로 작용하는 제품 등을 나타내는 세 가지 박스가 있다. 단계 1에서 소비자가 청중에게 자신의 자기개념을 전달할 수 있는 제품을 구매하며, 단계 2에서 소비자는 청중이 구매된 제품의 상징적 특성을 지각하기를 원하고, 단계 3에서 소비자는 구매된 제품과 동일한 상징적 특성들 중 어떤 것을 소비자 자신이 갖고 있는 것으로 준거집단이 보기를 원한다(Grubb & Grathwohl, 1967). 따라서 소비자는 자신의 자기개념의 다양한 면을 타인에게 상징적으로 전달하기 위해서 제품을 구매하는 것으로 볼 수가 있으며, 소비자가 자신의 자기개념에 일치하는 제품과 매장을 선택한다는 개념이 '자기일치성' 또는 '이미지 일치 가설' 이다(Onkvisit & Shaw, 1987).

자기일치성(이미지 일치 가설)
소비자가 자신의 자기개념에 일치하는 제품과 매장을 선택한다는 개념

5) 상표성격

상표성격(또는 상표개성)은 성격심리학의 특질론을 마케팅에 적용시켜 개발된 개념으로 상표속성과 대비될 수 있다. 즉, 소비자는 상표를 선택할 때, 각 상표의 속성에 대한 평가(신념)를 바탕으로 선택할 수 있고, 또는 각 상표가 갖는 고유의 이미지를 바탕으로 선택할 수 있다. 따라서 상표속성 평가는 효용적 기능을 수행하는 반면에 상표성격은 상징적 혹은 자기표현적 기능을 수행한다.

상표성격
상표에 부여된 인간의 성격으로 상표가 지니는 인간적인 특성의 집합

상표성격은 상표를 살아 있는 대상인 것처럼 여기고 상표에 인간적인 특성을 부여하는 것으로(Fournier, 1998), 이는 인간의 성격을 상표에게 부여하는 것을 의미한다. 따라서 상표성격이란 상표에 부여된 인간의 성격으로 상표가 지니는 인간적인 특성의 집합이다(Aaker, 1997). 한 연구자는 상표의 인간적인 특성을 광고와 관련지어 상표성격의 요소로 화려함, 친절함, 젊음 등을 들며, 상표성격이 소비자가 상표를 선택하게 하는 데 중요한 요소가 된다고 주장하였다(Plummer, 1985). 예를 들면, 리바이스는 젊은이의 '강건함', 나이키는 '젊음' '활기참' '거침' '외향성' '모험성' 등을 광고 콘셉트로 내세우면서 새로운 상표성격을 유도하였다. 다시 말해, 상표성격은 상표와 연합된 인간 성격의 집합이며 제품 관련 속성과 달리 상징적이거나 자기표현적인 기능을 전달한다. 또한 상표성격은 지속적이며 개별적인 경향성을 지닌다(Aaker, 1997).

상표성격은 크게 두 가지 측면에서 중요하다. 첫째, 마케터 입장에서 보면 상표성격은 유사상표와의 차별화를 효율적으로 촉진시켜 강력한 상표정체성을 구축하고 상표자산을 형성하는 데 중요한 부분을 차지한다. 기술적인 측면에서 거의 경쟁상표와 별 차이가 없다고 인식되더라도 상표성격을 통해 다르게 차별화시킬 수가 있다. 둘째, 소비자 관점에서 소비자는 상표성격을 통하여 자기를 표현할 수 있다. 많은 소비자가 상표를 효용적 관점에서 소비하기보다는 상징적 관점에서 소비하는 경향이 있다.

이를 통해 상표성격은 소비자가 특정 상표를 선호하고 선택하는 데도 영향을 미친다. 즉, 소비자가 원하는 상표의 성격이 그 상표의 구매를 촉진시킨다. 반대로 소비자가 원하지 않는 성격을 가진 상표는 소비자에게 외면당하기 쉽다. 기존의 어떤 제품이든지 모든 상표는 각기 성격을 가지고 있다. 따라서 제품이 상표화가 되면서 그 상표는 어떤 의미를 갖게 되고, 이러한 의미가 소비자에게 상당한 영향을 미친다.

이러한 상표성격은 특성들이 제품이나 서비스와 얼마나 직접적으로 관련 있는지를 근거로 제품 관련 특성과 제품 무관련 특성으로 분류된다. 제품 관련 특성은 제품과 서비스의 성분, 물리적 특성 또는 수행과 관련되며, 제품범주에 따라서 다양하다. 제품 무관련 특성은 구매나 소비와 관련 있는 제품·서비스의 외적 측면과 관련되며, 예를 들어, 광고스타일, 생산지, 기업이미지, 최고경영자의 특성, 광고모델의 명성, 사용자 이미지, 후원자, 상표연륜, 심볼 등이 포함된다.

6) 라이프스타일과 사이코그래픽 분석

소비자들 간의 개인차를 확인하는 또 다른 방법은 사이코그래픽 분석(psychographic analysis)으로 라이프스타일(lifestyle)을 알아내는 것이다. 사이코그래픽 분석이란 소비자가 생활하고, 일하며, 즐기는 방식에 의해 소비자를 세분화하려는 소비자 연구의 한 형태다. 오늘날 전문적인 마케터들은 이 분석을 많이 사용한다.

(1) 소비자 라이프스타일

연구자들은 라이프스타일을 "사람들이 생활하는 양식"(Hawkins, Best, & Coney, 1983)으로 단순하게 정의하였다. 그런데 라이프스타일은 사람들의 집합을 세 가지 다른 수준으로 기술하기 위해서도 사용되었는데, 이는 개인, 상호작용하는 사람들의 소집단, 그리고 사람들의 대집단〔예, 세부시장(market segment)〕을 말한다(Anderson & Golden, 1984).

라이프스타일에 대한 소비자 개념은 성격에 대한 개념과는 상당히 다르다. 라이프 스타일은 사람이 어떻게 살아가고, 자신의 돈을 어떻게 소비하며, 시간을 어떻게 배분 하는지 등으로 표현된다. 따라서 라이프스타일은 소비자의 명백한 행동과 관련되며, 반대로 성격은 보다 내면적인 관점에서 소비자를 설명한다(Anderson & Golden, 1984). 다시 말해, 성격은 소비자가 생각하고, 느끼고, 지각하는 특징적인 패턴을 알 수 있게 한다(Markin, 1974).

물론 라이프스타일은 성격과 밀접히 관련된다. 위험감수 수준이 낮은 조심스러운 성격의 소비자는 등산, 행글라이딩, 밀림탐험 등과 같은 레저활동에 대해 심사숙고하 거나 또는 추구하는 라이프스타일을 갖지 않을 것이다.

그러나 라이프스타일과 성격이 관련된다고 하더라도, 이 두 개념은 두 가지 중요한 이유에 의해 구분될 필요가 있다. 첫째, 이 둘은 개념적으로 다르다. 성격은 개인의 내 적 특성을 다루지만, 라이프스타일은 이러한 특성이 외부로 표출된 것을 다룬다. 비록 두 개념이 특정 개인을 묘사할지라도, 이것들은 그 개인의 다른 면을 기술한다.

둘째, 라이프스타일과 성격은 서로 다른 마케팅 시사점을 갖는다. 몇몇 연구가들은 마케터가 시장을 먼저 라이프스타일에 근거해 세분화하고 그다음으로 성격 차이에 근 거해 이러한 세부시장을 분석함으로써 시장을 연속적으로 세분화할 것을 추천하였다 (Mehotra & Wells, 1979). 마케터는 제품을 구매하고, 시간을 소비하며, 다양한 활동에 종사하는 데에서 일관된 행동패턴을 보이는 소비자를 먼저 확인함으로써, 유사한 라 이프스타일을 갖고 있는 개별 소비자의 커다란 집단을 규정할 수 있다. 마케터가 이러 한 세부시장을 확인한 후에, 이들은 라이프스타일 패턴의 근거가 되는 내적요인들을 폭넓게 이해하기 위해 적절한 성격척도를 사용할 수 있다.

(2) 사이코그래픽 분석

사이코그래픽스는 소비자의 심리적(사이코) 구성을 기술(그래프)하려는 아이디어를 내포하고 있다. 그러나 사실상 이 용어는 소비자의 활동 (activity), 관심(interest), 의견(opinion) 등(AIOs)을 분석 함으로써 소비자의 라이프스타일을 평가하기 위해 사용

사이코그래픽 분석
소비자의 활동, 흥미, 의견 등을 분석함으로써 소비자의 라이프스타일을 평가하는 기법

된다. 따라서 사이코그래픽 분석을 AIO 분석이라고도 부른다. 사이코그래픽 연구의 목적은 기업이 고객을 더 잘 이해하고 고객에게 더 용이하게 접근하도록 돕기 위해 세분화된 소비자 집단을 묘사하는 데 있다. 사이코그래픽 연구는 보통 표적시장의 라이프스타일, 성격특성, 인구통계학적 특성 등을 평가하기 위해 고안된 질문을 포함한다. 요약하면, 사이코그래픽스는 소비자의 라이프스타일, 성격, 인구통계학적 특성 등으로 구성된 양적 연구다.

기업들은 사이코그래픽 분석을 널리 활용하고 있다. 예를 들어, 크라이슬러 자동차 회사의 소비자 연구가들은 '이글 비전'이라는 자동차의 표적시장에 대한 인구통계학적 프로파일을 찾아냈는데, 이는 젊고, 교육수준이 높으며, 10세 이하의 두 아이를 둔 고소득 맞벌이 부부 등과 같다. 아울러 이 회사는 이 표적시장에 대한 많은 사이코그래픽 특성들도 찾아냈는데, 이러한 부부들은 TV시청을 싫어하지만 재즈음악을 즐기며, 일주일에 두 번은 운동을 하고, 미술 장식품을 모으며, 일 년에 세 번의 휴가를 가는 것으로 나타났다(Levin, 1992).

① 사이코그래픽스와 AIO 진술

소비자의 라이프스타일을 알아내기 위해 사이코그래픽 연구자들은 소비자의 활동, 관심, 의견 등을 드러내려는 AIO 진술이라 불리는 질문을 사용한다. 활동 질문은 소비자가 무슨 일을 하는지, 무엇을 구매하는지, 시간을 어떻게 사용하는지와 관련된다. 관심 질문은 소비자의 선호도와 우선순위에 초점을 맞춘다. 그리고 의견 질문은 세계, 지역, 도덕, 경제, 그리고 사회적인 일들에 관해 소비자의 의견과 느낌을 묻는다. 〈표 3-4〉는 AIO 항목의 예를 보여 준다.

AIO 항목을 개발하는 데 엄격한 규칙은 없다. 사실 이 항목은 구체화 수준에서 차이가 난다. 매우 구체적인 AIO 질문은 특정 제품이나 서비스에 대한 응답자들의 지각에 근거하여 그들의 태도와 선호도를 평가한다(예, 코코넛 비스켓은 나에게 이국적인 환상을 가져온다). 그러나 AIO 질문은 훨씬 더 일반적일 수 있다(예, 나는 세계 평화를 믿는다).

연구자들은 두 가지 유형의 질문에 대해 다른 목적을 가지고 있다. 매우 구체적인 질문은 소비자가 제품에 대해 무엇을 생각하는지, 그 제품이 그들과 어떤 관련이 있는지에 대한 정보를 준다. 그러한 자료로부터 제품이 개발되거나 변화되고, 특정한 메시지가 만들어진다. 실제로 독특한 판매주장(unique selling proposition)은 이 정보를 기반

〈표 3-4〉 AIO 목록에서 발견되는 몇 가지 전형적인 질문들

1. 활동 질문
　① 당신은 적어도 한 달에 두 번 어떤 야외 스포츠에 참여합니까?
　② 1년에 얼마나 많은 책을 읽습니까?
　③ 얼마나 자주 쇼핑매장을 방문합니까?
　④ 당신은 휴가 동안 외국에 가본 적이 있습니까?
　⑤ 얼마나 많은 클럽에 소속해 있습니까?

2. 관심 질문
　① 운동, 교회, 일 중에 가장 관심 있는 것은 무엇입니까?
　② 새로운 음식을 시식하는 것은 얼마나 중요합니까?
　③ 살면서 출세하는 것은 당신에게 얼마나 중요합니까?
　④ 토요일 오후 2시간 동안 당신의 아내와 보내는 것과 혼자 산책하는 것 중 어떤 것이 더 좋습니까?

3. 의견 질문(응답자가 동의 또는 비동의하게 함)
　① 중국 사람들은 우리와 비슷하다.
　② 여자들은 낙태에 대한 자유선택을 가져야 한다.
　③ KBS는 정치와 무관해야 한다.
　④ 우리는 핵전쟁에 대비해야 한다.

으로 한다. 독특한 판매주장은 제품이나 서비스의 주요 특징을 드러내는 강력한 문구다. 일반적인 AIO 질문은 마케터가 표적시장의 일반적인 라이프스타일을 이해하는 데 필요한 소비자 시장의 프로파일을 개발할 때 더 유용하다. 이 프로파일을 사용하여 광고인은 광고주제와 배경에 대한 아이디어를 개발할 수 있다.

독특한 판매주장
제품이나 서비스의 주요 특징을 드러내는 강력한 문구

사이코그래픽 목록에는 밸스(values and lifestyles: VALS), 가치목록(list of values: LOV), 소비 라이프스타일 목록 등이 있다. 다음에서는 이 세 가지 목록과 그것들이 마케팅관리에 어떻게 도움을 주는지를 살펴본다.

② 밸스 사이코그래픽 목록

아마도 가장 잘 개발된 사이코그래픽 목록은 스탠퍼드 연구기관(Stanford Research Institute: SRI)에서 개발한 밸스(VALS) 분류목록일 것이다. 밸스, 즉 가치와 라이프스타일 체계(values and lifestyles system: VALS)는 미국 기업에서 시장을 세분화하고 광고와 제품전략을 개발하는 데 널리 사용되었다(Mitchell, 1983).

SRI 인터내셔널은 기업들이 사용하는 두 가지 사이코그래픽 목록들을 개발하였다. 밸스 또는 밸스 1로 불리는 첫 번째 목록은 동기와 발달심리학 이론—특히 매슬로우의 욕구위계(제2장과 제7장 참조)—에 기초를 두었다. 밸스 2로 불리는 두 번째 목록은 소비자태도와 구매행동 간의 구체적인 관계를 확인하였다. 이 목록은 미국인을 자기정체성과 자원에 기초해서 8개의 집단(실현자, 만족자, 신봉자, 성취자, 추구가, 경험자, 제작자, 노력가 등)으로 나누었다. 밸스 2의 이러한 집단의 라이프스타일 구분에 관해서는 제7장의 〈표 7-6〉에 제시하였다.

밸스 2의 첫 번째 차원인 자기정체성의 경우, 연구자는 세 가지 다른 소비자 지향을 확인하였다. 원칙 지향적 사람들은 그들의 감정, 그들에게 일어난 사건, 또는 타인의 인정보다는 그들의 신념에 따라 구매선택을 한다. 지위 지향적 사람들은 그들의 구매를 타인들이 인정할 것인지에 기초하여 구매선택을 한다. 마지막으로 행위 지향적 사람들은 활동, 다양성 그리고 위험추구 등의 욕구에 기초해서 구매결정을 한다. 두 번째 차원인 자원의 경우, 연구자들은 소비자의 재정적, 물질적 자원뿐만 아니라 그들의 심리적이고 신체적인 자원 또한 포함하였다. 풍부한 자원을 가진 소비자는 그 분류 틀의 한 쪽 끝에 있고, 최소한의 자원을 가진 소비자는 다른 한 쪽 끝을 차지한다(제7장의 〈표 7-6〉 참조).

밸스 2는 캐나다 운송국이 공항에서 여행자를 조사하는 데 사용되었다. 조사결과는 대부분의 여행자가 실현자(37%)라는 것을 나타냈다. 실현자는 고소득이며, 그들은 자신의 좋은 취향, 독립성 및 특성 등을 표현해 주는 제품을 구매한다. 이러한 특성은 보다 분명한 이미지를 표현해 주는 제품 또는 자연적인 제품을 취급하는 점포가 공항에서 잘 될 것임을 제안한다. 연구자들의 설명에 따르면, "실현자는 질 좋은 수공예품의 좋은 시장이다." (Piirto, 1991)

밸스(1과 2)의 유용성을 평가하는 데서의 문제점은 그것들이 사적인 도구(즉, 공적인 영역에서가 아닌)라는 것이다. SRI의 밸스는 외부 소비자조사자가 이 도구를 사용하는 데 매우 엄격해서, 이것들의 신뢰도와 타당도를 평가하기가 어렵다(Lastovicka, Murray, & Joachimsthaler, 1991). 그러나 조사 자체는 인터넷상에서 이용 가능하다.

③ 가치목록 척도

밸스에서 보고된 몇 가지 문제점을 해결한 한 분석도구가 가치목록(list of values:

LOV) 척도다. 가치목록 척도의 목표는 사람들의 지배적인 가치를 평가하는 것이다(Kahle, Beatty, & Homer, 1986). 엄격한 사이코그래픽 목록이 아님에도 불구하고(즉, 이것은 AIO 문장을 사용하지 않는다), 가치목록은 밸스가 갖고 있는 동일한 문제들에 적용된다. 게다가 가치목록은 공적인 조사에 이용가능하기 때문에, 그것의 타당도와 신뢰도가 평가될 수 있다. 가치목록에 의해 평가된 9가지 가치는 다음과 같다.

- 자기실현(self-fulfillment)
- 흥분(excitement)
- 성취감(sense of accomplishment)
- 자기존중(self-respect)
- 소속감(sense of belonging)
- 존경받음(being well-respect)
- 안전(security)
- 재미와 즐거움(fun and enjoyment)
- 타인과의 따뜻한 관계(warm relationship with others)

가치목록(LOV)이 시장조사에서 사용될 때, 응답자의 인구통계학적 프로파일을 평가하는 질문이 9가지 가치를 확인하기 위해 고안된 질문에 첨가된다. 가치목록 척도는 세 가지 차원을 가지고 있다. 처음의 4가지 항목들(즉, 자기실현, 흥분, 성취감, 자기존중)에 관한 질문은 개인내부의 가치를 나타낸다. 다음의 세 가지 항목들(즉, 소속감, 존경받음, 안전)에 관한 질문은 외부세계에 초점을 둔 가치를 나타낸다. 따라서 범죄와 실업에 대해 많이 걱정하는 사람은 아마도 안전에 대한 욕구를 가지고 있을 것이다. 마지막의 두 가지 항목들(즉, 재미와 즐거움, 타인과의 따뜻한 관계)에 관한 질문은 응답자의 대인관계 지향성을 측정한다(Homer & Kahle, 1988).

이후의 확장된 연구에서, 가치목록이 소비자의 내부, 대인관계 그리고 외부의 세 가지 차원에 따라서 소비자를 매우 잘 차별화시킨다고 보고되었다. 예를 들어, 한 연구는 내적인 가치를 강조하는 사람은 자신의 삶을 조절함을 보여 주었다. 이러한 조절에 대한 욕구는 어디에서 먹고, 어디에서 쇼핑을 하는가와 같은 소비자 결정에까지 확장되었고, 좋은 영양분을 얻고자 하며, 자연식품을 구매함으로써 식품첨가물을 피하고자 하는 욕구로도 나타났다. 대조적으로 외부 지향적인 사람은 아마도 대도시를 선호하는 욕구 때문에 자연식품을 회피하는 경향이 있었다(Novak & MacEvoy, 1990; Kamakura & Novak, 1992).

④ 소비 라이프스타일 목록

새로운 라이프스타일 목록은 9개의 '소비 커뮤니티'를 확인하였다(Fournier, Antes, & Beaumier, 1992). 이러한 목록의 개발자는 유사한 소비패턴을 가진 소비자를 집단으로 묶기 위해 소비자의 실질적인 지출패턴이 사용되는 행동적 세분화 접근법을 도입하였다. 〈표 3-5〉는 이 목록을 구성하는 9가지 소비 라이프스타일을 보여 준다.

〈표 3-5〉 9가지 소비 라이프스타일

1. 기능주의자(Functionalists). 필요한 때만 돈을 소비함. 평균 교육수준, 평균소득, 대부분이 기능직. 자녀가 있는 기혼자이며 55세보다 적은 경향이 있음.
2. 양육자(Nurturers). 젊음. 낮은 소득. 자녀양육, 초기세대를 꾸려 나감, 가족의 가치 등에 초점을 둠. 평균 이상의 교육수준.
3. 열망자(Aspirers). 지위 유지 제품(특히, 집)에 평균 이상의 돈을 지출함으로써 고품격 삶을 즐기는 데 초점을 둠. 9개의 집단들 중에서 총 지출이 가장 많지만, 소득수준에서는 4번째임. 고전적인 '여피(Yuppie)' 특성을 지님. 교육수준이 높고, 사무직이며, 기혼이나 자녀는 없음.
4. 경험자(Experientials). 오락, 취미, 편의품 등에 평균 이상의 돈을 지출. 평균 교육수준이나 사무직에 종사하여 평균 이상의 소득을 가짐.
5. 성공자(Succeeders). 확고한 세대를 구축. 중년. 높은 교육수준. 9집단 중에서 가장 높은 소득. 교육과 자기발전에 꽤 많은 돈을 지출. 일과 관련된 경비를 평균이상으로 지출.
6. 도덕자(Moral Majority). 교육기관, 정치적 대의명분, 교회 등에 많은 돈을 지출. 자녀가 출가함으로 인해 빈 둥지 단계임. 9집단 중에서 두 번째로 소득이 많음. 부부 중 한쪽만 돈을 범.
7. 노후(The Golden Years). 은퇴했지만, 세 번째로 소득이 많음. 집을 리모델링하는 데 관심이 많음. 노동 절약 제품과 오락에 많은 돈을 지출.
8. 유지자(Sustainers). 은퇴를 하고, 가장 나이가 많은 집단. 필수품과 술에 소득의 많은 부분을 지출함. 교육수준이 낮으며, 두 번째로 소득이 낮음.
9. 생존자(Subsisters). 사회경제적 지위가 낮음. 평균 이상이 사회복지에 의존함. 대부분이 가족 중에서 한쪽만 돈을 범. 평균 이상이 소수집단임.

출처: Fournier, Antes, & Beaumier(1992).

사회심리학에 근거해 보면, 태도변화는 크게 두 가지 차원에서 이루어지는데, 하나는 설득에 의한 태도변화이고, 다른 하나는 행동에 따른 태도변화다. 태도변화와 관련된 이론에는 정교화 가능성 모형과 다속성 모형이 있다. 정교화 가능성 모형은 소비자가 고관여 혹은 저관여 상황에 있는가에 따라 설득이 일어나는 방식이 달라진다고 제안한다. 고관여 조건에서 소비자는 메시지에 나타난 주장의 속성에 집중하며, 설득의 중심경로를 따라 이동한다. 저관여 조건에서 소비자는 정보출처의 매력, 정보가 제시되는 맥락과 같은 설득의 주변경로를 따라 이동한다.

다속성 모형에서 대상태도 모형은 태도가 변화되는 세 가지 방식이 있다고 제안하는데, 이는 첫째, 대상의 신념변화, 둘째, 속성의 평가변화, 셋째, 새로운 속성의 추가다. 합리적 행위 모형은 소비자의 의도를 변화시킬 수 있는 다른 방식들을 제안하는데, 이는 첫째, 행동의 결과에 대한 소비자의 지각에 영향을 주는 것이고, 둘째, 행동에 대한 준거집단의 반응에 대한 지각에 영향을 주는 것이다. 두 번째 방식은 소비자가 준거집단의 선호에 순응하고자 하는 높은 욕구를 지닐 때 매우 강력한 영향을 미칠 수 있다.

소비자의 광고태도는, 제품속성에 대한 소비자의 신념과는 관계없이, 소비자의 상표태도에 영향을 줄 수 있다. 이 분야에 대한 연구들은 마케터가 광고 캠페인을 시작하기 전에 광고에 대한 소비자의 태도를 신중하게 조사해야 한다는 것을 말해 준다.

학습은 환경사건과의 경험으로부터 생기는 행동에서의 비교적 영속적인 변화로 정의된다. 고전적 조건형성에서 어떤 유형의 자극은 행동이나 무조건반응을 이끌어 낸다. 소비자행동 영역에서 가장 관심 있는 행동은 다양한 자극에 의해 유발되는 긍정적이고 부정적인 감정적 반응이다. 과거의 중립자극(조건자극)이 유발하는 자극(무조건자극)과 짝지어질 때, 중립자극은 점점 반응을 유도하게 된다. 몇몇 연구에서 나타난 것처럼, 음악과 같은 무조건자극은 긍정적 감정의 무조건반응을 유발할 것이다. 만약 제품이 적절하게 무조건자극과 짝지어졌다면, 제품은 조건자극이 될 것이다. 그다음에 그것은 긍정적 감정의 조건반응을 유발할 능력을 가지게 될 것이다. 아울러 이차 조건형성에서 조건자극은 또 다른 사전 중립자극과 고전적으로 조건형성된다. 소비자 영역의 많은 예, 특히 광고모델의 효과는 이차 조건형성의 결과다.

조작적 조건형성은 행동 후 일어나는 어떤 사건의 결과로 유기체의 행동이 변한다. 조작은 환경에서 유기체가 자연스럽게 일으킨 행동이다. 소비자행동에서 조작은 제품이나 서비스를 구매하는 것과 구전 커뮤니케이션을 하는 것, 서비스 관리자에게 제품에 대해 불평하는 것과 같은 활동을 포함한다. 조작적 조건형성 관점에서 행동은 행동을 취한 후에 받은 강화와 처벌에 의해 영향을 받는다.

강화는 강화 전에 발생한 행동이 반복될 가능성을 증가시키는 자극이다. 처벌은 행동반복 가능성을 감소시키는 자극이다. 마케터는 소비자가 제품이나 서비스를 사용하면서 받는 보상과 처벌에 대해 특히 고려해야 한다.

사회학습 이론은 개인이 다른 사람이 취하는 행동을 모델링함으로써 행동패턴을 학습한다는 것을 제안한다. 관찰학습은 사람이 다른 사람을 관찰하고 그들의 행동결과를 관찰함으로써 학습하는 것이라고 본다. 광고인은 소비자에게 새로운 행동을 가르치고, 사회적으로 바람직하지 않은 행동을 피하도록 장려하고, 사전에 학습된 행동의 반복을 촉진하기 위해 자주 사용한다.

다중저장 모델에 따르면, 정보는 감각등록기에 입력되고, 그것이 소비자의 목표와 관련이 있는 경우 더 깊은 정보처리를 위해 작업기억으로 이동한다. 보다 정교화된 과정은 작업기억에서 처리되어 장기기억에 저장될 가능성이 더 높아진다. 작업기억과 장기기억은 모두 동일하게 부호화, 저장, 인출의 세 과정을 갖는다.

작업기억은 제한된 처리용량으로 특징지어진다. 작업기억 용량은 편화에 의해 증가할 수 있다. 작업기억에서의 부호화는 청각부호화를 선호하며, 인출은 정보를 회상해 내는 과정이다. 사람들이 이미 기억에 저장되어 있는 다른 지식들과의 연결이나 정보암송에 인지적인 노력을 더 기울일수록 장기기억으로의 전이가 활성화한다.

장기기억에서의 부호화는 의미부호화를 선호한다. 정보인출은 소비자가 회상을 도울 수 있는 단서를 가지고 있는 경우 더욱 증진될 수 있으며, 따라서 회상검사보다 재인검사에서 회상률이 더 높다. 사람들은 시간이 흐름에 따라 정보를 망각하는 경향이 있다. 장기기억에서는 망각이라기보다는 인출실패가 일어나는데, 이는 정보가 인출되는 것을 방해하는 간섭이 일어나기 때문이다. 간섭에는 순행간섭과 역행간섭이 있다.

장기기억에 저장되는 소비자 지식은 소비자가 특정 제품이나 서비스와 관련해 가지고 있는 경험과 정보를 말한다. 소비자 지식은 소비자가 어떤 것에 대해 생각하는 다양한 차원들을 갖는다. 이러한 지식은 사람이 어떻게 언어적 의미를 장기기억에 저장하느냐와 관련하여 의미적 기억 연결망과 도식의 형태로 조직된다. 기억 연결망은 마디와 그에 연결된 것들로 개념화할 수 있다. 자극에 의한 마디의 활성화는 확산 활성화를 일으켜서, 연결된 마디들과 관련 정보가 회상된다. 도식은 기억에서 체계적으로 조직화된 지식구조를 말한다. 이를 기억 연결망과 관련지으면 하나의 기억마디가 활성화될 때 마음에 떠오르는 연합들의 전체 덩어리를 도식이라고 할 수 있다.

기억은 외부에서 들어오는 정보를 있는 그대로 받아들이지 않는다. 기억은 구성 및 재구성 과정을 거친다. 이러한 구성 및 재구성 과정은 도식에 근거한 추론, 외부의 암시에 의해 발생한다. 소비자는 광고에서 제공되는 제품정보를 있는 그대로 받아들이지 않는다. 대신에 소비자는 자신의 도식, 기대, 직관, 논리, 타인이 전하는 말 등등을 사용하여 제품정보를 각색하여 저장한다. 구성기억에 의해 제품정보에 대한 소비자의 기억이 왜곡될 수 있다.

마케터는 기억과정에서 감정의 역할을 인지할 필요가 있다. 소비자의 기분상태는 상표평가에 영향을 미칠 수 있다. 그러므로 마케터는 소비자에게 정보를 제시할 때 그들이 제품이나 서비스를 긍정적으로 평가할 수 있는 기회를 증가시킬 수 있도록 소비자의 긍정적 기분상태를 만들기 위해 노력해야 한다.

암묵기억이란 기억과정에 의식이 관여하지 않는 기억을 말한다. 소비자는 광고에 정말 우연히 노출되는 경우가 있는데, 이러한 경우에는 소비자 자신이 그러한 광고에 노출되었는지, 그 내용이 무엇이었는지를 의식적으로 알 수가 없을 수 있다. 이때 암묵기억이 우연히 노출된 광고의 효과를 연구하는 데 기여할 수 있을 것이다.

성격은 '개인의 환경에 대한 적응을 결정짓는 특징적인 행동패턴과 사고양식'으로 정의된다. 비록 성격이 일관적이고 지속적인 경향이 있지만, 주요한 삶의 사건으로 갑작스럽게 변하거나 상황에 따라 비일관적일 수 있다고 알려졌다. 또한 성격과 구매 간에는 단순한 자극─반응 관계가 성립되지 않으며, 개인차(성격), 상황, 제품 간의 상호작용이 중요한 것으로 나타난다.

정신분석학 이론은 성격을 원초아, 자아, 초자아의 투쟁의 산물이라고 보았다. 이는 소비자행동에서 동기연구에 주요한 영향을 주었다. 특질론은 소비자가 우세한 특성에 따라 분류된다는 접근이다. 특질접근은 소비자행동을 연구하기 시작한 초기에 소비자연구가에 의해 널리 사용되었다. 소비자연구가는 특질접근에 근거하여 소비자의 특정한 구매행동을 직접적으로 측정해 줄 수 있는 신뢰할 수 있고 타당한 많은 성격척도를 개발하였다. 여기에는 자기감시, 인지욕구, 애매함에 대한 관용, 시각처리 대 언어처리, 분리 대 연결과 기타 여러 성격척도 등이 포함된다.

자기개념은 '자기 자신을 하나의 대상으로 나타내는 개인의 사고와 감정의 총합'으로 정의되며, 사람은 자신의 자기개념과 일치되게 행동하려는 욕구가 있기 때문에 자기 자신에 대한 지각이 성격의 기본을 형성한다. 많은 제품은 소비자의 자기개념의 반영의 일부로 구매된다. 이러한 제품은 구매자의 자기개념을 다른 사람에게 나타내는 상징이다.

상표성격은 성격심리학의 특질론을 마케팅에 적용시켜 개발된 개념으로 상표속성과 대비될 수 있다. 즉, 소비자는 상표를 선택할 때, 각 상표의 속성에 대한 평가(신념)를 토대로 선택할 수 있고, 또는 각 상표가 갖는 고유의 이미지를 토대로 선택할 수 있다. 그러므로 상표속성 평가는 효용적 기능을 수행하는 반면에 상표성격은 상징적 혹은 자기표현적 기능을 수행한다. 상표성격은 상표를 살아 있는 대상인 것처럼 여기고 상표에 인간적인 특성을 부여하는 것으로, 이는 인간의 성격을 상표에게 부여하는 것을 의미한다.

소비자들 간의 개인차를 확인하는 또 다른 방법은 사이코그래픽 분석에 의해 그들의 라이프스타일을 알아내는 것이다. 사이코그래픽 분석이란 소비자가 생활하고, 일하며, 즐기는 방식에 의해 소비자를 세분화하려는 소비자 연구의 한 형태다. 사이코그래픽 목록에는 밸스, 가치목록, 소비 라이프스타일 목록 등이 있다.

참고문헌

김상기, 양윤(1995). 자기감시, 사용상황 및 지각된 위험이 소비자 행동에 미치는 영향. 광고연구, 29, 103-125.

김완석(1994). 한국형 인지욕구척도 개발연구. 한국심리학회지: 산업 및 조직, 7(1), 87-101.

양윤(1996). 인지욕구, 자기감시 및 사용상황이 소비자 정보획득 과정에 미치는 영향. 한국심리학회지: 산업 및 조직, 9(2), 61-80.

양윤(2003). 광고에서 실용론적 암시의 영향. 한국광고학회 2003년 연차학술대회 발표논문집, 2-15.

양윤(2008). 소비자 심리학. 서울: 학지사.

양윤, 김경민(2004). 광고유형, 정보단서유형 및 정보처리양식에 따른 우연광고 노출의 영향. 광고연구, 64호, 161-189.

이창우, 김상기, 곽원섭(1991). 광고 심리학. 서울: 성원사.

전수연, 양윤(2004). 상표명이 회상과 재인에 미치는 영향: 언어·표기 및 단어·비단어를 중심으로. 광고연구, 63호, 215-239.

Aaker, J. L. (1997). Dimentions of brand personality. *Journal of Marketing Research, 34,* 347-356.

Alba, J. W., & Chattopadhyay, A. (1986). Salience effects in brand recall. *Journal of Marketing Research, 23,* 363-369.

Alba, J. W., & Hutchinson, J. W. (1987). Dimensions of consumer expertise. *Journal of Consumer Research, 13,* 411-454.

Anderson, W. T., & Golden, L. (1984). Lifestyle and psychographics: A critical review and recommendation. *Advances in Consumer Research, 11,* 405-411.

Baddeley, A. D. (1966a). The influence of acoustic and semantic similarity on long-term memory for work sequences. *Quarterly Journal of Experimental Psychology, 18*, 302-309.

Baddeley, A. D. (1966b). Short-term memory for word sequences as a function of acoustic, semantic, and formal similarity. *Quarterly Journal of Experimental Psychology, 18*, 362-365.

Bandura, A. (1977). *Social learning theory.* Englewood Cliffs, NJ: Prentice-Hall.

Bandura, A. (1986). *Social foundations of thought and action: A social cognitive theory.* Englewood Cliffs, NJ: Prentice-Hall.

Belk, R. (1988). Possessions and the extended self. *Journal of Consumer Research, 15*, 139-168.

Belk, R., Bahn, K. D., & Mayer, R. N. (1982). Developmental recognition of consumption symbolism. *Journal of Consumer Research, 9*, 4-17.

Bettman, J. R. (1979a). *An information processing theory of consumer choice.* Reading, MA: Addison-Wesley.

Bettman, J. R. (1979b). Memory factors in consumer choice: A review. *Journal of Marketing, 43*, 37-53.

Blake, B., Perloff, R., Zenhausern, R., & Heslin, R. (1973). The effect of intolerance of ambiguity upon product perceptions. *Journal of Applied Psychology, 58*, 239-243.

Boles, J., & Burton, S. (1992). An examination of free elicitation and response scale measures of feelings and judgments evoked by television advertisements. *Journal of Academy of Marketing Science, 20*, 225-233.

Bone, P. F., & Ellen, P. S. (1992). The generation and consequences of communication-evoked imagery. *Journal of Consumer Research, 19*, 93-104.

Bower, G. H. (1981). Mood and memory. *American Psychologist, 36*, 129-148.

Bower, G. H., Black, J. A., & Turner, T. J. (1979). Scripts in memory for text. *Cognitive Psychology, 11*, 177-220.

Brown, S. P., & Stayman, D. M. (1992). Antecedents and consequences of attitude toward the ad: A meta-analysis. *Journal of Consumer Research, 19*, 34-51.

Budner, S. (1962). Intolerance for ambiguity as a personality variable. *Journal of Personality, 30*, 29-50.

Cacioppo, J. T., & Petty, R. (1982). The need for cognition. *Journal of Personality and Social Psychology, 42*, 116-131.

Cacioppo, J. T., Harkins, S., & Petty, R. (1981). The nature of attitudes and cognitive responses and their relations to behavior. In R. Petty, T. Ostrom, & T. C. Brock (Eds.), *Cognitive responses in persuasion* (pp. 31-54). Hillsdale, NJ: Lawrence Erlbaum.

Carpenter, G. S., Glazer, R., & Nakamoto, K. (1994). Meaningful brands from meaningless differentiation: The dependence on irrelevant attributes. *Journal of Marketing Research, 31*, 339-350.

Chattopadhyay, A., & Nedungadi, P. (1992). Does attitude toward the ad endure?: The moderating effects of attention and delay. *Journal of Consumer Research, 19*, 26-33.

Cialdini, R., Petty, R., & Caccioppo, J. (1981). Attitude and attitude change. *Annual Review of Psychology, 32*, 357-404.

Collins, A., & Loftus, E. (1975). A spreading activation theory of semantic processing. *Psychological Review, 56*, 54-59.

Coney, K. A., & Harmon, R. R. (1979). Dogmatism and innovation: A situational perspective. *Advances in Consumer Research, 6*, 118-121.

Domjan, M., & Burkhard, B. (1986). *The principles of learning and behavior* (p. 12). Monterey, CA: Brooks/Cole.

Edell, J., & Burke, M. (1987). The power of feeling in understanding advertising effect. *Journal of Consumer Research, 14*, 421-433.

Egan, D. E., & Schwartz, B. J. (1979). Chunking in recall of circuit diagrams. *Memory & Cognition, 7*, 149-158.

Evans, F. B. (1959). Psychological and objective factors in the prediction of brand choice. *Journal of Business, 32*, 340-369.

Fournier, S. (1998). Consumers and their brand: Developing relationship theory in consumer research. *Journal of Consumer Research, 24*, 343-373.

Fournier, S., Antes, D., & Beaumier, G. (1992). Nine consumption lifestyles. In J. F. Sherry, Jr., & B. Sternthal (Eds). *Advances in Consumer Research, 19*, 329-337.

Gardner, M. (1987). Effects of mood states on consumer information processing. *Research in Consumer Behavior, 2*, 113-135.

Goldberg, M., & Gorn, G. (1987). Happy and sad TV programs: How they affect reactions to commercials. *Journal of Consumer Research, 14*, 387-403.

Gorn, G. J. (1982). The effects of music in advertising on choice behavior: A classical conditioning approach. *Journal of Marketing, 46*, 94-101.

Grossman, R. P., & Till, B. D. (1998). The persistence of classically conditioned brand attitudes. *Journal of Advertising, 27*(1), 23-31.

Grubb, E. L., & Grathwohl, H. (1967). Consumer self-concept, symbolism, and market behavior: A theoretical approach. *Journal of Marketing, 31*, 22-27.

Gutman, E. (1988). The role of individual differences and multiple senses in consumer imagery processing: Theoretical perspectives. *Advances in Consumer Research, 15*, 191-196.

Hanson, C. B., & Biehal, G. J. (1995). Accessibility effects on the relationship between attitude toward the ad and brand choice. *Advances in Consumer Research, 22*, 152-158.

Harris, R., Sturm, R., Klassen, M., & Bechtold, J. (1986). Language in advertising: A psycholinguistic approach. *Current Issues and Research in Advertising, 9*, 1-26.

Haugtvedt, C. P., & Petty, R. E. (1992). Personality and persuasion: Need for cognition moderates the persistence and resistance of attitude changes. *Journal of Personality and Social Psychology, 63*(2), 308-319.

Haugtvedt, C. P., Petty, R. E., & Cacioppo, J. T. (1992). Need for cognition and advertising: Understanding the role of personality variable in consumer research. *Journal of Consumer Psychology, 1*(3), 239-260.

Haugtvedt, C. P., Petty, R. E., Cacioppo, J. T., & Steidley, T. (1988). Personality and ad effectiveness: Exploring the utility of need for cognition. *Advances in Consumer Research, 16*, 209-212.

Haugtvedt, C. P., Schumann, D. W., Schneier, W. L., & Warren, W. L. (1994). Advertising repetition and variation strategies: Implications for understanding attitude strength. *Journal of Consumer Research, 21*, 176-189.

Hoch, S. J., & Deighton, J. (1989). Managing what consumers learn. *Journal of Marketing, 53*, 1-20.

Holbrook, M., & Batra, R. (1987). Assessing the role of emotions as mediators of consumer responses to advertising. *Journal of Consumer Research, 14*, 404-420.

Holman, R. H. (1981). Product as communication: A fresh appraisal of a venerable topic. In B. M. Enis & K. J. Roering (Eds.), *Review of marketing* (pp.106-119). American Marketing Association.

Homer, P. & Kahle, L. (1988). A structural equation test of the value-attitude-behavior hierarchy. *Journal of Personality and Social Psychology, 54*, 638-646.

Houston, M., Childers, T., & Heckler, S. (1987). Picture-word consistency and the elaborative processing of attributes. *Journal of Marketing Research, 24*, 359-369.

Hutchinson, J. W., & Moore, D. (1984). Issues surrounding the examination of Delay effects of advertising. *Advances in Consumer Research, 11*, 650-655.

Jacoby, L. L. (1991). A process dissociation framework: Separating automatic from intentional uses of memory. *Journal of Memory and Language, 30*, 513-541.

Jacoby, L. L., Kelley, C. M., & Dywan, J. (1989). Memory attributions. In H. L. Roediger & E. I. M. Craik (Eds.), *Varieties of memory and consciousness: Essays in honor of Endel Tulving* (pp. 391-422). Hillsdale, NJ: Lawrence Erlbaum Associates.

Jacoby, L. L., Woloshyn, V., & Kelley, C. M., (1989). Becoming famous without being recognized: Unconscious influences of memory produced by dividing attention. *Journal of Experimental Psychology: General, 118*, 115-125.

Judd, C. N., & Kulik, J. A. (1980). Schematic effects of social attitudes on information processing and recall. *Journal of Personality and Social Psychology, 38*, 569-578.

Kahle, L. R., Beatty, S., & Homer, P. (1986). Alternative measurement approaches to consumer values: The list values(LOV) and values and life style(VALS). *Journal of Consumer Research, 13*, 405-409.

Kamakura, W. A., & Novak, T. P. (1992). Value-system segmentation: Exploring the meaning of LOV. *Journal of Consumer Research, 19*, 119-132.

Kaponin, A. (1960). Personality characteristics of purchasers. *Journal of Advertising Research, 1*, 6-12.

Kassarjian, H. H., & Sheffet, M. J. (1975). Personality and consumer behavior: One more time. *American marketing association 1975 combined proceedings*, Series No. 37, 197-201.

Kassarjian, H. H. (1971). Personality and consumer behavior: A review. *Journal of Marketing Research, 8*, 409-418.

Keller, K. L. (1987). Memory factors in advertising: The effect of advertising retrieval cues on brand evaluations. *Journal of Consumer Research, 14*, 316-333.

Kent, R., & Allen, C. T. (1994). Competitive interference effects in consumer memory for advertising: The role of brand familiarity. *Journal of Marketing, 58*, 97-105.

Key, W. B. (1973). *Subliminal seduction: Ad media's manipulation of a not so innocent America*. Englewood Cliffs, NJ: Prentice Hall.

Knowles, P. A., Grove, S. J., & Burroughs, W. J. (1993). An experimental examination of mood effects on retrieval and evaluation of advertisement and brand information.

Journal of Academy of Marketing Science, 21, 135-142.

Lastovicka, J. L., & Joachimsthaler, E. (1988). Improving the detection of personality-behavior relationships in consumer research. *Journal of Consumer Research, 14*, 583-587.

Lastovicka, J. L., Murray, Jr., J. P., & Joachimsthaler, E. (1991). Evaluating the measurement validity of ATSCI typologies with qualitative measures and multiplicative factoring. *Journal of Marketing Research, 28*, 11-23.

Levin, D. P. (1992). Chrysler's new L/H, as in last hope. *The New York Times, July 12, Section 3*, p.1.

Levy, S. J. (1959). Symbols for sales. *Harvard Business Review, 37*, 117-124.

Lord, K. R., Lee, M. S., & Sauer, P. L. (1994). Program context antecedents of attitude toward radio commercials. *Journal of Academy of Marketing Science, 22*, 3-15.

Lutz, R. (1985). Affective and cognitive antecedents of attitude toward the ad: A conceptual framework. In L. F. Alwitt & A. A. Mitchell (Eds.), *Psychological processes and advertising effects: Theory, research and application* (pp. 45-63). Hillsdale, NJ: Lawrence Erlbaum.

Lynch, J., & Srull, T. (1982). Memory and attentional factors in consumer choice: Concepts and research methods. *Journal of Consumer Research, 9*, 18-37.

MacInnis, D. J. (1987). Constructs and measures of individual differences in imagery processing: A review. *Advances in Consumer Research, 14*, 88-92.

Macklin, M. C. (1986). Rehearsal processes in children's recall of advertised products, In W. Hoyer (Ed.), *Proceedings of the division of consumer psychology* (pp. 21-25). Washington, DC: American Psychological Association.

Markin, R. (1974). *Consumer behavior: A cognitive orientation.* New York: Macmillan.

McCrae, R. R., & Costa, P. T., JR. (1987). Validation of the five-factor model personality across instruments and observers. *Journal of Personality and Social Psychology, 52*, 81-90.

Mead, G. H. (1934). *Mind, self and society.* Chicago: University of Chicago Press.

Mehotra, S., & Wells, W. D. (1979). Psychographics and buyer behavior: Theory and recent empirical findings. In A. Woodside, J. N. Sheth, & P. D. Bennett (Eds.), *Consumer and industrial buying behavior.* New York: North Holland.

Miller, G. A. (1956). The magical number seven, plus or minus two: Some limits on our capacity to process information. *Psychological Review, 63*, 81-97.

Miniard, P., Sirdeshmukh, D., & Innis, D. E. (1992). Peripheral persuasion and brand choice. *Journal of Consumer Research, 19*, 226-239.

Mitchell, A. (1983). *The nine American lifestyles* (p. 57). New York: Macmillan.

Mitchell, A. A., & Olson, J. (1981). Are product attribute beliefs the only mediator of advertising effects of brand attitude? *Journal of Marketing Research, 18*, 318-332.

Morgan, A. J. (1993). The evolving self in consumer behavior: Exploring possible selves. *Advances in Consumer Research, 20*, 429-432.

Mowen, J. C., & Minor, M. (1998). *Consumer behavior* (5th ed). Upper Saddle River, New Jersey: Prentice-Hall, Inc.

Novak, T. P., & MacEvoy, B. (1990). On comparing alternative segmentation schemes: The list of values(LOV) and values and life styles(VALS). *Journal of Consumer Research, 17*, 105-109.

Olney, T., Holbrook, M. B., & Batra, R. (1991). Consumer responses to advertising: The effects of ad content, emotions, and attitude toward the ad on viewing time. *Journal of Consumer Research, 17*, 440-453.

Onkvisit, S., & Shaw, J. (1987). Self-concept and image congruence: Some research and managerial issues. *Journal of Consumer Marketing, 4*, 13-23.

Osgood, C. E. (1964). *Method and theory in experimental psychology*. New York: Oxford University Press.

Park, C. W., Mothersbaugh, D. L., & Feick, L. (1994). Consumer knowledge assessment. *Journal of Consumer Research, 21*, 71-82.

Park, J. W., & Hastak, M. (1995). Effects of involvement on on-line brand evaluations: A stronger test of the ELM. *Advances in Consumer Research, 22*, 435-439.

Petty, R. E., & Cacioppo, J. T. (1984). The effects of involvement on responses to argument quantity and quality central and peripheral routes to persuasion. *Journal of Personality and Social Psychology, 46*, 69-81.

Petty, R. E., & Cacioppo, J. T. (1986a). The elaboration likelihood model of persuasion. *Advances in Experimental Social Psychology, 19*, 123-205.

Petty, R. E., & Cacioppo, J. T. (1986b). *Communication and persuasion: Central and peripheral routes to attitude change*. New York: Springer-verlag.

Petty, R. E., Cacioppo, J. T., & Schuman, D. (1983). Central and peripheral route to advertising effectiveness: The moderating role of involvement. *Journal of Consumer Research, 10*, 135-146.

Phelps, J., & Thorson, E. (1991). Brand familiarity and product involvement effects on the attitude toward an ad-brand attitude relationship. *Advances in Consumer Research, 18*, 202-209.

Piirto, R. (1991). VALS the second time. *American Demographics, July*, p. 6.

Plummer, J. T. (1985). How personality makes a difference. *Journal of Advertising Research, 24*(6), 27-31.

Rescorla, R. A. (1967). Pavlovian conditioning and its proper control procedures. *Psychological Review, 74*(1), 71-80.

Rosenberg, M. (1979). *Conceiving the self.* New York: Basic Books.

Schaninger, C., & Sciglimpaglia, D. (1981). The influence of cognitive personality traits and demographics on consumer information acquisition. *Journal of Consumer Research, 8*, 208-215.

Schiffman, L. G., & Kanuk, L. L. (1991). *Consumer behavior* (4th ed.). Englewood Cliffs, NJ: Prentice-Hall.

Schiffman, L. G., & Kanuk, L. L. (2000). *Consumer behavior* (7th ed.). Upper Saddle River, NJ: Prentice-Hall.

Schultz, D., & Schultz, S. E. (2006). *Psychology & work today* (9th ed., p. 427). Upper Saddle River, New Jersey: Pearson Education, Inc.

Schumann, D. W., Petty, R. E., & Clemons, D. S. (1990). Predicting the effectiveness of different strategies of advertising variation. *Journal of Consumer Research, 17*, 192-202.

Sirgy, M. J. (1982). Self-concept in consumer behavior: A critical review. *Journal of Consumer Research, 9*, 287-300.

Snyder, M., & DeBono, K. (1985). Appeals to image and claims about quality: Understanding the psychology of advertising. *Journal of Personality and Social Psychology, 49*, 586-597.

Snyder, M. (1974). Self-monitoring of expressive behavior. *Journal of Personality and Social Psychology, 30*, 526-537.

Snyder, M. (1979). Self-monitoring processes. In L. Berkowitz (Ed.), *Advances in Experimental Social Psychology, 12*, 85-128.

Solomon, M. R. (1999). *Consumer behavior: Buying, having, and being* (4th ed.). Upper Saddle River, NJ: Prentice-Hall.

Srull, T. (1986). Memory, mood, and consumer judgement. *Advances in Consumer Research, 14*, 404-407.

Sternberg, S. (1966). High-speed scanning in human memory. *Science, 153*, 652-654.

Sternberg, S. (1969). Mental processes revealed by reaction time experiments. *American Scientist, 57*, 421-457.

Tucker, W. T. (1957). *Foundations for a theory of consumer behavior.* New York: Holt, Rinehart and Winston.

Tulving, E. (1974). Cue-dependent forgetting. *American Scientist, 62*, 74-82.

Unnava, H. R., & Burnkrant, R. E. (1991). Effects of repeating varied ad executions on brand name memory. *Journal of Marketing Research, 28*, 406-416.

Walker, B., Celsi, R., & Olson, J. (1986). Exploring the structural characteristics of consumers' knowledge. *Advances in Consumer Research, 14*, 17-21.

Wallace, W. T. (1990). Jingles in advertising: Can they improve recall? *Advances in Consumer Research, 17*, 239-242.

Wang, C. L., & Mowen, J. C. (1997). The separateness-connectedness self schema: Scale development and application to message construction. *Psychology & Marketing, 14*(2), 185-207.

Westfall, R. (1962). Psychological factors in predicting consumer choice. *Journal of Marketing, 26*, 34-40.

Wilkie, W. L. (1986). *Consumer behavior* (3rd ed.). New York: John Wiley & Sons, Inc.

제2부.

광고기획

제4장 마케팅 목표, 광고목표 및 광고 콘셉트

제5장 통합 마케팅 커뮤니케이션

제**4**장
마케팅 목표, 광고목표 및 광고 콘셉트[*]

광고주(기업, 기관, 개인 등)는 광고를 통해 소비자에게서 무엇을 얻고자 하는가? 이는 광고가 소비자에게 미칠 수 있는 영향력의 문제이고, 광고목표뿐 아니라 광고효과와 관련된 문제다. 사람들은 흔히 "광고를 왜 할까요?"라는 질문에 흔히 "(광고하는 제품을) 팔려고요!" 혹은 "(광고하는 제품을) 사게 하려고요!"라고 말한다. 이러한 일상적인 대답에는 광고가 소비자로 하여금 광고하는 제품을 향해 다가서게 하고 구매행동이 이루어지게 할 수 있다는 생각이 반영되어 있다. 일부 광고 비평가들과 광고인들조차도 광고는 제품을—사고 싶지 않은 제품까지도—사도록 할 수 있다고 주장한다. 정말로 광고는 소비자를 구매행동으로 이끌 수 있는 힘을 가지고 있을까?

가장 최근에 산 제품(브랜드) 하나를 떠올려 보자. 그 제품을 사는 데 누가, 무엇이 당신에게 영향을 주었는가? 친구, 가족이나 친척, 인터넷 사이트(가격비교, 제품평), 판매원, 신문이나 잡지의 기사, 세일 판매 DM 등등. 혹시 광고 때문에, 광고가 맘에 들

---

[*] 이 장에서는 공익광고나 정치광고와 같은 비상업광고보다는 상업(commercial)광고에 초점을 두고 서술하였다.

어서 그 제품을 샀는가? 우리는 광고만의 영향을 받아 그 제품을 사지는 않는다. 우리가 일일이 다 기억하진 못할지라도 그 제품을 선택하고 사는 데 영향을 주는 요인들은 매우 많다.

광고주는 자사의 제품과 서비스를 판매하여 소비자를 만족시키고 지속적인 재구매가 이루어질 수 있도록 다양한 노력을 한다. 광고주의 입장에서 광고는 자사제품의 판매량과 시장 점유율(market share)을 높이고, 지속적 경쟁우위를 확보하며, 고객을 만족시키는 것과 같은 목표를 달성하기 위한 여러 가지 마케팅 도구 가운데 하나일 뿐이다. 광고주가 광고를 통해 얻고자 하는 바를 파악하기 위해서는 광고주의 광고를 포함한 마케팅 도구들을 살펴보아야 한다.

1. 마케팅 목표와 마케팅 믹스

광고주인 기업의 마케팅 활동의 궁극적인 목표는 고객 만족을 통하여 기업(주주, 종업원 등)의 이윤을 창출하는 것이다. 이러한 목표를 달성하기 위해서는 기업과 고객 사이에 교환이 이루어져야 한다. 교환은 가치 있는 제품이나 서비스를 제공하는 기업과 대가를 제공하고 제품이나 서비스를 획득하는 소비자 사이에 이루어지는 거래행위를 말한다. 기업의 입장에서는 판매행위이고, 소비자의 입장에서는 구매행위다. 교환이 이루어지기 위해서는 교환 당사자들이 상대방에게 가치 있는 것을 제공해야 하고, 교환 당사자들은 교환 이전보다 더 바람직한 상태로 나아가야 한다. 이런 의미에서 교환

[그림 4-1] ¦ 전략적 마케팅 계획의 구성요소

은 기업과 소비자 모두에게 가치를 창출하는 과정이라 할 수 있다.

따라서 기업의 마케팅 활동의 목표는 좀 더 구체적으로 표현하면 소비자의 욕구를 충족시킬 수 있는 가치 있는 제품이나 서비스를 제공하여 교환(구매행동)이 일어나도록 하는 것이다. 기업은 이러한 목표를 달성하기 위해 제품(product), 가격(price), 유통(place), 촉진(promotion)이라는 네 가지 마케팅 도구들〔통상 4P라 하고, 이들의 집합을 마케팅 믹스(marketing mix)라 함〕을 활용하여 전략적 마케팅 계획을 수립하고 실행한다. 이들을 좀 더 자세하게 설명하면 다음과 같다([그림 4-1] 참조).

〈여기서 잠깐〉

마케팅에 대한 정의

마케팅이란 무엇인가에 대해 한마디로 규정하기는 어렵다. 시대에 따라 쓰는 사람마다 조금씩 다르게 규정하고 있기 때문이다. 하지만 현재는 미국 마케팅협회(American Marketing Association: AMA)의 정의가 가장 널리 통용되고 있다. 1985년과 2004년 미국 마케팅협회에서 규정한 마케팅의 의미는 다음과 같다.

마케팅이란 개인과 조직의 목표를 충족시키기 위한 교환이 이루어질 수 있도록 하기 위해 제품, 서비스, 아이디어에 대한 개념 설정, 가격 설정, 촉진 그리고 유통을 계획하고 실행하는 과정이다(AMA, 1985).

마케팅이란 고객에게 가치를 창출, 의사소통, 전달하고 조직과 이해당사자들에게 도움이 되는 방향으로 고객관계를 관리하기 위한 조직 활동이며 일련의 과정이다(AMA, 2004).

출처: 박명호, 박종무, 윤만희(2008), p. 9 참조.

---

1) 제품전략

제품전략(product strategy)이란 표적소비자에게 자사의 제품이나 서비스를 타사와 구별될 수 있도록 어떻게 개념화(conception)할 것인가에 대해 결정을 하는 일이다. 이는 무엇을 팔 것인가, 즉 제품이나 서비스의 어떤 측면을 판매할 것인가에 대해 계획을 수립하는 것이다. 제품이나 서비스는 크게 세 가지 측면에서 정의할 수 있다(Kotler, 2003). 제품이나 서비스의 특성, 스타일, 기능, 성능, 상표명(브랜드), 포장 등과 같이 유형적인 측면, 애프터서비스나 품질보증, 구매 후 교환, 배달, 설치, 보수 등과 같은 제품이나 서비스의 부가적인 측면, 소비자가 제품이나 서비스를 통해 얻을 수 있는 혜택이나 편익(benefit)이라는 측면에서 정의를 내릴 수 있다.

2) 가격전략

가격전략(price strategy)이란 제품이나 서비스의 가격 수준과 범위에 대한 결정이다. 가격이란 고객에게 제공할 제품이나 서비스의 가치를 돈(money)이라는 잣대로 표현한 것이다. 가격은 그 자체로 표적소비자를 움직일 수 있는 수단이고 경쟁도구다. 가격은 제품이나 서비스에 대한 표적소비자의 가격과 가격 범위에 대한 지각, 제품이나 서비스의 생산 비용, 특성, 촉진이나 유통 비용, 경쟁 상황, 정부의 규제, 이윤 등을 고려하여 결정된다.

3) 유통전략

유통전략(place strategy, distribution strategy)은 기업이 자사의 제품이나 서비스를 표적소비자에게 적합한 시간과 장소에 전달할 수 있는 최선의 유통경로(distribution channel)를 설계하고 효율적인 물류관리 체계를 구축하는 것이다. 유통경로는 제품이나 서비스를 최종 소비자에게 전달하는 역할을 하는 조직이나 개인들로 구성되고, 그 구성원은 제조업체, 중간상(도매상, 소매상), 최종 소비자다. 물류관리 체계에서 물류란 제품과 서비스의 주문처리, 창고, 보관, 수송 등의 과정인데, 최근에는 로지스틱스(logistics)라 하여 원자재, 가공품, 완제품 및 관련 정보를 생산지점에서 소비지점까지 효율적이고 효과적으로 흐르도록 계획, 실시, 통제하는 과정이라는 통합적인 개념으로 사용되고 있다(안광호, 하영원, 박흥수, 2004, p. 449).

4) 촉진전략

촉진전략(promotion strategy)은 기업과 표적소비자 사이의 커뮤니케이션에 관한 전략이다. 그래서 촉진은 마케팅 커뮤니케이션이라 불리기도 한다. 제품, 가격, 유통 전

[그림 4-2] | 촉진 전략의 수단들

락을 아무리 잘 수립하여도 표적소비자가 알지 못하고 좋아하지 않으며 움직여 주지 않는다면, 마케팅 목표는 이루어지지 않을 것이다. 촉진은 제품과 서비스에 대해 표적소비자에게 알리고(cognition) 호감(affection)을 갖도록 설득하여 구매의도와 행동(conation, purchase)을 이끌어 내기 위한 의사소통 활동이다. 기업은 표적소비자와 원활한 커뮤니케이션을 하기 위해 인적 판매, 판매촉진, 홍보 그리고 광고라는 수단들을 사용한다. 이러한 네 가지 커뮤니케이션 수단들의 집합은 촉진 믹스(promotion mix)라고도 불린다(그림 4-2) 참조). 이 네 가지 촉진수단들은 제품이나 서비스의 유형, 기업의 규모, 시장 점유율 등에 따라 다르게 활용된다. 또 네 가지 촉진수단들은 최종적으로는 판매를 목표로 하지만 구체적으로 달성하고자 하는 또는 달성 가능한 커뮤니케이션 목표(표적소비자의 반응: 제품인식, 이해, 호감, 선호, 구매의도, 구매)에서 차이가 있다.

(1) 인적 판매

인적 판매(personal selling)는 제품이나 서비스의 판매를 목적으로 하는, 표적소비자와의 개인적인 면대면 커뮤니케이션 활동이다. 인적 판매는 제품이나 서비스에 대한 정보를 바로 전달하고 직접적으로 설득할 수 있기 때문에 표적소비자의 구매행동을 이끌어 내는 데 효과적이다. 산업재(기업이나 조직이 추가적으로 가공하기 위해 구매하거나 사업활동을 하기 위해 구매하는 제품)나 복잡하고 정밀한 내구재(durable goods)와 같이 소비자가 상세한 정보를 원하는 제품들의 주요 촉진수단으로 사용된다.

(2) 판매촉진

판매촉진(sales promotion)은 소비자와 중간상, 판매원을 대상으로 단기간 내에 판매를 증가시키거나 시장 점유율을 높이기 위해 사용된다. 소비자를 대상으로 한 판매촉진에는 가격할인, 경품행사, 캐시백(현금환불), 사은품 증정, 무료샘플 증정, 쿠폰 증정, 프리미엄 증정 등이 있다. 중간상(도매상이나 소매상)과 판매원을 대상으로 한 판매촉진에는 소비자의 눈에 띠는 진열공간에 자사제품을 진열하게 하는 구매시점 진열(point of purchase displays), 정기적인 제품 전시회, 판매 노력에 보상을 해 주기 위한 판매경연(contest), 가격할인, 프리미엄, 자사제품을 전시해 주는 대가로 소매업자의 광고비용을 보상해 주는 광고공제 등이 있다.

판매촉진은 기업에게는 비용이고 소비자에게는 이익이다. 판매촉진은 소비자의 즉시적인 구매행동을 유발하고 시장 점유율을 높이는 데 효과적이다. 하지만 기업이 장기적으로 판매촉진을 실시하면, 소비자는 판매촉진 기간에만 제품을 구매하려 하고, 자신에게 이익이 됨에도 불구하고 그 제품을 싸구려 제품으로 인식하게 된다. 따라서 장기적인 판매촉진은 그 제품에 대한 상표이미지, 호감도, 충성도를 낮추거나 유지하기 어렵게 만드는 결과를 초래할 수 있다.

(3) 홍보

홍보(public relation: PR)는 기업이 표적소비자가 포함된 지역사회나 단체, 나아가 주주, 종업원, 유통경로 구성원, 언론 등과 우호적인 관계를 개발, 개선, 유지하여 기업 전체에 긍정적인 이미지를 형성하고 호감을 갖도록 하여 자사제품을 촉진하는 커뮤니케이션 활동이다. PR은 온라인 및 오프라인을 통한 기업 관련 각종 간행물 발송, 교육기관이나 자선단체에 대한 재정적 지원이나 정보 지원, 각종 스포츠 행사 지원(스폰서), 공공 대중에게 회사 시설물을 개방하거나 견학을 하게 하는 등 다양하게 이루어진다. 이러한 PR 활동은 장기적으로 기업의 제품이나 서비스를 판매하는 데 간접적으로 영향을 미친다.

홍보에 포함되거나 유사한 개념으로 기사홍보(publicity)가 있다. 기사홍보는 비용을 들이지 않고 기업이나 특정한 제품, 서비스에 대한 정보를 각종 대중매체에 전달하여 뉴스나 논설 등 기사 형태로 다루게 하여 이미지 증진이나 판매에 도움을 주는 커뮤니케이션 활동이다.

(4) 광고

광고(advertising)란 광고주인 기업이 제품, 서비스, 아이디어에 대해 비인적인(non-personal) 다양한 매체(또는 대중매체)를 통하여 유료의 형식(paid form)으로 표적소비자에게 영향을 미치거나 설득하기 위해 시행하는 촉진수단이자 마케팅 커뮤니케이션 활동이다(한국광고학회, 1996; 조병량 외, 1998). 그런데 최근 인터넷, 위성방송, 스마트 TV와 같은 새로운 매체의 등장과 새로운 광고기법의 개발, 판매촉진과 결합된 광고물 등은 이러한 광고에 대한 정의에 부합하지 않는 광고들이라서, 광고에 대해 명확하게 규정하기는 어렵다. 그렇지만 마케팅 커뮤니케이션 활동이자 촉진수단으로서 광고의 특징은 다음과 같이 요약할 수 있다.

첫째, 광고는 다양한 비인적인 매체들을 활용한다. 이러한 매체들에는 전통적인 4대 대중매체인 TV, 라디오, 신문, 잡지뿐 아니라 옥외 매체(전광판, 포스터 등), 대중교통, 나아가 뉴미디어인 온라인, 케이블 TV, 위성방송, DMB, 스마트 TV 등도 포함된다. 이외에도 영화나 드라마에 소품으로 제품을 출현시키는 간접광고(product placement: PPL)도 광고의 한 형태다.

간접광고
협찬을 통해 영화나 드라마에 소품으로 상품을 출현시키는 광고형태

둘째, 광고는 유료의 형식이다. 광고주인 대부분의 기업은 광고대행업체(advertising agency)인 광고회사에 대가(수수료, 제작비, 매체이용 비용 등)를 지불하고 자사의 제품, 서비스, 아이디어에 대한 광고물을 관리한다. 셋째는 광고주가 누구인지 명시되어야 한다(identified sponsor). 사람의 호기심을 자극하기 위한 여성포털사이트 마이클럽닷컴의 티저(teaser) 광고인 '선영아 사랑해' 혹은 (주)엔프라니가 남성용 화장품 '페라루크'를 출시하기에 앞서 벌인 티저 광고인 '문대성 한판 붙자–형렬'이라는 현수막 광고처럼 예외도 있다. 또 기업명이 아닌 브랜드(상표명)만을 제시한 광고물들도 있다. 하지만 대부분의 광고는 기업명 대신 브랜드만을 표시하더라도 명시된 광고주를 제시하고 있다. 마지막으로, 광고는 표적소비자에게 다양한 영향을 미치거나 설득하기 위한 촉진활동이다. 이는 촉진수단의 하나로서 광고의 목표에 관한 것인데, 다음 절에서 자세히 살펴본다.

2. 광고목표

광고목표를 표적소비자에게 다양한 영향을 미치고 설득(광고메시지를 통해 소비자의 신념, 태도, 행동을 형성, 변화시키려는 시도)하려는 것이라고 규정한다면, 이는 너무 포괄적이며 추상적이고 과장된 개념적 정의라 할 것이다. 이러한 정의가 성립하려면 광고라는 커뮤니케이션 활동을 통해 광고제품에 대한 표적소비자의 생각, 느낌, 행동을 모두 변화시키는 것이 가능하다는 명제가 '참(truth)'이어야 한다. 만약 광고를 통해 광고제품에 대한 표적소비자의 생각, 느낌, 행동을 모두 변화시킬 수 있다면, 기업은 다른 마케팅 커뮤니케이션 도구들을 활용할 필요가 없을 것이다. 앞에서도 살펴보았듯이, 기업은 마케팅 커뮤니케이션을 통해 표적소비자에게 다양한 영향을 발휘하기 위해 광고뿐 아니라 인적 판매, 판매촉진, 홍보와 같은 도구들을 활용하고 있다. 동일한 목표를 달성하기 위해 여러 가지 도구들을 활용할 수는 있지만, 이러한 도구들을 계획하고 실행하기 위해서는 많은 인적·물적 자원(비용)이 투자된다. 똑같은 목표를 달성하기 위해서 많은 비용을 중복적으로 투자하는 것은 비효율적일 것이다. 참고로 우리나라 기업들이 일 년 동안 광고에 투여하는 총 광고비용은 7~8조 원 정도다(〈표 4-1〉 참조). 광고를 제외한 나머지 마케팅 커뮤니케이션 도구들을 계획하고 실행하는 데 드는 비용이 광고비용보다 훨씬 많을 것임은 자명하다.

1980년대 후반부터 국내외 마케팅이나 광고학계에서는 마케팅 커뮤니케이션(촉진)

〈표 4-1〉 지난 5년간 매체별 국내 광고비 현황

구분	연도별 광고비(단위: 10억 원)				
연도	2005년	2006년	2007년	2008년	2009년
TV	2,149	2,183	2,120	1,899	1,670
라디오	268	279	265	276	223
신문	1,672	1,701	1,750	1,658	1,500
잡지	437	451	485	480	438
케이블 TV	487	672	810	860	779
인터넷	567	567	105	121	128
기타	1,474	1,558	2,393	1,405	1,361
국내 광고시장 총계	7,054	7,790	7,928	7,797	7,256

출처: http://ir.cheil.com/index.jsp

의 목표를 달성하기 위해 다양한 촉진도구들(광고, 판매촉진, 홍보, 인적 판매, 직접우편 등)의 전략적 역할을 비교, 검토하고 일관성과 명료성을 높여야 함을 강조하고 있는데, 이를 통합 마케팅 커뮤니 케이션(integrated marketing communication: IMC) 전략

통합 마케팅 커뮤니케이션
표적소비자에게 일관되고 통일된 메시지를 제공하기 위하여 다양한 촉진도구들을 전체적으로 조정하는 커뮤니케이션 전략

이라 한다. 이러한 전략이 성공을 거두기 위해서는 광고를 포함한 촉진도구들 각각의 달성 가능한 목표와 효과에 대해 명료화할 필요가 있다.

사실 소비자 입장에서 보면, 한 기업의 촉진도구들은 따로 분리되어 수용되는 것이 아니라 통합되어 하나의 광고(또는 선전)로 받아들여진다. 그렇기 때문에 광고를 통해 달성 가능한 것이 무엇인지를 좀 더 구체적으로 논의하지 않는다면 광고의 역할이나 목표는 추상적이고 과장될 가능성이 있다. 광고의 목표가 추상적이면 광고의 효과도 제대로 확인하기 어렵다. 그래서 오래전 레버 흄(Lord Lever-Hulme)은 광고주의 딜레마를 다음과 같이 표현했다(Sutherland, 1993에서 재인용). "나는 내 광고의 절반이 낭비되고 있다는 것을 알고 있다. 그러나 낭비되는 절반이 어떤 것인지 모르겠다." 광고의 목표설정의 중요성은 DAGMAR(Defining advertising goals for measured advertising results)라고 알려진 쿨리(Colley, 1961)의 연구 보고서에서도 확인할 수 있다. 그는 광고효과 측정을 통해 그 결과를 확인할 수 있도록 구체적으로 광고의 목표를 설정해야 한다고 주장했다. 그에 따르면, 광고의 목표란 규정된 표적소비자를 대상으로 정해진 기간 동안 달성하고자 하는 구체적인 커뮤니케이션 과제이며, 커뮤니케이션 과제는 마케팅 과제와 다르다. 한국광고학회에서도 광고의 목표(advertising objective)를 "일 정기간 동안의 광고활동을 통하여 달성하고자 설정한 광고효과에 대한 기술"(한국광고학회, 1996)이라고 규정하고 있다. 그렇다면 기업은 다른 촉진도구들과 구별하여 광고를 통해 구체적으로 무엇을 달성할 수 있을까?

1) 광고와 구매행동(판매)

광고주인 기업은 표적소비자가 광고를 보고 구매행동이라는 반응을 해 주길 바란다. 또 광고주 담당자(account executive: AE)가 구매행동을 광고의 목표로 설정하길 바란다. 표적소비자의 구매행동은 다른 용어로는 판매율이고 경쟁자에 대비하면 시장점유율이다. 만약 광고의 목표를 표적소비자의 구매행동이라고 한다면 광고의 목표는

다음과 같이 설정해야 할 것이다.

- 판매량(율) 5% 제고
- 시장 점유율 10% 증가
- 현재의 시장 점유율(30%) 유지

　하지만 이와 같은 목표는 광고의 목표라기보다는 마케팅 목표라고 해야 할 것이다. 판매량이나 판매율을 제고하거나 시장 점유율을 높이기 위해서는 가격전략이나 유통경로 전략을 변화시키거나 제품전략을 수정해야 할 수도 있다. 나아가 인적 판매를 강화하고 판매촉진 전략을 개선해야 할 수도 있다. 또 경쟁사들은 가만히 있겠는가? 경쟁사들의 판매율 제고를 위한 공격적 전략을 광고로 방어할 수는 없을 것이다. 이렇듯 판매량이나 시장 점유율의 증가나 유지는 다양한 마케팅 도구들을 실행하여 얻을 수 있는 통합적 결과일 것이다. 여러 가지 마케팅 도구들이 상보적으로 작용하여 통합된 결과로서 판매량이나 시장 점유율에서 광고만의 영향력을 분리하여 확인하는 것은 현실적으로 불가능하다.

　좀 더 미시적으로 생각해 보자. 판매량은 개별 소비자의 구매행동의 총합이다. 광고를 통한 판매량의 변화는 광고를 통해 소비자의 구매행동을 변화시킬 수 있는가의 문제다. 자사의 상표를 사용하고 있지 않는 소비자(경쟁사의 상표를 사용하고 있거나 해당 제품을 사용하고 있지 않는 소비자)에게 광고만을 통해 자사의 상표를 구매하도록 하기는 어렵다. 또 광고만을 통해 일주일에 1~2번 자사상표(비내구재, 일상 소비재)를 구매하고 있는 소비자에게 3~4번 구매하도록 하는 것도 어렵다. 인간의 행동을 변화시키는 것은 매우 어려운 일이다. 저자는 매 학기 수업시간마다 준수해야 할 수업태도나 자발적으로 준비해야 할 질문과 토론 사항 등에 대해 메시지를 전한다. 등록금을 강의시간으로 나누고 시간당 비용을 수강생 전체로 합산하여 제시한다. 그래도 한 학기 수업이 끝날 때까지 수강생들의 행동은 크게 바뀌지 않는다. 매주 얼굴을 맞대고 하는 면대면 커뮤니케이션 상황임에도 불구하고 행동을 변화시키는 것은 어렵다. 하물며 광고는 비면대면 커뮤니케이션이다. 강의시간의 수강생들처럼 소비자는 광고를 시청하기 위해 기다리고 있지도 않다.

　구매행동이라는 소비자의 반응은 마케팅 목표일 수는 있어도 정해진 기간에 이루어지는 한 편의 광고(캠페인)를 통해 달성 가능한 과업이라 하기는 어려울 것이다. 그럼에도 불구하고 광고주나 광고실무자는 물론이고 광고(심리)학자들조차도 광고가 판매에 부분적으로 기여할 것이라고 가정하고 있다. 왜 그럴까? 소비자가 A라는 제품을 구매했다고 가정해 보자. 구매를 했다는 것은 다른 제품에 대비해서 A라는 제품이 마음에 들었다는 것(호감이나 선호)이다. A라는 제품이 마음에 들었다는 것은 그것에 대해 보거나 들어서 최소한 어느 정도는 알고 있어야(상표명 인식, 이해, 지식) 가능하다. 구매행동이라는 반응(결과변수)에 초점을 둔다면 A라는 제품에 대한 인식, 이해, 지식, 호감, 선호 등은 매개반응이고 매개변수에 해당한다. 광고가 소비자의 구매행동에 부분적으로 기여한다는 것은 이러한 매개변수에 영향을 미친다는 표현과 다름이 없다. 결국 정해진 기간 안에 한 편의 광고나 광고 캠페인을 통해 직접적으로 달성 가능한 1차적인 목표는 구매행동이 아니라 이러한 매개반응(인지적이고 정서적인 심리적 반응)일 것이다.

2) 광고를 통해 달성 가능한 목표반응

정해진 기간 동안 광고를 통해 달성 가능한 1차적인 목표반응들을 좀 더 구체적으로 살펴보기 위해서는 소비자가 광고라는 자극을 보고 경험하는 일련의 심리적 과정에 대해 알아야 한다. 일반적으로 소비자가 다양한 설득 커뮤니케이션 자극에 노출되어 거치는 순차적인 일련의 심리적 과정은 효과의 위계(hierarchy of effect)라고 한다. 효과의 위계란 설득 커뮤니케이션 자극이 수신자인 소비자의 사고, 감정 및 행동에 영향을 미치는 과정이 일련의 순차적인 과정을 거쳐서 발생한다는 것이다. 효과의 위계에 관해서는 수많은 모형들이 제안되었는데, 효과의 위계에 관한 모형 중 가장 전통적인 것은 학습의 위계(hierarchy of learning) 모형들이다. 여기서 학습의 위계란 소비자가 설득 커뮤니케이션 자극에 노출되면 그 자극대상(상표)에 대해 알고 이해하여 지식을 획득하게 되고(인지 또는 신념), 이를 바탕으로 그 상표에 대한 감정(감정적 평가, 태도)을 갖게 되며, 다시 이를 바탕으로 상표를 구매하는 행동을 하게 되는 순차적인 과정을 일컫는다.

이에 해당하는 모형으로는 1920년대 개발된 AIDA 모형, 쿨리(Colley, 1961)의 DAGMAR 모형, 사회심리학 이론에 바탕한 래비지와 스타이너(Lavidge & Steiner, 1961)

〈표 4-2〉 여러 가지 학습위계 모형들

구분	AIDA 모형	DAGMAR 모형	래비지- 스타이너 모형	하워드-쉐스 모형	EKB 모형
인지 (cognition)	주의 (attention)	인지(awareness) 이해/이미지 (comprehen-sion/ image)	인지 (awareness) 지식 (knowledge)	주의(attention) 브랜드 이해 (brand com- prehension)	문제인식(problem recognition) 탐색(search) 신념(beliefs)
감정 (affection)	흥미 (interest) 바람 (desire)	태도 (attitude) 확신 (conviction)	호감(liking) 선호 (preference) 확신 (conviction)	태도 (attitude)	태도 (attitude)
행동 (conation)	행동 (action)	행동 (action)	구매 (purchase)	구매의도 (intention) 구매(purchase)	구매의도 (intention) 선택(choice)

의 모형이 있다(Aaker, Batra, & Myers, 1992). 그 밖에 하워드와 쉐스(Howard & Sheth, 1969)의 소비자행동 모형, 엥겔과 블랙웰(Engel & Blackwell, 1982)의 고관여 소비자 결정 모형(EKB 모형) 등도 있다. 〈표 4-2〉는 이러한 학습위계 모형들을 보여 준다.

그런데 소비자가 설득 커뮤니케이션 자극에 노출되었을 때 겪는 심리적 과정(효과의 위계)은 항상 인지 → 감정 → 행동(표준학습위계)의 순서로만 진행되는 것은 아니다. 소비자가 설득 커뮤니케이션 자극에 노출되었을 때, 자극대상에 대한 관여상태나 지식, 경험 등에 따라 순차적으로 겪는 심리적 과정은 달라질 수 있다. 제2장에서 언급했던 저관여 위계(신념-행동-감정), 경험위계(감정-행동-신념), 행동영향위계(행동-신념-감정)에 관한 모형들이 이러한 과정을 설명하고 있다.

기존의 설득 커뮤니케이션 효과에 관한 다양한 효과의 위계에 관한 모형들을 바탕으로 하고, 바트라, 메이어 그리고 아커(Batra, Myers, & Aaker, 1996)가 제안한 효과의 위계를 참조하여 소비자가 광고에 노출되어 겪는 일련의 심리적 과정, 광고의 1차 목표반응들과 장기적 목표반응(마케팅 목표)들을 정리하면 [그림 4-3]과 같다.

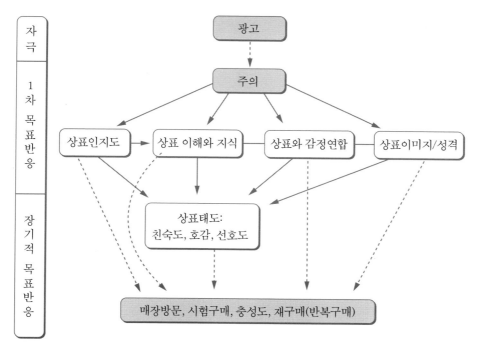

[그림 4-3] ㅣ 광고노출에 따른 심리적 과정과 목표반응

(1) 소비자의 주의 획득

소비자는 의식하든 의식하지 못하든 하루에도 수많은 광고물을 접하게 된다. 한 연구에 따르면, 대도시에 거주하는 소비자에게 하루에 노출되는, 즉 소비자를 스쳐가는 광고 수는 평균 3,000개 정도다(이병관, 2010). 그야말로 광고의 홍수 속에서 살고 있는 것이다. 소비자가 기억하는 광고물은 불과 몇 개에 지나지 않고, 소비자의 이목을 끈 광고물조차도 많지 않다. 광고를 통해 광고상표에 대해 의도한 어떤 반응을 일으키기 위해서는 소비자가 광고를 듣거나 봐 주어야 한다. 소비자의 이목을 끄는 것(주의 획득)은 의도한 광고반응을 일으키기 위한 기본적이며 필수적인 전제조건이다. 표적소비자의 이목을 끌기 위해서는 광고물의 창의성, 다른 경쟁광고물과 차별화, 사회적 트렌드의 반영 등과 같은 자극특성 요인들뿐 아니라 표적소비자가 해당 광고물에 노출될 가능성과 기회를 높일 수 있도록 어느 매체에, 언제, 어떤 장소(지역)에, 얼마나 자주 실어 보낼 것인가 하는 매체기획(media planning) 또한 매우 중요하다.

(2) 광고상표에 대한 인지도 형성, 유지 및 제고

주의의 수준이 높든 낮든 광고물에 소비자의 주의를 획득할 수 있다면, 광고상표(명)의 존재를 소비자의 머릿속에 인식시킬 수 있다. 새로운 상표라면 반복적으로 노출되는 것 자체로 광고메시지에 관계없이 광고상표에 대한 친숙감이나 친근감을 증가시킬 수 있다(단순노출 효과; Zajonc, 1968, 1980). 기존에 알고 있거나 좋아하는 상표, 또는 구매하여 사용 중인 상표라면 광고를 보았다는 그 자체로 해당 상표에 대한 충성도(loyalty)를 형성, 유지하거나 강화를 받을 수 있다. 나아가 소비자가 많은 생각을 하지 않고 구매하는 과자나 껌과 같은 일부 저관여 제품에 속하는 상표라면 상표를 알고 있다는 자체로, 친숙하다는 것만으로 시험구매를 자극할 수도 있다. 이를 [그림 4-3]에서는 광고→주의→상표인지도→상표태도→매장방문/시험구매, 광고→주의→상표인지도→충성도/시험구매의 위계로 제시하였다([그림 4-3]에서 점선의 화살표 '→'는 인과적 관계가 약함을 표현한 것임). 상표인지도(brand awareness)는 광고를 통해 달성 가능한 1차적 목표 반응이다.

(3) 광고상표에 대한 이해와 지식: 상표의 속성과 편익 정보 제공, 관점의 변화, 위치화

광고는 표적소비자에게 광고상표가 어떤 특징을 지녔는지, 어떤 편익(benefit)을 제공할 수 있는지에 대한 지식이나 정보를 전달한다. 시장에는 수많은 제품과 상표들이 존재하고, 소비자가 매일매일 접하는 제품의 수는 2,000개 정도라고 한다(이병관, 2009). 또 동일한 제품군에 속하는 많은 상표들이 존재하는 상황에서 소비자는 상표 하나하나의 특징에 대해 상세한 지식을 갖고 있기 어렵다. 이런 상황에서 광고는 광고상표에 대해 한두 마디로 요약할 수 있는 차별적인 특징(속성, 편익)을 제공함으로써 광고상표를 소비자의 기억 연결망 속의 특정한 위치에 자리 잡도록 할 수 있다(위치화, positioning). 안전한 승용차로는 '볼보'를, 천연조미료로는 '미원'을, 이온음료로는 '포카리스웨트'를, 찌꺼기가 없는 휘발유 하면 '엔크린'을, 올리브 식용유로 튀긴 치킨으로는 '비비큐'를 떠올리게 할 수 있다.

나아가 경쟁상표와 뚜렷이 구별되는 편익을 강조하여 광고상표가 속한 제품에 대한 관점을 변화시킬 수도 있다. 예를 들면, 찌꺼기가 없는 휘발유 '엔크린' 광고는 소비자로 하여금 휘발유 하면 찌꺼기가 있느냐 없느냐를 중심으로 바라보게 하고, '비비큐' 광고는 치킨은 무슨 기름으로 튀겼는가를 따져보게 한다. 이렇듯 광고를 통해 표적소비자에게 해당 광고상표의 긍정적인 속성이나 편익을 제공하여 호의적으로 상표태도를 형성/변화시키고, 이를 통해 장기적으로는 매장을 방문하거나 시험구매를 자극할수 있다. [그림 4-3]은 이와 관련한 효과의 위계과정을 보여 준다.

(4) 광고상표와 감정의 연합: 광고에 대한 태도

광고는 표적소비자에게 음악(배경음악, 징글), 시각자극(사진, 그림, 영상), 카피를 통해 긍정적이고 호의적인 감정을 유발할 수 있다. [그림 4-3]에 제시한 것처럼, 광고를 통해 유발하거나 유발된 감정들은 광고상표와 연합됨(고전적 조건형성)으로써 상표태도를 호의적으로 형성하거나 변화시킬 수 있고, 장기적으로 광고상표에 대한 충성도나 구매 시 상표선택에 영향을 미칠 수 있다. 이렇듯 광고 자체에 의해 유발된 느낌, 감정, 정서적 평가 등은 '광고에 대한 태도(attitude toward advertisement)'라고도 불리는데, 이는 광고상표의 속성이나 편익에 관한 구체적인 정보가 아니라 메시지를 제공하는 방식에 의해 형성된다. 광고 자체를 통해 유발된 감정경험(따뜻함, 즐거움, 짜릿함, 들뜸, 흥분, 짜증 등)은 표적소비자가 광고물에 제시된 메시지를 인지적 판단(사실/거짓)의 대상인 명제로 다루지 않게 하며(Sutherland, 1993), 이러한 감정경험과 광고상표의 연합은 광고상표에 대한 인지적 정보처리(기억, 회상 등)에도 긍정적인 영향을 미칠 수 있기 때문에(제2장의 감정과 정보처리 참조) 광고의 매우 중요한 1차적 목표반응이다.

(5) 광고상표의 이미지와 성격 확립

현대의 치열한 경쟁상황과 생산기술의 발달은 동일한 제품(범주)에 속하는 상표들의 품질 수준을 균질화하는 결과를 가져왔다. 소비자는 비슷비슷한 품질을 가진 상표들 간 차이를 명확하게 체감하거나 감지하여 구분하기 어렵다. 대부분의 소비자는 상표들 간의 품질 차이를 가격에 의해 판단(가격-품질 신념)하는데, 1994~1998년에 우리나라에서 유통된 제품들의 객관적인 품질과 가격의 상관관계는 0.11(등간 상관계수의 평균)이었다(김용준, 김유진, 1999). 이러한 상황에서 소비자는 상표의 본질적인 측면(속성, 편익)보다는 상표명성이나 성격, 상표이미지나 점포이미지와 같은 외재적 단서를 근거로 하여 상표를 구매하는 경향이 있다(박현숙, 1998).

이렇듯 상표들 간의 품질 차이를 구분하기 어려운 상황에서 광고는 광고상표가 가지고 있는 특성이 아닌 다른 측면들을 이용하여 상표성격이나 상표이미지를 구축하는 데 일조할 수 있다. [그림 4-3]에 제시했듯이, 광고는 광고상표에 대한 성격이나 이미지를 확립하여 긍정적인 상표태도를 형성하거나 장기적으로 상표 충성도나 구매행동에 영향을 미칠 수 있다. 상표성격(brand personality)이란 소비자가 마치 한 개인의 성격을 파악할 때 사용하는 것과 같은 차원들로 상표를 지각한 것이다(Batra, Lehmann, & Singh, 1993). 상표성격이라는 용어는 개인의 성격개념을 상표에 활용한 것인데, 마케팅과 광고학 분야에서는 성격 대신에 개성이라는 용어를 사용하기도 한다. 상표성격은 성격심리학자인 호나이(Horney)가 제안한 자기개념(self concept)과 유사하다. 호나이는 자기(self)를 주관적 현실 자기(real self), 객관적 실제 자기(actual self) 그리고 이상적 자기(ideal self)로 구분하였는데(노안영, 강영신, 2006, p. 145 참조), 상표성격에 관한 연구들에서는 소비자가 상표를 이용하여 현실적 자기나 이상적 자기를 어떻게 표현하는가에 초점을 두고 있으며, 광고상표의 모델(endorser)이나 전형적인 상표 사용자들, 사용상황을 활용하여 상표성격을 구축할 수 있다고 본다.

상표이미지는 상표성격과 유사하면서도 훨씬 넓은 의미로 사용된다. 상표이미지는 상표성격뿐 아니라 상표와 연합된 모든 것, 즉 광고상표의 모델, 사용상황, 전형적인 사용자들, 이들의 생활양식, 상표의 로고나 심볼, 심지어는 광고상표와 연합된 상표의 속성이나 편익, 나아가 상표와 연합된 감정들까지도 포괄하는 개념으로 사용되고 있다.

어쨌든 상표이미지와 성격의 확립은 경쟁상표들이 본질적이며 물리적인 측면에서 차이가 없을 때 광고를 통해 상표를 차별화할 수 있는 중요한 목표반응이다.

(6) 광고상표에 대한 태도: 친숙도, 호감, 선호도 형성, 유지 및 증진

광고상표에 대한 태도는 해당 상표에 대한 친근감, 호감이나 반감, 좋고 나쁜 느낌, 선호도, 전반적인 평가를 뜻한다. [그림 4-3]에 제시했듯이, 광고상표에 대한 태도는 광고물에 표적소비자의 주의를 획득하여 1차적으로 달성 가능한 모든 목표반응들의 통합적이고 종착적인 반응이자 장기적으로 마케팅 목표(매장방문, 시험구매, 재구매, 애호도 등)를 달성하기 위한 최종적인 매개반응이다. 물론 기존에 이루어진 태도와 행동의 일관성에 관한 수많은 연구결과를 참조하면(Ajzen, 1987; Olson & Zanna, 1993), 광고상표에 대해 긍정적인 태도를 갖는다고 해서, 다른 경쟁상표보다 선호한다고 해서 구매행동으로 이어지기는 쉽지 않다. 그렇지만 긍정적인 상표에 대한 태도는 구매결정 과정에서 그 상표를 구매고려 상표군에 들도록 할 수 있으며, 해당 제품범주에서 그 상표를 가장 먼저 떠오르게(top-of-mind) 할 수도 있다.

구매고려 상표군
소비자가 특정 제품을 구매하려 할 때 비교 대안으로 떠올리는 몇 개의 상표들

그렇기 때문에 광고상표에 대한 태도는 광고효과의 가장 중요한 지표이자 목표반응이라는 사실을 부정할 수 없다. 다만 문제는 광고를 통해 상표에 대한 태도를 변화시키는 것이 쉽지 않다는 점이다.

3. 광고 콘셉트

  광고 기획담당자(AE)가 특정한 상표에 대해 광고를 기획할 때, [그림 4-3]에 제시한 여러 가지 1차적 목표반응들 가운데 어떤 반응을 광고의 목표 반응으로 설정할 것인가는 광고상표에 대한 상황분석의 결과에 따라 달라진다. 상황분석은 광고 기획의 첫 단계다. 상황분석에서는 광고상표가 속한 제품이나 서비스의 시장분석(규모, 성장률, 주기성, 수익성, 경쟁사 분석 등) 및 소비자 분석, 관련 환경 분석(경제 환경, 법·규제 환경, 사회문화적 환경 등), 광고상표의 제품분석(수명주기, 장단점, 지각도 등)이 이루어진다 (조병량 외, 1998; 우석봉, 2008). 이러한 상황분석을 바탕으로 해당 광고상표가 처한 상황에 맞는 광고목표(반응)가 수립된다.

  광고목표 반응이 설정되면, 광고 기획담당자는 설정된 목표반응을 얻기 위해 표적소비자에게 광고상표의 어떤 측면에 대해 무엇을 전달해야 할까를 결정해야 한다. 광고목표 반응을 얻기 위해 표적소비자에게 전달하고자 하는 내용의 핵심을 광고용어로 광고 콘셉트라 한다(서범석, 1998). 콘셉트(concept)란 개념이란 뜻이지만(개념의 의미는 제6장에서 상세하게 다룰 것임), 광고용어로서 광고 콘셉트는 표적소비자에게 '눈에 띄게 강조해야 할 점'을 의미한다. 광고 콘셉트는 표적소비자에게 원하는 반응을 얻기 위해 전달하려는 메시지를 한 마디로 집약한 전략적 요점(strategic brief)이라 할 수 있다. 따라서 광고 콘셉트는 표적소비자가 접하는 더욱 구체적인 광고메시지를 제작(크리에이티브 전략을 수립)하는 데 방향타 역할을 한다.

요약

광고는 광고주의 입장에서 자사제품에 대한 마케팅 목표를 달성하기 위해 실행하는 여러 가지 마케팅 도구들 가운데 하나다. 광고가 소비자에게 어떤 영향을 줄 수 있는가, 다시 말해서 광고주는 광고를 통해 무엇을 얻을 수 있는가를 이해하기 위해서는 먼저 광고를 포함한 마케팅 도구들에 대해 살펴보아야 한다.

기업의 마케팅 활동의 목표는 소비자의 욕구를 충족시킬 수 있는 가치 있는 제품이나 서비스를 제공하여 교환(구매행동)이 일어나도록 하는 것이다. 기업은 이러한 마케팅 목표를 달성하기 위해 4P 전략(마케팅 믹스)을 구사하는데, 여기에는 제품전략, 가격전략, 유통전략 및 촉진전략이 있다.

제품전략이란 표적소비자에게 자사의 제품이나 서비스를 타사와 구별될 수 있도록 어떻게 정의할 것인가에 대해 결정을 하는 것이다. 가격전략이란 제품이나 서비스의 가격 수준과 범위에 대한 결정이다. 유통전략은 자사의 제품이나 서비스를 표적소비자에게 적합한 시간과 장소에 전달할 수 있는 최선의 유통경로를 설계하고 효율적인 물류관리 체계를 구축하는 것이다. 촉진전략은 기업과 표적소비자 사이의 커뮤니케이션에 관한 전략을 일컫는다.

촉진은 마케팅 커뮤니케이션이라고도 불리는데, 여기에는 인적 판매, 판매촉진, 홍보 및 광고 등의 네 가지 수단이 있다. 인적 판매는 판매를 목적으로 하는 표적소비자와의 면대면 커뮤니케이션 활동이고, 판매촉진은 소비자뿐 아니라 중간상, 판매원을 대상으로 단기간 내에 판매를 증가시키거나 시장 점유율을 높이기 위해 사용된다. 판촉에는 소비자를 대상으로 하는 판촉과 중간상을 대상으로 하는 판촉이 있다. 홍보는 기업이 표적소비자가 포함된 지역 사회나 단체, 주주, 종업원, 유통경로 구성원, 언론 등과 우호적인 관계를 개발·개선·유지하여 기업 전체에 긍정적인 이미지를 형성하고 호감을 갖도록 하여 자사제품 판매를 촉진하는 커뮤니케이션 활동이다. 광고는 기업이 자사제품, 서비스, 아이디어에 대해 비인적인 다양한 매체를 통하여 유료의 형식으로 표적소비자에게 다양한 영향을 주기 위해 시행하는 촉진수단이다.

광고는 광고주의 네 가지 마케팅 커뮤니케이션 수단들 중 하나이며, 광고의 목표는 규정된 표적소비자를 대상으로 정해진 기간 동안 달성하고자 하는 구체적인 커뮤니케이션 과제라고 정의된다. 광고주는 광고를 통해 표적소비자를 구매행동으로 이끌기는 어려우며, 광고를 통해 달성 가능하고 측정 가능한 목표반응에는 소비자의 주의 획득, 광고 상표에 대한 인지도 형성·유지·제고, 광고상표에 대한 이해와 지식(상표속성과 편익정보 제공, 관점의 변화, 위치화), 광고상표와 감정의 연합(광고에 대한 태도), 광고상표의 이미지와 개성 확립, 광고상표에 대한 태도를 들 수 있다.

광고 콘셉트는 설정된 광고목표 반응을 얻기 위해 표적소비자에게 전달하고자 하는 내용의 핵심이다.

참고문헌

김용준, 김유진(1999). 객관적 품질과 가격의 상관관계 연구: 1994~1998년도의 한국시장을 중심으로. 소비자학연구, 10(3), 85-100.

노안영, 강영신(2006). 성격심리학. 서울: 학지사.

박명호, 박종무, 윤만희(2008). 마케팅(3판). 서울: 경문사.

박현숙(1998). 한국상품의 가격과 품질에 관한 연구. 박사학위 청구논문 성균관대학교.

서범석(1998). 광고기획론. 서울: 나남.

안광호, 하영원, 박홍수(2004). 마케팅원론(3판). 서울: 학현사.

우석봉(2008). 실전 광고기획 에센스. 서울: 학지사.

이병관(2010). 소비자 정보 처리에서 제품 지식의 역할 이해. 한국심리학회 웹진, 14호.

조병량 외(1998). 현대 광고의 이해. 서울: 나남.

한국광고학회(1996). 광고용어표기 및 정의.

Aaker, D. A., Batra, R., & Myers, J. G. (1992). *Advertising management* (4th ed.). Englewood Cliffs, NJ: Prentice Hall.

Ajzen, I. (1987). Attitudes, traits, and actions: Dispositional prediction of behavior in personality and social psychology. *Advances in Experimental Social Psychology, 20*, 1-63.

Batra, R., Lehmann, D. R., & Singh, D. (1993). The brand personality component of brand goodwill: Some antecedents and consequences. In D. A. Aaker & A. Biel (Eds.), *Brand equity and advertising*. Hillsdale, NJ: LEA.

Batra, R., Myers, J. G., & Aaker, D. A. (1996). *Advertising management* (5th ed.). NJ : Prentice Hall.

Colley, R. H. (1961). *Defining advertising goals for measured advertising results*. New York: Association of National Advertisers, Inc.

Engel, J. F., & Blackwell, R. D. (1982). *Consumer Behavior* (4th ed.). CBS College Publishing.

Howard, J. A., & Sheth, J. N. (1969). *The theory of buyer behavior.* New York: Wiley & Sons.

Kotler, P. (2003). *Marketing management* (11th ed.). NJ: Prentice-Hall.

Lavidge, R. T., & Steiner, G. A. (1961). A model for predicting measurements of advertising effectiveness. *Journal of Marketing, 25,* 59-62.

Olson, J. M., & Zanna, M. P. (1993). Attitudes and attitude change. *Annual Review of Psychology, 44,* 117-154.

Sutherland, M. (1998). 광고를 움직이는 소비자 심리(윤선길, 김완석 역). 서울: 경문사. (원본 출판 연도는 1993).

Zajonc, R. B. (1980). Feeling and thinking: Preferences need no inferences. *American Psychologist, 35*(2), 151-175.

Zajonc, R. B. (1968). Attitudinal Effects of Mere exposure. *Journal of Personality and Social Psychology Monograph Supplement, 9*(2), 1-27.

제**5**장
통합 마케팅 커뮤니케이션

    1990년대 이후 마케팅 활동에 있어 중요한 변화의 흐름 중 하나는 통합 마케팅 커뮤니케이션(integrated marketing communication: IMC)에 대한 관심의 확산이다. 전통적으로는 광고, 판매촉진, 홍보(PR), 인적 판매, 이벤트, 스폰서십, 구매시점 디스플레이 등과 같은 다양한 커뮤니케이션 수단들이 각각 별개의 마케팅 활동으로 수행되었으나, 최근 들어 많은 기업들이 브랜드(상표) 자산의 구축이라는 궁극적인 목표를 위해 이들을 조정하고 통제해야 할 필요성을 인식하고 커뮤니케이션 요소들의 통합을 주창하게 되었다.

    매체계획을 다룬 제9장에서 제시한 광고계획 과정에서 보면, 광고라는 단일한 마케팅 활동만을 가지고는 소비자 설득을 통한 브랜드 자산 구축이라는 목표를 달성하기가 어렵다. 그렇기 때문에 프로모션 믹스에 해당하는 다양한 마케팅 커뮤니케이션 도구를 활용해야 할 필요가 있는데, 이것이 바로 광고결정의 아홉 단계 중에 8단계인 기타 프로모션 믹스와의 통합작업이다. 통합 마케팅 커뮤니케이션이란 광고, PR, 판매촉진, 인적 판매, 직접마케팅, 이벤트, 스폰서십, 구매시점 커뮤니케이션 등과 같은 프로모션의 여러 도구들을 비교·평가하고, 소비자 설득 및 브랜드 구축이라는 전략적 목표를 위해 이 도구들을 통합적으로 활용하려는 목적으로 제안되었다. 그럼으로써 총괄적인 마케팅 커뮤니케이션 계획을 통해 각 수단의 부가적 가치를 제고하고 일관성 있는 커뮤니케이션 전략을 유지하며 그에 따른 시너지 효과를 극대화하는 것이 IMC의 목적이다. 쉽게 말해, IMC를 오케스트라에 비유할 수 있는데, 각기 다른 악기들이 고유한 음색을 가지고 있으면서도 합주를 통해 새로운 하모니를 이루어 멋진 곡을 연주하는 오케스트라가 바로 IMC와 같다고 할 수 있다.

　　IMC 접근방법은 크게 세 가지 영역에 초점을 맞추는데, 이는 ① 소비자 관점의 강화 및 쌍방향성 추구, ② 메시지와 미디어의 통합 및 일관성 추구, 그리고 ③ 성과에 대한 강조 및 평가다. IMC의 관점에서 보면, 이제 소비자는 광고에 의하여 일방적으로 설득되는 수동적 대중의 일부가 아니라, 모든 마케팅 커뮤니케이션 메시지를 비판적으로 해석하며 선택적으로 받아들이는 현명하고 능동적인 주체로 간주된다. 이러한 소비자를 대상으로 한 마케팅 커뮤니케이션은 과거의 제품 중심의 일방적인 마케팅 시스템에서 양방향 정보 중심적 마케팅과 소비자 중심적 마케팅 시스템으로 변화하고 있다. 또한 시장과 매체가 세분화되고 소비자의 욕구가 다양해지면서 과거의 비차별적 대중마케팅에서 소비자 개개인을 더 중요시하는 관계마케팅으로 초점이 이동함에 따라 소비자 관점의 강화는 더욱 요구되고 있다. 뿐만 아니라 기업 입장에서는 광고 등 마케팅 커뮤니케이션을 집행하는 것에 그치지 않고, 각 특정 소비자의 반응을 수집하여 지속적인 커뮤니케이션을 집행하는 양방향성을 강조하게 된다.

　　실무적으로 IMC는 광고, PR, 판매촉진, 직접마케팅 등과 같은 마케팅 커뮤니케이션을 집행할 때 각 미디어 및 각 미디어를 통해 전달되는 메시지를 전체적으로 통합한다는 개념으로 이해된다. 과거에는 인지도나 이미지 구축을 목적으로 한 일방적 광고와 즉각적인 결과를 목표로 하는 판매촉진 등을 서로 분리하여 인식하였다. 그러나 이를 통합적인 관점에서 실행하게 되면서, 이러한 접근을 통해 전통적으로 독립적인 것으로 간주해 왔던 커뮤니케이션 도구 각각의 기능을 강조하기보다는 다양한 마케팅 커뮤니케이션 행위의 통합에 따른 시너지 효과를 추구하게 되었다.

　　그리고 마케팅 커뮤니케이션은 인지도나 선호도의 변화를 넘어서 소비자의 행동에 직접 영향을 미쳐야 한다는 관점을 견지한다. 전통적인 광고의 목표는 소비자의 브랜드 인지도나 선호도를 높이는 것에 초점을 맞추었지만, 인지나 태도의 변화가 반드시 구매를 불러일으키는 것은 아니다. 이를 인식한 기업들은 커뮤니케이션 전략의 목표를 제품의 시용(trial)이나 문의(inquiry), 구매(purchase)와 같은 구체적인 것으로 잡고 소비자행동에 있어 확실한 변화를 일으키려는 노력을 기울인다. 이렇듯 통합 마케팅 커뮤니케이션은 수익에 대한 공헌과 책임이라는 개념을 도입하여 투자수익률(return-on-investment: ROI)의 제고를 궁극적으로 지향한다.

> **투자수익률(ROI)**
> 기업에서 사용한 자금에 대하여 대체로 수익이나 비용 절감 등 얼마나 많은 회수가 있느냐는 것

1. IMC의 개념과 정의

　1989년, 미국광고대행사협회(American Association of Advertising Agencies)는 "IMC는 광고, 직접반응 마케팅, 판매촉진, PR 등 다양한 커뮤니케이션 수단들의 전략적인 역할을 비교, 검토하고 명료성과 일관성을 높여 최대의 커뮤니케이션 효과를 제공하기 위해 이들 다양한 수단들을 한 목소리로 통합하는 총체적 계획의 부가가치를 인식하는 마케팅 커뮤니케이션 계획의 개념이다."라고 정의하였다(Chrisensen, Torp, & Firat, 2005). 이 정의는 마케팅 믹스(4P) 가운데 하나인 촉진(promotion)에 포함되는 도구들을 나열하고, 이들을 전략적으로 통합하는 촉진에 역점을 둔 IMC의 정의라는 점에서 좁은 의미의 IMC로 받아들여진다.

　IMC에 대한 학문적 견해는 IMC에 관한 최초의 연구라 할 수 있는 1991년 미국 노스웨스턴 대학교(Northwestern University)의 교수들이 실시한 미국 내 소비재 광고에 관한 논문(Caywood, Schultz, & Wang, 1991)과 1993년에 출간된 책에서 잘 기술되고 있다(Schultz, Tannenbaum, & Lauterborn, 1993). 슐츠(Schultz) 등을 중심으로 IMC의 개념을 주창한 학자들은 학계 및 업계의 큰 주목을 받았지만, 한편으로는 IMC란 이름만 단지 새로울 뿐이지 그 개념은 이미 1970년대 말부터 존재했었다는 비판을 받기도 한다. 그러나 IMC의 진정한 의미는 항간의 비판처럼 단순히 마케팅 커뮤니케이션 수단의 다양화나 이들의 산술적인 합산만을 의미하지 않으며, 게슈탈트(Gestalt) 심리학에서 이야기하는 것처럼 부분의 합을 넘어서는 전체를 함유하고 있다.

> **게슈탈트 심리학**
> 게슈탈트(Gestalt)는 형태, 형상을 뜻하는 독일어로 게슈탈트 심리학에서는 심리현상이 요소의 가산적 총합으로는 설명할 수 없고 전체성을 갖는 동시에 구조화되어 있다고 주장하면서 그러한 성질을 게슈탈트라고 하였다. 여기서 강조하는 점은 '전체 게슈탈트는 부분의 단순한 합이 아니다.'라는 신념이다.

슐츠 등(Schultz et al., 1993)에 따르면, IMC는 "광고, 직접반응, 판매촉진, PR 등의 전략적 역할에 대한 포괄적 이해가 주는 부가가치를 인식한 마케팅 커뮤니케이션의 계획으로서, 이들 수단들의 통합에 의한 커뮤니케이션 효과를 극대화하고자 하는 것"으로 '커뮤니케이션' 효과에 초점을 맞추고 있다. 슐츠와 키츤(Schultz & Kitchen, 1997)이 이후에 다시 IMC를 정의한 것에 따르면, "IMC란 고객 혹은 잠재적 고객에게 노출되는 제품과 서비스에 관련되는 모든 정보의 출처를 관리하는 과정으로서 행동적으로는 소비자로 하여금 자사의 브랜드를 구매하도록 하고 고객의 충성도를 유지시키는 것"인데, 이를 위해 광고, PR, 판매촉진, POP, 이벤트, 사내 커뮤니케이션 등 각각 분리된 기능으로 여겨졌던 다양한 기능들을 하나의 전체적인 마케팅 커뮤니케이션으로 보면서 통합접근이 이루어지게 된다. 이는 앞선 정의가 커뮤니케이션 수단들의 전술적 차원에 주목하는 데 비해 보다 한 단계 상위의 개념인 마케팅 전략에 주목하고 있다. 그리고 근래에 슐츠와 슐츠(Schultz & Schultz, 2004)가 제안한 IMC의 확장된 개념에 따르면, "IMC란 소비자, 고객, 종업원 혹은 기타 조직 내외부의 관련된 모든 공중을 대상으로 상호 조정되고 측정 가능하며 설득적인 마케팅 커뮤니케이션 프로그램을 지속적으로 적용하는 전략적인 경영과정"이며, '전사적(全社的)' 차원으로까지 그 개념이 확장되고 있는 것을 볼 수 있다. 이와 같은 10여 년 사이의 IMC에 관한 정의의 진화과정을 도식화하면 [그림 5-1]과 같다.

[그림 5-1]에서 보듯이, 그동안 진화해 온 IMC의 정의를 살펴보면 전통적 광고 커뮤니케이션의 관점과 비교해 볼 때 근본적인 차이점을 발견할 수 있다. 동원된 마케팅

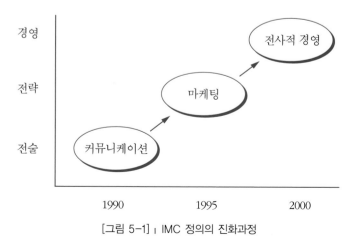

[그림 5-1] | IMC 정의의 진화과정

커뮤니케이션 도구의 다양성과 광범위한 관련 공중, 데이터베이스의 활용 증대를 기반으로 한 상호작용의 중시, 고객과의 관계형성 중시, 그리고 커뮤니케이션 효과의 극대화에서 투자수익률 효과의 측정 등이 그것이다. 특히 IMC가 성공하기 위해서는 여타의 경영혁신 전략과 마찬가지로 최고 경영층을 포함한 전사적 관심과 참여를 요구한다는 점에서 IMC는 이전의 광고 중심의 커뮤니케이션 전략의 관점과는 사뭇 차별화됨을 볼 수 있다.

이렇게 진화해 온 IMC의 개념을 바탕으로 IMC 접근방식의 몇 가지 특징을 다시 정리해 보면 다음과 같다. 첫째, IMC는 고객의 행동에 궁극적으로 영향을 미치고자 한다. 마케팅 커뮤니케이션이 단순히 브랜드 인지도에 영향을 주고 브랜드에 대한 소비자 태도를 강화하는 것을 넘어서서 제품구매와 같은 특정한 행동반응을 이끌어 낼 수 있도록 수행되어야 함을 뜻한다. 둘째, IMC는 모든 유형의 고객 접촉수단을 활용하는데, 단순히 대중매체 광고와 같은 단일한 커뮤니케이션 수단에만 의존하지 않고 표적청중과 커뮤니케이션 하는 데 가장 효과적일 수 있는 다양한 매체나 접촉수단의 사용을 적극적으로 강구한다는 것이다. 셋째, IMC는 고객 혹은 잠재고객의 관점에서 출발한다는 것인데, 이는 시장을 기업의 관점에서 바라보는 것이 아니라 고객이나 잠재고객의 필요와 욕구를 파악하고 이를 충족시키는 것부터 출발해야 함을 의미한다. 이를 통해 궁극적인 소비자와의 진정한 관계형성이 가능해진다. 넷째, IMC의 가장 핵심적인 개념으로서 여러 다양한 마케팅 커뮤니케이션 도구를 통합적으로 활용함으로써 얻게 되는 시너지 효과를 추구하는 것이다. 이를 위해서는 강력하고 통일된 브랜드 이미지를 구축하고 소비자를 구매행동으로 이끌 수 있는 각 커뮤니케이션 도구의 역할에 대한 전략적인 비교, 검토 및 조정이 있어야 한다. 마지막으로 IMC는 고객과 브랜드 간의 관계를 구축하고자 한다는 내용으로 집약될 수 있다. 성공적인 마케팅 커뮤니케이션이 되려면 고객과의 관계구축이 필요하며, 고객과의 지속적인 관계구축을 통해 반복구매와 브랜드 충성도를 실현할 수 있다.

2. IMC의 출현 배경

IMC가 등장하게 된 배경은 기업이 제품이나 서비스를 제공하는 방식에서의 변화에 기인한다. 마케팅 실행방식과 전통적인 광고의 역할을 변화시킨 몇 가지 현상으로는 광고 이외의 촉진활동의 중요성 증대, 매체시장의 세분화 현상, 세분화된 소비자층의 등장, 시장에서의 소매업자 역할의 중요성 증대, 그리고 데이터베이스 마케팅의 확충 등을 들 수 있다.

1970년대 후반 텔레비전 광고요금이 급등하면서 광고예산에 부담을 느끼면서도 TV와 같은 대중매체를 통한 광고가 과연 효과가 있는가를 확신할 수 없었던 광고주들은 광고대행사로 하여금 보다 경제적이고 단기적이며 즉각적인 효과측정이 가능한 판매촉진 수단을 요구하게 되었다. 그 결과, 광고와 더불어 판매촉진, 직접마케팅, 이벤트에서 근래의 인터넷과 모바일에 이르기까지 기업으로부터 외부로 향하는 커뮤니케이션 채널이 매우 다양하고 광범위해졌다. 하지만 이러한 채널의 다양화는 소비자로 하여금 메시지의 홍수와 혼란만 가중시킬 뿐 여러 가지 마케팅 커뮤니케이션 수단에 의한 시너지 효과를 기대할 수 없었다. 결국 한 모양, 한 목소리에 대한 요구가 높아졌고, 이것이 IMC가 등장하게 된 근본적인 배경이다.

이와 더불어 몇 가지 IMC 등장배경을 더 꼽아 본다면, 우선 기업 또는 광고주의 관점에서, 경쟁상대에 의한 시장에서의 실패와 기업합병 및 인수에 따른 새로운 경영리더십은 고객의 다양한 요구에 부응하기 위해 보다 새로운 마케팅 방법을 필요로 하게 되었다. 또한 미디어 및 시장 환경적 측면에서, 정보통신 기술의 혁신적인 발전이 전통적인 마케팅 및 광고기능을 약화시키는 데 일조하고 있다. 광고에 대한 신뢰도 감소와 상대적인 매체비용 부담의 증가, 개인판매 비용의 상승, 데이터베이스의 확장 및 가격인하 등에 의한 영업현장의 당면한 문제들이 대두되었고, 이에 대한 해결이 요구되기 시작하였다. 그리고 마지막으로 이러한 상황에 따라 새로운 마케팅 커뮤니케이션 전략의 한 축을 형성하는 소비자 또는 수용자 측면에서, 보다 풍부하고 설명력 있는 분석 및 해석이 요구되었다. 다음에서는 이러한 배경의 세부적 내용에 대해 살펴본다.

1) 전통적 광고의 한계

광고는 그 내용물 혹은 주체, 대상, 사용매체, 광고행위가 일어나는 시장, 그리고 더 나아가 이들이 영향을 주고받는 사회, 경제 전반에 이르기까지 그 범주를 설정하기에 따라서 매우 광범위해질 수 있다. 여기서는 콘텐츠로서의 광고메시지와 이를 전달하는 수단으로서의 매체 이용 행태를 중심으로 전통적 광고의 한계를 살펴보고자 한다.

오늘날 가장 전통적으로 받아들여지는 광고의 정의는 1964년 미국마케팅학회(American Marketing Association)가 내린 것으로, "광고란 확인된 스폰서에 의한 아이디어, 제품, 서비스의 비개인적 제시 및 촉진의 형태로서 대중매체에 비용을 지불한 형태의 비개인적 커뮤니케이션"이다.

한편 최근에 미국마케팅학회가 발표한 정의에 따르면, "광고란 특정한 표적시장이나 청중을 대상으로 기업이나 비영리조직 또는 정부나 개인 등이 자신들의 제품이나 서비스 혹은 조직이나 아이디어를 알리거나 설득할 목적으로 매스미디어의 시간이나 지면을 구입해서 고지하는 활동"이다. 이전에 비해서 광고의 대상, 주체, 수단 등이 더 구체적이고 다양하게 제시되고 있음을 알 수 있다.

1960년대 이후 광고는 그 주요 수단인 신문과 잡지를 거쳐 전파매체인 라디오와 텔레비전으로 빠르게 진화해 왔다. 더욱이 정보사회에 들어선 오늘날 매체의 종류와 기능은 가히 폭발적이라 할 만큼 다양화, 세분화, 전문화하고 있다. 그 가운데 가장 두드러진 특징은 마케팅의 대상이 불특정 다수인 대중으로부터 특정 세분시장을 지나 개인 소비자로 옮겨오면서 광고매체의 개인화와 송수신자 간의 쌍방향성이 마케팅에서 더욱 중요해지고 있다는 점이다.

하지만 전통적 광고의 패러다임은 아직도 이러한 마케팅 환경의 변화에 적절하게 대처하지 못하는 경향이 있으며, 현 시대에도 광고전략의 주축을 이루는 이론이나 모형들은 전통적인 텔레비전 시대의 매스커뮤니케이션 현상이나 개념에 기반하는 경우가 많다. 따라서 이러한 대중매체를 이용한 일방적인 대중마케팅의 패러다임으로는 IMC가 주창하는 브랜드 자산의 구축이나 고객과의 견실한 일대일 관계형성을 성취하기 어렵다.

2) ATL에서 BTL로

근래에 들어 광고업계에서 일반화되고 있는 마케팅 커뮤니케이션의 범주에는 광고 이외에 PR, 판매촉진, 이벤트, 직접마케팅, 인적 판매, POP 등과 같은 다양한 활동이 포함된다. 기업들의 광고비가 매체광고로부터 매체 외적인 수단, 곧 ATL(above

ATL
'above the line'의 약자로, TV, 신문, 라디오, 잡지 등 4대 매체와 케이블TV, 인터넷과 같은 등의 뉴미디어를 포괄하는 매체를 이용한 광고활동.

BTL
'below the line'의 약자로, 전통적 광고매체가 아닌 PR, 전시 및 매장 디스플레이, 직접우편, 이벤트, 스포츠 마케팅, 텔레마케팅, 구전효과 등을 이용한 마케팅 활동

the line)로부터 BTL(below the line) 영역으로 급격히 이동해 가고 있음을 알 수 있다.

광고매체의 요건으로서는 미디어의 혁신성, 기술적 우위, 변화에 영향을 받지 않는 마케팅 커뮤니케이션 도구로서의 적합성, 최적화 가능성, 비용 효율성 등이 관건이 되며, 이런 의미에서 최근에는 마케팅 커뮤니케이션 도구 전체를 ATL과 BTL로 구분하기도 한다. ATL은 광고 커뮤니케이션 도구로 활용되는 전통매체(TV, 라디오, 신문, 잡지), 케이블TV, 인터넷, 옥외매체 등 모든 매체수단을 망라하며, BTL은 마케팅의 직접적인 판매촉진 혹은 가치 확대 수단으로 사용되는 PR, 이벤트, 스폰서십, 직접마케팅, POP 등의 활동을 포함한다. 이런 개념하에서 종합적으로 ATL과 BTL을 모두 대상으로 하여 기업, 브랜드, 캠페인 단위에서 마케팅 커뮤니케이션의 전체 계획을 수립하고 집행하는 것이 IMC 차원의 관리다.

이러한 ATL과 BTL 구분의 유래는 *Below-the-line Promotion*(Wilmshurst, 1993)이라는 저서에서 잘 설명되고 있다. 예전부터 광고대행사가 광고주를 위하여 모든 광고매체를 예약하고 광고주에게 매체사를 대신하여 청구서를 보내는 것이 관례였는데, 이러한 업무의 대가로 광고대행사는 매체사로부터 커미션을 받았다. 이때 청구서에는 커미션이 기록될 수 있는 칸(line의 위쪽 공간)이 있었고 이러한 칸 밖에 BTL 비용(POP 자료, 판매 전단지 등)이 부가적으로 제시(line의 아래쪽 공간)되었다. BTL 부분에 대해서 광고대행사는 커미션을 받지 않았고 그 부분에 대한 서비스 요금만을 받았다. 이러한 연유에서 순수한 관리상의 편의에 의해 ATL은 커미션을 받을 수 있는 모든 광고매체, BTL은 커미션을 받지 않는 활동으로 구분하여 사용한 것이 그 유래라고 한다.

전통적인 광고활동인 ATL은 그동안 그 강력한 효과를 인정받아 광고계의 중심이 되었지만, 직접적인 광고에 대한 제약이나 경쟁사의 견제가 과거보다 심해지고 있기 때문에 새로운 광고 영역을 개척하기 위한 노력이 활발해지면서, 그 대안으로 BTL이 주목받고 있다. ATL이 과거에 비해 그 영향력이 줄어들었다고 하지만, 지금까지도 시장에서 성공하는 주요 브랜드 중 다수가 ATL을 통해 만들어지고 있다. 특히 유행에 민감하고 남들의 시선을 중시하는 소비자 시장에서 여전히 ATL의 효과는 건재하다고 볼 수 있다.

하지만 ATL은 근본적으로 한계점을 내재하고 있는데, 우선 ATL을 위해서는 막대한 자원이 소요된다는 점이다. 광고를 위한 대중매체를 구매하는데 많은 비용이 드는 만

큼, 투자할 수 있는 자본과 자원이 적은 브랜드의 경우에는 광고를 통한 마케팅은 '그림의 떡'이 될 수밖에 없다. 세분화된 고객의 다양한 욕구를 충족시키려고 다품종 소량생산되는 브랜드나 제품이 늘어나는 상황에서 각각의 개별 브랜드에 막대한 자원을 할당하기란 쉬운 일이 아니다. 또한 광고를 통해 브랜드에 대한 인지도가 확보되었다 하더라도 경쟁 브랜드 가운데 자사제품에 대한 선호도나 구매의도와 같은 광고효과가 나타나기에는 시간이 오래 걸린다. 빠른 피드백과 단기효과를 기대하는 광고주의 입장에서는 ATL보다는 BTL이 더 적합할 수 있다. 마지막으로 표적으로 하는 고객층이 한정된 경우에는 지나친 비용의 비효율성을 갖는 것도 광고의 한계점으로 지적된다.

이러한 소비자와 비즈니스 환경의 변화 및 ATL의 한계점 때문에 광고업계에서 새로운 대안으로 떠오른 BTL은 광범위한 고객층을 중심으로 하는 ATL과 달리, 표적고객층을 세분화해서 선정하고 이들에게 직접적으로 어필할 수 있는 커뮤니케이션 방식이라는 특징을 갖는다. 여기서 중요한 점은 BTL이 단순히 비(非)대중매체만을 강조하는 것이 아니라 기존의 ATL과 함께 소비자가 만나는 브랜드 체험 접점을 제공한다는 것이다. 필요에 따라 ATL이 주도하기도 하고 BTL이 주도하기도 하면서, 소비자의 브랜드 접점이라는 관점에서 ATL과 BTL의 상호연계를 통해 소비자의 브랜드 커뮤니케이션의 효과를 극대화하는 새로운 통합 마케팅적 접근이 요구되는 것이다. 궁극적으로 IMC는 브랜드에 대한 소비자의 인지도 확보와 태도변화를 요구할 뿐만 아니라, 구매에 이르는 모든 단계에서의 다양한 방법을 통해 소비자의 브랜드에 대한 경험을 극대화하는 커뮤니케이션 전략을 전개하고, 이를 통해 광고주가 요구하는 단기적이며 가시적인 결과(ROI)에 대한 답을 제공할 수 있어야 한다.

3) 태도에서 행동으로

합리적 기업경영이나 광고예산 배분의 효율화 등으로 인해 광고비 지출에 대한 효과의 기대 및 비용지출에 대한 정당화는 더욱 절실해지고 있다. 근래에 들어 마케팅 커뮤니케이션 분야의 투자수익률(ROI) 측정을 위한 노력이 가중되는 현실에서 신뢰할 만한 광고효과 측정기법이나 모델 등이 제시되지 못하는 근본적인 이유는 기존의 광고활동이 주로 커뮤니케이션에 의한 인식이나 태도변화에 주목하기 때문이다. 지금까지 광고에서 중시해 왔던 인지, 회상, 호의도 등은 시장을 파악하고 예측하기 위해 여전히 유효한 개념들이다. 그러나 인지도나 태도가 매출로 직접 연결되는 것은 아니며, 정작 중요한 것은 소비자 개개인의 실질적인 구매행동이다. 고객 개개인의 구매행동에 따르는 행동적 데이터베이스는 앞에서의 인식 조사보다 더 객관적이며 예측을 용이하게 한다.

설득 커뮤니케이션에 기초한 대표적인 광고효과 이론인 효과위계(hierarchy of effects) 모형은 인지나 관심이 행동을 유발한다고 주장한다. 하지만 이러한 전통적인 광고이론은 태도와 행동 사이의 상관관계를 명확히 규명하지 못하고 있다. 아울러 강한 자극은 필연적으로 태도와 행동의 변화를 일으킨다는 자극과 반응 사이의 단순한 인과관계, 그리고 이러한 변화가 순차적으로 발행한다는 선형적 사고의 한계를 벗어나지 못하고 있다. 행동을 중시한다는 측면에서 최근 들어 기업들이 판매촉진이나 이벤트 활동을 강화하고 있지만, 이는 일회성이 강한 전술적 운영일 뿐 전략적 접근에는 이르지 못하는 경우가 종종 있으며, 진정한 IMC 접근에서는 통합된 마케팅 커뮤니케이션 도구들이 장기적으로 지속 가능한 전략적 활용도를 갖도록 계획되고 실행되어야만 한다.

4) 평균에서 개별로

평균 연령 35.4세, 자녀 수 1.5명처럼 이제껏 광고전략 수립을 위해 사용되는 마케팅 자료의 분석은 대부분 평균값에 입각한 것이었다. 광고가 대중매체를 통한 대중의 도달에 의존하는 만큼 불특정 다수를 겨냥하는 것은 오히려 비용 효율적으로 받아들여지기도 하였다.

하지만 기존 광고의 불특정 다수를 겨냥한 평균적 접근방식은 적어도 두 가지 측면에서 비판받을 수 있다. 첫째는 고객생애가치(customer lifetime value: CLV)의 관점에서 볼 때 그리 바람직하지 못하다는 분석에 기인한다. 대중 마케팅의 접근에 있어서 불특정 다수의 잠재고객은 마케터에게 관심의 대상이지만, 일단 광고에 대해 반응을 보이고 제품을 구매한 고객은 더 이상 관심의 대상이 아니다. 오히려 불특정 다수의 소비자 가운데 광고에 반응을 보일 새로운 가망고객을 발굴하는 것이 더 중요한 일이다. 그러나 고객생애가치의 관점에서 볼 때, 한 개인 소비자가 기업에게 가져다줄 이익의 총

고객생애가치
한 고객이 어떤 기업의 고객으로 존재하는 생애기간 동안 만들어 내는 이익의 총합계

액을 계산하여 그 개인 소비자의 가치를 환산하고 이러한 가치를 끌어내기 위해 노력하는 접근방법은 대중매체 광고와는 사뭇 다르다. 즉, 고객만족의 극대화나 개별화된 일대일 커뮤니케이션 노력을 통한 개인 맞춤화가 고객생애가치 충족을 위해 더 적극적으로 활용될 수 있고, 이를 위해 활용될 수 있는 매체나 커뮤니케이션 수단도 광고와는 매우 다를 수 있기 때문이다.

다른 하나는 커뮤니케이션 접촉수단의 변화를 충분히 반영하지 못한다는 점이다. 앞서 살펴본 것처럼, 매체환경은 대중에서 세분시장을 거쳐 점차 개개인을 겨냥하고 있으며, 그것도 쌍방향 소통을 지향한다. 그러나 목표에 대한 집단적, 평균적 분석은 이러한 매체를 활용할 수 없게 한다. 보다 개인화, 맞춤화된 매체수단인 직접우편, 이메일, 웹사이트, 모바일 등을 이용한 개별적 커뮤니케이션이 고객 개개인을 겨냥해 맞춤화된 커뮤니케이션의 기회를 제공할 수 있다. 사회네트워크(social network) 이론이나 혁신의 확산(diffusion of innovation) 이론과 같은 연구결과들이 밝혔듯이, 전체 변화는 대표성을 띄는 평균집단에 의해서가 아니라 몇몇의 핵심적인 행위자(agent)와 이들의 활동을 증폭시키는 초기 조건과 열린 환경에 의해서 비롯됨을 감안할 때, 개인화 매체 및 사회네트워크 매체를 통해 평균이 아닌 개별적인 소비자에 대한 커뮤니케이션을 더욱 강화할 수 있을 것이다.

5) 매체에서 구전으로

최근 들어 소비자의 구전(word-of-mouth)을 활용한 마케팅이 인기를 얻고 있다. 특기할 만한 것은 소비자 구전이나 매장 내 판촉 혹은 인터넷 바이럴(viral) 등이 텔레비전이나 라디오, 신문, 잡지와 같은 전통적 4대 매체에 비해서 영향력이 큰 것으로 보고되고 있는 점이다. 이는 앞서 논의한 변화나 현상들과 밀접한 관계를 갖는다. 이러한 결과는 소비자의 정보수집이나 판단을 위한 커뮤니케이션 행위가 이원화되고 있음을 의미하는데, 일상적인 정보는 광고노출을 통해서나 웬만한 포털이나 웹사이트에서 검색이 가능하다. 하지만 구매와 같은 결정과정에서는 대인적 접촉을 통한 타인의 의견이 중요할 수 있다.

바이럴 마케팅과 블로그

사람들의 입을 통해 소문이 퍼져나가고 메시지가 전파되는 마케팅 기법은 바이럴 마케팅(viral marketing) 또는 바이러스 마케팅, 버즈(buzz) 마케팅, 구전 마케팅 등의 다양한 이름으로 불린다. 엄밀하게 구분하면 이 세 가지는 개념적으로 다르나, 공통점은 궁극적으로 한 소비자가 다른 소비자에게 자발적으로 메시지를 전달함으로써 그 메시지의 노출을 기하급수적이고도 지속적으로 확산시키는 마케팅 기법이라는 것이다.

구전 마케팅은 어떤 제품과 서비스에 대해 사람들이 주고받는 커뮤니케이션으로 주로 주부나 동호회 모임 등의 오프라인과 관련된 내용이 많다. 이때 사람들은 해당 제품이나 서비스를 제공하는 기업과 관련이 없다고 인식되고, 커뮤니케이션이 오가는 미디어 역시 그 기업과 관련이 없다고 인식되어야 한다. 버즈 마케팅이란 선전효과나 사람들의 흥미를 유발하려는 목적으로 오프라인과 온라인을 가리지 않고 벌이는 각종 이벤트나 활동을 가리킨다. 버즈 마케팅은 이마에 문신을 하거나 최근 뉴욕의 어느 헬스클럽이 했듯이 엉덩이에 문신을 하는 것처럼, 대개 기괴하고 입이 딱 벌어지는 이벤트나 사건(buzz)의 형태를 띤다. 버즈가 제대로 일어나면 사람들이 이에 대해 글을 쓰게 되므로 훌륭한 PR 도구가 되기도 한다. 바이럴 마케팅은 소비자들 사이에 급속하게 퍼질 만한 마케팅 메시지를 주입하기 위해 벌이는 각종 노력을 가리킨다. 이런 노력은 주로 이메일 메시지나 동영상의 형태로 주로 시도되며 컴퓨터 바이러스처럼 인터넷상에서 네티즌들이 정보를 확산시킨다.

바이럴 마케팅은 대부분 온라인을 통해 이루어지고 있으며, 효과적인 바이럴 마케팅 결과를 얻기 위해서는 자발적인 바이럴을 유도하는 것이 효과적인 방법 중 하나다. 이렇게 소비자나 기업이 생성 및 가공한 콘텐츠를 활용한 바이럴은 또 다른 소비자의 구매결정에 중요한 영향을 주며, 이것이 바로 바이럴 마케팅의 핵심이다. 일반적으로 바이럴 마케팅은 주요 포털사이트에 카페를 개설하거나 블로그를 공략하거나 UCC 등을 배포하는 것으로 그 활용방법이 다양하다.

마케팅은 환경에 따라 변하는 소비자의 욕구를 찾아서 만족시키는 활동을 핵심으로 한다. 따라서 마케팅 활동의 출발은 소비자를 둘러싸고 있는 환경의 변화를 끊임없이 관찰하고 분석하는 것으로부터 시작한다. 오늘날 이러한 환경은 과거와 매우 다른 양상으로 급속하게 변하고 있다. 정보화 사회로 변화한 소비환경 속에서 소비자는 방대한 정보의 홍수 가운데 필요로 하는 정보를 얻고 결정을 내린다. 이와 더불어 정보통신의 발달은 인터넷을 정보매체 중 1위로 올려놓았다. 요즘에는 공통된 흥미, 관심 있는 사람들의 커뮤니티에 흥미로운 정보를 보내면 급속하게 퍼지며, 이에 따라 바이럴 마케팅이 확산되면서 블로그가 기업의 홍보와 마케팅 수단으로 활용되고 있다. 블로그는 웹(web)과 로그(log)의 합성어로 복잡한 절차 없이 간단하게 자신의 글과 그림, 사진 등을 인터넷에 기록할 수 있는 서비스이며, UCC 미디어들의 특성과 같이 일 대 다수의 미디어 채널이라고 할 수 있다. 이는 기존(Web 1.0 시대)의 온라인 미디어, 예를 들어 게시판, 메신저, 이메일 등과 확연하게 다른 특성을 지니고 있는데, 그것은 소위 다단계식 전파가 가능하다는 것이다.

비영리적인 목적으로 시작된 이 개인 미디어는 현재 전 세계적으로 몇천만 개에 달하고 있으며, 최초의 블로그가 시작된 지 18개월 만에 13배의 규모로 증가했다고 한다. 국내의 경우에도 개인 커뮤니티의 철옹성 싸이월드의 열풍을 잠재우기 시작한 것은 블로그였고, 결국 싸이월드 자체의 변화를 이끌어 냈다. 블로그는 커뮤니케이션 수단이자 소비자의 반응을 직접 들을 수 있는 장치이며 세계적인 차원에서 고객과 일대일로 상호작용할 수 있는 방법으로, 존재하기만 하면 고객이 자발적으로 찾아오는 무료 광고수단이 될 수 있다. 이에 따라 블로그를 통해 수익을 창출하는 개인들이 생겨나는가 하면, 기업들도 블로그를 또 하나의 마케팅 수단으로 활용하는 추세가 증가하고 있다.

출처: 최혜진(2010)의 내용을 바탕으로 재구성.

6) 다매체 시장의 도래

아무리 매체가 세분화되고 메시지가 다양해진다고 해도 어느 소비자에게나 하루에 절대적으로 주어진 시간은 24시간이다. 오늘날의 소비자는 적어도 동시에 여러 매체에 노출되는 매체 이용 행태를 보인다. 각각의 매체나 수단을 통해 노출된 제품이나 서비스에 관한 메시지는 일정한 정보처리 과정을 거쳐 하나의 이미지로 기억에 저장된다. 그러나 아직까지도 대부분 정보 발신자인 기업이나 조직들은 내부에 서로 분리된 정보 발신부서들(광고, 홍보, 판촉, 뉴미디어 등)을 갖고, 이들을 통합하지 못한 채 일관성 없는 메시지를 내보내고 있을 뿐만 아니라 각각의 매체를 개별적으로 취급하고 있는 실정이다. 매체계획 과정에서 도달율과 빈도를 극대화하기 위한 매체 스케줄을 찾지만 이는 비용 효율화를 위한 노력일 뿐 표적고객과의 커뮤니케이션 효과를 위한 것은 아니라 할 수 있다. 바람직한 IMC 전략은 이와 같은 동시 다매체 이용 행태를 반영하고 매체 믹스의 시너지 효과를 추구할 수 있어야 할 것이다. 단지 여기서 문제가 되는 것은 사람이 동시에 두 가지 정보에 주의할 수 없기 때문에 동일한 시간대에 어느 것이 주 매체이고 어느 것이 부 매체인지, 그리고 이때 전달되는 메시지의 일치나 불일치에 따른 효과의 증대 혹은 감소가 어느 정도인지를 정확히 이해해야 한다는 것이다.

7) 소매업자 역할의 중요성 증대

최근 소매업은 대형할인소매상의 등장으로 커다란 변혁기를 맞이하고 있다. 과거에는 제조업자가 중심이 되어 유통경로가 통제되고 관리되었으나, 대형소매상의 등장은 유통경로에서 힘의 역학구조를 바꾸어 놓고 있다. 대형화되고 보다 전문화된 소매상들이 제조업자에게 다양한 요구와 권한을 행사하게 됨에 따라 제조업자는 소비자뿐만 아니라 중간상에 대한 다양한 촉진활동을 집행할 필요성을 느끼게 되었다.

8) 데이터베이스 마케팅의 도입

과거의 마케팅 활동은 불특정 다수에게 제품을 판매하는 데 주력하였으나, 최근 들어 고객욕구의 다양화와 경쟁 격화에 따라 기업들은 고객에게 개별적으로 접근하여 그들과 개별적인 관계를 구축할 필요성을 느끼고 있다. 최근 첨단매체의 도입과 경영정보시스템의 발달로 기업의 고객정보에 대한 관리가 보다 체계화되고 과학화되면서, 기업은 고객에 대한 자료를 확보하게 되었고, 이를 기반으로 한 데이터베이스 마케팅 활동이 가능하게 되었다. 현재 기업이 확보하고 있는 고객데이터는 고객의 이름과 주소에서 시작하여 구매시점, 구매횟수, 구매품목, 구매금액과 같은 구매활동에 관련된 자료로 발전하였고, 더 나아가 인구통계학적(demographic), 심리특성적(psychographic), 기술특성적(technographic) 자료의 세부사항에까지 보다 구체화되고 있다.

그중에서도 싱글소스데이터(single-source data)의 발달은 최근 IMC 전략의 구현에 큰 도움을 제공하고 있다. 이는 개인 소비자의 매체 이용과 구매 행태 자료를 결합한 것인데, 이를 통해 광고메시지의 노출이 어떠한 상황에서 구매에 어떻게 영향을 미치는가를 보다 정확하게 알 수 있게 된다. 싱글소스데이터를 구성하는 가장 보편적이고 활용도가 높은 조사방법은 TV 시청률을 조사하는 시청자 패널을 대상으로 광고, 제품에 대한 선호도나 소비 정도, 라이프스타일 등을 파악하는 양적 또는 질적 마케팅 조사를 동시에 실시하는 것이다. 이를 통해 패널의 인구통계학적 특성은 물론 매체 시청 행태 및 광고접촉 실태 등과 마케팅 조사결과를 결합하여 단일한 정보원에서 도출된 조사 자료(single-source data)로 활용하는 가장 효과적이고

싱글소스데이터
한 명의 표본 또는 패널을 대상으로 서로 다른 성질을 가진, 그러나 조사결과의 연관성이 있는 두 가지의 조사를 실시해 두 조사 결과를 조합하여 더욱 정교하게 구성된 자료

개선된 마케팅 활동이 가능해진다. 또한 이 조사결과의 시계열적인 트렌트 변화를 통해서 마케터는 보다 정확한 광고효과를 측정하고, 광고집행에 대한 소비자의 태도변화와 제품판매량의 변동을 보다 정확하게 연결시킬 수도 있다.

이제까지 제시한 IMC 등장배경을 고찰해 볼 때, 주로 매체와 커뮤니케이션의 변화 관점에서 전통적인 광고이론이나 개념으로는 설명하기 힘든 변화와 현상들을 살펴볼 수 있다. 요즘의 광고는 앞에서 제시한 광고의 정의에 관한 변화로부터 매체 이용 행태나 정보처리 과정에 이르기까지 이전과는 사뭇 다른 개념과 양상으로 발전하고 있음을 알 수 있다.

3. IMC 전략의 수립과정

IMC 전략의 수립과정은 [그림 5-2]와 같이 진행된다.

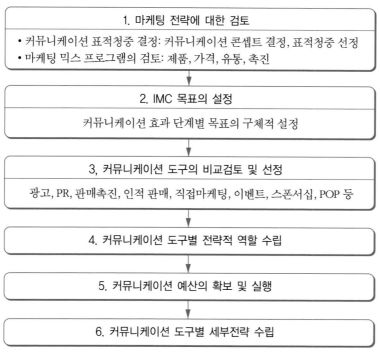

[그림 5-2] ⏐ IMC 전략의 수립과정

1) 마케팅 전략의 검토

IMC는 마케팅 전략의 하위 전략이기 때문에 IMC 프로그램은 마케팅 목표를 달성할 수 있도록 도움을 제공해야 한다. 따라서 IMC 관리자가 IMC 전략을 수립하기 위한 첫 번째 단계는 IMC 프로그램에 반영해야 할 마케팅 전략을 검토하는 것으로부터 시작한다. 마케팅 전략은 S-T-P라 불리는 시장세분화(segmentation), 표적소비자의 선정(targeting), 제품위치화(포지셔닝, positioning)와 이를 구체화하는 마케팅 믹스(4P) 프로그램으로 구성된다. IMC 관리자는 마케팅 전략에서 수립된 S-T-P를 바탕으로 표적청중을 구체화하고, 이들에게 전달할 커뮤니케이션 콘셉트를 정립해야 하며, 마케팅 활동의 일관성을 유지하기 위해 촉진 이외의 다른 마케팅 믹스 요소들을 검토해야 한다.

마케팅 전략을 구성하는 S-T-P와 IMC 전략은 서로 밀접한 관계를 갖는데, 마케팅 전략을 구성하는 S-T-P 과정에서는 제품시장을 서로 동질적인 욕구를 가지는 소비자 집단으로 세분화한 다음, 이들 가운데 표적소비자를 선정하고 이들에게 경쟁우위를 제공하는 브랜드 포지셔닝을 결정한다. 이러한 결정은 IMC 전략에서 표적청중과 브랜드 콘셉트 결정의 바탕이 된다. 마케팅 전략에서 선정된 표적소비자는 IMC 전략에서 다양한 매체수단을 통해 메시지를 전달하고자 하는 대상인 표적청중으로 구체화되고, 마케팅 전략에서의 브랜드 포지셔닝은 IMC 전략에서 소비자에게 전달하고자 하는 차별적 편익(benefit)이나 가치(value)로서의 브랜드 콘셉트로 재정립된다.

이렇게 결정된 S-T-P를 실행하기 위해 마케터는 마케팅 믹스 프로그램을 통해 소비자의 욕구를 충족시킬 수 있는 제품(product)을 개발하고, 기업에게 적정 이윤을 보장하면서 소비자가 수용할 수 있는 가격(price)을 제공하며, 소비자가 편리하고 용이하게 제품을 구매하도록 유통채널(place)을 설계하고, 소비자에게 제품을 알리고 구매를 유도하는 촉진(promotion) 프로그램 또는 마케팅 커뮤니케이션을 설계하는 활동을 전개하게 된다. 이를 바로 마케팅의 4P라고 명명한다. 이러한 마케팅 믹스 프로그램과 IMC 전략은 상호 보완적이고 전략의 일관성이 유지될 수 있도록 설계되어야 한다.

2) IMC 목표의 설정

마케팅 전략에 대한 충분한 검토를 거쳐 표적청중과 브랜드 콘셉트가 결정되면,

IMC 관리자는 다음 단계로 IMC 목표를 구체화해야 한다. IMC 목표는 기업이 IMC 활동의 수행을 통해 성취하고자 하는 것을 말한다. 따라서 설정되는 IMC 목표에 따라 기업이 확보해야 할 IMC 예산규모가 결정되고, IMC 목표는 각 마케팅 커뮤니케이션 도구들의 세부전략의 기초가 되며, IMC의 성과를 평가하는 데서의 준거로 작용한다.

IMC 전략은 마케팅 전략을 바탕으로 수립되기 때문에 IMC 목표도 마케팅 목표를 기준으로 설정되어야 하지만, IMC의 목표가 반드시 마케팅 목표와 동일한 것은 아니다. 마케팅 계획 수립과정에서 결정된 마케팅 목표는 일반적으로 판매량, 시장 점유율, 이익, 투자수익률 등과 같은 측정 가능한 구체적 변수를 사용하여 표시되며, 수량화가 가능하고, 공략할 표적시장과 목표 달성기간이 구체적으로 포함되는 것이 바람직하다. 그러나 판매량, 수익, 시장 점유율로 표시된 마케팅 목표는 기업의 전반적 마케팅 프로그램이 성취해야 할 목표이므로 커뮤니케이션 활동의 목표로는 적합하지 않을 수 있다. 즉, 마케팅 목표는 마케팅 커뮤니케이션 요소를 적절히 실행하고 이들을 조정한 결과로 얻어지는 것이다. 그렇기 때문에 IMC 목표는 소비자를 대상으로 한 커뮤니케이션 활동을 통해 달성하고자 하는 변화의 정도를 구체적으로 서술하는 것이어야 한다. 즉, 누구에게(표적청중), 무엇을(청중의 구체적 반응), 어떤 방법을 통해(IMC 도구의 옵션), 언제까지(목표기간) 성취할 것인가에 대해 정확하게 서술해야만 한다. 따라서 IMC 담당자는 IMC 목표를 적절히 설정하기 위해서 마케팅 커뮤니케이션 활동이 소비자의 정보처리 과정이나 구매결정 과정에 어떻게 영향을 미치는지를 이해하고, 이런 과정이 궁극적으로 브랜드 자산을 어떻게 구축할 것인가와 관련하여 IMC 목표를 고려할 수 있다.

3) 마케팅 커뮤니케이션 도구들의 비교 검토

IMC 목표가 설정되면, IMC 관리자는 다음 단계로 이를 달성하는 데 효과를 나타낼 수 있는 커뮤니케이션 도구를 선정해야 한다. 즉, 표적소비자에게 브랜드의 핵심개념을 전달하는 데 사용될 커뮤니케이션 도구들을 비교·검토하여 IMC 목표실현에 가장 효과적인 도구를 선택하는 것이다.

커뮤니케이션 도구들은 광고, PR, 판매촉진, 인적 판매, 직접마케팅, 이벤트, 스폰서십, 구매시점 커뮤니케이션 등과 같은 대표적인 촉진 믹스의 요소를 포괄한다. 이러한 촉진 믹스 요소의 구체적인 특징을 살펴보면 다음과 같다.

첫째, 광고는 소비자 반응과정의 모든 단계에서 효과적으로 사용될 수 있다. 특히 광고는 TV, 라디오, 신문, 잡지, 인터넷 등과 같은 매스미디어를 통해 전달되기 때문에 조기에 많은 소비자에게 노출되어 제품/서비스 관련 정보를 전달하는 데 매우 적합하다. 광고수단으로서의 각 매체별 특징은 제10장에 보다 자세히 설명되어 있다. 광고는 크게 소비자에게 제품에 관한 정보를 제공하고 구매를 유도하는 형태의 제품광고와 기업에 대한 소비자의 호의적 의견과 태도를 유도하는 형태의 기업이미지 광고로 구분할 수 있다. 기업이미지 광고의 목적은 기업에 대한 호의적인 이미지를 형성하고 사회적, 환경적 이슈에 대한 기업의 비전이나 철학을 전달하는 데 있는데, 이러한 목적 때문에 기업광고는 PR 활동의 하나로 구분되기도 한다.

둘째, PR(public relations)과 퍼블리시티(publicity)는 메시지 원천에 대한 청중의 높은 신뢰성에 의해 소비자가 제품속성에 대한 믿음을 형성하도록 하는 데 상당한 기여를 할 수 있다. PR은 다양한 공중이나 이해관계자(stakeholder)를 대상으로 기업과 소비자 간에 우호적인 관계를 구축하는 데 수행되는 모든 활동들을 포괄한다. PR 노력은 그런 의미에서 소비자, 종업원, 공급자, 주부, 정부, 일반 공중 그리고 민간단체 등 다양한 이해관계자를 대상으로 이루어진다.

PR이 다른 촉진 믹스 요소인 광고, 판매촉진, 또는 인적 판매와 효과적으로 통합되는 경우, 호의도 형성이라는 기본목표 이외에 브랜드 인지도의 제고, 기업과 제품에 대한 호의적 태도 형성, 그리고 구매행동 촉진 등의 긍정적인 효과를 더불어 얻을 수 있다. 퍼블리시티(publicity)는 마케터가 비용을 지불하지 않고 방송이나 인쇄 언론매체를 통해 기업이나 제품에 관한 정보를 공중에게 전달하는 것을 말한다. 전통적으로 PR 활동은 특정 제품을 촉진하거나 구매행동에 직접적인 영향을 미치기보다 기업에 대한 태도를 긍정적으로 변화시킬 목적으로 수행되었다. 하지만 최근 들어 촉진 믹스 요소들을 통합적으로 관리하는 추세에 따라 마케팅 지향적 기업들은 보다 광범위한 관점에서 PR 활동을 관리하게 되었고, 그런 의미에서 PR 활동은 전통적인 기능뿐만 아니라 통합적 마케팅 프로그램의 한 요소이면서 광고와 마케팅 노력을 지원하거나 이들을 대신하는 도구로서 그 영역을 확대하고 있다. 또한 PR은 위기관리나 명성관리의 영역으로까지 그 활동을 확대하고 있는 만큼 다른 프로모션 믹스 도구가 제공할 수 없는 공신력과 공중관계 형성 및 유지의 기능을 성공적으로 담당할 수 있다.

셋째, 판매촉진(sales promotion)은 즉각적인 매출증대를 위해 소비자, 중간상, 그리고 판매원을 대상으로 다양한 인센티브를 제공하는 것을 말한다. 즉, 판매촉진은 중간상과 최종 소비자가 자사제품을 구매하도록 유인하기 위해, 그리고 영업사원들이 자사제품을 적극적으로 판매하도록 동기부여를 할 목적으로 제공되는 다양한 인센티브를 총칭하는 것이다. 판매촉진은 단기적으로 소비자의 시험적 구매 및 재구매를 유도할 수 있는 좋은 커뮤니케이션 도구다. 예를 들어, 가격할인이나 무료샘플, 쿠폰의 제공을 통해 소비자의 시용(trial)을 이끌어낼 수 있으며, 경품이나 콘테스트, 리베이트 등은 단기적인 제품구매의 증대를 유도하는데 적절한 수단이 된다.

넷째, 인적 판매(personal selling)는 대면적인 접촉(면대면 커뮤니케이션)을 통하여 메시지가 전달되기 때문에 고객에게 제품의 우수성을 설명하여 설득시키고 구매를 유도하는 데 적절한 도구다. 특히 영업사원은 소비자와의 면대면 접촉을 통해 소비자가 갖는 궁금증이나 질문 또는 불만사항에 대해 융통성 있게 대처할 수 있기 때문에 일방적 커뮤니케이션만을 전개하는 대중매체가 갖는 한계점을 보완할 수 있는 장점을 갖는다.

다섯째, 직접마케팅(direct marketing)이란 신문, 잡지, 우편물, 전화, TV, 인터넷 등을 이용하여 판매, 정보수집, 매장으로 방문 유도, 혹은 제품을 위한 광고 등 소비자에게 어떠한 직접적 행동을 유발시키는 활동의 총체라고 정의된다. 그런 의미에서 직접마케팅은 어느 상황에서든 소비자의 직접적 반응과 거래에 영향을 미치기 위해서 하나 또는 그 이상의 커뮤니케이션 채널을 사용하는 상호작용적인 마케팅 시스템이라고 할 수 있다.

직접마케팅에는 우편물이나 인쇄매체 광고, 전화, 또는 홈쇼핑채널이나 인터넷을 통해 소비자에게 직접 정보를 제공하고, 소비자의 주문제품을 우편제도나 운송회사의 운송수단에 의해 배달하는 무점포 소매활동도 포함된다. 직접마케팅은 중간에 유통채널이 전혀 개입하지 않고 마케팅이 이루어지는 특징을 가지고 있다. 즉, 생산자-도매업자-중간도매업자-소매업자-소비자로 이어지는 다단계 유통경로의 과정을 생략하고, 생산자로부터 최종 소비자에게 제품이나 서비스가 직접 전달된다.

이렇듯 상호작용적 거래를 통하여 고객과의 직접적인 커뮤니케이션을 시도하는 직접마케팅은 다음과 같은 특징을 갖는다. ① 직접마케팅에 의해 특정한 피드백이 일어나는 방식으로, 소비자로부터 직접적인 반응을 얻고자 한다. 반응은 정보의 요청이나 주문과 같은 궁극적인 행동이 될 수도 있고, 소비자가 설득메시지에 대해 갖는 심리적 반응일 수도 있다. ② 직접마케팅에 의해 유발된 실제적인 소비자 반응은 즉각적이고도 정확하게 측정이 가능하다. 이러한 특징은 일반적으로 효과측정상의 많은 문제가 있는 광고 커뮤니케이션과 비교해 볼 때 큰 차이를 나타내며, 근래의 마케터들이 직접마케팅을 선호하는 중요한 이유이기도 하다. ③ 직접마케팅에 대한 반응으로 얻어진 소비자 정보는 사안별로 데이터베이스를 구축하게 되고, 이렇게 축적된 데이터베이스에 기초한 마케팅 활동이 전개되는 경우, 광고와 같은 무차별적 커뮤니케이션에 비해서 매우 효과적이고도 효율적으로 성과를 만들어 낼 수 있다. 그런 의미에서 직접마케팅 전략을 수립할 때, 소비자 정보의 측정을 통한 데이터베이스 구축과 유지 그리고 관리는 필수적이다.

여섯째, 이벤트는 공공기관이나 기업이 뚜렷한 목적을 가지고 특정 기간 및 특정 장소에서 특정 집단을 대상으로 메시지를 직접 전달하기 위해 실시하는 행사로 정의된다. 이벤트는 메시지의 발신자와 수신자가 직접 현장에서 만나 상호작용하고 반응하는 커뮤니케이션 매체이기 때문에 광고나 퍼블리시티 그리고 판매촉진과 같은 대중매체를 이용한 다른 커뮤니케이션 도구와 구별된다. 또한 이벤트는 메시지가 오감(시각, 청각, 촉각, 미각, 후각)을 통해 현장감 있게 전달되므로 발신자와 수신자가 메시지의 의미를 공감할 수 있는 기회를 제공한다. 아울러 이벤트는 메시지에 문화와 예술을 담아 이를 전달하는 도구로 활용되는데, 사회의 문화를 반영한 이벤트는 강한 설득력을 발휘할 수 있다. 이러한 이벤트는 특정 장소에서 특정 기간 동안 개최되기 때문에 참여자의 수가 제한적인 특징을 갖는다. 따라서 이벤트는 메시지의 표적청중이 특정 소비자 집단으로 국한되는 경우 효율적인 커뮤니케이션 도구로 사용될 수 있다.

일곱째, 스폰서십(sponsorship) 마케팅은 기업이나 그 기업이 소유한 브랜드를 월드컵 축구경기나 프로 골프대회, 또는 문화예술 공연과 같은 구체적인 이벤트나 자선활동 후원과 같은 활동에 연계시킴으로써 소비자로 하여금 기업과 그 기업의 브랜드에 대한 관심을 제고시키기 위한 커뮤니케이션 활동의 하나다. 국내 기업들도 참여하고 있는 올림픽이나 월드컵과 같은 전 세계적인 스포츠경기의 후원에 뒤이어 최근 들어서는 문화예술 후원활동으로서 메세나(mecenat) 활동을 전개하고 있는 기업들이 늘고 있다. 메세나라는 용어는 기업의 문화예술에 대한 지원활동을 의미하는데, 협찬이나 후원보다는 넓은 개념으로 기업과 문화예술이 서로 동등한 입장에서 보완적으로 협력한다는 의미가 더 강하다. 기업이 메세나 활동을 하는 제일 큰 이유는 기업이미지를 긍정적으로 만들기 위한 것이며, 메세나는 커뮤니케이션 수단으로서도 효과적이다. 기업은 항상 경제적인 도약을 시도하게 되는데, 메세나를 통해 자신을 둘러싼 사회문화적 환경에 참여함으로써 이를 정당화할 수 있고, 기업의 이름이 언론의 경제면뿐만 아니라 사회나 문화면 등의 다양한 기사에 등장함으로써 의미 있고 품격 있는 기업으로 보다 넓은 사회계층에게 알려질 수도 있다. 여기에다 메세나는 기업이 표적시장을 개척하거나 지역사회와의 원활한 관계를 형성하고자 할 때에도 효과적일 수 있다.

〈표 5-1〉 마케팅 커뮤니케이션 도구의 장단점

도구	장점	단점
광고	• 높은 도달률과 빈도를 통해 브랜드 인지도 제고 가능 • 다양하고 구체적인 표현 가능 • 브랜드 이미지 형성에 효과적임	• 일방향적 • 고비용 • 즉각적 효과창출이 어려움
PR/ 퍼블리시티	• 뉴스가치에 의한 신뢰성 • 광범위한 전파와 호응 가능 • 광고나 인적 판매 회피 고객에게 효과적	• 메시지에 대한 통제가 낮음 • 부정적 뉴스의 파급효과에 따른 치명적 타격 가능성
판매촉진	• 즉각적 구매반응을 유발 • 소비자의 주의 유발이 용이 • 중간상의 관심과 판매를 유도	• 단기적 효과 • 경쟁사의 도전에 취약
인적 판매	• 면대면 접촉에 따른 제품 시연 및 고객 피드백 가능 • 관계형성에 의한 충성도 확보	• 시간, 비용, 노력이 많이 소요됨 • 소비자의 부정적 선입관
직접마케팅	• 개별 고객의 선호에 따라 마케팅 방식을 차별화할 수 있음 • 효과의 즉각성 • 마케팅 예산 낭비의 최소화 • 고객과의 장기적인 관계 구축	• 개인정보 축적에 따른 프라이버시 문제
이벤트	• 신제품 런칭 시 붐업 조성 • 소비자의 즉각적인 관심 고조가 가능	• 준비과정에 많은 투자 필요 • 효과측정이 어려움
스폰서십	• 표적고객에 대한 접근용이성 • 특정 이벤트와 연계하여 기업이미지를 제고	• 고비용 • 대규모 이벤트의 경우 후원자가 너무 많음 • 효과측정이 어려움
구매시점 커뮤니케이션	• 구매시점에서 접촉하므로 구매행동에 영향력을 발휘 • 브랜드 충성도가 없는 고객에게 효과적	• 브랜드 충성도 제고에 비효과적

마지막으로, 구매시점 커뮤니케이션(point-of-purchase communication)은 구매시점에서 소비자의 구매결정에 영향을 미치기 위해 기업이 사용하는 다양한 유형의 커뮤니케이션 도구들을 포함하는데, 디스플레이, 포스터, 사진 등이 그 예다.

〈표 5-1〉에서 보듯이, 각각의 마케팅 커뮤니케이션 도구들은 소비자의 반응과정에 따라 서로 다른 장단점을 갖기 때문에 IMC 관리자는 커뮤니케이션 효과 창출목표의 각 단계를 효과적으로 관리할 수 있는 적합한 도구들을 잘 선정해야 한다. 한편 IMC 관리자가 마케팅 커뮤니케이션 도구를 비교·검토할 때 고려해야 할 중요한 사항은 소비자가 제품에 관한 메시지를 접할 수 있는 모든 접점 및 가능성을 점검해야 한다는 것이다.

예를 들어, 스포츠용품 브랜드인 나이키의 경우를 보면 소비자가 나이키 브랜드에 관한 메시지를 접할 수 있는 기회를 극대화하기 위하여 대중매체를 통한 광고, 소매점에 진열되어 있는 제품, 축구경기장에 게시되는 디스플레이 광고, 나이키의 브랜드 웹사이트, 나이키 후원국가 간 A매치 광고안내, 유명 스포츠 스타들을 후원할 때 그들의 의류나 운동기구에 부착되는 나이키 상표, 올림픽경기 공식후원사로서의 나이키에 대한 언론보도 등을 적극적으로 활용하고 있는 것을 볼 수 있다. 이는 이용 가능한 모든 마케팅 커뮤니케이션 도구들이 나이키 브랜드 자산을 극대화하려는 목적하에 주도면밀하게 분석되며 활용되고 있음을 나타내는 것이다.

4) 마케팅 커뮤니케이션 도구의 전략적 역할의 정립

마케팅 커뮤니케이션 도구들이 선정되면, IMC 관리자는 최종적으로 각 도구의 전략적 역할을 할당한다. 여기서 전략적 역할이란 IMC 목표를 달성하기 위해 각 도구가 수행하는 고유한 역할을 의미한다. 예를 들어, 야구경기에서 팀의 감독이 수행해야 할 가장 중요한 역할은 경기에 임할 선수를 선발하고 각 선수가 경기에서 수행할 고유한 역할을 부여하는 것이다. 여기서 감독은 IMC 관리자에 해당되며, 경기에 뛰는 선수는 IMC 도구이고, 각 선수가 담당하는 역할은 마케팅 커뮤니케이션 도구의 고유한 역할에 해당된다. 예를 들어, 타자 중 1번 타자에게는 진루를 담당하는 역할을, 3, 4, 5번 타자에게는 진루한 선수를 홈으로 불러들여 점수를 내는 역할을, 그리고 마무리 투수에게는 이기고 있는 경기에서 점수를 잘 지킬 수 있는 역할을 부여해야만 경기에서 승리할 수 있다. 마찬가지로, IMC 관리자도 주어진 상황에서 각 마케팅 커뮤니케이션 도구별로 커뮤니케이션 효과창출의 목표가 성취되게끔 전략적 역할을 잘 정립하여야 한다.

한편 전략적 역할을 할당할 때 중요한 것은 각 도구들이 소위 시너지 효과를 낼 수 있도록 조합이 이루어져야 한다는 것이다. 예를 들어, 야구팀의 감독은 가능하다면 3, 4, 5번 타자를 구성할 때 좌우타자가 번갈아 나갈 수 있도록 타순을 조정하여 상대방의 투수에 따라 중심타선의 힘을 배가시키려고 노력한다. 마찬가지로, IMC 관리자도 광고와 PR, 판매촉진과 인적 판매 등과 같은 도구들을 적절히 조합함으로써 이들이 만들어낼 수 있는 커뮤니케이션 효과를 극대화하는 것을 염두에 두어야 한다.

5) 마케팅 커뮤니케이션 예산의 설정

IMC 목표와 이를 달성하기 위해 활용될 구체적인 커뮤니케이션 도구들이 결정되면, IMC 관리자는 IMC 계획의 실행에 필요한 예산을 설정해야 한다. IMC 관리자는 목표를 달성하는 데 필요한 적정 커뮤니케이션의 예산규모가 어느 정도이며, 이를 현실적으로 확보할 수 있는가를 진단해야 한다. 커뮤니케이션 예산을 너무 낮게 책정하면 기대한 만큼의 커뮤니케이션 목표를 현실적으로 달성할 수 없게 될 것이고, 너무 과다하게 책정하면 불필요한 예산을 낭비하는 결과를 초래한다. 커뮤니케이션 예산 설정의 중요성에도 불구하고, 최적의 커뮤니케이션 예산을 책정하기 위해 활용할 수 있는 체계적이고 과학적인 모델들은 그리 많지 않은 편이다. 이는 체계적인 마케팅 커뮤니케이션 비용책정을 위한 합리적 모델이 개발되기 위해서는 커뮤니케이션 비용지출에 따라 창출되는 소비자 반응이 정확하게 파악되어야 하는데, 이에 대한 파악이 쉽지 않기 때문이다. IMC 관리자의 커뮤니케이션 예산결정을 어렵게 만드는 또 다른 현실적인 요인은 적정한 커뮤니케이션 비용이 진단되었다 하더라도 여러 관련 부서들 간의 협의과정에서 해당 부서가 원하는 만큼의 커뮤니케이션 비용을 확보하기가 쉽지 않다는 데 있다.

6) 개별 커뮤니케이션 도구들의 세부전략 수립

IMC 활동을 위한 예산이 설정되면, IMC 관리자는 각 커뮤니케이션 도구별 세부전략을 수립해야 한다. 각 커뮤니케이션 도구별 전략(광고 전략, PR 전략, 판매촉진 전략 등)은 다시 크게 커뮤니케이션 도구별 목표설정, 핵심 콘셉트 또는 주요 테마의 설정, 구체적인 실행 아이디어의 개발로 나뉘게 된다.

결국 마케팅 커뮤니케이션의 통합적 관리방안인 통합 마케팅 커뮤니케이션은 마케팅 활동의 통합적 관리라는 개념으로 보다 넓은 의미에서 이해할 필요가 있으며, 소비자의 욕구충족을 위하여 마케팅 전략을 수립하고 소비자 만족의 극대화를 통한 굳건한 브랜드 자산의 구축을 성취하는 것이 IMC의 궁극적 목표라고 하겠다.

요약

IMC는 광고, PR, 판매촉진, 인적 판매, 직접마케팅, 이벤트, 스폰서십 등 여러 가지 커뮤니케이션 요소들의 역할이 증대되고, 미디어 환경의 변화로 케이블 TV와 인터넷, 인터렉티브 TV, 스마트폰 등의 새로운 매체들이 등장하면서 광고매체 시장이 더욱 세분화되어 가는 상황에서 마케팅 커뮤니케이션의 효율성 제고를 위해 광고, PR, 판매촉진 등의 커뮤니케이션 요소들이 서로 조화를 이루어 집행되어야 할 필요성이 대두되면서 등장하였다. IMC는 마케터가 소비자와 커뮤니케이션을 하는 데 사용하는 모든 커뮤니케이션 수단 중 적합한 커뮤니케이션 수단을 적재적소에 활용하는 것을 말한다. 이때 활용되는 커뮤니케이션 수단들 간의 시너지 효과가 극대화되어 마케팅 목표를 성취할 수 있도록 한다. 최근 첨단 매체의 도입과 경영정보시스템의 발달은 고객의 세부적인 정보를 이용한 데이터베이스 마케팅을 가능하게 하고 있으며, 이는 마케팅 활동을 통합적으로 전개하는 데 더욱 좋은 환경을 조성해 주고 있다.

IMC는 다양한 매체 혹은 다른 접촉수단을 통해 고객, 종업원, 혹은 일반 대중에게 일관된 브랜드 이미지를 창출하고 유지하고자 한다. 이를 위해 마케팅 노력과 커뮤니케이션 요소들을 조절하고 통제함으로써 얻게 되는 시너지 효과를 통해 지속적이고 일관성 있는 메시지와 이미지를 전달한다. 여기서 다양한 접촉수단이란 광고매체에 한정되지 않고 판매원이나 서비스 직원과 같은 마케팅 인력과 쿠폰, 경품 등 다양한 판촉수단들을 포함하여 표적고객에게 도달하기 위해 활용 가능한 모든 유형의 메시지 전달방법을 의미한다.

시너지란 IMC의 핵심개념으로서, 광고, 판촉, 이벤트 등 모든 커뮤니케이션 요소들이 일관된 하나의 목소리를 지향하는 가운데 각 요소들 간에 상반된 메시지가 전달되거나 너무 중첩되지 않고 각 요소가 서로에게 조화를 이루고 도움이 되는 방식으로 이를 잘 조정하여 각 요소들 각각의 합보다 더 큰 효과를 낼 수 있도록 함을 의미한다. 지속적이고 일관적인 메시지 전달이란 모든 마케팅 요소들이 한 목소리를 내며 일관된 방향으로 나아가고 비용의 측면에서 효율성 있게 집행되며 이러한 마케팅 노력들이 단발성에 그치지 않고 연속성을 갖고 장기간에 걸쳐 이루어지는 것을 뜻한다.

마지막으로 관계를 구축한다는 의미는 고객과 소비자 간에 지속적인 접촉을 통해 호의적 관계를 형성하고 이를 토대로 반복구매와 브랜드 충성도를 구현하고자 하는 것이다. 많은 기업들이 실시하고 있는 각종 보상 혹은 인센티브 프로그램 등은 이러한 맥락에서 실행되고 있다고 할 수 있다.

참고문헌

김일철(2001). 복잡계 이론에 기초한 IMC의 개념화에 관한 연구. 한국광고홍보학보, 3(2), 1-21.

심재철, 윤태일(2003). 브랜드 자산과 통합커뮤니케이션, 그리고 미디어 시너지 효과. 홍보학연구, 7(1), 69-103.

안광호, 이유재, 유창조(2010). 광고관리: 이론과 실제가 만나다(2판). 서울: 학현사.

이재진, 최민옥(2004). IMC 연구의 체계적 이론 모델 구성을 위한 비판적 탐색. 한국언론정보학보, 24, 119-150.

최혜진(2010). 비용은 제로, 효과는 만점 바이럴 마케팅에 주목하자. 서울 디지털신문, 1월 13일자.

황병일(1999). 마케팅 사고의 변천과 마케팅 커뮤니케이션: 관계 마케팅 관점. 산학경영연구, 12, 1-27.

Caywood, C., Schultz, D. E., & Wang, P. (1991). Integrated marketing communications: A survey of national goods advertisers. Unpublished report, June, Medill School of Journalism, Northwestern University.

Chrisensen, L. T., Torp, S., & Firat, A. F. (2005). Integrated marketing communication and postmodernity: An odd couple? Corporate Communications: *An International Journal*, 10(2), 156-167.

Schultz, D. E., & Kitchen, P. J. (1997). Integrated marketing communications in U. S. advertising agencies: An exploratory study. *Journal of Advertising Research, (September/October)*, 7-18.

Schultz, D. E., & Schultz, H. F. (2004). *IMC next generation*. New York, NY: McGraw-Hill.

Schultz, D. E., Tannenbaum, S. I., & Lauterborn, R. F. (1993). *Integrated marketing communication*. Lincolnwood, IL: NTC Books.

Wilmshurst, J. (1993). *Below-the-line promotion*. Burlington, MA: Butterworth-Heinemann.

제3부

광고제작

제6장   광고와 창의성
제7장   광고소구와 설득 커뮤니케이션
제8장   광고와 크리에이티브 기법

제**6**장
광고와 창의성

여러 분야의 기업 가운데 광고업계만큼 창의성이나 창의적 사고를 중요시하는 분야는 드물 것이다. 수많은 기업 중에서도 유독 광고회사에서는 창의성과 관련한 용어인 '크리에이티브(creative)'란 단어를 많이 사용한다. 크리에이티브 팀, 광고 크리에이티브 전략, 크리에이티브 광고, 어떤 아이디어나 시안이 크리에이티브하다거나 크리에이티브가 부족하다는 표현 등이 그것이다. '크리에이티브'를 만들어 낸다, 즉 '제작'이라는 의미로 사용하면, 크리에이티브 전략이란 제작전략이며, 크리에이티브 팀이란 제작부서다. 그렇지만 '크리에이티브'를 '창조적, 창의적'이라고 번역하면, 크리에이티브 전략이란 창의적 전략이고, 크리에이티브 팀은 창의적인 부서, 크리에이티브 광고는 창의적 광고가 된다. 우리말로 두 가지 의미를 가진 크리에이티브란 표현을 광고업계에서는 원어 그대로 사용한다. 이는 광고 업무에서 창의성이 그만큼 중요하다는 것을 시사하고 있는 셈이다.

그렇다면 음악, 미술, 문학, 연구 분야도 아닌 광고업계에서는 왜 이렇듯 창의성을 중요시하는가? 광고인들은 공기가 산소, 질소, 광고로 구성되어 있다고 주장한다. 소비자는 의식하지 않아도 하루에도 적게는 수십 개, 많게는 수백 개의 광고물을 보거나 듣는다. 광고홍수 속에서 살고 있는 셈이다. 그럼에도 소비자가 기억하는 광고는 한 손가락에 꼽을 수 있다. 광고를 만들어 내는 입장에서 소비자의 이목을 끌고 기억 속에 흔적을 남길 수 있는 하나의 광고물을 제작한다는 것은 지난한 일이다. 이러한 현실에서 광고인들은 한 권의 책이나 화보집이 아닌 한 장의 광고물로, 한 편의 영화나 30~60분짜리 드라마가 아닌 15초의 영상광고물로 소비자의 눈과 귀를 멈추게 하고, 전달하고자 하는 메시지를 소비자의 기억 속에 자취를 남기고자 한다. 당연히 톡톡 뛰는 아이디어, 독창적인 발상, 창의적인 아이디어, 창의성, 창의적인 사람을 강조하지 않을 수 없다.

이렇듯 광고 영역에서는 창의성, 창의적 아이디어, 창의적인 인물을 필요로 한다. 그렇지만 창의적인 인물을 선발하여, 혼자서 또는 집단으로 창의적인 아이디어를 발상할 수 있는 조직풍토나 체계를 만들고, 최종적으로 창의적인 광고물을 제작해야 하는 광고회사의 입장에서는 '창의성'이나 '창의적인 사람'에 대해 구체적이고 직접적인 규정이 필요하다. 더욱이 광고 영역에서 일하고자 하는 사람은 본인이 창의성이 있는지, 창의성은 창의적인 사람만의 전유물인지, 창의적인 아이디어나 창의적인 광고란 무엇인지 등에 대해 구체적으로 알고자 한다. 창의성이나 창의적 사고, 창의적인 사람에 대해 의미를 정확하게 정의하지 않는다면 창의적인 인재선발이나 광고의 창의성 향상은 추상적인 수준에서 맴도는 알갱이 없는 표어에 그칠 가능성이 크다.

1. 창의성이란 무엇인가

오랫동안 여러 학문 분야에서 창의성을 연구해 온 학자들의 견해를 참조하여 종합하면, 창의성(creativity)에 대해 다음과 같이 정의할 수 있다(김철민, 2001; Nickerson, 1999; Sternberg & Lubart, 1999). 창의성이란 '창의적인 생각/사고(idea)/결과물(발명품, 예술작품, 문학작품, 혁신제품이나 서비스, 광고물 등)을 만들어 내거나 만들어 낼 수 있는 개인(집단, 조직)의 특성(역량)'이라 할 수 있다. 이렇듯 창의성에 대해 간단명료하게 규정한다고 해서 창의성을 이해할 수 있는 것은 아니다. 창의성의 뜻과 의미의 한계

창의성
창의적인 생각, 사고, 결과물을 만들어 낼 수 있는 개인이나 집단, 조직의 역량

를 분명하게 해야 하는 이유는 창의적인 생각을 하고(아이디어 발상), 그것을 바탕으로 창의적인 결과물을 만들어 내는 데 도움을 받기 위함이다. 그렇다면 한 번 더 질문을 해야 한다. 창의적 생각이나 결과물이란 무엇인가? 즉, 어떤 생각이나 결과물이 어떤 면을 갖추어야 '창의적'이라고 부를 수 있는가(평가할 수 있는가)? 그리고 창의적이냐 아니냐는 누가/언제 평가하는가?

1) 창의적인 결과물은 어떤 것인가

우리 인간의 (창의적인) 생각은 드러나지 않는 한 그 자체로 창의적인지 아닌지를 알 수 없다. 창의적인 생각은 어떻게든 표현되어야만 그 표현된 것을 창의적인지 아닌지 판단·평가할 수 있다. 우리는 이렇게 드러난 결과물을 놓고 그것이 창의적인지 아닌지를 평가하게 된다. 이때 두 가지를 생각해야 하는데, 하나는 결과물의 창의성 평가 기준(criteria)이고, 또 하나는 누가/언제 평가하느냐다.

많은 창의성 연구자들은 창의성 평가기준으로 두 가지를 제시한다. 즉, 독창성/새로움/색다름/혁신성(originality/newness/novelty/innovation)과 적절성/유용성/가치 있음(appropriate/useful/valuable)이 그것이다(Amabile & Tighe, 1993; Gardner, 1989; Nickerson, 1999). 독창성/새로움/색다름/혁신성이란 기존의 것(기존 지식과 경험)과 얼마나 다른가다. 우리는 창의적 사고라고 하면 강박적으로 독창적이거나 새로운 어떤 것을 떠올린다. 그러나 과연 기존의 것과 완전히 단절된 새로운 생각이 가능할 것인가? 만약 고구려의 하늘에 헬리콥터가 나타난다면, 그 시대 사람들은 듣도 보도 못한 새로운 날아다니는 물체(미확인 비행물체, UFO)를 독창적인 발명품이라고 생각할까? 부시먼들은 비행기에서 떨어진 코카콜라병을 어떻게 인식했는가? 지금까지 대단히 독창적인 발명품이나 이론이라고 알려진 것들도 알고 보면 기존의 지식을 이용했거나 재구성한 것이 대부분이다. 이에 대해서는 수많은 예를 들 수 있다. 완전하게 무에서 유를 만드는 것, 창조는 신의 영역일지도 모른다.

또 어떤 결과물이 독창적이기만 하면 창의적이라고 평가할 수 있는가? 아니다. 예를 들어 '1+1=바나나'라고 하면 독창적이긴 하지만 창의적인 사고라고 하지는 않는다. 왜 그럴까? 여기에는 적절성/유용성/가치가 없기 때문이다. 현재 국내외를 막론하고 특허를 획득한 과반수 이상의 아이디어들은 제품화, 상용화할 수 없다. 새롭기는 하지만 적절성이나 유용성이 떨어지기 때문이다.

광고 영역에서도 창의적 광고물의 특징으로 몇 가지를 제시한다. 한 광고회사에서는 창의적인 광고물을 평가하는 기준으로 R(relevance, 적절성), O(originality, 독창성), I(impact, 영향력)를 제안하였다(DDB Needham Worldwide, 1989). 어떤 연구자들은 독창성(originality), 주의획득(attention), 기억 가능성(memorability)을 창의적 광고물의 평가 기준으로 제시하였다(Moriaty & Robbs, 1999).

국내에서 행해진 연구에서는 광고의 창의성을 연구하기 위해 국내의 광고인들 가운데 각 직무에서 뛰어나다고 평가받는 15인의 광고인들을 심층면접을 하였고, 또 158명의 광고인들을 대상으로 창의적 광고물의 평가기준에 대해 조사를 실시하였다(유창조, 김광수, 김철민, 신강균, 이화자, 2000). 그 결과 국내 광고인들은 창의적 광고물의 평가기준으로 독창성(독특성), 적절성(관련성), 완성도, 임팩트, 메시지의 명료함, 놀라움을 제시하였다. 이 결과들을 종합하면, 어떤 광고물의 창의성 여부를 평가하는 공통적인 기준은 새로움과 적절성이다. 광고제품(서비스, 아이디어)에 대한 전략적 목적에 부합하고(적절하고 관련성이 있고), 새롭고 독특한 광고물은 명료하고 완성도가 높아 임팩트가 있어서, 소비자의 눈에 띄고 소비자에게 놀라움을 유발하며 기억 가능성을 높일 것이기 때문이다.

한편 어떤 결과물의 창의성 여부를 어떤 시점에서 평가하느냐에 대해서도 진지하게 고려해 봐야 한다. 지금까지 창의적 발명품이나 예술품, 이론이라고 알려진 것들은 처음 제시될 당시에는 창의적이라고 평가받지 못한 것들이 많다. 심지어 오랜 세월이 지난 후에 창의적이라고 평가된 것들도 있다. 그렇다면 영원히 창의적이라고 평가받지 못한 것들도 존재할 가능성이 있다. 예컨대, 빈센트 반 고흐는 생전에 오직 2점의 그림만 팔았고, 그나마 자신의 동생이 사 준 것이었다. 주변 예술가들은 고흐의 그림에 대해 예술적 기교가 유치하다고 평가했다. 마가렛 미첼은 일생 동안 단 한 권의 책을 출판했다. 미첼은 그 책을 출판하기 위해 32곳의 출판사를 찾아 다녔으나 모두 거절당했다. 그 책『바람과 함께 사라지다』는 1932년 퓰리처상을 수상했고 영화로 제작되어 역사상 가장 많은 이들이 관람한 영화 가운데 한 편이 되었다.

예술이나 문학 작품과 달리 광고물의 창의성 여부는 평가시점이나 기간이 정해져 있다. 인쇄광고물이든 영상광고물이든, 하나의 광고물은 전략적으로 매체를 통해 소비자에게 전달되는 기간이 분명히 존재하기 때문이다. 광고는 광고제품(서비스, 아이디어)에 대한 마케팅 촉진의 한 가지 수단이다. 광고제품에 대해 정해진 기간 내에 소비자에게 얻고자 하는 반응을 이끌어 내야 한다.

또 특정한 시점에서 어떤 결과물의 창의성 여부를 누가 평가하는지에 대해서도 곰곰이 따져보아야 할 것이다. 그 분야의 전문가인가 아니면 일반인인가? 자기 자신인가? 피타고라스 정리를 배운 적도 들은 적도 없는 사람이 혼자서 피타고라스 원리를 정립했다고 하면, 이 결과는 창의적인가 그렇지 않은가? 그 개인의 입장에서 그 원리는 독창적이고 적절하기 때문에 창의적이다(개인적 창의성). 그렇지만 이미 수학을 배운 사람들이나 수학자들의 입장에서 그 결과는 창의적이라 하지 않는다(사회적 창의성). 문학이나 예술, 과학 분야에서 어떤 아이디어나 결과물에 대한 창의성 여부 평가주체는 주로 그 분야의 전문가 집단이다.

그렇다면 어떤 광고물의 창의성 여부는 누가 판단하는가? 광고비평가인가, 광고상 심사위원인가, 현업의 광고인인가, 일반 시청자인가? 지금까지 국내외에서 시행되고 있는 크리에이티브 광고상은 대부분 출품 광고물의 예술성에 대한 심사위원들(전문 광고인, 광고비평가, 때론 비전문 광고인도 포함)의 암묵적, 주관적 판단에 의해 결정되고 있다. 그렇지만 앞서 설명했듯이, 광고는 상업예술이고 광고제품에 대한 촉진의 일환이다.

모든 광고물은 달성하고자 하는 목표가 있고, 그 목표는 소비자의 반응을 통해 확인 가능하다. 따라서 특정 광고물의 창의성 여부를 판단하는 주체는 기본적으로 소비자 특히 표적소비자(target consumer)일 수밖에 없다(Sutherland, 1998). 표적소비자의 반응을 객관적으로 측정하여 이를 기본적 판단기준으로 삼고, 여기에 명시적인 평가준거를 통한 전문 광고인들의 판단을 부가하는 것이 바람직할 것이다.

이와 같이 창의적 결과물의 평가기준과 판단주체/시점에 대해 살펴보았다. 그런데 창의적 결과물과 창의성에 대해 명확하게 규명했다 하더라도 창의적인 결과물을 만들어 내고자 하는 개인에게 직접적인 도움이 되는 것은 아니다. 그래서 우리는 이미 창의적이라고 평가받은 결과물을 만든 사람(흔히 창의적 인물이라 함)에 대해 관심을 갖게된다. 창의적 인물은 도대체 어떤 특성(지적 능력, 성격, 동기)을 가졌는지, 어떤 환경에서, 어떤 과정을 거쳐서 창의적 결과물을 만들게 되었는지를 알고자 하는 것이다.

2) 창의적 인물의 특성

　창의적인 인물이란 창의적이라고 평가받은 결과물을 만들어 낸 사람이다. 그렇지만 우리는 창의적인 인물이라고 하면 흔히 위대한 발명가나 과학자, 예술가, 문학가를 떠올리고, 이들의 공통적인 특징은 천재라고 생각하는 경향이 있다. 에디슨, 아인슈타인, 레오나르도 다빈치, 빈센트 반 고흐, 피카소, 케쿨레(벤젠 화학식 발견), 크릭과 왓슨(DNA구조 발견), 프로이트 등이 창의적 인물로 알려져 있다. 이들의 전기나 이들을 면접한 자료를 살펴봄으로써 이들의 아동기 특징, 성인기 특징, 지적능력, 성격, 동기, 가족관계 등을 알 수 있다. 그 결과를 요약하면 다음과 같다.

(1) 지적 능력

　우리는 창의적 인물들의 지능(흔히 IQ나 머리 좋은 정도로 표현하나 정확한 표현은 지적 능력 또는 학업 수행능력임)이 매우 높다고 생각한다. 그 대표적인 인물로 20세기 최고의 석학인 아인슈타인을 든다. 그런데 아인슈타인의 일화를 살펴보면, 그는 매우 늦된 아이였다. 학교교사들은 그를 저능아라고 믿었다. 그가 말을 시작한 것은 4세 때였고, 7세 때까지는 글을 읽지 못했다. 어떤 교사는 그를 정신적으로 느리고, 비사교적이며, 항상 멍청하게 꿈속을 헤매고 있다고 묘사하였다. 워낙 흐리멍텅했기에 대학에서 퇴학당하고 다른 대학에서는 입학을 거부당했다. 이런 일화와 관계없이 아인슈타인의 IQ는 200이라고 하고, 지금도 어떤 과학전시회나 인체전시회에서는 그의 뇌 조각을 전시하고 현미경으로 보게까지 하고 있다.

　그렇다면 창의적 인물들은 지능이 높은 것일까? 창의적인 인물들의 IQ를 알아본 연구에 따르면, 그들의 지능은 대체로 120~130 정도라고 한다. 120정도까지는 창의적인 문제해결과 지능이 비례관계를 갖지만(지능이 높을수록 창의적인 문제해결을 잘하고, 창의적 결과물을 잘 만들어 낸다), 그 이상에서는 비례관계가 없다는 것이다(Getzel & Jackson, 1962; Westby & Dawson, 1995). 다시 말해, 120 정도까지는 높은 지능이 반드시 필요하지만 그 정도 이상이 되면 지능 외에 창의성, 성취동기, 정서통제(조절)능력, 인내력, 지도력, 협상능력 등과 같은 특성들이 중요하다(Terman & Oden, 1959: 최인수, 1998에서 재인용).

　참고로 자신의 IQ가 높은 사람들은 안심해서는 안 된다. 뛰어난 지능을 갖고 있는 사람들은 기존 지식의 습득과 활용이 수월하기 때문에 지적 호기심을 계속 유지하기 어렵다는 연구결과가 있다(Csikszentmihalyi, 1996). 또는 자신의 IQ가 120(평균 100, 표준편차 20)이 안 된다고 해서 실망할 필요도 없다. 현재 우리 대부분이 알고 있는 IQ 검사는 인간의 지능 가운데 한 측면만 측정하고 있으니까!

　인간의 지능은 크게 세 가지로 나뉘는데, 학업 수행능력, 창의적 지능(경험적 지능: 불완전한 퍼즐조각으로 온전한 그림을 알아내는 통찰력, 온고지신 능력, 정보의 옥석을 가려내는 선별력), 실제적 지능(맥락적 지능: 예를 들어, 학교보다는 다른 장면에서 선후배 모두에게 항상 최고의 스타로 군림할 때 발휘되는 능력)이 그것이다(Sternberg, 1988: 최인수, 1998에서 재인용). 그런데 성공적인 삶이나 창의적 문제해결에는 창의적 지능과 실제적 지능이 중요하다.

(2) 성격특성

　일반적으로 창의적인 인물들은 상당히 독특히 성격을 가져서 기행을 일삼은 것으로 알려져 있다. 그들의 일화를 참조하면, 프로이트나 간디는 상당히 절제된 생활을 했고, 아인슈타인은 타인과 의도적으로 고립된 생활을 즐겼으며, 스트라빈스키는 매우 공격적인 대인관계를 가졌던 것으로 보인다(Gardner, 1993). 창의적인 인물들은 뛰어난 재능을 지속적으로 보유하기 위해 자신의 삶의 다른 면을 어느 정도 희생해야 한다고 생각했던 듯하다. 또 자신의 독창적인 생각을 관철시키기 위해 공격적이거나 교만하거나 자기중심적인 면이 필요했으며, 동조에 대한 압력을 견디기 위해 때로는 윤리도덕의 경계를 지나치기도 하는 강인성을 가진 것으로 소개되고 있다(Campbell, 1988).

　노벨상 수상자 등 창의적 인물 91명을 대상으로 심층면접을 하여 그들의 성격특성을 요약한 한 연구를 살펴보면 다음과 같다. 면접대상자들이 창의적 성취에 도움이 되는 특성 및 가치들로 가장 많이 언급한 것들을 순서대로 나열하면 인간관계, 가족, 내적 동기, 사회에 대한 관심, 독립성, 교육, 탁월성, 균형감각, 책임감, 호기심, 철저한 지식의 준비, 다양한 흥미, 개방성, 용기, 혼자만의 시간, 성실함 등이었다. 이를 10개의 큰 차원으로 나눌 수 있고, 이들 차원들은 대립되는 양극으로 나누어져 있는데, 창의적인 사람들은 양쪽 극단의 특징들을 다 가지고 있다고 한다. 매우 즉흥적이면서 매우 계획적이고, 전수되는 지식에 매우 충실하면서도 전수된 지식을 벗어나기 위한 우상타파적 성격을 동시에 갖고 있다는 것이다(Csikszentmihalyi, 1996).

(3) 창의적인 인물들의 아동기 및 청년기 특징

창의적인 인물들의 어린 시절 특성을 살펴보면, 사물에 대한 비상한 호기심, 그 호기심을 구체적으로 충족시키기 위한 굳건한 결단력을 가졌던 듯하다. 또 창의적인 인물 중 25%는 생애 초기에 부모를 상실한 경험이 있었다. 이 부모의 상실이 책임감과 전통에 대한 속박으로부터 자유감을 제공했을 가능성이 있다(Csikszentmihalyi, 1996). 또 창의적 인재들의 출생순위는 장자가 많다. 모차르트, 뉴튼, 링컨 등 14~20세기 위인 200명에 대한 전기연구를 참조하면, 이들의 아동기 특징은 지적 자신감, 높은 동기, 탁월한 의사소통능력, 심리적 건강성, 다재다능, 집중력 등을 들 수 있다(Wallberg, 1982). 이들은 아동기 때(5~7세), 풍부한 상상력과 창의력, 예술적 민감성을 갖고 있었으며, 예술적 상징(음, 색 등)에 강한 내적 홍미를 가지고 있었다. 또한 혼자만의 시간을 가질 기회가 많은 아동들이 예술적 재능을 발휘하게 될 가능성이 크다(Gardner, 1982).

한편 창의적인 인물들의 청년기 이후의 특징으로 지적하지 않을 수 없는 것은 정신적 스승(mentor)이나 사회적 지지자의 존재다. 창의적인 인물들의 청년기에 스승의 존재는 매우 중요하다. 아인슈타인, 프로이트 같은 창의적인 인물 7명을 연구한 가드너(Gardner, 1993)에 따르면, 창의적인 인물들은 편안함을 제공해 준 정서적 지지자와 자신의 획기적인 발견의 본질을 이해해 준 인지적 지지자를 갖고 있었다. 특히 창의적인 인물들에게 스승이라는 존재는 심리적으로 도전적 욕구를 자극하고 지적인 보살핌을 제공했으며, 사회적으로도 해당 분야에서 적극적인 후원을 했던 것으로 보고되고 있다. 또한 창의적인 인물들에게 제도권 교육은 스승과의 만남 이외에는 큰 도움이 되지 못했던 것으로 지적되고 있다(Csikszentmihalyi, 1996). 그렇지만 스승이라는 존재는 창의성 발현에 긍정적임과 동시에 장기적인 상호작용에 의한 모방을 조장하여 창의성 발현에 부정적인 영향을 줄 수 있다는 주장도 있다(Simonton, 1987).

(4) 동기

창의적인 인물들은 왜 그토록 자신의 일에 몰두하여 창의적인 성과물을 만들어 냈을까? 창의적인 사람이 자기가 속한 분야에서 일하고 있는 이유와 창의적 성취를 이루게 한 원인은 내적 동기(intrinsic motivation)와 홍미, 열정이라고 한다. 그들이 자기의 분야에 입문하는 후학들에게 가장 해 주고 싶은 조언은 본인의 흥미와 호기심을 유발하고 열정을 느끼는 분야나 주제들을 택하라는 것이었다(Csikszentmihalyi, 1996).

결국 창의적 인물들은 자신의 일에 대해 '불타는 것 같은 추동력'(Torrance, 1987)을 갖고 있었으며, 자신의 일을 하면서 'Flow(독서삼매경에 빠진 것과 같은 심리상태)'를 경험했다고 한다(Csikszentmihalyi, 1990). 그들은 자신들의 지적 연구를 일종의 게임, 신대륙을 발견하는 것과 같은 흥분, 어려운 퍼즐문제를 푸는 것과 같이 흥미를 유발하는 활동이라고 비유하고 있다. 일례로, 빅토르 위고는 노트르담 대성당을 방문했고, 성당 안 커다란 기둥의 천장 쪽 끝 부분에서 라틴어로 쓰인 '숙명'이란 단어를 발견하였다. 누가 왜 저 높은 기둥 꼭대기에 저 단어를 새겨야만 했을까? 이러한 호기심과 흥미, 열정에서 『노트르담의 꼽추』라는 소설이 탄생했다고 한다.

(5) 창의적 인물의 특성에 대한 결론

창의적 인물의 특성을 소개한 글이나 연구들은 우리에게 어떤 도움을 주는가? 즉, 창의성 향상에 도움을 줄 수 있는가? 도움을 준다면 누구에게 도움을 주는가? 일반인인가, 아니면 다음 세대의 또 다른 천재들에게인가? 지금까지 창의적 인물이라고 알려진 사람들은 대개 천재로 불린다. 이들을 대상으로 한 책이나 연구는 일반인의 창의성 향상보다는 절대적으로 상위 수준의 창의성 향상을 지향한다. 그러나 천재들을 대상으로 한 창의성 연구나 글에서 제시한 결과를 참조하여 모방한다고 해서 일반인이 절대적으로 상위 수준의 창의성에 도달할 것이냐에 대해서는 의문이 있다. 또한 과거 창의적 인물들의 성격, 가족관계, 지적 능력 등을 파악하여 공통분모를 알았다 하더라도 그 결과가 창의성 향상에 무슨 도움이 될 것인가?

만약 지금까지 창의적 인물이라고 알려진 사람들의 지적 능력(IQ)이 120 이상이었다고 한다면, 120 미만의 사람들은 창의적 결과를 양산할 수 없다는 말인가? 또 그들이 괴팍하고 사회에서 고립되어 있기를 좋아했다면, 우리도 창의적이기 위해 의도적으로 혼자 있기를 좋아해야 하고 괴팍해져야 한단 말인가?

물론 창의적인 인물들이 자신의 일에 끊임없는 열정과 사랑을 가졌고, 일을 하는 과정에서 삼매경을 경험했다는 사실, 그리고 창의적인 결과물을 만드는 것과 지능지수가 꼭 비례하는 것이 아니라는 사실은 우리 일반인들에게 시사하는 바가 크다. 인지적 창의성 연구자들은 다음과 같은 어구를 인용하면서 창조적인 인물이 되는 데 필요한 활동은 우리 모두에게 공통적으로 존재한다는 점을 강조했다. "천재란 하늘이 내리거나 진기한 재능을 타고나는 게 아니라, 완전한 백치로 태어나지 않은 모든 사람의 운명인 것 같다."(Ward, Finke, & Smith, 1995)

3) 어떤 환경 속에서 창의적 결과가 나타나는가

창의적인 결과물을 만든 사람들의 상황이나 환경은 어떠했을까? 다시 말해서, 어떤 상황이나 환경, 시스템 속에서 창의적인 결과물이 보다 많이 나올 것이며, 창의성이 발현될 것인가? 어떤 환경이 창의적인 생각을 하는 데 유용할 것인가? 인간의 창의성에 관심을 두고 있는 이들은 이를 제한이나 압력이라 한다. 왜냐하면 창의적인 사람들은 창의적인 생각을 하고 결과물을 도출하는 데 주변 상황이나 환경 여건을 일종의 제약으로 여기는 경향이 있기 때문이다.

현대 산업사회를 살아가고 있는 우리 대부분은 직장생활(조직이나 집단) 속에서 창의적인 결과물을 만들어 내야 한다. 조직의 경영자 입장이든 창의적 문제해결자 입장이든, 어떤 상황이 창의적 결과물을 양산하는 데 더 유용한가에 관심을 갖지 않을 수 없다. 혼자 일하는 것이 나은가, 다른 사람들과 같이 일하는 것이 나은가, 외적 보상(금전적 보상, 승진, 휴가 등)을 제공하는 것이 효과적인가, 어떤 조직문화나 분위기가 효과적인가, 최종 결과물이 도출되어야 할 마감시간을 정해 놓는 것이 효과적일까? 아직까지 이에 대한 명확한 결론은 나온 것이 없다. 여전히 논란만 있을 뿐이다.

예를 들어, 창의적인 생각을 많이 이끌어 내는 방법 가운데 하나로 브레인스토밍 (brainstorming)을 드는 사람들이 많다. 브레인스토밍은 그 구체적인 방법론이나 기술을 차치하더라도 집단으로 모여서 함께 생각할 때가 그렇지 않을 때보다 창의적 사고를 더 많이 할 것이라는 전제를 바탕으로 하고 있다. 과연 그러할까? 그렇지 않다는 연구결과들이 있다. 즉, 혼자서 생각할 때가 집단으로 생각할 때보다 더 낫거나 비슷하다는 것이다(Diehl & Stroebe, 1987; Moriaty & Robbs, 1999). 그렇다고 해서 지금까지 역사적으로 창의적이라는 평가를 받은 결과물들은 모두 뛰어난 창의적 인물 하나의 노력에 의한 것일까? 이것도 아니다.

앞의 '(4) 동기' 부분에서 언급했듯이, 사람이 창의적인 결과물을 양산하는 데 내적 동기화는 매우 중요하다. 그렇다면 창의적인 결과물을 도출하는 데 금전적 보상이나 승진, 휴가, 사회적 인정 같은 외적 동기는 방해요인인가? 한 연구자는 창의적인 발상을 하는 데 외적 동기가 내적 동기를 저해할 수 있다고 주장하였다(Amabile, 1996).

그러나 다른 창의성 연구자들은 창의적인 결과물을 만드는 개인이 자극(외적 동기)을 어떻게 해석하느냐(인지평가 이론)가 중요하다고 본다(Csikszentmihalyi, 1996; Deci & Ryan, 1985). 이는 창의적인 사람들이 내적으로 강하게 동기화되어 있으면서도 외적 동기를 적절하게 이용하는 내적 통제와 자존감을 갖고 있기 때문이라는 것이다. 또한 우리는 흔히 매우 자유로운 선택과 시간 속에서 창의적인 결과물이 더 잘 나올 것으로 믿는다. 진짜 그럴까? 실험연구 결과에 따르면, 적절한 시간제약과 선택의 제약이 있을 때 창의적 결과가 많이 도출되었다(Finke, 1990).

한편 광고 영역에서 창의적인 광고물들을 만들어 내는 데 유용한 환경요인은 무엇일까? 한 연구에서, 연구자들은 우리나라의 창의적 광고인 15명(광고상을 수상했거나 화제를 불러일으켰던 광고물 제작에 참여했던 광고인, 즉 AE 4명, CW 4명, Art Director 3명, CF 감독 4명)을 심층면접하였다(유창조 외, 2001). 창의적 광고인들은 창의적 성취를 위한 조직환경 요인으로 일곱 가지를 제시하였다.

첫째, 수평적 조직구조다. 대규모 광고회사의 문제는 관료화되는 경향이며, 결재단계가 많을수록 아이디어가 걸러져서 평범해지는 경우가 많다는 것이다. 창의적인 발상을 위해서는 자유로운 상태에서 가급적 통제를 하지 않고 직급에 관계없이 동등하게 아이디어를 취급할 수 있는 수평적인 조직구조가 필요하다는 것이다.

둘째, 광고인의 속내를 이해하고 이에 맞는 조직문화를 형성할 수 있는 광고 전문경영인(CEO)의 필요성이다.

셋째, 정신적 스승(mentor)의 존재다. 이들이 제시하는 스승으로는 엄격하면서도 솔선수범하는 비전 제시형, 구체적인 직무지식과 이론을 제시하는 지적 자극형, 그리고 편안하고 자상하며 일에 대한 열정과 겸허함을 체험하게 하고 사회적으로 후원해 주는 정서적 지지형으로 나눌 수 있었다.

넷째, 승진이나 이직과 관계없는 고유 직능의 유지다. 국내의 많은 광고인들은 승진을 통해 자기의 고유 직무를 떠나서 관리자가 된다. 직급의 승진이 이루어지더라도 오랜 경험을 가지고 자기 직무에서 능력을 발휘할 수 있는 시스템이 필요하다는 것이다.

다섯째, 재충전을 위한 시간의 필요성이다. 창의적인 성취를 위해 혼자 생각할 여유와 시간이 필요하다는 것이다. 광고회사 오리콤의 경우, 매달 1회 수요일을 택하여 쉴 수 있는 '로빈슨 크루소 데이'가 있어 매너리즘에서 벗어나는 데 도움을 준다고 한다.

여섯째, 능력별 보상체계의 구축이다. 창의적인 결과물에 대한 금전적 보상뿐만 아니라 일에 대한 인정과 자부심을 느낄 수 있는 보상체계가 마련되어야 한다는 것이다.

일곱째, 리뷰 시스템 운영상의 문제점 보완이다. 발상한 시안에 대한 리뷰는 담당자가 간과한 점을 소비자나 광고주의 입장에서 객관적으로 볼 수 있는 장점이 있지만, 운영상 리더와 격의 없는 대화, 자발적 리뷰 등과 같은 대등한 전문가로서 의견을 구하는 형식이 되어야 한다는 주장이었다.

4) 창의적 결과물을 만들어 내는 과정은 어떠한가

창의적이라고 평가를 받은 결과물을 만들어 낸 사람들은 어떤 과정(심리적 과정)을 거쳤을까? 창의적 사고과정에 대한 논의는 창의적인 인물들의 일화를 바탕으로 한 것과 이런 전기나 사례를 바탕으로 하여 연역적으로 제시한 아이디어 발상 단계론을 들 수 있다.

먼저 창의적 결과물을 양산한 인물들의 일화에 대해 알아보자. 가장 많이 인구에 회자하는 일화는 아르키메데스의 일화다.

BC 220년경 시라쿠사의 헤론왕은 금 세공장이에게 순금으로 된 왕관을 만들라고 하여 훌륭한 왕관이 완성되었다. 그런데 그 왕관이 순금으로 된 것이 아니라 금세공장이가 순금 중 일부를 빼돌리고 은을 섞어 만들었을 거라는 소문이 항간에 떠돌아 헤론왕에게도 들렸다. 그러나 헤론왕은 왕관의 무게가 금 세공장이에게 준 금의 무게와 똑같았기 때문에 확인할 방법이 없어서 아르키메데스에게 왕관에 흠집을 내지 말고 왕관이 순금으로 된 것인지 아니면 은이 섞인 것인지를 조사하라고 명령했다. 이것은 쉽지 않은 문제였다. 아르키메데스는 여러 가지로 궁리하던 어느 날 공중목욕탕에 갔다. 욕조에는 물이 가득 차 있었는데 아르키메데스가 욕조 속에 들어가자 물이 넘쳐흐르면서 자기의 몸이 약간 가볍게 느껴지는 것을 깨달았다.

이것으로부터 그는 왕관의 순금성 여부를 조사할 수 있을 거라는 생각에 너무나 기뻐서 "유레카! 유레카(eureka, 그리스어로 알았다는 뜻)!"라고 외치며 벌거벗은 채 집까지 뛰어갔다고 한다. 그 후 아르키메데스는 "어떤 물체를 담그면 그 물체가 물속에서 차지하는 부피에 해당하는 물의 무게만큼(밀도) 그 물체의 무게가 가벼워진다."
라는 유명한 '아르키메데스의 원리'를 발견하였다.

또한 흔히 인용되는 사례는 케쿨레(Kekule)의 일화다. 케쿨레는 벤젠환에 대한 연구
로 현대 유기화학의 기초를 수립한 화학자다. 1865년 어느 날 밤, 그는 난로 옆에서 꾸
벅꾸벅 졸고 있었다. 바로 그 때 그의 머릿속에서 자기 꼬리를 삼키고 있는 뱀의 이미
지가 떠올랐다. 무의식적으로 떠오른 그 이미지는 그에게 독특한 영감〔아하(AHa) 경
험〕을 주었다. 그는 그 이미지를 통해 벤젠 분자가 고리모양이라는 창의적 발견을 이
끌어 냈다.

그때까지 유기화학자들 사이에서는 탄소에 기초를 둔 모든 분자가 연속적으로 또는
연쇄적으로 연결된 탄소단위로부터 만들어진다는 학설이 정설로 통했다. 이런 인식
때문에 분자배열에 대한 아이디어 발상은 자연히 제한을 받았고, 벤젠의 정확한 성질
도 미스터리로 남을 수밖에 없었다. 그러나 케쿨레의 극적인 발상에 힘입어 그때까지
과학자들을 줄기차게 괴롭혀 왔던 관념을 극복할 수 있었다.

이 외에도 창의적 사고과정을 다룬 일화나 위인전기는 많다. 이런 일화들은 창의성
에 관심을 가진 이들에게 유레카(eureka), 아하(AHa) 경험, 또는 세런디피티(serendi-
pity) 등을 연상시킨다. 여기서 세런디피티라는 용어는 기대하지 않던 것을 우연히 발
견하는 능력을 표현하려고 영국의 작가 호레이스 월폴(Horace Walpole)이 만든 말이
다. 그는 1754년 1월 28일 한 친구에게 보낸 편지에서 『세런디프(스리랑카의 옛 이름)
의 세 왕자』라는 동화의 제목에서 그 말을 따왔다고 전하고 있다. 작가는 그 동화 속에
등장하는 왕자들이 여행을 하다가 자신들이 추구하지 않던 것을 우연히 그리고 재치
있게 발견해 나가는 것을 보고 이 용어를 유행시켰다. 또한 창의적 사고과정이나 끝에
통찰(insight)이 있다는 피상적인 사실만을 알려 주었다.

이런 유형의 창의적 사고과정에 대한 사례는 창의적인 생각을 떠올리는 데 큰 도움
이 되질 않는다. 이런 유형의 과정은 창의적이라고 평가받은 사람 개인 특유의 경험일
뿐인 것이다. 이제 이런 사례들과 연구자 자신의 경험, 연역논리를 바탕으로 아이디어
발상모형(창의적 사고과정에 대한 모형)으로 체계화하여 제시한 사람들이 있다. 대표적
인 몇 가지만 살펴보자.

(1) 드 보노의 수평적 사고

창의적 사고과정을 체계화하여 제시한 사람들 가운데 여러 분야에서 널리 알려진 인물들 중 한 사람은 에드워드 드 보노(E. de Bono)이다. 1933년 몰타에서 태어난 드 보노는 의학, 심리학, 생리학 분야에서 학위를 받은 후 대학교수가 되었고, 40여 권의 책을 썼다. 그는 자신을 '생각에 관해 생각하는 사람'으로 묘사했다. 그는 논리, 즉 수직적 사고와 그 반대인 수평적 사고(lateral thinking)의 기본적인 차이점을 아주 생생하게 설명하고 있다(De Bono, 1971).

수평적 사고
비정통적인 혹은 비정통적으로 보이는 방식으로 문제를 해결하는 것

논리란 여러 구덩이를 깊고 크게 파서 그 구덩이들을 합쳐 더 좋은 구덩이로 만드는 데 쓰이는 도구다. 그러나 그 구덩이가 잘못된 곳에 있을 경우 그것을 올바른 장소로 옮길 방법이란 전혀 없다. 땅을 파는 사람들 모두가 이 사실을 분명히 알았다 하더라도, 새로운 곳에 다시 구덩이를 파기보다는 파던 곳을 계속 파 내려가는 것이 훨씬 쉽다고 생각한다. 이 경우, 기존의 구덩이를 계속 파 내려가는 것을 수직적 사고라 하고, 다른 곳을 새롭게 파는 것을 수평적 사고라 한다.

논리, 즉 수직적 사고에서는 정보가 일단 배열되면 곧바로 다음 배열로 발전해 간다. 다시 말해, 정보의 배열이 단계적으로 진행된다. 예를 들어, 수학문제를 풀거나 논리적인 가정을 추론할 때는 수직적 사고를 이용한다. 우리가 평상시에 하는 대부분의 추론은 일련의 정보가 사슬의 한 고리에서 다음 고리로 움직이는(혹은 움직이려는) 방식으로 이루어진다.

이와는 대조적으로 수평적 사고는 그러한 단계적 절차를 무시한다. 수평적(lateral)이라는 말은 측면이라는 뜻을 가진 라틴어 'laterus'에서 왔다. 따라서 수평적으로 생각한다는 것은 한 측면 혹은 다른 측면을 생각하는 것이다. 드 보노가 이 용어를 처음 소개할 당시만 해도 이것은 전혀 새로운 개념이었다. 하지만 그 후 자주 쓰인 관계로 지금은 그다지 새롭다는 느낌이 들지 않는다. 현재 『옥스퍼드 대사전』에 수평적 사고는 '비정통적인 혹은 비정통적으로 보이는 방식으로 문제를 해결하려는 것'이라고 풀이되어 있다.

드 보노는 창의적 사고를 각색해 수평적 사고라는 이름으로 소개하면서 수평적 사

고라는 말이 자기가 말하려는 내용에 보다 만족스러운 용어라고 했다. 앞에서 말한 것처럼, 수평적 사고와 창의적 사고는 서로 같은 것이 아니다. 창의적 사고는 보다 넓은 개념인 데 반해, 수평적 사고는 문제를 해결하는 기술 또는 그에 사용되는 정신의 습관이다. 그러나 두 개념 사이에 중복되는 부분도 있다. 수평적 사고는 고정관념에서 벗어나 새로운 아이디어를 만들어 내도록 도울 수 있기 때문이다.

수많은 저작을 통해 드 보노는 수평적 사고라는 브랜드와 수평적 사고에 담겨 있는 창의성으로 많은 돈을 벌었다. 그는 수평적 사고를 확대하여 창의적 사고까지도 포함시켰고, 결국 수평적 사고는 '새 아이디어를 만들어 내고 낡은 아이디어에서 벗어나는 것'이라는 의미를 갖게 되었다. 그는 경험연구를 통해 타당화하지는 못했지만, 육색모자(six hat) 기법, PMI(plus, minuses, interesting) 기법, HO(hypothesis, suppose, possible, poetry) 기법과 같은 창의적 아이디어 발상기법들을 제안하였다(De Bono, 1985, 1992 참조).

(2) 아이디어 발상 단계론

드 보노와 달리 창의적 사고과정을 좀 더 구체적인 단계별로 나누어 제안한 사람들이 있다. 대표적인 학자로는 월리스(Wallace, 1926)를 들 수 있는데, 그는 최초로 창의적인 아이디어가 창출되는 순서를 4단계로 제안하였다. 첫 번째는 문제해결 방법을 찾기 위한 자료와 정보수집 과정인 준비단계, 두 번째는 해결하고자 하는 문제를 치워 놓고 아무 것도 하지 않은 채 시간을 보내며 무의식 속에서 해결방법이 무르익기를 기다리는 부화단계, 세 번째는 문제해결 방법이 순간적으로 떠오르는 조망단계, 마지막은 떠오른 아이디어들에 대한 현실적용 가능성을 평가하고 점검하는 검증단계다. 이후 여러 학자들이 월리스의 4단계론과 유사한 단계론을 제안하였다(Boden, 1991; Osborn, 1963; Perkins, 1994).

한편 광고 관련 창의성 서적에서 가장 자주 언급되는 있는 창의적인 아이디어 발상 단계론을 제안한 사람은 영(J. W. Young, 1975)이다. 그는 데이비드 오길비(D. Ogilvy)가 역사상 가장 위대한 다섯 명의 카피라이터 중 한 명이라고 극찬한 사람이다. 그는 아이디어(창의적인 생각)란 낡은 요소들의 배합이며, 낡은 요소들을 배합하는 능력은 사물들의 관련성을 볼 줄 아는 능력이라고 주장하고, 아이디어 발상 5단계를 제안하였다. 그가 제안 5단계를 살펴보면 다음과 같다.

- 1단계: 해결해야 할 문제와 관련한 자료를 모으고 문제에 몰입하는 단계
- 2단계: 모은 자료를 씹어 삭히는 자료숙성 또는 소화 단계
- 3단계: 일단 모든 것을 싹 잊어버리는 잠재의식 속의 아이디어 부화 단계(사실 이 단계가 좀 어렵다. 우리 인간에게 망각은 지극히 어려운 일이기 때문이다. 현실을 벗어나 여행을 떠나거나 술을 먹고 취한다고 해서 잊혀지던가! 실연의 아픔을 겪어 본 사람은 모두 공감할 것이다.)
- 4단계: 아이디어가 떠오르는 아이디어 발생 또는 조망 단계(아하, 유레카)
- 5단계: 그 아이디어를 다듬어 실제로 써먹을 수 있는가를 점검하는 현실검증 단계

(3) 창의적 사고과정에 대한 결론

창의적으로 해결해야 할 문제에 직면해 있는 사람들 개인의 입장에서 가장 관심이 있는 부분은 창의적 사고과정일 것이다. 왜냐하면 창의적 결과물에 대한 지식을 통해 평가기준을 알고 그러한 결과를 생산해 내려고 할 때, 창의적 인물의 특성을 알아 얻은 지식은 자신의 특성을 확인하고 대조하는 데 쓰이고, 창의적 인물들이 창의적인 결과물을 얻었던 단편적 일화에 근거한 지식(창의적 인물 특유의 개인 경험)이나 창의적 환경에 대한 지식은 개인의 입장에서 따라 하기 어렵거나 통제할 수 있는 영역이 아니기 때문이다.

지금까지 논의한 창의적 사고과정에 대한 일화나 지식은 나름대로 중요한 통찰을 제공하고 있다. 그렇지만 이런 연구결과는 일반론에 해당할 뿐 구체성이 부족하다. 즉, 이 글을 읽고 있는 모든 독자들에게 창의적인 생각을 떠올리는 데 구체적인 도움을 주기 어렵다는 사실이다. 또 창의적 사고기법이나 아이디어 발상 단계론들은 엄밀하고 체계적인 방법을 통해 경험적으로 검증된 구체적 결론이 아니다.

따라서 일반인이 개인의 입장에서 창의적으로 문제를 해결하기 위해서는 좀 더 실질적인 도움을 받아야 하며, 경험적으로 검증된 구체적 지식이나 원리가 필요하다.

2. 아이디어 발상 원리 규명 1: 기존 지식의 내용과 구조

앞에서는 창의성을 창의적 결과물, 창의적 인물, 창의적 환경, 창의적 사고과정이라는 측면에서 살펴보았다. 이제 어떻게 하면 우리 개개인이 창의적 결과물을 만들어 낼수 있는가에 초점을 맞추어 보자. 우리의 목표는 새롭고 유용하다는 평가를 받을 수 있는 결과물(아이디어)을 도출해 내는 것이다. 창의성에 대한 규정에서 언급했듯이, 우리개개인이 통제할 수 있는 것은 창의적 사고과정이다. 앞 절에서 제시한 창의적인 생각이 떠오른 순간에 대한 묘사나 수평적 사고, 아이디어 발상 단계론을 안다고 해서 창의적 결과물을 도출할 수 있는 것은 아니다. 창의적 결과물이나 아이디어를 내기 위해서는 창의적인 사고를 하는 우리 자신의 머릿속으로 좀 더 들어가 볼 필요가 있다.

먼저 창의적 사고는 언제 필요한가? 즉, 창의적 사고가 필요한 상황이나 문제는 무엇인가에 대해 살펴보자. 다음으로 창의적 사고가 필요하다면 부딪힌 문제에 대해 기존에 우리가 알고 있던 지식(경험, 기억)은 어떤 역할을 하는가? 또 우리의 지식은 어떤내용과 구조로 이루어져 있는가에 대해서도 알아보자.

우리는 흔히 문제를 정확하게 이해하면 답의 반은 아는 것이라는 말을 듣는다. 우리는 이런 이야기를 자주 들으면서도 정작 문제를 정확하게 이해하려 하지 않는다. 어떤문제에 접하면 먼저 답부터 구하려고 한다(당연한 걸까?). 답이나 문제해결책을 떠올리기 전에 문제의 유형과 실체부터 파악해야 한다. 특히 창의적 사고를 필요로 하는 문제인지 아닌지를 파악해야 한다.

사람들이 모든 문제들에 대해 어떻게 접근하는지를 검토함으로써 창의적 사고과정에 대한 실마리를 얻을 수 있다. 우리가 맞닥뜨린 모든 문제들에 대해 반드시 창의적 사고나 해결책이 필요한 것은 아니다. 자동차 운전면허를 따기 위한 실습상황에서 창의적인 운전을 기대해서는 안 될 것이다.

우리가 일상생활에서 접하는 문제들은 이미 잘 알려져 있는 표준적인 방법으로 해결할 수 있다. 즉, 기존에 사용했던 방법이나 해결책을 단순히 기억에서 꺼내 쓰거나 조합하고 응용하면 된다. 이런 문제해결 방식을 단순재생산적 문제해결 방식이라 한다. 그리고 기억에서 단순재생산하는 문제해결 방식을 넘어서는 창의적 문제해결 방

단순재생산적 문제해결 방식
문제해결을 위해 단순히 기억에서 꺼내 쓰거나 조합, 응용하는 방식

식도 있다. 단순재생산적인 문제해결과 창의적 문제해결 가운데 어느 쪽이 더 적절한 가는 맞닥뜨린 문제에 달려 있다.

다음에 제시한 문제들을 살펴보자.

① 조선 시대 12대 왕은 누구인가?
② 2m 길이의 실로 만들 수 있는 도형의 최대 넓이는 얼마인가?
③ 생활하는 데 가장 적합한 실내온도는 몇 도인가?
④ 서울에서 부산까지 가장 빨리 갈 수 있는 방법은 무엇인가?

첫 번째 문제는 우리가 암기하여 기억 속에 있는 내용을 단순히 꺼내기만 하면 된다. 두 번째 문제는 떠올릴 수 있는 출발점과 목표점, 해결방안에 대한 방식을 분명하게 포함하고 있으며 수렴적 사고를 요구한다. 즉, 몇 가지 기본 도형들을 차례로 떠올려 길이를 바탕으로 넓이를 계산해 보면 된다. 첫 번째나 두 번째와 같은 문제는 단순재생산적인 문제해결 방식으로 풀릴 수 있다. 우리가 일상생활에서 접하는 대부분의 문제들은 단순재생산적 문제해결 방식을 요한다. 즉, 경험을 통해 기억에 저장한 기존 지식을 단순히 꺼내거나 조합함으로써 해결할 수 있는 것이다.

반면 세 번째 문제는 출발점과 목표점, 해결방식에 관하여 명확하게 표현되어 있지 않다. 이런 문제에 대한 답은 간단한 방법으로 해결되지 않는다. 왜냐하면 최적의 실내온도에 대해 계절이나 장소 등을 분명하게 언급하지 않고 있기 때문이다. 겨울과 여름의 최적 실내 온도가 다르고, 동일한 계절이라 하더라도 사람에 따라, 장소에 따라 적합한 실내 온도가 다르다. 네 번째 문제도 가능한 여러 가지 방법, 즉 비행기, 헬리콥터, 고속열차 등을 살펴보아야 한다. 아니면 자신이 가장 좋아하는 사람과 같이 가는 것, 매우 재미있는 책을 읽으며 가는 것 등을 살펴야 한다. 우리는 세 번째나 네 번째와 같은 문제에 접하게 되면 창의적으로 생각하지 않을 수 없다. 이런 유형의 문제를 해결하려면 당연히 기존 지식이 필요하다. 다만 기존 지식을 변화시켜야 한다.

앞에서 제시한 문제해결 상황에서처럼 우리의 기억 속에 들어 있는 기존 지식은 즉각적으로 꺼내 쓸 수 있는 최종적인 해답뿐 아니라 문제해결에 이르는 전략까지 제공할 수 있다. 우리들이 기억 속에 저장하고 있는 문제해결 전략은 연산방식(algorithm)

연산방식
문제를 해결하기 위해 한 계단씩 차례를 밟아나가는 방식, 수직적 사고를 통한 문제해결방식과 자기발견적(heuristic) 해결방식이다. 연산방식은 어떤 문제에 대 한 해답에 이르기 위해 한 계단씩 차례로 밟아 나가는 방식이다. 예를 들어, 1부터 100까지의 합을 구하라는 문제에 대해, 연산방식을 적용한다면 1+2+3+……+99+100으로 하나씩 차례로 더해 가게 되는 것이다. 반면 자기발견 적 해결방식은 누구의 도움 없이 개인 나름의 방식으로 문제를 해결해 나가는 방식이 다. 그래서 어떤 이들은 이 방식을 주먹구구식이라거나 어림짐작 방식이라고 한다. 만약 1부터 100까지의 합을 구하라는 문제에 대해, 다음과 같은 방식이 그 예 가운데 하나가 된다.

자기발견적 해결방식
개인 나름의 효율적인 문제해결 방식

$$1 + 2 + 3 + \cdots\cdots + 99 + 100$$
$$100 + 99 + 98 + \cdots\cdots + 2 + 1$$
$$(101 + 101 + 101 + \cdots\cdots + 101 + 101)/2 = 10100/2 = 5050$$

자기발견적 해결방식은 문제해결에 유용하지만 항상 적절한 방식은 아니다. 그렇지 만 우리가 자기발견적 해결방식을 활용하거나 그 방식에 주목하는 것은 문제해결을 위한 지름길을 제공하기 때문이다(이 방식과 창의적 문제해결 방식과 동일하게 보는 것은 무리가 있다).

연산방식과 자기발견적 해결방식으로 대변되는 단순재생산적 문제해결 방식은 우 리 기억 속에 있는 기존 지식을 활용한 방식이다. 다시 말해, 단순재생산적 문제해결 방식에서 기존 지식은 매우 중요하다는 점이다. 그렇다면 이와 대비되는 창의적 문제 해결 방식에서 기존 지식은 어떤 역할을 할까? 기존 지식으로는 만족할 만한 답을 구 할 수 없는 창의적 문제해결 방식에서 기존 지식은 쓸모없는 것일까?

1) 창의적 사고에서 기존 지식의 역할

다음에 제시한 인위적으로 만든 문제를 풀어 보자.

다음의 글자들을 다시 배열하여 한 단어(one word)를 만드시오.
"NEWDOOR"

이런 문제(Ward, Finke, & Smith, 1995에서 재인용)에 접하게 되면 우리는 연산방식이나 자기발견적 해결방식을 이용하여 7개의 글자들을 재배열하여 하나의 단어를 만들려고 할 것이다. 쉽게 답이 나오지 않는다. 해답은 'ONE WORD'다. 두 단어이기 때문에 답이 될 수 없다고! 문제를 다시 보기 바란다. 우리 대부분은 이 문제에 어려움을 겪는다. 그 이유는 한 단어의 형태를 띠어야 한다는 생각에 집착해 있기 때문이다. 이 생각을 포기하지 않는 한, 우리는 이 문제를 해결할 수 없다.

우리 모두가 잘 알고 있는 한 가지 예를 더 들어 보자. 발명왕이라고 하는 에디슨의 전구 부피 측정하기에 관한 것이다. 에디슨은 전구를 완성하기 위해 타원형의 구체인 전구의 부피를 알아야 했다. 전구의 부피를 어떻게 구할 수 있을 것인가? 수학자나 기하학자들은 구체의 부피를 구하는 공식을 적용하려 할 것이다. 시간은 걸리겠지만 못 구할 것도 아니다. 그런데 에디슨은 전구에 물을 가득 담았다가 직육면체의 용기에 부어 그 물의 부피를 계산함으로써 전구의 부피를 구했다.

이런 예들은 우리로 하여금 기존의 (낡은) 지식을 거부하거나 적어도 잠시나마 기존 지식에서 벗어나야만 창의적으로 문제를 해결할 수 있다고 생각하게 만든다. 과연 그런가? 앞에서 창의적 결과물의 평가기준 가운데 하나로 새로움, 독창성, 혁신성 등을 제시하였다. 창의적이란 표현 자체에도 이미 새로움(創)이라는 뜻이 포함되어 있다. 이런 주장은 창의적 사고나 문제해결에서 '創/新(새롭다)'을 지나치게 강조하게 만든다. 결과적으로 창의적인 것은 기존의 것(낡은 것)과의 단절이라는 강박관념이 생기게 된다. 더욱이 지금 세간에 나와 있는 아이디어 발상 단계론들을 보면 기존에 모은 자료나 지식들을 잊어버려야 한다고 주장한다. 그러나 인간의 모든 창의적 사고나 결과물들은 기존 지식에서 나왔다고 해도 무리가 없을 것이다.

토머스 에디슨의 사례를 또 하나 살펴보자. 우리는 흔히 에디슨이 전구를 발명했다고 알고 있다. 에디슨은 기존 지식에 근거하지 않고 전혀 새로운 형태의 전구를 처음으로 발명하였을까? 아니다. 험프리 데이비드 경이 1808년에 이미 엘리먼트를 가열하여 발열하는 현상을 밝혔다. 그렇다면 에디슨이 조그만 유리공에 엘리먼트를 처음으로 집어넣었는가? 이것도 아니다. 에디슨에 앞서 20여 명이 이미 유사한 발명을 한 것이다(Friedel & Israel, 1986). 에디슨은 모든 사람들이 쓸 수 있도록 전구를 실용화한 최초의 인물이긴 하지만, 만약 기존에 전구에 관한 지식들이 없었다면 전구를 발명할 수 있었을까?

수많은 사례들이 있지만 하나의 사례만 더 살펴보자. 철도 위를 달리는 기차는 처음에 어떤 모양이었을까? 지금 우리에겐 익숙한 교통수단이지만 1830년대에 철도는 여행방식에 혁명을 불러일으킨 혁신기술이었다. 그 당시 철도나 그 위를 달리는 기차는 창의적 사고를 필요로 했다. 그런데 초기 기차의 모양은 기존에 있던 무엇과 완전히 다른 모양이었을까, 아니면 기존의 무엇을 닮았을까? 초기의 기차는 역마차를 닮은 모양이었다. 초기에 기관사는 역마차 모양의 기차 위에 앉아서 운전을 했고, 그 때문에 급정차 시 기차에서 떨어져 죽는 경우가 많았다. 지금의 기차 모양으로 발전하기까지 많은 시행착오가 있었다.

바로 앞의 두 가지 예들(전구와 기차)을 통해 우리는 창의적 사고나 문제해결 과정에도 기존의 지식이 필요함을 알 수 있다. 기존 지식이 없다면 창의적 사고나 문제해결은 가능하지 않다고 말할 수 있을 정도다. 또 독창성이나 새로움이란 낡은 것에 대해 상대적으로 존재할 수 있는 표현이다. 부시먼에게 코카콜라 병이나 자동차는 새로운 것이 아니라 신의 물건일 수밖에 없다. 그런데 왜 기존 지식을 벗어나거나 일시적으로라도 버리라고들 하는 것일까?

앞에서 제시한 문제와 사례들을 종합해 보면, 결국 기존 지식은 창의적 사고과정에서 필수적임(출발점)과 동시에 방해와 간섭을 일으키고 집착하게 하여 창의적 결과(창의적 문제해결)에 이르는 길을 지체시키거나 불가능하게 만드는 역할을 한다고 결론지을 수 있다. 그렇다면 우리는 창의적 사고를 하는 데 기존 지식의 이중적인 역할을 어떻게 통제할 수 있을까? 이를 위해서는 우리가 가지고 있는 지식, 즉 기억의 내용과 구조에 대해 알 필요가 있다.

2) 지식의 내용과 구조

인간의 경험이나 기억, 지식은 그 어감이 서로 다르다. 그렇지만 지금 이 단락을 읽고 있는 우리 머릿속에 있는 지식은 기억이라는 말로 표현할 수도 있다. 따라서 지식의 내용과 구조를 안다는 것은 인간의 기억 내용과 구조를 안다는 것과 같다.

인간의 기억과 학습을 연구하는 학자들은 인간의 기억(지식)의 내용을 각기 다르게 묘사하고 있지만, 우리 인간의 기억을 구성하는 가장 작은 단위는 개념(concept)과 이미지(mental image)라는 데 동의할 것이다. 이런 개념과 이미지는 서로 뭉쳐진 형태로 존재한다고 가정하는데, 이를 도식(schema)이라 부른다〔이런 도식들이 모여 있는 형태를 마음속 모형(mental model)이라 한다〕. 도식을 구성하는 개념들(각 개념마다 이미지가 포함되어 있다)은 구체적일 수도 있고 추상적일 수도 있는데, 연결망(network)의 형태로 서로 연결되어 있다(Collins & Loftus, 1975; Collins & Quillian, 1969).

인간의 지식, 즉 기억을 좀 더 분명하게 이해하기 위해서는 그것의 기본 단위인 개념과 이미지가 무엇인가에 대해 자세하게 살펴볼 필요가 있다.

(1) 개념이란 무엇인가

개념은 인간의 의사소통에서 사용하는 언어의 필수적인 요소이기도 하다. 개념은 인간의 언어사용과 밀접한 관계가 있다. 태초 인류가 언어를 의사표현의 도구로 이용하지 못했을 때를 생각해 보자. 그때를 생각하기 어렵다면 한 인간이 탄생하여 언어를 배우지 못했을 때를 생각해 보자(개체발생이 종족발생을 설명한다는 논리를 적용함).

어떤 구체적인 대상물을 보고 스스로나 다른 사람에게 표현하고자 한다. 어떻게 표현해야 할 것인가? 그 대상물을 묘사하기 위해 몸짓이나 그림을 이용할 것이다. 동일한 대상물이라도 여러 가지 형태로 움직이거나 변화하기 때문에, 이렇듯 몸짓이나 그림을 이용하려면 정밀한 그림 솜씨나 흉내가 필요할 것이다. 따라서 효율성(의사전달이나 표현에서)이 떨어진다. 그 대상물을 한마디로 표현할 수 있다면 절약적(parsimonious)일 것이다. 그래서 사람은 귀가 두 개이고 다리가 네 개이며 꼬리가 있고 멍멍 소리를 내는 대상물을 '개'라고 부르기로 약속했다.

이것이 바로 개념이다. 개념이란 공통점(공통 특성, 속성)을 가진 개체들의 집합인 것이다(Ashcraft, 1978). 그래서 개념에는 그 개념을 지칭하는 하나의 단일한 구체적인 형상이 존재하지 않는다. 집합이기 때문이다. 또 형태가 없는 개체(흔히 추상명사라 한다)도 있다. 그럼에도 우리는 개체들의 집합인 개념에 대해 단편적인 그림을 같이 떠올린다. 그래서 개념과 뗄래야 뗄 수 없는 관계에 있는 이미지에 대해 살펴보지 않을 수 없다.

(2) 이미지란 무엇인가

우리가 마음속에 가지고 있는 그림을 떠올려 보자(인간의 마음속에 있는 이미지는 시각적인 것 외에도 청각/후각/미각/촉각적인 것이 있을 수 있다. 그렇지만 가장 활발하게 연구되었고 많은 학자들도 이미지와 시각적 이미지를 동의어처럼 사용하기 때문에 여기서는 시각적 이미지만을 서술할 것이다). 사진처럼 선명한가, 아니면 시각적인 윤곽이나 인상만 있는가? 우리 마음속의 그림은 우리가 경험한 대상에 대해 미묘한 세부사항들을 명백한 '사실'로서 저장하고 있는 게 아니다. 우리가 어떤 대상을 처음 시각적으로 경험할 때는 짧은 시간 동안(1/4~1초)에는 감각등록기에 선명한 사진과 같은 형태(eidetic image, iconic memory)로 존재하지만, 그 이후에는 좀 덜 선명한 그림의 형태인 인상만으로 저장된다(이정모 외, 2009; Ward, Finke, & Smith, 1999). 그렇지만 이렇게 저장된 인상도 유용할 수 있다.

먼저 우리는 마음속의 그림을 확대함으로써 작은 그림이라면 파악할 수 없는 섬세한 부분까지 탐지해 낼 수 있다(물론 그 그림은 인상이기 때문에 떠올릴 때 왜곡, 첨가가 일어난다). 마음속 그림의 이런 특성은 우리가 현실에서 지각하는 대상의 특성들과 매우 유사하다. 우리가 마음속 그림을 떠올리는 것과 실제 대상을 시각적으로 지각하는 활동은 우리의 시각체계에 있는 정보처리 기제를 많은 부분 공유하고 있다.

또 마음속 그림은 우리가 전에 한 번도 기억 속에 개념들의 결합형태(명제나 문장)로 담아 둔 적이 없는 어떤 것에 대한 정보까지 떠올리게 해준다. 예를 들어, '밤은 도토리보다 크다.'는 것을 개념형태로 저장해 둔 적이 있는가? 만 원짜리 지폐를 떠올려 보자. 세종대왕 그림이 있는 면의 왼쪽에는 어떤 기구가 있는가? 개념 형태로 저장해 둔 적은 없지만 마음속 그림을 확대해 보면 흐릿하지만 뭔가가 있을 것이다.

또한 우리는 마음속 그림을 있는 그대로 떠올리기만 하는 것이 아니라 마음대로 변형시킬 수 있다(역동성). 우리는 마음속 그림을 회전시키거나 확대할 수 있으며 모양마저 바꿀 수 있다. 마음속 그림의 이런 특성은 미래를 예측하는 데에도 도움을 준다. 이렇듯 마음속 그림을 변형시키는 능력은 친숙한 사물을 대할 때에도 신선한 시각을 줌으로써(여러 각도에서 살펴볼 수 있게 함으로써) 창의적 사고를 촉진시킬 수 있다(Finke & Slayton, 1988).

(3) 지식의 기본 단위인 개념(이미지)과 창의적 사고의 관계

개념의 특징이 창의적인 생각을 하는 것과 무슨 관련이 있는가? 지구로부터 수만 광년 떨어진 행성에 사는 '우주 동물'에 관한 공상과학 소설을 쓰려고 한다. 그 우주 동물을 한번 묘사해 보자(2분쯤만 생각해 보자). 이것은 분명 창의적인 사고를 필요로 하는 작업이다. 이제 여러분이 떠올리거나 묘사한 우주 동물의 형태를 살펴보라(Ward, 1994, 1995; Ward, Smith, & Finke, 1999).

혹시 눈이 있는가? 팔다리와 같은 감각감지 기관은 있는가? 좌우대칭을 이루는 형태는 아닌가? 귀나 머리, 꼬리 같은 것은 없는가? 이런 특징들을 가지고 있지 않다고? (그런 경우라면 혹 그 형태가 자신이 과거에 보았던 공상과학 영화나 소설 속에 등장한 것을 참조했을 가능성도 있다.) 그렇지만 대부분은 이런 특징들을 가졌을 것이다. 창의적이라고 평가할 수 있는가? 여기에서 다시 한번 묘사한 형태를 생각하는 과정으로 돌아가 보자.

만약 우주 생물이나 우주 개, 우주 물고기를 묘사해 보라고 했다면 어떻게 했을까? 지금과 거의 비슷한 형태를 묘사하거나 그랬을까? 아닐 것이다. 왜 그럴까? 생각의 출발점이 우주 '동물'이었기 때문이다. 동물은 개념이다. 우리는 자신도 모르는 사이에 지구에 존재하는 동물이라는 개념의 공통 특성들 가운데 핵심적인 것들을 바탕으로 새로운 우주 동물의 형상을 만들어 냈기 때문이다. 그것도 지구의 육상 동물을.

이렇듯 우리가 창의적 사고나 결과물을 만들어 낼 때, 기존에 가지고 있던 지식, 특히 개념(의 핵심 속성들)이 지대한 영향을 미친다. 이런 현상을 '구조화된 상상력'이라고 한다(Ward, 1994). 구조화된 상상력이야말로 창의적 결과에 이르는 길을 가로막는 장벽이다. 이를 극복할 수는 없을까? 다시 말해 기존 지식(개념의 공통 속성이나 핵심 속성)의 영향에서 벗어날 수는 없는 것일까? 잊어버리면 된다고! 망각하면 부화 현상이 일어나고 통찰을 통해 창의적 결과에 이르게 될 것이라고! 부지불식간에 일어나는 일이기에 쉽지 않다.

3. 아이디어 발상 원리 규명 2: 기존 지식을 활용한 체계적 발상

창의적 사고나 문제해결을 해야 할 입장에 있는 사람들은 기존 지식(개념의 공통 속성, 핵심 속성)의 영향력에서 벗어나고자 한다. 이제 앞 절에서 언급한 개념(이미지)의 특징을 바탕으로 구조화된 상상력에서 벗어나는 구체적인 방법들을 모색해 보자. 수많은 고민과 번민 속을 헤매다 어떤 한 순간에 퍼뜩 떠오르는 창의적 발상(통찰이나 직관에 의존)을 좋아하는 사람(창의적인 사람)은 다음을 한번 읽어 보고 잊어버리기 바란다. 그렇지만 체계적인 사고를 통해 창의적 결과에 이르기를 좋아하는 보통 사람(자신을 수직적 사고형, 수렴적 사고형이라고 생각하는 사람)은 좀 더 관심을 갖고 참고해 보기를 바란다. 다만 유의해야 할 사실은 다음에 제시하는 내용이 수많은 창의적인 아이디어 발상원리들 가운데 한 가지일 뿐이라는 것이다.

(1) 개념의 공통 속성과 핵심 속성을 찾자

창의적으로 해결해야 할 문제나 대상을 하나의 개념으로 표현하고, 그 개념의 공통 속성들을 나열한 후, 그 가운데서 핵심적 속성들을 찾아라(Ward, Finke, & Smith, 1999). 예를 들어, 새로운 형태나 기능을 가진 '자전거'를 고안하고자 하는 사람이라면, 먼저 자전거(개념)가 갖고 있는 공통적인 속성들을 간단히 적어 보자. 핸들, 바퀴(살), 발판, 체인, 기어, 브레이크(손잡이) 등등일 것이다. 다른 사람들도 대부분 이런 속성들을 나열한다. 이들 가운데서 '자전거'라는 개념의 핵심 속성을 찾으면 된다.

핵심 속성을 찾았으면 그 중 하나나 두 개를 변화시켜라. 여기서 한 가지 유의해야 할 점은 어떤 개념의 본질적인 특성까지 바꾸는 문제다. 우리는 개념들을 여러 가지 방법으로 변화시킬 수 있다. 하지만 어느 선을 넘어서서 그 본질을 바꿔 버리면 그 개념이 파괴될 위험을 안게 된다. 그럼에도 매우 창의적인 사람들조차도 새로운 아이디어를 개발할 경우 개념의 본질을 바꾸는 것에 대해서는 생각하지 않는다. 하지만 사람이 그 개념의 본질을 다른 것으로 바꿔 버리면, 우리 대부분은 그들의 창의적 사고결과가 무엇을 위한 것인지조차 인식하지 못한다.

① 한 개념의 핵심적 속성들은 서로 강하게 연결되어 있다(속성의 상호성). 그 연결을 끊어 보는 것도 한 방법이다. 우리가 알고 있는 많은 개념들의 핵심 속성들을 고려해 보면, 어떤 속성들은 다른 속성들과 떼어놓을 수 없을 만큼 밀접하게 연결되어 있다. 예를 들어, 상상 속의 창조물에 깃털이 달렸다고 하면 날개와 부리를 가진 동물을 떠올린다. 또 비늘을 가졌다고 하면 아가미를 더 구체적으로 묘사한다. 털이 있다고 하면 날개와 부리와 아가미를 생각하지 않을 것이다(Ward, Finke, & Smith, 1999).

② 핵심적 속성들을 많이 가진 구체적인 개체가 있다. 이를 개념의 대표적/전형적인 개체라 한다(Ward, 1994, 1995). 앞에서도 언급했지만, 개념은 공통 속성을 가진 개체들의 집합이다. 그렇기 때문에 논리적으로 한 개념을 하나의 그림으로 묘사

하는 것은 모순이다. 그럼에도 우리는 보통 하나의 개념에 상응하는 하나의 그림을 떠올릴 수 있다. 예를 들어, 우리는 쉽게 한 가지 형태의 개를 떠올리고 그릴 수 있다(개라는 개념에는 진돗개, 푸들, 삽살개, 도베르만 등등 많은 개체가 있음에도 불구하고). 이때 떠올린 개체가 바로 전형적 개체인 것이다.

가장 비전형적/비대표적인 개체에서 출발하라. 일반적으로 어떤 한 개체가 핵심 속성들을 많이 지니면 지닐수록 한 가지 개념이나 종류를 대표하는 성격이 강해지게 된다. 인간은 한 개념을 대표하는 것들을 그보다 대표성이 떨어지는 것보다 훨씬 빨리 떠올린다. 창의적 사고를 위해서는 여기에서 벗어나야 한다. 한 개념의 가장 비전형적인 개체에서 출발하기 위해서는 그런 개체를 떠올릴 수 있어야 한다. 그래서 창의적 사고를 위해서는 다양한 직간접적인 경험이 필요하다고 하는 것이다.

(2) 개념에 대해 추상적으로 생각해 보자

인간은 어떤 개념에 대해 구체적으로 생각하는 경향이 있다. 여기서 구체적이라는 것은 형태를 갖추어 생각한다는 뜻이다. 개념은 외부의 독립적인 대상으로부터 나온 것이 있고, 외부의 대상들 간 관계나 대상들의 기능·상태에서 나온 것, 심리적 대상으로부터 나온 것도 있다. 이런 개념에 대해서조차도 우리는 구체적으로 생각하는 경향이 있다. 즉, 아름다움 하면 아름다운 장면이나 그림, 인물을 떠올리기 쉽다.

예를 들어 보자. 대부분의 사람들은 어떤 대상(처음 보는 고양이 모양의 동물)을 보면, 고양이, 포유동물, 살아 있는 물체, 만질 수 있는 물체, 모피가 있는 물체 등 다른 무수한 이름 가운데 어느 하나로 부를 수 있음에도 첫 번째 반응으로 그것을 '고양이'라고 생각한다. 이렇듯 인간은 어떤 대상을 개, 고양이, 새, 물고기 등으로 분류한다. 인지심리학자들은 이런 현상을 '기초수준'의 분류라고 불렀다. 인간은 이러한 경향이 강한 나머지 대부분의 사물을 아주 구체적인 수준에서 파악한다. 인간은 다리, 날개, 지느러미 등과 같이 직접 관찰이 가능한 특성에 이끌리고 있다. 이것은 인간의 보편적인 지식 축적과정(분화와 통합)이고 일상생활에서 대단히 유용하다.

우리는 흔히 교과서나 교재보다는 소설책을, 소설책보다는 만화책을 재미있게 읽는다. 왜 그럴까? 물론 서술방식이나 문체 등 다른 이유도 있겠지만, 그것들이 교과서보다 구체적으로 묘사되어 있어서 쉽게 형상들을 떠올리며 읽을 수 있기 때문이다.

그러나 이렇듯 개념에 대해 구체적으로 생각하는 경향은 창의적 사고나 문제해결에 방해 요인으로, 한계로 작용한다. 따라서 우리가 창의적으로 사고하기 위해서는 특정 대상의 구체적인 이미지의 한계를 뛰어넘어야 한다(Ward, Smith, & Vaid, 1997).

추상적으로 생각하기를 위한 예를 들어 보자. 만약 우리가 자동차의 브레이크 방식을 개선하거나 새롭게 디자인해야 하는 문제에 직면해 있다. 우리는 기존의 브레이크 작동 방식을 구체적으로 떠올리고(디스크 방식이나 드럼 방식), 그중 하나를 선택해서 새롭게 디자인하려 하기 쉽다. 만약 디스크 방식을 떠올렸다면, 그 외에 차량을 멈추게 하는 다른 방법에 대해서는 전혀 생각하지 않을 것이다. 이것은 미래의 새롭고 혁명적인 브레이크 시스템을 개발할 기회를 처음부터 놓치고 있는 것이다.

그럼 이제 좀 더 추상적으로 생각해 보자. 브레이크는 차량을 멈추게 하는 것이다. 좀 더 추상화하자. 브레이크는 차량의 운동에너지를 다른 형태로 바꾸는 것이다. 어떤 형태로 바꿔야 할까? 차의 운동에너지는 낙하산이나 넓은 날개를 펼쳐 바람의 저항을 이용함으로써 다른 형태로 바꿀 수 있다. 터무니없는 생각인가? 그럼 다시 우리가 브레이크를 밟으면 운동에너지는 어떻게 변하는가? 마찰열로 낭비된다. 낭비되는 열에너지를 저장했다 다시 사용할 수 없을까? 이런 추상적 사고과정을 통해 친환경적 브레이크 시스템, 더 나아가 친환경적 차량을 만드는 데 도움이 되는 아이디어를 얻을 수도 있다.

(3) 지식구조 속에서 멀리 떨어져 있는 개념들을 결합해 보자.

앞에서는 하나의 개념에서 출발하여 창의적 결과에 이르는 데 도움이 될 수 있는 방법을 살펴보았다. 이제는 하나의 개념에서 출발하여 다른 개념과 결합하는 방법(개념결합)에 대해 살펴보자. 사실 개념결합은 예술과 과학발달의 원천으로, 창의적 아이디어 발상법으로 상당히 오래전부터 알려져 있는 방법이다(Gentner, 1983; Gordon, 1961; Wisniewski, 1997).

개념결합이 창의적 발상법으로 널리 알려지게 된 이유는 창의적 결과물이나 혁명적인 발명품들이 나오게 된 배경 때문이라 할 수 있다. 예를 들어, 로드 루터포드는 태양계를 모형으로 삼아 수소원자의 구조를 설명했고, 에디슨은 도시 상수도 시스템을 바탕으로 가스배급 시스템을 제안했으며, 카워딘은 인간의 팔에 기초하여 책상용 전등을 만들었다. 클래런스 버즈아이는 겨우내 얼어 있는 연어를 요리해 먹어 봄으로써 냉동식품 산업을 탄생시켰다. 또 나뭇잎에 맺힌 이슬방울에서 돋보기가 나왔고, 고양이의 눈에서 도로의 야간반사 장치가, 대나무에서 속이 빈 강철 기둥이, 의료계의 발명품인 부풀릴 수 있는 부목에서 리복 펌프가 나왔다. 또 뛰어난 수많은 문학작품들에서도 비유(직유보다는 은유)를 통해 개념을 결합시킨 명문들이 많다.

　이렇듯 창의적 사고과정에서 개념결합 원리는 중요시되었다. 마치 수소와 산소라는 두 기체를 결합하면 각각의 성질과 전혀 다른 새로운 형태(창의적 결과물)인 '물'이라는 액체가 만들어지는 것과 같이……. 지금도 개념결합이 창의적인 인물을 선발하는 시험문제(서로 다른 두 개념을 주고 공통점과 차이점을 몇 십 개 이상 서술하라)로 출제되고 있을 정도다.

　그런데 현실에서 창의적 사고원리로서 개념결합을 이용할 때는 시험문제처럼 무작위로 서로 다른 두 개념을 결합시켜 새로운 결과물을 만드는 것이 아니다. 현실에서 우리가 문제에 부딪힐 때는 언제나 출발점인 개념(예, 노트북 컴퓨터)이 존재하게 된다. 이 노트북 컴퓨터라는 개념과 서로 다른(과거에 만난 적이 없거나 관련성이 없는) 개념(예, 코끼리, 기린, 은행나무, 흙, 두통약 등등)은 우리의 기존 지식구조 속에 너무 많이 존재한다. 문제는 이 개념들 중 어떤 개념을 노트북 컴퓨터와 결합시켜야 가장 창의적인 결과가 나올 것인가다.

　이에 대한 하나의 답은 출발점인 개념(A)을 추상화하는 것이다. 출발개념을 추상적으로 사고하고, 다시 그 추상적 사고를 바탕으로 구체적인 개념들(B, C, D, ……)을 만들어 낸다. 여기에서 출발개념과 만들어 낸 개념들을 쌍(A+B, A+C, A+D, ……)으로 삼아 가장 창의적인 결과가 나올 때까지 반복해서 생각해 보면 된다. 이 방법은 1960년대 창의성 연구의 대가인 윌리엄 고든(W. Gordon)이 제안한 창의적 문제해결법인 '시넥틱스(synectics)'(Gordon, 1961)와 동일하진 않지만 유사하다. 시넥틱스는 창의적 문제해결을 위해 '유추(한쪽 분야에 속하는 개념을 끄집어내서 다른 분야의 개념으로 확장하는 것)'를 이용한다. 한편 어떤 사람들은 이 과정에서 '야누스적 사고(Janusian thinking)'를 강조하기도 한다. 야누스적 사고에서는 출발개념과 반대인

시넥틱스
한쪽 분야에 속한 개념을 바탕으로 다른 분야의 개념으로 확장시키는 문제해결법

야누스적 사고
반대 과정의 사고

다른 개념을 강조한다(Rothenberg, 1995). 대표적인 예로 셰익스피어의 명문장인 '이별이란 그토록 달콤한 슬픔(sweet sorrow)인 것'을 들 수 있다.

(4) 광고물의 기획과 제작 과정에 적용

① 광고 콘셉트 추출

광고물의 기획과 제작 과정에서 출발점은 제품, 즉 브랜드 콘셉트다. 브랜드 콘셉트에서 전략적 목표의 요약인 광고 콘셉트로 추상화한다(개념확장 과정). 해당 브랜드가 속한 제품에서 브랜드 콘셉트의 공통 속성들 가운데 핵심 특성(속성)을 파악한다. 전형적 개체(선도 브랜드일 가능성이 높음)를 파악하고, 비전형적(비대표적) 개체에서 추상화를 시작한다. 기초수준의 사고에서 탈피해야 한다. 해당 브랜드의 형태와 기능을 서술적으로 묘사해 보는 것도 한 방법이다. 소비자가 해당 브랜드에 대해 가지고 있는 직접적 지식(제품에 대한 지식체계)을 근거로 한다.

이때 더욱 추상화하기 위해서는 소비자 조사자료(인구통계 지표, 사회경제 지표, 라이프스타일, 심리특성), 해당 브랜드 마케팅 전략과 목표, 해당 브랜드의 과거 광고, 경쟁 브랜드들의 마케팅 전략과 목표, 경쟁 브랜드들의 과거 광고 등이 필요하다. 이러한 자료는 추상화 결과로 도출한 여러 광고 콘셉트들(대안들) 가운데 하나를 선택할 때, 참조준거(선택기준)로 쓰일 것이다.

② 크리에이티브 콘셉트 추출, 브랜드 콘셉트와 시청각적 이미지 결합(표현)

광고 콘셉트를 바탕으로 구체화한다. 브랜드 콘셉트에서 추상화한 광고 콘셉트에서 출발하여 구체적인 대상물들을 나열한다. 이렇게 구체화한 대상물들(개념들)이 크리에이티브 콘셉트의 대안들이다. 이 대안들은 최초의 출발 개념인 브랜드 콘셉트와 공유하는 것이 있다. 그것은 바로 광고 콘셉트다. 이 대안들 가운데 어떤 것을 크리에이티브 콘셉트로 확정할 것인가?

이 시점에서 브랜드 콘셉트와 크리에이티브 콘셉트의 각 후보들을 결합해 본다(개념결합). 쌍으로 결합한 결과, 표적소비자의 주의를 가장 잘 끌 만한 쌍(재미, 유머, 사회문화적 유행요소, 금기시되는 것, 성적본능 자극 등등; 오리지널리티, 임팩트), 광고 콘셉트를 역으로 추리하게 되는(relevance) 쌍, 시청자(표적소비자)로 하여금 창의적 사고를 촉진시킬 수 있거나 사회적 · 문화적 시사성을 느끼게 하는 쌍을 선택한다. 그러면 당연히 크리에이티브 콘셉트가 결정된다.

크리에이티브 콘셉트가 결정되고 나면, 이것을 브랜드 콘셉트와 결합하여 시각적으

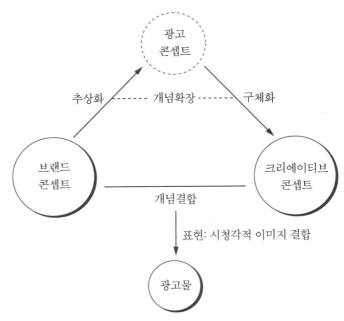

[그림 6-1] | 광고 아이디어 발상과정에 대한 체계적 접근모형

출처: 김철민(2001) 참조.

로, 청각적으로 어떻게 표현할 것인가도 중요하다. 시청각적 표현(방법이나 기법)에서도 독창성이 필요할 것이다. 마지막으로 이해를 돕기 위해 이와 같은 내용을 [그림 6-1]에 제시하였다.

요약

    창의성이란 창의적인 생각·사고·결과물을 만들어 낼 수 있는 개인이나 집단, 조직의 역량으로 규정할 수 있다. 창의성의 의미를 좀 더 분명하게 하기 위해서는 어떤 생각이나 결과물에 대한 창의성 여부의 평가기준과 창의성 여부를 누가/언제 평가하는지에 대해 논의해 보아야 한다. 창의성 연구자들은 어떤 생각이나 결과물의 창의성 평가기준으로 두 가지를 제시한다. 하나는 독창성(새로움, 색다름, 혁신성) 차원이고, 다른 하나는 적절성(유용성) 차원이다. 광고 분야에서 창의적인 광고의 특징으로 여러 가지 기준들을 제시하고 있지만 공통적인 기준은 역시 새로움과 적절성이다. 어떤 결과물이 창의적인지 여부에 대한 평가의 주체나 시점에 대해서는 분야에 따라 여전히 논란이 많다.
    창의적인 결과물을 만들어 낸 인물(창의적 인물)들의 특성에 관한 연구결과, 창의적인 인물들의 지적 능력이나 성격특성은 보통 사람들과 별 차이가 없으나 자신의 일에 대한 동기적인 측면에서 차이가 있는 것으로 나타났다. 즉, 자신의 일에 끊임없는 열정과 사랑을 가졌고, 일을 하는 과정에서 삼매경을 경험했다는 점이다.

적절한 시간제약과 선택의 제약이 있을 때 창의적 결과가 많이 도출되는 것으로 나타났다. 국내의 광고 분야에서 창의적 광고인들은 창의적 성취를 위한 조직환경으로 수평적 조직구조, 전문경영인, 정신적 스승의 존재, 재충전 시간, 능력별 보상체계, 리뷰 시스템의 보완을 제시하였다.

창의적인 결과를 만들어 내는 아이디어 발상 과정에 대해서는 창의적 인물들의 일화에 근거한 창의적 사고기법이나 수평적 사고, 아이디어 발상 단계론 등이 있다. 하지만 이러한 기법들은 엄밀하고 체계적인 방법을 통해 경험적 타당성을 확보하지 못했다.

우리가 일상생활에서 맞닥뜨린 문제를 해결하는 방식에는 문제해결을 위해 기억에서 단순히 꺼내 쓰거나 조합, 응용하는 방식인 단순재생산적인 문제해결 방식과 기존의 기억을 바탕으로 하되, 새로운 관점에서 변화시켜야 하는 창의적 문제해결 방식이 있다. 단순재생산적인 문제해결 방식은 다시 연산방식과 자기발견적 해결방식으로 구분할 수 있다. 자기발견적 해결방식은 개인 나름의 효율적인 문제해결 방식이긴 하나 창의적 문제해결 방식과 동일하게 보는 것은 무리가 있다.

창의적 사고에서 기존 지식은 필수적인 출발점이지만 동시에 방해와 간섭을 일으키고 집착하게 하여 창의적으로 문제를 해결하는 길을 지체시키거나 불가능하게 만든다. 창의적 사고에서 기존 지식의 이중적인 역할을 통제할 수 있어야 하는데, 이를 위해 기존 지식(기억)의 내용과 구조에 대해 알아야 한다. 인간의 지식(기억)을 구성하는 가장 작은 단위는 개념과 이미지다. 개념이란 공통 속성을 가진 개체들의 집합이며, 이미지란 특정 대상에 대한 마음속의 오감각적 흔적이다. 우리가 창의적 사고를 하고 창의적으로 문제를 해결하는 데 기존에 가지고 있던 지식, 특히 개념의 핵심 속성들은 방해 작용을 한다. 이를 극복하고 창의적으로 사고하기 위해서는 해결해야 할 문제나 대상을 하나의 개념으로 표현하고, 그 개념의 핵심적 속성들을 나열한 후 그중 하나나 두 개를 변화시키는 것이다. 또 강하게 연결되어 있는 핵심 속성들 간 연결(속성의 상호성)을 끊어 보고, 핵심적 속성을 가장 덜 가진 비전형적인 개체를 떠올려 보아야 한다.

우리는 해결해야 할 문제나 개념에 대해 구체적으로 생각하는 경향이 있다. 창의적으로 사고하고 창의적으로 문제를 해결하기 위해서는 출발 개념에 대해 추상적으로 생각해 보아야 한다. 마지막으로, 하나의 개념에서 출발하여 그 개념을 추상화하고 이 추상적 사고를 바탕으로 지식구조 속 멀리 떨어져 있는 다른 구체적인 개념과 결합하여 창의적인 해결방법이나 결과를 찾아낼 수도 있다.

참고문헌

김철민(2001). 광고 아이디어 발상과정에 대한 체계적 접근 모형: 개인 수준의 아이디어 발상을 중심으로. 한국심리학회지: 소비자·광고, 2(1), 69-85.

유창조, 김광수, 김철민, 신강균, 이화자(2000). 한국광고의 창의성 향상에 관한 연구: 광고인, 제작환경, 소비자 효과의 통합적 접근. 한국광고학회 연구보고서(별쇄본).

유창조, 김광수, 신강균, 김철민, 이화자(2001). 광고 창의성의 구성 및 선행 요인에 관한 연구. 광고학 연구, 12(3), 125-143.

이정모 외(2009). 인지심리학(3판). 서울: 학지사.

최인수(1998). 창의성을 이해하기 위한 여섯 가지 질문. 한국심리학회지: 일반, 17(1), 25-47.

Amabile, T. M. (1996). *Creativity in context: Update to the social psychology.* Boulder, CO: Westview.

Amabile, T. M., & Tighe, E. (1993). Questions of creativity. In Brockman, J. (Ed), *Creativity* (pp. 7-27). NY: Simon & Schuster.

Ashcraft, M. H. (1978). Property norms for typical and atypical items from 17 categories: A description and discussion. *Memory and Cognition, 6,* 227-232.

Boden, M. (1991). *The creative mind.* New York: Basic Books.

Campbell, D. T. (1988). A tribal model of the social science vehicle carrying scientific knowledge. In E. S. Overman. (Ed.), *Methodology and epistemology for social science* (pp. 489-503). Chicago: The University of Chicago.

Collins, A. M., & Loftus, E. F. (1975). A spreading activation theory of semantic processing. *Psychological Review, 82,* 407-428.

Collins, A. M., & Quillian, M. R. (1969). Retrieval time from semantic memory. *Journal of Verbal Learning and Verbal Behavior, 8,* 240-247.

Csikszentmihalyi, M. (1990). *Flow: The psychology of optimal experience.* New York: HarperCollins.

Csikszentmihalyi, M. (1996). *Creativity: Flow and the psychology of discovery and invention.* New York: Harper Perennial.

DDB Needham Worldwide. (1989). *Bill Bernbach said…….*

De Bono, E. (1971). *Lateral thinking for management.* NY: McGraw-Hill.

De Bono, E. (1985). *Six thinking hats.* Boston: Little, Brown.

De Bono, E. (1992). *Serious creativity: Using the power of lateral thinking to create new ideas.* NY: Harper Collins.

Deci, E., & Ryan, R. (1985). *Intrinsic motivation and self-determination in human behavior.* New York: Plenum.

Diehl, M., & Stroebe, W. (1987). Productivity loss in brainstorming groups: Toward the solution of a riddle. *Journal of Personality and Social Psychology, 53,* 497-509.

Finke, R. A. (1990). *Creativity imagery: Discoveries and inventions in visualization.* Hillsdale, NJ : Erlbaum.

Finke, R. A., & Slayton, K. (1988). Explorations of creative visual synthesis in mental imagery. *Memory and Cognition, 16,* 252-257.

Friedel, R., & Israel, P. (1986). *Edison's electric light: Bilgraphy of an invention.* New Brunswick, NJ: Rutgers University Press.

Gardner, H. (1982). *Developmental psychology.* Boston: Little, Brown and Company.

Gardner, H. (1989). *To open minds.* NY: Basic.

Gardner, H. (1993). *Creating minds.* New York: Basic Books.

Gentner, D. (1983). Structure mapping: A theoretical framework for analogy. *Cognitive Science, 7,* 155-170.

Getzel, J. W., & Jackson, P. (1962). *Creativity and intelligence: Explorations with gifted students.* New York: J. Wiley and Sons.

Gordon, W. J. (1961). *Synectics: The development of creative capacity.* NY: Harper & Row.

Moriarty, S. E., & Robbs, B. R. (1999). Advertising. *Encyclopedia of Creativity, 1,* 23-29.

Nickerson, R. S. (1999). Enhancing creativity. *Handbook of creativity* (pp. 392-430), Cambridge University Press.

Osborn, A. F. (1963). *Applied imagination* (3rd ed.). New York: Charles Scribner's Sons.

Perkins, D. (1994). Creativity: Beyond the Darwinian paradigm. In Boden, M. (Ed.), *Dimensions of creativity* (pp. 119-142). Cambridge, MA: MIT Press.

Rothenberg, A. (1995). Creative cognitive processes in Kekule's discovery of structure of the benzene molecule. *American Journal of Psychology, 108,* 419-438.

Simonton, D. K. (1987). Creativity, leadership, and chance. In R. J. Sternberg (Ed.), *The Nature of Creativity* (pp. 386-426). Cambridge, MA: Cambridge University Press.

Sternberg, R. J., & Lubart, T. I. (1999). The concept of creativity: Prospects and paradigms. *Handbook of creativity* (pp. 3-15). Cambridge University Press.

Sternberg, R. J. (1988). A three-facet model of creativity. In R. J. Sternberg (Ed.), *The nature of creativity* (pp. 125-148). Cambridge, MA: Cambridge University Press.

Sutherland, M. (1998). 광고를 움직이는 소비자 심리(윤선길, 김완선 역). 서울: 경문사. (원본 출판 연도는 1993).

Torrance, E. P. (1987). *The blazing drive: The creative personality.* Buffalo, NY: Bearly Limited.

Wallace, G. (1926). *The art of thought.* NY: Harcout, Brace.

Wallberg, H. J. (1982). Childhood traits and environmental conditions of highly eminent adults. *Gifted Child Quarterly, 25*, 103-107.

Ward, T. B. (1994). Structured imagination: The role of conceptual structure in exemplar generation. *Cognitive Psychology, 27*, 1-40.

Ward, T. B. (1995). What's old about new ideas? In S. M. Smith, T. B. Ward, & R. A. Finke (Eds.), *The creative cognition approach* (pp. 157-178). Cambridge, MA: MIT Press.

Ward, T. B., Finke, R. A., & Smith, S. M. (1999). 창조성과 정신(이상희 역), 서울: 김영사. (원본 출판연도는 1995년).

Ward, T. B., Smith, S. M., & Finke, R. A. (1999). Creative cognition. *Handbook of creativity* (pp. 189-212). Cambridge University Press.

Ward, T. B., Smith, S. M., & Vaid, J. (1997). Conceptual structures and processes in creative thought. In T. B. Ward, S. M. Smith, & J. Vaid (Eds.), *Creative thought: An investigation of conceptual structures and processes* (pp. 1-27). American Psychological Association, Washington, DC.

Westby, E. L., & Dawson, V. L. (1995). Creativity: Asset or burden in classroom? *Creativity Research Journal, 8*, 1-10.

Wisniewski, E. J. (1997). Conceptual combination: Possibilities and esthetics. In T. B. Ward, S. M. Smith, & J. Vaid (Eds.), *Creative thought: An investigation of conceptual structures and processes* (pp. 51-81). American Psychological Association, Washington, DC.

Young, J. W. (1975). *A technique for producing ideas* (3rd Ed.). Chicago: Crain Books.

제**7**장
광고소구와 설득 커뮤니케이션[*]

광고의 가장 큰 목적은 소비자의 마음을 얻어 제품을 구매하도록 만드는 것이다. 그렇다면 과연 어떤 방법으로 소비자에게 호소하여 그들의 마음을 얻을 것인가? 이 장에서는 광고소구(appeal)에 활용되는 설득 커뮤니케이션의 기본 원리들을 생각, 느낌, 및 행동 바꾸기를 중심을 살펴보고자 한다.

어떤 대상에 대한 요약된 평가로서 생각, 느낌, 및 행동의 개념이 모두 합해진 것이 태도다. 결국 광고를 통해 소비자의 마음을 얻는다는 것은 광고되는 제품에 대한 소비자의 태도를 호의적으로 만듦으로써 기꺼이 구매하도록 만드는 것이라고 할 수 있다. 이런 과정을 광고의 입장에서 보면 광고라는 설득 커뮤니케이션의 효과가 있는 것이고, 소비자의 입장에서 보면 태도변화가 일어나 구매행동까지 하게 되는 것이다. 광고가 항상 태도변화 및 설득 커뮤니케이션의 맥락에서 논의되는 이유가 바로 여기에 있다.

---

[*] 이 장의 일부 내용은 나은영(2002)의 『인간 커뮤니케이션과 미디어』의 제11장 '설득 커뮤니케이션과 그 응용'을 토대로 하였고, 전체적으로 광고심리와 관련된 최근의 자료들과 사례들을 첨가하며 새로이 작성하였다. '욕구의 위계' 및 '구매 전후의 인지부조화' 관련 내용은 나은영 교수와 양윤 교수가 함께 집필하였다.

1. 생각 바꾸기: 이성에 호소하는 정보처리 의존 소구

사람의 마음을 얻기 위해서는 먼저 해당 제품에 대한 그 사람의 생각을 긍정적인 방향으로 바꾸거나 유지할 수 있어야 한다. 원래 긍정적으로 생각했던 제품이라면 계속 긍정적인 생각을 유지할 수 있도록, 부정적으로 생각했던 제품이라면 그 생각을 긍정적으로 바꿀 수 있도록, 그리고 잘 모르던 제품이라면 그 제품에 대한 첫인상을 긍정적인 방향으로 심어 줄 수 있도록 광고의 정보를 구성해야 한다.

1) ELM과 FCB

생각을 바꾸기 위한 설득 모델의 하나는 제3장에서 상세히 언급한 ELM이다. ELM

정교화 가능성 모형
메시지가 중심경로와 주변경로에서 처리되어 설득을
유발한다는 태도변화 모형

이란 '정교화 가능성 모형(elaboration likelihood model)'의 약자로서, 설득이 일어나는 과정을 크게 두 가지 경로로 나눈다(Petty & Cacioppo, 1986a, b). 그 하나는 특히 자기에게 중요한 문제, 즉 고관여 문제에 대해 설득메시지의 '내용'을 깊이 생각하는 '정교화' 과정을 거쳐 그 내용이 좋으면 받아들이고 좋지 않으면 받아들이지 않는 '중심경로 처리(central route processing)' 과정이며, 다른 하나는 비교적 자기에게 덜 중요한 문제, 즉 저관여 문제에 대해 설득메시지의 내용을 깊이 생각하는 정교화 과정을 거치지 않고 광고모델의 매력이나 당시의 분위기와 같은 주변적 단서에 따라 메시지의 수용 여부를 결정하는 '주변경로 처리(peripheral route processing)' 과정이다. 엄밀히 말하면, 이 모형의 '중심경로 처리' 과정만이 '생각'을 바꾸는 소구방법이라 할 수 있다. 이 모형에 따르면, 고관여 제품은 중심경로 처리를, 저관여 제품은 주변경로 처리를 따라 구매결정을 할 가능성이 크다.

그렇다면 어떤 제품이 고관여 제품이고 어떤 제품이 저관여 제품인가? 그리고 이러한 제품들의 구매를 결정할 때 소비자는 이성과 감정 중 어느 쪽에 더 의존하는가? 이에 대한 해답의 틀은 〈표 7-1〉과 같은 FCB 격자 모형에서 찾아볼 수 있다. FCB 모형은 FCB(Foote, Cone, and Belding) 광고대행사의 부사장이었던 리처드 본(Richard Vaughn)이 광고 전략을 수립하기 위해 만든 모형으로, 현재까지 가장 많이 알려진 모

〈표 7-1〉 FCB 모형의 구매결정 유형

	고관여		
생각	**고관여/생각 중심** -합리성과 정보를 생각하는 소비자 -모델: 인지 → 느낌 → 구매 -광고: 구체적 정보를 제시해야 함 -사례: 냉장고	**고관여/느낌 중심** -감성을 중시하고 느끼는 소비자 -모델: 느낌 → 인지 → 구매 -광고: 광고제작상의 효과 강조 -사례: 향수	느낌
	저관여/생각 중심 -습관적으로 행동하는 소비자 -모델: 구매 → 인지 → 느낌 -광고: 상표를 상기시키도록 함 -사례: 세제	**저관여/느낌 중심** -즉시적 반응을 보이는 자기만족형 소비자 -모델: 구매 → 느낌 → 인지 -광고: 주의집중을 얻도록 함 -사례: 맥주	
	저관여		

출처: 김광수(1999), p. 185.

형 중 하나다.

FCB 격자 모형에 대체로 어떤 제품들이 놓여 있는지 좀 더 구체적으로 살펴보자([그림 7-2] 참조). '생각'에 바탕을 두고 구매하는 고관여 제품에는 자동차, 집, 전자제품, 카메라, 가구 등이 포함되며, 정보제공 광고가 효과적이다. '느낌'에 바탕을 두고 구매하는 고관여 제품에는 보석, 화장품, 의류, 신발, 커피 등이 있으며, 전이광고가 효과적이다. 반면에 '생각'에 바탕을 두더라도 그리 심각하게 고민하지는 않는 저관여 제품에는 식품, 세제, 샴푸, 비누, 및 일상용품 등이 있고, 이 경우도 정보제공 광고가 효과적이다. 끝으로, '느낌'에 바탕을 두면서 큰 고민 없이 선택하는 저관여 제품에는 술, 담배, 음료, 과자, 및 아이스크림 등이 있으며, 이런 제품들에서도 전이광고가 상대적으로 더 효과적이다. 〈표 7-1〉과 [그림 7-1]의 내용을 좀 더 구체적으로 풀어 놓은 내용이 〈표 7-2〉에 나와 있다.

이러한 분류를 ELM과 연관시켜 보면, 고관여 체품의 광고는 메시지의 '내용'에 초점을 두되, 자동차나 집과 같은 정보형 제품은 소비자가 이성적으로 '생각'하여 결정할 것이라는 점을 염두에 두어야 하는 반면, 보석이나 화장품과 같은 정서형 제품은 소비자가 감정적으로 '느낌'에 의존하여 결정할 가능성이 클 것이라는 점을 고려해야 한다.

반면에 저관여 제품의 광고에서는 매력적인 모델이나 신뢰감을 주는 모델을 사용한

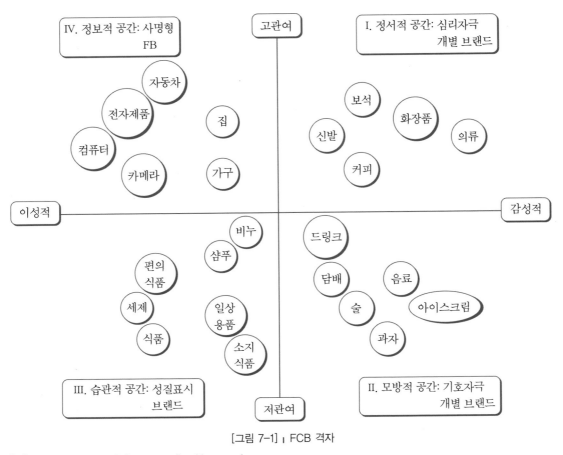

[그림 7-1] | FCB 격자

출처: http://www.wangkiforum.com/html/strategy.htm

다든지 좋은 기분을 유도하는 음악이나 이미지를 활용한다든지 하여, 메시지의 내용 자체보다는 주변적 단서들을 잘 활용하는 것이 좋다. 특히 세제나 일상용품과 같이 주변적인 단서에 의존할 가능성이 큰 저관여 제품일지라도 그 효과나 상대적 가격 등을 '생각'해서 구매를 결정하는 경향이 있을 수 있는 제품군 광고에서는 그에 상응하는 정보도 함께 제공하는 것이 좋다. 반면에 술이나 아이스크림, 커피 등과 같은 기호식품의 경우는 모델이나 분위기의 영향에 더욱 크게 좌우되기 때문에, 광고 제작 시 '느낌'에 초점을 두는 것이 효과적일 것이다.

물론 예외적인 경우도 있다. 소비자에 따라 기호식품도 장단점과 가격 등을 꼼꼼히 따져 가며 이성에 근거한 구매결정을 하기도 하고, 경제력이 아주 풍부한 경우 감정에 근거하여 자동차 등을 구매하기도 한다. 따라서 이와 같은 분류는 수많은 광고메시지

⟨표 7-2⟩ 정서, 모방, 습관, 및 정보 공간으로 분류한 소비자의 구매행동 특성

공간	주 업종	특성	구매행동 특성
I. 정서적 공간	보석, 화장품, 의류, 신발, 커피, 모터사이클	고가·이미지 지향 고관여, 고감정 영역 심리이론 적용	Feel→Learn→Do: 먼저 감정으로 느끼고, 어떤 브랜드인가를 확인하며, 마지막으로 구매
II. 모방의 공간	담배, 술, 음료, 아이스크림	저가·이미지 지향 저관여, 고감정 영역 사회이론 적용	Do→Feel→Learn: 먼저 구매하고, 느끼며, 브랜드를 알게 됨
III. 습관적 공간	일상용품, 식료품, 생활필수품	저가·정보필요 저관여, 이성영역 반응이론 적용	Do→Learn→Feel: 구매하고, 브랜드를 알게 되며, 느낌
IV. 정보적 공간	자동차, 가구, 전자제품, 컴퓨터, 집, 카메라	고가·정보필요 고관여, 이성영역 경제이론 적용	Learn→Feel→Do: 먼저 브랜드나 회사를 확인하고, 시용으로 제품력을 느낀 후, 최종 신중 구매

출처: http://www.wangkiforum.com/html/strategy.htm

들을 분류하기 위한 일반적인 틀일 뿐이며, 제품의 세부적인 특성이나 표적소비자군의 성향에 따라 다양한 조합을 활용한 광고를 제작할 때 그 설득효과가 제대로 발휘될 수 있을 것이다.

2) 인지부조화, 인지일관성 및 인지반응

사람들은 자기가 가지고 있는 인지적 요소들 사이에 일관성이 있을 때 편안함을 느낀다. 잘 알려져 있는 인지부조화 이론은 서로 조화되지 않은 두 개의 인지 사이에 불일치가 존재할 경우, 둘 중 하나를 바꾸어 일치하게 만드는 과정에서 태도변화가 일어날 수 있다는 이론이다(Festinger, 1954).

(1) 저항과 인지부조화

소비자가 상표를 선택해야 할 때, 그들은 구매에 관해 불안감을 느낄 수 있는데, 특히 비싸거나 중요한 제품을 구매할 경우 이 불안감은 더 심해진다. 선택을 하기 직전 또는 구매 직후에도 소비자는 불안을 경험하며, 자신들이 올바른 선택을 했는지를 의심한다. 구매 전후 소비자가 느끼는 이러한 부정적 감정은 저항과 인지부조화라는 심리과정에 의해 생기는 것이다.

① 구매결정 전 저항

상표를 비교할 때 소비자는 자신의 자유로운 행동이 어떤 식으로든 방해를 받는다

구매결정 전 저항
두 가지 선택대안이 모두 긍정적 특성을 가지고 있는
경우 소비자가 포기한 선택대안에 관한 소비자의 감
정이 더욱더 긍정적으로 나타나는 현상

고 지각하면 부정적인 감정적 저항을 드러낼 수 있다. 소
비자가 두 개 이상의 상표들 중에 선택을 해야만 할 때,
소비자는 어떤 것들을 포기해야만 한다. 특히 선택이 소
비자에게 중요하고 재정적·사회적 위험이 크다면, 어떤 것을 포기해야 한다는 것은
소비자의 행동의 자유를 위협하는 것이고, 따라서 심리적 저항을 유발할 수 있다.

두 대안이 모두 긍정적 특성을 가지고 있는 경우, 선택되지 않은 상표의 좋은 점을
소비자가 포기해야 함을 의미한다. 이러한 포기가 모든 상표의 편익을 추구하려는 소
비자의 행동의 자유를 위협한다. 사람들은 행동의 자유를 회복하려는 욕구를 가지고
있기 때문에, 포기한 대안에 관한 그들의 감정이 더 긍정적으로 나타난다. 즉, 포기한
대안이 더 좋아 보이는 것이다.

중요한 결정을 한 직후 소비자는 구매를 후회하는 형태의 심리적 저항을 경험할 수
있다. 다시 말해, 중요한 구매행위 직후에는 대체로 소비자 자신이 선택한 상표보다
선택하지 않은 상표를 더 좋은 것으로 재평가한다.

② 구매 후 인지부조화

잘 알려져 있는 인지부조화 이론의 실험에서(Festinger & Carlsmith, 1959), 참가자

구매 후 인지부조화
소비자가 자신이 구매한 상표를 좋아하지 않았다는
것과 자신이 그 상표를 구매했다는 두 가지 요소들이
갈등을 일으켜서 만들어 낸 불쾌한 감정상태

는 매우 지루하고 재미없는 실험을 한 시간 동안 한 후 대
기실에 있는 다른 참가자에게 그 실험이 재미있고 흥미
로운 것이었다고 말하도록 지시를 받았다. 그 대가로 어
떤 참가자는 1달러를, 또 어떤 참가자는 20달러를 받았
다. 그 다음에 참가자에게 그 실험이 실제로 재미있었는지 물어보았다. 그 결과, 단지
1달러를 받은 참가자는 그 실험이 실제로 재미있었다고 진술하였지만, 20달러를 받
은 참가자는 재미없었다고 진술하였다. 이 실험이 바로 인지부조화 실험의 전형적인
예다.

인지부조화 이론은 사람들이 기존의 태도(예, "실험 정말 재미없어!")에 반대되는 행
동(예, 실험이 재미있었다고 말하기)을 취하는 경우, 이 행동의 원인을 상황 탓(예, 1달러)
으로 돌릴 수 없다면, 부조화라는 불편한 감정(예, "내가 1달러 받으려고 거짓말을 했어?

이건 아니잖아……")을 경험하며, 여기서 벗어나고자 태도를 행동에 맞추어 변화시킨다(예, "그 실험 재미있었어!")고 본다. 사회심리학에서 이 이론은 인지요소들 간의 균형, 감정-인지의 균형 등에도 적용될 수 있지만, 행동-태도의 균형을 이해하는 데 주로 적용되었다.

소비자 맥락에서 인지요소는 소비자가 자신이 구매한 상표를 좋아하지 않았다는 생각과 자신이 그 상표를 구매했다는 생각이다. 이러한 두 가지 인지요소들이 갈등을 일으키며 부조화 상태를 만들어 낸다. 인지부조화 이론에 따르면, 부조화를 경험하는 것은 혐오스러운 것이기에 사람은 부조화를 줄이기 위한 행동을 한다. 특정 제품을 구매한 후, 소비자가 부조화를 줄이기 위해 취할 수 있는 세 가지 방법이 있다. 첫째, 제품을 반환하거나 불평을 함으로써 자기개념과 제품 간의 연결을 끊는 것, 둘째, 구매와 관련된 자료들을 탐색하여 제품에 대한 새로운 정보를 수집하는 것, 셋째, 선택한 제품을 긍정적으로 재평가하고 선택하지 않은 제품을 부정적으로 재평가하는 것 등이다.

첫 번째 방법은 구매상표에 대해 꽤 부정적인 영향을 미친다. 만일 소비자가 제품을 반환함으로써 또는 그 상표에 관한 부정적인 구전 의사소통을 함으로써 부조화를 줄이려 한다면, 해당 기업은 손해를 보기 때문이다. 두 번째 방법은 소비자가 선택하는 자료에 따라 구매상표에 대해 긍정적일 수도 부정적일 수도 있다. 세 번째 방법은 구매상표에 대해 긍정적으로 작용한다.

[그림 7-2]는 지금까지 설명한 고관여와 자유선택 상황에서 구매에 미치는 저항과 부조화의 가능한 영향을 요약해서 보여 준다. 구매결정 전 저항에 의해, 선택한 대안의 선호는 감소하고 선택하지 않은 대안의 선호는 증가하여 비슷한 선호를 보이는 시점에서 어느 한쪽의 선택이 이루어진다. 구매 직후, 선택하지 않은 대안이 선호되는 구매자의 부조화가 나타난다. 그러나 구매 후 시간이 경과하면, 부조화를 감소시키기 위해 구매한 제품에 대한 구매자의 선호가 증가하고 구매하지 않은 제품에 대한 선호가 감소한다.

소비자는 상표선택이 어려울 때마다 부조화를 경험할 것이다. 광고인은 이를 의식하고 저항과 부조화의 부정적 영향을 최소화하기 위한 조치를 취해야 한다. 예를 들어, 광고에서 구매제품의 뛰어난 속성을 강조함으로써 또는 소비자의 구매결정을 지지하는 정보를 제공함으로써, 구매하기를 잘했다는 생각이 들도록 하여 부조화를 감

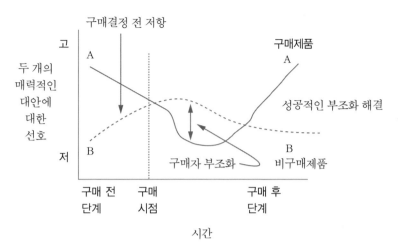

[그림 7-2] ⌐ 구매 전후의 저항과 부조화의 효과

그림에서 소비자는 A상표를 구매하였다. 구매 후 어느 시점에서 구매자가 A상표를 여전히 선호함으로써 부조화는 감소하였다. 구매결정 전 저항단계에서 A상표와 B상표에 대한 태도가 한 곳으로 모이는 경향이 있다. 구매자 부조화단계에서 저항의 영향력이 최대한 나타나고, 구매자는 자신이 선택한 A상표보다 선택하지 않은 B상표를 더 선호할 수도 있다. 부조화 해결단계에서, 선택한 상표보다 선택하지 않은 상표를 선호하여 생기는 불편감은 심리적 재평가 과정을 통해 감소한다.

출처: 양윤(2008).

소시킬 수 있다.

(2) 인지일관성과 인지반응

우리는 우리가 호감을 가지고 있는 사람의 말을 잘 들을 뿐만 아니라, 그런 사람의 소비행동까지 따라 하려는 경향이 있다. 나를 좋아하는 사람과 그에 속하는 사물들을 배척하기 어려운 이유는 이것이 '일관성 원리'에 위배되기 때문이다. 우리의 마음속에 비일관적인 모순된 생각을 함께 지니고 있으면, 우리는 불편함을 느껴서 일관성을 회복하려는 압력을 느낀다. 이처럼 태도와 관련된 원리들은 대체로 '일관성 원리'와도 연결된다.

그런데 이미 너무나 확고하게 싫어하는 태도가 정립되어 있는 대상에 대해 호감을 갖게 하기란 무척 어렵다. 이런 경우에는 일단 설득 메시지, 즉 광고에 대한 저항부터 없애거나 줄이는 방법을 생각할 필요가 있다. 아예 처음부터 들으려고 하지 않으면 아무리 좋은 메시지도 효과를 발휘할 수 없기 때문이다. 소비자가 설득광고에 대한 저항이 클 것이라고 예상되는 경우에는 일단 소비자의 흥미와 주의를 끌 수 있는 것으로 시작하여 마음의 문을 열도록 하고, 점진적으로 설득메시지에 친숙하게 하여 호감을 형성하거나 회복하도록 하는 절차가 필요하다.

설득에 관한 '인지반응' 이론에서는 사람은 설득메시지에 의해 설득되기보다 설득메시지를 보고 자기가 떠올리는 생각들에 의해 설득이 된다고 주장한다(Greenwald, 1981). 따라서 광고 자체가 소비자의 마음을 움직인다기보다 광고를 보고 소비자가 머리와 마음속에 떠올리는 내용들이 마음을 움직인다는 것이다.

이런 원리를 광고에 적용해 보면, 소비자가 광고를 보면서 머릿속에 떠올리는 내용들이 소비자의 마음을 움직여 구매와 연결될 수 있는 내용일 때 효과적이다. 예를 들어, TV에 등장하는 아이가 푹신한 침대에서 행복하게 잠들어 있는 모습을 보면 소비자는 자기 아이를 머릿속에 떠올릴 것이고, 그런 경우 자기 아이에게도 그런 침대를 사주고 싶은 마음이 들 것이다. 즉, 소비자가 이 광고를 보고 머릿속에 무엇을 떠올릴까를 생각할 때 소비자의 마음을 움직이는 광고를 제작할 수 있다는 의미다.

3) 보상과 조작적 조건형성: 이익이 있다고 판단하게 함

사람은 자기에게 어떤 식으로든 유형·무형의 보상이 주어진다고 생각될 때 그 제품이나 행동을 택할 가능성이 크다. 제3장에서 언급한 학습의 원리 중 '조작적 조건형성' 원리는 어떤 행동이

조작적 조건형성
행동과 보상을 연합하여 그 행동을 학습하게 하는 기제

보상을 받으면 그 행동이 이후에 증가할 확률이 높아지고, 어떤 행동이 처벌을 받으면 그 행동이 이후에 감소될 확률이 높아진다는 원리로서, 보상원리 또는 강화원리의 가장 기본적인 형태다. 즉, 내가 어떤 물건을 산 다음에 그로 인해 좋은 일이 생겼다면 그 물건을 또 사게 될 확률이 높아지고, 내가 어떤 물건을 산 다음에 그것 때문에 좋지 않은 일이 생겼다면 다음에는 그 물건을 사지 않게 된다. 마찬가지로, 내가 어떤 행동을 해서(예, 보험을 드는 행동) 이익을 보았다면 다음에 또 유사한 행동을 하게 될 가능성이 높아지고, 그 때문에 손해를 보았다면 다음에는 그와 같은 행동을 하지 않게 될 것이다. 마찬가지로, 광고에서도 해당 제품이 소비자에게 어떤 이익을 줄 수 있는지에 대한 정보를 내보낼 때 소비자의 마음을 끌 수 있다.

실제로 우리의 많은 행동들이 알게 모르게 (우리가 인식하든 못하든) 학습 원리의 지배를 받는다. 학습 원리의 근간이 되는 것은 보상과 처벌의 원리다. 누구나 자기에게

득이 되는 행동은 하고 해가 되는 행동은 꺼린다. 개인보다 집단 전체를 위하는 마음이 강하다고 하는 집단주의 문화에서조차 '집단을 위하는 것'이 결과적으로는 '자기에게 이득'이 되기 때문에 집단을 위하는 경우도 흔하다. 그래서 해당 제품을 택하는 경우 '소비자인 당신에게 이익이다.' 또는 '당신이 인정받고자 하는 집단에서 인정받을 수 있게 되어 결국 당신에게 이익이다.'와 유사한 정보를 담고 있을 때 소비자의 마음을 움직일 수 있다는 것이다.

조작적 조건형성의 연장선상에서, 자기가 직접 어떤 행동을 해서 보상을 받는 것이 아니라 다른 사람이 어떤 행동을 해서 보상을 받는 것을 '관찰'하면 그 행동과 보상이 연합되어 있다는 것을 '대리적'으로 학습하게 되어, 자기도 그 사람의 행동을 '모방'함으로써 그 사람이 얻었던 보상을 얻고자 한다. 이런 과정을 사회학습, 관찰학습, 대리학습 또는 모방학습이라고 부른다. 사람들은 이 사회 속에서 항상 다른 사람들과 더불어 살아가기 때문에, 다른 사람의 행동과 그에 따라 받는 보상에 민감하게 반응하면서

사회학습
타인의 행동을 관찰 또는 모방하거나 대리적으로 학습하는 기제

그 영향을 받게 된다.

4) 사회적 증거: 많은 사람들이 택한 것이 곧 좋은 제품이라는 생각

'사회적 증거와 비교의 원리'는 많은 광고와 선거에서 이용하고 있는 방법이다(Cialdini, 1988). '무섭게 성장하는' '가장 많이 팔린' '고객만족도 1위' 등과 같은 광고 카피는 사회적 증거의 원리에 근거한 설득메시지들이다. '다른 사람들이 모두 이것을 선택했다.'는 것은 다수의 원리로서, 물건의 품질을 이미 다수가 증명했다는 증거로 작용함과 동시에, 다른 사람들은 모두 선택했는데 나만 선택하지 않을 경우 왠지 뒤처지는 듯한 비교 심리가 함께 작용한다. 사회비교 이론에서 주장하듯이, '의견'의 경우는 대체로 '합의'가 이루어지는 쪽으로, 그리고 '능력'의 경우는 조금 더 '우월'한 쪽으로 기울게 된다(Festinger, 1954). 그래서 최신형 휴대폰을 가진다거나 아기에게 비싼 이유식을 먹이는 것, 또는 특정 카드사의 카드를 소유하는 것이 '능력' 있는 사람의 몫이라는 것을 은근히 암시함으로써 사회비교를 통한 선택을 유도하기도 한다.

공익광고의 경우, '모두가 교통질서를 위반한다.'는 메시지를 전달하는 것은 설득의 역효과를 가져올 수 있다. 사회적 증거의 원리에 따라 '모두가 위반하니까 나도……'

하는 생각으로 오히려 나쁜 행동에 동조하는 효과를 가져올 수 있다. 그보다 "위반하는 사람이 급격히 줄어 이제는 위반하는 사람이 거의 없다."고 이야기하는 것이 바람직한 행동을 유도하는 데 더 효과적이다. 대부분의 사람들이 교통법규를 잘 지키는 분위기에서 혼자만 규범에 벗어나는 행동을 하면 지탄받을 것이라고 기대하기 때문이다. 부정부패에 관한 보도도 '누구나 다 부정을 한다.'는 쪽의 보도가 많아질수록 오히려 깨끗한 사람이 소신을 지키기가 더욱 어려워질 수 있다. 사람들은 사회적 증거로서의 '대세'를 따라가는 경향이 강하기 때문에, 바람직하지 못한 것이 '대세'라는 메시지는 당연히 바람직하지 못한 행동을 더 증폭시키는 효과를 가져 온다.

설득메시지에서 흔히 사용하는 '사회적 증거'가 반드시 사실이 아닌 경우도 많다. 사실이 아닌데 마치 사실인 것처럼 착각하도록 만드는 경우도 있다. 예를 들면, A사가 만든 약품의 주성분(예, 아스피린)은 '안전성과 효과가 검증된 것이다.'라는 광고메시지를 A사가 계속 전달하는 데 반해, B사가 만든 약품의 같은 주성분에 대해서도 마찬가지로 안전성과 효과가 똑같이 검증된 것임에도 불구하고 B사가 그런 광고메시지를 전달하지 않는다면, 소비자에게 문제를 일으킬 수 있다. 이러한 경우, A사의 약품이 광고비까지 포함되어 더 비싸짐에도 불구하고 소비자가 A사의 약품을 더 선호하게 되는 이유 중 하나는 A사의 계속된 광고에 의해 '다른 회사 것은 안전성과 효과가 검증되지 않았을 것이다.'라는 잘못된 추론을 소비자가 하기 때문이다. 이와 관련된 내용은 제14장의 기만광고에서 다시 다루어질 것이다.

5) 대변인 효과와 증언

사회적 증거의 일종이기는 하지만, 막연히 '다른 사람들'이 '많이' 택했다는 정보보다는 구체적으로 해당 제품을 사용해 본 소비자가 '증언'을 함으로써 그 제품의 장점을 어필할 수 있다. 이두희(1997)는 대변인 소구방법의 종류를 다음과 같이 구분하였다(p. 284).

- 종사자 대변인(salesperson-spokesperson): 해당 제품을 만드는 기업의 사장이나 임직원이 자사의 제품에 대해 증언하는 방식이다.
- 전문가 대변인(authority-spokesperson): 해당 제품에 대해 전문적인 지식을 가지

고 있는 사람이 제품에 대해 증언하는 방식으로, 치약 광고에서 치과 의사가 그 효능을 증언하는 사례를 들 수 있다.

- 만족한 사용자 대변인(satisfied user-spokesperson): 해당 제품을 사용해 본 사람이 자기 경험을 증언하는 방식으로, 그 광고를 보는 사람이 감정이입을 하게 만든다.
- 유명인 대변인(celebrity-spokesperson): 잘 알려져 있는 유명한 사람이 해당 제품에 대해 증언하는 것으로, 그 모델에 대한 신뢰감과 호감, 친숙성의 정도도 중요하다.

이처럼 증언의 형식을 빌려 해당 제품의 긍정적 효과와 장점 등을 이야기함으로써 소비자가 그 제품에 대해 좋은 생각을 지니도록 만드는 것은 본질적으로 구전(word-of-mouth)의 힘을 빌리는 것이다. 근래에는 길거리에서 쉽게 만날 수 있는 '보통 사람들'을 모델로 사용한 증언광고의 형식을 통해, 광고 수용자와 유사한 사람이 해당 제품과 관련된 긍정적인 경험을 했다는 사실을 인식시킴으로써 더 친밀감 있게 다가가려는 노력을 보이고 있다.

6) 언어의 영향: 광고 카피

광고 카피는 광고의 비시각적인 텍스트를 말한다. 즉, 광고를 구성하는 설득메시지

헤드라인
광고의 제목. 독자의 주의를 끌기 위해 이미지와 함께 큰 활자로 표현함. 대개 인쇄매체에 많이 사용하지만, 영상매체에서도 언어적 표현 가능

의 언어적인 부분으로 촌철살인의 소비자 심리를 담고 있을 때 그 효과가 극대화된다. 헤드라인, 본문 및 슬로건으로 구성되는 광고 카피의 사례를 살펴보고, 그것이 어떻게 사람들의 마음을 움직일 수 있을지 생각해 보자.

먼저 헤드라인의 종류는 〈표 7-3〉과 같이 나타난다. 헤드라인의 기능은 ① 수용자의 주의를 집중시키며, ② 수용자 가운데 표적시장이 될 만한 소비자를 선별하고, ③ 광고되고 있는 제품이 무엇인지를 밝혀 줄 뿐 아니라, ④ 브랜드가 약속하는 혜택을 소개하기도 하고, ⑤ 광고의 본문을 소개하기도 한다(Cohen, 1988; 김광수, 1999, p. 281).

한편 슬로건(slogan)은 기억하기 쉬운 간결한 말로 핵심적인 내용을 전달하며, 자주 반복하여 광고 캠페인에 연속성을 부여한다. 슬로건을 헤드라인으로 사용하기도 한

〈표 7-3〉 광고 카피 헤드라인의 종류

유형	설명	사례
모방형	인기 있는 표현을 빌려 옴	영상은 흐르고 활자는 남는다(금성출판사)
이중 의미형	의미가 이중적인 것을 이용	남편을 구워 삶았다(테프론 프라이팬)
혜택 약속형	소비자에게 약속하는 혜택을 제시	로드뷰가 생활을 바꾼다(Daum)
뉴스형	뉴스나 정보를 알려 줌	옥션의 법칙: 파는 사람들이 경쟁하면 가격은 내려갑니다(옥션)
질문형	질문에 대한 답을 구하도록 함	앞서갈 준비가 되었습니까?(스테이츠맨, GM대우)
명령형	소비자에게 행동을 취할 것을 명령함	짜릿하게 여름을 열어봐(코카콜라)
자극형	소비자의 호기심이나 관심을 촉발시킴	'설마' 하는 일들이 시작됩니다(이마트)
대조형	대조가 되는 사물이나 표현을 사용함	담장 밖의 세상은 어려워도 고향집 웃음소리는 늘 넉넉합니다(LG생활건강)

출처: 김광수(1999), p. 281에서 사례를 최근 광고로 수정함.

다. 지금까지 유명했던 슬로건의 예를 들면, 에이스 침대 광고의 '침대는 가구가 아닙니다.', 삼성전자렌지 광고의 '남자는 여자하기 나름이에요.', OB맥주 광고의

슬로건
광고 캠페인에 연속성을 부여하는, 자주 반복되는 문구. 슬로건을 헤드라인으로 사용하기도 함

'사람들이 좋다, OB가 좋다.', 삼성애니콜 광고의 '한국 지형에 강하다.', 그리고 맥심 커피 광고의 '가슴이 따뜻한 사람과 만나고 싶다.' 등을 꼽을 수 있다(김광수, 1999, p. 282). 이러한 슬로건들을 잘 살펴보면, 언어로 구성되어 생각과 판단에 영향을 주면서도 소비자가 지니고 있는 욕구의 핵심을 건드려 간결한 문구로 감정을 자극하는 측면이 있다.

2. 마음 바꾸기: 감정에 호소하는 이미지 의존 소구

흔히 설득 커뮤니케이션의 효과에 관한 이야기를 할 때, 언어적 메시지가 사람의 생각에 어떤 영향을 주는지에 논의가 집중된다. 그러나 사람은 언어적으로만 커뮤니케이션하는 동물이 아닐 뿐만 아니라, 생각만 하는 동물도 아니다. 비언어적인 메시지도 언어적 메시지 이상의 힘을 지닐 수 있고, 사람은 생각만 하는 것이 아니라 느끼기도 한다. 경우에 따라서는 비언어적인 메시지와 그에 따른 정서적 효과가 더 강력

한 것일 수 있다.

1) 소망적 준거집단: 미래에 되고 싶은 모습 보여 주기

사람은 자기가 미래에 되고 싶은 모습을 보여 주고 있는 모델을 우러러보며, 그 모델이 사용하고 있는 제품을 가지고 싶어 한다. 사람이 적극적으로 생각하여 정보처리하고자 하는 동기가 약한 광고메시지의 경우는 더욱 그렇다.

'소망적 준거집단(aspirational reference group)'은 대체로 성공한 기업가나 운동선수 또는 유명한 배우 등과 같이 '이상화된' 인물로 구성된다(Solomon, 1995; 리대룡, 이상빈, 1998, p. 278). 소망적 준거집단에 속한 인물들은 소비자에게 정보적 영향을 주거나, 실용주의적 영향을 주거나, 또는 가치–표현적 영향을 준다(〈표 7-4〉 참조).

자기가 앞으로 되고 싶어 하는 인물, 즉 '이상적 자기(ideal self)'가 사용하고 있는, 또는 사용할 것으로 생각되는 제품을 가지고 싶어 하는 마음을 이용한 광고사례는 아주 많다. 예를 들어, 애인에게 무엇이든 해 줄 수 있는 계층이 될 수 있음을 상징하는 삼성카드 광고, 부러울 만한 스타 커플이 타고 다니는 자동차 광고, 그리고 현실을 뛰어넘는 무한한 가능성의 실현을 상징하는 스마트폰 광고 등은 어느 정도 비현실적으로 보이면서도 이상 실현을 꿈꿀 만한 상징의 기능으로 소비자의 소망적 사고를 자극한다.

반대로 어떤 준거집단은 부정적 역할을 하기도 한다. 이를 '회피집단(avoidance group)'이라 하는데, 예를 들면 마약중독자, 노숙자, 촌스럽다고 생각되는 부류의 사람들이 사용하는 물건은 구매하지 않으려는 경향이 있다. 준거집단의 종류를 집단 소속 여부와 그 집단에 대한 태도를 기준으로 나누면 〈표 7-5〉와 같이 나타난다.

소망적 준거집단 심리에 근거한 광고는 근본적으로 소비자의 욕구충족 단계와 관련이 있다. 가장 기본적인 생리적 욕구부터 고차원적 욕구까지의 단계 중에서 중간 정도에 해당하면서도 사회적 동물인 인간이 어쩔 수 없이 원하게 되는 소속감, 그중에서도 자기가 원하는 집단에 소속되어 인정받고 싶어 하는 욕구는 인간의 보편적인 희망을 담고 있기에 어떤 설득메시지에서나 큰 힘을 발휘한다. 그렇다면 소비자가 충족시키고 싶어 하는 다른 욕구들에는 어떤 것들이 있는지 살펴보자.

〈표 7-4〉 준거집단 영향의 세 유형

영향의 종류	내용
정보적 영향	• 개인은 전문가 협회 또는 독립 전문가 집단을 통해 다양한 상표들에 대한 정보를 추구한다. • 개인은 하나의 직업으로서 제품에 대해 연구하는 사람들에게서 정보를 추구한다. • 개인은 친구, 이웃, 친척 또는 신뢰할 만한 직장동료들을 통해 상표에 대한 정보, 즉 제품에 관련된 지식과 경험(예, 상표 A의 성능과 B의 성능을 비교하는 방법)을 추구한다. • 독립 검증대행사의 인증서는 개인이 상표를 선택하는 데 영향을 주게 된다. • 전문가의 상표선택 행동을 관찰(예, 경찰이 운전하는 차종 또는 TV수리공이 사는 TV 상표를 지켜보기)하는 것은 개인의 상표선택 행동에 영향을 준다.
실용주의적 영향	• 특정 상표에 대한 개인의 구매결정은 직장동료의 기대를 만족시켜 주기 위해, 동료의 선호에 영향을 받는다. • 특정 상표에 대한 개인의 구매결정은 사회적 상호작용이 있는 사람의 선호에 의해 영향을 받는다. • 특정 상표에 대한 개인의 구매결정은 가족 구성원의 선호에 영향을 받는다. • 타인의 기대를 만족시켜 주려는 욕망은 개인들의 상표선택에 영향을 준다.
가치-표현적 영향	• 개인은 특정 상표의 구매 또는 사용이 타인이 자신에 대해 가지는 이미지를 고양시켜 줄 것으로 생각한다. • 개인은 특정 상표를 구매하거나 사용하는 사람이 자신이 갖고 싶어 하는 특징들을 소유하고 있다고 생각한다. • 개인은 때로 특정 상표 사용을 보여 주는 광고에 등장하는 유형의 사람들을 좋아하는 것이 낫다고 생각한다. • 개인은 특정 상표를 구매하는 사람들이 타인에게 존경받고 숭배된다고 생각한다. • 개인은 특정 상표를 구매하는 것이 타인에게 자신이 어떤 존재이고, 어떤 사람이 되고자 하는가(예, 운동선수, 성공한 사업가, 훌륭한 부모 등)를 보여 주는 데 유용하다고 생각한다.

출처: Park & Lessing(1977), p. 102; Solomon(1998), p. 277.

〈표 7-5〉 준거집단의 종류

집단에 대한 태도	집단 소속 여부	
	소속되어 있음	소속되어 있지 않음
긍정적	긍정적 소속집단(한국인)	갈망집단(연예인)
부정적	부정적 집단(추태 부리는 한국인)	회피집단(조직폭력 집단)

출처: 김광수(1999), p. 209.

2) 소비자의 욕구충족과 구매동기 유발

설득을 하기 위해서는 우선 수용자가 설득자의 말을 '듣고 싶은 마음이 들도록' 해야 한다. 인터넷 광고 카피라이터가 인터넷 광고의 제목을 정할 때 어떤 제목을 정해야 클릭하고 싶은 마음이 들 것인지를 생각해야 하고, 배너 광고를 띄울 때에도 어떤 메시지를 어떻게 담아야 한번 읽어 보고 싶은 마음이 들 것인지를 생각해야 한다. 그리고 TV에서 선거 입후보자가 아무리 훌륭한 연설을 한다고 해도 시청자가 일단 화면을 보았을 때, 계속 보고 싶은 마음이 들지 않거나 계속 듣고 싶은 마음이 들지 않으면 설득효과를 지닐 수 없다.

그렇다면 과연 어떤 경우에 계속 듣고 싶은 마음이 생길 것인가? 일단 수용자를 설득메시지에 노출시킨 다음, 즉 설득메시지가 도달된 다음에는 수용자의 입장에서 그것이 자신의 욕구를 채워 줄 수 있다고 생각될 때 계속 주의를 기울이게 된다.

어떤 사람이 다른 사람의 인정을 받고 싶은 욕구가 있다면, 특정 제품을 사용했을 때 다른 사람의 인정을 받을 수 있을 것임을 암시하는 설득메시지 전달이 효과적일 것이다. 예를 들면, 다른 사람의 인정을 받고자 하는 욕구가 큰 한국인에게 최신형 스마트폰을 소유하는 것 자체가 다른 사람의 인정을 받는 데 도움이 된다는 메시지를 담은 광고를 보여 줌으로써 소비자의 마음을 사로잡을 수 있다. 즉, 현재 수용자들이 충족시키고 싶어 하는 욕구가 무엇인지를 파악하고, 그것을 채워줄 수 있는 방향의 설득메시지를 구성하여 전달하는 것이 효과적이라는 것이다. 수용자들은 대개 어떤 면으로든 자신에게 이익이 되는 방향을 추구하며, 그 이익은 수용자에게 보상으로 작용하는데, 욕구를 충족시켜 주는 것도 분명한 보상의 하나가 된다. 설득 커뮤니케이션이 효과가 있기 위해서는 뭔가 도움이 되는 측면, 즉 이득이 되는 측면이 있어야 한다는 것이 보상성의 원리이며(Cialdini, 1988), 앞에서 말한 '이익이 된다'는 '정보'를 주되, 그 이익이 소비자가 원하는 '욕구'를 충족시켜 줄 수 있음을 암시하는 점이 보상성의 원리를 따르는 것이라고 볼 수 있다.

패커드(Packard, 1964)는 다음과 같은 여덟 가지 숨겨진 욕구가 설득효과를 좌우할 수 있다고 보았다(Larson, 1995, pp. 163-170). ① 감정적 안정의 욕구, ② 가치확인의 욕구, ③ 자기충족의 욕구, ④ 창조적 표현의 욕구, ⑤ 사랑의 대상 욕구, ⑥ 권력감(힘이 있다는 느낌)의 욕구, ⑦ 뿌리의 욕구, 그리고 ⑧ 불로장생(不老長生)의 욕구다. 이와 같은 여덟 가지 숨겨진 욕구는 매슬로우(1954)의 '욕구의 위계'를 연상시킨다. 이에 대해서는 다음 절에서 자세히 다룰 것이다.

이처럼 설득메시지가 인간이 기본적으로 지니고 있는 기존의 욕구에 호소할 수도 있지만, 광고와 같은 설득메시지에 의해 새로운 욕구가 창조되기도 한다. 사실 완전히 없던 새로운 욕구가 창조된다기보다는 겉으로 드러나지 않고 잠재해 있던 욕구를 일깨우는 역할을 하는 경우가 많다.

3) 매슬로우의 욕구위계

심리학자인 매슬로우(Abraham Maslow)는 동기에 관한 한 가지 영향력 있는 접근을 제안하였다(1970). 매슬로우의 욕구위계는 인간 욕구의 일곱 가지 기본수준을 제시하는데, 이 수준은 낮은 수준(생물)의 욕구로부터 높은 수준(심리)의 욕구로 순서가 정렬되어 있다. 일곱 가지 욕구를 낮은 수준부터 정렬시키면, 생리적 욕구, 안전 욕구, 소속·애정 욕구, 자존심 욕구, 지적 욕구, 심미적 욕구, 자기실현 욕구로 구분된다([그림 7-3] 참조).

욕구위계
인간의 일반적인 동기로서 생리적 욕구, 안전 욕구, 소속·애정 욕구, 자존심 욕구, 지적 욕구, 심미적 욕구, 자기실현 욕구의 위계로 나타난다.

욕구위계에서 보면, 한 욕구가 나타나기 위해서는 바로 이전의 욕구가 어느 정도 충족되어야 한다. 예를 들어 안전 욕구가 나타나기 위해서는 생리적 욕구가 어느 정도 충족되어야 한다. 따라서 한 욕구가 충족되어야 비로소 바로 상위의 욕구가 나타난다.

[그림 7-3] ㅣ 매슬로우의 욕구위계

만일 낮은 수준의 욕구가 충족되지 않으면, 그 욕구가 일시적으로 다시 우세해질 수 있다. 또한 욕구위계에 따르면, 각각의 욕구는 상호 독립적이고, 각각의 욕구 간에는 중복이 있으며, 어떤 욕구도 완벽하게 충족되지는 않는다. 이러한 이유 때문에, 비록 현재 우세한 욕구 아래에 있는 다른 모든 욕구가 어느 정도까지 행동을 동기화시킬 수 있다고 하더라도, 주요 동기원은 상당히 충족되지 않은 채 남아 있는 가장 낮은 수준의 욕구다.

각각의 욕구를 살펴보면, 생리적 욕구는 위계에서 맨 아래에 위치하는 가장 기본적인 욕구다. 이 욕구는 인간의 생명을 단기적 차원에서 유지하기 위해 요구되는 것으로 음식, 물, 공기 등에 대한 욕구다. 매슬로우에 따르면, 생리적 욕구는 만성적으로 충족되지 못했을 경우에 우세해진다. 생리적 욕구가 어느 정도 충족되면, 그다음 수준인 안전 욕구가 나타난다. 안전 욕구는 장기적인 차원에서 인간의 생명을 유지하기 위해

[그림 7-4] ㅣ 소속 · 애정 욕구를 표현한 광고의 예

요구되는 것으로 삶의 안정성, 주거, 보호, 건강 등에 대한 욕구다. 소비자 측면에서 볼 때, 저축, 보험, 교육, 직업훈련 등이 안전 욕구와 관련된다. 한 가지 흥미로운 것은 최근 범죄율의 증가에 따라 '세콤(SECOM)'과 같은 보호 회사들이 성장하고 있다는 점이다.

욕구위계에서 세 번째 수준의 욕구가 소속·애정 욕구다. 사람은 타인과 온정적이고 만족스러운 인간관계를 형성·유지하고 싶어 한다. 많은 광고가 이 욕구에 호소하는 전략(예, 정, 사랑 등)을 구사한다([그림 7-4] 참조). 소속·애정욕구가 어느 정도 충족되면, 네 번째 수준의 욕구인 자존심 욕구가 나타난다. 자존심 욕구는 타인으로부터 인정받고 싶어 하고, 자신이 중요한 인물이라고 느끼고 싶어 하는 욕구로 권위, 지위, 자존심 등과 관련된다([그림 7-5] 참조). 매슬로우에 따르면, 많은 사람들은 욕구위계에서 가장 상위 수준인 자기실현 욕구가 나타날 만큼 자존심 욕구를 충족시키지 못한다.

[그림 7-5] | 자존심 욕구를 표현한 광고의 예

지적 욕구는 지식탐구와 관련된 욕구이며, 심미적 욕구는 심미안 또는 아름다움에 대한 욕구다. 자기실현 욕구는 자신의 잠재력을 달성하려는 개인의 욕망을 말한다. 즉, 자신이 성취할 수 있는 모든 것을 성취하려는 욕구다. 이 욕구는 사람들마다 다른 방법으로 표현된다. 화가는 캔버스에서 자신을 표현하려 하고, 운동선수는 자신의 종목에서 세계 최고가 되려고 한다. 그러나 실제로 자기실현 욕구를 달성하는 사람은 많지 않다.

위계에서 제시된 일곱 가지 욕구들은 우리 사회에서 가정되거나 추론되는 개인들의 욕구 대부분을 포함할 정도로 포괄적이다. 욕구위계의 주요 문제점은 이 이론을 실증적으로 검증할 수 없다는 것이다. 상위의 욕구가 나타나기 전에 바로 이전의 욕구가 얼마나 충족되어야 하는지를 정확하게 측정할 방법이 없다. 이러한 문제로 인한 비판에도 불구하고, 욕구위계는 인간의 일반적인 동기로서 널리 수용되고 있다.

소비자 측면에서 볼 때, 많은 소비재들은 각기 다른 욕구를 만족시킨다. 예를 들어, 소비자는 생리적 욕구를 충족시키기 위해 식료품과 물을 구매한다. 그들은 안전 욕구를 위해 보험을 들거나, 직업훈련을 받거나, 주택을 마련한다. 소속 · 애정 욕구를 충족시키기 위해서 소비자는 화장품, 구강청결제, 면도용품, 다양한 선물, 보석, 애완동물 등을 구매한다. 컴퓨터 또는 음향기기와 같은 하이테크 제품, 모피나 고급승용차와 같은 사치품, 그리고 그림이나 골동품과 같은 예술품 등은 자존심 욕구를 위해 구매된다. 대학교의 평생교육과정 등록, 여가나 취미활동 등은 자기실현 욕구충족과 관련된다. 결론적으로, 매슬로우의 욕구위계는 소비자의 구매동기를 설명해 줄 수 있는 유용한 도구다.

4) 고전적 조건형성과 향수광고

제3장에서 언급한 학습 원리 중 고전적 조건형성의 원리는 원래 소비자에게 좋은 느낌을 주던 모델이나 경치나 음악 등과 제품을 계속 짝을 지어 제시함으로써, 연상을 통해 소비자의 좋은 느낌이 해당 제품으로 전이되게 하는 원리다. 향수(nostalgia)광고는 그중에서도 특히 '과거에 좋았던 시절을 회상'하게 만듦으로써 그런 긍정적인 느낌이 해당 제품으로 전이되게 하는 것이다.

고전적 조건형성
자극들 간의 연합을 통해 새로운 반응을 만들어 내는 학습기제 우리가 어떤 제품에 대해 호의적인 태도를 지니고 있을 때 그 제품을 구매할 가능성이 높아진다. 그래서 광고를 통해 해당 제품에 대한 호의적 태도를 형성하고자 많은 노력이 이루어지고 있다. 여기서 태도란 어떤 대상에 대해 지니고 있는 요약된 평가다. '나는 A 후보가 싫다.'거나 '나는 B 브랜드의 커피가 좋다.'는 것과 같은 요약된 평가의 주된 속성은 '정서적' 측면이다. 넓은 의미의 태도는 원래 어떤 대상에 대해 가지고 있는 인지적 신념(예, "나는 담배가 몸에 해롭다고 생각한다."), 정서적 선호도(예, "나는 담배가 싫다."), 그리고 그 대상에 대한 행동(예, "그래서 나는 담배를 피우지 않는다.")을 모두 포괄하는 개념이다. 그 가운데 가장 핵심적인 부분이 정서적인 선호도로서, 이것이 요약된 평가에 가장 가깝다.

어떤 제품에 대한 태도가 호의적이라면 그 제품을 구입하게 될 가능성이 높아지고, 어떤 후보자에 대한 태도가 호의적이라면 그 후보자에게 투표할 가능성이 높아진다. 어떤 제품을 좋게 생각하여 구입하고 싶어도 경제적인 능력이 되지 않으면 구입하지 못할 것이고, 어떤 후보자를 좋게 생각하여 투표하고 싶어도 투표를 아예 안 하거나 외부의 압력에 굴복하여 자기 태도가 행동에 그대로 반영되지 못할 경우도 있겠지만, 근본적으로 태도 자체가 호의적이지 않으면 그와 관련된 행동도 호의적으로 나올 수 없다.

어떤 제품에 대한 태도를 형성하거나 변화시키는 데 가장 기본이 되는 원리는 바로 '연합(association)'에 기반을 둔 학습 원리들이다(제3장 참조). 특히 고전적 조건형성 원리는 처음에는 아무런 태도를 가지고 있지 않던 중성적인 대상 A(예, 어떤 회사의 커피)를 원래 좋은 감정을 일으키던 대상 B(예, 호감을 주는 배우)와 계속 짝 지어 제시함으로써 B에게 지니고 있던 호감이 A에게까지 전이되도록 하는 원리다. 이렇게 계속 반복하여 짝 지우는 과정이 학습과정이며, 마침내 B에게 지니고 있던 호감이 A에게 전이되어 A만 보아도 좋은 감정을 느끼게 되면 A와 좋은 감정 간에 연합이 형성되었다고 말한다. 연합이 성공적으로 이루어지면 A는 좋은 이미지를 갖게 된다.

고전적 조건형성의 원리는 A와 B가 사람이든 사물이든 관계없이 적용된다. 원래 나(A)에게는 호감이 없던 사람 앞에 계속 그 사람이 좋아하는 꽃(B)을 가지고 나타나면, 그 사람은 그 꽃에 대해 지니고 있던 호감을 나에게까지 전이시켜 나에 대한 호의적인 태도를 지니게 된다. 반대로, 사람들이 처음 보는 제품(A)을 광고하면서 계속 사람들이 좋아하는 배우(B)가 등장하도록 만들면, 사람들은 그 배우에게서 느끼던 호감을 그 제품에까지 전이시키게 된다. 고전적 조건형성의 원리는 주로 정서적인 측면과 이미지 형성에 잘 작용되는 원리다(나은영, 2002, pp. 326-327).

좋은 느낌을 주는 대상으로는 사람들에게 평소에 호감을 주는 영화배우나 스포츠 선수뿐만 아니라, 아름다운 음악이나 평화로운 풍경, 멋진 경치 등이 모두 활용될 수 있다. 또한 과거의 좋았던 시절을 회상하게 만드는 향수광고들도 또한 고전적 조건형성의 원리에 기반을 둔 것이다. 어떤 제품에 대한 광고를 보고 거기에 등장하는 모델이나 경치 등을 통해 좋은 느낌을 갖게 되면, 그런 좋은 느낌들이 연합에 근거한 학습과정을 통해 결국은 해당 제품으로 전이되어 그 제품에 대해서도 좋은 느낌을 갖게 되는 것이다.

향수광고의 사례에는 어린 시절, 고향, 효심, 옛 친구 등과 같은 소재들이 많이 활용된다. 최근에 웅진 코웨이 광고에서 '고향' '생명' 등을 강조함으로써 향수를 불러일으키는 것도 이러한 시도의 하나라고 할 수 있다.

5) 메시지 제시방식과 비언어적 메시지의 활용

상업광고 메시지의 경우는 비언어적 메시지의 활용이 더욱 큰 비중을 차지한다. 상업광고 메시지는 정치적 메시지보다도 더욱 사람들이 주의를 기울여 보지 않기 때문에, 언어적 메시지가 생각에 영향을 주어 구매행동을 일으키기를 바라는 것은 아주 관여도가 높고 비싼 제품의 경우만 가능하다(Sutherland, 1998). 작은 변화의 누적이 일회적인 큰 변화보다 더욱 중요하며, 작은 변화의 누적에 비언어적 메시지와 정서가 핵심적인 역할을 한다.

시간적·공간적 배치나 색상 등과 같은 요소들도 언어를 전혀 사용하지 않으면서 설득효과에 차이를 가져올 수 있는 시각적 커뮤니케이션의 요소들이며, 배경음악의 분위기와 속도 등도 비언어적인 요소로서 설득효과에 차이를 가져올 수 있다. 시간적 순서와 공간적 배치와 관련된 실험에서, 두 가지 감각이 시간차를 두고 주어질 때 뒤에 주어진 감각이 더 억제된다는 사실이 촉각과 청각 모두에서 발견되었다(오세진 역, 1990, p. 87). 그러므로 TV에서 두 가지 이상의 광고를 시간적으로 연속해서 보여 주거나, 지하철 광고에서처럼 공간적으로 가까운 위치에 둘 이상의 광고를 붙여 놓는 경우, 하나가 다른 하나에 의해 억제될 가능성도 고려해야 한다. 속도와 음악의 경우, 화면의 빠른 진행속도가 주목률을 높인다는 연구결과가 있다(이재수, 1999, p. 13). 뿐만 아니라, LG홈쇼핑의 분석 결과, 컴퓨터와 레포츠 제품을 화면에 보여 줄 때에는 테크노 음악이 주로 쓰이며, 옥매트와 같은 효도 제품에는 트로트가, 모피나 보석과 같은 고가 제품에는 환상적인 분위기의 음악이 주로 쓰인다고 한다(문화일보, 2002년 3월 4일자; 나은영, 2002, p. 344). 사람은 언어적으로 생각하고 표현하기도 하지만, 비언어적으로 느끼고 표현하는 부분이 그에 못지않게 강할 수 있다(Sutherland, 1998).

6) 문화적 분위기와 사회적 압력, 규범적 압력

해당 문화 안에서 설득이 효과적이려면, 그 문화에서 널리 수용될 수 있는 정서를 유발시킬 수 있어야 한다. 예를 들어, 우리나라의 문화 속에서 한국인의 긍정적인 정서를 유발시킬 수 있는 광고는 호감을 줄 수 있고, 이것이 상표선호도로 이어져 구매행동까지 일으킬 가능성이 높아진다. 최상진(2000)은 우리나라의 광고가 정, 가족, 시골스러움 차원의 조합으로 이루어져 있음을 보였다. 성영신 등(1991)의 연구에서도 가족가치의 중요성이 다루어졌다. 가족의 건강을 아내가 챙긴다거나, 비교에 의한 욕구를 조장하는 방법도 한국적 문화에서 많이 쓰이는 방법이다. 나쁜 아내, 부족한 엄마가 되지 않기 위해서는 반드시 광고제품을 사야만 할 것 같은 느낌을 줌으로써 구매를 유도하는 것이다.

반면에 보다 자기주장적인 신세대에게 호소하는 광고는 전통적 가치를 강조하는 광고와 다르다. 신세대는 자기주장적이며, 남과 다르고 싶어 하기 때문에, '나만의 ○○○' 등과 같은 독특성과 자기주장성에 호소하는 광고가 더 설득적이다(나은영, 2001 참조).

문화적 분위기와 사회적 압력에 관한 원리들은 앞 절에서 살펴본 사회적 증거의 원리들과 연결선상에 있다. 그러나 여기에는 같은 문화 속의 다른 사람들이 많이 선택한 것을 찾으려는 심리와 함께, 특히 값비싼 물건이나 선구적인 행동일 경우 '희소가치의 원리'가 작용하여 더 선호하는 경우까지 포함된다. 흔하지 않은 것, 드문 것을 가진 사람의 선구적 이미지가 좋아 보이기 때문이다.

일반적인 물건이라도 '반짝 세일' '마지막 기회' '조금밖에 안 남았다' '한정판매' 등과 같은 카피를 통해 희소가치의 심리를 자극함으로써 소비자의 행동을 유도할 수도 있고(이 장의 후반부 참조), 한 문화 속에서 상대적으로 높은 지위 상징을 지니는 물건일 때에는 이것이 더욱 큰 가치를 부여받게 된다. 사실 아주 오래된 물건도 '희소가치'의 측면에서는 충분한 가치가 있는 것인데, 하루가 다르게 빨리 변화해 가는 우리나라의 문화적 분위기에서는 '새것'이 더욱 큰 가치를 부여받는다. 그래서 '새것'이면서 '구하기 힘들거나 비싼 것' 또는 '사회적으로 인정된 메이커라는 사실을 누구나 아는 것'이면 더욱 가치 있게 여겨지는 것이다. 예를 들면, 새 디자인의 스마트폰이 나왔을 때 그것을 보다 빨리 소유함으로써 다른 소비자는 '아직' 가지고 있지 못한 것을 가지고 있다는 만족감을 느끼고, 더욱 고급스러운 이유식이 나왔을 때 그것을 남보다 먼저 선택한 신세대 어머니는 '보통 어머니는 못 먹이는 고급 분유를 먹인다.'는 생각으로 마치 훌륭한 엄마의 역할을 하고 있는 것 같은 착각을 하게 될 수 있다.

가치관이나 문화적 분위기가 변화함에 따라 포근한 구세대 엄마에서 세련된 신세대 엄마로 분유 광고 모델이 바뀌어 오다가, 최근에는 아예 엄마는 등장하지 않고 아빠(예, 강호동)가 아이와 함께 우유 광고 모델에 등장하여 "잘 키워야죠, 아빠니까……." 하는 멘트를 하기에 이르렀다. 이런 광고가 대다수 국민의 공감을 얻으며 주목을 끌 수 있는 이유는 지난 30여 년간 남녀 모두 '나라'보다 '자신과 가족'을 중요시하는 경향이 크게 증가하면서 남녀평등 의식도 크게 확대되어(나은영, 차유리, 2010), 아빠가 육아에 참여하는 것도 대다수의 한국인이 자연스럽게 받아들이는 주류 가치관이 되었기 때문이라 할 수 있다.

7) 위협소구와 공포감 및 불안 유발

위협(threat)소구는 실제로 상업광고보다 공익광고나 건강 커뮤니케이션 영역에서 더 많이 사용되는 방법이지만, 설득소구에서 빼 놓을 수 없는 개념 중 하나이기에 여기서 잠깐 언급하고자 한다. 위협소구는 기본적으로 '가지고 싶지 않다.'는 마음을 활용한 소구방법이다. 일종의 공포심에 의존하는 이 방법은 혐오스러움이나 불편함 등과 같은 느낌뿐만 아니라 자신에게 손해가 발생할 가능성이 있다는 인지적 반응도 포함한다(이두희, 1997, p. 177). 정서적으로 겁이 나면서, 인지적으로 '메시지대로 따르지 않으면 내게 손해가 발생하겠구나.' 하는 '생각'이 함께 작용한다는 것이다. 이런 과정에 근거

위협소구
소비자에게 불안이나 공포심을 유발시켜 제품이나 행동에 관심을 갖도록 하는 소구방법

하여 위협소구가 금연광고나 건강 관련 메시지에 많이 활용되는 것은 이상한 일이 아니며, 실제로 바람직한 행동 유발에 효과가 있다.

공포소구에 대한 전형적인 실험 사례는 다음과 같다. 특히 건강과 안전 등의 문제에 주목하여 이를 닦지 않았을 때 어떻게 되는지, 안전벨트를 매지 않았을 때 어떻게 되는지 등과 관련한 부정적 결과를 보여 줌으로써 공포를 유발하고, 이어 설득메시지에서 이를 닦아야 한다든지 안전벨트를 매야 한다는 등의 내용을 전달하여 그에 얼마나 따르는지를 측정한다. 그 결과, 유발된 공포수준이 중간 정도일 때 가장 큰 설득효과가 있었다(Janis & Feshbach, 1953). 지나치게 큰 공포를 유발하는 사진 등은 혐오감을 주거나 아예 시선을 외면하게 만들어 설득효과가 줄어드는 경향이 있다.

연구자들(Janis & Feshbach, 1953)은 메시지 수신자가 평소에 불안을 많이 느낄수록 높은 강도의 위협소구가 비효과적이라는 사실을 발견하였다. 설득메시지가 위협적일 경우 그 수용자들은 공포나 불안의 원인이 되는 위협소구 메시지 자체를 외면하기 때문에 그 효과가 줄어드는 것이다. 이를 '방어–회피의 가설(defense-avoidance hypothesis)'이라고 한다(Janis & Feshbach, 1954). 어떤 연구에서는 공포나 불안의 수준이 광고효과와 아무 관련이 없음을 밝히기도 했지만(Jepson & Chaiken, 1990), 대체로 개개인이 평소에 지닌 불안수준이 광고효과에 어느 정도 영향을 주고 있다는 쪽의 결론이 우세하다.

이와 유사하게 최근에 유선욱, 박계현 그리고 나은영(2010)은 신종플루 메시지에 대한 심리적 반발과 공포감이 예방행동 의도에 어떤 영향을 주는지를 연구하였다. 공포감이 작용할 때 심리적 반발감도 함께 작용할 수 있음을 보여 주었고, 사회적 시선의 효과도 검증하였다. 대체로 행동을 유도할 때에는 요구의 크기도 영향을 준다. 공포를 너무 강하지 않게, 그러나 상당한 정도로 위협을 느끼게 하면서 요구의 크기는 지나치지 않게 할 때 가장 효과적임이 밝혀졌다.

최근의 광고 사례를 살펴보면, 비교적 강력한 메시지를 전달한 위협소구 광고로서 "운전하는 그 사람과 통화하지 마십시오."라는 언어적 메시지와 함께 비언어적 메시지로 다양한 장소에서 휴대전화를 받는 사람의 수화기로부터 피가 흩어져 나오는 끔찍한 이미지를 전달하는 광고가 있다. 운전하는 사람이 하는 전화를 받는 사람도 조심하라는 내용이 담겨 있으면서, 일상생활 속에서 전화받는 평이함과 전화기에서 피가 흩어져 나오는 공포영화 같은 끔찍함이 대조되어 그 효과는 극대화되었다. 이와 유사하게, 안전벨트 착용과 관련된 한 공익광고에서는 "여러분의 목숨은 당신 혼자만의 것이 아닙니다."라는 언어적 메시지와 함께, 아이, 배우자, 연인의 팔이 안전벨트처럼 비유적 이미지로 운전자의 목과 몸을 감싸는 이미지가 제시되었다. 언어적 메시지와 비언어적 메시지가 일치하면서, 강력한 비언어적 상징의 힘을 함께 활용한 사례라 할 수 있다.

위협소구가 성공하기 위해서는 ① 언급된 위협의 발생 가능성이 매우 높고, ② 이 위협은 심각한 결과들을 초래하며, ③ 광고에서 주장하는 행동의 변화나 행위는 이 위협을 제거할 수 있고, ④ 표적소비자는 주장된 행동을 실제로 실행할 수 있어야 한다(로저스의 방어동기이론; 이두희, 1997, pp. 177-178).

위협소구가 비교적 많이 활용되는 영역은 음주운전이나 에이즈 또는 금연 관련 공익광고와 구취, 방향제, 치약 등과 같은 건강 관련 제품광고다. 최근에는 보험 제품의 광고에도 많이 사용되고 있다. 위협소구 광고가 부정적인 정서반응을 일으키기 때문에 기업이나 브랜드에 대한 태도에 부정적 영향을 주지 않을까 염려하기도 하지만, 사람은 지나치게 온정적이거나 유머에 의존한 광고보다 오히려 위협소구 광고를 더 많이 기억하고 회상한다는 연구결과도 있기 때문에(Hyman Tansey, 1990), 적절히 사용할 경우 행동까지 이어지는 설득효과를 유발하는 데 잘 활용될 수 있다.

8) 불안감과 비교심리를 자극하는 광고

상업광고에 보다 잘 적용될 수 있는 부정적인 심리는 공포보다는 오히려 불안감일 것이다. 이에 착안하여 소비자가 상대적 박탈감을 극복하며 비교우위를 점하고자 하는 심리를 이용하는 광고가 있는데, 타사 제품과 비교하는 비교광고와는 다르다.

예를 들면, 학원 광고와 명품 광고, 상대적인 고가 제품의 광고 등에서 볼 수 있는 불안감 및 비교심리 자극 광고는 앞서 언급한 소망적 준거집단과도 연결이 된다. 사람은 자기의 능력이나 의견과 관련하여 다른 사람들과 비교함으로써 판단하려는 경향이 있는데(Festinger, 1954), 특히 상대적인 우위의 확보가 입시에서 결정적인 역할을 하는 우리나라에서 학생 및 학부모의 불안감과 비교심리, 상대적 박탈감이나 열등감 등을 활용한 학원 광고는 대체로 일단 학생의 현재 학습 상태를 이상적인 상태 또는 이를 이미 성취한 학생들과 비교하여, 그 학원에 다니면 자기도 성공한 ○○처럼 될 수 있으리라는 기대를 지니게 한다. 그 학원에 들어가서 성공한 학생들이 다니는 대학에 자신도 입학하여 결국 자기가 소망하는 '집단'에 소속될 수 있으리라는 기대도 현재 상태의 불안감을 감소시키기 위한 선택에 한몫을 한다. 그 학원을 선택하지 않으면 뒤처질 것이라는 불안감을 자극하면서, 동시에 그 학원을 선택하면 소망하는 집단에 소속될 수 있을 것이라는 기대까지 충족시키기 때문에 선택하게 되는 것이다.

소비자의 불안감을 활용한 상업광고의 사례는 한국타이어 드라이빙 이모션(driving emotion) 4차 캠페인에서 찾아볼 수 있다. "모든 것은 발끝에서 시작된다."는 헤드라인으로 시작되는 이 캠페인의 제작 배경은 사람들이 타이어를 바꾸어야겠다고 생각할 때 '내가 제대로 하고 있는 것일까? 정품을 쓰는 것일까? 바가지를 쓰는 것은 아닐까? 원래 자동차 정비·타이어 교체는 이렇게 하는 걸까?' 등과 같은 막연한 불안감과 불신을 항상 지니고 있다는 데 착안하였다. 그래서 한국타이어는 소비자의 이와 같은 '근원적 불안심리'를 말끔히 해소해 줄 수 있다는 '고객과의 약속' 캠페인을 2008년부터 펼치고 있다. 불안을 감소시키면서 신뢰를 심어 주고자 하는 전략을 사용하고 있는 것이다.

또한 우리나라와 같은 집단주의 사회에서는 집단 내 지위에서 오는 역할에 대한 불안감도 존재한다. '내가 사장 역할을 잘 하고 있는 것일까?' '내가 좋은 엄마 역할을 잘 하고 있는 것일까?' 등과 같은 불안감을 활용하여, 해당 '역할'을 잘 못하고 있다는 죄책감을 심어 줌으로써 해당 제품을 구매하거나 해당 행동을 유발하는 것이다. 예를 들면, 가족의 영양제를 잘 챙겨 주어야 하는 주부의 역할, 학습지를 잘 골라 주어야 하는 엄마의 역할, 좋은 자동차를 사 주어야 하는 남편의 역할, 여자친구가 원하는 것을 맘껏 해 주어야 하는 애인의 역할, 겨울에 시부모님을 따뜻하게 잘 모셔야 하는 며느리의 역할 등과 같은 각종 역할을 잘하고 있는 사람이 광고에 등장하거나, 해당 제품이나 행동을 취해야만 그런 역할을 잘하는 사람들에 속할 수 있다는 느낌을 풍기는 광고들을 흔히 접할 수 있다.

〈여기서 잠깐〉

불안광고 사례: 신종플루 불안감 이용한 약초광고

신종플루 국민불안 편승한 특정 음식·약초 등 허위광고 봇물
의협, 언론 비의학적 보도하지 말 것 촉구

신종플루 확산에 따른 국민의 불안감에 편승, 신종플루에 효과가 있다는 각종 식품의 허위 과장광고가 봇물처럼 터져 나오고 있음에도 정부가 제대로 대응을 하지 못하고 있다는 우려 가 제기됐다.

대한의사협회(회장 경만호)는 비의학적 주장과 방법 등이 난무하는 현실을 우려하고 언론 에 대해서는 신중한 보도를 당부했다. 의협은 "왜곡된 정보가 아무런 여과장치 없이 언론이나 방송에 인용되는 현실에 심각한 우려를 금할 수 없다."며 "이들 중 대부분은 신종플루가 어떤 병인지도 모르고, 의학적인 지식이 크게 결여된 엉뚱한 주장들을 늘어놓고 있다."고 지적했 다. 의협은 "면역학이나 감염학 교과서를 단 한 번이라도 읽어 보았다면 차마 할 수 없는 주 장"이라며 "전 세계적으로 대유행 중인 신종플루가 우리나라에서도 맹위를 떨치면서 사망자 까지 발생하자 국민의 불안감이 가중되고 있는 이런 때일수록 국민이 지나치게 두려워하거나 당황하지 말고 차분히 의료진의 지시에 따라 예방을 하고 치료를 받는 것이 무엇보다 중요하 다."고 강조했다.

의협은 또 "특정 음식이나 재료, 약초, 심지어는 스파 등이 신종플루의 예방이나 치료에 효 과가 있다는 주장들은 의학적으로 전혀 근거가 없다."고 일축하고 "잘못된 정보로 시간적, 경 제적 손실을 초래할 뿐만 아니라 오히려 신종플루를 예방하고 대응하는 데 지장을 주게 된 다."고 설명했다. 의협은 "이러한 왜곡된 언론보도를 보고 국민이 오해를 해 의료기관을 방문 하기보다 민간요법이나 비의학적 치료법을 찾아다니다가 자칫 치료 시기를 놓치게 된다면 국 가적으로도 큰 손해가 발생할 수 있다."고 경고했다.

의협은 "그러나 신종플루에 효과가 있다는 각종 식품의 허위과장광고가 봇물처럼 터져 나 오고 있음에도 정부가 제대로 대응을 하지 못해 부득이 의사들이 나서게 됐다."고 밝혔다. 의 협은 언론에 대해서도 "다른 질병도 아니고 신종플루와 같이 국가적인 대응이 필요한 상황에 서 국민 건강을 위해 보다 엄격한 기준에 의거하고 가능한 한 의학적인 감수를 거친 후 보도 해 줄 것"을 당부했다. 의협은 "위생관리를 철저히 하고 감염의 우려가 있는 대인 접촉을 삼가 는 것이 신종플루를 예방하는 가장 좋은 방법임에도 의학적인 근거가 없는 정보를 토대로 '어 디에 좋다'는 것을 찾아다니는 일이 도리어 더 위험하다."고 주의를 촉구했다.

이러한 현상과 관련 의협 좌훈정 대변인 "국민 생명을 담보로 비의학적인 주장을 통해 물 질적인 이득이나 헛된 명성을 얻고자 하는 자들에게 엄중한 경고를 해야 할 상황"이라며, "앞

으로 철저한 언론방송 모니터링을 통해 이러한 비의학적 주장 등을 가려내어 모든 법적 조치를 취할 것"이라고 말했다.

3. 행동 이끌어 내기: 가장 쉽게 행동하도록 만드는 환경 조성

광고는 해당 제품의 구매촉진을 위해 소비자의 마음을 얻고자 제작된 언어적 및 비언어적 설득 커뮤니케이션이기 때문에, 소비자가 무엇에 근거하여 구매를 결정하는지를 파악하여 그 내용을 광고메시지에 포함시켜야 한다. 또한 마음을 얻었으면 이를 보다 쉽게 행동에까지 옮길 수 있는 바탕을 만들어 주어야 진정한 설득의 효과가 일어났다고 할 수 있을 것이다. 따라서 이 절에서는 행동을 이끌어 내는 데 도움이 되는 설득전략들을 간단히 살펴보고자 한다.

1) 행동의도 모형

행동과 관련된 가장 대표적인 모형은 '행동의도 모형' 또는 '합리적 행위 모형' 그리고 '계획된 행위 모형'(Fishbein & Ajzen, 1975) 등으로서, 다속성 모형이라고도 한다. 이 모형들은 기본적으로 사람은 합리적인 생각에 바탕을 두고 행동한다는 것을 전제로 하기에, 감정소구보다는 이성소구의 연결선상에 있는 모형이라고 할 수 있다.

제2장의 다속성 모형의 각 요소들에서 알 수 있듯이, 소비행동이 나오기 위해서는 행동의도가 있어야 하고, 행동의도가 생기려면 먼저 구매행동에 대한 긍정적 태도가 형성된 다음, 주변 사람이 그 행동에 대해 긍정적으로 생각해 주어야 한다. 여기에 그 소비행동을 할 만한 통제력을 지니고 있어야 하는데(Ajzen & Fishbein, 1980), 이 통제력에는 구매결정권과 경제력 등이 포함된다.

요약하면, 구매행동에 대한 소비자 자신의 태도와 소비자 주변의 중요한 인물들의 규범, 그리고 소비자 자신의 경제력과 같은 통제력이 잘 합해져야 소비행동으로 이어질 수 있다는 것이다. 소비자의 능력변수와 상황변수, 통제력, 구매력 및 접근 용이성 등을 잘 고려하여 적재적소에 광고와 제품을 배치할 때 비로소 광고의 효과가 행동까지 이어질 수 있다.

2) 구매시점 자극

매장 내의 제품 배치나 광고를 통해 구매시점에서 소비자를 자극하여 구매하게 만드는 전략도 많이 사용되고 있다. 적절한 진열을 통해 충동구매를 10% 정도 증가시킬 수 있으며(Solomon, 1998, p. 262), 일상용품의 경우 구매결정의 40%가 상점 안에 들어와서 결정된다고 한다(유재언, 1995; 김광수, 1999).

흔히 시식행사 등을 통해 구매시점에서의 구매를 촉진시키기도 한다. 특히 식사 시간을 앞둔 시점에서 고기를 구우며 냄새를 풍겨 매장 내의 고객들이 고기를 사고 싶은 마음이 들게 만든다든지, 마음껏 시식하게 하여 미안한 마음에 보상심리로라도 시식한 제품을 구매하게 유도하는 등의 전략들도 생각이나 느낌보다는 구매행동 자체에 직접 영향을 주고자 하는 시도다.

또한 앞서 잠깐 언급했던 '반짝 세일' '마감이 임박했다' '하나밖에 안 남았다' 등의 '희소가치' 강조 전략도 '지금' 구매해야 한다는 급박한 사실을 일깨워 줌으로써 행동을 유도하려는 방법이다. 구매행동에 직접 영향을 줄 수 있는 구매시점(point of purchase: POP) 자극의 효과는 소비상황, 구매상황 및 사회적 상황이나 규범적 압력 등에 따라 달리 나타날 수 있다(김광수, 1999).

3) 관계마케팅

많은 기업들이 관계마케팅(relationship marketing)에 심혈을 기울이고 있다. 이는 고객과의 좋은 관계를 지속적으로 유지하여 충성도를 높임으로써 판매를 촉진시키는 전략이다. 예를 들면, 포인트 카드는 동일 제품에 대한 구매를 여기저기 분산시키지 않고 자사에서만 구매하도록 만드는 역할을 한다. 기업들은 그 외에도 다양한 방법으로 고객이 자사제품에 개입하도록 만들고, 구매자와 판매자 간의 신뢰를 형성함으로써 추후 구매행동을 촉진시킨다. 장기적인 판매 관계도 남녀 간의 낭만적 만남과 마찬가지로 다음과 같은 다섯 가지 단계를 따른다(Solomon, 1998, p. 265의 내용을 일부

수정).

- 인식(awareness): 구매자가 특정 제품을 인식하는 단계
- 탐색(exploration): 구매자가 탐색 후 사용을 시도해 보고, 관계에 최소한의 투자가 이루어져 규준과 기대가 발달하기 시작하는 단계
- 확장(expansion): 구매자와 판매자의 관계가 점차 굳어져 상호 의존적으로 되기 시작하는 단계
- 개입(commitment): 관계를 계속하기 위해 (때로는 함축적인) 약속을 하는 단계
- 해제(dissolution): 관계를 유지하려 시도하지 않아 끊어지게 되는 단계

판매자가 관계의 해제를 막는 한 가지 방법은 '해지 장애(exit barriers)'를 만드는 것으로, 예를 들면 단골 탑승자를 위한 항공회사의 마일리지 누적 프로그램, 장기 고객을 위한 통신사의 단말기 제공 프로그램, 그리고 은행계좌 등의 해지를 원할 경우 직접 지점을 방문해야 하는 번거로움이 있게 하는 전략 등을 들 수 있다.

구매 후의 만족도를 관리하는 것도 장기적인 관계 마케팅과 브랜드 관리에서 중요하다(김광수, 1999). 이용을 해 본 후 만족감이 높으면 다음에 또 찾게 될 가능성이 크고, 타인에게 같은 제품을 추천할 확률도 높아져, 전반적인 판매향상을 기대할 수 있기 때문이다.

4) 소비자의 라이프스타일에 따른 구매행동 유도

소비자의 라이프스타일(제3장 참조)에 따라 관계 마케팅 전략을 달리할 수도 있다. 스탠퍼드 연구기관(Stanford Research Institute: SRI)은 가치와 라이프스타일 체계(values and lifestyles system: VALS)를 만들어 소비자를 구분하고, 이들의 가치체계가 변함에 따라 설득전략을 달리할 필요가 있다고 주장하였다(Wells, Burnett, & Moriarty, 1998, pp. 175-176). SRI 인터내셔널의 밸스(VALS) 2에 근거한 8개 집단의 라이프스타일 특성을 정리하면 〈표 7-6〉과 같다.

각 라이프스타일별 소비성향을 요약하면, 먼저 실현자는 대체로 자존감, 수입, 에너지 등이 높고, 문화활동을 하며, 수입맥주를 마시는 경향이 있다. 만족자는 자신의 이

〈표 7-6〉 소비자의 라이프스타일 구분

가장 풍부한 자원	1. 실현자(actualizers): -더 좋은 것을 즐김 -새로운 상품과 기술에 수용적임 -광고에 회의적임 -인쇄물을 많이 봄 -TV를 적게 봄		
	원칙 지향적	지위 지향적	행위 지향적
	2. 만족자(fulfilleds): -이미지나 특권에 관심이 없음 -집을 위해 평균 이상의 소비 -교육적, 공적 프로그램 선호 -폭넓게 자주 읽음	4. 성취자(achievers): -프리미엄 상품에 끌림 -다양한 상품의 주 표적 -평균 수준의 TV 시청 -사업, 뉴스, 자기개발서 읽음	6. 경험자(experiencers): -패션과 유행을 따름 -사교에 수입의 상당 부분을 씀 -충동구매 -록음악을 들음 -광고에 주의를 기울임
	3. 신봉자(believers): -국내산을 구입 -습관 변화 느림 -바겐 선호 -TV를 평균 이상 봄 -퇴직 관련, 집과 정원, 일반적 관심의 잡지를 봄	5. 추구자(strivers): -이미지를 의식함 -수입이 한정되어 있지만 신용카드 사용 -의류, 개인관리용품 소비 -읽는 것보다 TV 선호	7. 제작자(makers): -편함, 내구력, 가치 기준 구매 -사치품에 매력을 못 느낌 -기본적인 것 구매 -라디오 청취 -자동차, 가전기구, 낚시, 옥외 활동 잡지를 읽음
가장 빈약한 자원	8. 노력가(strugglers): -브랜드에 충실 -쿠폰을 사용하며 세일을 찾음 -광고를 믿음 -TV를 자주 봄 -타블로이드와 여성지를 읽음		

출처: Wells, Burnett, & Moriarty(1998). p.176.

미지를 중요시하지 않으며 성숙하고, 자기만족적인 소비를 즐긴다. 신봉자는 매일 커피를 마시며 정원을 가꾸는 비율이 높다. 성취자는 아이들과 활동을 많이 하며 수입맥주를 마시기도 한다. 추구자는 아이들과 활동을 많이 하며 팀 스포츠를 즐긴다. 경험자는 위험한 스포츠를 즐기고 대체로 매주 사교모임이 있다. 제작자는 손으로 하는 도구를 구입하고 집수리를 손수하며, 위험한 스포츠를 즐긴다. 끝으로, 노력가는 매일 커피를 마시며 정원을 가꾸는 경향이 있다.

소비행동은 자기가 소비할 만한 가치가 있다고 생각되는 제품에 기꺼이 지불할 의사를 보이는 행동이기 때문에, 소비자가 무엇에 중요한 가치를 두며 어떤 패턴의 라이프스타일을 보이는가와 관련이 있다. 따라서 소비자의 가치관과 생활패턴을 고려할 때 설득의 성공 가능성이 높아지는 것은 당연하다. 누구나 자기가 추구하는 것, 자기가 얻고자 하는 것을 구하려 할 것이기 때문이다.

5) 구전 커뮤니케이션과 소셜 미디어 활용

입에서 입으로 전해지는 구전 커뮤니케이션도 소비자의 행동의도에 결정적인 영향을 미친다. 비개인적 정보를 인식함으로써 상표를 인지하게 되는 반면, 구전 커뮤니케이션을 통해 제품을 평가하고 채택하게 되는 경향이 있기 때문이다. 특히 온라인 구전 정보는 탐색, 경험, 신뢰 등을 기본 특성으로 하여 더욱 큰 영향을 발휘할 수 있다(김재휘, 2007).

작은 의견도 순식간에 기하급수적으로 퍼뜨릴 수 있는 트위터와 같은 소셜 미디어의 역할은 그 어느 때보다 더 중요해졌다. 스마트폰을 필두로 한 디지털 소셜 미디어는 이용자들이 소지하고 다니면서 바로 바로 의견 교환이 가능하고, 의견을 교환하자마자 즉시 행동이 가능하기 때문에, 행동과 동시에 이루어지는 소통 체계는 행동을 유발하는 설득과정에서 꼭 염두에 두어야 할 부분이다.

구매하고자 하는 제품에 대해 이리저리 탐색한 후, 결정하기 직전의 시점에서 지인들에게 확인해 보는 경우도 많고, 한 가지라도 좋지 않은 평가가 있을 때 그 하나의 부정적인 정보가 구매를 꺼리게 만드는 경우도 허다하다. 따라서 구매를 유도하기까지의 과정에도 주의를 기울여야 하지만, 구매를 회피하게 만드는 부정적 정보의 확산과 그 영향에도 면밀히 관심을 기울여야 한다.

요약

광고소구에 활용되는 설득 커뮤니케이션의 기본 원리들을 생각, 느낌 및 행동 바꾸기를 중심으로 살펴보았다. 먼저, 소비자의 '생각'을 바꾸기 위해서는 주로 '이성'에 호소하는 '정보처리' 의존 소구를 사용한다. 설득경로를 중심경로와 주변경로로 나누는 ELM(정교화 가능성 모형), 제품을 고관여 제품과 저관여 제품으로 나누어 생각과 느낌 중 어느 쪽에 중점을 두는 것이 좋은지를 구분한 FCB(Foote, Cone and Belding) 모형, 인지부조화 모형, 인지일관성 모형, 및 인지반응 모형을 다룬 다음, 이익이 있다고 판단하게 만드는 보상과 조작적 조건형성 원리를 소개하였다. 이어 많은 사람들이 택했다는 것이 곧 좋은 상품이라는 증거라고 생각하는 '사회적 증거'의 원리, 대변인 효과와 증언, 그리고 광고 카피에서 언어의 영향을 논의하였다.

이어 소비자의 '마음'을 바꾸기 위해서는 감성에 호소하는 이미지 의존 소구를 많이 사용한다. 미래에 되고 싶은 모습을 보여 주는 '소망적 준거집단' 활용 전략, 소비자의 욕구 충족을 기반으로 한 구매동기 유발, 매슬로우의 욕구위계, 좋은 감정과의 연합을 기반으로 한 고전적 조건형성과 향수광고, 메시지 제시방식과 비언어적 메시지의 활용, 문화적 분위기와 사회적, 규범적 압력, 위협소구와 공포감 및 불안 유발 전략, 불안감과 비교심리를 자극하는 광고 등을 소개하였다. 끝으로, 소비자의 '행동'을 이끌어 내기 위해서는 가장 쉽게 행동하도록 만드는 환경을 조성해야 한다. 행동의도 모형, 구매시점 자극, 관계마케팅, 소비자의 라이프스타일에 따른 구매행동 유도, 구전 커뮤니케이션과 소셜 미디어 활용 등을 다루었다.

참고문헌

김광수(1999). 광고학. 서울: 한나래.

김재휘(2007). 구전 커뮤니케이션의 영향과 광고효과. 광고연구, 12, 88-93.

나은영(2001). 정치광고와 상업광고에 응용되는 사회심리학적 원리. 한국심리학회지: 일반, 20(1), 177-209.

나은영, 차유리(2010). 한국인의 가치관 변화 추이: 1979년, 1998년 및 2010년의 조사 결과 비교. 한국심리학회지: 사회 및 성격, 24(4), 63-93.

양윤(2008). 소비자 심리학. 서울: 학지사.

유선욱, 박계현, 나은영(2010). 신종플루 메시지에 대한 심리적 반발과 공포감이 예방행동의도에 미치는 영향. 한국언론학보, 54(3), 27-53.

유재언(1995). POP 광고. LG애드, 6월호.

이두희(1997). 광고론. 서울: 박영사.

이재수(1999). 광고심리학. 서울: 조형사.

Ajzen, I., & Fishbein, M. (1980). *Understanding attitudes and predicting social behavior.* Upper Saddle River, NJ: Prentice-Hall.

Bandura, A. (1977). *Social learning theory.* Englewood Cliffs, NJ: Prentice-Hall.

Cialdini, R. B. (1988). *Influence: Science and practice* (2nd ed.). Glenview, IL: Scott, Foresman.

Cialdini, R., Petty, R., & Caccioppo, J. (1981). Attitude and attitude change. *Annual Review of Psychology, 32,* 357-404.

Greenwald, A. G. (1981). Cognitive response analysis: An appraisal. In R. E. Petty, T. M. Ostrom, & T. C. Brock (Eds.), *Cognitive responses in persuasion* (pp. 127-133). Hillsdale, NJ: Erlbaum.

Festinger, L. (1954). A theory of social comparison processes. *Human Relations, 7,* 117-140.

Festinger, L., & Carlsmith, J. M. (1959). Cognitive consequences of forced compliance. *Journal of Abnormal and Social Psychology, 58,* 203-210.

Fishbein, M., & Ajzen, I. (1975). *Belief, attitude, intention, and behavior: An introduction to theory and research.* Reading, MA: Addison-Wesley.

Janis, I. L., & Feshbach, S. (1953). Effects of fear-arousing communications. *The Journal of Abnormal and Social Psychology, 48,* 78-92.

Jepson, C., & Chaiken, S. (1990). Chronic issue-specific fear inhibits systematic processing of persuasive communications. *Journal of Social Behavior and Personality, 5,* 61-84.

Moriarty, S. E. (1991). *Creative advertising: Theory and Practice* (2nd ed.), Englewood Cliffs, NJ: Prentice Hall.

Petty, R. E., & Cacioppo, J. T. (1986a). The elaboration likelihood model of persuasion. *Advances in Experimental Social Psychology, 19,* 123-205.

Petty, R. E., & Cacioppo, J. T. (1986b). *Communication and persuasion: Central and peripheral routes to attitude change.* New York: Springer-verlag.

Rossiter, J. R., & Percy, L. (1987). *Advertising and promotion management.* McGraw-Hill, Inc.

Pratkanis, A. R., & Aronson, E. (2001). *Age of propaganda: The everyday use and abuse of persuasion*. New York: Henry Holt.

Schoenbachler, D. D., & Whittler, T. E. (1996). Adolescent Processing of Social and Physical Threat Communications. *Journal of Advertising, 25*(4), pp. 40-41.

Solomon, M. R. (1998). 소비자행동론(리대룡, 이상빈 역). 서울: 영풍문고. (원본 출판연도는 1996).

Sutherland, M. (1998). 광고를 움직이는 소비자 심리(윤선길, 김완선 역). 서울: 경문사. (원본 출판연도는 1993).

제**8**장
광고와 크리에이티브 기법

1. 광고란 무엇인가

　광고는 도구다. 광고란 마케팅 커뮤니케이션상의 문제를 해결(개선, 유지, 예방 등등)하기 위한 실용적인 도구다. 도구는 어떤 작업을 하는 데 가장 힘을 적게 들이면서도 작업의 결과는 최대화하는 수단이다. 맨손으로 집 짓는 목수를 상상할 수 있겠는가? 맨손으로 수술하는 외과의사, 맨손으로 자동차를 고치는 수리공을 상상할 수 없다. 도구란 그런 것이다. 광고도 그와 같은 도구다. 우리 몸에 문제(병)가 생겼을 때 그 문제를 해결하기 위해서 의사가 수술 도구를 가지고 수술을 하듯이, 자동차가 고장이 났을 때 수리공이 공구들을 가지고 그 자동차의 고장 난 곳을 고치듯이, 광고는 상표가 소비자와의 커뮤니케이션상의 문제가 있을 때 그 커뮤니케이션상의 문제를 해결하는 도구인 것이다.

　개인뿐만 아니라 상표도 수많은 문제에 직면한다. 인간의 하루하루의 삶은 곧 끊임없이 생기는 문제들의 해결과정이라고 해도 과언이 아니다. 지금 우리에게 절실하게 필요한 것은 창의적인 문제해결능력이다. 다른 모든 일이 그렇지만, 특히 광고는 다른 어떤 일보다 창의적인 문제해결능력을 요구한다. 광고교육 또한 창의적인 문제해결능력을 훈련하고 배양하는 과정이다.

소비자가 만나는 것은 광고나 마케팅 기획서가 아니라, 텔레비전이나 신문에 실린 광고물 자체다. 광고는 극단적으로 단순화하면 광고물과 그 광고물을 담고 있는 매체로 나누어서 볼 수 있다. 그 광고물은 다시 그 광고물 밑에 깔려 있는 계산, 즉 크리에이티브(creative) 전략과 그 광고물 위에 나타나고 있는 부분, 즉 광고의 아이디어와 제작 솜씨(execution)로 구분해서 볼 수 있다.

1) 광고와 크리에이티브

크리에이티비티(creativity), 즉 창의성이 요구되지 않는 분야가 없겠지만, 광고는 특히 그렇다. 그래서 흔히 광고의 생명은 크리에이티브라고 말한다. (따라서 광고회사의 생명도 크리에이티브다.) 왜 광고에서 창의성이 중요한가? 간혹 사람들은 창의성은 광고 제작부서에서 일하는 사람들에게만 필요한 것으로 오해하기도 한다. 하지만 전혀 그렇지 않다. 크리에이티브는 크리에이티브 팀(부서)의 전유물이 아니다. 창의성으로부터 자유로울 수 있는 광고인은 아무도 없다. 그러기 때문에 많은 광고회사들이 '창의적 문제해결능력'을 가진 사람에 목말라 하는 것은 결코 이상한 일이 아니다. 광고 제작부서에서 일하는 사람들(creative director: CD; copy writer: CW; CM planner: CP; 또는 producer: PD)은 말할 것도 없거니와 광고주를 관리하고 광고전략을 기획하는 AE(account executive), 마케팅 전략을 짜는 마케터, 매체전략을 짜고 매체를 구매하는 미디어 맨 등등, 모두가 크리에이티브해야 한다. 즉, 창의적인 광고, 마케팅, 매체, 세일즈 프로모션, 경영, 관리, 전략 등이 필요하다. 창의성은 광고를 하는 모든 사람들에게 필요한 것이며 중요한 것이다. 전략도 크리에이티브다. 매체도 크리에이티브다. 프로모션도 크리에이티브다. 물론 광고제작도 크리에이티브다.

그러나 광고의 크리에이티브는 순수예술의 그것과는 다른 것이다. 광고의 크리에이티브는 확고한 전략의 토대 위에 서 있는 것이어야 한다. 순수예술은 창조성 자체가 목적이지만, 광고에서의 창의성은 판매라는 목표를 위한 수단이기 때문이다. 그래서 흔히 광고를 '파는 예술'이라고 말한다. 광고는 예술을 활용하는 세일즈맨십이다. 그렇기 때문에 광고의 창의성은 전략적 사고의 기반 위에 서 있는 것이어야 한다. 광고전략을 수립하는 AE가 창의적이어야 하듯이, 크리에이티브 팀 사람들은 반대로 전략적 사고를 가져야 한다. 그러므로 광고 제작담당자는 단순한 광고표현의 일부를 기술적으로 마무리하는 기능공으로 만족해서는 안 된다. 표현전략은 뿌리 없는 착상이 표현기술과 조합된다고 해서 입안될 수 있는 것이 결코 아니기 때문이다. 그러므로 전략적 사고는 광고기획이나 매체기획 팀 또는 마케팅 팀의 전유물이 아니고, 크리에이티브 또한 크리에이티브 팀의 전유물이 아닌 것이다.

광고가 과학이냐 예술이냐를 둘러싼 해묵은 논쟁이 있다. 어떤 이는 광고는 '과학'이라고 주장하고, 어떤 이는 광고는 '예술'이라고 주장한다. 우선 결론부터 이야기하면, 광고는 과학이며 예술이다. 흔히 "광고는 예술이되 제품을 파는 과학이며, 과학이되 소비자의 심금을 울리는 예술이다."라고 말한다. 어떤 사람은 광고란 시인의 가슴과 화가의 눈 그리고 과학자의 두뇌를 필요로 하는 일이라고 말하기도 한다. 또 광고를 크게 전략과 크리에이티브로 나누어 전략은 과학이고 크리에이티브는 예술이라고 주장하기도 한다.

마케팅의 목표가 현재의 상황을 바탕으로 앞으로의 전략을 수립하는 것이라면 크리에이티브는 이를 바탕으로 소비자를 감동시키는 일이다. 막연히 사람을 감동시키기는 쉬운 일이나 광고주의 제품으로 사람을 감동시키기는 지극히 어렵다. 과학과 예술은 마치 기름과 물처럼 결코 조화되기 어려운 성질을 가지고 있다. 그래서 광고가 결코 쉽지 않은 일인 것이다. 마치 기름과 물을 섞는 작업같이 말이다. 그러나 그러한 어려움에도 불구하고 성공적인 광고를 위해서는 반드시 마케팅 전략과 광고 크리에이티브가 조화를 이루어야 한다.

광고인은 예술을 하는 사람이 아니라 예술을 활용하여 장사를 하는 사람이다. 예술인에게서 예술은 곧 목적이지만, 광고에서 예술은 판매라는 목적을 위한 수단인 것이다. 그것이 순수 아티스트와 광고 아티스트의 본질적인 차이라고 할 것이다. 더욱 극단적으로 표현하면, 전자(화가, 시인, 음악가 등)는 예술가들이며, 후자(광고인)는 장사꾼인 것이다. 그러므로 광고 아티스트의 상상력은 고삐 풀린 망아지처럼 마구 날뛰어서는 안 된다. 마케팅 전략적 틀 안에서 발휘되어야 하는 것이다.

앞서 말하였듯이, 광고란 제품을 팔기 위한 도구다. 그렇기 때문에 어떤 광고가 제아무리 소비자에게 놀라움과 신선한 충격을 주었다 할지라도 그 놀라움이나 충격이 제

품을 파는 데 기여하는 것이 아니라면 진정한 의미에서의 광고 크리에이티브라고 말할
수는 없는 것이다. 그래서 벤튼 앤 볼스(Benton & Bowles)과 같은 광고회사는 "팔지 않
는 것은 크리에이티브가 아니다(It is not creative, Unless it sells)."라고 말하기까지 했
다. 오길비 앤 마더(Ogilvy & Mather)사의 크리에이티브 디렉터인 노만 밸리(Noman
Bally)는 광고에서 전략과 크리에이티브의 이러한 관계를 한마디로 크리에이티브하게
정리하였다. "From logic to magic."

2) 빅 아이디어(크리에이티브 콘셉트)

뛰어난 광고는 모두 빅 아이디어를 가지고 있다. 즉, 판매메시지를 두드러지게 만들
며, 사람의 눈길을 끌고, 오래도록 기억에 남게 하는 빅 아이디어가 숨어 있다. 빅 아이
디어가 무엇인가를 한 마디로 정의하기는 쉽지 않지만, 빅 아이디어라는 것은 누구나
쉽게 알아본다. 마치 높은 산봉우리 위에 홀로 서 있는 커다란 나무처럼 말이다. 빅 아
이디어는 보통 단순하다. 개발해 놓고 나면 매우 분명하다. 누가 그 말을 했을 때 "아!
나는 왜 저 생각을 먼저 생각해 내지 못했는가?" 하며 머리를 쥐어뜯고 싶은 생각이 들
었다면 그건 십중팔구 빅 아이디어다. 빅 아이디어가 만들어지는 단계에 대해, 광고 크
리에이티브의 거장인 오토 클래프너(Otto Kleppner)는 창의적 도약(creative leap) 단
계라고 말하였다. 빅 아이디어를 건져 내기 위해 전략적 안전지대를 과감히 벗어나 미
지의 크리에이티브의 세계로 그냥 훌쩍 건너뛰는 것이다.

놀라운 아이디어로 에이비스(Avis)의 No. 2 캠페인, 폭스바겐 비틀(풍뎅이) 캠페인,
오박 백화점 등을 들 수 있다. 전설적인 광고 캠페인을 많이 만들어 냈던 빌 번버크
(Bill Bernbach)도 다음과 같이 말했다. "위대한 거인들은 모두 시인이었다. 그들은 사
실에서 출발하여 상상력과 아이디어의 세계로 훌쩍 건너 뛰어버리는 그런 사람들이었
다." 사실에서 상상과 아이디어의 세계로 훌쩍 건너뛰는 창의적 도약, 그것이 진정한
의미에서의 광고 크리에이티브인 것이다. 크리에이티브 팀에게 맡겨진 일이란 판매메
시지를 소비자와 커뮤니케이션하는 데 아직까지 다른 브랜드들이 쓰지 않았던 새로운
방법을 찾아내는 것이다.

3) 뛰어난 광고의 조건

크리에이티비티는 지금까지의 것들과는 거리가 먼 도약을 의미한다. 그 창의적 도약은 내 광고물을 다른 광고들 가운데서 우뚝 돋보이게 만든다. 그 도약을 위한 스프링보드는 탄탄한 전략이다. 광고는 창의적이어야 하지만 또한 전략적이어야 한다. 이러한 관계를 디디비 니드햄(DDB Needham Worldwide)에서는 ROI라고 한다. ROI는 relevance, originality, impact 그리고 return on investment의 약자로, 투자이익으로 돌아오는 광고가 되기 위해서는 적절성(relevance), 독창성(originality), 임팩트(impact)가 있어야 한다.

① 적절성

독창성 못지않게 중요한 것은 적절성이다. 광고란 적절한 메시지를 적절한 사람에게 적절한 시간과 장소에서 전달하는, 엄격히 목표 지향적인 일이다. 목표는 구매를 이끌어 내기 위한 태도변화, 설득이다. 아이디어는 독창적일 뿐만 아니라 수용자에게는 적절한 무엇이어야 한다.

② 독창성

광고 아이디어가 창의적이라는 것은 그것이 새롭고, 신선하고, 기대를 뛰어넘는 비일상적인 것을 말한다. 창의적인 아이디어의 본질은 누구도 전혀 생각해 본 적이 없는 것이다. 생각하지 못한 아이디어란 생각지 않았던 연상으로 한번 뒤튼 것이다.

③ 임팩트

대부분의 광고는 수용자를 스쳐 지나간다. 임팩트 있는 광고는 무관심을 뚫고 그 메시지나 제품에 수용자의 주의를 집중시킨다. 임팩트 있는 아이디어는 소비자로 하여금 스스로 또는 새로운 눈으로 광고를 보게 만든다.

우리나라 최대의 광고회사 J사는 다음과 같이 그들의 표현전략 3대 지표를 천명하고 있다.

① 명쾌한 콘셉트

제품정보와 소비자 욕구, 경쟁관계 등을 고려하여 전략적으로 판단한 경쟁우위를 확보할 수 있는 광고의 주장, 즉 소비자와의 약속이다. 그것은 설명이 필요 없는 분명한 한마디의 심플한 주장이어야 하며, 표적고객의 니즈(needs)와 딱 부합되는 것이어야 하며, 경쟁 브랜드의 그것보다 뛰어나고 독특해야 하며, 시대의 변화를 꿰뚫어보는 선견성이 있는 것이어야 한다.

② 감동적 아이디어

아무리 훌륭한 주장을 담은 광고라 할지라도 광고의 맛이 없으면 광고효과가 없다. 표적고객의 마음속에 광고의 주장을 강력하게 지각시키고 기억시키는 힘의 요소, 그것이 아이디어다. 그 아이디어는 군더더기 없이 절제된 단순한 것이어야 하며, 상식의 벽을 뛰어넘는 깜짝 놀랄 만한 의외성이 있어야 하며, 커뮤니케이션의 목표에 부합되는 합목적성이 있는 것이어야 하며, 누구도 생각 못할 새롭고 독특한 것이어야 한다.

③ 완벽한 아트

명쾌한 콘셉트를 찾아서 그것을 감동적 아이디어로 발전시켰다 할지라도, 이것을 실체화하는 아트 워크가 뛰어나지 못하면 그 빛을 잃고 만다. 아트 워크는 광고물의 성패를 좌우하는 마지막 마무리다. 그 아트 워크는 더 이상 뺄 게 없을 정도로 절제된 심플한 표현이어야 하며, 시각적, 청각적, 또는 언어적 요소들을 유기적으로 연결시켜 시너지, 즉 상승효과를 노릴 수 있는 것이어야만 하며, 보다 대담하고 보다 새로운 기법으로 표현되어야 하고, 새롭게 변해 가는 시대감성을 이끄는 것이어야 한다.

명쾌한 콘셉트, 감동적인(놀라운) 아이디어, 완벽한 아트의 삼각 다리는 J사의 크리에이티브를 올바르게 세울 수 있게 하는 기본이며 필요조건이다.

2. 크리에이티브 전략

1) 광고목표

앞서 언급하였듯이, 광고는 마케팅 커뮤니케이션상의 문제를 해결하기 위한 도구다. 그러므로 그 목표를 정확하게 정의하는 것이 매우 중요하다. 지금 우리(나)는 광고라는 도구를 가지고 무엇을 하려 하는가? 다시 말해서, (마케팅) 커뮤니케이션상의 어떤 문제를 해결하려 하는가? 그러므로 광고목표(advertising objective)는 지금 상표가 가지고 있는 소비자와의 커뮤니케이션상의 문제를 정의하는 그 요체다. 의사가 진찰과 검사를 통해서 복통, 설사 등 지금 환자에게 고통을 주고 있는 증세의 원인, 즉 문제를 정의하듯이, 광고목표 또한 매출액 변화, 시장 조사 등을 통해, 소비자와의 커뮤니케이션에서 지금 상표가 직면하고 있는 가장 심각한 문제를 정의하는 것이 매우 중요하다. 매출부진은 문제의 최종 결과일 뿐, 그 자체가 문제는 아니다.

여기서 기업의 마케팅 목표와 광고목표, 목표반응 간의 상관관계를 간단히 살펴보자.

(1) 마케팅 목표

마케팅 목표는 한마디로 장사꾼의 목표다. 판매목표라고 말할 수도 있다. 정해진 기간 내에 얼마만큼 팔 것인가 하는 것이다. 그렇기 때문에 마케팅 목표는 매우 분명하고도 구체적인 숫자로 기술된다. 따라서 그 시간이 되면 목표가 달성되었는지 아닌지 바로 알 수 있다.

(2) 광고목표

그러한 마케팅 목표를 달성하기 위해 여러 가지의 마케팅 활동이 전개된다. 흔히 말하는 마케팅의 4P인 제품, 가격, 유통, 판촉활동을 하게 되며, 판촉활동 또한 인적 판매, 홍보, 세일즈 프로모션, 광고 등의 프로모션 도구들이 동원되는 것이다. 광고목표란 마케팅 목표를 달성하기 위한 광고의 목표를 말하는 것이다. 그러므로 판매목표가 곧 광고목표가 될 수는 없다. 광고는 소비자와의 커뮤니케이션을 위한 도구이기 때문에 광고목표는 당연히 커뮤니케이션 목표일 수밖에 없다. 지금 소비자가 내 상표를 모르고 있다면 내 상표의 이름을 알리는 것이 목표가 될 것이고, 이름은 알고 있는데도 좋아하지를 않는다면 내 상표의 선호도를 높이는 것이 목표가 될 것이고, 좋아하기도 하는데 사지는 않고 있다면 시험구매율을 높이는 것이 그 목표가 될 것이다. 광고란 내가 원하는 소비자행동을 하도록 하는 것인데, 인지적 과정, 즉 심리적 변화에서 구매행동 사이의 어느 지점이 전략적 목표로 설정될 것이다.

광고의 궁극적 목표는 구매행동이다. 내 상표의 이름을 기억하게 하는 것도, 내 상표를 좋아하게 하는 것도 모두가 내 상표의 마케팅 전략상 필요한 어떤 구매행동을 하도록 만들기 위한 것이다. 그래서 어떤 광고회사는 성취하고자 하는 소비자행동을 기술하도록 요구하기도 한다. '약국에 왔을 때 듀/스/파/타/린 달라고 말하게 한다.' '일주일에 한 번 먹는 것을 두 번 먹게 한다.' '자녀의 도시락 반찬으로 소시지 대신에 어묵을 싸주게 한다.' '슈퍼마켓 진열대에서 여러 가지 경쟁제품들 가운데서 내 상표를 집게 한다.' 등은 모두가 행동이다.

(3) 목표반응

목표반응(target response)은 일종의 크리에이티브의 목표, 다시 말해서 광고제작물의 목표라고 할 수 있다. 광고를 극단적으로 단순화해서 설명하면 '파블로프(Pavlov)의 개 실험'과 같은 '자극과 반응의 원리'로 설명할 수 있다. 꼬집으면 아픈 표정을 짓듯이, 인간은 외부적인 자극에 대해 끊임없이 반응한다. 광고물은 소비자에게 일종의 외부적 자극이다. 소비자가 광고물(TV광고나 신문광고와 같은)을 접촉하는 그 순간 그 광고물에 대해(그 외부적 자극에 대해) 항상 소비자는 반응을 한다. "와! 이 광고 멋지네!" "이 사진은 너무나 충격적이다." 또는 "이 광고는 뭐 이렇게 촌스럽지?" 등의 여러 가지 반응을 한다. 목표반응이란 설득하고자 하는 소비자, 다시 말해 지금 만들고 있는 이 광고의 표적청중이 이 광고를 보았을 때 즉각적으로 어떤 반응을 보여야 할 것인가를 미리 규정하는 것이다.

일상생활에서는 언제나 자극이 먼저고 반응이 나중이다. 그러나 광고에서의 그것은 언제나 반대다. 즉, 표적청중으로부터 얻어내야 할 반응을 미리 설정하고 그러한 반응을 얻어내기 위해 광고(광고의 비주얼, 카피, 레이아웃 등)를 통해 어떤 자극을 주어야 할 것인가를 계획하고 고안해 내는 것이다. 그래서 목표반응이라고 말하는 것이다. 광고

제작부서의 최고 책임자인 크리에이티브 디렉터란 이 목표반응을 관리하는 사람이라고 말할 수 있다.

2) 표적청중

표적청중(target audience)은 마케팅의 시장세분화와 밀접하게 관련되어 있다. 모든 소비자를 표적으로 개발된 제품이란 거의 없다. 그러므로 '대한민국 국민 여러분'을 표적청중으로 하는 광고란 거의 없다. 따라서 '이 광고가 목표로 잡고 있는 대상은 누구인가?' 또는 '이 광고가 설득하려고 하는 사람들이 누구인가?' 하는 질문이 필요하다. 광고는 소비자에게 띄우는 연애편지다. 그렇다면 이 편지를 받을 그 사람은 누구인가? 표적청중을 기술하는 데 가장 중요한 것은 구체적이어야 한다는 것이다. 연애편지의 수신자가 '대한민국 여성 여러분'이라면 아무도 그 편지를 받지 않게 될 것이다. 수신자는 '우리 회사 경리부의 미스 정'이다. 보통 타깃 오디언스, 표적청중이라고 말하지만 가장 좋은 것은 '전형적인 소비자 한 사람'을 설정하는 것이다. 그래서 제이 월터 톰슨(J. Walter Thompson)사에서는 전형적인 표적인간(typical target person)이라고 말한다. 광고는 불특정 다수를 대상으로 하는 기업의 판매촉진 활동이지만, 광고 수신자는 언제나 혼자다. 온 식구가 거실에 둘러앉아 함께 TV를 보고 있다고 해도 나, 아버지, 어머니, 형, 누나, 동생이 모두 따로따로 광고를 보고 느끼고 있는 것이다. 즉, 언제나 1:1로 광고를 접촉하고 있는 것이다.

3) 약속과 근거

광고는 소비자에게 어떤 약속을 하는 것이다. 당신이 내 상표(제품)를 사면 어떠어떠한 소비자 편익을 드리겠다고 약속하는 것이다. 내 상표는 소비자에게 무엇을 약속할 것인가? 그 질문에 답하는 것이 바로 소비자 약속이다. 만약 TV 세트라면 실감 나는 영상을 약속할 수도 있고, 대를 물려서 쓸 수 있는 내구성을 약속할 수도 있고, 다른 어떤 TV보다 싼 값을 약속할 수도 있다. 한 상표가 소비자에게 할 수 있는 약속은 많다. 그러나 여러 가지 약속을 한다고 소비자가 일일이 그것을 기억해 주는 것도 아니다. 광고가 한두 개가 아니기 때문이다. 수많은 매체들, 수많은 광고들, 그래서 흔히 하나의 광고에는 하나의 약속만 담으라고 말한다. 사치 앤 사치(Saatchi & Saatchi)와 같은 광고회사는 SMP(단일집약적 약속, single minded proposition)를 자사의 광고철학의 핵심으로 삼고 있을 정도다.

그러나 하나의 광고에 하나의 약속을 담는 것도 중요하지만, 그보다 더욱 중요한 것은 그 단 하나의 약속은 소비자가 거부할 수 없는 강력한 것이어야 한다는 것이다. 내 상표의 편익이 소비자의 니즈(needs)와 정확하게 맞아 떨어질 때, 그 약속은 소비자 입장에서는 도저히 거부할 수 없는 강력한 약속이 되는 것이다. 가격에 가장 민감한 소비자라면 싼 값을 약속하는 것이 무엇보다도 거부할 수 없는 약속이 될 것이다.

그리고 근거(supports)란 소비로 하여금 약속을 믿게 할 수 있는 사실(들)이란 무엇인가 하는 것이다. 근거는 또 다른 약속이 아니다. 무엇으로 또는 어떤 사실(들)로 소비자 약속을 뒷받침할 것인가? 하이트 맥주의 경우, '더 맛있는 맥주'라는 소비자 약속을 뒷받침하는 근거는 '100% 천연 암반수만을 사용하기 때문에'가 될 것이다.

4) 매체전략

매체란 표적청중에게 광고의 판매메시지를 실어 나르는 수단이다. 신문에 게재함으로써, TV에 방송을 내보냄으로써 메시지를 전달한다. 원하는 소비자에게 내 제품의 판매메시지를 전달할 수 있다면 신문, TV가 광고매체가 되는 것이다. TV, 라디오, 신문, 잡지를 흔히 광고의 4대 매체라고 한다. 그러나 내가 원하는 메시지를 내가 원하는 사람들에게 내가 원하는 시간과 장소에 도달시켜 줄 수 있는 수단은 모두 광고매체라 말할 수 있다.

광고비의 대부분이 매체에 지불되기 때문에 효율적인 매체전략은 매우 중요하다. 매체전략은 매우 까다롭고 전문적인 분야이기 때문에 여기서 간단하게 설명하기는 어렵다. 하지만 크게 보면 그 다양한 매체들 간의 시너지 효과를 위해 그 매체들을 어떻게 섞어서 활용할 것인가 하는 미디어 믹스(media mix) 전략, 그리고 보다 많은 소비자에게 광고를 노출시킬 것인가, 아니면 특정 매체 소비자에게 반복해서 광고를 노출시킬 것인가, 즉 이른바 도달률(reach)과 빈도(frequency)의 결정이 그 중심이 된다.

5) 상표성격

상표를 사람이라고 했을 때 어떤 사람으로 인식하게 할 것인가 하는 것이 상표성격 (또는 상표개성)이다. 우리가 사람의 성격에 대해 이야기할 때는 두 가지 의미가 서로 융합되어 있다. 하나는 옷매무새, 외모, 습관, 걸음걸이 등 여러 가지 개별 요소들이 공통적으로 갖는 지향성이고, 성격의 또 다른 측면은 예측 가능성이다. 우리가 한 인간의 성격을 파악하면 그 사람과의 장래 경험이 어떨 것인지를 예측할 수 있는 것이다. 상표도 마찬가지다. 상표가 충분한 성격을 지니려면 그 상표의 특징들 간의 상호 일치성이 있어야 한다. 즉, 광고, 패키지, 가격, 소리, 냄새, 규격, 이름, 컬러 등이 하나의 주제에 조화되어야 하는 것이다. 또 그러한 상표성격이 지속되려면 그것이 시간이 지나도 변하지 않는 일관성을 지니고 있어 소비자가 그 상표와의 장래 경험이 어떨 것인지를 예측할 수 있어야 하는 것이다. 상표성격은 내 상표를 경쟁자들과 구분하는 값진 자산이다. 광고는 상표성격을 창조하고 유지하는 데 중심적 역할을 한다. 물론 제품으로 뒷받침되어야 한다는 것이 그 전제다. 상표성격이란 우리의 광고가 어떠한 상표성격을 갖도록 하는데 기여해야 하는가에 대한 질문이다. 그러므로 상표성격은 장기적인 관점에서 전략적으로 결정되어야 하며 장기간 일관성을 유지할 때 비로소 획득되는 상표자산인 것이다.

3. 광고 크리에이티브 시스템

전략 자체가 매우 창의성이 있는 것이어야 하지만, 전략은 광고물의 방향을 제시해 주는 것이지 광고를 만들어 내는 것은 아니다. 광고메시지를 표현하는 것은 아트다. 전략은 어디로 가야 하는가를 말해 주지만, 어떻게 갈 것인가를 말해 주지는 않는다. 전략이 결정되고 난 다음 단계는 메시지에 생명을 불어넣을 크리에이티브 콘셉트를 찾는 것이다. 지루하지만 중요한 마케팅 용어는 주의를 끌고 기억에 남을 크리에이티브 아이디어로 바꾸어야 한다.

1) 광고 크리에이티브 업무 체계(종적 체계)

광고가 어떤 과정을 거쳐서 제작되는지를 살펴보자. 광고제작 과정은 편의상 광고물에 깔려 있는 전략적 배경을 구축하는 ① 크리에이티브 전략 단계, ② 크리에이티브 전략을 바탕으로 아이디어를 발상해 내는 아이디에이션(ideation) 단계, ③ 아이디어를 구체적으로 형상화하는 실제 제작단계, 즉 프로덕션 단계, 그리고 ④ 완성된 제작물을 집행하는 사후 진행 단계로 나누어 볼 수 있다.

(1) 크리에이티브 전략 단계

① 광고주의 에이전시 브리핑
새로운 광고일이 있을 때 광고주 회사는 광고회사 사람들을 불러 그 건에 대해 오리엔테이션을 해 주는데, 이것이 에이전시 브리핑(agency briefing)이다. 자신들이 가지고 있는 문제의 상표와 관련한 자사의 마케팅 전략, 현재의 시장 상황, 그동안의 광고활동, 제품 또는 시장이나 소비자에게 관한 정보 등을 알려 주게 된다.

② 광고전략 기술서 초안 작성
광고주로부터 오리엔테이션을 받은 광고회사는 광고주로부터 받은 자료를 기초로 해서 그 일과 관련한 또 다른 2차 자료를 수집하고 직접 조사를 통해서 1차 자료를 수집한 다음, 이를 분석하고 직관과 통찰력을 통해 광고전략 기술서(creative brief)의 초안을 작성하게 된다. 이 작업은 담당 어카운트 핸들러(account handler: AH)와 어카운트 플래너(account planner: AP)가 파트너가 되어 진행한다. AH는 광고주를 잘 알고 AP는 광고 마케팅을 잘 알기 때문이다. 우리나라 광고회사에서는 보통 어카운트 이그제큐티브(account executive: AE)라고 해서 이 두 가지 일을 한 사람이 다 하도록 되어 있다. 요즈음 큰 광고회사에서는 마케팅 연구소의 마케터가 AP의 역할을 대신하고 있는 추세다.

③ 코어 그룹 미팅
이는 광고전략을 검토, 확정하기 위한 것으로, 이름 그대로 전략핵심 집단회의다. 담당 AH와 AP에 의해 작성된 광고전략 기술서를 검토하기 위해 이 코어 그룹 미팅(core group meeting)이 소집된다. 이 회의는 이름 그대로 현재 걸려 있는 프로젝트와 관련된 모든 관계 부서의 최종 결정권자들의 회의다. 광고기획, 광고제작, 광고매체, 판매촉진, 마케팅 관련 부서 최고 책임자들이 모여서 실무자들에 의해서 작성된 광고전략 기술서를 검토하고 토론을 통해서 확정한다. 이 회의에서 가장 중요한 점은 원탁회의여야 한다는 점이다. 참석자가 부장, 이사, 국장 등 직급이 다를 수는 있지만, 이 회의에서 중요한 것은 그 사람은 자기 부서를 대표하고 있는 사람이라는 점이다. 이 코어그룹 미팅이 끝나면 광고전략은 실무자급에서 확정되는 셈이다.

④ 광고전략 기술서의 확정

코어 그룹 미팅을 통해 수정 보완된 광고전략 기술서는 광고기획과 제작 쪽의 최고 책임자〔보통 헤드 오브 어카운트 디렉터(head of account director)와 헤드 오브 크리에이티브 디렉터(head of creative director)〕의 결재를 받음으로써 광고회사 내에서 최종 확정되는 셈이다. 이때부터 광고전략 기술서는 광고회사를 대표하는 의견이 된다.

⑤ 광고전략에 대한 대(對) 광고주 발표

광고회사는 자사에서 확정된 광고전략 기술서를 광고주에게 제시(presentation)한다.

⑥ 광고전략에 대한 광고주 승인

광고회사의 광고전략 기술서는 광고주에 대한 프레젠테이션 또는 결재과정을 통해 광고주의 승인을 얻어내는 절차를 거친다. 광고주의 최종 결정권자가 광고전략 기술서에 서명을 함으로써 광고회사가 제시한 광고전략은 광고주의 승인을 받는다. 광고주의 승인과정에서 문제가 생기면 광고회사의 코어 그룹 미팅으로 다시 반송된다.

(2) 아이디에이션 단계

① 크리에이티브 팀과 매체 팀에 브리핑

광고주의 승인절차가 끝나 광고회사로 돌아온 광고전략 기술서는 비로소 크리에이티브 팀과 미디어 팀에게 그 내용이 브리핑된다. 확정된 광고전략에 대한 크리에이티브 팀 오리엔테이션인 셈이다. 이때부터 비로소 크리에이티브 팀의 아이디에이션 작업이 시작된다.

② 크리에이티브 아이디에이션
광고주의 승인이 끝난 광고전략 기술서를 기초로 해서 크리에이티브 팀에 의한 크리에이티브 아이디어 만들기 작업이 진행된다.

③ 광고안에 대한 섬네일 대안들 준비
크리에이티브 팀에 의해 만들어진 여러 가지 크리에이티브 아이디어들은 섬네일(thumbnail sketch) 작업을 통해 스토리 보드(story board)나 인쇄광고 시안으로 준비된다. 광고 아이디어의 커뮤니케이션을 위해 제작자가 스케치로 표현한 간단한 시안을 섬네일이라고 한다.

④ 크리에이티브 디렉터의 승인
준비된 크리에이티브 섬네일 러프 스케치들은 정해진 시간 안에 광고 제작부서의 최고 책임자인 크리에이티브 디렉터에게 제시되고 승인을 받아야 한다. 거부되면 물론 다시 아이디어를 만들고 섬네일 작업을 해야 한다. 크리에이티브 디렉터의 승인 여부는 이미 광고주의 승인을 받은 광고전략 기술서에 근거해 ROI(적합성, 독창성, 임팩트)를 기준으로 결정되는 것이 보통이다.

⑤ 크리에이티브 시안의 완성
크리에이티브 디렉터가 섬네일에 대해 승인을 하면, 광고 아이디어는 광고회사 내에서 실질적으로 확정된다. 이는 크리에이티브 시안에 관해서는 크리에이티브 디렉터가 광고회사의 최종 결정권자이기 때문이다. 크리에이티브 디렉터에 의해 승인이 된 섬네일은 외부 전문가들에게 의뢰해서 보다 세련된 솜씨로 스토리 보드(스토리 보드 작화가)나 일러스트(일러스트레이터) 작업을 한다. 이러한 작업을 기초로 시안이 완성된다.

⑥ 광고안의 대 광고주 프레젠테이션과 승인
크리에이티브 디렉터의 승인을 거쳐 완성된 제작물 시안은 광고주에게 제시되어 승인을 받는다. 만일 거절되면 다시 아이디에이션 작업으로 돌아간다. 보통 프레젠테이션 또는 결재과정을 통해 승인절차가 진행된다.

(3) 프로덕션 단계

광고 제작물에 대해 광고주가 승인하면 광고안에 대한 합의가 끝난 것이다. 광고제작 팀의 사람들은 눈만 감으면 이 광고가 눈에 선하다. 이제부터는 본 제작작업으로 광고안을 실제 광고로 만드는 작업이 이루어진다. 지금까지는 주로 사람의 머릿속에서 이루어지는 작업이 주된 것이었다. 그러나 광고 아티스트의 머릿속에 있는 그 생각을 실제로 광고주 눈앞에 생생하게 보이도록 만드는 작업이 필요하다. 지금까지는 광고 아티스트의 머릿속에서 진행되는 일이기 때문에 그렇게 돈이 드는 일은 아니었지만, 지금부터 시작되는 프로덕션인 본 제작작업은 모두가 상당한 돈이 소요되는 작업이다.

① 제작에 관한 예산과 스케줄 협의(광고회사-광고주)

AP는 크리에이티브 부서 담당자와 제작지원 부서가 협의해서 작성된 견적서를 광고주에게 제시하고 소요 예산의 대강에 대한 승인을 받는다.

② 제작 외주 발주

제작에 필요한 비용에 대한 대강의 승인이 이루어지면 광고회사 크리에이티브 팀은 적절한 외부 협력업체를 선정하여 제작 외주 발주를 한다. TV광고의 경우에는 제작 프로덕션, 인쇄광고의 경우에는 원고용 일러스트나 사진에 대한 업체 선정이 그것이다.

③ 사전 제작회의

본 제작 작업은, 앞에서 말한 것처럼, 모든 것이 비용이 소요되는 일이다. 그러므로 잘못되어 다시 작업을 하면 또 그만큼의 비용이 추가로 발생한다. 따라서 문제의 광고물과 관련된 결정을 정확하게 하기 위해 PPM(pre production meeting), 즉 본 제작작업에 들어가기 전에 관련자들이 모여 치밀하게 협의하기 위한 사전 제작회의를 갖는다. 이 회의에는 광고주, 광고회사, 협력업체 관련자가 모두 참석하며, 이 회의를 통해 제작과 관련한 모든 사항들이 점검되고 협의, 결정된다. 외부 협력업체 관련자들은 이 광고의 전략적 배경을 잘 모르기 때문에 이 PPM을 통해 크리에이티브 전략에 대해 브리핑하고 제작작업과 관련된 비용뿐만 아니라 기술적 세부사항까지 점검, 결정한다. 이 PPM은 제작물의 성패 여부를 결정짓는 중요한 회의다. 우리나라에서는 이 PPM을 소홀히 하는 경향이 있다.

④ 촬영
사전 제작회의에서 결정된 사항에 기초해서 촬영을 하게 된다.

⑤ TV 광고물의 경우: 편집 및 녹음
현상된 러시(rush) 필름들은 감독을 중심으로 편집 감독, 광고회사 CM 플래너(CM planner) 등의 협의를 거쳐 편집한다. 때로는 광고주의 의견이 반영되기도 한다. 편집이 끝나면 성우들을 불러 녹음실에서 녹음작업을 한다. 광고회사의 오디오 디렉터, 녹음회사의 리코딩 디렉터, 카피라이터나 크리에이티브 디렉터들이 녹음작업에 참여한다. 경우에 따라서는 먼저 녹음을 하고 그 녹음을 기준으로 해서 편집작업이 진행되기도 한다.

⑥ 인쇄광고물의 경우: 색분해, 화판 및 밀착인화 작업
인쇄광고물의 경우에는 현상, 4원색을 분해하는 색분해 작업, 문안을 넣기 위한 사식작업, 광고물의 레이아웃을 위한 화판작업, 밀착인화 또는 인쇄용 필름을 뜨는 작업이 진행된다. 요즈음은 이 모든 과정이 컴퓨터에 의해 일관작업으로 이루어진다.

⑦ 녹음
녹음이 끝나서 일단 완성된 광고제작물은 크리에이티브 디렉터의 시사를 거쳐 수정 보완된다. 크리에이티브 디렉터가 최종 승인함으로써 비로소 광고제작물은 완성되는 것이다.

⑧ 사내 시사

(4) 사후 진행 단계

① 광고물 심의(접수-심의-통과)

광고는 대중매체를 통해서 이루어지는 사회적 활동이기도 하기 때문에 정해진 심의제도를 거쳐야 매체에 집행할 수 있다. 심의제도는 국가별로 다르다. 우리나라의 경우에는 전파광고는 방송위원회의 사전심의를 거쳐야 하고, 인쇄광고는 사후 자율심의기구의 심의를 받아 왔으나 몇 년 전에 광고에 대한 사전심의 제도가 위헌판결을 받음에 따라 폐지되었다. 지금은 각 매체사별로 자체적인 심의기준에 따라 심의를 진행하고 있다.

② 대 광고주 시사

심의를 통과해 심의필증을 교부받은 광고제작물은 광고주 시사를 거쳐서 최종 승인을 받는다.

③ 광고주 승인

광고주 승인이 이루어지면 비로소 광고제작물이 확정된다. 그러나 광고주의 요구에 따라 일부 수정되기도 한다.

④ 소재 복사

완성된 광고제작물은 필요한 수만큼 복사되어 미디어 팀으로 넘겨진다.

⑤ 매체사 소재전달

광고회사의 미디어 팀은 광고제작물 소재 또는 원고를 매체사(신문사 또는 방송국 또는 신문/잡지사)에 전달한다.

⑥ 집행

완성된 광고제작물은 미리 확정된 매체전략에 따라 정해진 날짜, 정해진 시간 또는 지면에 광고를 게재 또는 방영함으로써 광고가 집행된다.

⑦ 광고효과 조사 및 다음 캠페인 준비

일정 기간이 경과된 후 광고활동에 대한 광고효과를 조사하고 결과에 기초해서 다음 캠페인의 전략 입안 작업에 들어간다.

이와 같은 과정이 광고의 제작 순서다. 이러한 순서는 원칙일 뿐 반드시 이 순서대로 진행되어야만 하는 것은 아니다. 상황에 따라 일부 과정이 바뀔 수도 있다. 이런 과정을 순환, 반복함으로써 광고는 나선형처럼 진화·발전해 나가는 것이다.

우리나라의 경우, 이와 같은 전략 선행의 원칙이 아직도 지켜지지 않는 경우가 많이 있으며, 광고기획 작업과 크리에이티브 아이디어 작업이 거의 동시에 진행되고 광고주 프레젠테이션 시 전략 방향과 함께 이에 따른 제작물 시안도 함께 제시되는 것이 일반적이다. 이렇게 전략선행의 원칙이 잘 지켜지지 않음으로써 시간적·인적·물적 자원의 낭비가 심해질 수밖에 없으며, 광고회사의 생산성 저하의 주요 원인이 되고 있다.

2) 광고 크리에이티브 업무체계(횡적 체계)

(1) 광고 크리에이티브 시스템

앞에서 시간의 흐름에 따라 광고제작 과정을 살펴보았다. 광고제작 작업은 여러 회사, 여러 사람들이 광고제작 과정에 관련하게 되어 있다. 광고와 관련해서는 광고주 회사, 광고회사, 외부 협력사, 매체사 등이 관련되어 있고, 광고제작과 직접적으로 관련해서는 광고주 회사, 광고회사, 외부 협력사가 관련되어 있다. 앞서 살펴보았듯이, 스토리 보드나 인쇄광고 시안을 만드는 작업은 주로 광고회사가, 그 시안을 실제로 만드는 작업은 외부 협력사가, 그리고 그 아이디어와 실제 제작작업에 대한 승인은 주로 광고주에 의해서 이루어진다.

(2) 광고 크리에이터

광고의 크리에이티브 작업은 광고회사 내 광고기획 부서(담당 AE)의 의뢰에 의해서 크리에이티브 팀을 중심으로 이루어진다. 광고의 창의성은 아무리 강조해도 지나치지 않을 정도로 중요하기 때문에 많은 광고회사들이 자사의 크리에이티브 파워를 높이기 위해서 최선을 다하고 있다. 한 회사의 크리에이티브 파워가 어떻게 결정되는지 살펴보면 다음과 같다.

우선 창의적인 광고를 만들기 위해 창의적인 사람이 필요함은 두말할 필요가 없다. 기계나 시스템이 뛰어난 아이디어를 만들어 줄 수는 없다. 아이디어를 만드는 것은 역시 사람이다. 그러기 때문에 광고회사는 우선 창의성이 뛰어난 사람들을 많이 확보해야 한다. 광고가 아이디어 산업 또는 인재산업이라고 불리는 것 또한 이 때문이다.

① 크리에이티브 디렉터

크리에이티브 디렉터(creative director: CD)는 아이디어를 선택하는 사람이고 또 그 아이디어를 파는 사람이다. 그러므로 크리에이티브 디렉터는 좋은 아이디어를 골라낼 수 있는 선별안과 그 아이디어를 AE와 광고주에게 팔 수 있는 판매능력을 동시에 가지고 있어야 한다. 카피라이터와 아트 디렉터, 즉 크리에이티브 팀으로부터 산 아이디어를 다시 광고주에게 팔아야 한다. 크리에이티브 디렉터를 중심으로 하는 이른바 CD 시스템이란 크리에이티브의 아이디에이션 작업에서부터 실행작업에 이르기까지 광고 창작 작업 전반에 대한 책임과 권한을 크리에이티브 디렉터 한 사람에게 집중시키는 제도다.

② 카피라이터

카피라이터(copy writer: CW)는 광고로서 인쇄되는 글이나 전파를 타는 광고 말이나 글을 쓰는 사람이다. 그는 광고물이 눈길을 끌고 오랫동안 잊혀지지 않게 만드는 좋은 아이디어를 짜낸다. 훌륭한 카피라이터는 말을 만드는 작업 이전에 명확한 콘셉트를 찾아낼 줄 아는 능력을 가지고 있어야 한다. 그는 한마디로 광고전략가요, 탁월한 설득 문장가요, 뛰어난 아이디어 맨이어야 한다. 그들은 날카로운 직관력과 통찰력을 가지고 있어야 하며 마케팅상에서 발생하는 문제들을 풀어 나가고 해결시키려는 능력을 소유하고 있어야 한다.

③ 아트 디렉터

아트 디렉터(art director: AD)는 상업적 메시지를 광고전략에 입각한 시각 언어로 만드는 작업을 주로 하는 광고 비주얼의 전문가다. 카피라이터와 긴밀한 협력관계를 이루면서 함께 아이디어를 만들어 내고, 섬네일, 광고시안 준비 작업을 지휘·감독하는 일을 한다. 아트 디렉터는 단순한 비주얼 기능공이 아니다. 아트 디렉터 또한 전략적 마인드를 가진 비주얼 아이디어 맨이어야 한다. 카피라이터가 100장의 사진보다도 더욱 강력한 한 줄 또는 한마디를 만드는 사람이라면, 아트 디렉터는 반대로 한 권의 소설보다 더욱 강력한 한 장의 비주얼을 만드는 사람이다. 이름 그대로 광고와 관련한 아트를 감독(directing)할 줄 알아야 한다.

④ CM 플래너

CM 플래너(CM planner, 또는 producer: PD)는 영상광고의 크리에이티브 단계에서 전략적 아이디어를 만들어 내는 전문가로서 그 아이디어를 실제 광고로 만드는 프로덕션 과정에서 제작자, 즉 프로듀서로서의 일을 하는 광고영상 전문가다. 또한 이들은 영상광고의 아이디어를 만들고 광고주의 승인을 받은 다음에는 연출, 조명, 편집, 녹음, 컴퓨터 그래픽 등 외부 협력 업체 및 전문가들에게 의뢰해 최고 양질의 광고를 만들어 내는 실무자이기도 하다. 크리에이티브 단계에서는 뛰어난 광고전략가, 아이디어 맨으로서의 능력이 요구되고, 프로덕션 과정에서는 예산을 관리하고 많은 외부의 협력사를 통제 관리하는 코디네이터로서의 능력 그리고 강력한 리더십과 추진력이 이들에게 요구된다.

이 밖에도 광고회사 안에는 광고의 오디오 관계 일을 책임지는 오디오 디렉터, 광고제작과 관련한 컴퓨터 그래픽 디자이너 등이 있다. 광고회사 외부에서 광고제작의 실행작업에 참여하는 사람들로는 프로덕션의 CF 감독, 조감독, 편집 전문가, 송(song) 프로덕션 등 녹음 전문가, 성우, 모델 등이 있다.

(3) 크리에이티브 시스템

그렇다고 뛰어난 아이디어 맨들을 많이 모아 놓기만 하면 반드시 뛰어난 광고가 나오는 것은 아니다. 광고 아이디어를 내는 데는 여러 분야의 전문가를 필요로 하기 때문이다. 놀라운 아이디어와 효과적인 광고 언어를 만들어 줄 카피라이터와 놀라운 아이디어와 비주얼(영상을 포함한)을 만들어 내야 할 아트 디렉터 그리고 수많은 아이디어 가운데 가장 뛰어난 아이디어를 판단해야 할 크리에이티브 디렉터 등 광고회사 제작부서 내에서만도 서로 다른 업무를 가진 전문가들이 필요하다.

광고란 한 사람의 탁월한 창의성이 대단히 중요하면서도 또 동시에 관련 전문가들의 최선의 노력이 뒷받침되어야만 하는 어려운 일이다. 즉, 광고는 개인의 능력이 대단히 중요하면서도 동시에 모두가 하나의 목표를 향해 최선을 다해 주어야 하는 협력 작업이기도 하다. 개인 플레이가 중요하면서도 협력이 중요한 팀플레이기도 한 광고의 이러한 이중성으로 인해 거의 모든 광고회사는 어떻게 조직화하면 회사의 크리에이티브 파워를 높일 것인가에 대해 관심을 집중시키고 있다. 한 회사의 크리에이티브 파워를 결정하는 요소는 크리에이티브 팀의 역량과 크리에이티브 시스템에 의해서 결정된다. 창의성을 배가시키기 위한 크리에이티브 시스템은 크리에이티브의 절차상의 시스템, 그리고 관련 광고 크리에이터들을 어떻게 조합해 주면 서로 시너지 효과를 일으킬 것인가 하는 조직상의 시스템으로 구분된다.

광고회사의 창의성을 높이기 위해서 어떤 크리에이티브 시스템을 구축하는 것이 가장 효과적인가에 대한 많은 논란과 실험이 지금도 계속되고 있다. 무엇이 최상의 시스템인지 확인된 바는 없다. 그러나 우리보다 광고의 창의성이 더욱 뛰어난 것으로 인정되고 있는 선진국의 경우, 부분적으로는 회사의 사정에 따라 약간씩 다르지만, 크게는 대부분 광고기획 본부와 광고제작 본부가 완전히 분리되어 있다는 공통점이 있다. 외국 광고회사의 경우, 최소의 크리에이티브 팀 단위는 카피라이터 한 명과 아트 디렉터 한 명이 한 짝이 되어 광고 캠페인의 아이디어를 낸다. 두 명이 짝을 이루고 있다고 해서 페어(pair), 같은 일을 원래는 여러 팀에게 경쟁을 시키지 않는다고 해서 페어(fair) 시스템이라고 했다. 빌 번버크가 만들었던 광고회사인 DDB에서 처음으로 일반화한 크리에이티브 시스템이라고 해서 흔히 DDB 방식이라 불리는 이 시스템이 지금은 가장 일반화된 크리에이티브 시스템이라고 말할 수 있다. 이 시스템은 카피라이터와 아트 디렉터가 광고 캠페인 아이디어를 만들어서 크리에이티브 디렉터의 승인을 받는 것이다.

크리에이티브 디렉터(경우에 따라서는 head of creative director)가 승인하면 보통 광고회사 내에서는 아이디어가 확정된다. 또 크리에이티브 팀 또한 아이디어 팀과 집행 팀으로 분리되어 있어, 크리에이티브 디렉터의 승인을 받은 섬네일은 인쇄 또는 전파광고 시안 제작실로 보내져 시안으로 만들어지고 광고주에게 제시된다. 이때 시안 제작 팀은 담당 아트 디렉터의 지시에 따라 시안작업을 한다. 광고주에게 제시된 시안이 광고주의 승인을 받으면 본 제작작업에 들어가는데, 본 작업은 인쇄광고의 경우에는 프린트 프로덕션 팀에, 전파광고의 경우에는 프로듀서 팀에게 넘겨져 본 작업이 진행된다.

프린트 프로덕션 팀은 외부의 협력사들을 지휘하여 인쇄광고 시안을 완벽한 광고제작물로 완성해 내는 것을 그 주된 임무로 한다. 담당 크리에이티브 디렉터나 아트 디렉터의 지휘를 받는 이들은 아트 디렉터가 원하는 것을 기술적으로 해결해 주는 인쇄 전문가들이다. 전파광고의 경우에는 확정된 스토리 보드가 프로듀서 팀으로 넘겨져 촬영, 편집 등의 본 작업이 진행된다. 물론 담당 크리에이티브 디렉터나 아트 디렉터와의 긴밀한 협조하에서 일이 진행된다. 프로듀서는 이름 그대로 제작자로서 가장 적은 비용으로 가장 질 높은 광고를 제작하는 것이 그들의 임무다. 물론 프로듀서는 외부의 프로덕션을 통해 TV CM 등 영상광고를 제작한다. 프린트 프로덕션 팀이 인쇄광고 제작을 할 때 광고회사와 외부 협력사 사이를 중개·조정하는 부서라면, 프로듀서는 영상광고의 제작에서 이러한 역할을 할 수 있다.

우리나라의 경우는 이와 상당 부분에 있어서 차이가 있다. 우리나라 광고회사의 경우, 기획 팀을 동일한 본부장 밑에 통합 운영할 것인가, 아니면 광고기획 본부와 제작본부로 나누어서 제작 팀의 독립성을 보다 확대할 것인가 하는 점이 지금도 계속 실험되고 있다. 어떤 회사는 전자를 택하고, 다른 회사는 후자를 택하기도 한다. 그러나 외국 광고회사의 경우에는 후자와 같이 분리되어 있는 것이 일반적이다.

아울러 아이디어 팀과 집행 팀이 명확하게 분리되어 있지 않는 경우도 많고, 제작 업무의 흐름 또한 앞에서 지적하였듯이, 전략 선행의 원칙이 잘 지켜지지 않는 경우도 많다. 외국의 광고회사의 경우, 카피라이터와 아트 디렉터 두 사람에 의해 광고 아이디어가 만들어지는 데 비해, 우리나라는 카피라이터와 그래픽 디자이너에 의해 인쇄광고 아이디어가, 카피라이터와 CM 플래너 중심으로 TV광고의 아이디어가 만들어진다. 그러므로 제작 팀 또한 카피라이터와 그래픽 디자이너, CM 플래너로 이루어지는 트리플 시스템이 일반적이다.

크리에이티브 디렉터의 경우도 외국에서는 아이디어를 결정하는 데 치중하는 반면, 우리나라에서는 광고 아이디어 만들기에 무게중심이 주어지는 실정이다. 전반적으로 우리의 경우, 광고제작과 관련한 역할분담이 잘 이루어지지 않고 있어 광고 크리에이티브의 질이 저하되는 주요 원인이 되고 있다. 외국의 경우에는 아이디어를 내는 일과 그 아이디어를 실제 광고로 만드는 작업이 분리되는 경향이 강한 반면, 우리나라의 경우는 한 팀이 그 두 가지 일을 모두 함으로써 전문성이 떨어지는 경향이 있다. 우리나라의 디자이너는 인쇄광고의 아이디어부터 본 제작 시 아트 디렉팅뿐만 아니라 제작 관리까지, 그리고 CM 플래너의 경우는 스토리 보드 개발부터 본 제작 진행 관리에 이르기까지 전 과정에 관여한다.

4. 광고 크리에이티브의 실제

1) 창의적 사고

아이디어란 무엇인가? 그리고 어떻게 그 아이디어를 만드는가? *A Technique for Producing Idea*의 저자인 제임스 웹 영(James Webb Young)은 "아이디어란 낡은(기존) 요소의 배합이며, 낡은(기존) 요소를 배합하는 능력은 사물의 관련성을 볼 줄 아는 능력에 있다."고 말하였다. 그의 주장에 따르면, 이 두 가지 원칙은 반드시 다음의 다섯 단계를 밟는다. 첫째, 관련된 온갖 자료를 모으는 자료수집 단계, 둘째, 이렇게 모은 자료를 씹어서 삭히는 자료숙성 단계, 셋째, 일단 모든 것을 싹 잊어버리는 잠재의식 속의 아이디어 부화 단계, 넷째, 비로소 아이디어가 떠오르는 아이디어 발생 단계, 다섯째, 그 아이디어를 다듬어 실제로 활용하는 현실적용 단계다.

크리에이티브란 무엇인가? 오길비 앤 마더(Ogilvy & Mather)사의 회장이었던 세계적인 광고 크리에이터인 루이 바샷(Luis Bassat)[1]은 다음과 같이 말했다. "나는 지난 1968년 멕시코 올림픽 경기를 보던 중에 포스베리(Fosbury)라는 높이뛰기 선수가 다른 선수와는 다른 방식으로 점프하는 것을 보고 깜짝 놀랐다. 그는 등으로 넘는 것(backward)이었다. 알다시피, 높이뛰기 선수들은 처음엔 두 다리를 가위처럼 벌리면서(scissors) 뛰어넘었다. 그 뒤에는 배로 바를 감듯이 넘는 벨리 롤(belly roll) 방법이 소개되었고, 당시 모든 정상급 선수들이 그 방식을 사용하고 있었다. 놀라움은 거기서 끝나지 않았다. 그는 경쟁자들을 하나씩 물리치고 결국 금메달을 땄던 것이다. 이것은 나에게는 크리에이티브의 생생한 사례로 이후로 자주 이 이야기를 해 왔다. 만약 포스베리가 그의 방식대로 점프를 했으면서도 메달 획득에 실패했다면 그것은 단순한 하

---

1) 저자 주: 루이스 바샷은 바르셀로나 올림픽의 개막식을 연출했던 것으로도 유명하다.

나의 일화로 끝났을 것이다. 1968년 포스베리가 크리에이티브하게 점프를 한 이후 세계의 모든 선수들이 그 방식을 따르게 되었고 그 탁월성은 쉽게 증명되었다. 크리에이티비티는 단순히 다른 사람들과 다른 방식으로 행하는 것이 아니라 더 나은 방식으로 행하며 남들의 모방의 대상이 되어야 한다는 것을 기억해야 한다. 포스베리의 예에서 우리는 크리에이티비티란 '자신을 뒤로 던져 보는 것(throwing yourself backwards)'이라 말할 수 있을 것이다." 또는 에드워드 드 보녹(Edward De Bonork)이 정의했듯이, 크리에이티비티란 '사고의 다른 면, 혹은 단순히 사물을 돌려보는 것'이라고 할 수 있다.

2) 광고에서 아이디어 발상을 어떻게 하는가

성공적인 광고 캠페인을 끌고 가기 위한 효과적인 크리에이티브 과정을 형성해 갈 때는 두 가지 측면에서의 진행을 거쳐야 한다. 한 가지 측면은 실제적인 과업을 수행해 가는 과정이고, 또 하나는 과업을 달성하기 위한 기본적인 흐름의 방향을 설정해 가는 과정이다. 전자의 과정은 분석적인 이성을 이용하고, 후자의 과정은 인간의 양면성 또는 이중성으로 인식되고 있다. 예를 들면, 사고와 감정, 의지와 직관, 객관적 분석과 주관적 통찰 같은 것을 들 수 있다. 그러므로 인간의 뇌가 똑같은 정보자료를 두 가지 다른 방식으로 처리한다는 것을 의미한다. 이것이 바로 두뇌 세분화다. 즉, 왼쪽 뇌는 분석하고 추리하는 등 일을 단계적으로 하도록 계획을 세우고, 논리적 근거에 의한 합리적인 진술을 한다. 또한 왼쪽 뇌는 언어적, 추리적, 상징적, 순서적, 직선적, 객관적 방식으로 정보를 처리하고, 오른쪽 뇌는 상상력, 마음속의 눈으로 사물을 본다. 전자의 과정은 드러난 현상에 대하여 이성적인 분석을 통하고, 후자의 과정은 본질적인 측면에서 감정적인 직관을 통하여 풀어 나간다.

이러한 두 가지 과정 측면에서 만나게 되는 순간이 바로 '유레카(퍼뜩 떠오름)'다. 오른쪽 뇌의 정보처리 과정에서 사람들은 직관적인 것과 순간적인 통찰력으로 갑자기 어느 한순간 모든 것이 한꺼번에 이해된다. 이것은 논리적인 방법으로 이해되는 것이 아니라 "아하, 이제 알았다!" 하고 무의식적으로 해결되는 것이다. 오른쪽 뇌의 사용으로 우리는 새로운 느낌의 조화를 창조하고 이해한다.

광고 크리에이티브의 1단계는 제품을 팔기 위한 방법을 만들어 내기 위한 단계이고, 2단계에서는 서로 간의 메시지들을 서로 결합시켜 새로운 사실들로 형상화시켜 나가는 것이다. '무엇을 말할 것인가'는 팔기 위한 방법인데 전략적 핵심 개념에 관하여 무엇을 말하고 있고, 이것은 광고의 역할을 보다 구체적으로 활성화시켜 주는 요소가 된다. 크리에이티브 전략 수립의 모체가 되는 무엇을 말할 것인가는 사실의 인식과 크리에이티브 전략 형성을 위한 발상 원점을 이어 주는 촉매 역할을 하고 이것이 바로 창의성을 위한 전제조건이 되는 것이다. 이렇듯 L-모드에서 이루어지는 전자의 과정은 인간의 분석적인 이성을 최대한 활용하는 측면이고, 후자인 R-모드는 인간의 감정적 직관을 활용하는 측면이다. 그래서 광고 크리에이티브를 효과적으로 창출하기 위해서는 이 두 가지 측면을 동시에 고려하여 아이디어 발상을 하여야만 한다. 이러한 느낌 속에서 떠오르는 그 무엇이 바로 '유레카'다. 이것은 결국 상상력의 결과를 현실화시킨 '어떻게 말할 것인가'다.

5. 광고표현의 기법들

어떻게 하면 뛰어난 광고 아이디어를 만들어 낼 수 있는가? 이것은 광고의 가장 중요한 과제다. 물론 이 질문에 대답해 줄 수 있는 완전무결한 법칙은 없다. 그러나 우리는 그동안의 경험을 통해 우리가 받아들여야 할 기본 원리와 던져야 할 핵심적인 질문들, 그리고 채택 가능한 제작기술 등을 정리할 수 있다. 그것을 통해 우리는 보다 나은 기회를 포착할 수 있을 것이다.

성공한 광고들 대부분은 완벽한 접근방법과 아이디어 발상에서의 상상력의 산물이었다. 광고의 근본은 기억에 남을 아이디어 속에 제품과 소비자를 결합하는 일이다. 그러므로 우리가 광고 아이디어를 평가할 때 다음과 같은 요소들에 대해 점검해야 한다.

- 제품에 관하여: 경쟁제품과 비교하여 우리가 제시하고자 하는 근본적인 이점은 무엇인가?
- 목표로 하는 사람들에 대하여: 우리 아이디어는 그들에게 매력적이고 관심을 끌게 하고 동기부여를 하는가?
- 상표에 관하여: 우리 아이디어는 우리가 광고하는 상표의 특성과 일치하는가?

이 세 가지 요소들은 모든 제작물의 한 부분을 이루고 있다. 때로는 초점이 제품에 맞춰지는 경우도 있고, 사람들을 이용하는 데 중점을 두는 경우도 있고, 상표가 가진 특성에 강조점을 두는 경우도 있다. 어디에 강조점을 두어야 하며, 또 그 이유는 무엇인가를 밝히는 것은 효과적인 광고 아이디어를 개발하는 핵심이다.

1) 제품의 활용

제품의 요소를 제일 먼저 검토해야 하는 것은 광고의 황금률이다. 광고란 결국 제품이나 서비스의 특유한 이점을 만들어 내는 것이 최우선의 목적이다. 그러기 위한 최선의 해결책은 그 이점을 제시하는 독특한 방법을 만들어 내는 것이다.

(1) 실증광고

이런 관점에서 우리가 이용할 수 있는 가장 중요한 기법은 실증(demonstration)광고다. 특히 TV 광고에서 실증광고는 그 이점을 바로 보여 준다. 따라서 제품의 이점을 보여 줄 수만 있다면 주저하지 말고 최대한으로 자주 그 이점을 보여 주어라. 실증광고에는 여러 종류들이 있다.

실증광고
제품의 이점을 실제로 보여 주는 광고기법

① 제품설명

제품의 이점을 시각적으로 설명(product explanation)해 줄 수 있다면 가장 강력한 실증이 될 수 있다. 예를 들면, 잘린 빵 한 조각 안에 계란 9개의 단백질과 1파인트(0.47리터)의 우유에 상당하는 에너지가 들어 있다는 것을 보여 주기 위해 Mother's Pride의 빵 광고는 빵 한 덩어리로부터 여러 개의 달걀과 많은 양의 우유가 나오는 것을 보여 주었다.

② 비교광고

제품의 이점을 경쟁자와 비교해서 보여 주는 것(side-by-side)으로 TV광고뿐만 아니라 인쇄광고에서도 효과적이다. 보통 비교가 단순할수록 더 효과적이다. 그러나 사용전을 강조하면 실패한다.

③ 사용 전후

제품을 사용하기 전과 사용 후에 어떤 변화가 일어나는가를 보여 주는 방법(before and after)이다. 머리 염색약이나 가발, 의약품 광고 등에서 자주 볼 수 있는 고전적 기법 중의 하나다.

④ 극단적 실험

어떤 포인트를 입증하기 위해 극단적인 예를 보여 주는 기법(torture test)이다. 예를 들면, 모 침대 광고에서 매트리스 위를 거대한 코끼리가 밟고 지나가는 것을 보여 주거나 냉장고 광고에서 냉장고 문을 수만 번 열고 닫는 공장의 실험 장면을 보여 주는 것 등이 그것이다.

⑤ 제품 성능

이것은 가장 단순한 형태의 실증법이다. 제품 스스로가 자신을 대변하는 방법(product in action)이다. 3M의 매직테이프 위에는 글도 쓰고 타자도 칠 수 있지만 다른 테이프는 그렇지 못하다는 것을 그대로 보여 준 것이 그 예다.

⑥ 음식의 실증

음식의 조리과정, 만들어진 먹음직한 모습을 보여 주는 것이다.

⑦ 시뮬레이션 방식의 실증

실제 그대로를 필름에 담아 실증하기 어려운 경우가 있다. 조그만 TV 화면에서는 유사실증(simulated demonstration)이 실제보다 훨씬 극적으로 보일 경우가 많다.

⑧ 비유실증

제품의 이점을 비유적으로 실증하는 방법(analogous demonstrations)이다. 마퓨(Mafu) 파리약 광고가 좋은 예다. 모든 파리약에 파리를 죽이는 효력이 있지만, 마퓨는 뿌리고 난 후 4일간 지속효과가 있다. 이 점을 끈끈이주걱에 비유해 며칠 후에도 파리들이 마퓨의 손아귀를 벗어나지 못한다는 점을 실증해서 보여 주었다.

제품의 이점을 실증하는 방법은 수없이 많다. 실증은 매우 설득적인 광고방법이다. 그러나 실증 시에 주의할 점은 다음과 같다. ① 가능한 한 단순화시켜라. 너무 많은 잔재주로 아이디어를 복잡하게 만들지 말라. ② 가능한 한 클로즈업을 이용하라. ③ 과거에 사용되지 않은 방법으로 하라. ④ 성공하면 그 이점이 완전히 내 것이 될 때까지 그 방법을 계속하라.

(2) 제품이 주인공

제품에 초점을 맞추는 또 다른 기법들이 있는데, 그중 하나가 제품을 연기의 주인공으로 만드는 기법(product as star)이다. 네슬레(Nestle) Tip Top 발매 광고가 그 예다. 춤추는 캔을 만들어 각종 디저트에 Tip Top의 크림이 부어지는 장면을 제시했다. 이 기법은 강력한 제작기교로 요리법을 실증해 준 광고다. 제품에 초점을 맞추는 광고의 핵심은 제품이 제시하는 이점을 드라마타이즈하는 데 있으며, 그 방법은 실증광고의 형태로 하는 것이 가장 성공률이 높다.

2) 사람의 이용

TV 광고에서 사람을 이용하는 방법은 직접적인 방법과 간접적 방법으로 대별된다. 직접 이용법은 TV를 개인 대 개인의 커뮤니케이션 매체로 이용하는 것으로 누군가가 시청자 개개인의 면전에서 개인적으로 이야기하듯 하는 방법이다. 간접 이용법은 정통 드라마의 형태로 구성하여 연기자가 스토리 속에서 연기를 하는 형식이다. 직접 이용법에서는 말하는 사람 또는 증언자를 실제적 인물로 선택해야 한다는 점이 중요하다.

① 프레젠터

제품에 관한 독특한 뉴스를 전해야 할 경우에는 프레젠터(presenter)를 선택하는 것이 좋다. 이때는 프레젠터의 신뢰성이 생명이다. 특히 뉴스의 가치가 그리 크지 않을 경우일수록 더욱 그렇다. 전문가 또는 유명 인사들을 활용할 수 있다. 프레젠터는 제품의 이미지에도 영향을 미친다. 그러므로 상표개성과 일치하는 사람을 선택하는 것이 매우 중요하다.

② 증언식 광고

실 사용자를 이용하는 증언식 광고(testimonials)는 제품의 이점을 직접 보여 주기 어려울 때 자주 쓰이는 방법이다. 가장 중요한 것은 그 증언을 믿을 만한 것으로 만드는 것이다. 이 방법의 강도는 전달되는 확신의 강도에 달려 있다.

증언식 광고
제품의 이점을 직접 보여 주기 어려울 때 실 사용자를 이용하여 제품을 설명하는 광고기법

대부분의 증언광고는 인간적인 모멘트를 극적으로 포착하는 것이기 때문에 미리 스크립트화할 수는 없다. 인간적인 모멘트란 웃음일 수도 있고, 더듬거리는 말일 수도 있고, 수줍음일 수도 있다. 그 모멘트야말로 보는 사람들로 하여금 화면의 증언자에게 애정을 느끼게 만들어 그 상황이 진짜로 그리고 지금 보고 있는 순간 동시에 일어난 것으로 인식하게 만드는 것이다. 대부분의 광고들이 사전에 검토되고 농축시켜 실수가 없는 완벽한 짜임새로 이루어지기 때문에 이와는 다른 동시성을 보여 주는 증언광고는 환영받는다. 증언광고의 가장 일반적인 구조는 비사용자가 그 상표를 쓰게 되었다고 말하는 것이다.

③ 연출된 스토리

사람을 간접적으로 이용하는 방법은 스토리를 연출하는 것(enacted stories)으로, 여기서 시청자는 관객의 입장이 된다. 이 방식의 강점은 사람과 제품을 깊이 관계 맺는다는 점이다.

④ 생활의 단면

생활의 단면(slice of life)을 이용한 아이디어는 실생활 그 자체보다 과장된 것으로 프랑스식 익살에 가까운 것이다. 그들은 괴짜같은 주인공을 내세우고 어떤 사건을 과장되게 묘사하여 즐거움을 준다. 이런 광고의 핵심은 주인공의 특징 표현과 대화가 주는 흥미에 있다.

생활의 단면
일상생활의 한 단면을 이용하는 광고기법

⑤ 실생활의 스토리

실제의 생활(true to life story)을 그대로 보여 주는 경우도 있다. 이 방법은 제품이 사람에게 매우 중요한 것으로 제시될 수 있는 개성을 가졌을 때(관여가 높은 제품일 때) 매우 효과적인 방법이다. 예를 들면, 위험한 순

실생활의 스토리
실제의 생활을 그대로 보여주는 광고기법

간, 사고를 피하게 해 주는 것을 보여 주는 타이어 광고 같은 것이다. 스토리가 그 제품에 관해 진실일 경우에 한하여 생활의 진실을 통해 보여 줄 수 있다.

⑥ 촌극

주인공의 캐릭터보다는 이야기 내용에 중점을 두는 것(playlets)이다. 요체는 상표를 둘러싼 극적인 이야기를 만드는 데 있다. 디지털 011의 "때와 장소를 가리지 않습니다." 캠페인과 같은 TV 시리즈 광고가 그 예다.

촌극
주인공의 캐릭터보다 스토리 내용에 중점을 두는 광고기법

⑦ 문제해결

내 제품으로 어떤 문제가 해결되는 상황(problem solution)을 보여 주는 것이다. 이것은 제품이 가장 잘 해결할 수 있는 문제를 만들어 낼 수 있을 때 가장 효과적이다. 문제에만 너무 집중한 나머지 해결을 충분히 보여 주지 못하는 것은 위험하다. 광고의 결론부에 긍정적인 측면을 강력하게 부각시키는 것이 중요하다.

⑧ 애정 끌기

이것은 제품을 둘러싼 감정적 스토리를 만드는 것(heart tuggers)이다. 제품을 둘러싸고 벌어지는 어린이나 가족애를 불러일으키는 광고가 그것이다. 맥도널드 광고는 항상 맥도널드와 관련해 벌어지는 가족애를 테마로 하고 있다.

⑨ 우화의 현대적 비유

주로 잘 위치화(포지셔닝, positioning)된 기존 제품에 신선감을 부여하는 데 효과적인 기법(modern parables)이다.

⑩ 라이프스타일

생활의 제시 그 이상의 것으로 특정한 라이프스타일을 보여 주는 데 적합한 제품 광고에 유용한 기법이다. 제품평가의 기준이 효용, 기능적인 것이기보다는 쾌락적인 제품, 즉 청량음료와 같은 제품에 효과적이다. 이 경우 표현의 대상이 되는 라이프스타일은 광범위한 집단들이 좋아하고 열망하는 라이프스타일이어야 한다.

⑪ 환타지 스토리

이 기법은 무궁한 아이디어를 펼칠 수 있는 기법(fantasy stories)으로, 특히 일반적으로 받아들여질 수 있는 환타지가 제품과 결부될 수 있을 때 특히 효과적이다.

3) 상표의 활용

제품에 초점을 맞춘 기법이든 사람을 이용하는 기법이든 모든 것은 결과적으로 상표를 인식시키는 아이디어를 만들어 내야 한다. 상표인식을 무시한 기법만큼 낭비적인 것도 없다. 그러나 많은 광고들이 광고의 차별화에는 성공했으나 상표의 차별화에는 실패하고 있다. 광고는 상표를 차별화하기 위한 수단이라는 것을 잊어서는 안 된다.

상표명이나 포장 말고는 경쟁사와 아무런 차이가 없는 제품들은 오로지 강력한 상표이미지를 만들어 내는 데 광고의 역점을 두어야 한다. 이 경우 광고는 상표에 부가가치를 만들어 내야 할 뿐만 아니라 경쟁사에 우월한 강력한 상표선호도를 만들어 내야 한다. 따라서 상표지명률을 높여야 한다. 모든 제품들에 공통된 목표이긴 하지만 어떤 형태로든 상표를 기억시키거나 상표자산을 인식시키는 요소를 광고에 담아야 한다. 다음은 그 상표자산을 만들어 가는 기법들이다. 상표자산이란 그 상표와 결부되어 소비자의 마음에 있는 모든 것이다. 다시 말해, 개성, 장점, 패키지, 상표명 등을 들 수 있고, 심지어 광고 그 자체도 소비자 마음에 담겨 있다면 이것 역시 상표자산이다.

① 애니메이션

일러스트, 컴퓨터 그래픽 등을 사용하여 움직이는 그림으로 보여 주는 것이다.

② 지속적인 캐릭터

하나의 캐릭터를 만들어 광고에서 계속해서 사용하는 것(continuing characters)이다. 치토스 광고에서는 캐릭터인 체스터가 언제나 치토스를 먹기 위해 미쳐 날뛴다. 휘발유 액슨의 호랑이, 미쉐린 타이어의 비벤덤 등이 광고에서 지속적으로 사용되는 캐릭터들이다.

제8장 광고와 크리에이티브 기법

③ 상표심볼

상표의 상징물(brand symbols)을 만들어 계속 광고에 사용하는 것을 말한다. 심볼의 강도는 적합성에 달려 있다. 심볼광고의 가장 큰 장점은 상표인식을 높여 준다는 것이다.

④ 음악

광고에서 음악은 메시지를 강화하는 데 효과적일 수도 있지만, 역효과를 낼 수도 있다. 음악을 사용하는 광고는 크게 두 가지로 나눌 수 있다.

- 테마 뮤직: 이 음악은 분위기나 감정을 고조시키기도 하지만, 상표와 연관이 되지 않을 경우도 있다. 창작음악은 상표자산이 될 가능성이 높지만, 이미 잘 알려진 음악은 상표보다는 그 선율을 상기하게 만드는 경우가 많다.
- 징글: 짧은 광고 노래 또는 짧은 멜로디나 가사를 이용하여 소비자가 광고메시지를 쉽게 기억하도록 하는 음악광고를 징글(jingle)이라고 한다. 좋은 징글은 상표의 기억도를 높여 준다. 아이디어가 있는 징글은 거의 즉각적으로 사람의 마음에 상표를 저장해 놓으며 오래 쓰면 쓸수록 상표와의 연관성은 더욱 강화된다.

⑤ 뮤지컬

음악을 전체적으로 활용하는 또 다른 기법으로, 영화와 유사한 기법이다. 대규모이기 때문에 제작비용이 많이 드는데, 노래하고 춤추는 사람들이 출연한다. 오락적 가치가 중요한, 그리고 차별화가 안 되는 상표의 광고에 쓸 수 있다.

⑥ 비네트

여러 사람을 보여 주면서 이들이 똑같은 메시지 아이디어를 반복하는 기법이다. 광고 아이디어가 짧고 단순한 메시지로 압축될 수 있을 때 효과가 있는 방법이다. 메시지나 비네트(vignettes)가 똑같은 포인트에 맞춰져 있을 경우에는 반복이 많을수록 효과도 커진다.

비네트
여러 사람을 보여 주면서 이들이 똑같은 메시지 아이디어를 반복하는 광고기법

⑦ 다양한 컷

만화경 같은 인상을 심어 주는 기법으로, 일반적으로 현대적인 비트가 강한 음악 템포에 맞추어 여러 컷(multi-cuts)들을 빠른 속도로 편집해 나가는 기법이다. 젊은이의 모던한 감각에 어필하는 것이기는 하지만, 제작기법이 메시지를 압도해 버릴 위험이 있다. 가장 중요한 것은 비록 제작의 표현은 복잡하더라도 전체적인 인상이 단일 집약적이어야 한다는 점이다.

⑧ 특수 기법

독창성에 몰두하는 크리에이티브 맨은 진기한 기교를 사용하고 싶은 유혹을 항상 느끼기 마련이다. 그러나 그 기법이 상표를 눌러 버리지 않는지 주의를 기울어야 한다. 특수 기법은 상표뿐만 아니라 메시지를 시청자에게 전달할 수 있을 때에만 사용해야 한다. 섬유유연제 광고에서 유연제가 옷에 떨어져서 섬유를 유연하게 하는 과정을 슬로우 모션 기법으로 표현하는 것들이 효과적인 예다.

⑨ 슬로건

대부분의 훌륭한 광고 캠페인은 슬로건(slogans)을 갖고 있다. 캠페인 아이디어를 전보문과 같은 압축된 말로 구성해 보는 것이 좋다. 슬로건의 효과는 인쇄광고보다는 포스터에서 빠르고, 포스터보다는 TV광고나 라디오광고에서 더 높다.

4) 카피 작법

모 광고회사 신입사원 교재 중 '카피' 편 첫 장에는 이렇게 쓰여 있었다. "칼날에 사정없이 깎기는 아픔을 견디면서 뼈로 글씨를 쓰는 사람들……" 카피라이팅의 고뇌를 그대로 드러내 주는 표현이다. 성공적인 광고, 소비자의 가슴 속에 각인되는 한 줄의 카피들은 이러한 카피라이터의 고뇌를 먹고 피어나는 한 송이 꽃이다.

① 헤드라인

흔히 카피라이터들은 농담으로 스스로를 '한 줄짜리 인생'이라고 말한다. 광고의 헤드라인(headline) 한 줄에 쏟는 노력과 정성을 빗대어 말한 것이다. 대부분의 사람들은 광고에서 헤드라인을 읽는다. 그 대부분의 사람들은 본문, 바디 카피는 읽지 않는다. 광고에서 헤드라인이 그만큼 중요한 것이다. 따라서 카피라이팅에 들이는 노력의 대부분은 좋은 헤드라인을 쓰는 데 바쳐진다.

던(W. S. Dunn)은 헤드라인이 갖추어야 할 기능으로 다음의 네 가지를 들고 있다. 첫째, 독자의 눈길을 끈다. 헤드라인은 인상적 비주얼과 함께 많은 광고를 스쳐지나가는 독자의 시선을 단숨에 낚아채야 한다. 둘째, 대중 중에서 표적고객을 골라낸다. 광고는 그 광고를 보는 모든 소비자에게 그 제품을 팔려는 것은 아니다. 훌륭한 헤드라인은 수많은 독자 또는 시청자 가운데서 내 제품을 사 줄 소비자, 광고가 설득하고자 하는 소비자를 골라낸다. 셋째, 독자를 바디 카피로 끌어들인다. 대부분의 사람들이 헤드라인을 읽지만 바디 카피는 읽지 않는다. 그러나 훌륭한 헤드라인은 내 광고에 흥미를 가진 소비자로 하여금 바디 카피를 읽지 않을 수 없도록 만든다. 넷째, 소비자를 움직여 행동하도록 한다. 훌륭한 헤드라인은 소비자를 움직여 광고주가 원하는 행동을 하도록 만들기도 한다.

② 바디 카피

헤드라인을 읽고 제품이나 광고에 흥미를 느낀 독자가 보다 구체적인 정보를 얻기

바디 카피
광고문안의 실제 내용

위해 읽는 이름 그대로 광고문안의 몸체 부분이다. 대부분의 독자들이 잘 읽지는 않지만 잘 쓰인 바디 카피는 설득력 있는 판매메시지로 구매의욕을 불러일으켜 독자를 소비자로 바뀌게 한다. 즉, 제품의 특징을 기억시키고 설득시켜 구매행동으로 유도하는 중요한 부분이다. 바디 카피의 도입부는 헤드라인과 직접 연계하여 소비자의 관심을 고조시키고 중간 부분은 광고의 콘셉트를 소비자에게 강력하게 소구하고 결말부에 가서는 브랜드에 대한 확신을 심어 줌으로써 구매행동을 유발하게 하는 역할을 한다.

5) 앞으로의 광고 크리에이티브 기법은 무엇인가

대표적인 광고 크리에이티브 기법 중에는 클로드 홉킨스(Claude C. Hopkins)의 과학적 광고, 인쇄된 세일즈맨십(printed salesmanship), 로서 리버스(Rosser Reevers)의 독특한 판매주장(unique selling proposition: USP), 데이비드 오길비(David Ogilvy)의

브랜드 이미지, 잭 트라우트와 알 리스(Jack Trout & Al Ries)의 위치화(positioning) 등이 있다. 지금은 바야흐로 통합의 시대다. 뉴 미디어의 폭발적 증가와 미디어 간의 크로스 오버, 융합의 시대로의 변화는 광고 크리에이티브에 대한 근본적인 변화를 요구하고 있다. 이제 광고 크리에이티브 기법은 시각적 아이디어를 내고 카피를 쓰는 차원에서 벗어나야 한다. 지금까지 광고전략과 아이디어의 부록처럼 다루어지던 다양한 판매촉진 수단들이 이제는 아이디어의 핵심이 될 수도 있다. 오늘날 광고 크리에이티브 기법은 광고, 세일즈 프로모션, 홍보, 이벤트 등 다양한 판매촉진 수단들을 하나로 관통하는 소위 통합 마케팅 커뮤니케이션의 핵심 아이디어를 개발하는 차원으로 높아져야 한다.

요약

흔히 광고의 생명은 크리에이티브라고 말한다. 그러므로 창의성으로부터 자유로울 수 있는 광고인은 아무도 없다. 따라서 많은 광고회사들이 '창의적 문제해결능력'을 가진 사람에 목말라 하는 것은 결코 이상한 일이 아니다. 전략에도 창의적 사고가 중요하고, 크리에이티브에도 전략적 사고가 중요하다. 사실에서 상상과 아이디어의 세계로 훌쩍 건너뛰는 창의적 도약, 그것이 진정한 의미에서의 광고 크리에이티브인 것이다.

뛰어난 광고는 보통 적절성, 독창성, 임팩트를 가지고 있다. 또 좋은 광고는 명쾌한 콘셉트, 감동적인 아이디어, 완벽한 아트 워크를 가지고 있다. 이러한 뛰어난 광고를 만들기 위한 크리에이티브 전략이란 이 광고가 달성하려는 광고목표, 설득대상인 표적청중, 내 상표를 선택하게 만드는 약속과 그것을 믿게 만드는 근거, 광고메시지를 소비자에게까지 실어 나르는 매체전략, 다른 상표와 내 상표를 구별해 주는 상표성격 등을 정하는 것을 말한다.

광고회사 내에서의 크리에이티브 시스템의 진행 순서에 대해 살펴보면 첫째, 크리에이티브 전략 단계, 둘째, 크리에이티브 단계, 셋째, 프로덕션 단계, 넷째, 사후 진행 단계로 나눌 수 있다.

첫째, 전략을 세우는 크리에이티브 전략 단계는 다시 세부적으로 ① 광고주의 에이전시 브리핑, ② 광고전략 기술서 초안 작성, ③ 코어 그룹 미팅, ④ 광고전략 기술서의 확정, ⑤ 광고전략에 대한 대 광고주 프레젠테이션, ⑥ 광고전략에 대한 광고주 승인 과정을 거친다. 둘째, 아이디에이션을 위한 크리에이티브 단계는 다시 ① 크리에이티브 팀과 미디어 팀에 브리핑, ② 크리에이티브 아이디에이션, ③ 광고안에 대한 섬네일 대안들 준비, ④ 크리에이티브 디렉터의 승인, ⑤ 크리에이티브 시안의 완성, ⑥ 광고안의 대 광고주 프레젠테이션과 승인으로 이루어진다. 셋째, 실제 제작을 위한 프로덕션 단계는 ① 제작에 관한 예산과 스케줄 협의(광고회사-광고주), ② 제작 외주 발주, ③ 사전 제작회의, ④ 촬영, ⑤ TV광고물의 경우: 편집 및 녹음; 인쇄광고물의 경우: 색분해, 화판 및 밀착 인화 작업, ⑥ 녹음, ⑦ 사내 시사 순으로 이루어진다. 넷째, 광고 제작물의 매체 집행을 위한 사후 진행 단계는 ① 광고물 심의(접수-심의-통과), ② 대 광고주 시사, ③ 광고주 승인, ④ 소재 복사, ⑤ 매체사 소재전달, ⑥ 집행, ⑦ 광고효과 조사 및 다음 캠페인 준비 등으로 진행된다. 이를 우리는 광고의 제작 사이클이라고 한다.

또 광고 크리에이티브 업무 체계를 협업을 중심으로 횡적으로 살펴보면, 광고회사 내의 광고 크리에이터로 ① 크리에이티브 디렉터, ② 카피라이터, ③ 아트 디렉터, ④ CM 플래너 등이 있다. 이 밖에도 광고제작 외주업체의 CF 감독, 오디오 디렉터, 편집 감독 등이 있다.

구체적인 광고표현의 기법들로는 제품의 활용, 사람의 이용 그리고 상표 활용 등으로 나눌 수 있다. 제품의 활용은 실증광고와 제품을 주인공으로 만드는 방법 등이 있다. 실증광고에는 ① 제품설명, ② 비교광고, ③ 사용 전후, ④ 극단적 실험, ⑤ 제품 성능, ⑥ 음식의 실증, ⑦ 시뮬레이션 방식의 실증, ⑧ 비유실증 등이 있다. 사람을 이용하는 방법에는 ① 프레젠터, ② 증언식 광고, ③ 연출된 스토리, ④ 생활의 단면, ⑤ 실생활의 스토리, ⑥ 촌극, ⑦ 문제해결, ⑧ 애정 끌기, ⑨ 우화의 현대적 비유, ⑩ 라이프스타일, ⑪ 환타지 스토리 등이 있다. 상표를 활용하는 방법에는 ① 애니메이션, ② 지속적인 캐릭터, ③ 상표심볼, ④ 음악, ⑤ 뮤지컬, ⑥ 비네트, ⑦ 다양한 컷, ⑧ 특수 기법, ⑨ 슬로건 등이 있다.

참고문헌

강정문(1990). 레오버넷의 광고전략(1) (비매품). 대홍기획.

김광규(1991). 창조적인 아이디어 발상법. 디자인 신문사.

김맹호(1995). 디자이너를 위한 광고 크리에이티브의 실제. 창과 창.

박종세 역(1984). 오길비의 광고 (데이비드 오길비 저서). 평음사.

박춘우 역(1996). CF 만들기 (헌틀리 볼드윈 저서). 서울 미디어.

서범석(1993). 광고 기획론. 나남.

이화자(1997). 광고 표현론. 나남.

최윤식(1997). 현장 광고론. 나남.

한컴(1991). 광고 전략 모델(비매품). 한컴.

DDB Needham Worldwide. (1989). *Bill Bernbach said*……(비매품). DDB Needham Worldwide.

DDB Needham Worldwide. (1989). *Planning for R.O.I.*(비매품). DDB Needham Worldwide.

Young, J. W. (1982). *A technique for producing ideas*. Chicago: Crain Books.

제4부

광고매체

제9장   매체계획
제10장   매체유형

제**9**장
매체계획

효과적인 광고전략을 수립하고 이를 커뮤니케이션 프로그램을 통해 실행하기 위해서는 일련의 준비된 계획과정이 필요하다. [그림 9-1]은 이러한 광고전략 수립 및 집행과정을 보여 주는데, 광고계획을 할 때의 주요 결정은 총 아홉 단계의 과정을 거친다. 광고심리학에서 다루어지는 주제들도 이러한 전반적인 계획과정의 결정요소들과 밀접한 연관성을 갖는다.

1단계: 광고계획의 투입(input) 요인 고려   광고의 정의에서 살펴볼 때 광고는 마케팅의 하위 요소의 하나임을 알 수 있듯이, 해당 기업의 목표 및 현재의 마케팅 전략이 감안되어 광고계획의 밑그림이 그려진다. 기업이 성취하고자 하는 경영목표와 마케팅 목표의 일환으로 광고전략이 만들어지며, 광고주의 이윤추구라는 궁극적 목표가 그 중심에 선다. 마케팅 전략은 크게 시장세분화(market segmentation), 표적시장 선정(targeting), 제품위치화(포지셔닝, positioning)의 세 단계로 구성되는데, 마케팅 전략의 틀 안에서 광고전략의 수립과 집행이 이루어진다.

2단계: 광고 기회분석(opportunity analysis)   광고가 어떻게, 또 얼마나 효과적으로 기업의 목표 및 마케팅의 목표를 달성하는 데 기여할 수 있을 것인가를 판단하고 분석하는 과정이 광고 기회분석 작업이다. 여기서는 기업, 소비자, 시장, 제품, 경쟁상황에 대한 자료수집 및 심층적 분석이 행해지고, 이를 바탕으로 광고활동에서의 기회 요인과 문제점을 발견한다. 따라서 여기서는 시장 및 소비자 조사의 기능이 매우 중요하다.

3단계: 광고목표 설정(objectives setting)   광고목표는 기업이 광고를 통해 성취하고자 하는 것이다. 광고계획 수립과정의 모든 단계에 영향을 미치는 광고목표는 광고 캠페인 성공에 결정적 역할을 한다. 적절한 광고목표의 설정이 광고의 성공에 특히 중요한 세 가지 이유는 다음과 같다. 첫째, 광고목표는 광고 캠페인에 참여한 광고대행사 및 광고주의 마케팅과 광고담당자들이 공통의 목표를 갖고 활동하게끔 조정하는 역할을 하기 때문이다. 둘째, 광고목표는 광고예산 규모의 결정, 크리에이티브 메시지의 개발, 매체선정을 안내하는 토대가 되기 때문이다. 셋째, 광고목표는 광고성과(광고 캠페인의 성공 또는 실패)를 평가하는 데 기준이 되기 때문이다.

광고의 정의에서 보듯이, 광고목표는 크게 매출목표와 커뮤니케이션 목표로 구분될 수 있다. 오랫동안 매출증대를 광고목표로 보는 관점과 커뮤니케이션 효과의 창출을 광고목표로 보는 관점이 서로 대립되어 왔다. 그러나 촉진의 한 요소에 불과한 광고가 매출증대에 큰 역할을 하는 데 한계가 있음을 인정함에 따라 광고목표를 커뮤니케이션 효과의 창출로 보는 관점이 보다 보편적으로 지지되고 있다.

4단계: 시장(market)의 결정   광고결정의 첫 번째 요소는 과연 누구에게 광고를 전달할 것인가의 문제와 연관된다. 이는 이전의 마케팅 전략단계에서 전체시장을 세부시장으로 나누고 그 가운데 표적시장을 선정하는 작업과 밀접하게 연관되는데, 결국 광고메시지를 받아들일 잠재력이 가장 큰 소비자층을 발견하고 이들을 표적청중(target audience)으로 삼아 광고목표를 성취하기 위한 노력을 기울인다.

5단계: 예산(money)의 설정   광고결정의 두 번째 요소는 얼마나 많은 돈을 광고비에 쓸 것인가에 관한 것이다. 광고예산의 규모는 산업에 따라, 그리고 동일 산업 내 기업들 간에도 매우 다양하다. 광고예산 책정의 결정은 매우 중요한 광고결정 영역 중의

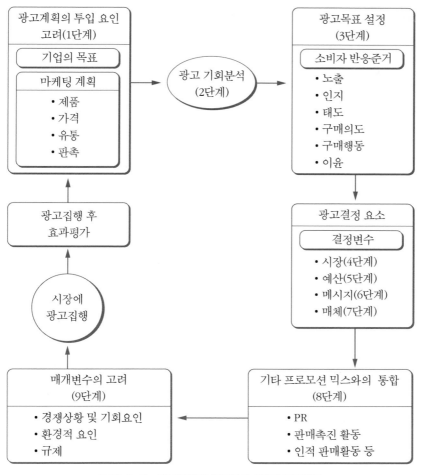

[그림 9-1] ㅣ 광고계획에 있어서의 9단계 결정내용

하나인데, 왜냐하면 광고예산을 너무 낮게 책정하면 기대한 만큼의 매출과 이익을 실현할 수 없으며, 너무 과다한 광고비 지출은 이익을 감소시키기 때문이다. 적정한 수준의 광고비를 정확히 결정하기 어려운 이유는 광고비 지출이 미래의 매출에 얼마나 효과적으로 영향을 줄 것인지를 정확히 판단하기 어렵기 때문이다. 현실적으로 매출의 변화는 광고비 이외의 많은 요인들(광고메시지의 내용, 경쟁사의 광고비 지출 정도, 소비자의 주관적 기호 등)로부터 영향을 받으므로, 광고비 지출에 따른 매출 증가의 정확한 관계를 파악하기는 어렵다.

6단계: 메시지(message)의 구성   광고계획 과정에서 가장 중요한 구성요소의 하나가 광고메시지다. 광고메시지의 역할은 제품정보를 전달하는 것뿐만 아니라 소비자에게 재미와 감동, 흥분 그리고 상상력 등을 제공하는 것을 포함한다. 이러한 광고메시지는 크리에이티브 전략과 크리에이티브 전술을 토대로 개발된다. 여기서 크리에이티브 전략은 광고메시지를 통해 무엇을 말할 것인가(what to say)를 결정하는 것이며, 크리에이티브 전술은 메시지를 어떻게 구성하고 표현함으로써(how to say) 메시지 전략을 구체적으로 구현할 것인가와 연관된다. 메시지와 관련된 결정은 전체 광고전략이 비로소 창의적으로 표출되는 매우 중요한 작업이라 볼 수 있다. 만약 부적절한 표현을 사용하거나 중요하지 않은 속성을 강조하는 등의 메시지 전략을 취하게 되면, 아무리 매체선정이나 기본적인 아이디어 발상이 뛰어나다 하더라도 그 크리에이티브 전략은 실패할 가능성이 높으며 결국에는 광고목표의 달성을 기대하기란 어렵다.

7단계: 매체(media)의 결정   광고 크리에이티브 메시지가 결정되면 광고담당자는 다음 단계로 광고를 소비자에게 전달할 구체적인 매체를 선정하는 작업, 즉 매체전략을 수립하게 된다. 매체계획은 근본적으로 최소의 비용으로 최대의 잠재고객에게 광고메시지가 전달될 수 있도록 가장 효과적인 매체대안들을 마련하는 것을 목표로 한다. 매체계획의 수립은 예상 구매자에게 메시지를 전달하는 것과 관련된 일련의 결정들을 내리는 과정이라 할 수 있다.

일반적으로 광고메시지와 매체의 관계는 서로 보완적 관계라기보다는 비보완적 관계로 볼 수 있다. 아무리 뛰어난 크리에이티브를 구현한 광고메시지라 할지라도 그러한 메시지를 소비자에게 제대로 전달할 수 있는 매체가 마련되어 있지 않다면 목적으로 하는 커뮤니케이션 효과를 성취하기란 어렵고, 반대로 아무리 소비자에게 메시지를 전달할 매체의 선택이 잘 이루어졌다 하더라도 전달되는 메시지의 구성이 잘못되었다면 그 역시 커뮤니케이션의 효과를 기대하기 어렵다. 그런 의미에서 광고메시지와 매체의 관계에서는 합의 법칙이 아니라 곱의 법칙이 적용된다.

매체계획은 매우 복잡하고 힘든 작업이라 할 수 있는데, 광고관리자는 TV, 신문, 라디오, 잡지 등의 4대 매체뿐만 아니라 옥외광고, 교통광고, 직접마케팅, 구매시점(POP) 광고, 인터넷, 모바일 등 많은 매체대안을 이용할 수 있다. 각 매체대안은 나름대로의 장점을 가지므로 매체담당자는 매체선택 시 매체의 특성을 고려해야 한다. 가령, TV는 시각과 청각적 자극을 동시에 제공하는 매체인 점에서 상대적 장점을 가지는 반면, 잡지는 풍부한 색채의 사진이나 그림, 활자를 통해 자세한 제품정보를 제공하며 오랫동안 예상 소비자에게 정보를 노출시킬 수 있는 장점을 갖는다.

좋은 매체계획을 수립하기 위해서는 여러 가지 결정이 체계적으로 이루어져야 하는데, 체계적인 매체계획의 수립과정은 크게 네 가지로 구분된다. 먼저 마케팅 전략 및 광고전략에 대한 충분한 검토가 이루어진 다음, 이를 바탕으로 매체계획의 목표가 설정되고, 그다음으로 목표를 달성할 수 있는 매체계획을 수립하는데, 이에는 매체 믹스의 결정, 매체수단(vehicle)의 결정, 집행시기와 집행일정의 결정, 기타 옵션의 결정 등이 포함된다. 마지막으로 수립된 매체전략을 계획대로 집행하고 집행결과를 평가하여 다음 매체계획의 수립에 반영한다.

8단계: 기타 촉진 믹스와의 통합화　광고와 관련된 세부요소의 결정이 이루어지고 나면 광고 이외의 다른 촉진 믹스인 홍보(PR), 판매촉진, 인적 판매, 직접마케팅 등의 다양한 커뮤니케이션 수단들의 전략적인 역할을 비교, 검토하고 목표달성을 위한 명료성과 정확성 측면에서 최대의 커뮤니케이션 효과를 거둘 수 있도록 이들을 통합하는 총괄적인 계획을 수립하게 된다. 이러한 개념은 통합 마케팅 커뮤니케이션(integrated marketing communication: IMC)으로 개념화되는데, 이와 같은 각각의 커뮤니케이션 도구들은 소비자 반응과정의 단계에 따라 서로 다른 장단점을 가지고 있기 때문에 광고관리자는 커뮤니케이션 효과창출 목표의 각 단계를 효율적으로 달성하는 데 적합한 촉진 믹스의 커뮤니케이션 도구들을 선정해야 한다.

9단계: 매개변수의 고려와 광고 집행 및 평가　경쟁상황이나 법적 규제, 환경적 요인 등을 고려하여 최적화된 광고가 집행되면 시장의 반응을 통해 광고효과가 평가된다. 광고효과는 앞서 다룬 광고목표와 밀접하게 연관되어 있기 때문에 광고효과는 소비자의 인지, 정서, 행동과 같은 소비자 반응준거를 대상으로 평가되어야 한다. 즉, 광고목표는 광고를 함으로써 기대되는 효과를 설정하는 것이고, 이를 확인하기 위하여 광고효과가 측정된다. 따라서 광고전략 수립 시 광고목표가 제대로 설정되어 있다면 광고효과 측정대상의 문제는 자동적으로 해결된다. 이는 그 측정대상이 광고목표에 설정되어 있고 광고목표에는 기간의 개념이 반영되어 있기 때문이다. 이는 [그림 9-1]에서 제시한 결정 순환의 개념과 같다. 전략적 관리과정은 첫째, 목표를 세우고, 둘째, 목표를 달성하기 위한 방법인 전략과 전술을 개발하고, 셋째, 그 결과를 평가하여 이를 차기의 목표에 반영하는 것이다. 즉, 광고목표는 광고효과 측정의 기준이 되고 광고효과의 측정을 통한 평가는 다음 번 광고목표의 수립에 반영되기 때문에, 전략의 순환과정에서 보면 광고목표와 광고효과 측정은 밀접한 연관성을 갖는다.

1. 광고 매체계획

매체계획
광고주의 메시지를 예상표적에게 전달하는 데 가장 효과적인 매체의 지면이나 시간의 구매를 계획하는 것

앞서 살펴본 광고계획 과정에서 7단계의 결정에 해당하는 광고 매체계획(advertising media planning)은 광고매체 업무를 계획하는 분야라 할 수 있다. 즉, 특정 제품이나 서비스와 관련된 광고주의 메시지를 예상표적에게 전달하는 데 가장 효과적인 매체의 지면이나 시간의 구매를 계획하는 것이다. 이러한 매체계획 업무의 본질은 크게 효율성의 확보와 설득 커뮤니케이션이라는 두 가지 목표에 의해 영향을 받는다.

먼저 효율성의 차원에서 보면 매체계획은 가장 저렴한 비용으로 광고메시지를 전달할 수 있는 매체를 구매하고 이를 통해 광고주의 메시지가 가장 많은 표적에게 노출될 수 있도록 계획하는 것과 관련되며, 아울러 광고가 매체에 집행된 후에는 노출목표가 제대로 성취되었는지를 평가하고 확인하는 과정과도 연관된다. 매체계획에서 사용되는 도달률이나 평균빈도와 같은 개념들은 광고매체의 시간과 지면의 구매가 얼마나 저렴하게 이루어지고 있으며 또 얼마나 큰 노출효과를 만들어 내는지를 광고주에게 입증하기 위해 개발된 실무적 개념이라고 볼 수 있다. 이와 같이 매체계획을 하는 데 전문성을 갖는 광고대행사는 광고주를 위해 보다 저렴한 비용으로 매체를 구매하고 아울러 가장 노출효과가 큰 매체수단을 구매해 주는 기본적 업무를 수행하며, 이것은 지금도 매체계획 업무에서 가장 핵심적인 부분을 차지한다.

한편 매체계획을 설득 커뮤니케이션이라는 차원에서 조망해 보면, 왜 광고주가 매체의 지면과 시간을 구매하는가에 대한 본질적인 질문을 염두에 두게 된다. 이는 효율성 중심의 매체계획에 대한 회의가 증대되던 1970년대 중반 이후 나타난 새로운 질문이기도 하다. 광고주가 많은 돈을 들여 매체의 지면과 시간을 구매하는 이유는 매

체를 이용하는 소비자가 있기 때문에 이들 매체에 광고메시지를 게재함으로써 매체수용자에게 광고메시지를 노출시키기 위함이다. 보다 정확히 말하면, 소비자가 매체를 이용하는 동안 광고메시지에 노출될 기회(opportunity to see)를 확보하기 위함이라고 할 수 있다. 수용자인 동시에 소비자인 사람들에게 광고메시지를 보거나 듣게끔 하기 위해 매체집행을 하는 것이고, 소비자에게 광고를 보거나 들을 수 있는 기회조차 주어지지 않는다면 아무리 뛰어난 광고물이라 할지라도 그 효과가 발생할 가능성은 거의 없다.

광고주가 많은 광고비를 집행하면서 광고 캠페인을 전개하는 것은 소비자에게 자신들의 광고메시지를 여러 번 노출시키기 위한 목적을 갖는다. 분명 광고메시지를 한 번 접하는 것과 여러 번 접하는 것은 차이가 있을 수 있다. 사회심리학에서의 단순노출 효과(mere exposure effect)에 따르면, 아무리 의미 없는 신호라 할지라도 반복해서 노출이 이루어지면 그러한 단순노출만으로도 효과가 발생한다. 즉, 광고메시지가 소비자에게 노출될 때 노출 자체만으로도 인지나 긍정적 태도형성과 같은 효과가 발생할 수 있다고 기대한다.

광고주는 일반적으로 소비자의 인지, 호감, 구매의도의 증대와 같은 광고목표를 가지고 광고 캠페인을 전개하는데, 이러한 광고목표의 달성을 위해서는 광고메시지의 반복노출이 필수적이다. 매체계획에서 광고관리자가 관심을 갖는 것은 어떤 메시지가 소비자에게 얼마나 설득적인가의 문제보다는 광고메시지가 반복적으로 노출될 때 커뮤니케이션의 결과로 소비자에게 어떤 변화가 발생하는가의 문제다. 어떤 광고주는 일 년 내내 광고를 집행하는가 하면 어떤 광고주는 간헐적으로 광고를 집행하기도 하고, 또 다른 광고주는 여러 다양한 매체를 섞어서 광고메시지를 전달하는 반면, 어떤 광고주는 단 하나의 매체에만 집중하기도 한다. 최소의 비용으로 최대의 효과를 추구하는 경제적 접근의 매체계획이라면 효율성의 극대화가 목표이겠지만, 이러한 매체계획의 본질은 수용자에 대한 설득 커뮤니케이션 효과에 관심을 갖는 심리학적, 효과론적 관점의 접근이라고 할 수 있다. 매체의 지면과 시간의 구매는 결국 광고메시지의 단순노출, 반복노출 그리고 지속적 노출의 과정으로 볼 수 있으며, 그 이유는 이러한 조건을 통해 발생하는 커뮤니케이션의 효과가 달라지기 때문이다.

매체집행을 통한 설득 커뮤니케이션을 계획할 때 매체노출의 설득효과만을 이해하는 것은 충분치 않다. 왜냐하면 광고는 마케팅 커뮤니케이션이기 때문이다. 광고는 궁극적으로 소비자의 구매를 목적으로 한 커뮤니케이션 활동이며, 이는 마케팅 환경의 여러 요소들에 의해 영향을 받는다. 이러한 요소에는 제품, 가격, 유통, 기타 촉진활동과 같은 마케팅 믹스뿐만 아니라 소비경기나 소비자 트렌드와 같은 요인이 포함된다. 제품이 뛰어날 경우와 그렇지 못할 경우, 유통능력이 뛰어날 경우와 그렇지 못할 경우, 광고전략이 달라져야 하듯이, 이러한 상황에서 필요한 노출량이나 노출기간 등은 달라질 수밖에 없다. 따라서 어차피 광고 매체계획이 광고의 일부이며 크게는 마케팅활동의 하나라면, 광고메시지를 제작할 때 마케팅 및 환경요인들을 점검하듯이 보다 체계적인 매체계획을 위해서는 판매에 영향을 미치는 수많은 요인들을 점검한 후에 광고할 메시지를 정하고, 정해진 메시지의 효과를 검토하면서 노출매체나 노출시점, 노출량 등을 결정해야 한다.

다시 정리하면, 광고주가 매체의 지면과 시간을 구매하는 이유는 소비자를 설득하기 위함이다. 그리고 이를 제대로 하기 위해서는 소비자가 광고메시지에 노출되었을 때 어떠한 반응을 일으키는지에 대한 이해, 마케팅환경의 이해 등이 필요할 수 있다. 설득적 관점의 매체계획은 1970년대 이후 기계적인 효율성 위주의 매체구매에 식상해하던 매체계획자(media planner)에 의해 점차 제기되기 시작하였으며, 광고 분야의 마케팅 관점의 부각 그리고 매체수용자 조사기법의 발달로 가능하게 되었다. 이러한 매체계획의 설득적 시각은 오늘날 매체계획 분야에서 가장 중요한 부분이 되고 있다. 설득적 관점의 매체계획은 매체노출의 양, 노출시점, 노출매체의 선정과 관련이 있으며, 이것은 매체계획의 전략적 결정에 해당한다. 따라서 이러한 매체계획은 전략적 매체계획이라 부르며, 결국 매체의 지면과 시간의 구매에서 중요한 것은 효율적 측면과 효과적 측면의 종합적 고려라 할 수 있다. 따라서 매체계획은 "효율적 구매를 전제로 하여 표적청중에게 노출을 통한 마케팅 커뮤니케이션을 효과적으로 달성하기 위해 매체의 지면과 시간을 구매하는 과정"이라 정의된다.

2. 매체계획 분야의 주요 용어

매체계획과 관련된 자료에는 생소하거나 전문적인 용어들이 많이 등장한다. 매체유형, 매체 비히클(vehicle), 도달률, 빈도, 총 노출량, CPM 등은 매체계획과 관련하여

자주 언급되는 기본적 용어들이다. 먼저 광고매체를 구분하는 데 사용되는 분류기준
은 매체유형, 매체부류, 매체 비히클 그리고 매체단위다
([그림 9-2] 참조).

매체유형
광고메시지를 전달하기 위해 사용되는 일반적인 매체 범주를 지칭

매체유형(media type)은 메시지를 전달하기 위하여
사용되는 일반적인 매체범주를 의미하는데, TV, 라디오, 신문, 잡지, 옥외물, 인터넷,
모바일 등이 대표적인 예들이다. 매체유형에 관해서는 제10장에서 살펴본다.

매체부류(media class)는 특정 매체유형 내에 존재하는 매체의 부류를 의미한다. 예
를 들어, TV 매체유형 내에는 드라마, 뉴스, 쇼프로그램, 스포츠, 다큐멘터리 등이 있
다. 신문의 경우 일간지, 주간지, 경제지, 스포츠지, 지방지 등의 매체부류를 구분할
수 있다.

매체 비히클
광고메시지가 실제 집행되는 구체적인 매체 프로그램이나 타이틀을 의미

매체 비히클(vehicle)이란 광고메시지를 전달하는 실
질적인 매체로서 매체유형과 매체부류에 속하는 구체적
인 매체수단을 의미한다. 가령 신문이라는 매체유형 내
에 종합일간지라는 매체부류가 있다면 그 안에는 다시 조선일보, 중앙일보, 동아일보,
한국일보 등과 같은 매체 비히클이 있다. 광고주는 매체 비히클을 통해 구체적인 광고
시간이나 지면을 구매하는데, 예를 들어 광고주는 TV 매체유형의 뉴스 매체 부류 중
KBS 9시 뉴스와 SBS 8시 뉴스를 선택하여 광고를 집행할 수 있다.

마지막으로 매체단위(unit)는 실제로 비히클 내에서 광고가 구체적으로 구매되는 단
위로서 TV의 경우 15초, 20초, 30초를 들 수 있고, 신문의 경우 5단, 9단, 15단 광고를
들 수 있다.

도달률
주어진 특정 기간 동안 광고메시지에 적어도 한 번 이상 노출된 청중의 수나 비율

도달률(reach)은 주어진 기간 동안 광고에 적어도 한
번 이상 노출된 청중의 수 또는 비율을 말한다. 신제품
이 시장에 출시된 이후 광고가 집행된 3개월 동안 시청
자들 중 50%가 적어도 한 번 광고를 보았다면 이 50%가 도달률이 된다. 도달률은 시
청자 중 광고메시지에 노출된 사람의 비율로 표시되기도 하고, 광고메시지에 노출된
사람의 수로 표시되기도 한다.

빈도
주어진 특정 기간 동안 청중이 광고 메시지에 노출되는 횟수

빈도(frequency)란 청중이 특정기간 동안 광고에 노출
되는 횟수를 의미한다. 신제품이 출시된 후 1년 동안 특
정 소비자가 신제품 TV광고에 노출된 횟수가 20회라면,

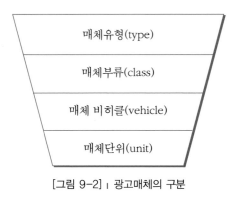

매체유형(type)

매체부류(class)

매체 비히클(vehicle)

매체단위(unit)

[그림 9-2] ㅣ 광고매체의 구분

이 20회가 빈도가 된다. 그러나 모든 소비자의 빈도를 파악하는 것이 불가능하기 때문에 매체계획 수립 시 평균빈도의 개념이 주로 사용된다. 여기서 평균빈도는 광고메시지가 각 개별 소비자에게 도달된 빈도의 평균을 말한다. 예를 들어, 매체계획의 목표가 '90%의 도달률과 8.5회의 빈도'라고 정의되었다면, 이는 전체 표적소비자 중 90%의 소비자에게 평균 8.5회 광고 메시지를 전달하겠다는 매체계획을 의미하는 것이다.

도달률과 빈도를 곱한 수치는 총 노출량(gross rating points: GRP)이라는 개념으로 설명된다. 이는 광고 캠페인 기간 동안 광고메시지에 노출된 사람의 총량을 나타내는 것으로, 매체 스케줄에 포함된 모든 비히클에 노출된 소비자의 비율을 모두 더한 값이다. 즉, 광고 캠페인의 표적청중이 매체 스케줄에 포함된 모든 비히클에 노출된 비율을 총 횟수만큼 감안하여 퍼센트로 나타낸 중복노출량을 의미한다.

이러한 매체계획에 사용되는 용어들에 대해서는 다음에 소개되는 매체전략 부분에서 보다 자세히 알아볼 것이다.

3. 매체계획의 수립과정

매체계획을 수립하기 위해서는 여러 결정이 체계적으로 이루어져야 하는데, 크게 ① 매체목표의 구체화, ② 매체전략의 수립, ③ 매체의 집행 및 평가로 구분할 수 있다. 첫째, 매체목표는 마케팅 및 광고의 목표와 전략을 토대로 매체를 통하여 달성될 수 있는 것으로 정의된다. 둘째, 매체전략은 설정된 매체목표를 구현하는 구체적인 방법을 선정하는 과정인데, 구체적으로 매체군의 결정, 매체 비히클의 결정, 집행시기와

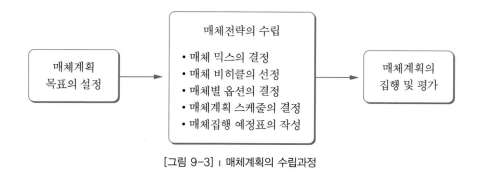

[그림 9-3] | 매체계획의 수립과정

집행일정의 결정, 기타 옵션의 결정 등이 포함된다. 셋째, 매체의 집행 및 평가는 수립된 매체전략을 계획대로 집행했는지를 평가하여 그 결과를 차년도의 매체계획 수립에 반영하는 것이다. [그림 9-3]은 매체전략의 수립과정을 보여 주는 것으로 이에 대해 좀 더 자세히 알아보기로 한다.

1) 매체계획 목표의 설정

매체전략은 광고전략을 토대로, 그리고 광고전략은 마케팅 전략을 토대로 수립된다. 따라서 매체전략은 마케팅 전략 및 광고전략과 일관성을 유지해야 하며 그 목표는 보다 구체적으로 설정된다. 예를 들어, 각 전략에서 설정되는 표적소비자의 정의를 생각해 보자. 마케팅 전략에서의 표적소비자는 기업이 제품을 판매하고자 하는 소비자로, 그리고 광고전략과 매체전략에서 기술되는 표적청중은 광고메시지를 전달하고자 하는 청중으로 정의된다. 다만 매체전략의 표적청중은 매체를 통한 도달 가능성을 고려하여 광고전략의 표적청중을 보다 구체화한 것이다.

같은 맥락에서 마케팅 목표, 광고목표 및 매체계획목표를 비교해 보면, 마케팅 목표는 일반적으로 시장 점유율, 매출액, 이익 등을 사용하여 정의되며, 광고목표는 인지율, 선호도, 구매의도, 반복구매율과 같은 커뮤니케이션 과정의 소비자 반응을 중심으로 설정되고, 매체계획의 목표는 광고목표를 달성하기 위한 구체적인 활동 방향을 설정하는 것이며, 이 목표는 광고메시지를 전달하고자 하는 표적청중의 범위와 메시지의 전달빈도로 정의된다. 예를 들어, 어떤 신제품의 2011년도 광고목표가 표적소비자로부터 30%의 상표재인율(brand recognition)과 15%의 상표회상률(brand recall)을 확보하는 것으로 설정되었다고 가정해 보자. 매체계획은 이러한 광고목표를 달성하기 위하여 전체 표적소비자의 80%에게 평균 4회 정도 광고메시지를 전달하는 것을 매체목표로 설정할 수 있다. 물론 표적소비자의 80%에게 4회 정도 메시지가 전달되었을 때 30%의 상표재인율과 15%의 상표회상률이 달성될 수 있는지는 또 다른 문제일 수 있다. 도달률과 빈도는 매체계획을 하는 데에서 매우 중요한 개념이므로 자세히 살펴보고자 한다.

(1) 도달률

도달률(reach)은 주어진 기간 동안 적어도 한 번 이상 특정 광고에 노출된 청중의 수 또는 비율로 정의된다. 예를 들어, 전체 시청자의 숫자가 5,000만 명이고 이들 중 3,000만 명이 광고메시지에 적어도 한 번 이상 노출된 경우 그 매체 비히클의 도달범위는 60%(3,000만/5,000만)가 된다.

도달률과 연관된 개념으로 시청률(rating)과 발행부수(circulation)를 들 수 있다. 일반적으로 시청률은 방송매체에서, 발행부수는 인쇄매체에서 사용된다. 즉, 방송매체와 인쇄매체는 각각 시청률과 발행부수를 바탕으로 특정 매체에 게재된 광고가 소비자에게 도달되는 범위를 추정하는 것이다.

한편 방송매체에서 보고되는 시청률은 다시 프로그램 시청률과 광고 시청률로 구분된다. 과거에는 이들이 구분되지 않고 특정 프로그램의 시청률만이 측정되었다. 하지만 특정 프로그램을 본 시청자가 그 프로그램의 전후에 나오는 광고를 항상 시청한 것으로 간주하기는 어렵기 때문에 대체로 광고메시지의 도달률은 프로그램의 시청률보다 낮은 것이 일반적이다. 최근에는 프로그램 시청률과 광고 시청률이 따로 분리되어 보고되기 때문에 매체관리자는 이를 감안하여 광고메시지의 도달률에 대한 계획을 보다 세밀하게 세울 수 있다. 인쇄광고의 경우에도 인쇄매체의 발행부수가 도달 범위를 파악하는 자료로 사용되고 있으나 실제 광고에 대한 도달률은 떨어질 가능성이 높다.

또한 매체의 도달률과 표적소비자에 대한 도달률도 구별되어야 한다. 매체의 도달률은 특정 매체를 이용하는 전체 청중 가운데 특정 프로그램 전후에 집행된 광고에 노출된 청중의 수나 비율을 의미하는 반면, 표적소비자에 대한 도달률은 전체 표적소비자 가운데 특정 광고에 노출된 표적소비자의 수나 비율을 나타낸다. 특히 매체시청자나 구독자가 광고의 표적청중과 일치하지 않는 경우 이에 대한 구분은 매우 중요하다.

(2) 빈도

빈도(frequency)란 청중이 특정 기간 동안 광고메시지에 노출되는 횟수를 말한다. 그러나 매체목표를 설정하면서 모든 소비자가 광고에 노출되는 횟수가 동일하기를 기대하기는 어렵다. 따라서 실무에서는 일반적으로 평균빈도의 개념이 사용되는데, 이는 표적청중이 특정 광고에 노출된 평균빈도를 의미한다. KBS 2TV의 주말 프로그램인 〈개그콘서트〉에 5주에 거쳐 광고메시지를 5회 방영하였을 때, 이에 노출된 표적소비자의 수와 빈도가 〈표 9-1〉과 같다고 가정해보자.

〈표 9-1〉에서 보듯이, 광고메시지가 5번 집행되었을 때 표적소비자가 그 메시지에 노출되는 횟수는 0번부터 5번까지 발생할 수 있다. 각 횟수별로 광고메시지에 노출된 표적소비자의 비율이 각각 20%(0회), 30%(1회), 30%(2회), 12%(3회), 6%(4회), 2%(5회)라면 광고메시지가 표적소비자에게 도달된 도달률은 80%가 된다. 표적소비자 가운데 20%만이 광고에 한 번도 노출되지 않았기 때문에 이는 100%-20%=80%로 계산될 수 있다.

평균빈도는 총 노출량(GRP)의 개념을 이용하여 계산될 수 있다. GRP는 도달률에 빈도를 곱하여 계산하는데, 이는 특정 광고메시지에 노출된 총 노출량 또는 중복된 시청자의 수를 의미한다.

평균빈도는 전체 GRP를 도달률로 나눈 것이다. 〈표 9-1〉에서 1회 광고에 노출된 소비자의 비율이 30%인 경우 GRP는 30이 되며, 2회 광고에 노출된 소비자의 비율이 30%인 경우 GRP는 60이다. 같은 방식으로 3회, 4회, 5회 광고에 노출된 소비자로부

〈표 9-1〉 평균빈도의 계산

빈도	도달범위: 시청자 수 (시청률)	도달률 × 빈도 (표적소비자에 대한 총 노출량)
0	1,000,000 (20%)	0 (0 × 20)
1	1,500,000 (30%)	30 (1 × 30)
2	1,500,000 (30%)	60 (2 × 40)
3	600,000 (12%)	36 (3 × 12)
4	300,000 (6%)	24 (4 × 6)
5	100,000 (2%)	10 (5 × 2)
	표적소비자에 대한 도달범위: 80% (4,000,000/5,000,000)	총계: 160
	평균빈도: 160/80 = 2회	

터 얻게 될 GRP를 구하면 각각 36, 24, 10이 된다. 따라서 KBS TV의 〈개그콘서트〉
에 광고를 5회 방영했을 때 얻게 되는 GRP의 총합은 160이 된다. 여기서 표적소비자
에 대한 도달률은 80%이고 GRP는 160이므로, 80%의 표적소비자에게 제공되는 평균
빈도는 2회가 된다.

(3) 도달률과 평균빈도와의 관계

GRP의 크기는 도달률이나 평균빈도가 증가할수록 커진다. 매체관리자는 도달률과
평균빈도 모두를 최대화하는 매체를 선정하여 GRP를 높이고자 할 것이다. 그러나
GRP는 광고예산과 직접적인 관계를 갖는다. 매체의 도달률에 따라 광고단가가 결정
되고 그 매체에 몇 번이나 광고를 게재하느냐에 따라 총 광고비용이 결정되기 때문에
주어진 광고예산으로 확보할 수 있는 GRP는 어느 정도 한정되어 있다. 따라서 매체
계획의 목표는 도달률과 평균빈도 간의 상충관계를 고려하여 설정되어야 한다. 다시
말해, GRP 목표가 고정되어 있다는 가정하에 제한된 도달률을 높이기 위해서는 평균
빈도를 희생해야 하며, 평균빈도를 높이기 위해서는 도달범위를 희생해야만 한다. 예
를 들어, GRP의 목표가 180일 때 이를 성취할 수 있는 방법은 60%의 도달률과 3회의
평균빈도도 가능하지만(60 × 3), 90%의 도달률과 2회의 평균빈도로도 달성 가능하다
(90% × 2).

매체계획의 목표는 일반적으로 도달률과 평균빈도로 설정되지만 때로는 GRP로 설
정되기도 한다. GRP와 광고목표와의 관계는 이미 여러 기관을 통해 보고되었고, GRP
와 매체비용의 관계는 각 비히클의 시청률과 광고단가를 비교함으로써 비교적 쉽게
예측할 수 있다. 따라서 매체관리자의 입장에서는 매체계획의 목표를 GRP로 설정하
는 것이 훨씬 편리하다. 도달률과 평균빈도의 우선순위를 결정해야 하는 경우 다음과
같은 상황을 고려할 수 있다.

(4) 매체비용효율성의 평가 개념

매체계획에 포함할 매체 비히클을 선정할 때 가장 중요한 기준은 매체의 노출능력
이다. 매체계획의 기본전제는 되도록 많은 표적청중에게 메시지를 전달하는 것이다.
그러나 매체계획에서 노출 가능성과 함께 고려해야 할 계량적 기준이 있는데, 이것이
매체 비히클의 비용효율성이다. 이는 광고 캠페인이 광고예산의 범위 내에서 이루어

져야 하기 때문이다. 아무리 매체 비히클의 노출능력이 높다고 하더라고 광고비용이 다른 비히클에 비해 과다하게 높으면 오히려 매체예산의 낭비를 초래할 수 있다. 따라서 같은 비용으로 더 많은 소비자에게 광고를 노출시킬 수 있는 매체를 선택해야 하며, 이것이 바로 비용효율성의 문제와 직결된다.

이렇게 매체 비히클의 광고요금이 얼마나 효율적인지를 비교하기 위해서는 동일한 단위를 기준으로 하는, 즉 같은 수의 표적소비자에게 광고를 노출시키는 데 드는 요금을 평가할 표준화된 지표가 필요하다. 이런 목적 하에 매체 비히클이나 스케줄의 비용효율성을 평가하는 개념으로 CPM과 CPRP가 사용된다.

매체의 비용효율성을 평가하는 지표로 가장 많이 사용되는 개념이 CPM(cost per thousand)인데, CPM에서 M는 라틴어로 천을 나타내는 mille를 지칭하는 것으로 표적청중 1,000명에게 도달하기 위해 소요되는 비용을 뜻한다. 매체사들이 제시하는 광고요금은 절대요금의 대소를 비교할 수는 있지만, 그 요금이 얼마나 효용가치가 있는지 알기는 힘들다. 매체계획에서 효용가치란 매체에 지불한 요금에 대비하여 메시지에 도달하는 표적청중의 크기(수)를 말한다. 예를 들어, 광고요금이 700만 원인 A 프로그램과 500만 원인 B 프로그램을 비교하면 절대요금으로는 A 프로그램이 훨씬 더 비싸다. 그러나 두 프로그램을 시청하는(도달된) 시청자의 수를 대비하여 광고요금을 비교하면 다른 결론이 나올 수도 있다. CPM은 다음과 같은 방법으로 계산된다.

CPM = 비히클의 광고비 / 해당 비히클의 시청인구 × 1,000

(비히클의 시청인구 = 전체 표적청중 × 시청률)

CPM은 이렇게 절대요금으로 비교할 수 없는 광고매체비용을 1,000명의 표적청중에게 메시지를 도달시키는 데 소요되는 비용으로 단위 요금화하여 그 효율성을 비교할 수 있게 한다. 다시 말해, 각 매체 비히클의 도달 인원 수 1,000명당 비용으로 표준화함으로써 서로 다른 매체 비히클의 비용효율성을 직접적으로 비교할 수 있게 해 준다. 그래서 CPM을 천 명당 광고요금이라고 부르기도 한다.

CPRP(cost per rating point)는 TV 프로그램의 광고요금 효율성을 비교할 때 사용되는 척도로서 시청률 1%당 지출되는 광고요금을 지칭한다. 따라서 CPRP는 개별 프로그램의 광고요금을 그 프로그램의 시청률로 나눔으로써 계산할 수 있다. CPRP는 CPP (cost per point) 또는 CPR(cost per rating)로 표기되기도 한다.

$$\text{CPRP} = \text{프로그램 광고비} / \text{프로그램 시청률}$$

CPRP를 사용할 때 주의해야 할 점은 비교하는 프로그램들이 전파범위(coverage)가 동일하여 표적청중의 크기가 같아야 한다는 점이다. 예를 들어, 전국을 전파범위로 하는 KBS의 프로그램과 전파범위가 좁은 SBS의 프로그램의 CPRP를 직접 비교하는 것은 의미가 없다. 도달범위가 다른 프로그램을 CPRP를 이용하여 비교하고자 할 때에는 도달범위의 차이를 가중치로 하여 CPRP를 산출해야 한다.

CPM과 CPRP는 매체 비히클이 가지고 있는 내재적 질적 가치를 반영한다. 이것은 매체 비히클의 광고요금이 시장에서 결정되는 것을 전제로, 광고요금이 공급과 수요의 원칙을 바탕으로 결정될 때 CPM과 CPRP는 각 매체가 가지고 있는 광고매체로서의 가치를 반영하는 것이다. 특정한 매체 비히클의 가치는 그 매체가 보유한 청중의 크기는 물론 청중의 특성(audience profile), 제품판매력, 광고제품과의 연계성 등 다양한 변수에 의해 결정될 수 있을 것이다. 광고주는 이렇게 다양한 변수를 바탕으로 매체 비히클들을 평가하고 광고매체로서 가치가 높다고 판단되는 매체를 구매한다. 이때 매체청중의 크기의 중요성은 다른 특성에 의해 상쇄될 가능성이 크다. 즉, 청중의 크기가 크지 않더라도 매체 비히클의 제품판매력, 혹은 광고제품과의 연계성, 비히클의 이미지가 제품에 좋은 영향을 미친다고 판단될 때 그 매체 비히클을 선택한다.

그리고 결국 매체의 가치에 대한 광고주의 평가가 집합적으로 광고요금을 결정한다고 할 수 있다. 이에 따라 CPM의 높낮이는 광고주의 매체 비히클에 대한 가치평가를 바탕으로 시장에서 결정된다고 할 수 있다. 따라서 비슷한 성격의 비히클이라 할지라도 CPM의 차이가 시장에서 인정되어 통용되고 있다면, 이들은 광고주가 인정하는 광고매체로서의 질적 차이가 있다는 것을 의미한다. 예를 들어, A신문과 B신문의 구독자 크기가 비슷한데도 CPM이 서로 다르다면 그것은 각각의 신문이 보유하고 있는 청중특성, 제품판매력, 광고제품과의 연계성 등에서 질적 차이가 있다는 것을 의미한다.

한편 CPM은 광고매체의 요금을 정하는 가장 기본적인 기준이다. 새로운 광고매체의 광고요금을 결정하고자 하는 경우 유사한 매체의 CPM과 새로운 매체가 도달하는 표적청중의 크기를 바탕으로 기본적인 광고요금을 결정하고, 새 매체의 다양한 질적

가치를 고려하여 CPM의 높낮이를 결정한다.

2) 매체전략의 수립

매체목표가 설정되면 다음 단계는 그 목표를 달성하기 위한 전략을 수립하는 것이다. 매체전략의 수립과정은 [그림 9-4]와 같이 크게 다섯 단계로 구성된다. 즉, 매체전략에서 이루어지는 주요 결정은 주어진 광고예산의 범위 내에서 어떤 매체유형을 이용하고, 각 매체유형 내에서 어떤 매체 비히클에 광고를 게재하고, 매체 비히클별로 어떤 구체적 옵션을 선택하며, 어느 시기에 어떤 일정으로 광고예산을 집행할 것인가를 결정하는 것을 포함한다.

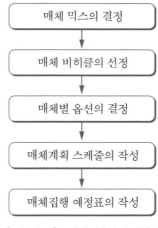

[그림 9-4] | 매체전략의 수립단계

(1) 매체 믹스의 결정

매체전략 수립의 첫 번째 단계는 각 매체유형의 특징을 고려하여 광고가 집행될 매체유형을 선정하고, 총 광고예산을 각 매체유형별로 어떻게 할당할 것인가를 결정하는 것이다. 매체 믹스를 결정할 때 고려해야 할 사항은 다음과 같다(매체의 유형별 특징은 제10장 참조).

• 도달률과 빈도에 대한 매체목표를 효율적으로 달성할 수 있는 매체유형인가?

• 크리에이티브 전략과 조화될 수 있는 매체유형인가?
• 매체의 계절성이나 광고전략이나 매체목표에 영향을 미치는가?
• 매체 각각의 고유한 역할은 무엇이고, 이를 달성할 수 있는가?
• 광고주가 특별히 기피하는 매체인가?
• 광고할 지역의 특성에 맞은 매체인가?
• 유통경로 관리나 판매원 활동에 대한 지원역할이 필요할 경우 이를 잘 수행할 수 있는가?

첫째, 매체계획자는 매체유형별 시청자 혹은 구독자에 대한 자료를 검토해야 한다. 이러한 분석에 근거하여 표적소비자에게 가장 효과적으로 도달될 수 있는 매체유형이 선정될 수 있다. 최근 방송매체에 대한 시청률과 인쇄매체에 대한 구독률 등 다양한 자료가 발표되고 있다. 둘째, 매체유형별 특징은 크리에이티브 실행의 적합성과 함께 고려되어 비교된다. 즉, 크리에이티브 전략에서 결정된 메시지의 길이, 복잡성, 주요 소구점 등이 매체유형 대안의 특징과 함께 고려되어야 한다. 예를 들어, 광고의 핵심개념이나 주요 판매 아이디어가 무형적인 상표이미지를 표현하는 것이거나 감정적인 소구 형식으로 표현된다면, 인쇄매체보다는 방송매체가 더 적합할 것이다. 반면 메시지가 복잡하고 객관적인 제품정보를 전달하는 경우에는 방송매체보다는 인쇄매체가 더 적합하다. 이는 인쇄매체의 경우 소비자가 시간적 여유를 가지고 제공되는 정보를 처리할 수 있기 때문이다. 셋째, 광고의 방영을 원하는 시점에 매체의 구매 가능성이 검토되어야 한다. 대체로 시청률이 높은 시간대의 방송 프로그램(특히 TV광고의 경우)은 공급량이 부족하여 시간 확보가 용이하지 않다. 넷째, 매체의 계절성이 검토되어야 한다. 여름 휴가기에는 TV 시청률이 감소하는 경향이 있으며, 스포츠지의 경우 여름과 겨울에 구독률이 현저하게 떨어진다.

(2) 매체 비히클의 결정

매체유형별 예산이 분배되면 매체계획자는 각 매체범주 내에서 어떤 비히클을 사용해야 할지를 결정해야 한다. 매체 비히클은 비용의 효율성에 따라 비교적 용이하게 선정될 수 있는데, 방송매체와 인쇄매체 비히클에 대한 비용 평가방법을 살펴보고자 한다.

방송매체의 비용효율성을 평가하는 일반적인 방법은 1 GRP를 얻는 데 드는 비용 (Cost/GRP)이나 1%의 시청률(rating point)을 얻는 데 소요되는 비용(CPRP)을 계산하는 방법이다.

Cost/GRP = 매체비용 / GRP

CPRP = 매체비용 / 시청률

개별 비히클의 경우 일반적으로 시청률이 도달률이 되기 때문에 Cost/GRP와 CPRP는 동일한 개념이다. 따라서 이 개념은 개별 프로그램의 비용 대비 효율성을 평가하는 데 사용될 수 있다. TV와 라디오에는 여러 프로그램이 있으므로 매체관리자는 각 프로그램에 대한 시청률 자료를 바탕으로 CPRP를 계산하여 비용 측면에서 가장 효율적인 프로그램을 확인할 수 있다. 그러나 국내의 방송매체가 제공하는 프로그램의 공급량이 수요에 비해 부족한 상황이므로 광고주가 원하는 프로그램에 광고를 집행할 수 없는 상황이 발생할 수 있다. 따라서 여러 프로그램들의 조합을 비교 · 평가해 볼 필요가 있는데, 이 경우에는 Cost/GRP가 활용될 수 있다.

인쇄매체의 비용효율성 평가를 위하여 가장 일반적으로 사용되는 방식은 CPM을 산출하는 방법이다. CPM은 1,000명의 독자에게 메시지가 도달하는 데 들어가는 비용을 의미하는데, 다음과 같이 계산된다.

CPM = 광고지면에 대한 비용 × 1,000 / 판매발행부수

이 방식을 사용하여 매체 비히클별 비용효율성을 비교할 때 주의해야 할 점은 같은 크기의 지면을 구매하는 데 드는 비용을 산출해야만 객관적인 비교가 가능하다는 점이다. CPM의 숫자 자체는 큰 의미가 없으며, 이는 단지 다른 인쇄매체와 비교될 때 의미를 갖는다.

한편 국내에서는 인쇄매체사들이 정확한 발행부수를 공개하지 않고 있기 때문에 추정치를 사용하여 CPM을 계산하고 있다. 신문, 잡지 등 인쇄매체의 판매부수 자료는 발행사의 수입원인 구독료 및 광고수입과 깊은 상관관계를 가지며 인쇄매체광고비의 책정 근거가 된다는 점에서 인쇄매체사의 판매발행부수는 조속히 공개되어야 한다.

(3) 매체별 옵션의 결정

매체유형과 매체 비히클이 결정되면, 매체계획자는 각 매체 비히클별로 구체적 옵션을 결정해야 한다. 일반적으로 매체별 옵션에 대한 결정에는 광고물의 길이나 크기, 위치, 색상 등이 고려된다.

먼저 TV광고의 경우 15초, 20초, 30초 광고가 가능하지만, 프로그램에 따라 광고물의 길이에 제한을 두는 경우도 있다. 만약 선택권이 있을 경우 어떤 길이를 택하는 것이 더 효율적인가를 검토해야 한다. 연구결과에 따르면, 15초짜리 광고물에 대한 회상도가 30초짜리 광고물에 대한 회상도의 절반보다 높아 비용 측면에서 더 효율적인 것으로 나타났다. 그러나 광고메시지의 이해도 및 설득적인 측면에서의 효과는 오히려 15초짜리가 더 비효율적일 수도 있다. 특히 신제품 광고의 경우 광고의 길이가 너무 짧아 메시지 내용이 충분히 전달되지 않으면 기대한 광고효과를 얻을 수 없다.

일반적으로 도입기나 성장기의 상표는 긴 광고가 바람직하며, 성숙기에 들어섰거나 잘 알려져 있는 상표는 광고의 길이가 짧은 광고가 효율적일 수 있다. 또한 광고의 방영순서에 대한 선택이 필요하다. 최근 도입된 새로운 판매제도에 따르면, 광고주는 추가적인 비용을 부담함으로써 광고방영 순서를 지정할 수 있다. 대체로 광고가 방영되는 시간대의 처음과 마지막에 삽입된 광고가 중간 부분보다 경쟁광고에 의한 방해효과를 줄일 수 있어 더 잘 기억되는 것으로 보고되고 있다. 따라서 매체계획자는 추가적인 비용과 위치별 상대적인 기억효과를 비교해 보아야 한다.

한편 인쇄광고의 경우 광고지면의 크기가 검토되어야 한다. 매체계획자는 광고지면의 크기가 광고에 대한 주목률과 이해도에 미치는 효과를 검토해야 하는데, 이에 대한 명확한 연구결과는 아직 축적되어 있지 않다. 다만 한 연구(Troldahl & Jones, 1965)에서 광고물의 크기를 두 배로 확대하더라도 광고에 대한 주목률이 두 배가 되지 못하는 것으로 나타났다. 그러나 메시지의 전달효과는 광고물의 크기가 커질수록 증가하므로 광고물의 크기를 작게 하는 것이 반드시 비용 측면에서 바람직하다고 말하기 어렵다. 경쟁광고의 게재 여부와 크기, 광고 내용 등이 종합적으로 고려되어 광고물의 크기가 결정되어야 한다.

신문광고의 경우 흑백광고 혹은 컬러광고에 대한 선택도 중요한 문제다. 컬러광고는 흑백광고에 비해 비용이 비싼 반면, 광고의 질이 높아서 주목률과 메시지 전달효과를 높일 수 있는 이점이 있다. 또한 광고위치의 결정도 중요한 옵션이다. 신문광고의 경우 지면에 따라 비용이 다르고 구독자 층도 다르기 때문이다. 지면선택에 따른 표적 소비자층의 도달 가능성과 비용이 종합적으로 고려되어야 한다.

(4) 매체 스케줄의 결정

매체유형별 예산의 분배, 매체 비히클의 옵션에 대한 구체적인 결정이 이루어지면, 다음 단계로 광고집행에 관한 스케줄이 결정되어야 하는데, 광고 스케줄링을 선택할 때 다음과 같은 요인들이 고려된다.

첫째, 대부분 제품들은 계절에 따라 수요의 불균형을 보이므로 그에 따라 집행시기가 선정되어야 한다. 예를 들어, 발렌타인데이 등과 같은 특정 이벤트에 의해 초콜릿이나 카드, 꽃 등의 수요가 급격히 증가할 수 있다.

둘째, 광고를 어느 시기에 얼마나 집행하느냐의 스케줄링 결정은 시간 흐름에 따른 소비자의 광고기억과 같은 광고효과에 영향을 미칠 수 있다. 예를 들어, 광고주가 총 12회의 광고를 집행한다고 할 때 매주 광고를 하여 12주 연속으로 광고를 집행하는 것과 한 달에 한 번씩 12개월간 광고를 집행하는 스케줄은 소비자의 광고기억에서 매우 다른 효과를 나타낼 수 있다. 만약 신제품이 시장에 런칭되는 경우 12주 연속의 매체 스케줄은 초기 단계의 광고 회상률을 높이는 데 효과적이겠지만, 12주 이후에는 광고 회상률이 급격히 떨어질 가능성이 크다. 반면 12개월에 걸친 매체 스케줄의 경우 초기 인지도 확보는 어렵겠지만 꾸준히 광고 회상률을 유지하는 데에는 효과적일 수 있다.

셋째, 제품의 마케팅 및 광고전략이 광고 스케줄링에 영향을 미칠 수 있다. 시장에서 경쟁상표들과의 경쟁이 치열한 경우 초기에 광고를 집중하여 소비자 반응을 극대화하는 것이 바람직할 수 있다.

넷째, 광고효과의 비대칭성이 감안되어야 한다. 광고량을 증가시키는 경우 그 효과는 비교적 즉각적으로 나타나는 반면, 광고량을 감소시키는 경우 그 효과는 비교적 서서히 나타나는 것으로 보고되고 있다.

광고 스케줄링은 광고를 시간에 따라 어떻게 배분하여 집행할 것인가를 결정하는 것이다. 광고 스케줄링의 유형으로는 크게 연속형, 집중형 그리고 파동형이 있다. 연속형 스케줄링은 일정 기간 지속적으로 광고를 집행하는 경우이며, 집중형 스케줄링은 광고를 특정 시기에 집중하여 집행하는 경우를 말한다. 그리고 파동형 스케줄링은 연속형과 집중형을 결합시킨 것으로 일정기간 광고가 연속적으로 집행되지만 특정 시기에 광고량을 보다 많이 집행하는 형태를 말한다. 파동형은 다시 규칙적 파동형과 불규칙적 파동형으로 구분된다. 규칙적 파동형은 광고물의 강약을 규칙적으로, 불규칙적 파동형은 불규칙적으로 조절하는 것이다.

매체계획자는 대체로 연속형과 집중형의 결합 형태인 파동형을 사용하는 경향이 있다. 파동형의 적절한 활용은 연속형과 집중형의 단점을 최소화하고 장점들을 최대로 살릴 수 있기 때문이다. 일정 기간 고정된 광고량을 지속적으로 투입하는 극단적인 형태의 연속형이나 특정 기간에 광고비를 모두 투입시키는 집중형의 예는 거의 찾아보기 어렵다. 예를 들어, 신제품 런칭의 경우 런칭 시기에 광고를 집중시키는 경향이 있으나 그 후에도 런칭 기간보다는 적은 양이지만 지속적으로 광고를 방영하는 것이 일반적이다.

(5) 매체집행 예정표의 작성

매체유형, 매체 비히클 및 스케줄이 결정되면, 매체계획자는 광고가 집행될 매체별로 일정 기간 동안의 광고집행 예정표(flow chart)를 작성한다. 이러한 매체별 집행예정표는 연간 또는 특정기간의 매체별 사용일정표를 일목요연하게 보여 주는 기능을 한다.

3) 매체집행 및 평가

매체목표가 정해지고 구체적인 매체전략이 수립되면 매체계획자는 이를 실행에 옮긴다. 매체계획자는 선정된 매체 비히클을 원하는 시기에 원하는 위치와 광고지면을 확보하기 위한 작업을 시작한다. 특히 TV광고의 경우 사전심의를 거쳐야 하므로 광고제작물은 광고를 집행하기 한 달 전에 완성된다. 매체유형마다 완성된 광고제작물을 전달해야 하는 시기에 약간의 차이가 있다. 따라서 매체계획자는 AE와 수시로 접촉하여 각 매체에 집행될 광고제작물의 완성시기를 점검할 필요가 있다.

한편 매체계획자는 광고 스케줄이 예정대로 집행되고 있는지를 계속 확인해야 한다. 이러한 확인작업은 주로 광고대행사의 담당 AE에 의해 광고주에 대한 서비스 차원에서 이루어지는 것이 일반적이며, 확인은 광고집행이 예정된 날 바로 이루어지는 것이 바람직하다. 방송매체의 경우 집행된 광고물을 매일 조사하는 전문기관이 있으므로 이를 활용할 수 있으며, 인쇄매체의 경우 당일 신문에서 확인하는 것이 좋다. 매체사의 실수나 특집편성 또는 천재지변의 발생으로 예고 없이 광고집행이 유보될 수 있다. 광고대행사의 책임자는 이러한 불방 또는 미게재 사태를 최소한 광고주보다 먼저 발견해야 하고, 그 대처방안에 대한 계획을 광고주에게 제시해야 한다.

전략적인 매체계획은 매체목표를 달성하기 위한 매체전략을 수립, 실행한 다음 사후평가를 통해 새로운 매체전략의 수립에 그 결과를 반영하는 것으로 마무리된다. 매체계획에 대한 성과의 측정은 설정된 매체목표가 어느 정도 달성되었는지를 조사하는 것이다. 원하는 목표가 달성되었으면 매체전략의 어떤 요소가 목표달성에 기여했는지를 평가해야 하고, 원하는 목표가 달성되지 못했으면 어떤 요소에서 문제가 있었는지를 확인해야 한다. 이에 대한 정확한 평가가 이루어져야 다음 기간의 매체계획 수립이 더 체계적으로 수립될 수 있다. 현실적으로 매체자료의 부족으로 매체목표의 달성 정도를 객관적으로 평가하는 것은 쉽지 않지만, 매체계획자는 적어도 주관적으로라도 평가하여 경험적 지식을 축적함으로써 과학적인 매체계획이 만들어지는 기반을 마련해야 한다.

<여기서 잠깐>

미디어플래너가 되기 위한 10가지 조건

요즘 광고업계와 매체사에서는 매체계획자인 미디어플래너 모시기 경쟁이다. 뉴스에서도 새롭게 부상하는 직업으로서 미디어플래너를 소개하고 있다. 광고산업에서 미디어의 역할이 점점 강조되고 있고, 매체계획의 업무성격도 매체구매와 더불어 조사와 사전계획의 비중이 더 높아지고 있기 때문이다. 미디어플래너의 역할은 브랜드, 소비자에 대한 충분한 이해를 바탕으로 메시지와 제작물을 효과적 그리고 효율적으로 소비자에게 전달하는 것이다. 이렇듯 미디어플래너의 역할이 강조되고 그 영역 또한 점점 증대되고 있지만, 국내 미디어플래너의 수는 그리 많지 않다. 더욱이 경험과 통찰력을 갖춘 미디어플래너는 그중에서도 소수에 불과하다. 그런 이유에서 미디어플래너라는 직업적 가치가 높아지는 이유가 되기도 한다. 하지만 모든 미디어플래너가 훌륭하게 업무를 소화하지는 못한다. 솔직히 말해 아직도 전통적이고 관행적인 업무 방식에서 벗어나지 못하는 경우가 흔하다.

미디어 환경과 광고산업, 마케팅 환경이 급변하고 있기 때문에 미디어플래너는 더욱 많이 양산되어야 하며, 기존의 미디어플래너들도 끊임없이 연구하고 공부해야 한다. 기존의 낡은 틀로는 새로운 환경에 대응하기란 점점 어려워지고 있다. 그렇다면 훌륭한 미디어플래너가 되기 위한 조건은 무엇일까?

1. 분석력과 기획력

미디어플래너는 매체계획자이기 때문에 가장 중요한 능력은 기획능력이다. 아무리 좋은 아이디어와 경험을 가지고 있어도 그것들을 논리적으로 분석하고 정리하는 능력이 없다면 아무 소용이 없으며, 전략적이고 창의적 사고는 기획업무를 담당하는 미디어플래너에게는 필수조건이다.

2. 수치에 밝아야 함

미디어플래너가 조사 데이터와 분석 프로그램을 많이 다루게 된다. 기본적인 매체 소비자 조사자료뿐 아니라 각 대행사에서 보유하고 있는 매체 시스템, 광고주별 소비자 조사자료, 매체사에서 제공하는 자료 등을 모두 꼼꼼히 분석해야 한다. 대부분의 자료가 복잡하고 방대한 수치 데이터로 구성되기 때문에, 이를 분석하고 결과와 의미를 도출하는 것은 매우 중요하다. 정량적 데이터에 대한 분석이 업무의 절반 이상을 차지한다고 할 정도로 매체데이터의 수치를 다루는 일은 많은 시간과 노력을 필요로 한다.

3. 컴퓨터와 프로그램에 대한 지식

매체계획 업무는 대부분 통계처리 프로그램이나 데이터 분석 프로그램으로 수행된다. 따라서 다양한 컴퓨터 프로그램에 대해 익숙해져야 하고 MS 엑셀이나 파워포인트는 거의 수준급이어야 한다. 많은 데이터를 분석하기 때문에 엑셀의 다양한 기능을 자유자재로 사용할 줄 알아야 한다. 파워포인트는 기획서를 쓰기 위해 반드시 필요한 것이므로 엑셀만큼 중요하다. 각종 컴퓨터 프로그램과 도구들을 능숙하게 다룰 줄 알아야 한다.

4. 미디어에 대한 충분한 지식

광고에 사용되는 매체는 그 종류도 다양하고 광범위하다. 특히 매스미디어의 활용 비중이 높기 때문에 이에 대한 이해가 필요하고 트렌드 변화도 잘 알고 있어야 한다. 기본적으로 각 매체별 기능과 특징을 이해하는 것부터 각 매체가 매체 스케줄로 통합되었을 때 어떤 효과가 발생하는지까지 정확하게 알고 있어야 한다. 미디어는 계속 진화하고 발전하기 때문에 미디어플래너가 이해해야 할 미디어의 수는 점점 증가할 것이다.

5. 마케팅과 소비자에 대한 이해

매체만 잘 안다고 좋은 매체계획을 세울 수는 없다. 매체계획의 모든 과정은 마케팅의 의사결정의 틀 내에서 이루어지기 때문에 마케팅 과정에 대한 기본 이해가 필수적이다. 마케팅 전략의 수립단계에서부터 미디어가 배제되면 마케팅뿐만 아니라 매체계획이 제대로 수립될 수 없다. 광고마케팅 비용의 대부분을 차지하는 매체집행이야말로 커뮤니케이션의 중심이 된다.

마케팅 믹스에 대한 이해뿐 아니라 소비자의 매체접촉 행동이나 선호도 등에 대한 지식도 필수적이다.

6. 외국어 능통성

국내에도 이미 외국계 광고주와 외국계 광고대행사가 활발히 활동하고 있기 때문에 매체계획 업무에서 영문기획서와 프레젠테이션을 준비해야 하는 상황이 자주 발생한다. 또한 매체계획 관련 용어와 개념들도 대부분 외국에서 들어온 것이기 때문에 외국어를 모르고는 다국적 매체환경에서의 미디어플래닝 업무를 감당하기 어렵다.

7. 뛰어난 설득력과 프레젠테이션 능력

아무리 잘 만들어진 기획서와 독특한 아이디어가 있더라도 그것을 광고주에게 설득할 수 없다면 아무 소용이 없다. 매체계획 프레젠테이션은 광고주의 광고비용 투자와 관련된 설득이 포함되기 때문에 신뢰성이 높아야 한다. 감성적으로 접근하거나 인간관계만으로 해결되기 어려운 속성이 있다. 설득은 논리를 바탕으로 이루어져야하는 만큼 미디어플래너에게 표현력과 발표력이 부족해서 신뢰성을 의심받는다면 광고주로부터 매체투자를 이끌어 내기 어렵게 된다.

8. 미디어에 대한 중립적 관점

광고주 혹은 AE, 심지어 미디어플래너 중에서 미디어에 대한 편견을 갖는 경우가 있다. 왜냐하면 자신의 매체 소비습관을 통해 일반 소비자의 매체 사용을 예측하기 때문이다. 자신이 드라마를 즐겨본다고 모든 사람이 드라마를 즐겨보는 것은 아니다. 또 자신이 종이신문을 읽지 않는다고 해서 신문의 광고효과가 낮다고 말할 수는 없다. 매체소비에 대한 습관에서 오는 주관적 해석보다 더욱 경계해야 할 것이 매체사와의 관계로부터 발생하는 매체선정 결정이다. 특정 매체사와의 친분관계 때문에 효과도 없는 매체를 광고주에게 제안하거나 선택하게 되면 결국 광고주에게 손실을 입히는 것이다. 광고주도 마찬가지로 자신의 눈이 아닌 객관적 데이터를 바탕으로 매체계획 업무를 수행해야 한다.

9. 다양한 지식과 경험

보통 미디어플래너는 광고회사의 미디어플래닝 팀에 소속되면서 업무를 배우게 된다. 기본적으로 미디어에 대한 이해가 우선시되기 때문에 신문방송학, 커뮤니케이션학, 광고홍보학을 전공한 사람들이 유리하다. 그러나 미디어플래닝은 미디어만을 다루는 것이 아니라 마케팅 전반을 다루는 것이기 때문에 마케팅이나 경영학에 대한 이해도 필수적이다. 또한 소비자의 심리적 특성도 상당 부분 반영되기 때문에 심리학을 공부할 필요도 있고, 데이터분석을 위해서는 통계학 공부도 필요하다.

10. 열정과 에너지

어떤 직업이나 마찬가지겠지만 직업적 흥미나 열정이 없으면 아무리 소질이 있다 해도 발전할 수 없다. 미디어플래너라는 직업은 매체계획이라는 어려운 업무를 수행하면서 복잡한 숫자를 다루고 자칫 따분하고 지루한 일로 여겨질 수도 있다. 그렇기 때문에 매체계획 업무에 대한 열정과 에너지를 가지고 전문적 미디어플래너를 꿈꿔야 한다.

출처: 양윤직(2006). 미디어플래너가 되기 위한 10가지 조건. 네이버블로그 The Walter Post에서 재인용(허락하에 재인용함)

요약

광고계획의 결정사항 가운데 누구에게(표적청중) 어떤 이야기(메시지)를 할 것인가가 정해졌다면, 그다음에는 광고메시지를 어떤 수단(광고매체)을 통해 소비자에게 전달할 것인가를 결정해야 한다. 이러한 활동이 바로 매체계획이며, 매체계획의 주된 목표는 광고주의 메시지를 소비자에게 전달하기 위한 매체선택의 최적화 결정이라고 할 수 있다.

일반적으로 광고 매체계획에서는 ① 어느 지역에서 누구에게(media targeting), ② 어떠한 매체수단을 통해(type, class, vehicle, unit), ③ 얼마만큼의 노출량을(GRPs, reach, frequency), ④ 얼마나 효과적으로(communication effect), ⑤ 어느 정도의 매체예산으로(budget), 그리고 ⑥ 언제/얼마의 기간 동안(media scheduling) 집행할 것인가를 결정한다.

각각의 의사 결정에서는 '왜?'라는 충분히 납득할 만한 이유가 있어야 하며, 그래서 매체계획은 과학적이고 논리적이어야 한다.

보통 매체계획의 수립은 매체목표의 구체화, 매체전략의 수립 그리고 매체의 집행 및 평가 단계로 진행된다. 매체목표 설정은 마케팅 및 광고의 목표와 전략을 토대로 매체를 통하여 성취할 것을 정의한다. 그다음 매체전략의 수립과정에서는 세부적으로 매체군의 결정, 매체 비히클의 결정, 집행시기와 집행일정의 결정, 기타 옵션을 결정하게 된다. 그리고 마지막으로 매체의 집행과 평가는 수립된 매체전략을 계획대로 집행했는지를 평가하여 목표로 했던 결과를 얻었는지를 평가하여 이를 차년도의 매체계획 수립에 반영하게 된다.

참고문헌 📌

김희진, 이혜갑, 조정식(2007). Integrated 광고매체기획론. 파주: 학현사.

박원기, 오완근, 이승연(2003). 광고매체론: 조사, 계획 그리고 구매 중심. 서울: 케이에이디디.

안광호, 이유재, 유창조(2010). 광고관리: 이론과 실제가 만나다(제2판). 파주: 학현사.

Jugenheimer, D. W., Barban, A. M., & Turk, P. B. (1992). *Advertising media: Strategy and tactics.* Dubuque, IA: WCB Brown & Benchmark.

Sissors, J. Z., & Bumba, L. (1996). *Advertising media planning.* Lincolnwood, IL: NTC Business Books.

Troldahl, V. C., & Jones, R. L. (1965). Predictors of newspaper advertisement readership. *Journal of Advertising Research, 5*(March), 23-27.

제**10**장
매체유형

매체계획의 첫 단계는 매체유형 가운데 어떠한 매체를 사용할 것인가를 결정하는 매체 믹스의 선택에서 시작된다. 광고에 사용되는 매체유형은 크게 인쇄매체와 방송매체, 옥외매체, 온라인매체로 구분할 수 있으며, 최근에는 모바일 매체와 DMB와 같은 매체가 새로운 광고매체로서 도입되어 발전하고 있다.

1. 국내 매체별 광고비 현황

2010년 제일기획이 발간한 광고연감에 따르면 2009년 매체별 광고비 현황은 〈표 10-1〉과 같다. 제일기획의 광고연감에서는 매체유형을 크게 6개 범주로 구분하고 있는데, 이는 ① 4대 매체인 TV와 라디오, 신문, 잡지, ② 인터넷, ③ 케이블 TV, ④ 뉴미디어로 분류되는 위성 TV, DMB, IPTV, ⑤ 옥외매체, 그리고 ⑥ 전파제작 및 인쇄제작 등이다. 2009년에는 이러한 매체에 총 7조 2천5백 억 원 규모의 광고비가 사용되었

〈표 10-1〉 2009년 매체유형별 광고비

구분	광고비	광고비			성장률		구성비	
		2009년	2008년	2007년	2009년	2008년	2009년	2008년
4매체	TV	16,709	18,997	21,076	−12.0	−9.9	23.0	24.4
	라디오	2,231	2,769	2,807	−19.5	−1.3	3.1	3.6
	신문	15,007	16,581	17,801	−9.5	−6.9	20.7	21.3
	잡지	4,388	4,804	4,841	−8.7	−0.8	6.0	6.2
	4매체 계	38,335	43,151	46,525	−11.2	−7.3	52.8	55.3
인터넷	검색	8,250	7,500	6,120	10.0	22.5	11.4	9.6
	노출형	4,180	4,400	4,080	−5.0	7.8	5.8	5.6
	인터넷 계	12,430	11,900	10,200	4.5	16.7	17.1	15.3
케이블 TV		7,794	8,600	8,297	−9.4	3.6	10.7	11.0
뉴미디어	스카이라이프	95	95	120	0.0	−20.8	0.1	0.1
	DMB	176	114	88	54.4	29.2	0.2	0.1
	IPTV	114	53	−	115.1	−	0.2	0.1
	뉴미디어계	385	262	208	47.0	25.8	0.5	0.3
옥외		6,248	6,395	6,793	−2.3	−5.9	8.6	8.2
4매체 광고제작 · 기타		7,368	7,663	7,873	−3.8	−2.7	10.2	9.8
총계		72,560	77,971	79,896	−6.9	−2.4	100.0	100.0

출처: 제일기획(2010).

으며, 이 중 절반이 넘은 3조 8천 억 원의 비용이 4대 매체로 간주되는 TV, 라디오, 신문, 잡지와 같은 전통매체에 지출되었다.

매체유형별 광고비 집계방식에 관한 조건은 〈표 10-2〉에 정리되어 있다. TV, 라디오, 지상파 DMB와 같은 방송매체는 한국방송광고공사(KOBACO)의 방송사별 신탁액을 기준으로 삼고 있으며, 신문과 잡지의 경우 인쇄매체 광고시장을 조사한 집계액을 사용하고 있고, 인터넷의 경우 47개 주요 웹사이트 및 13개의 온라인광고 미디어렙 회사를 조사하여 광고비를 집계하고 있다. 케이블 TV의 경우 69개의 프로그램 공급자(program provider: PP)를 조사하여 광고비를 집계하고, 위성 TV인 스카이라이프, 위성 DMB, 그리고 IPTV의 경우 광고시장 조사를 통해 광고비가 집계된다. 그리고 옥외 광고, 전파 및 인쇄 제작광고의 경우 업계 추정치를 통해 광고비를 추산하고 있다.

광고매체 유형 중 4대 매체는 크게 인쇄매체와 방송매체로 구분되고, 인쇄매체는 신문과 잡지, 그리고 방송매체는 TV와 라디오로 각각 다시 구분된다. 다음에서는 각 매체의 특징과 장단점을 중심으로 각 매체에서 사용 가능한 광고의 형태 및 시청자 및 구

상파 방송광고와는 달리 단가가 고정적이지 않고 총 광고물량에 따라 단가를 협상할 수 있기 때문에 경우에 따라 광고주가 직접 거래하는 경우도 있다. 그러나 대형 광고주가 아니면 협상력이 있는 광고회사를 통하는 것이 변형광고와 같은 특수한 요구나 기획을 위해 유리하다.

2) 잡지

1980년 후반부터 다시 활성화된 잡지시장은 점차 종합지보다는 전문지로 세분화되는 경향을 보여 왔고, 이는 선별적인 표적에 집중할 수 있는 잡지광고의 장점에 더욱 부합하는 현상이었다. 과거에는 주부지, 미혼지로만 단순 분류되던 여성지도 현재는 패션, 뷰티, 육아, 요리, 럭셔리, 리빙 등으로 세분화되었고, 남성지도 시사지와 경제지에서 패션지와 헬스 관련 웰빙지로 그 영역을 넓혔다.

2000년 이후 금융이나 백화점 등 기업의 고객을 중심으로 하는 멤버십 잡지가 급속히 늘어남으로써 소비자의 라이프스타일에 따라 표적소비자를 선별할 수 있는 잡지의 장점에 더해, 다른 일반적인 매체로는 도달하기 어려운 고소득 전문직 표적에도 광고메시지가 효과적으로 도달할 수 있게 되었다. 특히 멤버십 잡지는 경기 상황과 관계없이 꾸준히 증가하였다.

인쇄매체로서의 잡지는 신문보다 카탈로그 가치가 높다. 이는 다음 호가 발간되기 전까지 혹은 그 후에도 여러 사람들에게 반복적으로 읽힌다는 점과, 선명한 인쇄색상 때문에 고해상도의 시각적 이미지를 전달할 수 있다는 점 때문이다. 앞서 언급한 것처럼, 표적세분화가 용이하고, 전문지를 택할 경우 관련 제품광고에 대한 관여도를 높일 수 있는 장점이 있다.

하지만 잡지는 직접 구독하기보다 빌려 보거나 공공장소에 비치된 잡지를 남는 시간에 훑어보는 전독이나 회람(pass-along or secondary readership)이 많은 편이다. 구독자가 제한적이므로 기본적인 도달률이 낮고, 일정하지 않은 회람독자에 의해 누적도달률을 축적하는 데 걸리는 시간도 다른 매체에 비해 상대적으로 오래 걸리는 편이다. 또한 TV에 버금갈 만큼 광고혼잡도가 높은 편이다. 그리고 월간지 이상의 발행주기를 가지는 잡지의 경우 한 번 발행한 후 다음 호까지 시간이 한 달 이상 걸리므로 광고집행의 신속성이 떨어지는 편이다. 하지만 고정칼럼이나 기획기사에 대한 내용을

〈표 10-4〉 잡지매체의 장단점

장점	단점
수용자 선별성이 높음	짧은 마감시간
색상의 높은 재현성	도달범위의 완만한 증가
광고 수명이 긴 편임	광고물의 혼잡현상
높은 회람률	독자 1인당 매체비용이 높은 편임

사전에 파악하면 관련 기사와 연관된 광고를 적절히 게재해 시너지 효과를 얻을 수 있다. 다른 인쇄매체와 마찬가지로 광고물량이나 장기계약 여부에 따라 광고가격에 대한 협상도 가능하다. 총 잡지 광고비의 40%가 패션과 화장품 산업에 집중되는 만큼 해당 업종의 광고는 경쟁사 잡음(noise)을 극복할 수 있는 크리에이티브나 물량적인 뒷받침이 있어야 목표로 하는 커뮤니케이션 목적을 달성할 수 있다.

인쇄매체의 광고비 집행방식은 광고주, 광고회사, 매체사 상호 간에 거래관계를 유지하며, 그에 따른 수수료가 지급된다. [그림 10-1]은 각 기관들 간의 거래관계를 나타낸다.

광고주는 광고회사에게 광고제작을 비롯한 광고 관련 업무의 종합대행을 의뢰하고, 광고회사는 의뢰받은 대행서비스를 제공한다. 그 과정에서 광고주는 광고회사에게 서비스를 수행하는 데 필요한 경비와 기획료를 지불한다. 광고회사는 광고제작을 완료한 후 매체사에게 광고의 게재를 의뢰하며, 매체사는 이를 지면에 집행한다. 즉, 광고회사는 광고주를 대신하여 매체집행을 대행하는 업무를 수행한다. 이 과정에서 광고주는 광고회사에게 매체비용을 지불하며, 광고회사는 매체사에게 같은 금액의 매체사용료를 지불하게 된다. 반면 매체사는 매체집행에 관한 서비스를 제공한 광고회사에게 매

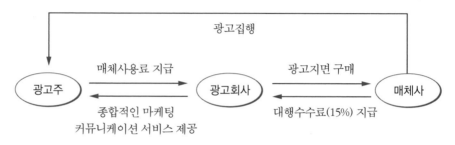

[그림 10-1] ǀ 인쇄매체의 광고 집행방식

출처: 안광호, 이유재, 유창조(2010), p. 52.

체료의 일부를 매체수수료로 지불함으로써 각 기관들 사이의 거래관계는 종료된다. 이 때 매체사가 광고회사에게 지불하는 일반적인 수수료는 총 광고비의 15% 정도다.

3. 방송매체

1) 라디오

텔레비전이 등장하기 이전에는 집집마다 트랜지스터라디오가 가족매체로서의 역할을 톡톡히 했다. 온 가족이 둘러앉아 라디오 방송을 들으며 오락을 즐기곤 했는데, TV가 등장했던 초기에도 그랬지만 라디오, TV 등을 통상 가전제품이라고 하는 것은 그러한 이유에서다. TV가 등장하면서부터 라디오의 인기는 급락했지만, 라디오는 매체들이 개인화되어 가는 개전, 즉 개인매체의 효시가 되었다고 볼 수 있다. 주부와 같은 특정한 표적고객이나 출퇴근의 특정 시간대와 같이 나름대로의 틈새를 적절히 이용한다면 라디오는 저렴한 비용으로 큰 효과를 볼 수 있는 효율적인 광고매체라 할 수 있다.

또한 제품의 특징이 라디오로 설명하기에 적합하거나 광고물이 청각적 특성을 잘 활용하여 만들어진다면 라디오는 훌륭한 광고효과를 낼 수 있는 장점을 가진 매체다. 뿐만 아니라 다른 매체에 비해 상대적으로 광고비가 저렴하므로 주로 반복노출을 강화하기 위한 보조매체로서의 역할을 할 수 있다. 프로그램이나 시간대에 따라서는 전국뿐 아니라 지역에 국한해서 광고를 할 수 있기 때문에 지역 소매상이나 지역행사를 알리는 매체로도 적합하다.

〈표 10-5〉 라디오 매체의 장단점

장점	단점
제작비용과 매체비용이 가장 저렴함	시각적 효과를 활용할 수 없음
특정 계층의 선별적 도달이 가능	도달률이 낮음
높은 빈도의 확보가 용이	메시지의 짧은 전달시간
교통인구의 접근이 가능	효과에 대한 광고주의 부정적 인식
지역적 융통성	수용자 자료의 부족

라디오의 가장 큰 단점은 시각적 정보를 제공할 수 없다는 점이다. 라디오의 청취율을 감안할 때 상대적으로 도달률이 낮은 편이며, TV와 마찬가지로 정보의 일람표적 기능이 없다는 것도 단점이다. 또한 신문과 달리 다른 일을 하면서 일종의 배경음악으로 틀어 놓거나 혹은 습관적으로 라디오를 틀어 놓는 경우가 많기 때문에 광고메시지에 대한 주목도는 다른 매체에 비해 떨어지는 것이 일반적인 현상이다.

라디오광고는 TV광고와 동일하게 한국방송광고공사(KOBACO)를 통해서만 판매되며, 광고유형도 TV와 유사하게 프로그램 광고, 토막광고, 시보광고, 특집광고로 나눌 수 있다. 라디오의 시급은 주말/주중의 요일별 차이 없이 하나의 시급으로 구분된다. TV와 다르게 A, B, C 세 등급일 뿐만 아니라 낮 시간대와 퇴근이 이루어지는 이른 저녁 시간대가 가장 높은 시급인 A시급이며, TV에서 가장 높은 SA급 시간대인 밤 9시부터 12시까지는 B시급이다. 이는 소비자가 라디오와 TV를 주로 이용하는 시간대의 차이를 반영한 결과라 할 수 있다.

2) 공중파 TV

현재 전국적인 네트워크를 갖고 있는 공중파 TV 방송국으로는 KBS, KBS-2, MBC, SBS, EBS가 있고, 지역 민간방송으로는 OBS, PCB, TBC, KBC, TJB, JTV, UBC, CJB, ITV 등이 있다. 한편, 전국적인 네트워크를 가지고 있는 방송국들 중 KBS는 상업용 광고가 판매되지 않고 있다. 전국 네트워크 방송국의 광고 점유율은 아직도 90% 가까이 차지하고 있고, 지역 민간방송은 최근 점유율 측면에서 높은 성장세를 보이고는 있지만 너무 세분화된 소지역 단위로 설립되어 아직도 경영상의 어려움을 겪고 있는 방송사가 많은 현실이다.

공중파 TV에서 방영되고 있는 광고의 종류는 모두 아홉 가지가 있는데, 이에 대한 내용은 다음과 같다.

① 토막광고

토막(spot)광고란 방송 프로그램과 프로그램 사이에 광고를 삽입하여 방송하는 것으로, 이 시간에는 보통 네트워크 방송과 제휴를 맺고 있는 지역방송사가 자체 지역광고를 내보낼 수 있는 시간이므로 스테

토막광고
방송 프로그램과 프로그램 사이에 삽입된 광고

이선 브레이크(station break) 또는 스팟이라고 한다. A 프로그램과 연이어 나오는 B 프로그램 사이, 즉 A 프로그램의 후 CM과 B 프로그램의 전 CM 사이에 1분 30초간 진행되는 광고를 스팟광고라 한다. 보통 20초와 30초짜리의 광고방영이 가능한데, TV의 토막광고는 매시간당 2회를 넘을 수 없으며, 1회당 1분 30초 이내 총 4편의 광고만 허용되기 때문에 보통 30초 광고 1개, 20초 광고 3개가 편성된다.

② 프로그램 광고

광고주가 프로그램의 스폰서로 참여하여 광고하는 것으로 본 프로그램의 전후에 방송되는 광고를 말한다. 프로그램 전후 위치에 따라 전 CM, 후 CM으로 구분한다. 토막광고의 경우 방송권역별로 제한하여 광고를 진행할 수 있는 반면, 프로그램 광고는 방송권

프로그램 광고
광고주가 프로그램의 스폰서로 참여해 프로그램과 프로그램 사이에 나가는 광고

역별 광고방영이 허용되지 않는다. 우리나라에서는 법 규정상 공중파 TV프로그램 방송 도중에 광고를 하는 중간광고를 할 수 없기 때문에 프로그램이 시작된 직후와 프로그램 엔딩자막이 나가기 직전에 방송된다. 프로그램 광고는 해당 프로그램 시간의 1/10 이내에서만 방송할 수 있다. 예를 들어, 60분 동안 방송되는 프로그램의 경우 60분의 1/10에 해당되는 6분 동안 광고가 방영될 수 있다.

③ 자막광고

방송국 이름의 고지나 방송순서의 고지 시간대에 화면의 1/4에 해당되는 자막 크기로 화면의 하단에 10초 정도 방영되는 광고다. 방송국의 명칭고지 시 방영되는 광고는 ID 광고, 방송순서의 고지 시 방영되는 광고는 '곧이어' 광고라고 한다. 제작비와 광고비가 저렴하기 때문에 규모가 크지 않은 광고주가 많이 이용하는 편이다.

④ 시보광고

시보광고는 방송시간의 고지 시 제공되는 광고를 의미한다. TV의 경우 대부분이 시각을 알리는 화면을 내보내면서 하단에 광고주명이 나타난다.

⑤ 협찬광고

협찬광고는 상업성이 배제된 것으로 프로그램 진행을 위해 협찬해 준 협찬회사의

회사명만을 명시하는 광고의 형태다.

⑥ 특집광고

정규 프로그램 이외의 비정규 프로그램으로 편성된 특집 프로그램에 광고를 방영하는 것으로 특집이 편성될 때마다 스폰서를 공모하여 결정한다. 특별 시사좌담회, 미스코리아 선발대회, 광복절기념 특집 기획드라마 등이 특집 프로그램의 예들이다.

⑦ 연간 스포츠 광고

연간 스포츠 광고는 연간 단위로 편성된 스포츠 중계에 집행되는 광고를 말한다. 스포츠 특집광고에서는 광고주가 일정 금액을 지불하고 대부분의 스포츠 중계에 교대로 광고를 방영한다. 프로야구나 프로축구 경기와 같이 연간 단위로 편성된 스포츠 프로그램에 방영되는 광고가 스포츠 특집광고에 해당된다. 연간 단위로 편성되지 않고 올림픽이나 월드컵 등과 같이 단발성으로 편성되는 스포츠 프로그램은 별도의 특집광고로 편성된다.

⑧ 간접광고

방송프로그램 안에서 상품을 소품으로 활용하여 그 상품을 노출시키는 형태의 광고로서 흔히 PPL(product placement) 광고라고도 한다.

⑨ 가상광고

방송 프로그램에 컴퓨터 그래픽을 이용하여 제작한 가상(virtual)의 이미지를 삽입하는 형태의 광고다.

방송매체의 광고 집행방식에 대해 살펴보면, 인쇄매체와 유사하게 광고주, 광고회사, 매체사 및 한국방송광고공사(KOBACO) 상호 간에 거래관계가 유지되며 그에 따른 수수료가 지급된다. 단, 인쇄매체의 광고집행과 한 가지 다른 점은 KOBACO의 역할이 개입된다는 것인데, [그림 10-2]는 이러한 기관들 간의 거래관계를 보여준다.

지상파 방송광고시장에서 우리나라의 가장 큰 특징은 KOBACO의 존재다. 광고주가 직접 방송광고를 구매하든 광고회사를 이용하든 반드시 방송광고의 구매는 KOBACO를 통해서만 가능하다. KOBACO는 방송사를 대신하여 광고를 판매하는 일

〈표 10-6〉 지상파TV와 라디오 광고유형 및 허용량

유형	TV		RADIO		비고
	허용량	초수	허용량	초수	
프로그램 광고	프로그램의 10/100	15″	프로그램의 10/100 매시간 4회	20″	프로그램의 스폰서로 참여하여 본 방송 전후에 방송되는 광고
토막광고(SB)	매시간 2회 매회 4건 1분 30초 이내	20″ 30″	매회 4건 1분 20초 매시간 5분 이내	20″	프로그램과 프로그램 사이의 광고
자막광고 (ID, 곧이어)	매시간 4회 1회 10초 화면 1/4 이내	10″	–	–	방송 순서 고지(곧이어), 방송국 명칭 고지(ID) 시 화면 하단에 방송되는 자막 형태의 광고
시보광고	매시간 2회 1일 10회 1회 10초 이내	10″	매시간 2회 매회 10초 이내	10″	현재 시간 고지 시 함께 방송되는 광고
간접광고	프로그램의 5/100 이내	–	–	–	방송 프로그램 안에서 상품을 소품으로 활용하여 그 상품을 노출시키는 형태의 광고
가상광고	프로그램의 5/100 이내	–	–	–	방송 프로그램에 컴퓨터 그래픽을 이용하여 만든 가상의 이미지를 삽입하는 형태의 광고

출처: http://www.kobaco.co.kr

종의 미디어렙(media representative)인 셈이지만, 일반적인 미디어렙사와의 차이점은 경쟁관계에 있는 방송사들의 광고 판매대행까지도 모두 도맡아서 한다는 점이다. 이론상으로는 광고주와 KOBACO 간에 직거래가 가능하지만 실제로는 거래의 99%가 광고회사를 통한 대행구매로 이루어진다.

〈표 10-7〉 공중파 TV 매체의 장단점

장점	단점
시각과 청각에 의한 동적 재연	절대적 광고비용이 비쌈
도달범위가 넓음	메시지의 짧은 전달시간
지역적 융통성	카탈로그 가치의 부재
세부시장의 선별성	광고시간의 확보 경쟁이 치열
비용 효율성	시청자의 광고회피가 많이 일어남

광고회사가 광고주를 대신하여 매체구매 서비스를 해 주고 KOBACO로부터 받는 대행수수료는 총집행 광고비에 따라 다소 차이가 있으나, 평균적으로 광고비의 11% 정도다(총 광고비 2억 원 이하 분에 대해서는 12%, 2~8억 원일 때에는 11%, 8억 원 초과분에 대해서는 9%를 적용). KOBACO가 판매대행을 하고 방송사로부터 받는 수탁수수료율은 총 판매액의 14%에 해당되는데, 11%의 광고대행사 수수료를 제외한 3% 정도가 KOBACO의 공사운영비로 사용된다. KOBACO가 방송사에 판매대금으로 지불하는 광고수익 규모는 총 매출에서 방송통신위원회가 방송발전기금으로 징수하는 4.75% 정도를 제외한 나머지 81.25% 정도다(2010년 기준).

방송매체 광고에서 특기할 점은 KOBACO의 개입 때문에 광고집행이 인쇄매체 광고보다 복잡하다는 것이다. 1980년 출범한 KOBACO는 각 방송사의 광고영업을 대행하였다. 따라서 방송광고의 경우 광고회사는 KOBACO를 반드시 경유해서 광고 프로그램을 확보하고 매체비용을 매체사에게 지불해야 한다. 한편 방송사는 광고영업 대행에 대한 대가로 대행수탁료를 KOBACO에게 지불한다. KOBACO는 이 수탁료 중에서 일부를 광고회사에게 대행수수료로 지불한다. KOBACO는 1997년부터 광고 수탁 액수에 따라 대행수수료를 차등 지급하는 제도를 택하고 있다.

하지만 2008년 한 민영방송 광고판매대행사가 "KOBACO와 KOBACO가 출자한 회사만 지상파 방송광고판매대행을 할 수 있도록 규정한 방송법은 평등권과 직업선택의 자유에 위배된다."며 헌법소원을 제기하였고, 이에 대해 헌법재판소는 같은 해

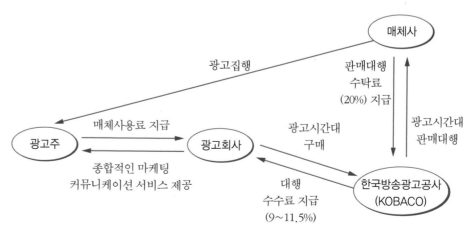

[그림 10-2] ㅣ 방송매체의 광고 집행방식

출처: 안광호, 이유재, 유창조(2010), p. 52.

11월 KOBACO가 방송광고 판매대행을 독점하는 것은 헌법에 위배된다는 결정을 내렸다. 하지만 당장 이 규정이 효력을 잃을 경우 방송광고 시장이 혼란에 빠질 것을 우려해 2009년 말까지 관련 규정을 개정토록 했다. 따라서 KOBACO가 지상파 방송사 광고를 독점으로 판매대행하던 체제에서 공영인 KOBACO 이외의 민영 방송광고판매 대행회사를 포함하는 복수의 미디어렙 체제로 2011년쯤에는 바뀌게 될 전망이다.

3) 케이블 TV

1995년 3월 케이블 TV가 개국되면서 가입자 수가 1997년 말 150만 명을 돌파한 후 지속적으로 증가되어 2007년도 말 가입자 수는 1,400만 명이 넘는 것으로 추산되었으며, 앞으로 케이블 TV 방송 여건이 개선되면서 가입자 수는 계속 증가할 것으로 예상된다.

케이블 TV는 다채널 환경에서 여러 프로그램들이 경쟁하기 때문에 프로그램에서 제공하는 콘텐츠는 특정한 시청자 층을 대상으로 편성될 수밖에 없고 그에 따라 청중에 대한 선별성이 높다. 케이블 TV의 뉴스, 영화, 스포츠전문 채널에서는 각각 뉴스와 영화, 스포츠 경기와 같은 특정 콘텐츠만을 제공하는 예가 그것이다.

케이블 TV의 광고길이는 60초, 120초, 180초 등으로 편성되어 있어 공중파 TV보다 상세한 제품정보를 전달할 수 있다. 광고주는 이러한 길이의 광고를 여러 개 동시에 구입하여 보다 긴 시간을 확보한 후 제품을 직접 판매하는 형태의 광고도 방영할 수 있다. 케이블 TV에서 이렇게 제품의 장점을 직접 시연하면서 판매하는 형태의 광고를 정보형 광고(informercial)이라고 하는데, 이는 정보(information)와 광고(commercial)

〈표 10-8〉 케이블 TV 매체의 장단점

장점	단점
특정 시청자 층에게 특화된 광고 제공 젊고 교육수준과 생활수준이 높은 수용자 층 확보 공중파 TV에 비해 상대적으로 저렴한 비용 정보형 광고와 같은 긴 시간 포맷이 가능 반복노출의 기회가 높음 중간광고에 의한 광고효과 제고의 기회	공중파 TV에 비해 제한적 도달률 폭넓은 수용자 층의 도달에는 한계 공중파 TV보다 방송수준이 다소 낮음 광고회피가 더 많이 일어남

의 합성어로서 정보의 내용이 상세하고도 많이 담긴 광고의 유형이라 할 수 있다. 정보형 광고는 15분에서 30분 길이의 방송광고를 일컫는데, 이 시간 동안 제품정보의 제공, 제품의 핵심 편익에 대한 시연, 전화주문을 위한 정보, 운송비, 우편요금을 포함한 필요 경비에 대한 정보의 제공, 반품 안내 등이 종합적으로 이루어진다.

또한 케이블 TV에서는 중간광고가 허용된다. 공중파 TV광고에서는 운동 실황중계를 제외하고는 프로그램 중간에 광고가 방영되는 중간광고가 허용되지 않고 있는 데 비해, 케이블 TV에서는 중간광고를 허용하고 있다. 중간광고의 주목률은 프로그램 전후 광고에 비해 높은 것으로 보고되고 있다. 아울러 광고를 수용하는 대상들이 비교적 고학력이고 중상수준의 소득수준을 갖고 있으며 정보욕구가 비교적 강하기 때문에 신제품에 대한 선험적 소비형태를 보일 가능성이 높은데 반해, 광고단가는 지상파에 비해 상대적으로 저렴하기 때문에 광고를 반복해서 노출시킬 수 있는 장점을 갖는 매체로 간주된다.

4) 위성방송

2002년에 개국한 유일한 위성방송사인 스카이라이프는 케이블 TV의 성장에 비하면 다소 취약한 부분이 많았다. 개국 후 연속 적자를 기록한 5년 만에 200만 명의 가입자를 확보하고 그 후 매년 3년 연속 200억 원대의 흑자를 냈으나 2009년 말 시점으로 여전히 부채(3,441억 원)가 자본금(1,039억 원)의 세 배를 넘는 상황이었다. 스카이라이프는 2010년 3월 KT 계열사로 편입되고서야 부채와 자본의 균형을 맞추었고, 앞으로 스카이라이프의 매출은 계속 증가할 것으로 예측된다.

케이블 TV와는 달리 위성방송은 적도 상공에 있는 인공위성을 통해 디지털 신호로 가정마다 전송되는 방식이기 때문에, 물리적으로 케이블 설치가 어려운 오지에서도 위성안테나만 설치하면 디지털 고화질과 고음질의 서비스를 받아 볼 수 있는 광역성의 장점이 있다. 또한 케이블과 비교할 수 없을 만큼 많은 채널을 제공할 수 있는데, 2011년 1월 스카이라이프가 제공하는 기본적인 TV 채널은 지상파 TV 재전송을 포함하여 총 170여 개에 달한다.

최근에는 고화질(HD) 서비스를 여러 채널에서 확대해 가고 있으며, 부가서비스로 비디오테이프 없이도 100시간 실시간 디지털 녹화와 재생이 가능한 PVR(personal video recorder) 서비스와 차량이나 휴대전화, PDA와 같은 이동성 단말기를 통해서도 위성방송을 시청할 수 있는 서비스를 제공하고 있다. 기본적으로 위성방송은 광고수익보다 유료가입에 의한 수신료 의존적인 사업이기 때문에, 광고영업은 채널 사용자인 프로그램 제공자(PP)를 중심으로 이루어지므로 기존 케이블 TV와 유사한 형태로 운영된다. 그 외에도 60개의 디지털 오디오 채널과 국내 최초의 쌍방향성 서비스로 제공되는 날씨, 부동산, 증권, 운세, 게임 채널들이 추가적으로 제공되고 있다.

5) 위성 DMB 및 지상파 DMB

위성 DMB(digital multimedia broadcasting) 서비스는 2005년 5월 우리나라가 세계 최초로 실시한 모바일 TV서비스이며, 같은 해 12월 지상파 DMB 서비스가 추가로 시작되면서 명실 공히 우리나라는 세계 최초 모바일 TV 서비스 국가가 되었다. 말 그대로 위성 DMB는 위성을 통해 전파를 전송하므로 처음부터 전국 서비스가 가능했으나 지상파 DMB의 경우는 추가적인 중계기의 설치가 필요했기에 수도권 내의 제한된 서비스로 시작하였다.

위성 DMB는 SK 통신계열의 TU미디어가 운영하는 유료 서비스인 반면, 지상파 DMB는 지상파 주파수를 사용하는 무료 서비스다. 위성 DMB는 전국적인 서비스이지만 유료인 점이, 그리고 지상파 DMB는 무료이지만 수도권에 한정된 서비스인 점이 초기 모바일 TV의 확산에 걸림돌이었다. 이미 막대한 투자를 했지만 지상파 TV 재전송이 무산되어 초기 가입자 확보가 어려웠던 TU미디어나, 원활한 서비스를 위해서는 지하철 및 전국 서비스를 가능하게 하는 중계기 설치에 엄청난 투자가 필요했던 지상파 DMB 모두 초기 경영수지의 문제점를 나타내보였다.

위성 DMB는 사업 도입 당시 가입자와 연 매출이 각각 600만 명, 1조 원에 달할 것으로 기대되었으나, 2010년 3월 유일한 위성 DMB 업체인 TU미디어의 가입자 수는 200만 명이었고, 2009년 당기순손실은 60억 원, 누적적자는 3,000억 원 이상을 기록했다. 이러한 사업적 어려움 때문에 업계에서는 2010년에 TU미디어를 인수한 SK텔링크가 방통위의 재허가가 이루어지는 2013년 이전에 사업권을 자진 반납할 것이라는 부정적인 전망도 나오고 있다.

광고매체로서 DMB의 장점은 우선 이동성에 있다. 주 5일제 근무와 같은 소비자 라

〈표 10-9〉 지상파 DMB 광고 유형 및 허용량

유형		허용량		비고
프로그램광고	중간광고	45분 이상 60분 미만 프로그램	1회 이내	매회 3건 이내 매회 1분 이내 ※운동경기, 문화, 예술 행사 프로그램 등의 중간 휴식 또는 준비 시간에는 중간광고의 회수, 건수, 시간 제한 없음 매시간 총 토막 광고 시간 3분 20초 이내 자막 크기는 화면의 1/3이하 ※ 방송시간이 120분 이상인 프로그램 편성 시 해당 시간의 전체 광고시간이 방송광고 프로그램 시간의 15/100 이내인 경우에는 시간당 15분 이내
		60분 이상 90분 미만 프로그램	2회 이내	
		90분 이상 120분 미만 프로그램	3회 이내	
		120분 이상 150분 미만 프로그램	4회 이내	
		150분 이상 180분 미만 프로그램	5회 이내	
		180분 이상 프로그램	6회 이내	
토막광고	전 CM 후 CM	전체 광고 시간 허용 범위를 초과하지 않는 한도		
자막광고		매시간 4회 이내		
		매회 5건 이내		
		매회 1분 40초 이내		
		매시간 10회 이내		
		매회 10초 이내		
전체		시간당 평균 10분 이내		
		매시간 12분 이내		

출처: http://www.kobaco.co.kr

이프스타일의 변화는 현대인의 외부활동 기회를 증대시키고 있다. 따라서 언제 어디서든지 소비자에게 노출될 수 있는 개인휴대용 매체는 광고매체로서의 유용성이 증대될 것으로 예상된다. 이와 더불어 아직 완전한 쌍방향성 서비스가 되고 있지는 않지만 완전한 디지털 멀티미디어 방송이 구현된다면 기존의 TV광고와 같은 독립형 광고 외에도 스마트폰이나 복합단말기와 연계된 쌍방향성 광고들이 가능해질 것이다. 따라서 DMB 방송을 통해 소비자가 언제 어디에 있든지 미디어 노출이 가능할 뿐만 아니라 직접 반응이 실시간으로 가능한 인터렉티브(interactive) 광고를 실시할 수 있다.

이는 DMB 가입자의 인구통계학적인 정보, 위치기반 정보나 시간대 정보 등을 이용할 수 있다면 이른바 유비쿼터스(ubiquitous) 서비스가 구현될 수 있는 환경을 조성할 것이다. 게다가 DMB는 개인 미디어이자 이동 미디어이기 때문에 이용자가 상대적으로 작은 단말기 화면을 가까이 들고 이어폰을 통해 시청하는 상황이 될 것이다. 이는 다른 방송매체보다 메시지에 대한 집중도가 높아 광고의 효과도 더 높아질 것으로 예상할 수 있다.

하지만 개인의 사생활 보호차원에서 필요한 소비자정보의 활용이 제한될 가능성이

〈표 10-10〉 DMB 매체의 장단점

장점	단점
이동 중에 시청 가능	소비자 정보 활용의 제한
쌍방향 광고집행이 가능	1회 시청시간이 길지 않음
개인 미디어로서의 광고 활용도	광고회피 가능성이 높음

높고, 같은 방송매체라고 하여도 이동 중 1회 시청시간이 길지 않다는 점과 가까이서 시청하는 상태라 언제든지 채널 변경이 손쉬운 점은 광고회피가 일어날 가능성을 높이는 단점이다.

4. 옥외매체

옥외매체는 광고매체 역사에서 가장 오래된 전통적인 매체다. 간판과 같은 전근대적인 형태의 광고매체를 통틀어 우리는 흔히 옥외매체라는 용어를 사용해 왔다. 옥외매체 전체를 지칭할 때 영어로 표현한다면 'outdoor media' 혹은 'out-of-home media'라고 한다. 2003년 개정된 「옥외광고물 등 관리법」에 따르면, "옥외광고물이라 함은 상시 또는 일정 기간 계속하여 공중에게 표시되어 공중이 자유로이 통행할 수 있는 장소에서 볼 수 있는 것으로서 간판, 입간판, 현수막, 벽보, 전단, 기타 이와 유사한 것"이라고 정의한다.

옥외매체를 구분하는 방법은 다양한데, 그중에서도 제일기획이 사용한 분류기준을 살펴보면 전통적으로 간판이나 포스터와 같은 형태의 발전적 형태인 옥외간판(billboard), 교통수단이나 교통수단 주변시설 등 교통과 관련된 교통매체(transit media), 그리고 최근 스포츠나 극장 등과 같이 오락, 여가를 위한 장소를 이용한 엔터테인먼트(entertainment media) 등이 있다.

옥외매체의 장점은 설치된 장소에 따라 차이는 나지만 대체로 많은 소비자의 주의를 끌 수 있는 노출매체이며, 옥외간판이나 전광판과 같이 교통량이 많은 지역에 부착할 때 규칙적이고 반복적인 노출을 기대할 수 있는 매체라는 점이다. 따라서 TV나 신문을 통해 노출된 광고의 주요 시각적 정보나 슬로건과 같은 단순한 정보를 계속 반복적으로 노출하여 브랜드의 인지도와 호감도를 높이는 데 적합한 매체다. 그리고 고속

〈표 10-11〉 옥외매체의 장단점

장점	단점
노출효과 및 주목률이 높음	정보 제공력의 부족
빈도의 확보	낮은 상기도, 벽지효과
광고제작물의 대형화	법적, 공간적 제약이 많아 좋은 위치확보가 어려움
	초기 투자비용이 과다하게 소요

도로상의 주유소나 식당을 알리는 야립(野立)간판처럼 적절한 정보를 적절한 해당 장소에 위치시킬 수 있는 장점도 갖는다. 특히 LED(light emitting diode) 전광판은 매트릭스를 이용하여 문자를 표출하는 시스템으로 고정된 기존의 전광판과는 다르게 다양하게 변경되는 문자 및 그래픽을 표출할 수 있어 그 활용도가 높아지고 있다.

옥외매체는 광고 크리에이티브를 잘만 구현한다면 크기나 독특한 소구로 소비자의 주의를 끌어 추가적인 구전효과까지 기대할 수 있다. 하지만 옥외간판형의 광고물들은 반복노출에 식상하여 일정 수준 이상이 지나면 소위 벽지효과가 나타나 행인이나 운전자들이 더 이상 주의를 기울이지 않는 단점이 있다. 또한 다른 인쇄매체에 비해 제작비가 상대적으로 크고 주로 장기계약을 통해 이루어지므로 매체비용도 비싼 편이다.

5. 인터넷 매체

인터넷은 비교적 단기간 내에 다양한 차원에서 우리 미디어 환경과 라이프스타일에 변화를 주었으며, 이와 더불어 광고매체로서도 그 영향력은 빠르게 성장하였다. 〈표 10-1〉에서 보았듯이, 전통매체 가운데 TV와 신문의 영향력은 2000년 이후 점차 감소하고 케이블 TV와 온라인의 영향력이 점점 증가하고 있다. 2005년에 들어서는 온라인 광고비가 케이블 TV 광고비를 추월하여 급성장하고 있음을 알 수 있다.

인터넷 광고의 장점은 무엇보다 개인정보를 바탕으로 시공간의 제약이 거의 없는 쌍방향 커뮤니케이션에 있다고 할 수 있다. TV가 수동적인 오락매체의 성격이 강하다면, 컴퓨터를 이용하는 인터넷은 수용자가 정보를 능동적으로 찾을 뿐만 아니라 적극적인 정보처리를 하기 때문에 마치 인쇄매체가 갖는 장점도 가졌다고 볼 수 있다. 쿠

키나 회원등록을 통해 표적청중에게 적합한 메시지만 노출시킬 수 있는 선별성이 있어 불필요하거나 과도한 광고노출을 방지할 수 있다. 또한 광고 클릭률이나 광고를 통해 유도된 판매량 등의 소비자 반응을 실시간으로 점검할 수 있기 때문에 광고 크리에이티브의 효과를 바로 점검해 볼 수 있으며 제작물의 수정이나 교체가 다른 매체에 비해 훨씬 용이하다. 또한 배너광고의 클릭을 통해 목적지인 기업의 홈페이지로의 이동을 유도할 수 있어 소비자가 원하기만 한다면 그들에게 풍부하고 다양한 정보를 제공할 수 있고, 광고와 브랜드 인지, 태도형성에 그치지 않고 바로 구매행위까지 연결 지을 수 있는 장점을 갖는다. 따라서 온라인과 오프라인을 동시에 구사하는 새로운 마케팅 플랫폼으로서의 기능을 제공할 수 있기 때문에 기존의 광고 형태와 다른 시도가 가능할 것이다.

그러나 아직은 TV광고에 대해 CPM이 높은 편이며 몇 번의 반복노출 후에는 수용자의 클릭률이 급격히 떨어지는 현상을 보이는 단점이 있다. 또한 개별 사이트의 존재는 마치 밤하늘의 별과 같이 사이버공간에 무수히 흩어져 있기 때문에 포털이나 검색엔진을 통해 존재를 알리지 않는 이상 소비자를 유인하기 힘들다. 그러나 포털의 홈페이지와 같은 초기화면을 차지하려는 광고주들의 경쟁이 심하고 한 화면에 여러 광고가 난립하는 경우 광고혼잡도 때문에 주목도가 떨어질 우려도 있다.

인터넷 광고를 유형화하는 방법은 여러 가지가 있겠지만, 형식과 내용에 따라 배너광고, 키워드 검색광고, 이메일 광고로 나누는 것이 대표적이다. 배너광고는 인터넷 초기부터 가장 보편적으로 사용되어 온 방법으로 글자 그대로 이미지나 텍스트를 현수막처럼 주로 직사각형의 배너에 담아 제시한 광고를 말한다. 배너광고는 배너가 게재된 사이트에 이용자가 들어와서 클릭을 해서 해당 브랜드의 홈페이지나 이벤트 페이지로 자연스럽게 이동할 수 있도록 도와준다. 물론 배너광고에 대한 노출만으로도 그 브랜드에 대한 인지도나 친숙도를 향상시킬 수 있는 기능도 한다.

키워드 검색광고의 탄생은 인터넷을 통해 사람들이 정보를 찾는 이용행태를 바탕으로 본인의 웹 사이트가 정보검색에서 가장 상위에 놓이게 하고자 검색원리를 파악해 그에 맞춤으로써 정보검색 본연의 의미를 왜곡시키는 웹 운영자들의 의도를 조정하는 과정에서 나왔다. 다시 말해, 정보검색에서 상위의 자리를 확보하기 위해서는 그에 상응하는 비용을 지불하게 하고 일정한 체계에 의해 적절한 정보가 배열되도록 하면서 키워드 검색광고는 검색엔진 사이트의 중요한 수익구조가 되었다.

〈표 10-12〉 인터넷 매체의 장단점

장점	단점
시간적 공간적 한계를 극복	통일된 표준의 미비
잠재고객의 세분화 가능	광고효과 측정 수단의 미흡
모든 고객과 일대일 대응	웹사이트 간의 비교 곤란
멀티미디어의 활용 가능성	사용자층의 제한
광고범위의 무제한성	
광고효과의 신속한 확인	
광고효과의 측정 가능성	

　어떤 제품이나 상점에 대한 정보를 검색하는 사람은 필요에 의해서 해당 정보를 능동적으로 탐색하는 상황이고, 이러한 소비자에게 적시에 노출된 적절한 정보는 바로 구매로 이어지거나 제품문의로 연결될 가능성이 높기 때문에 일반 배너광고보다 최근에 더욱 각광을 받는 인터넷 광고의 형태로 부상되었다.

　마지막으로, 이메일 광고는 인구통계학적 특성이나 다른 기준으로 적합하다고 판단되는 특정 표적집단에 속하는 개인에게 이메일을 통해 전달되는 광고를 말한다. 스팸메일로 버려지거나 신고 되지 않기 위해서는 회원가입이나 이벤트와 같은 행사를 통해 메일주소를 수집하고, 메일전송에 대한 합법적인 사전허락을 받은 메일링 리스트의 확보가 가장 중요하다. 주로 데이터베이스 마케팅에 적합한 광고수단이며, 적절한 표적집단의 소비자를 제대로 선정할 수만 있다면 광고메시지의 전달속도가 어떤 매체보다 빠르다는 점, 개인화된 내용을 작성할 수 있다는 점에서 훌륭한 반응을 얻을 수 있는 매체다.

　광고메일이 발송된 후에는 잠재고객들의 반응을 즉각적으로 검토할 수 있고, 또한 그들의 개인정보를 확보하고 있기 때문에 고객과 비고객의 집단으로 분류하여 사후관리에도 좋은 자료로 이용할 수 있다. 신규고객 유치에도 좋은 방법이 되지만, 기존 고객에 대한 평생관리를 위한 커뮤니케이션 채널로도 효과적으로 활용할 수 있다.

6. 모바일 매체

　모바일 광고 규모는 우리나라 전체 광고시장의 5% 정도를 차지할 만큼 아직 미미한

성장세를 나타내고 있다. 2009년의 인터넷 광고시장은 라디오 시장을 넘어서 성장함으로써 전체 광고비의 17%에 육박하였다. 유선 인터넷 광고시장은 검색광고가 주도하는 시장이 형성되고 있으며, 최근의 모바일 광고시장도 서서히 성장할 것으로 전망된다.

광고시장에서 모바일 광고는 가장 늦게 시작되었지만 가장 빠른 속도로 스마트폰 시장이 성장하고 있으며, 유선 인터넷 산업의 성숙기 진입과 애플 아이폰의 출시 등 모바일 환경의 진화로 모바일 광고는 모바일 환경 기반 서비스와 수익원을 준비하는 과정에 있다고 하겠다. 무선 인터넷 잠재수요가 가장 높을 것으로 예측되는 현재의 10대 소비자가 구매력을 갖게 되는 20~30대에 진입하는 가까운 미래에는 지금의 기초적인 수익원인 벨소리 다운로드, 모바일 게임 등에서 점차 모바일 상거래(mobile commerce)로 이용이 확대될 수 있을 것이다. 또한 모바일 인터넷의 검색 및 트래픽이 점점 증가하고 있으며, 스마트폰의 애플리케이션 등을 통해 모바일 매체는 광고주의 마케팅 도구로서 새로운 기회를 제공하고 있는 현실이다.

모바일 매체의 특성은 위치를 기반으로 한 표적화가 가능하고, 또한 모바일 이용자의 신상정보에 기초한 정교한 표적화와 맞춤화된 서비스 제공이 가능하다는 것이 장점이다. 그 결과 소비자 각 개인에 적합한 개인화된 고객접점 관리가 가능하고, 현존하는 광고매체 중 가장 정교화된 표적화 구현이 가능하다는 점을 들 수 있다.

현재 모바일 광고의 형태로는 메시지 광고, 검색 광고, 디스플레이 광고, 애플리케이션 광고, 동영상 광고 등이 있다. 스마트폰 및 태블릿 PC 등을 통한 애플리케이션의 활용도가 높아지면서 새로운 브랜드 채널로서의 브랜드 애플리케이션도 속속 선보이고 있고, 이는 온라인 브랜드 웹사이트와 연동하여 통합적으로 운영될 수 있는 기회를 제공한다. 직접 고지형 푸시 광고, 모바일 쿠폰 마케팅, 적시성 효과를 위한 게재 광고

〈표 10-13〉 모바일 매체의 장단점

장점	단점
플랫폼의 신선함 표적 맞춤형 광고가 가능 검색광고 가능 시간적, 공간적으로 고객과 소통 가능 개인화된 매체	시장에 대한 심층적 자료 부족 온라인 매체에 비해 높은 광고 단가

형태 등이 이러한 모바일 광고의 예에 포함된다.

요약하면, 매체계획에서 다양한 매체유형을 통해 다양한 광고메시지를 보다 효과적으로 소비자에게 전달하기 위해서는 앞서 살펴본 매체 각각에 대한 기본적인 이해가 필수적이다. 광고뿐만 아니라 제품의 포장에서부터 제품을 파는 상점까지 모든 소비자 접점이 훌륭한 커뮤니케이션 매체가 되기는 하지만, 기존의 전통적인 광고매체의 종류와 판매제도, 그리고 관련규제에 대해 먼저 제대로 이해하는 것이 매체계획에서 가장 우선시되어야 할 것이다.

<여기서 잠깐>

미디어 채널의 다각화에 따른 광고매체 환경의 변화

근래의 인터넷, 모바일, 유비쿼터스 컴퓨팅 기술의 발달에 힘입은 매체의 디지털화, 멀티화 그리고 융합화는 최근의 매체환경의 변화를 대변하는 대표적인 키워드로 통한다. 대중매체의 대표 격인 방송은 디지털미디어 시대의 변화의 중심에 놓여 있고, 이러한 변화에 따른 방송의 새로운 패러다임이 전개되고 있다. 지상파 방송, 케이블 방송, 위성방송, 위성 및 지상파 디지털 멀티미디어 방송(DMB), 지역방송, 인터넷 프로토콜 TV(IPTV) 등 다양한 형태의 방송 서비스가 이미 제공되고 있으며, 이러한 방송의 발전·확대 과정은 점진적으로 전국 네트워크에서 지역, 소규모, 개인형 방송으로, 지상파에서 케이블 및 위성으로, 또 고착형에서 모바일형으로, 아날로그에서 디지털로 진화하고 변모하는 양상을 띤다. 이러한 추세는 다른 미디어와 산업 부문의 변화를 주도하게 될 것이며, 아울러 광고시장의 변화도 불가피할 전망이다.

디지털 매체가 아날로그 매체와 구별되는 주요 특성으로는 상호작용성, 네트워크 그리고 복합성을 들 수 있다. 상호작용성은 디지털 매체와 사용자 간에, 또 디지털 매체로 연결되어 있는 사용자 간에, 또 매체와 매체 간에 여러 가지 형태와 차원의 상호작용이 가능함을 의미한다. 네트워크성은 디지털 매체가 유무선 연결망을 통해 한 개인에서부터 가정, 회사, 공동체, 국가 그리고 전 세계로까지 연결될 수 있음을 뜻한다. 마지막으로 복합성은 문자, 사운드, 화상 등 여러 종류의 디지털 정보가 복합되어 하나의 텍스트를 이루는 것을 말한다. 디지털 매체가 가지는 복합성의 특징은 초창기부터 멀티미디어라고 일컬어지며 주목받아 왔다. 이러한 방송특성의 변화는 방송광고를 불특정 다수를 대상으로 한 커뮤니케이션에서 세분화된 개인 고객을 대상으로 한 대화로 변화시키게 되고, 아울러 광고의 형태와 내용 및 구조에도 영향을 미치게 될 것이다.

디지털 매체의 멀티미디어 특성은 제공되는 서비스 콘텐츠가 현재와 같이 데이터나 오디오, 비디오와 같은 단일 포맷에 국한되는 것이 아니라 복합된 형태가 되어 수용자의 반응에 따라 각기 다른 다양한 멀티콘텐츠의 제공을 가능하게 한다. 이러한 멀티미디어 콘텐츠 포맷은 방송에도 적용되는데, 방송의 다매체·다채널화는 케이블 방송의 출범 이후 디지털 위성방송의 서비스 개시로 가속화되었고, 디지털 케이블 방송, DMB와 IPTV 등 새로운 방송매체의 등장으로 더욱 발전·확대될 전망이다. 특히 디지털 방송 도입으로 주파수 대역을 효율적으로 사용하게 되어 다채널화가 더욱 촉진되고 있다. 디지털 방송에서는 영상, 음성, 데이터 등이 디지털 정보로 변환되고 고압축이 가능하기 때문에 아날로그 방식에서 하나의 채널에 하나의 방송 콘텐츠만을 송출하던 것과는 달리 한 채널을 통해 여러 방송 내용을 동시에 내보낼 수 있게 된다. 특히, 위성방송에서는 디지털 신호로 압축 송신하면 똑같은 주파수 대역을 훨씬 세분 분할해서 사용할 수 있다. 따라서 채널수의 증가로 인해 시청자가 선택할 수 있는 채널의 숫자가 급격히 많아진다.

매체의 융합화는 점차 하나의 디지털 기기 안에 기존의 컴퓨터, 통신, 소비자 가전 및 콘텐츠 매체의 기능이 복합적으로 담겨지는 현상이다. 소비자는 이러한 새로운 정보가전 기기를 휴대하며 장소에 구애받지 않고 유무선 통합서비스를 통해 인터넷을 이용하고, 사람들끼리 이메일을 보내고 전화통화를 하며 소셜미디어를 이용하고, 사진을 찍어 데이터를 전송하기도 하고, 쇼핑을 하고 금융 업무를 보며, 또한 전자서적을 읽고 영상 콘텐츠를 시청하기도 한다. 이러한 디지털 융합화 현상은 방송과 통신 그리고 인터넷의 융합에서 두드러지고 있다. 그 주요 특징으로는 우선 유무선 네트워크의 광대역화에 따른 용량과 속도 증가가 유통 콘텐츠를 대용량화하고 있다는 것이다. 또한 네트워크에 접속되는 기기 숫자의 증가 현상인데, 사람이 소유하거나 휴대하는 네트워크 접속 제품들이 이제는 컴퓨터 칩이 내장된 센서 등의 공간적 사물 차원으로 비약적으로 확대되어 가고 있다는 점이 특징으로 나타난다. 그리고 사용자와 네트워크 간의 관계가 매우 다양화됨에 따라, 과거 소수의 사용자들이 특정한 환경에서만 접속할 수 있었던 네트워크에 접속되는 사용자의 층이 점차 증가하고, 동시에 실시간으로 네트워크에 접속되어 있는 상태 역시 상시화됨으로써 네트워크 이용 패턴의 변화가 나타나고 있다.

결국 매체의 디지털화에 의한 컨버전스와 유비쿼터스 환경이 구현되고, 방송광고 환경은 빠르게 인터렉티브 방송, 다매체·다채널 방송, 방송과 통신 그리고 인터넷이 융합되는 방송환경으로 변모하고 있다. 방송개념도 대중방송(broadcasting)에서 협송(narrowcasting)으로 변화되고 있고, 홈 네트워크 서버 기능, 방송을 송수신할 수 있는 단말기의 다양화, 방송 서비스의 멀티콘텐츠화 등의 기술적 변화도 주목할 만하다. 이러한 변화는 매체광고의 개념과 기능 그리고 유형 및 제작과정에 필연적으로 커다란 변화를 가져올 것으로 전망된다. 그리고 이러한 변화에 어떻게 대처하는가에 따라 새로운 매체환경은 광고업계의 존립을 위협하는 위기로 작용할 수도 있고, 반대로 광고업계의 새로운 도약을 가져올 수 있는 기회가 될 수도 있다.

디지털미디어 환경은 궁극적으로 광고주에게 더 높은 수준의 선별성과 측정 가능성, 그리고 상호작용성의 장점을 제공해 줄 것이다. 미디어의 선별성은 한 개인 소비자의 배경과 취향, 습관에 대한 지식에 근거해서 그 개인에게 가장 적합한 오락, 뉴스, 정보 그리고 광고를 전달할 수 있는 미디어의 능력을 일컫는다. 광고에서의 가장 기본적인 전략이 광고주의 메시지를 가장 구매 가능성이 높은 소비자층에게 효과적으로 타게팅하는 것인 만큼 새로운 디지털미디어가 갖는 이러한 장점은 광고의 효과적 집행에 큰 도움이 된다. 또한 디지털미디어는 특정 광고에 대한 소비자의 반응을 모니터하고 추적해서 측정·기록할 수 있도록 해 준다. 이제까지 기존의 오디언스 측정에서 행해져온 측정의 대상은 광고 메시지 자체가 아니라 광고를 수반하는 매체에 대한 것이었다. 미래의 디지털미디어는 광고주로 하여금 광고 자체에 대한 소비자의 노출을 측정하고 노출 이후에 전개될 수 있는 광고주와 소비자 간의 상호작용을 직접적으로 평가할 수 있게 해 준다는 점에서 다른 기존 매체와 구별된다. 마지막으로, 디지털미디어의 상호작용성은 수용자와 광고주 간의 쌍방향 커뮤니케이션을 가능하게 해 주고, 마케터로 하여금 소비자와의 대화를 통한 일대일의 관계를 형성하여 소비자가 궁극적으로 광고주의 제품이나 서비스, 브랜드에 대한 신뢰와 충성도를 형성하도록 도울 수 있다. 관계마케팅의 관점에서 볼 때 마케터는 소비자와의 지속적인 대화와 상호작용을 통해 특정 소비자의 욕구와 필요를 충족시키는 대량 맞춤화(mass customization)의 과정을 겪어야 한다. 이러한 세 가지 디지털미디어의 특성을 잘 이해하고 효과적으로 활용하는 광고만이 미래의 디지털 미디어 환경에서 생존하고 성공할 수 있을 것이다.

출처: 홍종필(2005)에서 재인용.

요약

광고매체는 광고주의 광고 메시지가 담긴 광고물을 소비자에게 전달하는 커뮤니케이션 채널을 의미한다. 즉, 광고주의 메시지를 전달하는 수단인 만큼, 광고매체는 제품/서비스와 그것을 구매하고자 하는 소비자 사이를 연결시키는 직접적이고도 결정적인 역할을 한다.

흔히 광고매체는 매체유형을 크게 6개 범주로 구분하고 있는데, 이 ① 4대 매체로 지칭되는 TV와 라디오, 신문, 잡지, ② 인터넷, ③ 케이블 TV, ④ 뉴미디어로 분류되는 위성 TV, DMB, IPTV, ⑤ 옥외매체, 그리고 ⑥ 전파제작 및 인쇄제작이다.

매체계획의 첫 단계는 매체유형 가운데 어떠한 매체를 사용할 것인가를 결정하는 매체 믹스의 선택에서 시작되는 만큼, 효과적인 매체계획을 위해서는 매체유형 각각에 대한 기본적인 이해뿐만 아니라 전통적인 판매제도, 관련 규제, 그리고 광고 핵심기관들 간의 거래관계 등을 이해하는 것이 필수적이다. 이를 통해 다양한 매체유형을 통해 광고메시지를 보다 효과적으로 소비자에게 전달하는 커뮤니케이션이 가능할 것이다.

참고문헌

김기범(2009). 헌재 위헌판결 후, 방송광고 판매제도 재구성 방안 연구. 한국언론학회/한국방송광고 공사.

김기원, 김영민(2008). 위성 DMB 사용자들의 매체 이용동기와 광고에 대한 태도. 광고학연구, 19(1), 99-133.

김희진, 이혜갑, 조정식(2007). Integrated 광고매체기획론. 파주: 학현사.

박노성, 오세성(2007). DMB 광고방송의 현황과 전망. 한국광고홍보학회 춘계학술대회, 215-220.

박원기, 오완근, 이승연(2003). 광고매체론: 조사, 계획 그리고 구매 중심. 서울: 케이에이디디.

안광호, 이유재, 유창조(2010). 광고관리: 이론과 실제가 만나다(제2판). 파주: 학현사.

안대천, 김상훈(2010). 수용자 라이프스타일에 따른 모바일 광고태도 및 매체이용에 관한 연구. 한국광고홍보학보, 12(1), 184-220.

제일기획(2010). 광고연감 2010. 제일기획 제일커뮤니케이션연구소.

한국광고학회(2010). 새로운 광고매체, 모바일 광고. 특별세미나.

홍종필(2005). 매체환경 변화와 광고시장. LG AD 사보, 11-12호.

Jugenheimer, D. W., Barban, A. M., & Turk, P. B. (1992). *Advertising media: Strategy and tactics*. Dubuque, IA: WCB Brown & Benchmark.

Sissors, J. Z., & Bumba, L. (1996). *Advertising media planning*. Lincolnwood, IL: NTC Business Books.

제 5 부

광고효과

제11장 광고효과의 측정

제**11**장
광고효과의 측정

광고효과에 대한 논의를 시작하기 전에, 광고효과를 측정한다는 것은 무엇을 의미하는가? 광고효과 측정이란 광고가 광고주와 광고 회사에서 의도한 바대로 다양한 매체를 통해 집행한 결과, 소비자에게 원하는 기대 반응을 얻었는지를 평가하는 일련의 과정을 말한다.

광고효과 측정이 중요한 이유는 그 결과가 광고주 쪽의 결정자에게 광고집행 결과에 대한 피드백 자료로서 활용되어 광고 담당자와 대행사를 평가하는 지표로 활용되기 때문이다. 대부분 회사에서 마케팅 담당자가 마케팅 예산을 따내기 위해서는 광고의 효과성을 근거로 해서 최종 결정자를 설득해야 하기 때문에, 광고비 투입 대비 어느 정도의 광고효과를 얻었다는 논거를 마련하는 일은 매우 중요하다고 볼 수 있다. 또한 평가를 위한 자료뿐 아니라 지속적으로 향후 캠페인의 방향성을 도출하고 보다 효과적인 매체를 선택하는 데에도 활용되기 때문에 매우 중요하다.

광고효과를 다루고 있는 논문이나 책들이 많이 있지만, 실제로 현업에서 광고효과를 어떻게 측정하고 어떤 측면을 중요하게 고려하는지를 다루고 있는 책이 많지 않다.

따라서 이 장에서는 현업에서 일하고 있는 저자의 경험을 살려, 실제로 광고회사에서 이루어지고 있는 광고효과 조사의 개념과 방법론을 기술함으로써 도움을 주고자 한다.

1. 광고효과란 무엇인가

전통적으로 광고는 소비자의 제품 및 브랜드에 대한 인식을 바꾸는 데 활용되는 기업의 도구로서 간주된다. 광고가 매출을 올리는 수단으로 간주되기도 하지만, 실제로 매출에는 광고 이외에도 시장의 경쟁상황이나 유통매장의 수와 같은 가외 변수가 작용하기 때문에, 광고를 통해 매출이 어느 정도 올랐는지를 판단하기는 매우 어렵다.

또한 아무리 좋은 광고를 만들어도 자사가 광고비를 10억 원 정도 집행한 반면에 경쟁사가 광고비를 20억 원 정도 집행했다면, 소비자는 광고의 질뿐 아니라 광고의 양에도 반응을 하기 때문에, 10억 원을 집행한 자사의 광고가 20억 원을 집행한 경쟁사의 광고보다 더 효과가 있었는지를 판단하는 일은 현실적으로 매우 어렵다. 그 이유는 광고량이라는 변수를 통제해야 하기 때문이다.

따라서 일반적으로 특정 광고가 경쟁사의 광고보다 더 효과적이다 또는 아니다를 판단하는 것은 매우 어렵기 때문에, 특정 광고의 효과는 그 광고가 목표로 하고 있는 특수한 브랜드의 핵심 과제를 잘 해결했는지의 여부를 가지고 판단하는 수밖에 없다. 다시 말해서, 광고가 목표로 한 것을 제대로 성취하였는지를 가지고 판단하는 것이다. 따라서 광고효과에 대한 논의를 정확하게 하려면, 광고의 역할에 대한 의미를 다시 한 번 생각해 볼 필요가 있다.

1) 광고의 역할에 대한 재조명

광고의 역할에 대해서 이론적으로 다양한 견해가 있겠지만, 광고가 현대 브랜드 마케팅의 수단으로서 활용된다는 견해에 대해서 이의를 제기하는 사람은 많지 않을 것이다. 일반적으로 마케팅이란 기업 활동의 목표를 달성하기 위해서 단순히 제품을 세일즈 하는 것이 아니라 마케팅의 요소인 4P(product, place, price, promotion)를 혼합(mix)하여 소비자의 욕구를 만족시키기 위한 활동으로 정의한다. 여기서 광고의 역할은 엄

[그림 11-1] | 파워 브랜드 애플이 가진 강점

애플의 가장 큰 강점은 차별화된 디자인과 소비자에게 편리한 UI로 사용이 편리한 강력한 제품력이다. 여기에 덧붙여, 애플의 브랜드 가치가 높은 것은 '애플' 하면, 소비자에게 놀라움을 줄 정도의 창의적인 이미지를 브랜드가 가지고 있기 때문이다. 애플이 더 놀라운 점은 소비자가 애플에 대해서 끊임없이 이야기하고 있다는 점이다. 애플에 상응하는 제품력으로 경쟁자가 공략해도, 이런 마니아층이 만들어 내는 다양한 입소문은 애플의 가장 큰 자산이다.

밀히 말해 직접적으로 소비자에게 제품을 제공하는 데 관계하는 활동이 아니라 4P 중에 촉진(promotion)에 해당한다. 즉, 소비자에게 제품을 알리고 소비자가 가지고 있는 제품에 대한 욕구를 활성화시켜 제품이 판매될 수 있는 호의적인 시장환경을 구축하는 활동으로 볼 수 있다.

특히 최근에는 다양한 제품이 출시됨에 따라 경쟁 상황이 치열해지고 기술이 경쟁사에 의해서 쉽게 모방되기 때문에, 제품의 우수성도 중요하지만, 기업의 성패는 소비자가 신뢰하면서도 매력적으로 느끼는 연상(association)을 가진 브랜드를 가지고 있는가의 여부에 따라 좌우된다.

이러한 관점에서 흔히 현대의 마케팅을 흔히 브랜드 마케팅의 시대라고 부른다. 같은 맥락에서 광고는 제품을 판매하는 것이 아니라 브랜드를 구축하기 위한 수단으로서 간주된다. 흔히 제품의 단기적인 판매를 염두에 둔 광고 캠페인과 제품 판매와는 별도로 그 회사가 가진 특정 브랜드의 파워를 강력하게 구축하는 광고도 존재하는데, 이 둘은 서로 다른 목표를 추구하는 것이다.

따라서 제품을 판매하기 위함이냐 브랜드를 구축하는 것이냐에 따라 광고는 확연한 차이를 갖게 되고 광고의 포커스도 달라진다. 우선 제품을 판매하기 위해서는 단기적인 시장상황에서 그 제품이 가진 강점을 부각시키고 그 제품이 가진 특장점을 가장 선호할 만한 표적을 선정해서 공략하면 된다. 만일 브랜딩의 수단으로서 광고를 집행한다면, 그 제품 자체에 대한 포커스보다는 브랜드가 중장기적으로 목표로 하고 있는 표적층과 그 표적들의 인식상의 전략적인 브랜드 위치화(positioning) 방향에 맞춰서 광고를 집행해야 한다.

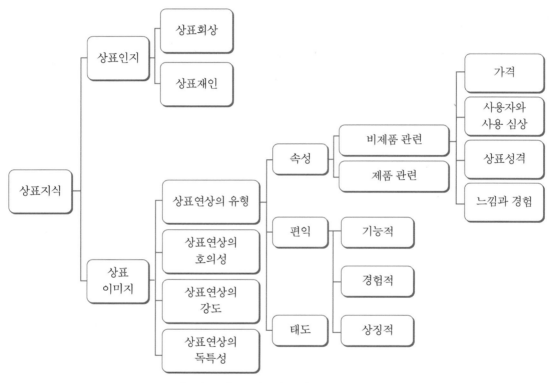

[그림 11-2] ㅣ 브랜드의 구조(Keller, 2005)

브랜드는 인간의 기억 속에 저장되어 있는 지식이다. 기억표상에 대한 인지심리학의 모델에 의하면, 인간의 지식표상은 개념(node)과 개념이 마디(link)로 연결되어 있는 네트워크 모델로 이루어져 있다. 브랜드도 당연히 머릿속에 기억의 원리에 입각하여 저장되어 있다. 기억의 원리는 의미적으로 유사한 정보들끼리 서로 가깝게 연결되어 있고 범주별로 체계적으로 잘 정리되어 있다. 왜냐하면 마치 우리가 어떤 서류를 아무 데나 버려 두면, 정작 필요할 때 찾기 위해서는 오랜 시간을 들여야 하는 것처럼 우리의 기억은 필요한 순간에 가장 적절한 정보를 빨리 탐색해서 인출하기 위하여 진화된 고도로 조직화된 체계라고 볼 수 있다. 이러한 기억의 구조적 특성에 따라 브랜드도 기억에 저장되어 있는 정보의 체계에 불과하기 때문에, 브랜드도 기억의 원리에 입각하여 체계적으로 저장되어 있다고 볼 수 있다. 브랜드 지식은 크게 브랜드 인지도와 브랜드 이미지로 나뉘는데, 브랜드 인지도는 그 브랜드가 어떤 상황에서 쓰이는 것인지에 대한 정보로 특정 범주와의 연결 강도를 의미한다. 예를 들면, 엘라스틴이 브랜드 인지도가 높다는 것은 샴푸 하면 엘라스틴을 떠올리는 강도가 높다는 것을 의미한다. 두 번째로 브랜드 이미지는 그 브랜드가 가지고 있는 다양한 연상들의 총합이다. 브랜드 이미지는 크게 제품속성과 관련된 연상과 제품과 상관없는 이미지 연상, 그리고 제품이 주는 소비자 편익에 대한 연상으로 나뉜다. 파워 브랜드는 이러한 연상들이 경쟁사의 연상에 비해서 독특하고 강하며 호의적일수록 더 선호된다. 제품범주에 따라서 생활용품과 같은 브랜드는 제품과 관련된 속성이 더 중요할 수 있고 자동차 같은 범주에서는 사용자 이미지 같은 제품 이외의 속성이 더 중요할 수 있다.

출처: Keller(2005).

현실적으로 광고를 집행할 때는 브랜드의 중장기적인 관점뿐 아니라 광고주의 단기적 매출에 대한 압력이 크기 때문에, 이 두 가지 부분을 감안하여 단기적인 매출을 꾀하면서도 브랜딩 관점에서도 중장기적으로 유리한 방향을 선정하는 방법을 모색한다. 물론 광고를 하려는 품목 자체가 단기적인 매출 증대에 더 적합하고 브랜딩에는 적합하지 않은 경우가 있고 이때는 철저히 매출에만 포커스를 두는 것이 효과적일 것이다.

광고를 브랜드 구축의 수단으로서 볼 때, 브랜딩을 한다는 것은 무엇을 의미하고 또 어떻게 해야 하는지를 알아야 한다. 먼저 브랜드는 흔히 두 가지의 구성요소로서 나뉜다. 첫 번째는 브랜드 인지도이고, 두 번째는 브랜드 이미지다.

브랜드 인지도(brand awareness)는 브랜드와 그 브랜드가 소비자의 기억 속에 저장되어 있는 제품범주와의 연결강도라고 볼 수 있다. 예를 들면, 휴대폰 하면 가장 먼저 떠오르는 브랜드를 회상하게 했을 때, 소비자는 애니콜, 싸이언, 스카이 순으로 브

> **브랜드 인지도**
> 브랜드와 그 브랜드가 소비자의 기억 속에 저장되어 있는 제품범주와의 연결강도

랜드를 연상할 것이다. 또한 스마트폰 하면 떠오르는 브랜드를 말하라고 하면, I-Phone, 갤럭시 S, 옵티머스 순으로 연상할 것이다. 브랜드 인지도가 높을수록 더 먼저 회상되는 이유는 소비자가 기억 속에 휴대폰이라고 하는 개념과 브랜드들 간의 연결강도에서 차이가 있는데, 애니콜이 싸이언이나 스카이보다 더 강한 연결을 이루고 있기 때문이다.

흔히 브랜드 자산을 구축할 경우, 브랜드 인지도는 초기 브랜드 자산을 구축하는 데에서 반드시 해결되어야 할 선결 조건이다. 즉, 브랜드 인지도를 확보하지 못한 상황에서 브랜드 이미지를 아무리 좋게 하여도 브랜드에 대한 선호도는 높아지지 않는다. 이것은 어떤 사람의 이름조차 모르는데 그 사람에 대해서 아무리 좋은 이야기를 들어도 그 사람에 대해서 좋게 평가할 수 없는 이치와 마찬가지다.

브랜드를 구축하는 일반적인 과정은 흔히 브랜드 인지도의 구축→ 브랜드 선호도의 제고→구매 촉진→브랜드 충성도 제고의 순서로

> **브랜드 선호도**
> 특정 브랜드를 선호하는 태도의 강도

이루어진다. 우선 브랜드 인지도를 일정 수준 이상으로 확보해야 소비자가 제품에 대한 필요성을 느껴서 제품 구매를 고려할 때, 그 브랜드가 구매 고려군(consideration set) 안에 들어와서 경쟁 브랜드들과 함께 고려하게 된다. 따라서 마케터는 우선적으로 브랜드의 인지도를 높이려고 노력한다. 왜냐하면 아무리 뛰어난 제품력을 가지고 있다고 하더라도 1차적으로 구매 시 소비자의 머릿속에 고려되지 않으면 아무 소용이 없

기 때문이다. 광고를 하면, 그것이 매출에 효과를 가지는가에 대해서 의견이 분분하지만, 광고가 브랜드 인지도를 높이는 데 탁월한 효과가 있다는 것은 부인할 수 없는 사실이다. 또한 오로지 브랜드 인지도를 높이는 것만으로도 특정 카테고리에서는 상당한 매출의 증대를 가져오는 것 역시 사실이다.

브랜드 인지도를 가장 단기간에 제고하는 매체는 바로 TV광고다. TV광고는 가장 많은 사람들이 보는 매체이고, 또한 브랜드에 대한 정보를 얻는 데 있어서 소비자가 신뢰하는 매체이기 때문에 브랜드 인지도를 초기에 높이기 위해서 기업이 가장 선호하는 수단이다.

파워 브랜드를 구축하기 위한 두 번째 과정은 어느 정도의 브랜드 인지도를 확보하고 난 후에는 다음 단계로 브랜드의 선호도를 제고하는 것이다. 이는 자사의 브랜드 이미지를 좋게 하기 위해서 노력하는 것이다. 브랜드가 제품범주와 이루고 있는 연상의 강도가 브랜드 인지도라고 한다면, 브랜드 이미지는 브랜드가 가지고 있는 다양한 연상의 총합으로 정의될 수 있다.

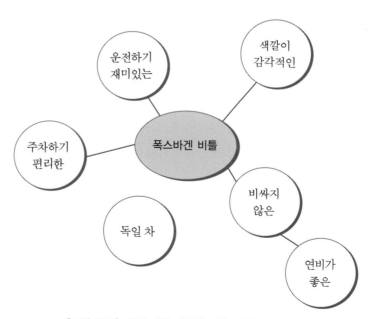

[그림 11-3] ｜ 폭스바겐 비틀의 브랜드 연상 네트워크

폭스바겐 비틀은 '운전하기 재미 있는'이란 연상과 가장 강하게 연결되어 있고 '색상이 감각적인' '주차하기 편리한' '비싸지 않은' '독일 차'와 같은 연상을 가지고 있다. 이러한 브랜드 연상은 모든 나라에 상관없이 동일한 것이 아니고 나라와 문화권에 따라서 모두 다르다.

[그림 11-3]을 보면, 폭스바겐 비틀이 소비자의 기억 속에서 이루고 있는 다양한 연상들의 구조가 나와 있다. 폭스바겐 비틀에 대한 글로벌 마켓에서의 소비자의 연상을 분석해 놓은 것으로, 같은 브랜드라고 하더라도 국내 시장이냐 해외 시장이냐에 따라서, 즉 소비자와 문화에 따라서 다른 연상을 가질 수 있다. 어떤 시장이라도 경쟁 브랜드에 비해 더 차별적이면서도 가치 있는 연상을 많이 보유할수록 더 강하게 선호된다.

광고효과와 관련해서 주목할 점은 문화권에 따라서 선호되는 특별한 연상이 존재한다는 점이다. 예를 들어, 우리나라에서 2000년도의 냉장고 시장은 양문형 냉장고가 도입되는 시기였다. 이 시기에는 양문형 냉장고의 보급률이 낮은 때였으므로 일반 냉장고에 비해서 양문형 냉장고를 보유하고 있다는 것만으로 주부들에게는 자랑거리가 되는 시기였다. 특히 그 당시에 상류층의 소비자는 대부분 양문형 냉장고를 GE나 월풀(Whirlpool)과 같은 해외 브랜드를 보유하고 있었기 때문에, 이 해외 브랜드와 경쟁하기 위해서 삼성은 '지펠', LG는 '디오스'라는 신규 브랜드를 런칭하게 된 계기가 되었다.

2000년 당시 우리나라의 양문형 냉장고의 광고물을 보면, 삼성 지펠의 경우는 '당신이 꿈꾸던 냉장고'라는 브랜드 슬로건을 가지고 있고, LG 디오스의 경우는 '여자라

2000년 당시 삼성 지펠 냉장고의 광고물   2000년 당시 LG 디오스의 광고물

[그림 11-4] | 2000년 한국의 양문형 냉장고 광고물

2000년 양문형 냉장고 시장에 선제공격으로 바람을 일으킨 것은 지펠이었다. 지펠은 당시에 Side by Side 냉장고가 주부들 사이에 거실에 있는 자랑거리가 되고 있다는 점에 착안하여 '당신이 꿈꾸던 냉장고'라는 콘셉트로 냉장고 자체의 품격과 최명길이라는 모델을 써서 고급감을 강조하였다. 당시에 '조용한 냉장고'라는 콘셉트로 대응하던 LG 디오스는 광고 전략을 바꿔 당시에 가장 고급감이 있는 모델로 선호되는 심은하를 모델로 써서 '여자라서 행복해요'라는 카피로 주부의 감성을 자극하는 광고를 집행하였다. 조용한 냉장고라는 콘셉트로 지펠에게 뒤지던 디오스는 심은하를 모델로 한 광고를 통해 지펠을 능가하는 브랜드 선호도를 가지게 되었다.

서 너무 행복하다'라는 브랜드 슬로건을 가지고 있다. 이 두 개의 브랜드 슬로건에서 느낄 수 있는 것처럼 그 당시에는 냉장고가 가져야할 브랜드 이미지는 '냉동력' '수납공간의 크기' '절전 기능'과 같은 기능적인 연상이 아니고 '고급감'과 '세련미'와 같은 비속성 이미지(non-attribute image)라는 것을 알 수 있다.

이는 냉장고에 대한 그 당시 소비자의 핵심 욕구가 기능적인 것이 아니라 거실에서 잘 보이는 곳에 냉장고를 배치하는 것이었고 또한 양문형 냉장고가 보급되는 시기로서 양문형 냉장고를 보유하고 있다는 것만으로도 다른 주부들에게 자랑이 되었기 때문에, 소비자는 보다 고급스러운 이미지의 냉장고를 소유하고 싶어 한다는 통찰력이 광고물에 반영된 것이었다.

따라서 이러한 상황에서 광고의 목표는 핵심 연상인 '고급감'을 구축하는 것이고, 광고효과의 달성 여부 역시 브랜드의 고급감을 측정하여 이를 달성하였는지의 여부를 확인하는 것이다. 실제로 LG전자는 기본적인 브랜드 인지도 지표와 더불어, 브랜드 이미지 중에서도 '고급감'과 '세련미' 항목을 핵심 평가속성으로 선정하고 지속적으로 경쟁사인 삼성과 비교해서 시계열적으로 트래킹 조사를 하여 광고의 효과를 측정하였다.

이렇게 광고의 역할이 브랜드 인지도를 구축하는 것인가 또는 브랜드 이미지를 구축하는 것인가에 따라서 광고를 측정하는 항목이나 광고 조사를 하는 설계 모두가 합목적적으로 달라져야 한다.

2) 광고효과 측정을 왜 하는가

광고효과를 측정하는 것이 현실적으로 매우 어려움에도 불구하고 반드시 필요한 이유는 다음과 같다. 첫째, 광고를 보다 효과적으로 집행하고 투여된 예산 대비 ROI(return on investment)를 극대화하기 위해서는 집행된 광고가 어느 정도의 성과를 냈는지를 정량적으로 확인할 필요가 있기 때문이다. 브랜드 자산을 구축하는 이유는 기업의 중장기적인 관점에서 투자 대비 매출의 효과를 극대화하기 위해서이지 본질적으로 무형자산 자체에 관심을 갖고 있기 때문은 아니다. 다만 매출을 올리는 데에는 과거와 달리 소비자가 제품의 기능적 속성뿐 아니라 브랜드가 가지고 있는 무형적 이미지나 가치를 중요하게 여기기 때문에, 기업이 브랜드 자산을 높이려는 노력을 하고 있는 것이다.

브랜드 자산의 측정이 중요한 이유가 바로 여기에 있다. 브랜드 자산은 보다 중장기적인 관점에서 구축될 수 있고 그 요소가 무형적인 요소로 이뤄지기 때문에, 브랜드 자산을 구축하기 위한 노력을 했다고 해도 그것이 구체적으로 어느 정도의 성과를 냈는지에 대한 성과지표를 관리하지 않고서는 마케팅 예산을 할당하는 결정자의 결정을 유도하기 어렵다.

둘째, 현대 마케팅에서 통합 마케팅 커뮤니케이션(IMC)의 대두로 광고효과의 측정이 더 중요해졌다. IMC란 현재 자사의 브랜드가 해결해야 하는 핵심 문제를 해결하기 위해서 합목적적으로 도출된 하나의 아이디어를 핵심 표적에게 일관성 있게 전달하기 위해서 기업이 활용할 수 있는 4대 매체 광고(TV, 신문, 라디오, 잡지)뿐 아니라, 인터넷 홈페이지, 다양한 BTL(below the line의 약자로 4대 매체를 above the line이라고 부르고, 이와 대비되는 개념으로 4대 매체 이외의 광고를 말한다) 프로모션, 매장 접점의 POP(point of purchase: 구매 접점의 매장 광고), 모바일 메시지, 옥외매체 등의 여러 마케팅 도구들을 통일시키는 마케팅을 말한다.

IMC를 전개한다고 했을 때, 마케팅 전략가가 가장 고민하는 부분은 수많은 다양한 매체와 도구, 프로모션 활동 등 다양한 수단들 가운데 어떤 요소를 선택해야 하는지의 문제가 가장 중요하다. 예를 들어, 대략 30억 원의 한정된 예산이 있다고 할 때, 이를 가지고 TV광고를 위주로 예산을 편성할 수도 있지만, TV광고를 하지 않고 신문광고와 매장에서의 POP에 금액을 투자할 수도 있다. 즉, 브랜드와 소비자의 접점의 다양한 조합을 선택할 수가 있는데, 그 선택의 기준이 되는 것은 과연 다양한 매체 가운데 특정 매체를 통한 광고의 효과가 어느 정도인지를 비교해서 가늠하는 것이 필요하다.

현실적으로 TV광고와 지면광고의 효과를 선형적으로 동일한 차원에서 비교하는 것은 어렵다. 그러나 현 단계에서 브랜드의 과제를 해결하기 위해서 TV광고가 더 필요할까 아니면 지면광고에 투자를 하는 것이 더 효과적일까를 결정하는 것은 마케팅 담당자가 반드시 해결해야 할 가장 중요한 고민이다. 이러한 결정을 하는 데에는 TV와 지면광고 혹은 옥외광고, 인터넷 광고의 매체별 비용 대비 효과성을 선형적으로 비교할 수 있는 정량적인 자료를 얻을 수만 있다면 좋겠지만, 현실적으로 각각의 매체 간의 광고의 효과를 비교할 수 있는 방법은 존재하지 않는다. 왜냐하면 TV광고처럼 영상 정보와 음성 정보가 동시에 상호작용을 하면서 소비자의 기억에 브랜드에 대한 인식을 변화시키는 매체와 신문처럼 인쇄 정보로만 영향을 주는 매체는 질적으로 전혀 다른 감각과 지각과정을 거치기 때문이다. 따라서 이 두 가지의 매체를 선형적으로 비교하기보다는 각각의 매체의 역할을 주고 이 들 매체의 시너지를 극대화하는 방법을 모색하기 마련이다. 어떤 매체에 더 비중을 두는 가와 같은 문제에서는 정답이 있는 것이 아니다.

예를 들면, 특정 브랜드가 처한 문제를 해결하는 데 브랜드의 인지도가 너무 낮은 게 문제라면, TV는 한 순간에 다수의 많은 사람들에게 도달하는 대중매체이면서도 브랜드에 대한 신뢰도를 높이는 매체이기 때문에 TV광고에 많은 예산을 할당하는 것이 맞고 상대적으로 브랜드에 대한 인지도는 어느 정도 형성되어 있는데, 실제로 구매를 촉발하기 위해서 관여도가 높은 표적을 공략하기 위해서라면, 지면광고에 많은 예산을 할당하는 것이 더 적절하다고 결론내릴 수 있다. 이러한 매체의 믹스는 결과적으로 광고효과에 대한 각 매체의 정성적 판단과 특정 시점의 브랜드의 문제를 해결하는 데 더욱 적합한 매체를 광고 기획자가 판단해야 하는 문제라고 볼 수 있다.

3) 광고효과 측정에서 광고목표 설정의 중요성

광고효과를 측정하는 데 가장 중요한 점은 광고 효과가 일반적인 측정이 아니라 특정한 시장 상황하에서 특정 브랜드가 해결해야 할 구체적인 과제를 해결하기 위한 수단으로서 구체적인 목표를 가지고 있다는 점을 인식하는 것이다. 다시 말해, 광고효과가 높다는 것은 보편적으로 논의될 수 있는 것이 아니라 특수한 해당 브랜드가 광고를 통해 달성하려는 목표를 달성했는지의 여부를 가늠할 수 있는 잣대를 마련하기 위해서 수행하는 합목적적인 과정이라는 점을 인식하는 것이다.

예를 들어, [그림 11-5]의 두 광고를 보면, 광고를 평가하는 기준 중에 크리에이티브적인 측면을 잣대로 본다면, 두 광고는 시각적으로나 헤드라인으로 보나 다른 광고에 비해 크리에이티브하다는 평가를 받기는 어렵다. 좌측의 페브리즈 광고의 경우, 페브리즈가 세균을 없애 준다는 메시지를 잘 전달하고 있으며 그 메시지의 신뢰성 측면에서도 높은 평가를 받고 있다. 물론 메시지 전달력도 뛰어나면서 광고의 임팩트나 독특성 측면에서도 높은 평가를 받는다면 더 좋겠지만, 현실적으로 이 둘이 양립하기 어려운 경우가 많다. 이러한 경우에는 광고의 목표에 근거해서 메시지 전달력이 더 중요

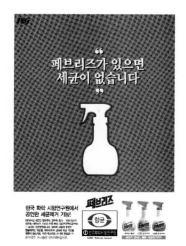

[그림 11-5] | 세균제거와 탈취효과를 가지는 페브리즈 광고와 건강, 사망,
저축까지 하나로 해결해 준다는 교보 정기보험의 광고물

흔히 광고 크리에이티브는 남들이 상상하지 못한 독특한 표현을 의미한다. 그러나 실제로 제품범주에 따라서 효과적인 크리에이티브는 상당 부분 차별화를 위한 차별보다는 제품범주가 가지는 명확한 편익을 정확하게 전달하는 것이 더 중요하다. 페브리즈나 교보 정기보험 광고는 일반적으로 말하는 크리에이티브를 높게 평가하기 어렵지만, 해당 범주가 가진 가장 강력한 강점을 잘 전달하는 메시지 전달력이 높은 광고다. 이 경우, 이 광고물은 크리에이티브가 낮다고 볼 수 있을까? 이 광고물은 광고의 목표를 달성하기 위해 적합한 표현방법을 쓰고 있기 때문에, 어떤 의미에서는 크리에이티브가 매우 적절하고 유효했다고 평가할 수 있다.

한지 아니면 광고의 임팩트나 독특성 요소가 더 중요한지를 판단해 봐야 한다.

[그림 11-5]에서 우측의 교보 광고물은 흔히 직접반응 광고(direct response advertising: DRA)라고 불리는 광고물이다. 이는 광고가 나가고 난 후에, 직접적으로 소비자가 반응을 할 수 있도록 고안된 광고물이다.

직접반응 광고
소비자의 즉각적인 반응을 목적으로 만들어지는 광고

이러한 유형의 광고물의 경우에는 흔히 해당 제품에 관심이 많은 고관여자를 대상으로 정보지향적인 광고를 하는 경우가 많은데, 그 이유는 그렇게 해야지만 즉각적인 반응을 유도할 수 있기 때문이다. 즉, DRA의 목표는 해당 제품에 관심이 없는 소비자에게 관심을 유도하는 것이 아니라 해당 제품범주에 높은 관심을 가지고 있는 소비자가 매력을 느낄 수 있는 정보를 제공함으로써 소비자의 행동을 촉진하는 역할을 하는 것이기 때문에, 브랜드의 이미지나 표현의 독특성보다는 종신 보험에 가입할 의향을 이미 가지고 있는 소비자에게 보험 가입을 유도할 수 있는 매력적인 콘셉트를 쉽게 전달하는 것이 더 중요하다. 이러한 측면에서 신뢰도가 높은 고승덕 변호사를 써서 동일한 제품의 편익을 매력적으로 제시한 교보 정기보험 광고는 매우 성공적인 광고로 평가될 수 있다.

광고와 관련된 유명한 사이트 중 하나인 www.tvcf.co.kr에서, 높은 순위에 올라와 있는 광고물들을 잘 관찰해 보면, 휴대폰이나 정보통신 업종과 같은 범주의 광고물이 높은 평가를 받는 경우가 많다. 그 이유는 그 분야의 표적이 10대나 20대 초반의 젊은 층이고 그들에게 주로 브랜드의 성격이나 독특성을 표현해서 브랜드 선호도를 제고하는 것을 목적으로 하는 경우가 많기 때문이다. 30대 주부를 표적으로 하는 세제 광고나 화장품 광고보다 광고의 목표 자체가 더 개성 있는 브랜드 이미지를 구축하는 것이기 때문에, 제품 콘셉트의 명확한 전달을 목표로 하는 세제나 샴푸 광고보다 더 독특하고 재미있는 광고물이 더 많이 나오는 것도 당연하다.

4) 광고효과 측정변수의 두 가지 견해

광고의 역할이 매출을 올리는 것이냐 또는 소비자 인식상에 브랜드에 대한 인지도를 높이고 호의적인 이미지를 구축하는 브랜딩을 하는 것이냐에 따라서 광고효과를 측정하는 변수도 달라진다. 그런데 불과 얼마 전까지만 해도 광고를 통해 매출을 올리는 것은 어렵고 또한 그것을 측정하기 어렵기 때문에, 매출을 광고효과의 지표로 삼는 경우는 드물었다. 그러나 최근에는 브랜드 마케팅의 패러다임이 제품에 대한 인지도나 이미지를 형성하는 관점에서 실질적인 제품 실체에 근거한 매출을 촉진하는 활동으로 전환되고 있는 것 같다.

현대 브랜드 마케팅에서는 4대 매체뿐 아니라 인터넷을 통해서 소비자가 다양한 제품에 대한 정보 및 다른 소비자가 체험한 정보를 쉽게 얻을 수 있기 때문에, 단순히 제품에 대한 이미지만으로는 실질적인 구매행동을 유도하기 어렵다. 예를 들어, 아무리 TV광고를 통해 멋진 이미지를 만들어도 인터넷에서 그 제품을 써 본 소비자의 부정적인 평가가 존재한다면, 그 제품을 구매할 소비자는 아무도 없을 것이다. 따라서 단순히 소비자 인식상에서 브랜드에 대한 인식을 변화시키는 것을 목적으로 하기보다 캠페인의 포커스가 실질적인 구매행동 유발을 위해 다양한 매체도구를 결합하는 시나리오 설계를 하는 방향으로 전환되고 있다(크로스위치, 2009).

시나리오 설계
광고기획자가 선택한 브랜드와 소비자와의 접점 매체를 선택하고 그 매체 간의 역할을 규정하고 이들 매체들을 시간적으로 앞뒤 전후관계로 결합함으로써, 최종적으로 소비자로 하여금 브랜드가 원하는 행동을 하게 하는 합목적인 매체의 결합

이러한 관점에서 광고가 직접적으로 집행된 후에, 각각의 매체별로 사전에 설정된 특정한 광고목표를 달성했는지의 여부를 측정할 수 있는 핵심 성과 지표(key performance indicator: KPI)를 선정하고 이를 평가하는 것이 중요하다. 어떤 매체를 선택한다고 하더라도 각각의 매체가 담당하는 특정한 광고의 역할에 맞게 광고가 실행되었는지를 평가하고 이 과정을 통한 피드백을 통해 다음 번 광고의 방향을 수정하는 커뮤니케이션 시스템의 고안이 필요해졌다.

핵심 성과 지표

뉴미디어 시대에는 다양한 매체를 조합하여 과제를 달성하기 때문에, 각 매체의 효과를 정확하게는 아니더라도 캠페인 이후에 어느 정도 평가할 수 있는 핵심적인 지표를 사전에 설정하는 것이 중요하다. 즉, 한 번의 일회성으로 캠페인의 성공과 실패가 결정된다기보다는 커뮤니케이션의 시스템 자체를 이 지표를 통해서 평가하고 이 시스템 자체의 효과를 극대화하는 쪽으로 개선해 나가는 것이 중요하다.

2. 광고효과 측정을 어떻게 해야 하는가

광고효과 조사를 실질적으로 수행하기 위해서는 광고효과에 대한 개념적 이해도 필요하지만, 그것보다도 실제로 광고효과 조사를 수행하기 위한 구체적인 방법을 익히는 것이 필요하다. 이 절에서는 현업에서 실제로 수행하고 있는 광고효과 조사를 위해 반드시 알아야 할 요소들을 살펴보고자 한다.

1) 광고효과 조사의 종류와 방법

광고효과 조사는 크게 광고 온에어(on air)를 기준으로 그 이전에 실시하는 사전 조사가 있고, 흔히 광고제작 단계의 조사가 이에 해당된다. 또한 실제로 온에어 이후, 광고의 표적을 대상으로 한 광고효과 조사가 있다. 다시 말해, 광고효과 조사는 사전 조사와 사후 조사로 나눌 수 있다.

먼저 사전 조사를 살펴보자. 현업에서 가장 많이 하고 있는 사전 조사로는 광고물 제작 이전에 광고의 콘셉트를 테스트하는 콘셉트 조사와 실제 광고 표현물의 대안을 만들어 광고표현에 대한 조사를 하는 광고 크리에이티브 조사가 있다. 흔히 이 두 가지를 구분하지 못하고 혼동하는 경우가 많기 때문에, 각 조사의 구체적인 방법론을 간략하게 살펴본다.

먼저 콘셉트 테스트는 광고의 표현물을 만들기 전에 광고의 콘셉트 보드를 만들어서 핵심 표적에게 제시하고 이에 대한 반응을 조사하는 것이다. 콘셉트 보드의 예를 들어 설명해 보자.

　　　콘셉트 보드의 예 1) 댄스크 헤어 트리트먼트(Dansk Hair Treatment):
　　　　　"파마머리를 오래 가게 해서 경제적인"
　　　콘셉트에 대한 설명: 댄스크 헤어 트리트먼트는 파마펌(PermaPerm)을 함유하고 있
　　　　　다. 당신의 파마머리를 오래 가게 해서 돈을 절약해 준다.
　　　콘셉트에 대한 구체적인 부연 설명: 파마펌은 파마머리를 위해 제조되었다. 파마펌은
　　　　　코코넛 오일과 네틀 익스트랙트(nettle extract), 펜시노(pentheno) 그리고 다른
　　　　　자연의 유기농 원료로 만들어졌다. 이 파마펌은 때를 제거해 줄 뿐만 아니라 당신
　　　　　의 파마머리에 남아서 파마머리를 3주 동안 지속시켜 주는 것으로 임상실험 결과
　　　　　입증되었다. 당신의 파마머리를 오랫동안 유지하고 싶을 때, 파마펌은 당신의 시
　　　　　간과 돈을 절약해 줄 것이다.

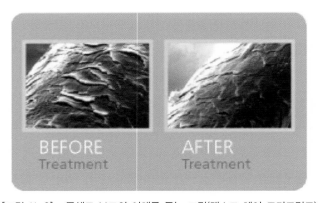

[그림 11-6] ┃ 콘셉트 보드의 이해를 돕는 그림(댄스크 헤어 트리트먼트)

　　　콘셉트 보드의 예 2) 프로스펙스 워킹화:
　　　　　"성장기 아동의 바른 보행 자세 형성을 돕는 신발"
　　　콘셉트에 대한 설명: W-키즈(Kids)는 신발 내에서 발의 좌우 흔들림 현상을 잡아
　　　　　주는 프레임 구조를 채택하여 바른 보행 자세를 유지할 수 있도록 돕는다.
　　　콘셉트에 대한 구체적인 부연 설명: 팔자걸음이나 안짱걸음은 골반이 틀어지게 만들
　　　　　거나 허리에 부담을 주게 됩니다. 이는 발의 좌우 흔들림 현상에서 비롯되는데 성

 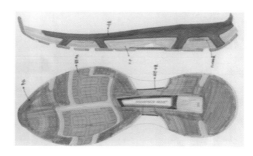

프레임 구조

[그림 11-7] | 콘셉트 보드의 이해를 돕는 그림(프로스펙스 워킹화)

장기 아동의 바른 자세 유지에 나쁜 영향을 끼칩니다. W-키즈의 프레임 구조는 워킹 시 발이 땅에 닿을 때, 발이 안쪽 또는 바깥쪽으로 쏠리는 현상을 방지하기 위해 신발의 앞과 뒷부분 총 8곳에 지지대를 만들어 발의 움직임을 안정적으로 잡아줄 수 있도록 설계되었습니다.

[그림 11-6]과 [11-7]에서 보듯이, 콘셉트 보드는 광고가 말하고자 하는 내용인 'what to say'를 간단하게 표현한 문장과 이를 돕는 그림으로 광고적 과장이나 표현적인 요소를 자제하고 제품의 핵심적인 특징이나 제품의 소비자편익을 있는 그대로 정리해 놓은 것이다.

콘셉트 테스트는 이러한 콘셉트 보드를 소비자에게 제시한 후, 설문지의 측정항목들에서 소비자의 평가를 산출한다. 이러한 측정항목으로는 주요 아이디어의 이해 용이성, 신뢰성, 독특성, 소비자와의 관련성, 구매의도 등이 있다.

콘셉트 테스트는 보통 초점집단면접(focus group interview: FGI)을 통해 이루어지기 때문에, 한 집단당 8명 정도의 인원에게 설문조사를 하여 값을 얻는다. 그러나 그 값의 정량적인 타당성보다 설문지에 체크를 하게 하고 콘셉트 보드 A, B, C와 같은 대안들의 장단점을 정성적으로 물어보는 과정을 통해 최종적인 콘셉트를 확정한다. 콘셉트 보드를 만드는 과정에서 주의할 점은 콘셉트 자체를 최대한 있는 그대로의 의미로 정확히 전달하고 단어의 화려함이나 표현적인 요소의 차이에 의해 발생하는 효과를 최대한 억제해야 한다는 점이다.

지면광고 1   지면광고 2

[그림 11-8] | 크리에이티브 보드의 예(오휘 지면광고)

이번에는 광고 크리에이티브 조사를 위해 만드는 크리에이티브 보드를 살펴보자. 크리에이티브 보드는 광고제작물의 70% 정도의 완성도를 가지는 크리에이티브 시안이나 동영상 스토리 보드 등을 말한다([그림 11-8] 참조).

크리에이티브 조사는 소비자에게 이러한 크리에이티브 보드를 제시하고 광고가 목표로 하고 있는 주요 특성을 충족시키고 있는지를 측정하는데, 이러한 주요 특성에는 광고의 주목도, 메시지 전달력, 기억 용이성, 고급감, 전반적 광고 선호도 등이 있다. 실제 제작물과 거의 비슷한 형태의 제작물을 보드에 붙여 놓고 소비자로 하여금 제작 표현에 대한 다양한 설문문항이 적힌 설문지를 통해 각 요소별 점수를 평가하게 하여 비교하게 한 다음, 정성적으로 추가적인 궁금증이나 개선사항을 물어보는 과정을 거쳐서 진행된다.

크리에이티브 조사는 광고의 구체적인 표현물의 의도나 효과에 대한 소비자의 직접적인 반응을 참고로 크리에이티브 보드를 수정하여 최종적인 광고표현물을 완성하는 데 사용된다. 마찬가지로 FGI 조사를 통해서 소비자의 반응을 조사하는 경우, 소비자의 반응강도나 표정, 자세를 면밀하게 관찰해서 반응의 진정성을 파악해야 한다. 때때로 소비자는 광고에 대한 진실한 본인의 반응이 아닌 주변 사람의 반응에 동조하는 경우가 있거나 스스로 조금 더 이성적인 존재로 인상을 관리하려는 동기에 의해서 반응을 하는 경우가 있기 때문에, 이러한 경우를 방지하기 위해서는 소비자의 정서적, 비언어적 반응을 놓쳐서는 안 된다. 따라서 유능한 진행자(moderator)의 능숙한 진행이 필요하다.

두 번째로, 대부분 광고효과 조사를 한다고 하면 보통은 사후 조사를 의미하는 경우가 많다. 사후 조사는 보통 광고가 집행된 후 한 달이나 한 달 반 정도의 시간이 지나고 난 후에 실시하는 것이 좋지만, 현실적으로 광고가 나가고 난 후 보름이 채 안 되어 광고효과 조사의 의뢰를 받기도 한다. 그 이유는 광고가 나가고 난 후의 즉각적인 반응에 대한 피드백을 통해 효과가 없을 경우 막대한 매체 예산에 의한 불필요한 예산의 소모를 막기 위해서다. 물론 이렇게 불필요한 예산의 낭비를 막기 위해서 CF를 완성하고 난 후 온에어(on air)하기 전에 인터넷 조사를 통해서 사전 조사의 형태로 광고를 제시하고 이에 대한 반응을 분석하여 CF를 수정해서 런칭하기도 한다. 그러나 대부분은 CF 런칭 직전에 안을 발전시키기 위해서 실시하는 경우가 흔하고, 제작을 할 때 일정상의 이유나 이미 매체를 예약해 놓은 상태가 흔하기 때문에 CF 자체를 취소하는 경우는 흔치 않다.

사후 조사에서 정기적인 트래킹(tracking)을 하는 경우에는 비교준거가 되는 광고속성 평가치가 존재하며, 이 비교준거에 의해 광고 평가치의 높고 낮음을 판단할 수 있다. 예를 들어, 특정 광고를 집행한 후 이 광고에 대한 다양한 평가치를 과거의 자사광고의 평가치와 비교하면, 그 광고의 효과를 쉽게 판단할 수 있다. 그러나 광고효과 평가치를 비교할 수 있는 준거가 존재하지 않을 경우에는 부득이 경쟁사 광고물과 함께 소비자에게 자사광고를 제시하고 난 후 소비자가 평가한 데이터를 가지고 비교판단하는 수밖에 없다. 그러나 이러한 경우에는 광고물의 노출량을 통제하기가 어렵기 때문에 객관적인 판단을 하기가 어렵다.

따라서 광고효과를 측정하고 이를 해석하기 위해서는 동일 제품범주의 동일한 표적들을 대상으로 조사를 했던 과거의 경험치를 통해서 특정 시점의 광고속성 평가치의 높고 낮음을 판단하고 해석할 수 있는 준거(criteria)를 만드는 것이 가장 중요하다고 볼 수 있다. 대부분의 경우 이러한 준거가 없기 때문에, 속성 평가치가 5점 척도에서 3.40 이상이면 일단은 호의적인 반응을 한 것으로 판단하는 일도 있다. 그러나 엄밀히 말해서 광고의 좋고 나쁨을 판단하는 속성평가 항목과 그 항목에 대한 비교판단의 기준이 되는 준거값을 갖는 것이 매우 중요하고, 이러한 준거가 없이 판단하는 일은 주먹구구식의 판단이 될 가능성이 높다.

2) 광고효과 조사 설계의 방법

광고효과 조사는 사전 조사의 경우 제작물의 소비자평가를 바탕으로 제작물을 수정하기 위한 것이기 때문에, 정성 조사 방법론인 FGI나 갱 서베이(Gang survey)를 통해서 조사하는 경우가 많다. 갱 서베이는 정성 조사의 개념과 정량 조사의 개념을 혼용해서 실행하는 조사로, 50명 이상의 많은 샘플수의 소비자로 하여금 광고물을 보고 정량적인 질문지를 작성하게 한 다음, 정성적인 평가를 동시에 수행하는 것을 말한다.

광고효과 조사 설계를 하는 데 가장 중요한 것은 광고효과 조사를 하는 목적을 명확하게 하는 것이다. 광고효과 조사를 통해서 제작물을 수정하려고 하는 것인지, 광고물의 집행결과를 평가하기 위한 것인지를 구분하는 것은 기본이다. 만일 제작물을 수정하기 위한 것이라면, 구체적으로 제작물의 의도가 무엇인데, 어떠한 이슈가 있고 그 이슈에서 소비자의 반응에 따라서 어떤 제작물과 관련된 중요한 결정에 영향을 주는 것인지에 대한 사전 가설이 명확하게 존재해야 한다. 대부분의 경우 광고효과 조사를 할 때 이러한 명확한 목적이 없이 그냥 광고효과 조사를 하자는 식으로 진행되는 경우가 있는데, 이는 매우 잘못된 접근이라고 볼 수 있다.

그다음 중요한 것은 광고의 핵심 표적을 모집단으로 정확하게 일반화할 수 있는 조사대상을 선정하는 일이다. 흔히 조사과정에서 범하기 쉬운 오류는 샘플의 수가 너무 작은 경우에 발생한다. 대부분 시간과 비용상의 이유로 정량조사를 하면서 지나치게 적은 샘플로 조사를 하는 경우다. 원칙적으로 아무리 적어도 300명 이상의 소비자를 샘플로 해서 조사를 해야 한다. 그 이하의 경우는 철저하게 해석에 주의를 요한다는 내용을 명시해야 하며, 적은 샘플 수의 결과를 가지고 확대 해석하는 것은 철저히 금해야 한다.

광고돌출도

광고를 보여 주고 이 광고를 보았는지를 묻는 광고 보조 인지도와 달리, 다양한 광고들의 띠를 만들어 광고표적에게 한꺼번에 8개 정도의 광고물을 보여 주고, 이 중에서 가장 기억에 남거나 인상적인 광고의 카피나 장면을 비보조로 회상하게 한 후, 이 카피나 장면이 역으로 어떤 브랜드의 광고였는지를 묻는 과정을 통해서 측정한다. 8개 광고물의 광고돌출도가 서열적으로 나오기 때문에, 특정 광고의 임팩트를 실제 광고를 보는 현실 상황과 유사한 형태로 측정할 수 있다는 장점이 있다.

최근에는 평가하려는 광고물을 다른 광고물과 섞어 놓고 이를 차례로 보여 주고 난 후에 소비자로 하여금 가장 인상 깊은 장면이나 이미지 단어를 회상하게 하는 광고돌출도를 통한 광고효과 조사가 성행하고 있다. 이는 일반적으로 광고가 노출되는 상황이 다른 광고와 함께 소비자에게 제시되기 때문에, 특정 장면의 기억이나 비보조 회상(제3장 자유회상 참조)이 실질적인 광고의 임팩트나 효과를 더 정확하게 나타내 준다는 측면에서 선호되는 방법이다.

3) 광고효과 조사 설문지의 작성

다음은 광고효과를 조사할 때 흔히 설문지에서 사용되는 광고속성 평가치 항목이다.

- 시선을 끈다.
- 재미 있다.
- 표현이 독특하다.
- 제품의 효과를 잘 설명해 준다.
- 광고 내용이 잘 공감된다.
- 광고에서 전달하는 내용이 설득력이 있다.
- 광고에서 말하고자 하는 내용이 잘 이해된다.
- 광고가 기억에 남는다.
- 모델이 광고내용과 잘 어울린다.
- 평소 이 모델을 개인적으로 좋아했다.
- 모델이 제품과 잘 어울린다.
- 배경음악이 광고에 적합하다.
- 광고제품과 내레이션이 잘 어울린다.
- 광고문구가 마음에 든다.
- 광고가 전반적으로 마음에 든다.
- 광고를 보니 구입하고 싶은 마음이 든다.

일반적으로 광고효과 조사를 할 때는 대부분이 이러한 광고속성 평가치의 일부를 필수적으로 활용하여 설문지를 작성한다. 질문지를 작성할 때는 우선적으로 평가하려는 광고를 제시하기 전에, 브랜드 인지도나 브랜드 이미지 평가 항목을 먼저 조사한다. 왜냐하면 광고를 제시하기 전에 오염되지 않은 소비자에게 브랜드 마케팅에 필요한 기초 자료를 수집하기 위해서다. 또한 브랜드 인지도와 브랜드 이미지 평가뿐 아니라 브랜드에 대한 비보조 광고회상이나 자유연상 등을 개방형 문항으로 미리 물어본다.

이 과정을 통해서 광고를 하기 전 과거의 브랜드 지표가 있다면, 브랜드 인지도 및 이미지 항목에서 광고를 하기 전과 집행 후를 비교해서 어느 정도의 향상이 있었는지를 파악할 수 있다. 현실적으로 이와 같이 광고를 집행하기 전과 광고를 집행하고 난후에 브랜드 지표의 변화를 조사하려면, 광고 캠페인 기간 동안 광고에 노출된 소비자를 충분히 확보한 후에 이를 조사 대상에 포함시킴으로써 이들을 통한 일반화를 할 수있어야 한다. 그러나 실질적으로 광고에 노출된 소비자의 유효 샘플을 제한된 기간 내에 확보하기가 쉽지 않기 때문에, 어쩔 수 없이 핵심 표적들을 대상으로 광고물을 인터넷 조사를 통해 제시한 후에 광고속성 평가치를 얻어 분석하는 것이 일반적이다.

광고속성 평가치를 얻는 것도 중요하지만, 전반적으로 그 광고에 대해서 어느 정도선호하는지를 평가하게 하여 얻은 광고의 전반적인 평가치를 사전에 형성해 놓은 준거와 비교해서 판단하는 것이 중요하다. 무엇보다 중요한 것은 다양한 광고속성 평가치 중에서도 광고의 목표와 밀접한 연관이 있는 속성평가 항목의 면밀한 분석이 필요하다. 즉, 광고평가 항목 중에서도 특히 해당 제품범주에서 중요하게 여겨지는 속성을중심으로 분석해야 한다. 예를 들어, 생활용품 브랜드의 경우, 다른 항목에서 경쟁자보다 낮은 평가를 받더라도 메시지 전달력을 측정하는 항목에서 경쟁자보다 높은 점수를 받는 것이 매우 중요하다.

일반적인 광고평가 항목과 별도로 광고를 통해 형성하고자 하는 브랜드 이미지를 평가하는 것도 중요하다. 브랜드 이미지를 측정할 때 흔히 사용하는 항목은 다음과 같다.

- 고급스럽다.
- 세련되다.
- 자연 친화적이다.
- 경쾌하다.
- 개성이 강하다.
- 친근하다.
- 강렬하다.
- 새롭다.
- 재미있다.
- 감각적이다.

어느 정도의 브랜드 인지도를 형성하고 난 후 브랜드 이미지를 구축하거나 노후화된 브랜드 이미지를 개선하기 위한 광고를 제작할 때에는 이미지를 측정하는 항목을추가적으로 넣어서 평가해 보는 것이 필요하다.

광고효과를 조사할 때 정량적인 측정 항목을 통해 평가치에 대한 정량적 판단을 하는 것도 중요하지만, 광고를 제시한 후 비보조로(개방형 문항이라고 함) 그 광고를 보고난 후에 회상되는 이미지나 메시지, 단어 등을 자유롭게 연상하게 하는 것도 매우 중요한 자료가 된다. 즉, 광고를 통해 결과적으로 브랜드에 형성하고자 하는 연상이 제대로 형성되는지를 이 과정을 통해서 확인해 볼 수 있다. 또한 소비자의 머릿속에 기억되는 내용이 애초에 기획한 대로 저장되지 않고 의도하지 않거나 엉뚱한 방향으로 소비자가 이해하고 있는지를 광고에 대한 자유 연상 내용을 분석함으로써 알 수 있다.

3. 뉴미디어 시대의 광고 패러다임의 변화

현재의 광고계는 인터넷이나 모바일과 같은 디지털 미디어의 활성화와 사회적 네트워크와 같은 다양한 기술적 도구가 확산되면서 급격한 변화를 겪고 있다. 과거의 4대 매체 중심의 시대에서 광고의 콘셉트를 기획하고 이를 매체로 흩뿌리는 것과는 본질적으로 다른 접근법이 현재 요구되기 때문에, 광고효과를 보는 틀도 이러한 패러다임에 맞게 재구성해서 고찰할 필요가 있다.

1) 뉴미디어 시대의 변화

뉴미디어란 디지털 기술에 근거한 미디어로서 인터넷, 모바일, 스마트TV, 게임, DMB, 네비게이션, 심지어는 디지털 기술을 이용한 옥외매체에 이르기까지 소비자와 상호작용이 가능한 다양한 매체를 의미한다. 현대의 소비자는 점차 TV에 앉아 있는 시간보다 인터넷에서 소비하는 시간이 급격히 늘어나고 있고 최근에는 모바일로 이동하고 있다. 실제로 4대 매체인 전통 매체를 통한 광고시장은 줄어들고 있으며, 인터넷과 모바일 광고시장이 점차 성장하고 있다.

무엇보다 디지털 케이블 TV가 보급됨에 따라 광고를 차단하는 프로그램이 작동하기도 하고 원하는 콘텐츠를 자기가 원하는 시간에 볼 수 있는 디지털 TV가 늘어남에 따라 광고시장은 당연히 긴장하지 않을 수 없게 되었다. 그런 경향성이 강화됨에 따라서 점차적으로 흥미 있는 콘텐츠에 자사의 브랜드를 삽입하여 효과를 얻으려는 상표의 예능화(branded entertainment) 분야가 광고계에서 성장하는 계기가 되었다.

상표의 예능화
소비자가 광고에 대해서 비호의적인 태도를 갖거나 광고에서 주장하는 바를 믿지 않게 됨에 따라, 브랜드를 광고가 아니라 TV의 재미있는 예능 프로그램이나 엔터테인먼트 오락물, 음반이나 MP3 파일 등 다양한 엔터테인먼트 콘텐츠에 노출시킴으로써 자연스럽게 브랜드를 소비자에게 알리고 호의적인 연상을 만드는 경향

무엇보다 매체를 기획하는 사람들은 이제 다양해진 미디어들 가운데, 자사 브랜드의 핵심 문제를 해결하기 위해서 특정 매체를 선택해야 하는 상황에 이르렀다. 단순히 시장 상황을 분석하여 경쟁사 대비 우월한 자사의 메시지와 콘셉트를 기획하여 이를 4대 매체에 내보내는 식의 광고 패러다임에서 수많은 매체 중에서 자사에 부합하는 매체를 선택해야 하는 매체 접점 기획(connection point planning)으로 그 중요성이 옮겨 가고 있다.

매체 접점 기획
과거 4대 매체 중심의 시대와는 달리, 요즈음은 브랜드와 소비자 간의 접점이 거의 무한대로 늘어남에 따라서 특정 브랜드가 과제를 해결하기 위해서는 수많은 접점들 가운데 어떤 매체의 접점을 선택해서 광고를 해야 하는가를 기획해야 하는 시대로 변화하였다. 이제 매체 접점 기획을 통해 광고 기획자는 광고주에게 왜 소비자에게 특정 시간대에 특정 장소의 그 매체에 광고를 해야 하는가에 대한 합리적인 이유를 제시해야 한다.

현재 활용 가능한 매체들은 온라인 게임, 상표삽입(product placement: PPL), 브랜드 홈페이지, 온라인 무비 티켓팅 사이트, 바이럴(viral) 동영상, 극장(에스컬레이터, 입구, 외벽), 버스 정류장, 지하철 기둥, 대학 도서관 자판기, PC방(문, ID 입력 프로그램 배너), 마트 컨베이어 벨트, 빌딩 외벽, 체육실 라커룸 등으로 그 유형이 매우 다양하다.

이러한 다양한 매체들은 저자가 미디어 플래너와 함께 코카콜라의 '완벽한 아이스 콕(perfectly iced coke)'이라는 캠페인을 전개할 때 브랜드와 소비자의 접점으로 선택한 다양한 미디어들이다. 이 캠페인의 주요 목적은 코카콜라의 매출을 단기간에 올리는 것이었다. 따라서 상대적으로 코카콜라를 많이 마시는(heavy user) 층인 20대 남성을 핵심 표적으로 선정하였다. 매체 접점을 기획할 때에는 해당 표적의 인구통계학적 변수를 명확하게 하는 것이 매우 중요하다. 왜냐하면 인구통계학적 변수에 따라서 표적의 라이프스타일이나 동선 등이 완전히 달라지기 때문이다.

광고 목적인 단기간 내 코카콜라의 매출 증진을 위해서는 우선적으로 국내의 콜라 시장을 분석하였다. 우리나라 시장에서 콜라는 20대 여성에게는 다이어트에 해롭다는 인식이, 30대 여성에게는 건강에 해롭다는 장벽이 너무 높았기 때문에, 단기간에 매출을 올리기 위해서는 20대 남성에게 초점을 맞출 수밖에 없었다.

20대 남성은 라이프스타일상 수많은 미디어에 노출되지만, 실질적으로 그들이 광고 캠페인을 보고 직접 매출까지 연결될 수 있는 접점을 알아내기 위해서는 우선적으로 그들이 콜라를 주로 마시는 시간적, 장소적 상황을 면밀하게 파악하는 것이 급선무였다. 그러기 위해서는 20대 남성이 콜라를 마시는 것에 대한 인사이트(insight)를 파악하는 것이 중요한데, 20대

인사이트
소비자가 삶에서 그 제품에 대해서 갖고 있는 심층적인 의미를 말한다. 인사이트를 발굴한다는 것은 특정 표적이 그 제품에 대해서 가지고 있는 의미와 욕구를 파악한다는 것으로 인사이트를 광고를 통해서 자극하면, 그러하지 못했을 때보다 훨씬 더 큰 커뮤니케이션의 주목효과와 정교화된 정보처리를 유도해서 목표를 달성할 수 있다.

남자 대학생은 주로 콜라를 아침보다 오후에 마시고 장소적으로는 공강 시간에 PC방에서 혹은 오후 도서관 앞에서 휴식을 취하면서 콜라를 마신다. 주말에는 평일과는 다른 활동을 하는데, 그들은 친구나 연인과 극장에서 영화를 보면서 콜라를 마신다.

따라서 이러한 라이프스타일의 동선 상에 위치한 매체를 1차적으로 필터링하고 2차적으로는 'Perfectly Iced Coke'이라는 광고 캠페인의 메시지와 관련성을 가지는 매체를 필터링한다. 'Perfectly Iced Coke'이란 콜라를 가장 맛있게 마실 수 있는 방법을 의미하는 것으로, 콜라는 하얀 유리잔에 얼음을 넣고 마시는 것이 가장 콜라를 완벽하게 마시는 방법임을 알리려는 광고메시지다.

이러한 광고물을 표현하기 위해 주로 20대 남성이 교통편으로 많이 이용하는 지하철 환승역의 외벽, 방과 후에 자기 개발을 위해 가는 영어 학원이나 도서관의 자판기가 매체로 선택되었다. 그 자판기를 얼음 이미지로 디자인함으로써 광고메시지를 매체에 맞게 변형하였다.

[그림 11-9] | 코카콜라 캠페인의 접점으로 선택된 뉴미디어 크리에이티브

뉴미디어 시대에서는 상상을 초월할 정도로 다양한 미디어들이 존재한다. 특정 브랜드가 처한 핵심 문제를 해결하기 위해서는 적합한 미디어를 선택하고 그 미디어에 부합하는 크리에이티브를 창조하는 것이 매우 중요하다.

최근 들어, 미디어가 다양화됨에 따라 수많은 매체들 가운데 왜 그 매체를 채널로 선택해야 하는가에 대한 이유를 명확하게 달아야 하는 시대로 변화하였다. 미디어의 수가 늘어난 것보다 본질적으로 더 중요한 변화는 바로 소비자의 변화다. 인터넷, 모바일 미디어 등 다양한 쌍방향 미디어는 소비자의 파워를 강화시켰다. 과거에는 기업이나 정치권력이 미디어를 독점했지만, 현재에는 소비자가 블로그 또는 사회적 네트워크를 통해서 미디어를 소유하거나 자신이 친한 관계들 사이에서 정보를 주고받음으로써 상당한 가치를 가진 정보들을 소유하게 되었다.

특히 웹 2.0이 본격화되면서 소비자는 기업이나 정부기관 못지않게 정보에 접근할 수 있는 기술적 환경에 접하였다. 이러한 환경의 변화에 따라 소비자는 이제 단순히 TV광고에서 말하는 이미지나 주장에 대해서 수동적으로 반응하지 않고 능동적으로 인터넷이나 다양한 정보 채널을 통해 정보를 구하고 탐색한다. 즉, 온-오프의 교차(on-off cross) 소비, 가격과 커뮤니티의 제품평을 종합해서 판단하는 스마트 소비가 도래하였다. 이렇게 상황이 변하게 됨에 따라 소비자는 광고 커머셜보다 개별 접촉에 의한 구전을 통해 소비 결정을 내리는 경향성이 강화되었다.

이러한 환경에서는 기업이 소비자를 가르치거나 거짓 정보를 통해 현혹하는 것이 어렵다. 이는 소비자가 어떤 측면에서는 그 제품에 대해서 더 잘 알 수 있고 신뢰할 만한 매체를 통해 정보를 얻을 수 있기 때문이다. 이러한 미디어의 다양화와 질적 변화에 따른 소비자의 변화는 광고 패러다임과 브랜드 마케팅의 패러다임에도 변화를 야기하였다.

2) 뉴미디어 시대의 광고는 어떻게 달라지고 있는가

이제 소비자는 더 이상 브랜드의 차별화 포인트나 브랜드가 일방적으로 제시하는 약속에 대해 무조건 수용하지 않는다. 무엇보다 소비자는 더 이상 브랜드 간에 특별한 차이가 존재하지 않는다고 생각하게 되었다. 브랜드가 약속하는 이미지나 허상보다는 그 브랜드를 이미 체험한 다른 소비자의 말을 더 신뢰한다. 상황이 이렇게 달라짐에 따라 브랜드 마케터는 브랜드 간의 사소한 차이를 경쟁자와 대비해서 이야기하기보다 제품범주가 가진 가장 본질적이고 근원적인 가치를 전달하는 것에 초점을 둘 수밖에 없게 되었다(Barwise & Meehan, 2004).

소비자가 진정으로 원하는 욕구가 아닌 차별화를 위한 차별화는 효과를 기대하기 어려워졌다. 그것보다는 오히려 고객 욕구의 흐름과 상호작용하면서 경쟁자보다 더 고객을 심층적으로 이해하고 있다는 것을 브랜드가 표현함으로써 함께 공감대를 형성하는 것이 더 중요해졌다. 즉, 제품이나 서비스의 사소한 차별화 포인트보다 브랜드의 철학이나 신념 또는 기업의 하드웨어가 아니라 기업의 영혼이 지속 가능한 경쟁우위의 원천으로 여겨지고 있다.

유니레버의 '리얼 뷰티' 캠페인 사례는 여러 면에서 매우 중요하다. 특히 다양한 매체를 합목적적으로 결합하여 시너지를 창출한 대표적인 사례로 남아 있다. 이 캠페인은 대표적인 크로스 미디어(cross media) 캠페인으로 15초 중심의 TV광고를 전개한 것이 아니라 옥외 광고를 통해서 '진정한 미란 무엇인가'를 주제로 예고편에 해당하는 광고를 먼저 하였다. 그리고 나서 인터넷에 바이럴 동영상을 유포함으로써 매체 예산을 소모하지 않고 많은 소비자가 바이럴 동영상을 인터넷에서 보고 캠페인 사이트로 방문을 유도하였다. 캠페인 사이트에서는 소비자가 '미'에 대한 자신의 생각을 투표를 통해서 피력할 수 있는 참여 플랫폼을 만들어 캠페인을 확산시키도록 설계되었다.

재미있는 점은 바로 이 캠페인을 통해 유니레버는 일약 마케팅 분야에서 최고의 평가를 받기도 하였지만, 동시에 이 캠페인은 사상 최대로 네티즌의 공격을 받는 시발점

[그림 11-10] ㅣ 유니레버의 도브 '리얼 뷰티' 캠페인

리얼 뷰티(Real Beauty) 캠페인은 도브(Dove)의 제품 속성이나 특장점을 소구하지 않고 탈취제나 생활용품을 포괄하는 패밀리 브랜드로 브랜드 전략을 선회하였다. 광고의 메시지도 여성들에게 "진정한 미는 무엇인가?"에 대한 문제를 제기하면서, 요즘처럼 성형을 통해 만들어진 아름다움의 허구성을 지적하고, 진정한 미는 바로 있는 그대로의 모습이며, 여성은 자기 자신의 있는 그대로의 모습에 자신감을 가져야 한다는 메시지를 통해 여성들의 공감을 얻어내는 캠페인을 전개하면서 여성 소비자의 참여를 유도하였다.

이 되기도 하였다는 것이다. 그 이유는 바로 유니레버가 여성의 성을 제품화한다는 평가를 받을 수 있는 액시 이펙트(AXE Effect) 캠페인을 동시에 전개하였기 때문이다.

액시(AXE)는 유니레버의 탈취제 브랜드인데, 냄새를 제거해 주는 기능을 하는 생활용품 브랜드다. 액시는 경쟁사보다 냄새를 더 잘 제거해 준다는 사소한 차이의 콘셉트로 차별화하지 않고 이 제품을 뿌린 남성은 여성의 유혹을 받게 된다는 '액시 이펙트'라는 재미있는 주제를 가지고 접근하였다. 도브 에볼루션(Dove Evolution)과 마찬가지로 액시는 광고 역사에 남을 만한 '우먼 빌리언스(women billions)' 동영상을 만들었다. 어떻게 보면, 매우 단순한 콘셉트일지 몰라도 이 단순한 콘셉트의 액시 이펙트 캠페인은 세계적인 성공을 거두었다.

그런데 이 광고가 나간 후 얼마 안 있어, 다음의 바이럴 동영상을 소비자가 올리면서 리얼 뷰티 캠페인과 액시 이펙트라는 상반되는 캠페인을 마케팅적 상술로서 집행한 유니레버가 소비자에게 엄청난 공격을 당하면서 창사 이래 큰 위기를 맞았다.

뉴미디어 시대의 소비자는 속된말로 네티즌 수사대라는 말이 있는 것처럼 기업이 상상하는 것 이상으로 진실과 허위를 구분해 내는 능력을 가지고 있다. 누가 보더라도 유니레버라는 회사는 진정성을 담보로 여성의 미에 본질적인 의문을 던지는 마케팅 활동을 하면서 동시에 여성을 성적으로 상품화하려는 논리적인 모순을 보였다. 미국의 소비자가 유튜브에 올린 이 동영상에 NGO가 동조하면서 유니레버는 브랜드에 커

[그림 11-11] | '도브 에볼루션' 바이럴 동영상

유튜브에서 쉽게 볼 수 있는 동영상으로 평범한 여자가 아름다운 여자로 변신하는 과정을 드라마틱하게 그린 동영상으로, 매체비용을 전혀 들이지 않고 한 달 만에 170만 명이 이 동영상을 봤고 TV 쇼에 주인공이 출현하면서 브랜드 캠페인 사이트의 방문자 수 역시 3배로 증가하는 대표적인 뉴미디어 캠페인으로 남아 있다.

[그림 11-12] | 유니레버 액시의 women billions 바이럴 동영상과 지면 광고

구글이나 유튜브에서 액시라는 브랜드를 검색하면, 쉽게 볼 수 있는 액시의 대표적인 동영상 광고로 액시를 뿌리면 수많은 여성의 유혹을 받게 된다는 스토리의 광고다.

다란 타격을 입었다. 이 사례는 오늘날 인터넷이나 소셜 미디어(social media)로 다양한 견해를 서로 주고받는 소비자에게 기업이 진정성과 투명성을 가지고 커뮤니케이션을 하지 않을 경우, 발생할 수 있는 심각한 문제를 상기시켜 주기에 충분하다.

뉴미디어 시대는 브랜드 마케팅의 본질적인 흐름과 철학을 바꾸어 놓았을 뿐 아니라 형식적인 측면에서도 큰 변화를 일으켰다. 기존의 4대 매체 중심의 광고 패러다임에서 광고기획은 주로 15초 중심의 TV광고를 기획하는 것이었는데, 요즈음은 다양한

Recently,
Dove
developed a
series of
movies

[그림 11-13] | 유니레버의 마케팅적 상술을 비판하는 안티-도브 동영상

유니레버는 도브 리얼 뷰티 캠페인을 통해 여성의 성 상품화에 대해서 반대하는 캠페인과 동시에 액시 이펙트라는 여성의 성을 상품화한다는 비판을 받을 수 있는 캠페인을 진행함으로써 소비자로 하여금 진정성이 없고 마케팅적 상술로서 소비자를 우롱한다는 비판을 받았다. 이 동영상을 소비자가 만들어 유포한 후, 유니레버는 엄청난 항의전화를 받았고 소비자 단체로부터 거센 공격을 받았다.

미디어 가운데 브랜드가 해결해야 하는 핵심적인 과제를 해결할 수 있는 아이디어를 기획하는 시대로 바뀌었다.

그 이유는 TV광고뿐만 아니라 인터넷 동영상, 케이블 TV 또는 극장의 디지털 매체를 이용해서 30초에서 길게는 60초까지 긴 시간의 동영상을 집행할 수 있기 때문이다. 뿐만 아니라 매체가 소비자의 다양한 라이프스타일 동선에 따라 다양해짐에 따라서 특정 매체와 상황에 맞는 메시지를 통해서 소비자를 브랜드가 원하는 방향으로 움직이게 하는 행동 유발 광고가 주목받게 되었다. 즉, 실제 소비자가 구매를 하는 상황인 마트나 매장에서 구매시점(POP) 광고물을 통해서 실제 구매를 유발하고, 꼭 매장이 아니더라도 소비자가 실제 처한 생활공간에서의 상황에 맞는 매체에 브랜드의 메시지를 담아서 그 순간에 영향을 주며, 다른 매체와 역할을 분담하여 서로 상호작용하게 함으로써 소비자를 궁극적으로 브랜드가 기대하는 방향으로 행동하게 하는 시나리오 설계가 각광받게 되었다.

과거의 광고 패러다임이 단순히 인식을 바꾸고 소비자에게 일방적으로 메시지를 전파하여 브랜드가 원하는 위치화(positioning)를 달성하려고 했다면, 뉴미디어 시대에는 다양한 매체도구를 결합함으로써 최종적인 구매행위까지 영향을 주는 의미에서의 IMC가 각광받게 되었다. 즉, 광고 패러다임이 소비자에게 기업의 일방적인 메시지를 전달하는 것이 중요한 것이 아니라 브랜드가 소비자의 고민과 생각을 이해하고 함께 공유하고 있음을 인식시켜야 하는 쪽으로 변화되었다.

이렇게 행동 유발까지 커뮤니케이션이 목표로 삼게 됨에 따라 기존의 소비자의 구매결정 과정을 묘사하던 과거의 AIDMA 모형도 AISAS 모형으로 변화하였다. 즉, AIDMA(attention-interest-desire-memory-action)에서 AISAS(attention-interest-search-action-share)로 변화하였다. 이 과정의 변화는 소비자가 구매를 하기 직전에 반드시 인터넷에서 정보를 탐색하고 다른 소비자의 의견을 참고하여 구매하며 구매를 하고 나서도 자신의 구매경험에 대해서 다른 소비자와 공유하는 쌍방향적 과정을 구매결정 과정에 포함해야 한다는 것을 의미한다.

AIDMA 모형
소비자의 구매결정 과정에 대한 모델로서, 뉴미디어가 대두되기 이전에 소비자는 자신의 관심 있는 제품에 대해서 주의→흥미→욕구→기억→행위의 계열적인 과정을 거친다고 가정되었다. 따라서 과거에는 브랜딩의 과정도 일반적으로 소비자로 하여금 브랜드를 인지하게 하고 다른 경쟁사 브랜드보다 선호하게 만들고 그 이후에 구매욕구를 자극하는 계열적인 과정을 따라야 하는 것으로 간주되었다.

AISAS 모형에 따르면, 소비자는 더 이상 순서적으로 브랜드에 대한 인지와 선호, 구매를 한다기보다 어떤 제품범주에 대한 필요를 느끼는 순간에 즉각적으로 단계를 뛰

어넘어 인터넷에서 브랜드를 검색하고 정보를 비교해 보
고 바로 행동하는 과정으로 넘어 가기도 한다. 다시 말해,
이 모델에는 구매행동을 하기 전에 인터넷에서 제품에 대
한 정보와 다른 소비자의 의견을 참고해서 구매에 대해

AISAS 모형
디지털 미디어, 특히 인터넷을 통해 소비자가 제품에
대한 정보를 쉽게 탐색하고 비교할 수 있고 다른 소비
자의 의견을 참고할 수 있게 됨에 따라, 구매결정 과정
은 주의→흥미→탐색→행위→공유의 형태로 변화
되었다.

확신하려는 탐색과 구매 후 자신이 취득한 정보를 다른 사람과 공유하는 단계가 첨가
되었다. 더 중요한 것은 각각의 단계가 선형적이지 않고 특정 카테고리에 따라서는 제
품에 대한 필요를 느끼고 이 필요를 충족시키기 위해 단계를 뛰어넘어 인터넷에서 정
보를 구하고 바로 구매하는 형태로 각 단계가 생략되기도 한다는 점이다. 이 AISAS 모
형의 대두는 현재의 소비자 행동을 설명하고 예측할 때, 디지털 미디어를 통해 정보를
탐색하고 공유하는 과정을 반드시 고려해야 하는 정도로 중요하게 변화되었다는 것을
시사한다.

이 모형이 의미하는 것처럼, 브랜드는 인터넷에서 브랜드에 대한 호의적인 정보가
유통될 수 있도록 하는 것이 중요해졌다. 따라서 기업은 특정 브랜드에 대한 호의적인
여론이 형성될 수 있도록 파워 블로거와 제휴하여 마케팅을 펼치기도 한다.

요약하면, 뉴미디어 시대는 매체를 선택하는 것만 중요한 것이 아니라 최종적으로
소비자로부터 원하는 행동 반응을 얻어 내기 위하여 매체를 합목적적으로 결합하는
시나리오 플래닝이 각광받게 되었다. 즉, 수많은 매체들 가운데 자사의 브랜드가 반드
시 해결해야 하는 커뮤니케이션 과제를 해결할 수 있는 핵심 아이디어를 도출하고 그
아이디어를 실행할 수 있는 다양한 매체 도구를 합목적적으로 결합하여 원하는 행동
반응을 일으키는 것이 중요하다. 과거의 패러다임에서 광고는 소비자의 인식을 바꾸
는 일이었다면, 최근의 커뮤니케이션 활동은 단순히 소비자의 인식을 바꾸는 것을 떠
나서 소비자의 실질적인 행동을 유발할 수 있는 단계적 기획을 목표로 한다는 점에서
과거와 다르다.

3) 뉴미디어 시대의 광고효과는 어떻게 재개념화되어야 하는가

이러한 뉴미디어 시대의 도래로, 광고효과를 측정하는 개념 또한 달라졌다. 4대 매
체 중심의 시대에서는 TV 광고를 집행하기 전과 집행하고 난 후에 달라진 브랜드 인지
도와 이미지를 중심으로 목표 대비 달성 여부를 평가하거나, 현실적으로 이것이 어려

울 경우 경쟁사나 해당 제품 범주의 기준점이 되는 규준(norm)과 비교해서 높거나 낮은 점수를 가지고 판단을 내렸다. 하지만 뉴미디어 시대에서는 매체가 다양해짐에 따라 각 매체 특유의 전체 캠페인에서의 역할을 규정하고 이 역할을 달성했는지의 여부를 평가하는 핵심 성과 지표(key performance indicator: KPI) 관리가 매우 중요한 이슈가 되었다.

일례로, 신문광고를 집행하는 경우를 살펴보자. 불과 수년 전의 프로스펙스는 장기간 쇠퇴함에 따라 소비자의 기억에서 사라질 위험에 처해 있는 브랜드였다. 그러나 최근의 프로스펙스는 W 캠페인이라는 워킹화 캠페인을 통해 다시 부활하고 있다. W 캠페인은 스포츠화 시장에서 나이키와 아디다스라는 강력한 경쟁자와의 전면전을 피하고 30대 후반에서 40대에 걸쳐 불고 있는 걷기 운동이라는 문화 현상을 기회로 포착하여 스포츠 워킹화 W를 런칭하였다.

기존의 프로스펙스는 스포츠화뿐 아니라 의류와 가방에서 다양한 일상용품까지 폭넓은 제품을 생산하고 있었다. 그러나 W 캠페인을 통해 프로스펙스는 힘을 워킹화에 집중하고 상대적으로 20대 층에서 낮은 브랜드 위상을 파악하여 과감히 20대를 포기하고 30대 후반에서 40대 층의 워킹화 시장에 힘을 집중하여 공략하였다. W 캠페인이 2년 지나고 난 지금, 프로스펙스는 현재 스포츠 워킹화 시장에서 나이키를 누르고 소비자 인식상에서 브랜드 인지도 1위의 위상을 차지하였다. 이렇게 성공적인 캠페인 성과를 산출한 원인을 살펴보면, 바로 W 캠페인이 잘 기획된 크로스 미디어 캠페인(cross-media campaign)의 결과였다는 점을 알 수 있다.

크로스 미디어 캠페인
두 개 이상의 매체의 시너지를 사전 단계에서 기획하여 캠페인을 설계하는 것을 말한다. 흔히, 온라인의 중요성이 커지면서 TV광고나 지면광고와 같은 오프라인 매체의 역할과 온라인 매체의 역할을 합목적적으로 결합해 캠페인을 설계하는 경우를 예로 들 수 있다.

우선 W에 대한 TV 광고를 통해서 W에 대한 브랜드를 알리고, 잘 짜여진 W의 제품 우수성을 직접 체험할 수 있는 인터넷 브랜드 홈페이지와 연동하여 소비자가 브랜드 사이트에서 W의 우수성을 직접 체험할 수 있게 하였다. 무엇보다 매출을 직접적으로 올리기 위해서는 상대적으로 헤비 워커(heavy walker)를 표적으로 한 정보 지향적인 지면광고가 그 역할을 수행해 주어야 했는데, 이를 위해 걷기를 일주일에 3회 이상 하는 헤비 워커의 소비자 인사이트를 파악하였다. 그다음 지면광고는 철저히 TV 광고와는 다르게 정보 지향적인 광고를 통해 구매욕구를 자극하여 구매로 연결하는 역할을 담당하였다. [그림 11-14]는 바로 그러한 역할을 한 광고물이다. 실제로 이

[그림 11-14] | 프로스펙스 W 캠페인 광고

프로스펙스 워킹화 W는 신발의 설계가 워킹 시 좌우 흔들림을 방지하여 11자로 똑바로 걷게 해 준다는 콘셉트로 걷기 운동을 정기적으로 활발하게 하는 소비자(heavy user)를 매장으로 직접 유도하려는 지면광고를 집행하였다.

광고는 실질적인 매출을 증진하기 위한 매장으로의 소비자 유도를 목표로 했기 때문에, KPI도 실제 이 광고가 집행된 기간 동안 매출의 변화를 통해서 캠페인 효과를 평가하였다.

이러한 KPI는 각 매체의 특성에 따라 그 매체광고의 효과성을 측정할 수 있는 객관적인 지표를 규정하고 이를 측정할 수 있는 시스템을 장기적으로 구축함으로써 그냥 부분적인 ROI 관점을 가지고 캠페인을 한다는 것에서 더 나아가 최적화된 마케팅 프로그램을 구현하는 것을 목표로 하는 방향으로 발전하고 있는 추세다.

한편, TV광고나 지면광고는 상대적으로 그 효과를 측정할 수 있는 지표가 개발되어 있는 편에 속하지만, 옥외광고는 효과를 측정하는 방법이 아직까지 부족한 형편이다. 옥외광고에 대한 효과 측정은 즉각적으로 소비자가 옥외광고에 대해서 반응할 수 있는 형태로 광고를 만들어 집행함으로써 가능할 것이다.

예를 들면, 아파트의 엘리베이터 내 동영상 광고를 집행했다고 가정해 보자. 그 동영상 광고를 본 동네 주민을 조사대상으로 삼아 소비자 조사를 하는 것은 이론적으로 가능하지만, 현실적으로 시간과 비용 측면에서 보면 광고매체비용에 비해서 조사비가 더 들기 때문에 광고주에게 조사비용에 대한 납득할 만한 논리를 만들기 어렵다.

그것보다는 아파트 1층에 동영상 광고에 대해 반응을 할 수 있는 포스터 광고를 게재하고 이 포스터 광고에 10% 할인 쿠폰을 삽입하고 이에 대한 반응율을 체크하여 옥외광고에 대한 정량적인 반응율 데이터를 기록함으로써 광고효과를 간접적으로 알 수 있다.

대부분의 옥외광고나 지면광고의 효과 측정은 소비자에게서 기대 반응을 유발하고 이를 즉각적으로 측정할 수 있도록 전화번호나 쿠폰의 형태를 광고에 삽입함으로써 가능하다.

4. 지금까지의 마케팅은 절반에 불과했다:
암묵적 태도 측정의 필요성

광고의 목적은 1차적으로는 브랜드 인지도를 높이는 것이고, 2차적으로는 브랜드에 시장에서 유리한 연상을 만들어 주는 것이다. FMCG(fast moving consumer goods)의 경우에는 이렇게 광고를 통해서 만들어진 연상이 매출로 즉각적으로 연결되는 경우가 많다.

FMCG
세제나 샴푸, 라면 같이 마트에서 파는 생활용품으로 빠른 구매결정이 특징임

샴푸 시장의 예를 들면, 엘라스틴이라는 브랜드는 빅 모델 전지현을 통해 긴 생머리를 연상하게 함으로써 샴푸라는 범주가 가져야 할 '건강한 머릿결'이라는 연상을 브랜드에 심어 줌으로써 소비자로 하여금 구매의 순간에 이를 연상하게 하여 매출에 큰 영향을 주었던 캠페인으로 평가되고 있다.

즉, 광고는 특수한 시장에서 소비자로 하여금 구매욕구를 환기시킬 수 있는 핵심 연상 이미지를 만들어 줌으로써 매출에 큰 영향을 줄 수 있다. 재미있는 점은 소비자가 특정한 제품범주에서 구매하기를 원하는 연상은 시장에 따라 다를 뿐만 아니라 시간이 지남에 따라 달라진다는 점이다. 그렇다면 브랜드 전략을 수립할 때, 시간에 따라 달라지는 새로운 연상을 획득하기 위해 기존의 연상을 수정하여 변화시키는 것이 바람직할까?

1975년 미국 자동차 시장에서 BMW는 'Ultimate Driving Machine'이라는 슬로건이 말해 주듯이, 고기능성 자동차의 이미지로 성공적인 매출 신장을 기록하였다. 그러나 1980년대로 들어서자마자 BMW는 미국의 성공한 젊은 층에게 어필할 수 있는 감

[그림 11-15] | LG생활건강의 샴푸 브랜드 엘라스틴의 지면 광고

LG생활건강은 다양한 샴푸 브랜드를 가지고 있지만, 20대 초반 여성을 핵심 표적으로 하여 긴 머리결을 가지고 있는 매력적인 전지현을 모델로 한 '엘라스틴 했어요' 캠페인을 통해 시장 점유율을 비약적으로 성장시켰다.

성적인 이미지를 동시에 추구하기를 원하였기에, 1980년대의 BMW는 고기능성 이미지에 고급스러운 이미지를 첨가시키려고 노력하였다. 그러나 이 캠페인은 성공하지도 못했고, 오히려 BMW가 가진 고기능성 이미지마저도 희석시킨 실패 사례로 기록되었다. 애초에 BMW가 가진 고기능성 이미지 연상이 추후에 업그레이드를 할 새로운 연상에 매칭이 되는지를 평가할 수 있었다면, 1980년대에 투자한 엄청난 액수의 예산을 절감할 수 있었을 것이다. 바로 이렇게 한 브랜드가 가진 연상에 새로운 시장에서 요구하는 새로운 연상이 소비자의 무의식적인 차원에서 어느 정도 매칭이 되는지를 알 수 있는 도구가 심리학에는 존재한다.

　반드시 심리학자가 아니더라도 우리는 어떤 특정 대상에 대해서 겉으로 사람들에게 말하는 태도와 말하기 어려운 태도를 동시에 가지고 있음을 알 수 있다. 예를 들면, 자신은 동남아시아에서 이주해 온 노동자에 대해서 부정적인 태도를 가지고 있지 않다고 말할 수 있다. 그러나 속마음으로는 이주 노동자와 결혼할 수 있는가와 같은 물음을 던지면 절대로 그럴 수 없다고 생각할 것이다. 즉, 인간은 어떤 대상에 대해서 명시적으로 의식하고 있는 태도뿐만 아니라 암묵적으로 존재하는 태도도 가지고 있다. 뇌 손상 부위와 기억장애 환자 연구에 따르면, 명시적 기억과 암묵적 기억의 신경 기제가 다

암묵적 태도
우리가 의식하지 못하고 무의식적으로 특정 대상에 대해서 갖고 있는 태도

른 것으로 나타났다(박태진, 2002). 이러한 암묵적인 태도가 중요한 것은 인간의 대부분의 인지과정은 거의 95%가 의식되지 않는 심층 차원에서 이루어지고, 기껏해야 5%만이 인간이 자각할 수 있는 명시적인 차원에서 발생한다는 점 때문이다(Zaltmann, 2003).

명시적 태도
우리가 의식적으로 특정 대상에 대해서 가지고 있다고 말하고, 또한 그 대상에 대해서 나는 이러한 태도를 가지고 있다고 말함으로써 자기 자신을 표현하는 기능을 가지고 있는 태도

또한 명시적으로는 어떤 대상에 대해서 호의적으로 평가하지만, 암묵적으로는 부정적으로 평가하는 등 태도의 해리(dissociation)가 발생한다는 점이 주목할 만하다. 즉, 대부분의 광고효과 조사나 마케팅 조사가 설문지를 통해 명시적인 태도만을 측정해서 그 결과를 가지고 전략을 수립하거나 시장에서의 브랜드의 위상을 판단함을 감안하면, 지금까지의 마케팅은 모두 절반에 불과한 마케팅에 불과했다고 볼 수 있다. 왜냐하면 대부분의 소비자 행동, 특히 FMCG의 경우 감정이나 무의식적인 동기에 의해서 구매하는 힘이 더 크다는 것이 밝혀지고 있기 때문이다(Maison & Greenwald, 2001).

문제는 이러한 암묵적인 태도를 측정할 수 있는가다. 심리학에서 암묵적 연상 검사(implicit association test: IAT)와 같은 도구가 높은 타당성을 가짐을 입증함에 따라 소비자의 무의식적인 태도를 측정하여 이를 브랜드 전략의 방향을 탐색하는 데 활용할 수 있는 길이 열렸다는 점이다(양윤, 오자영, 2010 참조).

이 도구는 브랜드가 현재 가지고 있는 연상이 향후에 요구될 수 있는 연상과 의식 이하 수준에서 매칭이 되는지 아닌지를 판단하는 도구로 활용될 수 있다. 즉, BMW의 예처럼 어떤 브랜드가 소비자의 머릿속에서 고정관념처럼 이미 꽤 안정적인 형태의 연상을 이루고 있을 경우 이와 의미적으로 매칭이 되지 않는 새로운 연상을 획득하는 것은 어렵다. 이를 인지심리학에서는 부정적 점화(negative priming) 혹은 억제 기제(inhibitory mechanism)의 작동이라고 하는데, 한 개념이 활성화되면 연관 개념의 활성화를 촉진하기도 하지만, 역으로 무시된 개념은 지속적으로 억제되는 경향이 있다. 이는 정보처리의 효율성을 극대화하기 위한 뇌의 기제다.

쉽게 설명하면, 소비자의 머릿속에서 어떤 브랜드가 특정 상황에서 특정한 의미로 지속적으로 연결되어 인출되면, 그와 상관없는 의미들은 뇌의 기제상 억제가 되기 때문에, 그러한 의미적으로 유사하거나 연관되지 않는 의미를 새롭게 만들려면 비용만 많이 들어가고 궁극적으로는 기존의 연상과 충돌이 일어나 실패하게 된다는 논리다.

만약 광고비를 투자해서 특정한 브랜드 연상을 만들기 이전에, 그것이 기존의 연상과 충돌이 일어나는지 아니면 의미적으로 잘 매칭이 되는지를 알 수 있다면, 사전에 큰 비용을 절감할 수 있을 것이다. 다음은 IAT를 브랜드 전략의 탐색 과정에 적용하기 위한 예다.

싸이언	애니콜	싸이언	애니콜

컴퓨터 화면에 싸이언 혹은 애니콜 제품 중에 한 가지가 뜨고 이것이 싸이언이면 왼쪽 키를 누르고 애니콜이면 오른쪽 키를 가능한 한 빠르게 누르라는 지시문이 뜬다. 컴퓨터 프로그램이 화면에 휴대폰이 제시되고 난 후부터 소비자가 키를 누를 때까지의 시간이 밀리초 단위까지 측정된다.

두 번째 시연에서는 싸이언이 전략적으로 가고자 하는 대안 콘셉트인 '혁신(innovativeness)' 범주의 항목과 '자유(freedom)' 범주의 항목이 제시되고 첫 번째 시연처럼 가능한 한 빠르게 항목('첨단의' 또는 '구속되지 않는')이 해당하는 범주(혁신 또는 자유)가 있는 곳의 키를 누르게 한다.

혁신 자유	혁신 자유
'첨단의'	'구속되지 않는'

다음번 시연에서는 휴대폰의 범주화 과제와 단어 범주화 과제를 한 번에 섞어서 진행한다. 이때에도 각 휴대폰이나 단어가 범주화될 때까지의 반응시간이 측정된다.

싸이언 or 혁신	애니콜 or 자유	싸이언 or 혁신	애니콜 or 자유
도전적인		미니스커트	

이 과제를 하는 이유는 싸이언과 혁신 범주의 항목들과의 의식 이하 수준에서의 연결강도를 측정하기 위해서인데, 이를 통해 싸이언과 혁신 범주와의 연결강도 그리고 애니콜과 혁신 범주의 연결강도를 상대적으로 알 수 있다. 만일 그 연결강도가 약해 싸이언 폰이 가진 기존의 연상이 혁신 범주의 항목들과 매칭이 안 되면, '도전적인'이라는 항목을 왼쪽의 '싸이언 or 혁신' 쪽으로 범주화하는 데에 애니콜과 자유를 짝 지어 범주화하는 시행과 비교했을 때보다 시간이 더 걸린다고 가정한다. 왜냐하면 브랜드와 콘셉트 차원이 무의식적으로 잘 매칭이 되지 않으면, 각 항목을 범주화하는 과제를 소비자가 판단하는 데 혼란스럽고 매우 의식적인 정보처리가 요구되기 때문에 시간이 더 필요하다고 가정한다. 마지막으로, 이번에는 싸이언과 애니콜의 콘셉트 차원을 반대로 짝지어 범주화하게 한다.

싸이언 or 자유	애니콜 or 혁신	싸이언 or 자유	애니콜 or 혁신
도전적인		미니스커트	

총 시연을 정리하면 다음과 같다.

① 휴대폰 범주 과제	싸이언	애니콜
② 콘셉트 차원 범주 과제	혁신	자유
③ 휴대폰 + 콘셉트 조합 범주 과제	싸이언	애니콜
	혁신	자유
④ 3단계 시행 반복		
⑤ 콘셉트 차원 반대로	자유	혁신
⑥ 휴대폰 + 콘셉트 조합 범주 과제(반대로)	싸이언	애니콜
	자유	혁신
⑦ 6단계 시행 반복		

결과 분석의 초점은 싸이언이 만약 혁신 차원보다 자유 차원과 의식 이하에서 더 잘 연결되어 있다면, 3, 4단계보다 6, 7단계에서 제품 또는 콘셉트를 분류하는 시간이 더 빠를 거라는 가설을 검증하는 것이다.

다음은 가상적인 결과의 예시다.

	반응 시간(m/sec)	
	싸이언-혁신	싸이언-자유
Young Target(17~23세)	743	602
Career Target(25~35세)	990	820
total	866	711 $p < .05$

이러한 결과가 나왔다면, 싸이언은 혁신 차원의 연상 이미지보다 자유 차원의 연상 이미지와 더 높은 적합도를 보인다고 판단할 수 있다. 좀 더 세부적으로 특히 젊은 17~23세의 소비자에게 싸이언이 자유로운 이미지와 더 잘 부합되는 브랜드로 커뮤니케이션했을 때, 경쟁사인 애니콜보다 더 높은 적합도를 가지고 있다고 볼 수 있다. 따라서 싸이언은 자유 차원의 콘셉트로 커뮤니케이션하는 것이 비용적으로도 더 효율적이라는 판단을 할 수 있다.

　　IAT는 브랜드 전략 대안의 탐색뿐만 아니라 브랜드 슬로건에 대한 평가나 브랜드 로고에 대한 평가 등에도 쓰일 수 있다. 무엇이든 간에 암묵적으로 대상에 대해서 즉각적으로 판단해서 태도를 형성하는 과제에서 쓰일 수 있고 꽤 높은 타당도를 가지고 있다. 물론 IAT를 이용한 앞의 기법은 그 자체가 광고를 보여 주고 그 효과를 측정하는 방법은 아니다. 그러나 궁극적으로 광고효과 측정 자체가 보다 효과적인 브랜드 커뮤니케이션을 가능하게 하는 시스템을 위한 것이라고 본다면, 광고가 만들려고 하는 최종적인 브랜드 연상이 경쟁사에 비해서 어느 정도나 만들어졌는지를 평가하는 데 쓰일 수 있다. 무엇보다 광고예산을 투자하기 이전에 그 광고효과를 사전적으로 평가해 볼 수 있다는 점에서 막대한 예산의 투자 이전에 반드시 고려되어야 할 방법일 것이다.

　　심리학을 전공한 저자는 전통적으로 심리학에서 활용되는 다양한 측정에 대한 방법들이 현업에서도 매우 유용하게 쓰일 수 있음을 경험하였다. 심리학을 전공하는 학생들이 방법론적으로 더 엄밀하도록, 그리고 통계적으로 유의한 결과를 발견하기 위해 노력한다면, 추후에 광고회사나 관련된 업계에서 광고효과를 측정하고 그것을 해석하는 데 많은 도움이 될 것이다.

요약

　　광고효과를 측정한다는 것은 본 광고가 달성하려는 목표를 명확히 하는 일이다. 그 목표가 달성되었는지의 여부를 측정할 수 있도록 설문지가 고안되어야 한다. 광고가 매출을 일으킬 수 있는가와 같은 것이 논란의 여지는 있지만, 최근 들어, 다양한 매체도구가 보편화되면서 각 매체별로 특정의 역할을 부여하고 그 역할이 캠페인 기간 동안 제대로 수행되었는지를 살펴봄으로써 더 효율적인 커뮤니케이션 시스템을 정립해 가는 것이 중요한 이슈로 부각되고 있다. 광고효과는 명시적인 것뿐만 아니라 암묵적인 태도에도 영향을 끼치게 되는데, 실제로 소비자의 행동에는 이러한 암묵적인 태도가 큰 영향을 준다. 따라서 설문지를 통한 광고효과의 측정뿐만 아니라 암묵적 연상 검사(IAT)와 같은 암묵적 태도를 측정하는 방법을 활용하여 브랜드 전략 대안을 탐색하는 방법을 제안하였다. 이를 통해 기업은 잘못된 방향으로 엄청난 규모의 마케팅 예산을 소모하지 않도록 전략대안을 사전에 정량적이고 실험적으로 엄밀한 방식을 통해 검증해 볼 수 있다.

참고문헌 📌

박태진(2002). 인간기억의 암묵적 인출과 외현적 인출의 인지신경심리학. 한국심리학회지: 실험 및 인지, 14(4), 267-290.

박태진(2003). 처리수준에 따른 암묵기억과 외현기억의 신경학적 해리: ERP 연구. 한국심리학회지: 실험 및 인지, 15(2), 289-301.

양윤, 오자영(2010). 자의식과 태도중요성이 암묵적 태도와 명시적 태도 간의 일관성에 미치는 영향. 한국심리학회지: 소비자 · 광고, 11(2), 233-256.

크로스위치(2009). 세계 No.1 광고대행사 덴츠의 크로스미디어 커뮤니케이션 전략. 파주: 나남.

한상만, 권준모(2000). 상표 연상 강도의 측정방법과 그 영향에 관한 연구. 광고학 연구, 11(4), 187-209.

Barwise, P., & Meehan, S. (2005). 기업을 성공으로 이끄는 더 나은 전략(홍성준, 조자현 역). 서울: 마젤란.

Kinoshita, S., & Peek-O'Leary, M. (2006). Two bases of the compatibility effect in the implicit Association test. *The Quarterly Journal of Experimental Psychology, 59*, 2102-2120.

Lane, K. A., Banaji, M. R., Nosek, B., & Greenwald, A. G. (2007). Understanding and using the implicit association test: IV: What we know (so far) about the method. In Bernd Wittenbrink & Norbert Schwarz, *Implicit measures of attitudes* (pp. 59-102). New York: Guilford Press.

Maison, D., & Greenwald, A. G. (2001). The implicit association test as a measure of implicit consumer attitudes. *Polish Psychological Bulletin, 32*, 61-70.

Siegrist, M., Keller, C., & Cousin, M. E. (2006). Implicit attitudes toward nuclear power and mobile phone base stations: Support for the affect heuristic. *Risk Analysis, 26*(4), 1021-1029.

Zaltmann, G. (2004). 소비자의 숨은 심리를 읽어라(노규형 역). 서울: 21세기 북스. (원본 출판연도는 2003년)

제6부

광고심리학 관련 제 분야

제12장 광고와 기호학

제13장 아동, 청소년, 노년층의 소비심리 및 공익광고

제14장 정치광고 및 기만광고

제**12**장
광고와 기호학

커뮤니케이션 현상을 바라보는 시각에는 두 가지가 있다. 즉, ① 송신자로부터 수신자에게 메시지가 전달되는 것으로 보는 시각, ② 송신자와 수신자 사이의 메시지를 통한 상호작용으로 보는 시각이다. 전자가 과정학파이고, 후자가 기호학파다. 이 장에서는 광고 커뮤니케이션과 기호학의 관계에 관해 살펴보고자 한다.

:

1. 커뮤니케이션의 두 가지 시각

1) 과정학파

과정학파는 커뮤니케이션을 메시지의 전달로 정의한다. 이 학파는 주로 커뮤니케이션의 효율성과 정확성의 문제에 관심을 갖는다. 이러한 입장은 커뮤니케이션을 어떤 사람이 다른 사람의 행동이나 심리상태에 영향을 미치는 과정으로 본다. 과정학파는 사회과학, 특히 심리학과 사회학에서 체계화되었고, 커뮤니케이션 행위를 중점적으로 연구하는 경향이 있다. 또한 이 학파는 메시지를 커뮤니케이션 과정에 의해서 전달되는 것으로 간주한다.

$$송신자(S) \rightarrow 메시지(M) \rightarrow 채널(C) \rightarrow 수신자(R) = 효과(E)$$

2) 기호학파

기호학파는 커뮤니케이션을 의미의 산출과 교환으로 정의한다. 이 입장은 메시지 혹은 텍스트가 의미를 만들어 내기 위해서 어떻게 사람들과 상호작용하는지에 주목한다. 즉, 우리 문화 내의 커뮤니케이션 텍스트의 역할에 관심을 둔다. 이 학파에서의 커뮤니케이션이란 텍스트 연구와 문화연구를 의미한다. 기호학파는 언어학과 예술 분야에서 체계화되었고, 커뮤니케이션의 결과물을 중점적으로 연구하는 입장이다.

기호학파에게 메시지란 수신자와의 상호작용을 통해 의미가 산출되는 기호의 구성체다. 메시지의 전달자로 정의되는 송신자의 중요성은 상대적으로 감소된다. 오히려 강조되는 것은 텍스트와 그것에 대한 해독방법이다. 따라서 해독은 독자가 텍스트와 상호작용하거나 협상할 때 발생하는 의미를 발견하는 과정이다. 이러한 협상은 독자가 자신의 문화적 경험의 관점에서 텍스트를 구성하는 코드와 기호를 해독할 때 일어난다. 또 협상은 텍스트가 다루고 있는 내용에 대해 독자와 어느 정도 공유된 이해를 필요로 한다. 서로 다른 사회적 경험을 갖거나, 다른 문화권에서 온 독자는 동일한 텍스트에서 서로 다른 의미를 발견할 수 있는 것이다(강태완, 김선남, 1990, pp. 23-26).

$$송신자(S) \leftrightarrow 메시지(M) \leftrightarrow 수신자(R)$$

채널(channel)

코드(code)

상황(context)

커뮤니케이션 연구의 기호학적 접근은 기본적으로 커뮤니케이션의 공유적 개념에 주목한다. 송신자가 보낸 메시지를 수신자가 받아들이는 선형적 전달과정으로 커뮤니

〈표 12-1〉 과정학파와 기호학파의 관점의 차이

	정의 1	정의 2	관심	분야	연구대상	메시지	성패
과정학파	메시지를 통한 사회적 상호작용	메시지의 전달	효율과 정확성	사회학과 심리학	커뮤니 케이션 행위	커뮤니케이션 과정에 의해서 전달	유
기호학파		의미의 산출과 교환	텍스트와 해독 방법	어학과 예술	텍스트와 문화	수신자와의 상호작용을 통해 의미가 산출되는 기호의 구성체	무

케이션을 파악하기보다는 한 사람이 다른 사람과 '기호'라는 의미작용 체계를 공유함으로써 이루어지는 의미의 생산행위로 본다. 여기에서 메시지란 '보내지는 것'이 아니라 '함께 공유되는 것'이다. 과정학파와 기호학파의 관점의 차이를 정리하면 〈표 12-1〉과 같다.

과정학파
커뮤니케이션의 효율성과 정확성의 문제에 관심을 두며, 커뮤니케이션을 어떤 사람이 다른 사람의 행동이나 심리상태에 영향을 미치는 과정으로 봄

기호학파
커뮤니케이션을 의미의 산출과 교환이라고 정의하며, 메시지 혹은 텍스트가 의미를 만들어 내기 위해서 어떻게 사람들과 상호작용하는지에 주목함

2. 기호학으로 광고 이해하기

이 절에서는 기호학의 기본 개념과 원리 및 응용에 관해 간단하게 살펴본다. 기호학에는 두 가지 중심 명제가 있다. 하나는 기호와 그것의 의미 관계를 밝히는 의미작용 또는 의미화이며, 다른 하나는 기호가 코드로 결합되는 방식이다. 기호학에서는 기호의 조직 원리를 코드(code)라 부르고 코드에 의해 생산된 산물을 텍스트(text)라 부른다. 기호학에서는 텍스트를 이루는 온갖 이미지(image), 은유(metaphor), 환유(metonym) 등의 상징체계들을 다룰 것이다. 이런 상징체계들은 신문, TV, 영화, 만화, 연속극, 광고, 잡지 등과 문학과 예술작품 같은 다양한 텍스트들 속에 풍부하게 들어 있어 우리가 날마다 대하는 것들이다.

1) 기호, 기표, 기의

기호
형식과 내용이 결합된 것으로 기표와 기의로
나타낼 수 있음

기표
인간이 감각을 통해서 지각하는 기호의 이미
지로 의미의 운반체

기의
기표가 담고 있는 의미

기호학은 기호들(signs)이 커뮤니케이션하는 방식과 그 기호들을 사용할 때 지배하는 규칙들이 무엇인지를 규명하는 학문이다. 스위스의 언어학자 소쉬르(F. de Saussure)는 기호학 창시자 중 한 사람으로 기호학을 학문적으로 발전시킨 대표적인 인물이다. 그에 따르면, 기호란 형식과 내용이 결합된 것으로 이것은 기표(signifier: sr)와 기의(signified: sd)로 나타낼 수 있다. 기표란 인간이 감각을 통해서 지각하는 기호의 이미지로 '의미의 운반체'이며, 기의는 기표가 담고 있는 의미다. 즉, 기표가 현실적 차원이라면 기의는 추상적 차원이다. 그리고 기표와 기의 사이는 자의적 관계로, 필연적 또는 논리적 관련성이 없다.

예를 들어, '내가 너를 사랑한다'는 추상적 관념으로, 이것은 기의에 해당한다. 기의는 정신적 의미이므로 이를 전달하는 운반체가 필요한데, 이것을 기표라고 부른다. 남녀가 서로 사랑하는 경우 상대방에게 알맞은 기표를 골라서 기의를 담아 내야 하는데, 한 송이 장미꽃을 보냈다면 장미꽃은 내 사랑이라는 추상적 개념을 전달하는 운반체로 기표에 해당한다. 다시 말해, 장미꽃의 경우 '빨간 꽃에 녹색 잎과 줄기에 가시를 가진 화훼성 식물'이 기표인 것이다. 물론 장미꽃을 받고 상대방이 어떤 의미도 해석하지 못한다면 장미꽃은 더 이상 기표의 구실을 하지 못한다. 따라서 의미작용이란 하나의 기호를 만들기 위해 기표와 기의를 결합시키는 작업이다.

기호 = 기표 + 기의

꽃님이를 사랑하는 돌쇠가 꽃님이에게 장미를 선물한 것을 기호학파적 관점에서 보면, 기호(장미꽃)를 매개로 한 의미작용을 통해 꽃님과 돌쇠 사이의 커뮤니케이션인 것이다. 돌쇠와의 데이트를 위해 꽃님이가 아끼던 새 향수를 뿌리고 나왔다. 그런데 데이트가 끝날 때까지 그것에 대해 돌쇠가 아무 말도 하지 않았다. 참다못한 꽃님이가 말했다. "돌쇠 씨, 무슨 냄새 안 나요?(새 향수 냄새가 어때요?)" 그러자 돌쇠가 말했다. "가시나, 니 방구 뀐나?" 이런 경우 '방구'라는 의미작용은 일어났지만 '향수'라는 의미의 공유가 일어나지 않았기 때문에 커뮤니케이션이 되지는 못했다. 이렇듯이 기호학에서

〈표 12-2〉 기표와 기의에 관한 정리

	정의	차원	관계
기표	인간이 감각을 통해서 지각하는 기호의 이미지/의미의 운반체	현실적 차원	관습적
기의	기표가 담고 있는 의미	추상적 차원	자의적

의 의미는 전달이나 소통되는 것이 아니라 의미의 재생산에 의해 공유되는 것이다.

커뮤니케이션 = 기표(메시지)를 전달하는 과정

의미작용 = 기표에서 기의를 추출해내는 작용

2) 기호의 종류

피어스(Peirce)는 기호를 도상(icon), 지표(index), 상징(symbol) 등의 세 종류로 분류하였다. 도상 기호는 유사 관계에 의해서 의미가 발생하는 기호다. 다시 말해, 도상은 상징하는 사물과 비슷해 보이거나 닮은 기호로, 유사성을 통해 대상을 지시한다. 도상은 지시하는 것과 지시되는 것이 여러 면(형태, 소리, 추상적 관계 등)에서 유사성을 지니는 기호이기 때문에, 쉽게 이해된다. 따라서 공항이나 도로 표지판들은 보통 도상 기호를 이용한다. 도상에는 이미지, 다이어그램, 은유 등이 있다.

도상
유사관계에 의해서 의미가 발생하는 기호

지표
원인과 결과 관계에 의해서 의미가 발생하는 기호

상징
관습적 관계에 의해서 의미가 발생하는 기호

- 이미지: 대상 자체의 속성상 유사성을 가지고 있는 도상 기호(예, 사진, 의성어, 초상화, 그림 등)
- 다이어그램: 대상과의 구조상의 유사성을 가지고 있는 도식적 도상 기호(예, 공항 내 각종 안내 표지판, 도로 표지판)
- 은유: 대상과 다른 대상 사이의 유사한 성질을 통해 대상을 지시하는 도상 기호(예, '남자는 늑대다.' '여자는 여우다.')

지표 기호는 원인과 결과 관계에 의해서 의미가 발생하는 기호다. 연기는 불의 지표

〈표 12-3〉 도상 · 지표 · 상징 기호의 구분

	도상	지표	상징
상징방법	유사성	인과성	관습
예	사진	연기와 불	십자가, 깃발 등
과정	인식 가능	판단(추론) 가능	학습 필요

기호다. 불이라는 원인이 없이는 연기라는 결과가 있을 수 없기 때문이다. 온도계는 기온의, 지문은 접촉의 지표 기호다.

상징 기호는 관습적 관계에 의해서 의미가 발생하는 기호다. 상징 그 자체와 상징의 의미 사이에는 논리적 연관성이 없다. 문자가 대표적인 상징 기호인데, 이는 배워야만 한다. 즉, 학습이 필요한 것이다.

그러면 이러한 기호들은 어떤 속성을 가지고 있을까? 〈표 12-4〉에서 보듯이, 도상 기호는 유사적 관계로 쉽게 이해되는 반면에 기호의 힘은 상대적으로 약하다. 그러나 상징 기호는 자의적 관계이지만 기호의 힘은 상대적으로 강하다.

기호의 힘은 세다. 솔거가 그린 황룡사 벽화는 소나무 숲이 얼마나 현실적이었던지 많은 새들이 날아와 가지에 내려앉으려다가 벽에 부딪혀 떨어져 죽었다고 한다. 대단한 도상 기호였던 것이다. 과학수사대(CSI) 요원들은 언제나 현장에서 수집한 지표 기호를 통해 귀신 같이 범인을 찾아낸다. 우리의 태극기는 대한민국의 상징 기호다. 그 태극기를 위해 얼마나 많은 애국선열들이 목숨을 바쳤던가? 십자가를 위해 죽은 순교자들은 또 얼마인가? 그렇게 기호의 힘은 세다. 어떤 의미에서 기호는 위대하기까지 하다.

그러면 왜 광고를 하는가? 기호학적 관점에서 보면, 자사상표(상징 기호)를 제품범주를 대표하는 상징 기호로 만들어 브랜드 파워를 키우기 위해서라고 말할 수 있다. 담배의 말보로(Marlboro), 향수의 샤넬 넘버 파이브(Chanel No. 5), 스포츠 용품의 나이키(Nike) 등은 모두 그 제품범주를 대표하는 상징 기호가 된 브랜드들이다.

〈표 12-4〉 도상 기호, 지표 기호, 상징 기호의 속성

종류	관계	예	이해의 정도	기호의 힘
도상	유사적	사진 ↔ 얼굴	용이	약함
지표	인과적	연기 ↔ 불	중간	중간
상징	자의적	십자가 ↔ 기독교	난이	강함

3) 외연적 의미와 함축적 의미(기호의 의미작용)

그러면 기호는 어떻게 의미작용을 하는가? 기호는 항상 의미의 이중구조를 가지고 있는데, 그것은 외연적 의미와 내연적 의미다. 외연이 글자 그대로의 1차적 의미라면, 내연은 그 말이 가지고 있는 함축적 의미, 즉 2차적 의미라고 할 수 있다. 나무라는 말을 예로 들어보자. 사전을 찾아보면 "나무[명사] 1.줄기와 가지에 목질(木質) 부분이 발달한 다년생 식물을 통틀어 이르는 말. 목본(木本). 수목(樹木). 2.건축 · 토목 · 가구 따위의 재료로 쓰기 위하여 손질한 재목. 목재(木材)."(국립국어교육원, 1999)로 나와 있다. 이것이 글자 그대로의 의미, 즉 외연적 의미다. 그러나 "나무를 보면서 숲은 보지 못한다."라는 말에서 보듯이, 나무라는 말은 동시에 전체에 대한 부분, 사소한 것을 의미하기도 한다. '부분' '사소한 것'은 나무라는 말이 가지고 있는 함축적 의미인 내연적 의미인 것이다.

외연적 의미는 기표와 기의의 관계에서 발생하는 일차적 의미이며, 함축적 의미는 외연적 의미 단계에서 발행한 의미를 기표로 하는 2차적 의미다. 넥타이를 예로 들면, 넥타이의 외연적 의미는 셔츠에 매는 패션 아이템 정도가 될 것이다. 누구에게 이 넥타이를 받았을 때는 '선물' 또는 '뇌물'이라는 함축적 의미를 갖는다. 롤랑 바르트(Roland Barthes)는 이러한 외연에 해당하는 의미 작용 1단계를 언어적 차원, 그리고 함축적 의미, 즉 내연에 해당되는 의미 작용 2단계를 신화적 차원이라고 말한다.

롤랑 바르트는 기호의 이러한 2단계 의미작용 과정을 프랑스 『마치(March)』지에 실렸던 사진 한 장을 통해 다음과 같이 설명한다. 이 잡지에 게재된 사진에는 프랑스 국기가 게양된 전함의 갑판 위에서 알제리 출신의 흑인 수병이 프랑스 국기를 향해 거수경례를 하고 있다. 이 사진 한 장이 가지고 있는 기호학적 의미는 무엇일까? 의미 작용 1단계인 언어적 차원에서의 기표는 사진이다. 그리고 기의는 국기에 경례하는 수병이다. 그런 기표와 기의가 결합된 하나의 기호는 프랑스 국기에 경례하는 흑인 병사다.

〈표 12-5〉 **외연적 의미와 함축적 의미의 구분**

	정의	예: 넥타이	
외연적 의미	기표와 기의의 관계에서 발생하는 1차적 의미	셔츠에 매는 것	1차적 의미
함축적 의미	외연적 의미 단계에서 발생한 의미를 기표로 하는 2차적 의미	고마움/뇌물	∧ 2차적 의미

〈표 12-6〉 신화의 의미작용 체계

의미작용 2단계	신화	의미작용(Sign)		
의미작용 1단계	언어	형식(Sr) 기호(Sign)		개념(Sd)
		Sr	Sd	*Sr(기표): 기호 표현(표현 측면) *Sd(기의): 기호 내용(내용 측면)

〈표 12-7〉 기호의 2단계 의미작용 모델

의미작용 2단계 (=부가의미)	신화	프랑스는 위대하다.		
의미작용 1단계 (=지시의미)	언어	국기에 경례하는 흑인병사		프랑스의 모든 아들들은 피부 빛깔의 차별 없이 국기 아래 충성한다.
		사진: 국기에 경례하는 흑인 병사	실제로 국기에 경례 하는 프랑스 흑인 병사	

의미작용 2단계의 신화적 차원에서는 다시 프랑스 국기에 경례하는 흑인 병사가 하나의 기표가 되고, 그 흑인 수병 사진을 통해 전달하는 또 하나의 기의는 프랑스의 모든 아들들은 피부 빛깔에 차별 없이 프랑스 국기 아래 충성한다는 것이다. 그 사진 한 장은 '프랑스는 위대하다.'는 신화를 다시 한번 재생산한 것이다.

4) 계열체와 통합체(기호의 조직)

계열체
서로 다른 실체를 가지면서도 공통적인 특성을 지니는 단위의 군(群)

통합체
계열체적으로 선택된 기호들을 조합한 결과

소쉬르는 기호가 약호로 구성되는 방식을 계열체(paradigm)와 통합체(syntagm)라는 두 가지 유형으로 정의 내렸다. 계열체란 서로 다른 실체를 가지면서도 공통적인 특성을 지니는 단위의 군(群)으로 정의되는데, 가장 간단한 예가 알파벳이다. 알파벳은 문자언어를 위해 사용될 수 있는 철자의 계열체를 형성한다.

통합체는 계열체적으로 선택된 기호들을 조합한 결과로 정의할 수 있는데 일단 하나의 (기호) 단위가 한 계열체 내에서 선택되면 이 단위는 다른 (기호)단위들과 결합되

〈표 12-8〉 계열체와 통합체의 구분

	정의	예: 의상	
계열체	서로 다른 실체를 가지면서도 공통적인 특성을 지니는 단위의 群	헤어스타일, 모자, 상의, 하의, 구두 등	의미는 계열체와 통합체의 씨줄과 날줄
통합체	계열체적으로 선택된 기호들을 조합한 결과	생머리+베레모+티셔츠+청바지+군화	

며, 이와 같은 결합을 통해 통합체가 된다. 통합체는 선택과 배열로 이루어지는데, 각각의 계열체들 가운데서 선택된 기호들은 일정한 배열 규칙에 따라 배열(결합)됨으로써 하나의 통합체를 형성한다. 계열체와 통합체는 의미를 위한 씨줄과 날줄이다.

우리가 매일 하는 옷차림을 예로 들면, 헤어스타일, 모자, 상의, 하의, 신발 등은 모두 하나의 계열체들이다. 아침에 옷장을 열고 모자(계열체)들 가운데서 가장 마음에 드는 하나를, 윗도리들 가운데서 하나를, 아랫도리옷들 가운데서 하나를, 그리고 신발장을 열고 수많은 신발들 가운데 하나를 선택한다. 그리고 배열 규칙에 따라 모자는 머리에, 저고리는 상의에, 바지는 하의에, 그리고 구두는 발에 신고 있는 우리 한 사람 한 사람은 하나의 통합체가 되는 것이다. 나의 패션은 친구와 다르다. 그 '다름'은 나와 친구가 또 다른 의미를 지니게 한다.

"나는 소를 보았다."라는 문장을 통해서 계열체와 통합체를 살펴보자. '나는' '너는' '우리는' '그들은' 등은 주어의 계열체다. '소를' '말을' '개를' '돼지를' 등은 목적어의 계열체이며, '보았다' '탔다' '먹었다' '죽였다' 등은 동사(술어)의 계열체다. "나는 소를 보았다."라는 문장은 주어의 계열체에서 '나는'을 그리고 목적어의 계열체에서 '소를', 그리고 술어의 계열체에서 '보았다'를 선택한 다음, 문장 배열 규칙에 따라 주어, 목적어, 동사의 순서로 배열해서 "나는 소를 보았다."라는 문장이 되었으며, 이 문장은 하나의 통합체인 것이다. 그리고 "나는 소를 보았다."라는 문장의 의미는 '나는'이 '너는'과 그리고 '우리는'과는 다른 그 차이가 바로 '나는'의 의미가 되는 것이다. '소를'의 의미 또한 '개를'이 아닌, '말을'이 아닌, '돼지를'이 아닌 다른 동물들과의 차이가 '소'의 의미가 되는 것이다. 즉, 의미를 나타내기 위해서는 차이를 바탕으로 기호들이 선택되고 배열되어야 한다.

나는	소를	보았다.
====	====	====
너는	말을	탔다.
우리는	개를	먹었다.
그들은	돼지를	죽였다.
……	……	……

또 다른 의미생성 과정의 예를 보자. 발렌타인데이를 기념하기 위해 연인과 우아한 레스토랑을 찾았다. 그리고 멋진 저녁식사를 했다. 그 저녁식사 또한 하나의 통합체다. 샐러드, 드레싱, 수프, 메인 요리, 음료수의 계열체 가운데서 하나씩 선택하고 일정한 순서에 따라 그 요리들이 제공됨으로써 하나의 저녁 식사는 통합체가 된다. 만약에 과일샐러드 → 프렌치드레싱 → 완두콩수프 → 송아지스테이크 → 와인을 선택했다면 그 저녁 식사의 의미는 과일샐러드가 아닌 다른 샐러드들과의 차이, 프렌치드레싱이 아닌 다른 드레싱들과의 차이, 완두콩수프가 아닌 다른 수프들과의 차이, 송아지스테이크가 아닌 다른 요리와의 차이, 와인이 아닌 다른 음료수와의 차이들이 모여서 전체적인 의미가 되는 것이다.

(샐러드)	(드레싱)	(수프)	(요리)	(음료수)
야채샐러드	1000아일랜드	완두콩수프	스페셜	와인
햄샐러드	프렌치드레싱	칠리수프	송아지스테이크	주스
과일샐러드	이탈리안드레싱	쇠고기수프	연어스테이크	맥주
……	……	……	……	……

(선택과 배열)

과일샐러드 → 프렌치드레싱 → 완두콩수프 → 송아지스테이크 → 와인

5) 신화와 이데올로기

신화와 이데올로기는 레비-스트로스(Claude Levi-Strauss)와 롤랑 바르트(Roland

Barthes)의 논의를 중심으로 살펴보는 것이 바람직하다. 일반적으로 신화는 믿을 수 없는 이야기다. 사람이 직접 접할 수 없는 것이나 현상을 어떤 방식으로든 설명하려고 만든 이야기로서, 신과 같은 신성한 존재에 관한 이야기다. 이러한 신화는 신과 같은 신성한 존재가 나타날 수 있는 사회문화적 차원의 구조적 관계를 담고 있다. 따라서 신화를 분석하는 것은 신과 같은 신성한 존재가 나타나게 된 사회문화적 차원의 구조적 관계를 해석할 수 있게 만든다.

이런 입장에서 레비-스트로스(1967)는 원시사회 문화를 살펴보고자 신화를 분석했다. 레비-스트로스에 따르면, 신화는 '이항 대립'에 의해서 의미가 발생한다. 즉, 남자는 여자의 반대, 혹은 백의 반대로서 의미를 지닌다. 말하자면, 남자에 관한 이야기는 여자에 관한 이야기를 통해 차이가 생기면서 의미를 가진다.

레비-스트로스는 원시사회의 신화가 당시 사회에서 현실적으로 풀 수 없었던 모순과 근심을 기호로 나타낸 것이라고 판단했다. 그런데 신화는 원시사회에만 국한된 것은 아니다. 신화는 과거에도 있었고, 현재도 있으며, 미래에도 있을 것이다. 신화는 모든 시대에 존재하며, 모든 신화는 유사한 구조를 가진다.

한편 롤랑 바르트(1972)는 레비-스트로스의 신화에 관한 인식을 소쉬르의 기호 이론과 연계하여 이데올로기 차원으로 확대 해석했다. 그는 신화는 이야기의 기호체계이며, 이러한 기호체계는 다시 기표와 기의의 형태로 분리되면서 이데올로기적 의미를 갖는다는 것이다. 롤랑 바르트의 의미작용 과정(〈표 12-6〉과 〈표 12-7〉 참조)을 보면 신화는 만들어짐을 알 수 있다. 그리고 신화가 만들어지고 소비되는 것은 이차적 의미작용의 단계에서 발생한다. 이 단계에서 발생한 신화는 사회 지배 계급의 가치와 이익을 증진시키고 유지시키는 생각과 실천의 체계다. 이것이 바로 이데올로기다. 신화는 신화의 수용자가 사회를 해석하는 준거틀이 되며, 이들에게 자연스럽고 영원히 지속될 수 있는 정당성을 제시해 줌으로써 모순과 근심이 없는 사회를 구성하도록 만든다. 이러한 점에서 신화는 사회 구성체의 지배적인 사상이 보편적이고 자연스럽게 보이도록 만드는 지배 의식이며, 이데올로기 개념과 밀접하다고 말할 수 있다. 신화는 수용자가 그것을 어떻게 수용하는지가 중요하다. 그러나 오늘날 신화의 수용자들은 뉴스, 영화, 스포츠, 광고 등을 통해 무수히 만들어지고 있는 신화들을 별다른 저항 없이 자연스럽게 받아들이고 있다. 따라서 신화의 수용자들은 그들이 보편적으로 받아들이고 있는 신화로 말미암아 사회에 대한 인식에서 많은 영향을 받음으로써 신화는 이데올로기적 성격을 지닌다(김정탁, 염성원, 2000, pp. 20-22에서 재인용).

6) 코드와 동기화

기호에서의 기표와 기의 간의 관계는 자의적이다. 기호의 이러한 자의성을 극복하기 위해 해석을 위한 문법체계가 필요하다. 코드(화)란 기의와 기표 간의 관계를 정립하고 정립된 관계를 약속에 의해서 기호 사용자들에게 수용(또는 납득)을 시키는 기호학적 조작으로 정의된다. 약속이란 기호 사용자들의 기표와 기의를 연결하는 의미작용에 대한 집단적 동의다. 따라서 약속이 바뀌면 의미도 바뀐다. 교통 신호등에서의 빨강색은 멈춤을 의미하지만, 공산당에서의 빨강색은 전진을, 그리고 투우장에 끌려 나온 황소에게 빨강색은 흥분을 의미한다. 과학자들이 이 세상에 존재하는 기호들의 코드화를 위해 노력하는 사람이라면, 예술가들은 과학자들이 만들어 놓은 코드화 노력을 탈코드화하기 위해 노력하는 사람들이다. 기호의 자의성을 이용한 기호 변용의 극대화가 예술의 목표인 것이다.

코드화
기의와 기표 간의 관계를 정립하고 정립된 관계를 약속에 의해서 기호 사용자에게 수용 (또는 납득)을 시키는 기호학적 조작

따라서 코드화가 진행될수록 익숙해지는 친숙화가 일어난다. 친숙할수록 커뮤니케이션이 쉽게 이루어진다. 반대로 탈코드화가 진행될수록 낯설어지는 소원화가 일어난다. 코드화에 반동적일수록 의사소통은 더욱 어려워진다. 현대 미술이 일반 관객에게 낯설게 느껴지는 것은 바로 이 탈코드화 때문이라고 하겠다. 회화의 경우 [그림 12-1]은 [그림 12-2]보다 쉽게 이해된다. 코드화의 관점에서 보면, 전자의 그림은 후자의 그림에 비해 동기화의 정도가 높기 때문에 보다 쉽게 이해된다고 말할 수 있을 것이다.

〈표 12-9〉 코드와 탈코드화의 구분

과학 (코드화)	기호의 자의성(인조성)에 대한 체계적인 극복 노력	친숙화 (familiarization) 풍경화	커뮤니케이션: 코드화에 순종적
예술 (탈코드화)	기호의 자의성을 이용한 기호 변용의 극대화	소원화 (estrangement) 피카소의 추상화	예술: 코드화에 반동적

[그림 12-1] ┃ 코드화된 그림

[그림 12-2] ┃ 탈코드화된 그림

한편 동기는 기표와 기의 간에 존재하는 자연스러운 관계의 정도를 의미한다. 관습 (convention)은 한 문화의 구성원들이 서로 나눈 기호의 체험에서 유도된 기대를 말하는데, 동기와 관습은 반비례 관계다. 즉, 동기가 높을수록 쉽게 이해되지만, 동기가 낮으면 이해도는 떨어진다. 동기화의 정도가 높은 기호는 매우 도상적인 기호로서 사진은 도로표지보다 훨씬 높게 동기화되어 있다. 반면 자의적인 기호는 동기화의 정도가 낮은 경우다. 또한 기의가 기표에 대해 발휘하는 영향력을 언급

동기
기표와 기의 간에 존재하는 자연스러운 관계의 정도

관습
한 문화의 구성원들이 서로 나눈 기호의 체험에서 유도된 기대

〈표 12-10〉 맥루한의 핫 미디어와 쿨 미디어

매체의 종류	실례	정보의 밀도	이용자 참여
핫 미디어	영화, 강의, 사진	높음	낮음
쿨 미디어	TV, 세미나, 만화	낮음	높음

주: 매체 이용자의 참여도와 정보의 밀도는 서로 반비례 관계임.

할 때 제약이라는 용어가 사용되는데, 기호가 동기화될수록 기표는 더욱더 기의의 제약을 받는다.

그리고 기호학적 관점에서 보면, 맥루한(McLuhan)의 핫 미디어(hot media)는 쿨 미디어(cool media)에 비해 동기화 수준이 높은 매체라고 할 수 있을 것이다.

7) 압축과 치환

압축은 다양한 기호의 요소를 한데 묶어서 새로운 복합 기호나 상징을 만드는 과정을 말한다([그림 12-3a] [그림 12-3b] 참조).

압축
다양한 기호의 요소를 한데 묶어서 새로운 복합 기호나 상징을 만드는 과정

[그림 12-3a] ┃ 압축의 예 1

[그림 12-3b] | 압축의 예 2

치환은 의미가 하나의 기호나 상징으로부터 다른 기호나 상징으로 옮겨가는 과정을 말한다([그림 12-4a] [그림 12-4b] 참조).

치환
의미가 하나의 기호나 상징으로부터 다른 기호나 상징으로 옮겨가는 과정

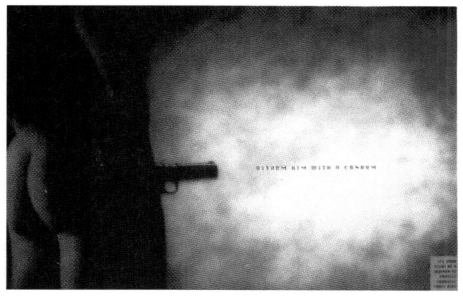

[그림 12-4a] | 치환의 예 1

[그림 12-4b] ı 치환의 예 2

8) 은유와 환유

은유(metaphor)와 환유(metonym)는 기호가 의미를 나르는 가장 기본적인 두 가지
수단이다(Brown, 1977; Leach, 1978). 인간의 관념체계는 수
많은 개념들로 이루어져 있고, 그것의 대부분은 은유로 되어
있다. 따라서 인간의 사고과정 역시 대체로 은유적이다. 은유
가 인간에게 궁극적으로 중요한 것은 일상생활의 바탕이자 대상이 되는 정치적, 경제
적, 문화적, 종교적 현실을 축조하기 때문이다.

은유
잘 아는 체험에 의해서 잘 모르는 다른 체험을
부분적으로 이해할 수 있게 해 주는 기호체

은유는 익히 아는 어떤 체험에 의해서 잘 모르는 다른 체험을 부분적으로 이해할
수 있게 해 주는 기호체다. 레이건 대통령은 "보도 기자들은 상어다."라고 말한 적이
있다. 이것은 은유다. 하나의 은유에는 두 가지 기호가 쓰이며 이 두 기호는 연상법칙

에 의해 연결된다. 연상법칙은 한 기호의 현실체(대상체)를 다른 기호의 의미의 차원으로 옮겨서 바꿔 놓는다. 은유는 유사성과 차이를 동시에 둘 다 이용함으로써 가능한 것이다.

은유를 이해하기 위해서는 직유와의 관계를 이해해야 한다. 원관념을 보다 쉽게 이해시키기 위해 보조관념과의 유사 관계를 활용한다는 점에서 은유와 직유는 같다. 그러나 직유가 '~처럼' '~와 같이' '~ 인 듯'과 같은 보조사를 사용하는 데 비해 은유

직유
은유와 유사하지만, '~처럼' '~와 같이' '~인 듯'과 같은 보조사를 사용하고 명시적인 기호체

는 보조사가 없으며, 은유에서는 비유가 암시적인 데 비해서 직유는 보다 명시적이라는 점이 다르다. "여자는 꽃이다."의 은유와 "여자는 꽃처럼 아름답다."라는 직유를 비교해 보자. 직유는 '아름답다'는 의미를 기호의 생산자가 만들어서 기호의 소비자에게 제공해 주는 데 비해, 은유는 '아름답다'는 의미를 기호의 소비자가 유추적 사고를 통해 스스로 만들어 낸다. 광고적 측면에서 보면 메시지에 대한 몰입의 정도가 직유에 비해 은유가 훨씬 높다고 하겠다.

은유에는 두 가지 종류가 있다(Lakoff & Johnson, 1980). 하나는 관습적 은유이고, 다른 하나는 비관습적 은유다. 비관습적 은유는 창의적 은유이고, 관습적 은유는 비창의적 은유다. 마치 새 옷도 늘 입으면서 낡고 헤지는 것처럼, 처음에 창의적인 은유도 오래 반복적으로 사용하면서 낡고 병들게 되어 관습적 은유가 된다. 나훈아의 히트곡 중에 '사랑은 눈물의 씨앗'이라는 노래가 있다. 미국의 베트 미들러(Bette Midler)가 부른 '장미'라는 노래에는 '사랑은 면도칼'이라는 가사가 나온다. 면도칼은 자칫하면 베이기 쉽다. 아마 '사랑도 상처입기 쉽다'는 의미로 사랑은 면도칼이라는 은유가 사용되었을 것이다. '사랑은 눈물의 씨앗'과 '사랑은 면도칼'이라는 두 개의 은유를 비교해 보자. '사랑은 눈물의 씨앗'도 처음에는 비관습적인 은유였다. 그러나 수십 년간 계속

〈표 12-11〉 은유와 직유의 구분

종류	원관념	보조관념	보조사	의미	비고
은유	남자(는) 여자(는)	늑대(다) 꽃(이다)	없음	(음흉하다) (아름답다)	암시적
직유	남자(는) 여자(는)	늑대(다) 꽃(이다)	있음	~처럼 ~와 같이 ~인 듯	음흉하다 아름답다	명시적

사용하면서 관습적 은유가 되어 버렸다. 그러나 '사랑은 면도칼'이라는 은유는 우리에게는 비관습적 은유다. 그만큼 '사랑은 눈물의 씨앗'에 비해서 창의적 은유라고 할 수 있다. 원관념과 보조관념 사이의 거리, 즉 은유적 거리는 원관념과 보조 관념 사의의 공통점을 찾아내는 유추가 가능한 범위 안에서 멀수록 창의적 은유라고 할 것이다.

은유가 연상 법칙에 따라 만들어지는 기호체임에 비해, 환유는 연속법칙에 의해 만들어지는 기호체다(Fiske, 1982). 은유와 환유는 두 가지 서로 다른 공정이라고 할 수 있다. 환유는 어떤 것에 의해서 그것에 연결된 나머지 부분을 대표시키는 일, 그렇게 함으로써 어떤 것에 의해서 감추어진 전체를 지시하는 것이 목적이다. 우리 속담에 "하나를 보면 열을 안다."는 말이 있다. 이것은 환유의 기능을 잘 드러내 주는 말이다.

환유
연속에 의해 지시되는 대상을 대치하는 것

제유
연속에 의해 지시되는 대상 전체를 대표하는 것

환유에는 두 가지가 있다. 환유와 제유가 그것이다. 이 두 가지에서 공통되는 것은 연속이라는 주 개념이다. 다른 점은 환유는 그것에 의해 지시되는 대상을 대치하는 것이고, 제유는 그것에 의해 지시되는 대상 전체를 대표하는 것이다. 환유의 주 어휘는 대치이고, 제유의 주 어휘는 대표다.

[그림 12-5] ι 은유의 예

3. 창의적인 광고를 위한 기호학적 접근

광고는 항상 눈에 띄어야 한다. 눈길을 끌기 위해 광고에서 자주 사용하는 비주얼 커뮤니케이션 방법들을 살펴보자.

1) 현실성 위반

달(Dahl, 1993)은 광고와 같은 설득 커뮤니케이션의 가장 핵심적인 특징이 '원하지 않는(unwanted)' 커뮤니케이션이라고 주장했다. 따라서 광고에 대한 주목이야말로 모든 광고(인)들이 풀어야할 숙제다. 시각적 이미지의 도상성은 이 문제를 해결할 수 있는 다양한 기법들을 제공하고 있다. 일상적인 현실의 모습을 재생하는 것이 본질적인 능력으로 간주되는 이미지가 보는 이들의 눈길을 끌 수 있는 가장 확실한 방법은 거꾸로 이러한 이미지의 현실성을 위반하는 것이다([그림 12-6] 참조).

시적인 표현과 같은 수사적 언어는 반문법적인 언어다. 그런 의미에서 현실성 위반 (reality violation)은 반문법적인 이미지, 비정상적인 이미지라고 할 수 있을 것이다. 이

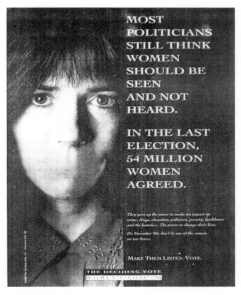

[그림 12-6] ㅣ 광고 사례: Deciding Vote 광고

상한 말이 귀에 걸리듯이, 이상한 비주얼은 보는 이의 눈길을 끈다.

2) 시각적 은유

은유는 구상적인 보조관념과의 비유를 통해 추상적인 원관념을 이해시키는 것이다. 난해한 추상적 개념을 구체적인 사물을 통해 쉽게 이해시키기 위해 언어적 은유가 사용되듯이 시각적 영역에서의 은유 또한 마찬가지다(Gillian, 1982). 폴 메사리(Paul Messaris, 1997)는 시각적 은유를 그 개념을 유추할 수 있는 보다 구체적인 시각적 이미지를 통해 추상적 개념을 표현하는 것으로, 울프(Wolf, 1988)는 따로따로 독립적으로 존재하던 두 개 이상의 이미지가 하나의 이미지로 결합하여 새로운 이미지, 새로운 의미를 얻게 되는 것이라고 말한다.

시각적 은유
시각적 이미지의 뜻밖의 결합, 즉 익숙한 이미지와 익숙하지 않은 이미지 간의 결합

시각적 은유는 시각적 이미지의 뜻밖의 결합, 즉 익숙한 이미지와 익숙하지 않은 이미지 간의 결합이다. 광고에서는 실체를 볼 수 없는 서비스 제품이나 실체가 없는 소비자 편익을 소비자에게 이해시키고 설득하는 데 매우 효과적인 방법이다. 시각적 은유

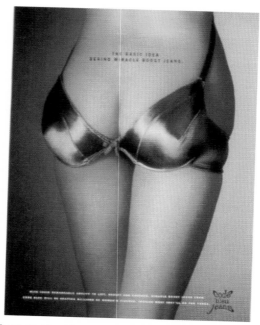

[그림 12-7] ㅣ 광고 사례: 여성용 청바지 코드 블루진 광고

는 효과적인 광고 크리에이티브 개발 도구로 활용할 수 있다는 점에서 눈여겨 살펴볼 필요가 있다.

시각적 은유에서의 이미지는 하나의 이미지에 다른 이미지가 더해지는 융합 (addition), 이미지의 일부가 통상적으로 속해있지 않는 다른 이미지로 바뀌는 대체 (substitution), 그리고 두 개의 이미지가 나란히 제시되는 병렬(병치) 등 세 가지 방식 으로 뜻밖의 결합을 한다. 시각적 은유는 이미지의 현실성 위반이라는 측면에서 광고 의 주의 집중 효과에 그리고 은유적 수사라는 측면에서 감정 유발에 효과적인 기법이 라고 할 수 있다([그림 12-7] 참조).

3) 시각적 환유

"하나를 보면 열을 안다."는 속담처럼, 시각적 환유는 어떤 한 부분을 통해 전체를 지칭하는 방법을 말한다. 환유법은 나타내고자 하는 관념이나

시각적 환유
어떤 한 부분을 통해 전체를 지칭하는 방법

사물의 특징으로 전체를 나타내는 표현법이다. 예를 들어 '요람 에서 무덤까지'에서 '요람'은 '탄생'을, '무덤'은 '죽음'을 의미한다거나, '한 잔 마셨 다'에서 '잔'이 '음료수'나 '술'을 대신하는 것을 말한다.

한편 제유법은 부분으로 전체를 나타내는 표현법이다. 예를 들 어, "빵이 아니면 죽음을 달라."에서 '빵'은 식량의 일부로 '식 량' 전체를 의미하며, "빼앗긴 들에도 봄은 오는가?"에서 '들'은

환유법
나타내고자 하는 관념이나 사물의 특징으로 전체를 나타내는 표현법

국토의 일부로 국토 전체를 의미한다(두산백과사전). 또 다른 예로 주민등록증의 얼굴 사진은 그 사람의 시각적 환유다. 그 사람의 부분인 얼굴로 그 사람 전체를 지칭하고 있기 때문이다. 환유에서는 선택이 중요하다. 시각적 환유에는 필연적으로 전체 중에서 어떤 부분을 선택할 것이냐 하는 선택의 문제가 개 입된다. 도상 기호에 의존하는 시각적 환유는 지표적 특징을 갖는다. 보도사진은 사건 의 지표인 것이다. 그러나 이것이 '연기'와 '불'과 같은 자연적 지표와 다른 것은 고도 의 자의적 선택이 개입된다는 점이다. 시각적 환유에서 선택의 자의성은 흔히 감춰지 고 최소한 간과됨으로써 자연적인 지표처럼 나타난다.

시각적 환유의 선택은 지칭대상의 의미를 규정하는 데 결정적인 역할을 수행한다. 그리고 이 자의적 선택에는 문화적 가치 또는 사회의 지배적 통념이 개입된다. 선택된

환유를 통해 선택되지 않은 나머지 현실마저 구성된다는 점에서 환유적 선택은 중요하다. TV 프로그램 〈The Editors〉를 위해 촬영된 필름에는 2가지 시위 장면이 있었다. 하나는 경찰과 두 명의 화물차 운전수가 이야기를 하고 있는 장면이었고, 다른 하나는 경찰에 거칠게 대들고 있는 한 무리의 노동자들 장면이었다. 그러나 데스크의 게이트 키핑(gate keeping) 과정에서 두 번째 장면이 선택되었다. 경찰에게 거칠게 대들고 있는 한 무리의 노동자들의 모습이 중심이 된 이 화면은 노동운동은 과격하다(나쁘다)는 또 하나의 신화를 재생산한다.

시각적 환유는 매우 강력한 기호다. 환유의 힘은 그것이 어떤 현실체와 직접 연관되어 있어 현실적 효과를 일으키는 일뿐만 아니라 기호 사용자로 하여금 환유의 나머지 부분을 메우도록 유도하는 데 있다. 후자는 환유의 진정한 힘이다. 환유에 노출된 사람은 환유가 보여 주는 일부분에서 생각을 멈추는 것이 아니라 환유가 감추고 있는 부분을 상상, 추리하여 채워 낸다. 다시 말해, 기호 사용자는 환유에 참가하는 것이다. 환유가 드러내는 일부로부터 환유가 숨긴 부분으로 사고를 확대해 나가는 것이야말로 환유의 엄청난 힘이다. 수많은 상업광고들이 이 힘을 선용하기도 하고, 더 흔히는 악용 혹은 남용한다. 정치 선전가나 광고 제작자들은 환유의 풍선만 띄워 주면 되는 것이다. 나머지는 대중이 메우고 나서 전체를 진실로 받아들인다. 왜냐하면 환유의 나머지 부분을 메운 것은 정치 선전가나 광고 제작자가 아니라 바로 대중 자신이기 때문이다.

[그림 12-8]의 광고는 런던에 있는 체인 호텔인 쉐라톤 광고다. 호텔 안 세탁실 정경을 보여 주고 있다. 세탁실에 근무하는 남자가 비에 젖은 신문을 다림질하고 있다. 화려한 연회장도 있고, 호화로운 룸도 있을 텐데 왜 하필 세탁실이 선택되었을까? 비에 젖은 신문을 다림질해서 객실에 넣어주는 호텔이라면 다른 서비스 부분도 매우 섬세할 것이라는 것을 유추 해석할 수가 있다. 이는 치밀하고도 섬세한 서비스가 콘셉트인 광고다.

[그림 12-8] ┃ 광고 사례: 쉐라톤 런던 세탁실

[그림 12-9] ┃ 광고 사례: 스카치 위스키 조니워커

4) 패러디

패러디란 시, 소설, 드라마, 영화, 그림 등 유명한 기성 작품의 뛰어난 내용을 절묘하게 흉내 내어 원작과는 전혀 다른 내용을 표현하고, 웃음, 과장 혹은 풍자의 효과를 창출하는 것이다. 패러디는 원작의 일부를 과감히 해체해서 재구성한다는 점에서 제2의 창작으로 인정받고 있지만, 유명한 기성 작품의 상당 부분을 그대로 쓴다는 점에

패러디
유명한 기성 작품의 뛰어난 내용을 흉내 내어 원작과는 전혀 다른 내용을 표현하고 웃음이나 과장 혹은 풍자의 효과를 창출하는 기법

서 항상 표절의 위험을 안고 있다. 표절이 아니라 창작으로 인정받기 위한 패러디의 조건에 대해 간단하게 알아보자.

(1) 원작의 공개 의지

패러디는 서로 상반되는 두 가지 메시지를 전달해야 한다. 하나는 그것이 원작이라는 사실, 그리고 다른 하나는 그것이 원작이 아니고 패러디라는 사실이다. 전자만이 드러나면 그것은 저급의 패러디로 전락할 뿐만 아니라 저작권 침해가 될 수도 있다.

패러디는 우선 그 원작을 알아볼 수 있어야 한다. 독자나 시청자가 원작을 알아차리지 못하면 패러디의 효과는 전혀 기대할 수 없기 때문이다. 원작을 알아보는 것은 패러디의 필요조건이다. 그리고 그 원작의 공개 노력은 패러디의 첫째 조건이다. 따라서 흔히 광고계에서 제기하는 '패러디'라는 항변은 설득력을 잃는다. 표절 혹은 패러디의 대상이 된 원전이 일반 대중에게 전혀 알려지지 않았다는 점에서 패러디라고 볼 수 없고, 표절이라고 할 수 있다.

(2) 원작의 해체 및 창조적 재구성

패러디는 단순한 모방 차원이 아니고, 패러디의 대상이 된 작품과 패러디를 한 작품이 모두 새로운 의미를 가진다는 점에서 표절과 구분된다. 표절광고가 원본을 있는 그대로 베낀 것이라면, 패러디 광고는 원본을 베끼기는 하되 그것의 구조를 해체시켜 다른 각도에서 접근하는 것이다. 즉, 패러디는 모방의 개념을 창조적으로 극복하려는 노력이다. 원작을 창조적으로 배신하는 자세만이 뛰어난 패러디 광고를 만드는 지름길이다. 영화의 미장센을 훔쳐보기는 하되, 제품의 드라마가 느껴질 수 있도록 과감히 해체하여 광고 텍스트로 전환해야 한다. 원작의 내용을 극복할 수 있는 창조적인 아이디

[그림 12-10] ┃ 패러디 광고 사례: DHL 광고(다비드상 편)

[그림 12-11] ┃ 패러디 광고 사례: DHL 광고(모나리자 편)

어를 가미하지 않고 그저 영화 장면의 대중적 친숙도에만 의존하겠다는 생각은 위험하기 짝이 없다. 바퀴벌레 퇴치약인 로취-큐 광고처럼 원작을 창조적으로 배반하는 아이디어의 독창성이 두드러질 때 광고효과가 배가되는 것이다. 그 원본의 창조적인 해체 및 재구성의 여부가 표절과 패러디를 가르는 분수령이 된다.

(3) 풍자를 통한 카타르시스

단순한 원작의 모방이어서는 패러디가 될 수 없다. 원작이 가지고 있는 개성을 완전히 새로운 것으로 바꾸어 놓음으로써 웃음을 자아낼 수 있어야 한다. 패러디는 기존의 유명한 원작의 일부를 의도적으로 비판적으로 변형, 왜곡시킴으로써 독자의 건강한 웃음을 유도하는 일종의 수사법이다. 즉, 아이러니를 통한 풍자에 이르는 과정이라고 말할 수 있다. 따라서 원작과는 또 다른 의미를 재생산하여 독자의 건강한 웃음을 유발하는 풍자효과가 패러디의 기본적인 요건이라 할 것이다.

4. 실제 광고의 기호학적 분석 사례

이미지는 기호와 상징의 집합체이며 각각의 기호는 의미를 지니고 있다. 어떤 이미지든 그 안에는 여러 가지 다른 의미의 층이 있고, 또한 의미들의 상호작용이 있다. 물론 광고를 비롯한 그런 이미지가 자유의사로 생겨난 것이 아니다. 대부분이 보여지고 읽혀지고 특정한 기능을 하고 특정한 영향을 끼치기 위해 창조되고 전달된다. 우리는 이미지의 주요 구성요소인 기호와 상징을 해석하는 법을 배워야 한다. 광고에서 이미지의 다양한 측면들(도상, 지표, 상징, 압축, 치환, 은유, 환유 등)이 어떻게 작용하는지를 정리하면 〈표 12-12〉와 같다.

기호학적 관점에서 광고 텍스트를 이해하는 것은 체계적인 해독 과정을 거쳐도 객관적으로 입증하기 힘들다. 이는 광고 텍스트가 지닌 함축적 의미나 이데올로기 수준이 명백히 드러나지 않고 자연스럽게 개입되어 있기 때문이다. 따라서 광고 텍스트의 해독자(소비자/독자)는 실제로 광고를 읽는 수용자의 다양한 현실 속으로 투영하여 광고 텍스트 제작자나 광고 텍스트 수용자의 관점 모두에 위치할 수 있어야 한다.

[그림 12-12]는 여성용 란제리 광고다. 우선 광고의 전체적인 이미지를 살펴보자.

〈표 12-12〉 도상, 지표, 상징, 압축, 치환, 은유, 환유의 정리

개념	예	방법
도상	사진	유사성
지표	창문에서 나오는 연기	원인과 결과
상징	십자가	관습(학습)
압축	얼굴+자동차	통합
치환	총→남성 성기	대체
은유	스파이더맨의 의상	유추
환유	대저택→부자	연상

이 광고에는 여성 모델이 광고 제품인 베너티 페어(Vanity Fair)라는 상표의 란제리를 입고 있는 전신이 제시되어 있다. 전체적인 색상은 어둡지만 여성 모델의 얼굴, 가슴 그리고 다리 부분은 밝게 드러나 있으며, 이런 분위기에서 여성 모델은 검은색 베너티 페어 란제리를 입고 있다. 또한 여성 모델은 베너티 페어를 입고서 아름다움을 과시하고 있으며, 이런 이유 때문에 행복한 여성임을 암시하고 있다.

[그림 12-12] ¦ 광고 사례: 베너티 페어(Vanity Fair)

이를 좀 더 세부적으로 나누어서 살펴보자. 우선 배경색이 검다. 물론 1차적 의미는 검다는 것이다. 그러면 왜 노랑이나 빨강이 아닌 검은색을 배경색으로 했을까? 여기서 검은색은 '세련됨'이라는 2차적 의미가 발생하고 있음을 알 수 있다. 결혼식과 같은 엄숙하고도 귀중한 자리에서는 보통 검은색 옷을 입는다. 다음은 모델을 보자. 백인 여자다. 왜 동양계나 흑인계 여성이 아닐까? '부 또는 권위'라는 백인에 대한 현대적 신화가 2차적 의미로 투영되고 있음을 알 수 있다. 모델의 포즈를 보자. 서 있지 않고 앉아 있다. 그것은 '편안함'이라는 2차적 의미를 나타내기 위한 예술적 장치다. 표정은 두 눈을 뜨고 앞을 응시하고 있다. '성적 자신감'을 나타내고 있는 것이다. 시리즈로 집행된 광고 중에는 눈을 지그시 감고 있는 포즈도 있는데 이때 두 눈을 지그시 감고 있는 포즈는 자아도취 또는 만족감을 나타내고 있다고 하겠다.

다음은 광고 카피를 분석해 보자. 광고 우측에는 "Cotton caresses the skin and the body comes to its senses(면은 피부를 돌보고 몸은 감각에 눈 뜬다)."라고 제시되어 있다. 이것은 베너티 페어가 몸을 편안하게 감싸 주고 착용감도 좋다는 것을 나타내는 메시지다. 이런 의미는 광고 왼쪽 카피에서 수직으로 그려진 곡선에서도 발견된다. 결국 이 여성 모델은 베너티 페어(기표)의 상징적 의미(기의)를 함축하고 있다. 베너티 페어의 형식 구조를 보자. 여성 모델(기표)이 지니고 있는 상징적 의미가 그대로 제품 베너티 페어에 옮겨지고 있다. 즉, 베너티 페어가 여성 모델의 일부가 되고 있다. 그 결과 베너티 페어가 어떤 제품인지를 암시하고 있다. 이 광고는 란제리 베너티 페어를 입으면 행복하다는 메시지를 전하고 있다. 그녀의 정신적 만족감이나 행복에 대해서 말하지 않는다. 행복하기 위해서 오로지 베너티 페어를 구매하라고 말한다.

〈표 12-13〉 광고의 기호학적 분석 사례: 여성용 란제리 베너티 페어

구성요소		기표	1차적 의미	2차적 의미	신화, 이데올로기
이미지	배경	색	검은 색	세련됨	소비 지향적 가치의 추구 행복의 물질화 외형적 아름다움 추구
	모델	인종	백인	부, 권위	
		자세	앉음	편안함	
		표정	응시	성적 자신감	
	제품	란제리	여성 속옷		
카피			부드러운 질감과 레이스에 의해 몸은 감각에 눈을 뜬다.	최고의 품질	

전체적으로 이 광고는 전술한 기호들의 조합을 통해 '소비 지향적인 가치의 추구' '행복의 물화(物化)' '외형적인 아름다움의 추구'라는 현대 사회의 신화를 다시 한 번 재생산하고 있는 것이다. 이를 정리하면 〈표 12-13〉과 같다.

기호학은 기호들이 커뮤니케이션하는 방식과 그 기호들을 사용하는 데에서 지배하는 규칙들이 무엇인지를 규명하는 학문이다. 스위스의 언어학자 소쉬르에 따르면, 기호란 형식과 내용이 결합된 것으로 이것은 기표와 기의로 나타낼 수 있다. 기표란 인간이 감각을 통해서 지각하는 기호의 이미지로 '의미의 운반체'이며, 기의는 기표가 담고 있는 의미다. 즉, 기표가 현실적 차원이라면 기의는 추상적 차원이다. 그리고 기표와 기의 사이는 자의적 관계로, 필연적 또는 논리적 관련성이 없다.

피어스는 기호를 도상, 지표, 상징 등의 세 가지로 분류하였다. 사진과 같은 도상 기호는 유사 관계에 의해서 의미가 발생하는 기호다. 지표 기호는 원인과 결과 관계에 의해서 의미가 발생하는 기호다. 연기는 불의 지표 기호다. 불이라는 원인이 없이는 연기라는 결과가 있을 수 없기 때문이다. 상징 기호는 관습적 관계에 의해서 의미가 발생하는 기호다. 상징 그 자체와 상징의 의미 사이에는 논리적 연관성이 없다. 문자가 대표적인 상징 기호인데, 이는 배워야만 한다. 즉, 학습이 필요하다.

기호는 항상 외연적 의미와 내연적 의미라는 의미의 이중구조를 가지고 있다. 외연이 글자 그대로의 1차적 의미라면 내연은 그 말이 가지고 있는 함축적 의미, 즉 2차적 의미다. '나무'라는 단어의 1차적 의미, 외연적 의미는 [명사] 1. 줄기와 가지에 목질(木質) 부분이 발달한 다년생 식물을 통틀어 이르는 말이다. 그러나 "나무를 보면서 숲은 보지 못한다."라는 말에서 보듯이, 나무라는 말은 동시에 '전체에 대한 부분' '사소한 것'을 의미하기도 한다. '부분' '사소한 것'은 나무라는 말이 가지고 있는 함축적 의미인 내연적 의미다. 롤랑 바르트는 이러한 외연에 해당하는 의미 작용 1단계를 언어적 차원, 그리고 함축적 의미, 즉 내연에 해당되는 의미 작용 2단계를 신화적 차원이라고 말한다.

소쉬르는 기호가 약호로 구성되는 방식을 계열체와 통합체란 두 유형으로 정의 내렸다. 계열체란 서로 다른 실체를 가지면서도 공통적인 특성을 지니는 단위의 군(群)으로 정의되는데, 가장 간단한 예가 알파벳이다. 알파벳은 문자 언어를 위해 사용될 수 있는 철자의 계열체를 형성한다. 통합체는 계열체적으로 선택된 기호들을 조합한 결과로 정의할 수 있는데 일단 하나의 (기호) 단위가 한 계열체 내에서 선택되면 이 단위는 다른 (기호) 단위들과 결합되며, 이러한 결합을 통해 통합체가 된다. 알파벳이 하나의 계열체라면 문장은 하나의 통합체인 것이다. 통합체는 선택과 배열로 이루어지는데, 각각의 계열체들 가운데서 선택된 기호들은 일정한 배열 규칙에 따라 배열(결합)됨으로써 하나의 통합체를 형성한다. 계열체와 통합체는 의미를 위한 씨줄과 날줄이다.

　　은유와 환유는 기호가 의미를 나르는 가장 기본적인 두 가지 수단이다. 인간의 관념체계는 수많은 개념들로 이루어져 있고 그것의 대부분은 은유로 되어 있다. 따라서 인간의 사고과정 역시 대체로 은유적이다. 은유가 연상법칙에 따라 만들어지는 기호체임에 비해 환유는 연속법칙에 의해 만들어지는 기호체다. 은유와 환유는 두 가지 서로 다른 공정이라고 할 수 있다. 환유는 어떤 것에 의해서 그것에 연결된 나머지 부분을 대표시키는 일, 그렇게 함으로써 어떤 것에 의해서 감추어진 전체를 지시하는 것이 목적이다. 우리 속담에 "하나를 보면 열을 안다."는 말이 있다. 이것은 환유의 기능을 잘 드러내 주는 말이다.

참고문헌

강태완, 김선남 역(1997). 문화커뮤니케이션론. 서울: 한뜻.

국립국어교육원(1999). 표준국어대사전. 서울: 두산동아.

김경용(1998). 기호학이란 무엇인가? 서울: 민음사.

김정탁, 염성원(2000). 기호의 광고학. 서울: 커뮤니케이션북스.

김정탁, 염성원(2004). 광고 크리에이티브론. 서울: 미진사.

박영원(2001). 디자인 기호학. 청주: 청주대학교 출판부.

이지희 역(1997). 보는 것이 믿는 것이다: 시각 커뮤니케이션의 길잡이. 서울: 미진사.

조병량, 정만수, 정기현, 서범석, 최윤식, 조정식, 한상필 강승구, 이원형, 오두범, 조형오, 정어지루(2001). 현대광고의 이해. 서울: 나남.

조창연 역(2005). 영상 커뮤니케이션. 서울: 커뮤니케이션북스.

제**13**장
아동, 청소년, 노년층의 소비심리 및 공익광고*

이 장에서는 성인에 비해 광고와 소비 영역에서 다소 소외되어 있는 아동, 청소년 및 노년층의 소비심리를 살펴본 다음, 공익광고의 주제와 전략을 간단히 언급하려고 한다.

1. 관심 밖의 소비자: 아동, 청소년 및 노년층

제품판매와 이윤 추구가 주목적인 기업들이 가장 관심을 많이 두는 연령층은 이제 막 수입이 생기기 시작한 연령층부터 수입이 없어지기 직전의 연령층까지다. 즉, 약 20세부터 60세 정도까지 경제활동을 주도하는 연령층에 마케팅의 초점을 두다 보니, 자연스럽게 아동이나 청소년, 그리고 노년층의 소비심리나 생활양식에는 관심이 없

* 이 장의 내용은 나은영(2006)의 논문 「광고 커뮤니케이션 수용자로서의 어린이와 청소년」(한국심리학회지: 소비자·광고, 7(1), 131-163)을 바탕으로 하여, 최근의 연구들과 노년층의 소비심리 및 공익광고 관련 연구들을 포함시키며 수정하였다.

다. 그래서 광고를 제작할 때도 이들은 주 표적에서 제외되는 경우가 많다. 물론 아동의 흥미를 끌어 부모를 졸라 구매하게 만드는 전략도 많이 사용하고 있고, 청소년의 흥미를 끌어 또래에 동조하고 싶은 마음을 자극함으로써 판매를 촉진시키려는 전략도 사용하고 있고, 또 노년층의 흥미를 끌어 자식들이 보험에 가입하게 하는 등의 전략도 사용하고 있기는 하지만, 주된 관심사는 아동, 청소년 및 노년층에 있지는 않다. 따라서 이 절에서는 특별히 이들과 관련된 광고연구들을 살펴보려고 한다.

광고가 아동에게 미치는 영향에 본격적인 관심을 가지게 된 것은 미국의 경우 1961년에 아동 대상의 TV 장난감 광고를 규제하기로 했을 때부터였다(김희정, 2003; Kunkel, 2001). 그 후 몇몇 연구자들(Barcus, 1975; Winick, et al., 1973)을 필두로 하여 아동 광고의 내용분석 연구가 이루어지면서 더 큰 관심을 끌기 시작하였다. 우리나라에서도 아동 소비자의 사회화 과정과의 관련하에 이와 유사한 연구들이 1980년대부터 이루어져 왔으며, 그중 대부분은 TV광고의 효과와 관련된 연구들이었다.

우리나라에서 아동과 청소년을 광고 커뮤니케이션 수용자로서 성인에 비해 푸대접하고 있는 이유 중 하나는 이들의 권리가 성인의 권리에 비해 상대적으로 과소평가되는 문화적 전통에 있다고 볼 수 있다. 아동이나 청소년은 아직 완전한 결정을 할 만큼 신체적·정신적 발달과정이 완숙되지도 않았고, 또한 경제적 자립능력도 없다고 간주되기 때문에, 독자적인 소비자의 영역에 넣기를 꺼려 왔다.

더구나 우리나라에서는 아동이나 청소년이 일방적으로 성인의 의사를 따르기를 원하는 권위주의적 성향이 비교적 강하고, 그러면서도 커뮤니케이션 수용자로서 그들의 권리를 보호하거나 해로운 영향으로부터 지켜 주려는 노력은 소홀히 해 왔다. 우리나라에서는 서양의 다른 나라들에 비해 부모를 비롯한 성인의 결정권과 소비행동이 아동과 청소년의 권리에 비해 막강하기 때문이라고 할 수 있다.

광고 커뮤니케이션 수용자로서 아동과 청소년을 상대적으로 배제해 온 또 다른 이유는 광고연구가 학술적인 커뮤니케이션학의 관점이나 수용자의 복지 측면에서보다는 시장의 원리에 의존하는 경영학과 마케팅의 관점에서 집중적으로 이루어져 왔기 때문이다. 투자할 수 있는 비용에 한계가 있는 상황에서 성인 대상 광고연구와 청소년 및 아동 대상 광고연구에 지출할 수 있는 비용의 효용가치를 생각하여, 대부분이 상업적 가치가 있는 성인 대상 연구들에 경제력과 인력을 집중시켜 온 것이다.

아동, 청소년과 함께 광고 영역에서 그리 주목받지 못하는 또 다른 집단은 노년층이다. 노년층은 신체적 능력의 한계를 느낄 뿐 아니라, 경제력과 구매통제력도 약하고, 신제품에 대한 관심도 상대적으로 적다. 최근에는 국내외의 급격한 노령화 추세에 따라 점차 실버 마케팅에도 관심이 증가하고 있기는 하지만(예, 김미애, 2001; 이유화, 1998; 임채형 외, 2010), 의료기술의 발달과 평균수명의 연장, 그리고 복지제도의 체계화 등으로 늦은 연령대까지 소비생활을 누릴 수 있는 노인이 기하급수적으로 증가하고 있는 현 시점에서, 여태까지보다는 훨씬 더 큰 관심을 이들에게 두어야 할 필요가 있다. 지금까지는 대개 노년층이 활동성도 적고 소비패턴도 단조롭다고 가정해 왔으나, 최근에는 각종 미디어의 발달로 노년층도 젊은 층 이상으로 모든 정보에 쉽게 노출되기 때문에 이들 중에서도 특히 더 활동적인 '액티브 시니어(active senior)' 집단이 생겨나고 있다(원선진, 성정환, 2008). 이에 노년층 소비자를 보다 더 세분화하기도 한다(여훈구, 권명광, 2001). 따라서 문화생활 패턴이나 소비심리 등이 매우 다양하면서도 노년층만의 공통점을 지니고 있기도 한, 노년층 저변의 세부적인 심리과정과 생활양식을 잘 분석하여, 이들을 위한 마케팅 및 광고에도 이제 각별한 관심을 기울일 때가 되었다.

2. 아동의 특성과 광고

광고 커뮤니케이션이 원래 의도했던 설득효과와 구매행동이 아동 수용자의 인지적, 사회적 발달상의 한계 때문에 의도했던 대로 잘 일어나지 않을 수 있다. 특히 아동과 청소년 수용자의 입장에서 더욱 중요한 것은 의도하지 않았던 '해로운' 결과가 나올 수도 있다는 점이다.

1) 아동의 인지발달 단계와 광고 이해

아동은 외부에서 주어지는 TV광고 등을 수동적으로 받아들이기만 하는 존재가 아니라, 자기 나름의 방식으로 처리하며 생각하는 적극적인 시청자다(Bickham, Wright, & Huston, 2001). 즉, 아동은 주의집중, 이해 그리고 교육적 영향과 같은 모든 측면에서 정보를 적극적으로 처리한다. 그렇지만 아동은 아직 인지발달 및 사회화 단계에서 성인과는 다른 상태에 놓여 있기 때문에, 광고와 관련된 정보의 처리과정에서도 차이를 보인다. 아동이 외부의 정보를 선택하고 평가하고 사용하는 과정에서 인지발달 수준이 영향을 미치는 것이다(Moore & Moschis, 1979 참조).

특히 피아제(Piaget, 1950)가 말하는 아동의 인지발달 단계 중에서 자기중심성에 묶여 있는 전조작 단계와 자기중심성에서 벗어나는 구체적 조작 단계의 차이가 크며, 추상적 추론이 가능해지는 형식적 조작기로의 전환도 중요하다. 자기중심적인 전조작기의 아동은 하나의 차원에만 집중하기 때문에, 다른 차원을 전반적으로 고려하지 못한다는 단점을 지닌다. 예를 들면, 그릇의 넓이에 집중하면 높이를 미처 보지 못하고, 그릇의 높이에 집중하면 넓이를 생각하지 못하는 것이다. 따라서 TV에 나오는 과자 광고의 맛이나 색상에 집중하면 그것이 몸에 해로울 수 있다는 데까지는 생각이 미치지 못한다.

아동의 인지발달 단계에 따라 광고의 의도에 대한 이해도, 신뢰도, 프로그램과의 구별능력, 기억력 등에 차이를 보인다는 실증적 연구결과들도 있다(윤병욱, 1984; 조병량, 1983; Wartella & Ettema, 1974). 또한 부모와 자녀 간에 소비에 대한 커뮤니케이션과 상호작용에 따라, 광고메시지에서 과정과 사실을 구별하는 능력과 상표 선호 발달이 영향을 받기도 한다(Moschis, 1985).

비록 피아제(1950)가 말한 연령보다 더 일찍 해당 인지능력을 획득하는 경우도 있기는 하지만, 앞선 단계의 능력을 갖추고 난 연후에야 비로소 더 나중 단계의 인지능력 발달이 가능하다는 사실은 아동 소비자 사회화에서 인지발달 단계가 지니는 중요성을 시사한다. 아동의 정보처리능력은 TV광고 이해도와 수용도에 따라 다르므로, TV광고의 개념과 목적, 기만광고 판별능력 등을 학습할 수 있는 소비자 교육 또는 미디어 교육이 필요하며, 특히 어머니와의 공동교육이 가장 효과적일 것이다.

2) 광고의도 지각과 귀인

몇몇 연구자들은 4세, 5~6세 및 7~8세의 영국 아동을 대상으로, 광고 이면의 의도 이해에 관한 연구를 진행하였다(Young, Valk, & Prat, 2001). 광고 이면에 숨어 있는 일방적 의도가 연구의 주된 관심이었는데, 일방적 커뮤니케이션이란 어떤 주제나 제품에 관해 긍정적인 정보만을 제공하고 부정적인 정보를 제공하지 않는 것을 말한다. 대

인간 커뮤니케이션에서는 상대방에 대한 긍정적 정보만을 제공하는 '아첨'이나 자신에 대한 긍정적 정보만을 제공하는 '자기제시'가 여기에 해당한다. 기업 커뮤니케이션에서는 '마케팅 커뮤니케이션'이 일방적 커뮤니케이션에 해당한다고 할 수 있다.

광고를 보는 사람의 입장에서 두 가지 유형의 의도 귀인이 가능하다(Robertson & Rossiter, 1974). 그 하나는 "광고는 우리에게 제품에 관해 말해 준다."는 '주장적 귀인'이며, 다른 하나는 "광고는 우리에게 제품을 사게 하려고 한다."는 '설득적 귀인'이다(Young, Valk, & Prat, 2001, p. 2).

7~8세 이전의 아동은 광고 이면의 의도를 잘 이해하지 못하지만, 비언어적 방식으로 제시할 경우, 즉 언어적 입력을 최소화하고 구체적인 방식으로 제시할 경우에는 5~6세 아동도 광고에서 긍정적 정보만을 제시하는 방법을 사용한다는 점을 이해한다(Young, Valk, & Prat, 2001). 이는 '제시방식'도 광고 해독력에서 중요한 역할을 한다는 것을 시사한다.

3) 시각적 및 청각적 주의집중과 광고 이해

시각적 응시에 관한 연구에서는 주로 응시 지속시간과 응시 빈도를 측정한다(예, Anderson et al., 1979). 자동적으로 주의를 끄는 특성으로 언급되는 것들은 강도, 대비, 변화, 움직임, 새로움 그리고 불일치성이다(Berlyne, 1960). 즉, 같은 조건이라 하더라도 강도가 큰 자극, 대비를 이루는 자극, 변화하는 자극, 움직이는 자극, 새로운 자극, 그리고 뭔가 일치하지 않는 듯한 자극이 더 주의를 끌기 마련이라는 것이다. 모든 광고들이 더 화려한 색상으로 더 크게 제시되는 이유가 바로 주의와 주목을 끌기 위한 것이다(제2장의 '1. 지각' 참조). 광고는 짧은 순간 현란하게 제시되어 시각적·청각적 주의를 끄는 커뮤니케이션이다.

시각적 주의집중에 못지않게 청각적 주의집중도 중요하다. 청각적 주의집중은 청각적 이해를, 시각적 주의집중은 시각적 이해를 예측할 수 있게 해 주며, 청각적 주의집중은 시각적 내용을 개념화하고 정교화하는 정보를 시청자에게 제공한다(Anderson & Field, 1983). 특히 아동의 경우, 주의집중 지속시간이 짧기 때문에, 동일한 이해도를 위해 반복 제시가 필요하다(Rolandelli et. al., 1991).

주의집중과 관련된 광고 커뮤니케이션 처리 모형으로는 '이동 렌즈 모형(traveling

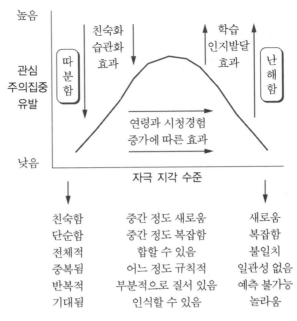

[그림 13-1] | 이동 렌즈 모형

출처: Bickham, Wright, & Huston(2001), p. 110을 참조함.

lens model)'을 들 수 있다. 이것은 라이스 등(Rice, Huston, & Wright, 1982)이 제안한 모델로서, [그림 13-1]과 같이 도식화된다.

　[그림 13-1]을 살펴보면, 관심과 주의집중을 가장 많이 유발하는 것은 너무 친숙하지도 새롭지도 않고, 너무 단순하지도 복잡하지도 않은 중간 수준에서다. 친숙감-새로움, 단순성-복잡성, 중복성-비일관성, 반복성-예측불가능성이 서로 대조를 이루는 가운데, 그래프 x축의 좌측으로 갈수록 '친숙화, 습관화' 효과가 나타나 따분하게 느끼기 때문에 주의집중을 끌지 못하고, 우측으로 갈수록 학습과 인지발달의 효과가 나타나지만 지나치게 어려워지면 난해함과 놀라움을 느끼는 단계가 되어 역시 주의집중을 끌지 못한다.

　[그림 13-1]에서 y축은 관심의 유발 또는 아동의 주의집중 수준을 나타내며, 중간 수준의 이해도가 흥미와 관심의 정점을 이룬다. 정점의 왼쪽은 너무 잘 알아서 덜 도전적인 반면, 정점의 오른쪽은 이해하기 어렵고 지나치게 복잡하거나 예기치 않은 자극으로 놀라움을 경험하는 영역이다. 광고 커뮤니케이션에서 '새로우면서도 난해하지 않은' 자극이 가장 큰 흥미, 관심, 주의집중을 유발시킨다고 결론지을 수 있다.

4) 아동의 사회화 단계와 TV광고의 이해

아동의 사회화 단계에서 TV는 중요한 위치를 차지한다(John, 1999; Rose, 1999). 소비자 사회화(consumer socialization)란 "소비자의 역할을 수행하는 데 필요한 지식, 태도, 기능을 습득해 가는 과정"이 다(Ward, 1974, p. 2). 소비자 사회화 과정은 인지발달 과정

소비자 사회화
소비자의 역할을 수행하는 데 필요한 지식, 태도, 기능을 습득해 가는 과정

과 사회학습 과정이 합쳐져 일어난다(Moschis & Churchill, 1978). 인지발달 과정은 자신이 환경에 적응해 가면서 인지능력이 발달되어 가는 것을 말하며, 사회학습 과정은 주위의 환경 요인과 상호작용하여 관찰학습 또는 모방학습 등이 이루어지는 것을 말한다.

TV광고의 이해도는 제품에 대한 태도에 큰 차이를 일으키지 않지만, 설득 의도를 파악한 정도가 높을수록 제품에 대한 부정적 태도가 강해지는 효과를 보인다(박명숙, 1988). 중요한 점을 요약하면 다음과 같다(박명숙, 1988, p. 152; Feldman & Wolf, 1974; Weinstein, 1985). 첫째, 광고는 흔히 특정 제품(장난감, 과자 등)의 장점이나 크기를 과장함으로써 잘못된 기대를 고무시킨다. 따라서 제품이 사실과 다를 때 아동은 좌절감을 느낀다. 둘째, 광고는 흔히 제품의 가격은 그 제품의 양에 대한 비용이라고 주장하는데, 제품의 양이 사실과 차이가 날 경우 화폐의 상대적인 양에 대해 혼란을 느낀다. 셋째, 광고에는 흔히 잘못된 표현, 과장, 허위성이 내포되어 있는데, 아동 소비자가 이를 발견할 때 이들은 광고에 대해서뿐만 아니라 어른 세계에 대해서도 냉소주의자가 되기 쉽다. 넷째, 광고는 제품을 선택하는 이유로 제품과 연결되어 제공되는 보너스 상품과 같은 제품선택과 관련 없는 기준을 제시함으로써 제품선택에 대한 잘못된 가치를 가르쳐 준다.

또한 연령이 높은 아동이 낮은 아동보다 광고 내용을 더 많이 회상할 뿐만 아니라, 광고의 설득내용도 더 잘 이해한다(Roedder, 1981). 그러나 광고에 대한 신뢰도는 나이 어린 아동이 더 높다. 나이 어린 아동이 광고에서 나오는 메시지를 액면 그대로 받아들일 때의 위험성을 인식하고 피해가 가지 않도록 해야 할뿐만 아니라, 광고내용의 일부라 하더라도 그것이 거짓이라는 사실을 알고 난 후 단순히 그 광고에 대해서뿐만 아니라 어른 사회 전반에 대한 신뢰감이 상실될 우려도 있어 주의가 필요하다.

5) 아동 대상 광고의 효과

TV광고가 아동에게 미치는 효과에 관한 이론과 실증연구들을 살펴보면(이혜갑, 1991; Adler et al., 1980; Young, 1990 참조), 아동은 광고와 프로그램을 구분하지 못하며(Palmer & McDowell, 1979), '상처받기 쉬운' 대상이므로 보호와 주의가 필요하다.

(1) 광고모델의 효과

아동 대상 광고와 아동 모델 광고를 엄격히 구분한 연구는 드물다. 그러나 남경태와 김봉철(2004)은 TV광고에 나오는 아동 모델 광고의 표상에 관한 연구를 실시하였다. 전통적인 사회심리학 연구들에서 밝혀져 왔듯이, 사람은 자기와 비슷한 사람에게 호감을 지닌다. 따라서 TV에 자기와 유사한 아동이나 청소년이 등장하면 자연히 그 내용과 등장인물에 더 호감을 지니게 되기 때문에 광고의 효과나 영향이 더 커질 것이라고 예상할 수 있다. 이 연구에서 발견된 사실은 전통적으로 아동 모델이 많이 사용되어 왔던 업종(예, 분유 광고, 장난감 광고 등) 뿐만 아니라 가전제품, 자동차 등과 같은 다양한 제품군에서 아동 모델이 사용되고 있다는 점, 그리고 여아가 남아보다 더 긍정적으로 묘사되고 있다는 점이다.

또한 아동의 제품 태도 형성과 관련하여, 박종원과 김성기(1997)는 호스트셀링 광고의 효과를 연구하였다. 호스트셀링(host-selling) 광고란, TV 프로그램 주인공이 그 시간대의 광고모델로 등장하는 것을 말한다. 연구결과, 초등학교 1학년과 3학년 모두에게서 호스

호스트셀링 광고
TV 프로그램 주인공이 그 시간대의 광고모델로 등장하는 광고

트셀링 광고 효과가 나타났지만, 광고가 프로그램 직후 삽입되지 않고 다른 광고가 먼저 나오는 경우에는 그 효과가 현저히 줄어들었다.

기분(mood)의 효과는 단기간만 유지되는데(Gardner, 1985), 호스트셀링 효과가 단지 기분의 효과만은 아니라는 사실을 보이기 위해, 호스트 프로그램(배트맨 만화)이 아닌 다른 프로그램(둘리 만화)을 시청한 집단과 호스트 프로그램을 본 집단을 대조시켜 비교해 보았다. 기분의 효과였다면 둘리 만화를 본 집단에서도 효과가 있어야 하지만, 배트맨 만화를 본 경우만 효과가 있었다. 따라서 호스트셀링 효과가 증명된 셈이다(박종원, 김성기, 1997).

호스트셀링 효과는 피아제(1950)의 인지발달 단계 중 전조작기(1학년) 아동과 구체

적 조작기(3학년) 아동 모두에게서 나타났다. 그러나 '배트맨 운동화'의 광고였기 때문에, 브랜드명에 의한 효과와 호스트셀링 효과가 혼재되어 나왔을 가능성은 남아 있다.

또한 아동의 나이 차이에 따라 유명인 광고모델의 속성이 달리 영향을 미친다(곽동성, 김성기, 2002). 유명한 모델이 아동 소비자의 사회화 과정에서 영향을 미치는 가장 큰 이유는 우선 유명 모델에 대한 호감이나 공신력이 제품으로 전이되기 때문이다. 모델과의 동일시, 태도의 내면화 등이 합쳐져서 효과를 보이는데, 이러한 과정에서 연령에 따른 차이가 자연스럽게 모델 효과의 차이까지 가져오게 되는 것이다.

구체적으로, 3학년 아동의 경우는 모델에 대한 호감과 전문성이 광고태도에 긍정적인 영향을 주며 제품태도도 향상시키고 이것이 구매의도를 높인다(곽동성, 김성기, 2002). 그러나 6학년 아동의 경우는 모델에 대한 호감과 전문성이 광고태도를 향상시킬 뿐만 아니라, 전문성과 유사성이 직접적으로 제품태도를 향상시켜 구매의도를 높인다는 결과를 얻었다. 따라서 형식적 조작기에 들어섰다고 볼 수 있는 6학년 이후의 아동은 인지적으로 보다 성숙한 단계에 이르러, 광고 정보처리 과정도 구체적 조작기의 아동과는 확연히 다르다는 것을 알 수 있다.

아동이 광고의 실상과 허상을 변별하는 능력은 초등학교 4학년, 즉 11세 정도부터다(Ward, Reale, & Levinson, 1973). 광고에서 사용되는 상징, 은유, 추상성, 과장성 등이 사실로 잘못 이해되기도 한다. "침대는 가구가 아닙니다."라는 광고 카피의 영향으로 '가구가 아닌 것'을 고르는 시험문제에 '침대'를 선택한 국내 아동의 사례도 이를 입증한다.

그 밖에도 TV광고가 아동과 청소년의 정서에 미치는 영향에 관한 연구들도 행해졌다(Bergler, 1999; Preston, 1999; Sherry et al., 1999). 대체로 아동은 광고의 속도감이나 광고음악 등을 좋아하고, 청소년은 이성적 사랑 이야기 소재에 흥미를 보인다.

(2) 언어생활과 광고

광고 커뮤니케이션에서 사용되는 언어는 아동과 청소년의 언어생활에도 큰 영향을 미친다. 단순한 유행어 만들기에서 더 나아가, 바람직하지 않은 언어습관을 형성할 수도 있다.

언어를 가장 잘 습득할 수 있는 상황은 상호작용하는 사람들 사이에 이루어지는 대화를 통해서이며, 특히 배우는 사람이 그 상호작용하는 사람 가운데 한 사람일 경우다

(Clark & Clark, 1977). 아동이 TV를 볼 때 흔히 '적극적 참여자'이기 때문에, 언어를 배울 가능성이 더 크다. TV광고 시청은 아동 언어의 문법적 발달이나 습득에 영향을 주지는 않지만, 어휘 발달에는 영향을 준다(Naigles & Mayeux, 2001). 즉 단어와 그 의미에 관한 학습이 TV광고를 통해 가능해지는 것이다.

TV에서 사용되는 어휘를 일상대화에서 사용하는 빈도가 63.5%이며, 독백으로 사용하는 빈도도 36.5%에 이른다(Institute for Broadcasting Research, 1965). 단편적 카피가 제시되는 광고도 어휘에 영향을 줄 수 있다. 특히 유행어와 같은 부정적 영향을 줄 가능성도 시사하고 있다. TV, 특히 액션 지향적이고 폭력적인 프로그램은 아동의 상상력과 창의력을 감소시킨다는 연구를 검토해 보면(Valkenburg, 2001), 그 이유가 수동성 또는 시각화 때문이라는 가설 등이 있다. 즉, TV를 볼 때에는 책을 읽을 때보다 정신적 노력이 덜 들기 때문에 상상력과 창의력이 감소될 수 있다. 특히 폭력물이 일으키는 각성과 불안이 상상력·창의력에 부정적 효과를 지니며, 비디오 게임과 컴퓨터 게임도 이와 유사한 복합적 영향을 줄 가능성이 크다.

방송광고는 15초 정도의 짧은 시간 안에 보는 사람의 주의와 관심을 사로잡아 강력한 인상을 심어 주도록 제작되는데, 감각적이기 때문에 아동의 정서에 부합되어 큰 영향을 줄 수 있다(정보산, 이경렬, 1999). 외국어, 외래어 남용, 난해한 신조어와 약어의 사용, 속어의 사용과 단어의 오용 등 방송광고 언어의 문제점이 지적되어 왔다(이주행, 이찬규, 1990). 언어뿐만 아니라 TV광고에서 보여 주는 라이프스타일도 모방되는 경향이 있다(서정희, 2000; 서정우, 1998).

(3) 성고정관념 형성

바커스(Barcus, 1975)는 광고메시지 전달자가 남성일 경우 위엄 있고 권위 있게, 여성일 경우 수동적으로 묘사되고 있으며, 직업의 종류도 성별로 제한적임을 지적하였다. 광고 커뮤니케이션을 통해 은연중 전달되는 성고정관념은 남녀 아동의 사회화에 지대한 영향을 미친다.

아동의 장난감 광고에 관한 한 연구(Griffiths, 2002)는 1996년 겨울에 4~11세의 아동에게 장난감 광고들을 보여 주고, 장난감의 기술적 제작 측면과 성별 구분의 측면에서 분석하였다. 그리고 8세 이하의 아동에게는 장난감이 호소력이 있어 광고 텍스트와 생산품에 대한 반응이 대체로 긍정적이었으나, 9세 이상의 아동에게는 부정적 내지 적대적 반응까지 불러온다는 사실을 발견하였다. 즉, 9세 이상의 아동에게는 장난감을 가지고 놀 나이가 아니라는 인식이 있는 듯하였다.

뿐만 아니라, '남자아이는 자동차, 여자아이는 인형' 또는 '여자아이는 분홍, 남자아이는 파랑' 등과 같은 색깔의 이용에서 성고정관념화가 나타났다. 광고 제작자와 수용자가 모두 성고정관념화되어 있어서, '해당 성에 적절한' 행동, 즉 '성고정관념 일치' 행동이 사회적 수용도가 높을 뿐만 아니라(Moyles, 1994, p. 60), 더 정상적이고 규범에 맞는 것으로 지각되었다(Medhurst & Munt, 1997, p. 302).

기호학적 분석에 따르면, 비록 메시지 수용자가 그런 패턴이나 부호를 명시적으로 인식하지 못한다 하더라도 성과 관련된 함축적 의미를 가지고 있는 것으로 미디어 이미지가 해석될 수 있음을 보인 것이라고 할 수 있다(Jones, 1991, p. 231). 광고 텍스트 안에 성고정관념이 암묵적으로 담겨 있어, 이것이 무의식적으로 내재화된다.

연령과 또래집단에 따른 차이도 나타나, 7~8세 여아는 여자아이의 장난감이 가장 좋다고 하고, 남아는 남자아이의 장난감이 가장 좋다고 하는 데 비해, 9~11세가 되면 여자아이의 장난감을 유치하고 쓸모없는 것으로 이야기하며 대체로 남자아이의 장난감 쪽이 더 성숙하다고 생각하였다. 즉 '남성적'인 것을 더 자연스러운 범주로 생각하는 경향이 있었다.

아동 프로그램에서 여성은 특히 금방 바뀌며 대표성이 떨어지는 인물로 나타난다. 만화에 등장하는 남성 대 여성의 비율이 4:1 내지 5:1 정도로서(Signorielli, 1991), 대개 고정관념적 역할을 하는 여성이 등장한다. 뿐만 아니라, 광고에도 성고정관념이 많이 나타난다(Courtney & Whipple, 1983). 구체적인 예를 들어 보면 다음과 같다.

- 매력과 여성 간에 강한 관련성이 나타난다(Lin, 1997).
- 집안일을 하는 상황에 여성이 많이 나타난다(Craig, 1992a).
- 나이 든 여성이 광고에 거의 등장하지 않는다(Ray & Harwood, 1997).
- 1950년대에 상을 받은 광고보다 1980년대에 상을 받은 광고에 여성이 더 다양한 직업을 갖거나 다양한 직업 활동을 하는 것으로 나온다(Allan & Coltrane, 1996).
- 여성의 목소리는 덮어쓰는 경우가 거의 없고, 여성이 주로 사용하는 제품에서도 남성이 권위 있는 사람으로 나온다(Allan & Coltrane, 1996).
- 여성이 가족의 건강을 돌보는 전문가로 나타나는 경우가 많다(Craig, 1992b).

- 프라임 타임 광고에서 남녀가 나타나는 숫자상의 빈도는 거의 유사하나, 상을 받은 광고에는 여성이 덜 나타나고, 특히 아동 프로그램 동안 방송되는 광고에는 여성이 아주 적게 나타난다(Riffe, Goldson, Saxton, & Yu, 1989).
- 아동 광고에 나타나는 성고정관념은 구조적 수준에서도 나타난다. 즉, 남성 지향적 광고는 더 역동적이고, 음악소리도 더 크고, 더 활동적인 반면, 여성 지향적 광고는 희미하고, 부드러운 음악과 장면이 나오고, 옅어지거나 녹는 장면이 많다(Welch, Huston-Stein, Wright, & Plehal, 1979).

이처럼 남녀 역할의 고정관념화된 모습을 보여 줌으로써, 현 상태의 남녀 간 차이를 지지하고 강화하는 역할을 한다. 이를 해결하기 위해서는 힘이 있는 위치에 여성을 더 많이 놓는 이미지를 표현해야 한다. 성공적인 여성 캐릭터의 특성은 첫째, 직업을 가지고 있거나, 정말 자기가 좋아하는 활동에 몰두하고 있으며, 둘째, 전문적인 일에 방해가 되는 역할이 아닌 도움을 주는 역할을 하며, 셋째, 이야기 과정 안에서 멘터를 가지고 있고 추구하며, 넷째, 자기가 정말 생각하고 있는 것을 대립적이지 않은 방식으로 이야기하며, 다섯째, 농담의 공격대상이 되지 않고, 그 상황의 유머를 바라보며, 여섯째, 스스로를 신뢰하는 캐릭터다(Signorielli, 2001, p. 354). 최근에는 양성평등적 관점이 조금씩 늘어나고 있기는 하지만, 아동과 청소년에게 영향을 줄 수 있는 우리 주변의 광고들이 성고정관념적 특성을 가지고 있는지 잘 살펴보고 고쳐 나가야 한다.

3. 청소년의 특성과 광고

청소년기는 감수성이 민감하고, 정체성에 관한 고민이 많은 시기다. 특히 이성에 대한 관심이 각별해지고, 모델이나 연예인에 대한 동일시가 일어나며, 급격한 신체적·심리적 변화를 겪는다. 청소년기는 부모 의존기에서 점차 벗어나 독립기로 향하는 중간 지점에서, 독립하려는 의지가 점점 더 강해지는 시기이기도 하다.

연구자들은 청소년들이 상업광고를 보는 동기를 세 가지로 구분한다(Ward & Wackman, 1971). 즉, 사회적 효용(social utility), 커뮤니케이션 효용(communication utility) 및 대리소비(vicarious consumption)다. 이 가운데 '사회적 효용'은 상업광고가 특정 제품의 사용과 관련된 생활양식 및 행동에 대한 정보를 준다는 것을 의미한다. '커뮤니케이션 효용'은 광고를 봄으로써 또래를 비롯한 대인 간의 커뮤니케이션이 더 원활해질 수 있다는 것을 의미한다. 끝으로 '대리소비'란 실제로 소비하지 못하는 물건도 광고를 봄으로써 마치 소비하고 있는 듯한 경험을 하며 만족할 수 있다는 것을 의미한다. 그러므로 청소년들은 광고를 통해 단순한 제품에 대한 정보 이상의 정보를 얻으며 거기에서 유용성을 찾고 있는 것이다. 따라서 청소년을 대상으로 하는 광고에서는 정보 하나를 전달할 때에도 주의를 기울여야 한다. 단순한 매출액 신장에만 관심을 두는 광고는 본의 아니게 청소년의 정서를 해치고 정보 수용 과정이나 학습 과정을 왜곡시킬 수 있다.

나은영(1995)은 폭력물 비디오의 효과가 아동이나 성인보다 청소년에게 더 큰 영향을 줄 수 있다는 생각의 근거로 맥과이어(McGuire, 1972)의 정보처리 이론을 들고 있다. 그는 정보처리 과정을 노출, 주의, 이해, 양보, 파지 및 행동의 6단계로 나누는데, 이 단계들을 나중에 '메시지의 이해'와 '메시지에의 양보'라는 2단계로 단순화시켰다. 수용자의 지능이나 자존심이 높아질수록 메시지의 이해 능력은 향상되지만 메시지에 굴복하려는 경향은 감소되기 때문에, 메시지의 최대 수용량은 중간 정도의 지능과 자존심을 지닌 사람에게서 나타난다.

이 과정을 청소년의 광고 커뮤니케이션 효과에 적용해 보면, 광고 커뮤니케이션 정보의 처리과정에서 아동은 주의와 이해 과정의 부족으로 정보를 완전히 소화하지 못하며, 성인은 자신의 생각이 이미 확고하게 자리 잡아 외부 매체의 영향에 굴복(양보)하지 않으려는 경향이 강하다. 따라서 정보의 이해능력은 충분하면서 여기에 굴복하

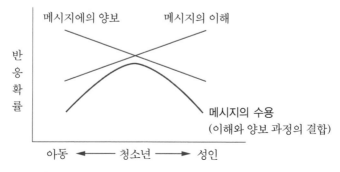

[그림 13-2] ㅣ 메시지의 이해와 양보 과정의 결합으로 결정되는 메시지의 수용량

출처: Petty & Cacioppo(1981), p. 81에서 일부 수정함.

466

지 않을 정도로 확고한 자세는 가지고 있지 않은 청소년이 광고 커뮤니케이션의 영향도 가장 크게 받게 될 것이라고 예측할 수 있다([그림 13-2] 참조).

1) 청소년 대상 광고의 내용

아동 대상 광고들은 주로 과자, 간식, 시리얼, 음료수 등과 같은 식품이나 장난감에 관한 내용들이 주종을 이루는 데 비해, 청소년 대상 광고들은 주로 의류, 화장품, 스포츠용품 등 소비품목과 음주, 흡연 등 건강 관련 내용이 많다. 광고의 목적이 소비자에게 제품을 매력적으로 보이게 하여 소비를 유도하는 것이기 때문에, 해당 연령층이 주로 소비하는 제품들의 광고가 주류를 이루는 것은 당연하다. 다만 우리가 눈여겨보아야 할 것은 해당 연령층이 해당 제품을 소비하게 되기 전, 광고 커뮤니케이션 안에 담겨 있는 정보의 처리과정에서 어떤 왜곡이 일어나며, 이에 따라 이들의 인지, 정서, 및 행동에 어떤 영향을 줄 수 있는지에 관한 것이다.

새로운 감각의 소비계층이라고 할 수 있는 청소년 대상 광고들은 주로 의류, 신발, 화장품 광고 등이 주가 되고 있다. 근래에는 청소년을 겨냥한 휴대폰 광고도 증가하고 있다. 청소년 잡지에 나타난 화장품 광고의 소구 유형과 가치변화에 주목한 한 연구에서는(김희숙, 2002), 세 종류 청소년 잡지의 내용을 분석하였다. 대체로 1990년대 초까지는 기초화장품 광고가 월등히 많았으나, 1990년대 중반 이후 색조화장품 광고의 비율이 급증하였고, 그 종류도 더 세분화, 전문화되고 있다는 결과를 얻었다. 그리고 외국 제품의 비중도 크게 늘었고, 기능성 화장품의 증가로 화장품의 효능가치를 중요시하는 경향도 보였다. 이러한 광고에 둘러싸여 있는 청소년은 당연히 외국 제품이나 색조화장품에 더 큰 관심을 갖게 될 것이며, 자연스럽게 소비 성향이 조장되는 풍토가 생긴다.

서울 강남·강북의 10개 고등학교 학생 500명을 대상으로 실시한 한 연구를 살펴보면(박철, 1993), 청소년은 광고의 경제성과 정보성 등은 긍정적으로 바라보면서도 비건전성이나 비신뢰성 측면에서는 부정적으로 인식하는 경향이 있었다. 이러한 광고 인식과는 관계없이 청소년은 여전히 광고의 문화적 영향을 받아, 광고의 경제성이나 정보성에 초점을 두기보다는 광고모델이나 배경음악 등에 더 끌리는 경향도 발견되었다(박철, 1993, p. 54). 그러나 이 연구는 1990년대 초의 연구로서 인터넷이나 휴대폰을 통한 제품정보 접촉은 빠져 있다는 것이 단점이다.

청소년의 새로운 제품 수용의 결정 요인에 관한 김광수와 오주섭(2002)의 연구에서는 혁신성을 싫증 회피, 쾌락추구 및 위험부담 요인으로 구분하였다. 위험부담 요인은 자극추구 성향과도 관련되는 개념으로 보인다. 청소년이 브랜드를 알게 되는 것은 먼저 광고를 통해 알게 되는 효과가 더 컸고, 그다음 구전을 통해 알게 되는 효과도 유의하였다. 청소년의 새로운 제품 수용에 전체적으로 가장 큰 영향을 준 것은 브랜드에 대한 태도였으며, 브랜드에 대한 태도에 가장 큰 영향을 준 것은 구전, 광고 그 다음으로 싫증 회피와 쾌락추구 성향의 순이었다.

2) 청소년 대상 광고의 효과

청소년을 대상으로 한 광고들은 청소년의 소비행동이나 건강, 또는 물질주의적인 가치관 등에 큰 영향을 주는 것으로 밝혀져 왔다. 특히 정체감의 혼란을 경험하기 쉬운 청소년기에는 광고에 등장하는 연예인이나 운동선수 모델과의 동일시, 또래집단과의 동조 등에 광고가 촉매 역할을 하기도 한다.

(1) 음주 및 흡연 관련 광고의 효과

청소년은 음주경험을 갖기 이전에 음주에 대한 호의적 또는 비호의적 태도를 지니며(Goldman, Brown, & Christiansen, 1987; Miller, Smith, & Goldman, 1990), 주류 광고에의 노출이 청소년의 음주행위 및 그에 따른 사회문제와 관련성을 지닌다(Atkin, Neuendorf, & McDermott, 1983). 주류 광고에 많이 노출된 청소년일수록 음주자가 더 가치 있고 성공적인 삶을 살고 있다고 믿는 경향이 있다(Atkin & Block, 1981). 광고가 아동과 청소년에게 미치는 영향 가운데 이들의 건강에 치명적인 해를 끼칠 수 있다면, 시급히 시정해야 함은 물론이다.

조형오, 김병희 그리고 이건세(2002)는 우리나라 청소년을 흡연과 관련하여 '적극적 수용층' '중성층' '비판층' '양면적 수용층' 및 '저관여층'으로 나눌 때, 금연광고에 대한 수용도는 '양면적 수용층' '중성층' '비판층' '저관여층' '적극적 수용층' 순으로 나타남을 밝혔다. 그리고 중학생에게는 신체적 소구의 광고가 심리적 소구의 광고보다 더 효과적이었지만, 고등학생의 경우에는 소구 방향의 차이에 따라 효과가 달리 나타나지 않았다. 성별 분석에서는 여학생의 경우 심리적 소구의 광고가 신체적 소구의 광고보다 더 효과적으로 나타났고, 남학생은 차이가 없었다.

주류 광고가 청소년의 음주의식과 음주의도에 미치는 영향에 대한 연구(전찬화, 김재은, 김성이, 1996)에서는, 청소년의 음주태도와 음주행위에 영향을 미치는 요인으로, 좋아하는 프로그램을 꼭 보아야 한다는 TV에 대한 주관적 인식이 객관적 TV시청시간보다 더 중요하게 나타났다. 또한 부모의 음주가 모두 중요한데, 특히 어머니의 음주가 더 영향력 있는 요인으로 밝혀졌다. 주류명 인지도에서는 소주명보다 맥주명이, 그리고 음주경험에서는 소주가 맥주보다 더 큰 영향력을 보였다. 이는 주류 광고가 주로 맥주를 중심으로 이루어지고 있고, 음주 경험에는 소주가 더 큰 영향력을 지니고 있음을 보여 주는 것이다. 청소년의 음주태도 형성에 부모의 음주행위보다 TV의 영향이 더 큰 것으로 나타나, 청소년의 바람직한 음주태도와 행동을 위해 TV와 같은 주류 광고 매체의 통제와 조절이 중요함을 시사한다.

(2) 의류, 화장품 및 스포츠 용품 광고의 효과

청소년기에는 자신의 정체성에 관한 고민을 하며, 특히 성적 호기심도 극에 달하는 시기다. 신체의 급격한 변화로 사회심리적인 정서의 불안정을 경험하며, 자신의 신체 변화나 용모에 민감해진다. 따라서 성역할 표현 의류 광고에 대한 청소년의 태도 연구도 그 연장선상에서 이해될 수 있다(권수애 외, 2000). 권수애 등(2000)의 연구에 따르면, 청소년 가운데 성역할 정체감이 양성성(남성성과 여성성이 모두 높음)인 경우와 여성성인 경우에는 여성성 포맷 광고를 선호하는 것으로 나타났고, 성역할 정체감이 남성성인 경우와 미분화(남성성과 여성성이 모두 낮음)인 경우에는 여성성 포맷 광고 선호도가 낮았다.

특히 여자 청소년이 상대적으로 관심을 더 많이 지니고 있는 의류와 화장품 광고, 그리고 남자 청소년이 상대적으로 관심을 더 많이 지니고 있는 스포츠 용품의 광고도 청소년에게 적지 않은 영향을 준다(김재현, 이준희, 2000; 서봉한, 2001). 예수정과 조현주(2005)의 연구에 따르면, 의류 광고에 대한 태도는 대체로 중학생보다 고등학생이, 그리고 남학생보다 여학생이 더 긍정적이었으며, 주로 백화점 매장이나 TV 잡지를 통한 광고를 보고 의류를 구입하는 경우가 많았다. 여자 청소년은 특히 자아효능감과 함께 신체이미지, 식사습관 등도 광고태도에 영향을 미친다(전귀연, 2001).

김재현과 이준희(2000)는 부산광역시 남녀 고등학교 재학생 830명을 대상으로 한 조사에서, 레저 · 스포츠용품 광고에는 남학생이 더 관심이 많다는 사실을 확인하였다. 이러한 결과는 잡지를 통한 광고까지 포함될 경우 여학생이 더 이 분야에 관심 많은 것으로 나타났다는 배갑진(1999)의 연구와 비교된다. 스포츠에 대한 관심은 남학생이 많지만, 잡지 의존율은 여학생이 더 많다는 결론이다(김경근, 1992 참조). 조사에 사용한 구체적인 물건의 종류에 따라 결과가 다르기는 하지만, 광고를 통한 구매 욕구는 대체로 남학생보다 여학생이 더 높게 나타난다(Moschis & Churchill, 1978).

비교적 최근에 안동근(2005)은 TV광고가 청소년의 휴대폰 구매태도와 행동에 미치는 영향을 연구하였다. 의류나 신발류에 못지않게 중요한 필수품으로 자리 잡은 휴대폰을 구입할 때, 청소년은 디자인, 품질, 서비스, 가격, 브랜드 순으로 중요하게 생각하는 경향이 있었다. 휴대폰 광고의 경우 청소년은 특히 연예인 모델의 영향을 크게 받기도 하여, '이효리 폰' 또는 '문근영 폰' 등과 같은 용어가 생기기도 하고, 자기가 좋아하는 연예인이 사용하는 폰에 더 매력을 느끼기도 한다.

(3) 연예인 및 운동선수 모델의 효과

청소년기에는 자기가 좋아하는 연예인이나 운동선수와 동일시하는 경향이 강하며, 여기에 또래집단에의 동조 압력까지 함께 작용하는 경향이 있다. 운동선수 모델에 대한 신뢰도는 여자보다 남자가, 대학생보다 고등학생이 더 높으며, 여자 고등학생과 남자 대학생은 연예인 모델에 대한 신뢰도가 가장 높다(김상대, 이준희, 2001).

또한 운동선수 모델의 신뢰도와 광고효과 간의 상관관계는 전체적으로 남자에게서 더 높게 나타난다(김상대, 이준희, 2001). 여자 고등학생 집단에서는 연예인 모델의 신뢰도와 광고효과 간의 상관관계가 대체로 높았고, 대학생의 경우는 전문인 모델의 신뢰도와 광고효과 간의 상관관계가 대체로 높아, 아직 완전한 성인이 되었다고 볼 수 없는 고등학생들이 대학생보다 연예인이나 운동선수 모델의 영향을 더 크게 받는다고 결론지을 수 있다.

(4) 물질주의 가치관과 청소년 문화

광고 커뮤니케이션은 또한 청소년의 가치관과 문화를 형성, 변화 또는 유지시키는 역할을 한다. "한 사회 또는 문화의 지배적 가치관이 광고에 축약적 또는 과장적으로 표현되며, 이는 다시 광고를 접하는 사람들에게 사회화 학습의 도구로서 작용"(남경태, 김봉철, 2004, p. 56; Pollay, 1987)하는 것이다. 아동과 청소년 모두를 대상으로 한 윤희중(1991)의 연구에서, TV 시청시간과 물질주의적 가치관 사이의 유의한 상관관계가 발견되었다.

특히 청소년의 경우는 어린이에 비해 용돈을 받거나 아르바이트를 하여 직접 소비할 수 있는 능력을 상당히 갖추고 있기 때문에, 물질주의 가치관의 증가가 곧바로 소비행동으로 이어지기가 쉽다. 물질주의 자체를 "소비를 통해 행복을 추구하려는 성향"(박철, 1993, p. 49)으로 정의하기도 하며, 물질주의 안에 소유욕, 시기심, 비관용성이 모두 포함되어(Belk, 1985) 개인의 경제생활이나 대인관계상의 부작용과 연계되기도 한다. 이런 측면에서 청소년기에 물질주의에 대한 지나친 집착이 형성되면 성인이 되어서도 지속적인 부적응으로 이어질 가능성이 커진다.

아동과 청소년 대상의 광고가 물질주의적 가치관과도 관련성을 지니지만, 또 다른 한편으로는 또래와의 대인관계 유지와도 관련성이 있다. 김철민과 유승엽(2000)은 친구들과의 대화에서 소외당하지 않으려고 또래집단이나 사회에서 유행하는 언어를 파악하기 위한 수단으로서 광고를 시청한다는 '방어적 시청'에 관한 연구를 실시하였다.

또한 청소년 잡지에 나타난 의류 광고의 사회적 의미 변화를 살펴보면(황선진, 1997), 의류 광고의 시각적 소구유형이 소비가치와 관계가 있다. 청소년 문화는 광고와 밀접한 관련성을 지닌다. 10대는 "세분화된 시장의 주체로서 다른 세대와는 다른 소비유형을 제기하면서 다른 계층의 소비자에게도 영향력을 주는 의견선도자의 성격을 가진 이미지 표적"(황선진, 1997, p. 70)이기 때문에 더욱 부각된다.

한편 영상과 감각, 비언어 중심의 포스트모더니즘 광고는 신세대의 문화와 미디어 사용에 관련된다(강명구, 1993). 광고의 내용 분석은 시대의 변천에 따른 가치관의 변화 이해에 도움이 된다(성영신, 박규상, 이영철, 황택순, 1991). 황선진(1997, p.77)의 광고 내용분석 결과에 따르면, 특히 1990년대 초반과 중반 사이에 이성광고가 급격히 줄어들었고 감성광고가 조금 늘었으며 포스트모던 광고가 상당히 늘었다(황선진, 1997, p. 77). 1970년대에는 이성소구와 감성소구가 비슷했으나, 1980년대 이후 감성소구 비율이 많아지고, 1990년대에는 의미해독이 어려운 포스트모던 광고의 비율이 증가하였다.

소비자 가치 중에서 1970~1980년대에는 기능가치(유용성)와 사회가치(동조성)가 중요시되다가, 즐거움, 젊음 등의 정서가치와 새로움을 강조하는 진귀가치, 그리고 유행을 강조하는 유행가치가 특히 1990년대부터 급격히 증가하였다. 의류 광고의 시각적 표현방법으로는 사진이 가장 많고, 일회성 광고에서 이미지 전달의 연속광고로 변화해 왔다.

1973년부터 2000년까지 청소년잡지에 실린 542건의 화장품 광고에 대한 종단적 내용분석 결과(김희숙, 2002)는 청소년 소비자가 광고를 통해 소비의 표현적 방법을 학습하고 있음을 보여 준다. 단순히 모방하는 것이 아니라 또래와의 대인 커뮤니케이션 채널을 통해서도 제품에 대한 정보를 얻는다. "광고는 단순한 제품의 정보전달뿐만 아니라, 한 사회를 반영하는 문화적 현상이며, 단순한 반영을 넘어 의식, 가치, 이념을 창출하는 문화적 도구"라고 할 수 있다(성영신 외, 1991; 김희숙, 2002, p. 117).

〈여기서 잠깐〉

실버, 키즈, 그린 마케팅의 중요성

실버 · 키즈 · 그린 마케팅 주목해야
최운선 e-HR대표, 2세 CEO 아카데미에서 강연

경영학자 피터 드러커는 "마케팅이란 세일즈를 필요 없게 만드는 일"이라고 했다. 이는 세일즈가 정말 필요 없다는 게 아니라 마케팅이 세일즈보다 한 차원 높은 경영활동이라는 얘기다. 창업을 하거나 가업을 승계해 최고경영자로 등극했을 때 필요한 것 역시 마케팅 마인드다.

중소기업중앙회가 가업승계 경영인을 상대로 펼치고 있는 '2세 CEO 양성 아카데미'에서도 마케팅 마인드 확보 전략이 논의됐다. 지난달 29일 여의도 중소기업중앙회에서 열린 아카데미에서는 최운선 e-HR(인적자원관리시스템) 경영연구소장이 CEO를 위한 마케팅 전략을 강의했다. 최 소장은 "단기적으로 매출 증대를 꾀하는 것이 세일즈라면 마케팅은 전략적인 관점에서 장기적으로 물건을 잘 파는 시스템을 연구하는 것"이라며 "고객 트렌드에 이끌려 가는 게 아니라 먼저 이끌 수 있는 마케팅 전략을 세워야 한다."고 말했다. 최 소장은 "시장에서 끊임없이 변화하는 성공 법칙, 즉 게임의 규칙을 잘 파악해 그에 맞는 상품을 만들어야 한다."며 소주와 휴대폰을 예로 들었다. 소주 도수가 25도에서 23도를 지나 2006년 '마의 20도' 벽을 깨뜨린 후 최근 18.5도까지 내려온 것은 소주 판매의 규칙이 저도수화와 웰빙화, 소프트화로 바뀌었다는 것이다. 게임의 규칙이 변한 이상 이를 외면한 소주 마케팅은 성공할 수가 없다.

한동안 휴대폰 업계에서는 최대한 두께가 얇은 제품을 내놓는 데 경쟁이 집중됐다. 하지만 슬림화 열풍이 잦아든 이후에는 단순한 플라스틱 외에 마그네슘이나 유리, 고무 등 어떤 소재를 사용하느냐 게임으로 규칙이 옮겨 갔다. 그러나 나중에는 버튼 대신 터치를 강조하거나 3차원 사용자인터페이스(UI)를 도입하는 등 차세대 휴대폰으로 경쟁 규칙이 이동했다. 최 소장은 앞으로 마케팅이 실버, 양극화, 인터넷, 키즈, 하이테크, 오락, 그린(Green) 순으로 이어질 것으로 내다봤다. 특히 강조한 것은 실버 마케팅이다. 그는 "65세 이상 인구 비중이 현재 10.4%에 달할 정도로 한국은 고령화 사회"라며 "노년층 시장을 적극 공략해야 한다."고 말했다.

키즈 마케팅에 대한 중요성도 증대되고 있다. 최 소장은 "요즘 사람은 아이를 적게 낳는 대신 한 아이에게 투자를 집중하는 경향을 보인다."며 "그만큼 어린이 제품 시장은 저출산율 추세에서도 결코 수그러들지 않을 것"이라고 전망했다. 하이테크와 엔터테인먼트, 녹색산업에 대한 수요도 폭발적으로 늘고 있다. 최 소장은 "그린 마케팅은 수요자가 중요하게 여기는 분야가 됐다."며 "환경을 생각하는 기업은 반드시 보상받게 될 것"이라고 강조했다.

서진우 기자 ⓒ 매일경제 http://news.mk.co.kr, 2009년 6월 4일자.

4. 노년층 대상의 실버 마케팅

2050년이 되면 55세 이상 인구가 한국 인구 전체의 절반을 차지하게 된다고 한다(통계청 '연령별 추계인구 2001' 맥킨지 분석). 고령화사회, 고령사회 및 초고령사회로 이어져 갈 미래를 생각하면, 소비시장이나 광고 영역에서도 결코 노년층을 가볍게 다룰 수 없다. 그럼에도 불구하고 아직까지는 광고에서 노년층이 과소평가되고 있는 현실이다. 최근 들어 간혹 실버 마케팅의 중요성을 논하는 논문들이 등장하고 있지만, 여전히 소비자나 광고, 기업 마케팅 분야에서는 젊은 층과 성인들에 중점을 둔 연구들이 대부분을 차지한다. 따라서 이 절에서는 노년층의 소비심리와 광고에 관해 논의해 보려고 한다.

1) 누가 노년층인가

사람들은 '노인'이라는 말을 듣기 싫어한다. '실버' 또는 '그레이'라고 부르면 조금 나아질 수도 있으나, 여전히 사람들은 '늙어간다'는 것을 부정적으로 생각한다. 명칭과 연령대 모두에서 '노년층'을 구분하는 기준은 다양하다.

국내에서 노년층 소비자의 연령 식별 기준으로 가장 고령에 해당하는 연령은 '65세 이상'이다(유기상, 1997). 또한 사회적으로도 60세 이상을 노인으로 보는 시각이 많고, 경제적으로도 대개 55~60세가 퇴직 연령으로 되어 있어 60세 이상을 기준으로 하여 노년층 소비자로 보는 경우가 많다. 조사를 위한 연구들에서는 가장 많은 연구들이 55세를 기준으로 삼는다. 특히 김상훈과 최환진(1997)은 55~60세를 '새로운 노인계층(new silver)'이라 하여, 특히 풍부한 사회 활동 경험과 지식수준을 바탕으로 경제적 기반을 가지고 있어 왕성한 소비성향을 보인다는 점에 주목하였다. 국내에서 '노년층'이라 부르는 가장 낮은 연령은 50대로서, 50세에 해당한다(문숙재, 여윤경, 2001). 김미애(2001)는 21개 국내문헌들을 종합하여, 대략 55세 이상, 60세 이상, 65세 이상 순으로 '노년층'을 규정하는 경우가 많다고 정리하였다.

노년층을 부르는 명칭에 관해서는 먼저 영어의 경우 'elderly, older, mature, senior, 50-plus, the aged, gray, invisible consumer, secure adults' 등과 같이 매우 다양하게 나타나지만, 특히 'the elderly'가 거의 절반 가까이 사용되다가, 이것도 점차 줄어들고 있다. 국내에서도 초기에는 '노인 소비자'와 같은 신체적 노화에 초점을 둔 용어들이 사용되다가, 1997년 이후에는 이 용어가 거의 사용되지 않았다(김미애, 2001). 1992년부터 '노인 소비자'라는 용어가 다른 용어들로 대치되기 시작하여, '노년층 소비자, 신노년층, 새로운 실버세대, 그레이, 성숙 소비자, G세대(green, golden age, grace, gentle, great)' 등으로 불리는 경우가 증가하고 있다. 점차 신체적 특징뿐 아니라 사회적, 심리적 특징들을 함께 보이는 호칭을 사용하고자 하는 노력이 보인다.

2) 실버 마케팅 광고에서의 비주얼 이미지

'실버 마케팅'이란 개념에 완전한 합의가 있는 것은 아니지만, 대체로 "고령자만을 대상으로 하는 기업 이미지 제고 및 제품 판매 비즈니스나 서비스뿐만 아니라, 향후 노년생활의 충실을 기하기 위해 중년 말기부터 노후대책을 준비하고 있는 사람들을 포함한 관련 제반 마케팅 활동"(여훈구, 권명광, 2001, p. 275)으로 정의가 가능하다. 다른 용어로 '노년 마케팅(old age marketing)' 또는 '노후 마케팅(aging marketing)'이라 불리기도 한다.

실버 마케팅
고령자만을 대상으로 하는 기업이미지 제고 및 제품 판매 비즈니스나 서비스뿐만 아니라, 향후 노년생활의 충실을 기하기 위해 중년 말기부터 노후대책을 준비하고 있는 사람들을 포함한 관련 제반 마케팅 활동

그레이 마케팅 또는 실버 마케팅에는 세심한 심리분석이 요구된다(이유화, 1998). 우선 이들은 브랜드 선택에 대해 강력한 견해를 지니고 있으면서도 물리적인 힘이나 외모 및 소득 등의 '상실'을 경험하는 시기이기 때문에, 심리적 상실감을 채워 줄 광고 전략이 필요하다. 그들이 살아오면서 '갖지 못했던 것'과 '이제 다시 갖지 못할 것'의 상실을 인정하고 협상하는 실버 세대의 욕구를 감안한 광고가 필요하다는 것이다(이유화, 1998). 실제로 '침체와 상실'을 '희망과 활기'로 대체하는 이미지 광고로 성공한 사례가 상당수 있다.

그렇다면 실버 마케팅 광고에서 비주얼 이미지는 어떤 특성을 가지고 있을 때 성공적일까? '퇴직한다'는 의미보다 '일에서 해방된다'는 의미로, '65세다'라는 의미보다 '겨우 65세다'라는 의미로, '가난하다'라는 의미보다 '머지않아 부유해진다'라는 의미로, 보다 긍정적인 방향의 묘사를 하는 감정이입적 사고가 필요하다(이유화, 1998).

노년층 소비자를 유형화하고 그들을 위한 광고 크리에이티브 전략을 다룬 연구들이 많지 않지만, 이러한 연구들은 인구의 고령화가 급속히 진행되고 있는 현 시점에서 비록 몇 편의 연구일지라도 소중한 정보를 제공하고 있다. 먼저 실버 소비자는 시장 세분화에 따라 상류형, 개진형, 자족형, 의지형으로 나뉜다(여훈구, 권명광, 2001, p. 291).

첫째, '상류형' 실버 소비자는 제한적 귀족형 소비 스타일로 모범적 소비의 주도 역할을 한다. 이들은 유명 브랜드 제품을 선호하는 경향도 있어, 비주얼 이미지에 지나치게 실버 소비자의 이미지를 나타내기보다는 사용자 중심의 편익을 제시하는 것이 효과적이다. 비주얼 이미지를 사용하려면 자연 친화적 풍경이나 인물을 사용하는 것이 좋다.

둘째, '개진형' 실버 소비자는 21세기 실버 소비자의 전형으로, 신사고형 소비자다. 이들은 정보성의 영향을 많이 받으며, 신제품 수용성이 커, 이익 형식의 감정소구와 선택 형식의 직접소구가 효과적이다. 특히 남성 실버 소비자에게는 이성적 카피가 설득력을 지닌다. 또한 시선 유도형 여백을 강조하는 비주얼 이미지에 많이 주목하는 경

향이 있다.

셋째, '자족형' 실버 소비자는 애착이 가는 기업과 브랜드에 집착하는 경향이 있으며, 신제품에 대한 수용성이 적은 전통형 · 보수형 소비자다. 이들에게도 사용자 중심의 편익을 제시하되, 실버 소비자를 우대하거나 존경하는 메시지가 효과적이다. 또한 제품의 이미지를 부각하는 것이 효과적이며, 시선 집중형 여백을 활용하는 것이 좋다.

넷째, '의지형' 실버 소비자는 대체로 대중 브랜드를 구매하며, 절대적 필요에 의한 구매가 많아 소비가 생활 향상으로 연결되는 집단이다. 이익 형식의 감정소구와 식별 형식의 직접소구가 효과적이며, 특히 여성 실버소비자에게는 이성적 카피가 호소력을 갖는다. 문자언어 중심의 비주얼 이미지, 여백 강조형과 대칭형 이미지 등이 효과적이다.

임채형, 조영기 그리고 김봉철(2010)은 소주 광고 크리에이티브에 대한 노년층 소비

[그림 13-4] ￨ 모든 사람들이 좋아하는 광고(위 2개)와 싫어하는 광고(아래 3개)

출처: 임채형, 조영기, 김봉철(2010), p. 119.

자의 태도를 분석하여 세 가지 유형으로 구분하였다. 첫 번째 유형인 '현실생활' 추구형이 좋아하는 광고는 모델 없이 제품이 크게 강조된 단순한 디자인이었다. 두 번째 유형인 '섹스어필' 추구형이 좋아하는 광고는 단풍잎 배경에서 장나라가 웃는 모습, 젊은 여성이 턱을 받치고 있는 상반신 이미지 등이었다. 세 번째 유형인 '전통적 가치' 추구형이 좋아하는 광고는 '대한민국 세대 공감'이라는 헤드라인 밑에 사람들이 어울려 술을 마시면서 이야기하는 모습의 광고, 그리고 한복 입은 젊은 여성모델이 등장하는 광고 등이었다.

한 가지 흥미로운 점은 모든 사람들이 좋아하는 광고유형과 싫어하는 광고유형이 명백히 구분되었다는 점이다([그림 13-3] 참조). 노년층 소비자는 대체로 비주얼 이미지 없이 문자로만 구성되어 있거나 주름진 노인의 얼굴이 있는 소주 광고보다는 젊은 여성이 부드럽고 활기차게 웃고 있는 이미지를 담은 소주 광고를 더 선호하였다. 따라서 노년층을 대상으로 한 광고라고 해서 반드시 노년층을 상징하는 이미지를 담을 필요는 없다는 사실을 알 수 있다.

TV광고에 등장하는 노인의 표상에 관해 우리나라와 미국의 광고를 비교 분석한 연구에서는(이병관, 김봉철, 유의동, 2003), 2002년 9월부터 10월까지 우리나라와 미국의 주요 네트워크 TV 방송의 프라임 타임대 TV 광고물을 비교ㆍ분석하였다. 우리나라와 미국 모두에서 TV광고에 노인이 등장하는 빈도가 실제 인구비율보다 낮은 것으로 나타났으며, 광고 속 노인의 이미지는 미국보다 우리나라가 더 긍정적이었다. 즉, 미국의 노인은 TV 광고에 주연(36.5%)보다 조연(51.9%)으로 등장하는 비율이 높았으나, 우리나라의 노인은 주연(86.1%)으로 등장하는 비율이 높았다.

뿐만 아니라, TV광고에 나타난 노인 이미지의 속성도 우리나라의 노인이 더 자율적이고 활동적이며 변화에 대한 적응력도 높은 모습으로 등장하고 있었다. 나이가 들었어도 능동적으로 목표를 추구하고, 각종 사회생활에 적극적으로 참여하며, 활기차고 독립적인 노년층의 모습을 보여 주는 것이 우리 사회에서 공감을 얻는다고 할 수 있다. 이는 경로사상을 중시하는 유교문화와 가부장적 풍토의 영향일 수도 있지만, 광고 영역에서 시사하는 점은 노년층도 주체적인 소비능력과 의지를 지닌 적극적 소비집단으로서 결코 과소평가되어서는 안 되는 큰 비중을 차지한다는 것이다. 그래서 건강하고 적극적인 삶에 관심이 큰 노년층에 광고계 전체가 주의를 기울여야 한다.

3) 시니어 집단의 모바일폰 이용*

흔히 통신광고는 젊은 층을 겨냥하는 경우가 많지만, 실버세대 내지 시니어 집단도

〈표 13-1〉 라이프스타일에 따른 단계별 특성

단계	특징
정통파 단계(authentic stage: A)	전통성 추구, 보수적 감성 스타일
일상적 단계(casual stage: C)	시대의 분위기에 쉽게 반응
전통적 단계(traditional stage: T)	보수적, 공공성 추구
대중-일상적 단계(pop-casual stage: PC)	활동성, 과격함, 실험적 자립형
현대적 단계(modern stage: M)	합리적, 감각적, 새로움 추구
세련화 단계(refind stage: R)	현대적인 감각, 새로운 감성을 자신만의 스타일화
퍼포먼스 단계(performance stage: P)	실험적, 개성적, 타인과의 차별화, 창조적인 신선미
자유 단계(free stage: F)	쾌적한 생활감 중시, 자유로운 감성 스타일
멋진-특권 단계(pretty-ivy stage: PI)	젊음 추구, 보수적 성향, 타인과의 차별화

출처: 원선진, 성정환(2008).

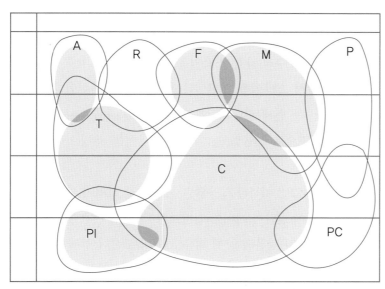

[그림 13-4] | 시니어 집단의 감성단계 분포

출처: 원선진, 성정환(2008).

---

* 이 절은 나은영(2010)의 『미디어심리학』 제10장 '소셜 미디어와 콘텐츠 공유'의 일부 내용을 바탕으로 작성하였다.

통신에 대한 갈망이 젊은 층 못지않게 크다. 그러나 시니어 집단의 뉴미디어 이용에 대한 연구는 상대적으로 드문 편이다. 50∼65세 시니어 집단을 대상으로 모바일폰 사용 현황을 분석한 연구(원선진, 성정환, 2008)는 그런 점에서 귀중한 시사점을 준다.

2004년의 연구에서는 중장년층이 모바일폰의 부가기능을 거의 사용하지 않으며 40% 정도만이 문자메시지를 사용하는 것으로 나타났으나, 2008년에는 85.5%가 문자 기능을 이용하고 있었다. 또한 가장 많이 사용하는 부가 기능은 "전화번호 등록, 전화번호 찾기, 문자, 알람, 카메라, 벨소리 순"이었다(원선진, 성정환, 2008, p. 69).

이들 연구에서는 감성 매트릭스를 통해 소비자의 라이프스타일을 9가지로 분류한 나오키(2003)의 연구를 활용하여, 시니어 집단 모바일폰 이용자들의 특성을 분석하고 있다. 라이프스타일 각 유형의 특징은 〈표 13-1〉과 같다(원선진, 성정환, 2008, p. 69).

[그림 13-4]는 시니어 집단의 감성단계 분포를 나타낸다. 〈표 13-1〉과 [그림 13-4]를 비교해 보면, 시니어 집단의 라이프스타일은 '실험적'인 스타일 이외의 거의 모든 영역에 분포되어 있음을 알 수 있다. 즉, 시니어 집단 안에서도 라이프스타일이 차별화되며, 시니어 집단이 모두 보수적인 것은 아님을 입증하는 자료라고 할 수 있다.

이들의 연구 대상 220명을 군집분석한 결과, 1군집은 정통파 단계와 전통적 단계로, 그리고 2군집은 일상적 단계, 자유 단계, 현대적 단계, 및 멋진-특권 단계로 군집화되었다. 첫 번째 군집은 보수적 감성 스타일을 지닌 '실용성' 추구 집단이었고, 두 번째 군집은 자유로운 감성 스타일을 지닌 '혁신성' 추구 집단이었다. 그래서 첫 번째 군집은 '시니어' 집단, 두 번째 집단은 '액티브 시니어(active senior)' 집단으로 명명하였다. 시니어는 152명으로 69%였고, 액티브 시니어는 68명으로 31%를 차지하고 있었다.

모바일폰 교체 주기가 2년 이하라고 응답한 사람들 중 70%가 액티브 시니어 집단으로 나타나, 액티브 시니어 집단이 시니어 집단보다 더 빨리 신형 모델로 교체하고 있음이 드러났다. 터치패드 모바일폰의 구매 의향도 액티브 시니어 집단은 47.1%, 시니어 집단은 24%로 나타나, 액티브 시니어는 새로운 것에 대한 선호가 강한 반면 일반 시니어는 익숙한 것에 대한 선호가 강한 것을 알 수 있다.

또한 액티브 시니어 집단의 52.9%가 제품명의 영향을 받는다고 응답하였으나, 시니어 집단에서는 38.2%만이 제품명의 영향을 받는다고 하였다. 대체로 '효도폰'과 같은 명칭에 대한 선호도는 낮았고, 청소년이 선호하는 감성적 제품명을 선호하는 경향이 있었다. 한 마디로, 중장년층도 좀 더 세련되어 보이는 명칭을 선호하며, 특히 액티브 시니어 집단은 휴대폰 교체 주기도 빠른 편에 속한다는 사실을 알 수 있다.

이제 세련된 라이프스타일의 중장년층을 염두에 둔 모바일폰 개발도 필요해 보인다. 모바일폰을 비롯한 뉴미디어는 더 이상 청소년과 20~30대의 전유물이 아니다. 모든 사람이 함께 이용해야 할 미디어이기에, 각자의 신체적, 정신적 특성에 맞게 편안한 커뮤니케이션을 할 수 있도록 자판의 크기나 화면의 시각적 편안함 등을 고려해야 할 필요도 있다.

5. 공익광고의 주제와 전략

1) 공익광고의 주제

공익광고란 공공의 복리를 목적으로 사회구성원들을 대상으로 설득력 있게 소구하는 광고를 말한다(박유식, 경종수, 2002, p. 177). 상표의 인지와 궁극적인 구매 유발을 목적으로 하는 상업광고와 달리, 공익광고는 공익을 위한 행동을 유발시키거나 행동 습관을 변화시키는 것을 목적으로 한다.

공익광고
공공의 복리를 목적으로 사회구성원들을 대상으로 설득력 있게 소구하는 광고

우리나라와 미국, 일본에서 1992년부터 2004년까지 나온 공익광고의 주제를 비교한 연구에 따르면(김유경, 최창원, 주은숙, 2007), 우리나라는 경제와 국민화합, 미국은 국민건강과 공공봉사, 그리고 일본은 환경과 공공봉사 관련 내용이 높은 비율을 보였다.

공익광고의 주제로 나타난 사회문제를 수용자가 어떻게 규정하는지를 조사한 권중록(2002)의 연구에서는 공익광고의 주제를 어떻게 위치화(positioning)하느냐에 따라 설득전략을 달리할 수 있다고 보았다. 위치화는 원래 상업광고에서 "경쟁시장에서 차별적 우위를 얻기 위해 제품에 대해 독특한 틈새를 창출하는 것" (권중록, 2002, p. 327)을 의미한다.

공익광고의 주제 위치화 결과, 국가수준별 위치에서는 '환경보호'는 선진국형, '교통안전'은 개발도상국형 사회문제로 분류되었다. '부정부패'는 개발도상국과 후진국 모두에 속하는 것으로 나타났다. 또한 유익차원에서는 환경보호, 마약퇴치, 에이즈퇴

치, 노사화합 등이 국가유익 축에 놓였고, 마약퇴치 등은 개인적 유익과 거리가 멀게 나타났다. 끝으로, 노력차원에서는 심리적 노력이 가장 많이 요구되며, 그다음으로 육체적, 경제적 노력이 요구된다고 보았다. 세 가지 노력이 모두 요구되는 영역은 '환경보호, 교통안전, 쓰레기 줄이기, 물 절약, 에너지 절약' 등과 같은 사회문제들이었다(권중록, 2002, pp. 326-328).

공익광고는 대개 친사회적 행동 유발을 목적으로 한다. 친사회적 행동은 이타주의에서 나오며, 사회 규범이 개인 규범으로 전이될 때 확률이 높아진다. 사람들이 '나와 관련 없는 일'이라고 생각하는 영역에서는 자기 관련성을 증가시켜 '감정이입'을 유발하고, 전체를 위한 '희생'의 가치를 높이도록 유도할 때 공익광고의 효과도 강해질 수 있다.

2) 공익광고의 전략

공익광고도 설득 메시지이기 때문에 다양한 설득전략들이 사용된다. 김유경, 최창원 그리고 주은숙(2007)의 연구에서 공익광고의 표현전략 중 우리나라, 미국, 일본이 공통적으로 많이 사용하는 것은 '심리적 동기 부여' 전략이었다. 그다음으로 우리나라와 일본은 감성적인 '상징적 연상'을 많이 사용한 반면, 미국은 '정보' 전략을 많이 사용하여 차이를 보였다.

공익광고가 설득효과를 지니기 위해서는 어떤 부정적인 사건이 '나에게는 일어나지 않을 것이다' 또는 '나와는 관계가 없다'고 생각하는 사람들의 '자기긍정성 편견(self-positivity bias)'을 바로잡을 필요가 있다(DiClemente & Peterson, 1994). 사회문제의 부정적 결과가 목표수용자 자신에게도 일어날 수 있다는 사실을 깨닫도록 감정이입을 통한 정서 자극이 필요하다는 것이다(권중록, 2002, p. 329).

자기긍정성 편견을 감소시키기 위해 제7장에서 언급한 일반적인 설득전략 중 위협(threat)소구를 사용하기도 한다. 이진희와 도선재(2008)는 위협소구의 강도에 따라 낙관적 편견 조절이 달리 일어남으로써 공익광고의 효과도 달라짐을 보였다. 구체적으로, 금연광고에서 낙관적 편견이 높은 사람들은 위협강도가 중간 정도일 때 더 높은 행동의도를 보였고, 낙관적 편견이 낮은 사람들은 위협 정도가 약할 때 더 높은 행동의도를 보였다. 이는 낙관적 편견이 높은 사람들이 보통 사람들로서, 일반적인 공포소구의 효과와 같은 역U자형 설득효과를 보였고, 낙관적 편견이 낮은 사람들은 위협을 조금만 가해도 행동의도가 높아지는 반면 중간 이상의 위협을 받으면 오히려 행동의도가 더 낮아질 수 있음을 보인 결과라고 할 수 있다.

　공익광고의 전략은 주제에 따라 달라지기도 하지만, 광고형태나 청중의 특성에 따라 달라지기도 한다. 박유식과 경종수(2002)에 따르면, 공익광고에서 개인의 행동과 혜택을 강조하는 것이 일반인의 행동이나 혜택을 강조하는 것보다 더 큰 설득효과를 지닌다. 또한 이미지형 광고가 정보제공 광고보다 일반적으로 더 큰 설득효과를 보였다. 라이프스타일에 따른 효과는 뚜렷하게 나타나지는 않았지만, 전체적으로 적극참여형, 적극관심형, 개인중시형 순으로 높은 행동의도 점수를 보였고, 특히 적극참여형은 부정적 프레이밍을 사용할 때 정보제공 광고보다 이미지 광고가 더 효과적이었다.

3) 상업광고와 공익광고의 윤리

　상업광고든 공익광고든, 광고는 설득을 목적으로 한다. 그러나 설득효과가 높다고 해서 윤리적 기준을 간과해서는 안 된다. 상업광고의 주된 목적은 제품에 대한 호감을 증가시켜 구매를 유발함으로써 이윤을 극대화시키는 것이지만, 어떤 경우에도 '공익'을 해쳐서는 안 된다. 아동의 몸에 해로운 것을 이로운 것처럼 광고한다든지, 노년층의 건강에 좋지 않은 제품을 좋은 것처럼 광고하는 것은 인륜에도 어긋난다.

　공익광고는 근본적으로 '공익'을 위한 것이기에 상업광고보다 윤리적인 문제는 적다. 그렇지만 이런 공익광고의 틀도 특정 집단이 사적인 목적을 위해 사용해서는 안 된다. 결국 어떤 광고든 사람들의 생각을 오도해서는 안 된다는 뜻이다. 설득전략 자체가 윤리적이거나 비윤리적인 것이 아니라 설득전략을 이용하는 사람이 윤리적이거나 비윤리적으로 이용할 수 있는 것처럼, 상업광고든 공익광고든 윤리의 틀을 벗어나는 것은 아무리 설득효과가 극대화된 광고라 하더라도 허용되어서는 안 된다. 그런 의미에서 사회적 약자들을 대상으로 한 광고는 특히 법률적인 규제를 더 많이 받게 된다.

요약

　광고 영역에서 상대적으로 많이 다루고 있지 않은 아동, 청소년 및 노년층의 소비심리에 관한 연구들을 개관한 다음, 공익광고의 주제와 전략, 그리고 윤리 문제를 언급하였다. 아동의 인지발달 단계와 광고 이해, 아동 대상의 광고의도 및 아동의 시청각적 주의집중도와의 관련성, 아동의 사회화 단계와 TV광고의 이해 등에 관한 연구들을 정리한 다음, 아동 대상 광고의 효과를 광고모델, 언어생활 및 성고정관념 형성의 측면에서 살펴보았다.

　청소년은 아동과 성인의 중간 단계로서, 메시지의 이해도는 높으나 아직 뚜렷한 주관이 형성되어 있지 않아 설득 메시지에 가장 취약할 수 있음을 강조하였다. 청소년 대상 광고의 내용을 살펴본 다음, 광고의 효과 측면에서 음주 및 흡연 광고의 효과, 의류, 화장품, 및 스포츠용품 광고의 효과, 연예인 및 운동선수 모델의 효과를 논의하고, 물질주의 가치관과 청소년 문화의 관계에 관해 논의하였다.

　노년층 대상의 광고 영역에서는 먼저 누구를 노년층으로 규정해야 하는지에 대한 개념화에 이어, 실버 마케팅 광고에서 비주얼 이미지의 영향과 광고효과, 그리고 시니어 집단의 모바일폰 이용양식 및 소비심리 관련 연구를 소개함으로써, 향후 관심을 두어야 할 광고 분야에 대한 시사점을 언급하였다.

　끝으로, 공공 복리를 목적으로 사회 구성원을 설득하고자 제작되는 공익광고가 그 내용 및 위치화 측면에서 어떻게 분류될 수 있는지를 소개하고, 특히 국가 간의 차이에 주목하였다. 이어 공익광고의 전략으로 자기긍정성 편견을 극복할 수 있는 감정이입 전략, 공포 소구를 오디언스의 특성에 따라 적절히 이용하는 방법, 그리고 상업광고와 공익광고에서의 윤리 문제를 다루며 단원을 마무리하였다.

참고문헌

강명구(1993). 소비 대중문화와 포스트모더니즘. 서울: 민음사.

곽동성, 김성기(2002). 어린이들의 나이 차에 따른 유명인 광고모델 속성이 미치는 영향. 대한경영학회지, 33, 151-176.

권수애, 신영림, 유동희, 이선희(2000). 청소년의 성역할 표현 의류광고에 대한 태도. 생활과학연구논총, 3, 45-54.

권중록(2002). 공익광고 캠페인 주제로 나타난 사회문제의 포지셔닝에 관한 연구. 광고학 연구: 일반, 13(4), 309-334.

권중록(2009). 공익광고 요인과 청소년 개인 성향요인이 미약에 대한 태도와 행동에 미치는 영향. 광고학 연구, 20(3), 145-177.

김경근(1992). 청소년 잡지의 시각적 광고에 나타난 이데올로기 유형분석: '하이틴'을 중심으로. 광고연구, 가을호, 5-32.

김광수, 오주섭(2002). 청소년의 새로운 상품 수용의 결정 요인에 관한 탐색 연구. 광고학연구: 일반, 13(1), 215-234.

김미애(2001). 도대체 누가 노년층 소비자인가: 광고 세분시장으로서의 노년층 소비자 식별에 관한 문헌분석. 광고학연구, 12(3), 169-195.

김상대, 이준희(2001). 운동선수 모델의 광고에 대한 청소년소비자의 인식과 효과에 관한 연구. 한국스포츠산업 · 경영학회지, 6(1), 117-129.

김상훈, 최환진(1997). 광고의 노인 묘사에 관한 노인 수용자의 태도 연구. 광고연구, 37, 9-31.

김유경, 최창원, 주은숙(2007). TV 공익광고의 주제 및 표현전략에 관한 국가간 비교연구: 한국, 일본, 미국을 중심으로. 광고학 연구, 18(2), 7-30.

김재현, 이준희(2000). 청소년의 레저 · 스포츠용품 광고에 대한 인식의 비교 연구. 한국체육학회지, 39(4), 867-876.

김철민, 유승엽(2000). N세대에게 광고란 무엇인가? 한국 소비자 · 광고 심리학회 심포지움 발표 논문. 삼성전자 글로벌 마케팅 연구소.

김희숙(2002). 청소년잡지에 나타난 화장품광고의 소구유형 및 소비가치의 변화에 관한 연구. 한국의류학회지, 26(3), 492-502.

김희정(2003). 어린이 TV 광고에 나타나는 소비자 정보에 관한 연구. 한국방송학보, 17(1), 39-74.

나은영(1995). 미디어 폭력이 청소년에게 미치는 심리적 효과. 방송학연구, 6, 41-77.

남경태, 김봉철(2004). TV광고에 등장하는 어린이 모델의 표상에 관한 내용분석. 광고연구, 639, 55-77.

문숙재, 여윤경(2001). 소비자 트렌드 21세기. 서울: 시그마프레스.

박명숙(1988). 아동소비자의 TV광고에 대한 이해도 · 신뢰도가 상품선택행위에 미치는 영향. 대한가정학회지, 26(1), 151-162.

박유식, 경종수(2002). 광고유형과 오디언스 특성이 공익광고의 효과에 미치는 영향. 광고학연구, 13(5), 177-200.

박은아, 우석봉(2007). 영 실버와 실버들의 의식주와 가치관. 광고정보, 8월호, 76-79.

박종원, 김성기(1997). 호스트셀링(Host-selling) 광고가 어린이들의 제품태도형성에 미치는 효과에 대한 실험연구. 광고학연구, 8(1), 85-99.

박철(1993). 청소년의 광고수용과 물질주의 가치관에 관한 연구. 한국청소년연구, 14, 45-63.

배갑진(1999). 스포츠용품 광고가 청소년의 구매활동에 미치는 영향. 경희대학교 교육대학원 석사학위 청구논문.

서봉한(2001). 청소년의 스포츠 용품 광고 인식에 관한 연구. 한국스포츠리서치, 12(4), 333-342.

서정우(1998). 매체물이 청소년 발달에 미치는 영향. 청소년보호위원회 매체물위원회 정책연구보고서, 3-24.

서정희(2000). 여고생의 소비주의문화 편입 실태와 관련 변수. 광고연구, 46, 153-174.

성영신, 박규상, 이영철, 황택순(1991). TV광고에 나타난 가족 가치관 연구. 광고연구(가을호), 77-104.

안동근(2005). TV광고가 청소년의 휴대전화 구매태도와 행동에 미치는 영향. 언론과학연구, 5(3), 337-372.

여훈구, 권명광(2001). 실버마케팅 광고 비주얼 이미지의 크리에이티비티에 관한 연구: 인쇄매체 광고의 메시지 구성요소를 중심으로. 광고학연구, 12(4), 271-318.

예수정, 조현주(2005). 청소년의 의복관여와 의류광고에 대한 태도. 한국의류학회지, 29(8), 1049-1056.

원선진, 성정환(2008). 휴대폰 사용 현황 분석을 통한 시니어 그룹의 성향 탐구. 한국콘텐츠학회논문지, 8(11), 65-73.

유기상(1997). 실버산업을 잡아라. 서울: 글사랑.

윤병욱(1984). 어린이의 TV광고 수용행동에 관한 실증적 연구. 연세대학교 석사학위 청구논문.

윤희중(1991). TV광고가 어린이 및 청소년에게 미치는 영향에 관한 연구. 광고학연구, 2, 21-25.

이병관, 김봉철, 유의동(2003). TV광고에 등장하는 노인의 표상에 관한 연구: 한국과 미국의 비교문화적 분석. 광고학연구, 14(2), 165-183.

이유화(1998). 세심한 심리분석이 요구되는 그레이 마케팅. 광고정보, 3월호, 84-88.

이주행, 이찬규(1990). 광고방송언어에 대한 조사연구. 한국어 연구논문, 제7집. 한국방송광고공사 방송문화연구원.

이진희, 도선재(2008). 위협소구 강도에 따른 공익광고의 효과: 낙관적 편견의 조절효과를 중심으로. 광고학연구, 19(6), 243-257.

이혜갑(1991). 우리나라 어린이 텔레비전 광고의 문제. 방송연구, 33, 267-290.

임채형, 조영기, 김봉철(2010). Q방법론을 이용한 노년층 소비자의 광고 크레이에티브에 대한 태도유형 분석: 소주광고를 중심으로. 광고학연구, 21(2), 107-125.

전귀연(2001). 여자청소년이 가지는 광고태도의 선행변수와 결과변수에 관한 연구: 가족기능, 통제의 소재, 자아효능감, 신체이미지 및 식사습관을 중심으로. 광고연구, 51, 167-190.

전찬화, 김재은, 김성이(1996). 주류광고가 청소년들의 음주의식과 음주의도에 미치는 영향분석. 청소년학연구, 3(1), 1-20.

정보산, 이경렬(1999). 방송광고언어가 청소년의 언어생활에 미치는 영향에 관한 연구: 고등학생의 TV광고카피 모방사용 행태를 중심으로. 한국광고학보, 1(2), 123-146.

조병량(1983). 우리나라 어린이들의 TV광고에 대한 태도 연구: 인지발달 단계에 따른 차이를 중심으로. 한양대학교 석사학위 청구논문.

조형오, 김병희, 이건세(2002). 우리나라 청소년의 인구통계적, 심리적 특성의 차이에 따른 금연광고 메시지 유형의 상대적 효과 분석. 광고연구, 57, 169-194.

허종호, 나준희, 김경민(2005). 게임 속 브랜드배치시 브랜드와 게임맥락간 이미지 일치성이 브랜드태도에 미치는 효과: 성인과 아동의 효과차이를 중심으로. 광고학연구, 16(3), 33-53.

황선진(1997). 청소년 잡지에 나타난 의류광고의 사회적 의미 변화에 관한 연구: 의류광고의 시각적 소구유형 및 소비가치에 관한 연구. 한국복식학회, 32, 69-82.

Adler, R. P., Lesser, G. S., Meringoff, L. K., Robertson, T. S., Rossiter, J. R., & Ward, S. (1980). *The effects of television advertising on children: Review and recommendations.* Lexington, MA: D.C. Health.

Allan, K., & Coltrane, S. (1996). Gender displaying television commercials: A comparative study of television commercials in the 1950's and 1980's. *Sex Roles, 35*(3/4), 185-203.

Anderson, D. R., Alwitt, L. F., Lorch, E. P., & Levin, S. R. (1979). Watching children watch television. In G. Hale & M. Lewis (Eds.), *Attention and cognitive development.* New York: Plenum.

Anderson, D. R., & Field, D. E. (1983). Children's attention to television: Implications for production. In M. Neyer (Ed.), *Children and the formal features of television* (pp. 56-96). Munich, Germany: Saur.

Atkin, C. (1975). *The effects of television advertising on children: First year experimental evidence.* Department of Communication, Michigan University.

Atkin, C., & Block, M. (1981). *Content and effects of alcohol advertising.* Washington, DC: Bureau of Tobacco, Alcohol, and Firearms, Report PB-82-123142.

Atkin, C., Neuendorf, K., & Mcdermott, S. (1983). The role of alcohol advertising in excessive and hazardous drinking. *Journal of Drug Education, 13,* 313-325.

Belk, R. W. (1985). Trait aspects of living in the material world. *Journal of consumer Research, 12,* 266-267.

Bergler, R. (1999). The effects of commercial advertising on children. *International Journal of Advertising, 18,* 411-425.

Berlyne, D. E. (1960). *Conflict, arousal, and curiosity.* New York: McGraw-Hill.

Bickham, D. S., Wright, J. C., & Huston, A. C. (2001). Attention, comprehension, and the educational influences of television. In D. G. Singer & J. L. Singer (Eds.), *Handbook of children and the media* (Ch. 5, pp. 101-119). Thousand Oaks, CA: Sage Publications.

Clark, H., & Clark, E. (1977). *Psychology and language*. New York: Harcourt Brace Jovanovich.

Courtney, A. E., & Whipple, T. W. (1983). *Sex stereotyping in advertising*. Sexington, MA: Lexington Books.

Craig, R. S. (1992a). The effect of television day part on gender portrayals in television commercials: A content analysis. *Sex Roles, 26*(5-6), 197-211.

Craig, R. S. (1992b). Women as home caregivers: Gender portrayal in OTC drug commercials. *Journal of Drug Education, 22*(4), 303-312.

DiClemente, R. J., & Peterson, J. L. (1994). (Eds.). *Preventing AIDS: Theories and methods of behavioral interventions*. New York: Plenum Press.

Feldman, S., & Wolf, A. (1974). *What's wrong with children's commercial?* pp. 39-43.

Fiske, J. (1990). *Introduction to communication studies*. London & New York: Routledge. 강태완 · 김선남 역 (1997). 문화커뮤니케이션론. 서울: 한뜻.

Gardner, M. P. (1985). Mood states and consumer behavior: A critical review. *Journal of Consumer Research, 12*, 281-300.

Goldman, M., Brown, S. A., & Christiansen, B. A. (1987). Expectancy theory: Thinking about drinking. In H. T. Blane & K. E. Leonard (Eds.), *Psychological theories of drinking and alcoholism* (pp. 181-226). New York: Guildford Press.

Griffiths, M. (2002). Children's toy advertisements. http://www.aber.ac.uk/education/Research/MerrisPhD

Institute for Broadcasting Research. (1965). *Commercial messages and children' s speech.* Working Paper 1, Japan NAB.

John, D. R. (1999). Consumer socialization of children: A retrospective look at twenty-five years of research. *Journal of Consumer Research, 26*, 183-213.

Jones, M. (1991). Gender stereotyping in advertisements. *Teaching of Psychology, 18*(4), 231-233.

Kunkel, D. (2001). Children and television advertising. In D. G. Singer & J. L. Singer (Eds.), *Handbook of children and the media* (Ch. 19, pp. 375-393). Thousand Oaks, CA: Sage Publications.

Lin, C. A. (1997). Beefcake versus cheesecake in the 1990s: Sexist portrayals of both genders in television commercials. *Howard Journal of Communications, 8*(3), 237-249.

McGuire, W. J. (1972). Attitude change: The information-processing paradigm. In C. G. McClintock (Ed.), *Experimental social psychology* (pp. 108-141). New York: Holt, Rinehart & Winston.

Medhurst, A., & Munt, S. R. (1997). *Lesbian and gay studies: A critical introduction.* London & Washington: Cassell.

Miller, P. G., Smith, G. T., & Goldman, M. S. (1990). Emergence of alcohol expectancies in childhood: A possible critical period. *Journal of Studying Alcohol, 51*, 343-349.

Moschis, G. P. (1985). The role of family communication in consumer socialization of children and adolescents. *Journal of Consumer Research, 11*, 898-913.

Moschis, G. P., & Churchill, G. A. (1978). Consumer socialization: A theoretical and empirical analysis. *Journal of Marketing Research, 15*, 599-609.

Naigles, L. R., & Mayeux, L. (2001). Television as incidental language teacher. In D. G. Singer & J. L. Singer (Eds.), *Handbook of children and the media* (Ch. 7, pp. 135-152). Thousand Oaks, CA: Sage Publications.

Palmer, E. L., & McDowell, C. N. (1979). Program/commercial separators in children's television programming. *Journal of Communication Research, 29*, 197-201.

Petty, R. E., & Cacioppo, J. T. (1981). *Attitudes and persuasion: Classic and contemporary approaches.* Dubuque, IA: Brown Company Publishers.

Piaget, J. (1950). *The psychology of intelligence.* New York: Hartcourt Press.

Pollay, R. W. (1987). On the value of reflections on the values in the distorted mirror. *Journal of Marketing, 51*(3), 104-109.

Preston, C. (1999). The unintended effects of advertising upon children. *International Journal of Advertising, 18*, 363-376.

Ray, A., & Harwood, J. (1997). Underrepresented, positively portrayed: Older adults in television commercials. *Journal of Applied Communication Research, 25*, 39-56.

Rice, M. L., Huston, A. C., & Wright, J. C. (1982). The forms and codes of television: Effects of children's attention, comprehension, and social behavior. In D. Pearl, L. Bouthilet, & J. Lazar (Eds.), *Television and behavior: Ten years of scientific progress and implications for the eighties.* Washington, DC: U.S. Government Printing Office.

Riffe, D., Goldson, H., Saxton, K., & Yu, Y. (1989). Females and minorities in TV ads in 1987 Sagurday children's programs. *Journalism Quarterly, 66*(1), 129-136.

Robertson, T., & Rossiter, J. (1974). Children and commercial persuasion: An attribution theory analysis. *Journal of Consumer Research, 1*(1), 13-20.

Roedder, D. L. (1981). Age difference in children's response to TV advertising: An information processing approach. *Journal of Consumer Research, 8*, 143-153.

Rolandelli, D. R., Wright, J. C., Huston, A. C., & Eakins, D. (1991). Children's auditory and visual processing of narrated and nonnarrated television programming. *Journal of Experimental Child Psychology, 51*, 90-122.

Rose, G. M. (1999). Consumer socialization, parental style, and developmental timetables in the United States and Japan. *Journal of Marketing, 63*, 105-119.

Sherry, J., Greenberg, B., & Tokinoya, H. (1999). Orientations to TV advertising among adolescents and children in the United States and Japan. *International Journal of Advertising, 8*, 233-250.

Signorielli, N. (2001). Television's gender role images and contribution to stereotyping: Past, present, future. In D. G. Singer & J. L. Singer (Eds.), *Handbook of children and the media* (Ch. 17, pp. 341-358). Thousand Oaks, CA: Sage Publications.

Valkenburg, P. M. (2001). Television and the child's developing imagination. In D. G. Singer & J. L. Singer (Eds.), *Handbook of children and the media* (Ch. 6, pp. 121-134). Thousand Oaks, CA: Sage Publications.

Ward, S. (1974). Consumer socialization. *Journal of Consumer Research, 1*, 1-14.

Ward, S., Reale, G., & Levinson, D. (1973). *Children's perception, explanations on judgments of television advertising: A farther exploration.* Marketing Science Institute Working Paper, Cambridge, MA, U.S.A.

Ward, S., & Wackman, D. B. (1971). Family and media influences on adolescent consumer learning. *American Behavioral Scientist, 14*, 14-23.

Wartella, E., & Ettema, J. A. (1974). A cognitive development study of children's attention to television commercials. *Communication Research, 1*, 69-88.

Weinstein, G. W. (1985). *Children and money.* New American Library, pp. 135-152.

Welch, R. L., Huston-Stein, A., Wright, J. C., & Plehal, R. (1979). Subtle sex-role cues in children's commercials. *Journal of Communication, 29*(3), 202-209.

Winick, C., Williamson, L., Chuzmir, S., & Winick, M. (1973). *Children's television commercials: A content analysis.* New York: Praeger.

Young, B. M. (1990). *Television advertising and children.* Oxford: Oxford University Press.

Young, B., Valk, R., & Prat, V. (2001). The young child's understanding of advocatory communication.

제**14**장
정치광고 및 기만광고

이 장에서는 정치광고와 기만광고를 살펴보고자 한다. 정치광고는 지금까지 다루었던 상업광고와 그 원리가 매우 유사하며, 사회심리학의 영향을 많이 받는다고 볼수 있다. 기만광고는 인지심리학의 영향을 가장 많이 받는 영역일 것이다.

1. 정치광고*

정치광고는 설득 커뮤니케이션이 정치적 장면에 적용되는 특수한 형태의 광고로서 선거캠페인 과정에서 많이 쓰인다. 연구자들에 따르면, 정치광고는 다음과 같이 네 가지로 나뉜다(탁진영, 1999; Diamond & Bates, 1988).

---

* 정치광고의 내용은 나은영(2001b)의 논문「정치광고와 상업광고에 응용되는 사회심리학적 원리」(한국심리학회지: 일반, 20(1), 177-209)에서 발췌하여 정리하였다.

- 후보자의 지명도를 향상시키는 '인지도 향상 광고'
- 후보자의 정책적 이슈에 대한 견해를 밝히는 '논쟁적 광고'
- 상대 후보자의 약점이나 자신의 상대적 우월성을 강조하는 '공격광고'
- 유권자에게 정치적 비전을 제시하고 캠페인을 긍정적으로 마무리하는 '호의적 이미지 향상 광고'

　정치광고도 상업광고와 마찬가지로 설득 커뮤니케이션의 효과에 기반을 두고 있고, 특정 후보자에 대해 좋은 인상을 형성하고 호의적인 태도를 형성함으로써 최종적으로 그 후보자에게 투표하도록 하기 위한 일련의 설득메시지 정보처리 과정과 행동유도 과정을 포함한다. 그러나 정치광고는 특히 우리나라에서 한동안 상대적으로 덜 적용되어 온 분야다. 그 이유는 우리나라에서 세련된 민주주의의 정착이 지연되어 오면서 정치광고 자체에 대한 부정적인 이미지를 버리기 어려웠고, 또한 정치광고를 과학적으로 활용하여 합리적인 효율성을 이끌어 낼 만한 기술적 뒷받침과 이해가 따라 주지 않았기 때문이다. 그러나 최근 들어 TV와 같은 대중매체뿐만 아니라 인터넷이나 트위터와 같은 쌍방향 네트워크 매체를 통해 정치광고가 점점 더 널리 활용되어 가고 있음을 볼 때, 정치광고에 대한 과학적 논의도 본격적으로 이루어져야 한다고 본다. 지난 2002년과 2007년 대통령 선거전에서 보인 TV 캠페인과 인터넷 설득의 효과가 정치광고의 가능성을 증명해 주고 있고, 2012년 선거에서는 트위터 열풍까지 가세할 것으로 예상된다.

　정치광고도 상업광고와 유사하게 광고소구의 형태(이성적·감성적·윤리적), 광고의 강조점(이슈·이미지 광고), 그리고 광고의 목적(긍정·부정 광고)에 따라 여러 유형으로 나뉠 수 있다(탁진영, 1999). 이전에는 이성에 호소하는 메시지나 이슈 중심의 언어적 요소가 연구와 활용의 대부분을 차지했다면, 근래에는 감성에 호소하는 이미지 중심의 광고가 상당히 확대되었다.

　정치광고는 특정 후보자에 대해 좋은 인상과 호의적인 태도를 지니게 될 때, 그리고 마침내 득표율을 높여 당선이 될 때 효과가 있다고 말할 수 있다. 그렇다면 과연 어떤 심리적 과정을 거쳐 특정 후보자에 대해 좋은 인상과 태도를 형성하게 되고 마침내 그 후보자를 선택하게 되는가? 여기에는 설득메시지를 인지적으로 처리하여 이성적으로 선택하고 판단하는 과정뿐만 아니라, 전반적인 이미지를 감성적으로 처리하여 총체적인 느낌을 바탕으로 선택하게 되는 과정까지 복합적으로 작용하게 된다. 이제 그 하나 하나의 과정을 분리하여 살펴보기로 한다.

1) 인상형성 및 사회지각 원리의 응용

인상형성 및 사회지각의 기본이 되는 몇 가지 원리들이 정치광고에 잘 적용될 수 있다.

(1) 평균 원리와 가산 원리

평균 원리는 여러 속성들이 결합되어 전반적인 인상을 형성하게 될 때 그 속성들 의 평균에 해당되는 만큼의 인상을 지니게 된다는 원리 다(Anderson, 1962). 반면에 가산 원리는 여러 속성들을 단순히 합산한 만큼의 인상을 지니게 된다고 예측한다 (Triandis & Fishbein, 1963). 평균 원리와 가산 원리가 서 로 다른 예측을 하는 사례는 +3의 가치를 지니는 강한 긍

평균 원리
전반적인 인상형성에서 속성들의 값을 평균하여 인상 을 형성한다는 원리

가산 원리
속성들의 값을 단순히 합산한 만큼의 인상을 형성한 다는 원리

정적 특성 한 가지를 제시하는 경우와 +1의 가치를 지니는 약한 긍정적 특성 세 가지 를 제시하는 경우 중 어느 쪽이 더 좋은 인상을 형성하게 되는가를 살펴본 실험에서 잘 나타난다(양윤, 1993; Troutman, Michael, & Shanteau, 1976 참조). 평균 원리에 따르면, 전자는 +3, 후자는 +1로서 전자가 더 좋은 인상을 형성할 것이라고 예상되며, 가산 원리에 의하면 전자와 후자가 모두 +3으로서 같은 인상을 형성할 것이라고 예상된다.

가산 원리와 평균 원리를 정치광고 장면에 응용해 보면, 어떤 후보자의 사소한 장점 들 여러 개를 열거하는 것보다 아주 중요하고 인상적인 장점 하나를 강조하는 것이 좋 은 인상형성에 도움이 될 것이라고 예상된다. 실제로 2007년 대통령 선거전에서 이명 박 후보는 '경제' 하나만은 반드시 살리겠다는 점을 시종일관 강조함으로써 당선에 성 공하였다. 사람들은 정치광고를 접할 때 자질구레한 특성들에까지 완전한 주의를 기 울일 정도로 관여의 수준이 높지 않기 때문에, 가장 특징적인 강렬한 장점 한 가지를 집중적으로 전달하는 편이 훨씬 더 효율적이다.

(2) 부정성 효과와 부정광고

부정성 효과(negativity effect)란 부정적인 정보가 긍정적인 정보보다 전반적인 인상을 형성하는 데 더 큰 비중을 갖는다는 원리다(Kanouse & Hanson, 1972). 그 이유에 관해서도 여러 가지 설명이 있지만, 대체로 긍정적인 특성은 미래의 상호작용에서 큰 타격을 줄 가능성이 적지만 부정적인 특성은 치명적인 손실로 다가올 가능성이 높아 심리적 부담으로 작용하기 때문이라고 본다. 긍정적 특성과 부정적 특

부정성 효과
부정적인 정보가 긍정적인 정보보다 전반적인 인상형성에서 더 영향을 준다는 원리

부정광고
경쟁 상대의 부정적인 정보를 활용한 광고

성의 비대칭적 효과는 신뢰와 불신의 비대칭성과 유사하다. 긍정적 인상은 하나의 부정적 특성에 의해 쉽게 부정적으로 바뀔 수 있지만, 부정적 인상은 하나의 긍정적 특성으로 인해 쉽게 긍정적으로 바뀌기가 어렵다.

부정성 효과는 부정광고라고 불리는 정치광고의 한 종류로서 많이 활용되고 있다(Johnson-Cartee & Copeland, 1991; Lariscy & Tinkham, 1999). 부정광고가 긍정광고보다 유권자의 감정에 호소하는 측면이 더 강하고 메시지의 내용을 단순화시켜 주기 때문에 기억이 더 용이하여 보다 큰 효과를 발휘할 수 있다(Taylor, 1986). 그러나 부정광고를 사용하면 사용한 측에 오히려 더 부정적인 효과를 가져오는 수도 있다. 부정광고의 역기능은 다음과 같은 세 가지로 요약된다(탁진영, 1999; Sabato, 1981).

- 역효과(blacklash effect): 부정광고 대상이 된 후보보다 부정광고를 유포한 사람에게 더 부정적인 감정을 가지게 되는 것
- 피해자를 응원하는 심리(victim syndrome): 부정광고의 내용이 거짓이라고 인식하는 경우에 부정광고의 대상이 된 사람을 오히려 더 옹호하는 태도를 갖게 되는 것
- 이중피해(double impairment): 부정광고가 양 후보자 모두에게 부정적인 영향을 주는 것

정치광고에서도 직접적 비교광고와 암시적 비교광고가 모두 사용된다. 직접적 비교광고는 후보자가 경쟁자와 직접 사실적으로 비교하는 것이고, 암시적 비교광고는 유권자의 해석과정에 부정적인 성격이 부여되도록 유도하는 것이다. 후보자가 아닌 제3자가 경쟁자에 대해 부정적 정치광고를 사용했을 때에는 후보자 본인에게 주어지는 부정적 효과를 최소화시키면서 상대 후보에게 타격을 줄 수 있어, 부정광고가 효과를

볼 수 있다(Kaid & Boydston, 1987). 사람들이 부정광고를 싫어하면서도 더 잘 기억하는 것은 부정적 정보가 더 현저하게 드러날 뿐만 아니라 잠정적인 피해의 정도가 더 크게 지각되기 때문일 것이다. 연구자들(Garramone et al., 1990)도 부정광고가 후보자들의 이미지를 차별화하고 태도를 양극화하는 데 큰 영향을 미친다는 사실을 발견하였다. 교육수준과 소득수준이 높은 사람도 직접적인 공격광고를 좋아하지는 않으면서도 직접적 비교광고의 영향을 크게 받을 수 있다는 사실이 밝혀졌다(Trent & Friedenberg, 1991).

(3) 시간적 순서와 공간적 배치의 효과

같은 내용의 정보일지라도 정보의 제시순서에 따라 전체적인 인상이 크게 달라질 수가 있다. 사회지각 과정에서는 대체로 초두효과(primacy effect), 즉 첫인상 효과가 가장 강력하게 나타난다. 먼저 들어온 정보는 빈 디스켓에 정보를 저장하듯이 그대로 흡수되지만, 나중에 들어온 정보는 먼저 들어와 있던 정보에 비추어 재해석되는 측면이 강해진다. 따라서 같은 내용을 전달하더라도 먼저 좋은 내용을 전달해서 좋은 인상을 강하게 심어 놓은 다음에 별로 좋지 않은 내용을 전달하는 편이 그 반대의 경우보다 인상형성에서 더 좋은 효과를 가져올 것이라고 예측할 수 있다.

최신성 효과(recency effect)는 나중에 들어온 정보가 더 큰 영향을 줄 수 있다는 원리로서, 정치광고에서 투표 직전에 받은 정보가 구매행동과 투표행동에 더 큰 영향을 주게 되는 경우가 이에 해당한다. 최근에 들어온 새로운 정보가 이전 정보보다 더 큰 효과를 발휘하는 것은 새로운 정보가 이전 정보를 대치할 만한 가치를 지니고 있다고 여겨지기 때문이다.

오래된 실험 중에는 두 자극이 일정한 시간간격을 두고 주어질 때 나중에 주어진 자극이 억제된다는 결과도 있다(오세진, 1995). 이는 앞서 언급한 초두효과 또는 첫인상 효과를 더 지지하는 것으로, 대체로 사람에 대한 인상이든 제품에 대한 인상이든 첫인상의 효과가 무척 크게 나타나는 것이 사실이다.

정치광고에서도 어떤 후보가 먼저 연설할 것인가 하는 문제를 무시할 수 없는데, 아무래도 첫 번째로 연설하는 사람에게 집중도 많이 되고 정보처리가 더 완전하게 될 가능성이 많기 때문이다. 그다음으로 연설하는 사람은 계속 이전 연설자와의 비교 속에서 평가받게 될 가능성이 높다.

시간적 근접뿐만 아니라 공간적 근접도 정치광고에서 중요하게 작용할 수 있다. 예를 들면, 우리가 흔히 접하는 지하철 광고를 이용할 때, 자사 제품의 광고와 나란히 붙게 되는 광고가 어떤 것들인지도 염두에 둘 필요가 있다. 옆의 광고들에 비해 충분히 시선을 끌 수 있을 정도의 강렬한 이미지와 메시지가 담겨 있는가, 옆의 광고 때문에 평가절하되는 부분들은 없는가 하는 점들을 고려해야 한다. 정치광고용 후보자 전단을 붙일 때에도 몇 번째로 붙느냐, 누구 옆에 붙느냐 하는 것이 어느 정도는 유권자들의 판단에 영향을 줄 수 있다.

정치광고나 TV토론에서도 좌석의 위치를 돌아가며 바꾸는 이유도 공간적 배치나 근접성에 의한 영향을 최소화시키기 위한 배려다. 사회심리학의 좌석배치 연구에서 밝혀진 바로는 대체로 자기가 마주보고 있는 사람에게 더 많은 대화를 건네며, 마주보고 있는 사람이 토론을 더 주도했다고 판단한다(Steinzor, 1950). 이것을 스타인저 효과(Steinzor effect)라고 한다(Forsyth, 1999). 그러므로 토론 시에는 구석에서 눈에 띄지 않게 앉아 있는 후보보다 중앙에서 눈에 잘 띄게 배치된 후보가 같은 양의 발언을 해도 더 많이 주도적으로 한 것처럼 보일 확률이 높다.

2) 태도 및 설득 이론과 정치광고

(1) 메시지 학습이론

정치광고에 응용될 수 있는 태도변화 이론들 가운데 가장 보편적으로 적용되는 틀은 메시지 학습이론이다(오택섭, 1994; Petty & Cacioppo, 1981). 예일 커뮤니케이션 연구팀의 호블랜드(Hovland)를 중심으로 설득메시지의 효과에 관한 경험적 연구들을 축적해 갈 때 기본으로 삼았던 태도변화 과정은 [그림 14-1]과 같이 요약된다. 커뮤니케이션의 효과(광고효과)가 얻어지기 위해서는 '누가(출처), 무엇을(메시지), 누구에게(수

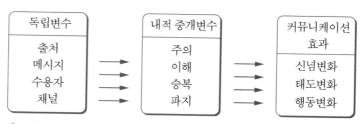

[그림 14-1] ┃ 메시지 학습이론이 가정하는 설득메시지 학습과정과 그 효과

용자), 어떤 채널을 통해서(채널) 말하는지'와 같은 독립변수, 그리고 수용자의 내적 측면에서 '이 메시지에 얼마나 주의를 기울이고, 이해를 하며, 그 내용에 승복하고, 또 설득광고 후에도 그 내용을 기억(파지)하게 되는지'와 같은 중개변수의 영향을 모두 고려해야 한다.

① 출처

메시지를 누가 전달하는 것이 좋은가에 관해서는 당연히 전문가와 같이 신뢰감을 주는 사람이나 매력이 있어서 호감을 주는 사람이 설득에 효과적임이 밝혀져 왔고(예, Hovland & Weiss, 1951; Eagly & Chaiken, 1975), 광고에서도 이러한 사실을 충분히 활용하고 있다. 이에 더하여, 최근에는 유명한 모델이 아닌 평범한 모델을 광고에 활용하는 경향이 두드러지는데, 이러한 방법은 값싼 모델을 이용하여 비용을 절감할 수 있을 뿐만 아니라, 수용자들의 마음속에 '나와 유사한 사람'이라는 범주를 활성화시켜 친밀감과 호감을 더 증가시킬 수 있는 방법이다. 특히 우리나라는 불확실성 회피성향이 높은 문화권에 속하기 때문에(차재호, 나은영, 1995; Hofstede, 1991), '나와 다른' 사람들에 대한 경계심이 높다. 즉, 아무리 좋은 물건을 아무리 유명한 사람이 광고를 한다 하더라도 '나와는 다른 부류의 특수한 계층 사람들이 사용하는' 것이라는 인상을 주면 광고에 역효과가 나올 수 있기 때문에, 오히려 편안한 호감을 줄 수 있는 평범한 인물이 감정적으로는 좋은 결과를 가져올 수 있다. 다만 여기서 주의할 점은, 지나치게 신빙성이 떨어지는 인물이 메시지를 전달할 경우에는 수용자가 메시지의 내용 자체를 평가절하할 수도 있기 때문에, 평범하더라도 어느 정도의 신빙성을 갖춘, 또는 최소한 어느 정도의 신빙성을 갖춘 것처럼 보이는 인물을 정보원으로 사용하는 것이 중요하다.

② 수면자 효과와 부정적 정치광고

수면자 효과(sleeper effect)란 설득메시지가 제시된 시점보다 더 후의 시점에서 설득효과가 더 커지는 현상을 말한다 (Hovland, Lumsdaine, & Sheffield, 1949; Gruder et al., 1978).

수면자 효과
설득메시지가 제시된 시점보다 더 후의 시점에서 설득효과가 더 커지는 현상

수면자 효과에 대한 첫 번째 설명은, 대부분의 경우에는 메시지를 받은 직후의 효과가 시간이 지남에 따라 소멸되어 가는 것이 정상이지만, '비호의적으로 평가되었던 설득

단서(예, 부정적인 출처)가 처음에는 메시지와 연합되어 있다가 시간이 지남에 따라 그 연합이 해제되면서' 메시지의 내용만이 남아 영향을 준다는 '연합해제(dissociation) 설'이다(Eagly & Chaiken, 1993). 부정적인 출처가 메시지를 전달할 당시에는 그 메시지의 신빙성이 절감되었다가(Hovland & Weiss, 1951; Kelman & Hovland, 1953), 그 부정적 출처와 메시지 간의 연합이 시간의 흐름에 따라 약해지면서 메시지의 효과가 오히려 더 커지게 된다는 것이다.

수면자 효과에 관한 또 다른 설명은 '차별적 소멸(differential decay)론'이다(Moore & Hutchinson, 1985; Pratkanis, Greenwald, & Leippe, 1988). 이 설명의 핵심은 절감단서의 영향이 소멸되는 속도가 메시지의 영향이 소멸되는 속도보다 더 빠를 때 수면자 효과가 일어난다는 것이다.

수면자 효과는 종종 정치광고에 활용되고 있다. 특히 부정적 정치광고에 활용될 때 그 효과가 극대화된다(Lariscy & Tinkham, 1999). 신빙성이 떨어지는 출처가 흘린 메시지일지라도 그것이 상대 경쟁후보에 대한 부정적인 내용을 담고 있는 경우, 시간이 지남에 따라 그 부정적인 메시지가 신빙성 떨어지는 출처로부터 나왔다는 사실은 흐려지고 메시지의 내용만이 남아 상대 후보의 이미지를 손상시킬 수 있기 때문이다. 악성루머가 바람직하지 않음에도 불구하고 종종 선거에서 어느 정도 효과를 가져오는 이유가 바로 여기에 있다.

③ 메시지의 의견격차와 거부 영역

메시지에 어떤 내용을 담을 것인가에 관해서는 논의할 내용이 많겠지만, 여기서는 간단히 몇 가지만 언급하고자 한다. 먼저 메시지의 내용이 기존 유권자의 생각과 너무 동떨어지면 수용되기가 힘들다는 점이 있다. 즉, 메시지와 기존 태도 간의 의견격차(discrepancy)가 너무 크면 아예 그 후보를 투표대상에서 제외해 버릴 가능성이 있다. 이것은 메시지가 기존 태도와 너무 유사해도 동화(assimilation)효과가 일어나 새로운 태도변화를 기대하기 힘들지만, 지나치게 동떨어지는 메시지를 제시해도 대조(contrast)효과 때문에 아예 자기와 맞지 않는 것으로 생각하게 될 가능성이 있다는 것을 의미한다(Sherif & Hovland, 1961).

정치광고에서 수용자의 초기태도와 지나치게 동떨어진 주장을 하는 후보의 메시지는 '거부 영역(latitude of rejection)'을 벗어나기 힘들어 설득력이 떨어진다. 사람들이 중요하게 생각하는 고관여 이슈일수록 거부 영역이 클 가능성이 높기 때문에(Petty & Cacioppo, 1981), 유권자와의 의견격차를 적절히 조절할 필요가 있다. 그렇지 않으면 선택적 노출효과에 의해 메시지가 원천적으로 수용자에게 도달되지 않을 가능성이 높아지거나, 도달한다 해도 대조효과에 의한 거부반응이나 역태도변화의 일종인 부메랑 효과까지 일어날 수 있다(나은영, 1999).

④ 수용자

어떤 커뮤니케이션이든, 그것이 효과가 있기 위해서는 반드시 수용자 변수를 고려해야 한다. 지금까지 연구된 바로는 대체로 자존심이나 지능이 중간 정도인 수용자가 태도변화를 가장 잘 일으킨다(McGuire, 1968; Rhodes & Wood, 1992). 전체 태도변화량은 수용자의 이해 정도와 양보 정도에 따라 결정되는데(McGuire, 1968), 자존심과 지능은 이해와는 긍정적 관계, 양보와는 부정적 관계를 지니고 있기 때문에, 이 두 함수를 합했을 때 최대점이 되는 중간 수준의 자존심이 바로 최대의 태도변화량을 일으키는 곳이다([그림 14-2] 참조).

특히 수용자의 가치관이나 관심사가 늘 같은 곳에 머물러 있는 것이 아니라 항상 변화하고 있음에 주목해야 한다. 특히 우리 사회처럼 시대 변화가 빠르고 세대차가 큰 나라에서는 광고를 비롯한 설득 커뮤니케이션과 관련하여 수용자의 가치관 변화를 수시로 점검하고 대처할 필요가 있다(나은영, 차유리, 2010; Na & Cha, 2000). 커뮤니케이션 효과이론들도 점차 수용자의 다양한 욕구에 따라 같은 메시지도 다른 효과를 가져올

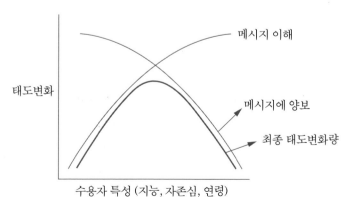

[그림 14-2] ┃ 수용자 요인에 따른 태도변화량: 메시지 이해와 양보의 함수

수 있음을 인정하는 방향으로 발전해 오고 있으며(차배근, 1999), 수용자의 욕구에 따라 차별화된 채널들이 발달하고 있다(Wimmer & Dominick, 2000).

(2) 정교화 가능성 모형

제3장과 제7장에서 다룬 정교화 가능성 모형(elaboration likelihood model: ELM)은 메시지의 이슈가 수용자에게 중요하면, 즉 자아관여 수준이 높으면 메시지의 내용에 주의를 기울여 메시지 내용의 질이 좋을 때 태도변화가 많이 일어나는 중심경로 처리를 따르고, 메시지의 이슈가 수용자에게 중요하지 않으면, 즉 자아관여 수준이 낮으면 전달자의 매력, 전문성, 수용자의 기분상태 등과 같은 주변적인 단서에 따라 태도변화가 일어나는 주변경로 처리를 따른다는 이론이다(Petty & Cacioppo, 1981, 1986).

두 처리과정 중에 더 합리적인 과정은 역시 중심경로 처리이지만, 중요한 점은 사람은 항상 합리적이지는 않다는 점이다. 특히 광고나 선거캠페인 같은 설득상황에서 사람이 과연 메시지의 내용에 주의를 기울여 중심경로 처리를 할 것인가? 이 경우 소수의 관여자들은 중심경로 처리를 할지 모르지만, 대다수의 사람들은 최소한 처음에는 주변경로 처리를 할 가능성이 높다는 점을 염두에 두어야 한다.

정치적 선거 캠페인용으로 미디어를 사용할 때에도 주변경로 처리를 무시할 수 없다. 사람은 원래 자기가 지지하던 후보의 연설만을 선택적으로 골라 보며 자기의 원래 의견을 강화시키는 '선택적 노출' 성향이 강해서(Wells, Burnett, & Moriarty, 1998), 원래 싫어하던 후보의 연설은 아예 보지도 않고 채널을 돌려 버리는 경향이 있다. 그러므로 비지지자들에게 지지를 받기 위해서는 일단 주변경로 처리를 염두에 둔 배경적 틀을 잘 설정한 다음에 주요 메시지에도 노력을 기울이는 것이 좋다.

1997년 대통령 선거 전 대선 후보자들의 TV연설 예를 살펴보면, 이회창 후보는 국기가 옆에 세워져 있는 사무실 내의 책상에 앉아서 연설하는 모습이 보였고, 김대중 후보는 푸른 바탕의 세계지도를 배경으로 하여 간간이 청중이 고개를 끄덕이는 모습까지 동시에 화면 한 측면에 보여 주면서 연설하는 모습이 보였다. 이 경우, 확고한 지지자들의 마음은 바꿀 수 없다 하더라도, 지지하지 않던 사람이 우연히 그 화면을 보았을 때 잠시 멈추게 되는 것은 역시 후자였을 것이고, 잠시라도 멈추게 되었을 때 어떤 메시지가 귀에 들어왔다면 좀 더 귀를 기울이게 되어 메시지 내용의 효과로 이어져서 투표행동에도 영향을 주었을 수 있다. 요약하면, 중심경로 처리가 효과를 발휘하기 위해서는 일단 메시지에 주의를 끌어야 하는데, 이를 위해 주변경로 처리의 활용이 결정적이라는 것이다.

이에 더하여, 수용자가 이미 확고한 기존 태도를 가지고 있거나 변화시키기 어려운 편견과 관련된 태도를 변화시키고자 할 때에는 저항심리에 의한 역효과가 일어날 수 있는 가능성을 배제하는 일이 급선무다(나은영, 1998; Abelson, 1988; Na, 1999). 즉, 외집단 성원이 강력한 메시지로 강한 태도를 가진 사람을 설득시키려 하면 오히려 원래의 태도가 더 강해진다. 강한 태도의 편파적 처리과정과 관련된 설득저항 이론은 정치적 태도의 변화나 선거캠페인에 의한 투표행동 등에 잘 적용될 것으로 보인다.

한편 정치광고의 효과는 유권자의 관여수준에 따라 크게 달라진다. 특히 이미 강하게 지니고 있는 인상, 태도, 이미지를 바꾸는 것은 매우 어렵다. 이미 지니고 있는 태도와 일치하지 않는 정보는 아예 접하려고 하지도 않을뿐더러, '이미 충분히 확실한 정보를 가지고 있다.'고 믿기 때문에('충분성 역치' 개념) 추가정보를 접할 필요도 없다고 보는 것이다(Eagly & Chaiken, 1993). 사회적 편견이 정치적 선거상황에서 크게 작용하는 이유가 바로 여기에 있다.

정치광고가 유권자의 관여수준이 높을 때(예, 대통령 선거)보다 관여수준이 낮을 때(예, 국회의원 선거) 더 강력한 효과를 나타낼 수 있다는 연구도 있다(Rothschild, 1975). 이는 관여수준이 높은 경우 적극적으로 설득메시지에 반박하는 내용을 훨씬 더 많이 생성해 낼 수 있기 때문이며, 결국 설득이 그만큼 어려워진다(나은영, 1998, 2001).

(3) 무의식적 과정과 식역하 광고

식역하(subliminal) 광고의 효과가 처음 발표되었을 때에는 큰 관심을 끌었으나, 계속적인 반복연구에 실패하고(Pratkanis & Aronson, 1991), 또한 처음의 보고가 사실이 아님이 밝혀짐으로써(Weir, 1984) 차츰 시들해졌다. 식역하 광고는 어떤 자극을 인식할 수 없을 정도로 역치 이하의 짧은 순간동안 제시해도 잠재의식 속에서 정보처리가 일어나 우리의 행동에 영향을 준다는 것이다. 이에 관해서는 제2장의 '지각'에서 다루었다.

그러나 사회심리학 영역에서 암묵적 사회인지(implicit social cognition)에 관한 연구 관심이 증가하면서 무의식적 과정이 우리의 판단에 영향을 줄 수 있다는 사실이 다시 부각되었다(Greenwald & Banaji, 1995). 암묵적 인지과정이란, "과거 경험의 흔적이 어떤 수행에 영향을 주되, 그렇게 영향을 준 이전의 경험을 자기보고나 내성법으로 기억해 내지 못하는 경우의 인지과정"(Greenwald & Banaji, 1995)을 말한다. 이것은 식역하 광고와는 차이점이 있다. 즉, 암묵적 사회인지 과정의 상황은 자극을 인식할 수 있을 만큼 충분히 역치 이상으로 제시하는 보통 광고상황과 마찬가지이지만, 그 광고가 우리 생각이나 행동에 영향을 미치는 과정 자체가 무의식적이라는 것이다. 즉, 광고를 보고 생각이 바뀌었어도 자기는 그것 때문에 바뀐 것이 아니라고 생각하거나, 최소한 그 광고가 자기에게 영향을 주었다는 사실을 인지하지 못하는 것이다.

광고메시지든 주요 프로그램 내의 메시지든 관계없이 반복해서 접하다 보면 자기가 의식하지 못하는 사이에 태도나 편견이 변화할 수 있다. 예를 들면, 세탁기를 돌리는 남성, 회의를 주관하는 여성, 소수민족 여성판사의 모습 등이 대중매체나 비디오, 영화 등에 자주 등장하고 이것을 반복하여 보게 됨으로써 부지불식간에 편견이 감소될 수 있다(나은영, 1997). 이와 유사한 과정을 통해서 광고메시지의 내용도 수용자가 의식적으로 기억해 내지는 못하지만 자기도 모르는 사이에 그 광고의 내용이 수용자의 태도와 행동에 영향을 줄 가능성이 있다.

정치광고에서 아동이나 여성을 자주 등장시킨다든지, 아내와 다정한 모습을 보인다든지 하여 가정적이고 부드러운 모습을 은연중에 각인시키려 하기도 한다. "나는 아이들을 사랑한다." 또는 "나는 여성을 아낀다."와 같은 명시적인 메시지를 전달하지 않아도 그들과 더불어 지내는 모습 속에서 충분히 암시적인 메시지가 전달되어 암묵적 효과(implicit effect)를 보일 수 있다.

(4) 일관성 이론

우리 마음속에는 가능하면 일관성 있는 태도를 지니려는 욕구가 있다. 태도와 관련된 여러 가지 일관성 이론들이 있지만, 가장 대표적인 것은 하이더(Heider, 1958)의 균형이론과 페스팅어(Festinger, 1957)의 인지부조화 이론이다. 균형이론에 따르면, 나는 내가 좋아하는 사람이 좋아하는 물건을 좋아하고, 내가 좋아하는 사람이 싫어하는 물건은 싫어한다. 만약 내가 좋아하는 사람이 내가 싫어하는 물건을 샀을 때에는 불균형 상태가 되고, 이런 구조에서는 균형을 회복하기 위한 노력이 뒤따르게 된다. 이때 만약 물건을 바꾸거나 되돌려주는 것이 불가능하다면, 인지부조화의 회복을 위한 과정에서 자기도 그 물건을 좋아하게 된다.

판단과정에서 도식의 역할도 일관성 개념과 관련이 된다. 도식은 과거의 경험에 의해 사람의 기억 속에 지니게 된 지식구조를 말하는데(Fisk & Taylor, 1991), 이미 지니고 있는 사전지식에 부합되지 않는 정보는 무시하거나 왜곡시켜 받아들임으로써 기존 지식과의 일관성을 유지하려 한다. 따라서 자기가 평소에 좋지 않게 생각했던 후보가 TV나 신문의 광고에 나오면, 새로운 광고메시지를 접하고 나서 일시적으로 '괜찮겠는데……' 하는 생각이 들더라도 이내 '필경 무슨 문제가 있을 거야.'라고 생각하게 된다. 그래야만 지금까지 지녀 오던 생각과의 일관성이 파괴되지 않기 때문이다. 반대로, 일단 특정 후보의 이미지가 호의적으로 형성되면 이것이 도식의 역할을 하게 되어, 차후 그 후보와 연관된 정보들은 모두 일관성 있게 호의적으로 평가될 가능성이 높아진다.

3) 감정과 이미지에 호소하는 방법

인지적 측면보다 감정적 측면이 태도변화와 행동유도에 더 효과적임을 증명한 연구들도 있다. 아벨손 등(Abelson et al., 1982)은 투표행동을 결정하는 데 후보자들의 특성에 관한 인지적 판단보다 각 후보자들이 주는 '느낌'이 투표행동을 더 잘 예측함을 보였다. '이 후보가 저 후보보다 이러이러한 장점을 더 많이 가지고 있고 이런 정책에 더 능하다.'는 종류의 이성적인 정보보다 '이 후보만 생각하면 희망이 솟아오른다.' 또는 '저 후보만 생각하면 자랑스럽다.' 하는 것과 같은 총체적 감정이 득표에 더 큰 영향을 준다는 것이다.

공익광고에 자주 사용되어 온 위협 또는 공포소구도 이성보다 감정에 호소하는 전략이다(Colburn, 1967; Janis & Feshbach, 1953). '담배를 피우면 이렇게 해롭다.' 또는 '안전벨트를 매지 않으면 이렇게 위험하다.'는 메시지를 사진이나 영상으로 보여 주는 방법과 유사하게, 정치광고에서도 '저 후보자에게 투표하면 봉급생활자의 세금이 인상될 것이다.' 또는 '저 후보자가 당선되면 기업이 모두 망할 것이다.'와 같은 위협을 이용하는 경우가 흔하다.

4) 행동과의 연계에 관한 원리

특정 후보에 대한 유권자의 태도가 호의적이라 하더라도 그런 긍정적인 태도가 바로 투표행동으로 이어지느냐 하는 것은 별도의 문제다. 행동의도를 결정하는 데에는 태도 이외에 다른 요인들, 예를 들어, 주관적 규범이나 기타 사회적 압력, 또는 행동통제 능력 등이 작용하기 때문이다.

(1) 행동의도와 규범 및 통제

[그림 14-3]은 태도가 행동의도로 이어질 때 규범의 역할도 중요함을 보여 주는 피시바인과 아이젠(Fishbein & Ajzen, 1975)의 행동의도 모형인 합리적 행위 모형이다. 합리적 행위 모형에서 태도란 어떤 행동을 하는 것에 대한 태도, 예를 들어 A후보에게 투표하는 것에 대한 태도를 말한다. 규범이란 주관적 규범으로서, 자신에게 중요한 타인들이 그 행동을 어떻게 생각하는지에 대한 평가다. 대체로 개인주의 문화권에서는 태도의 영향이 규범의 영향보다 더 크지만, 집단주의 문화권에서는 규범의 영향이 태도 못지않게 크다는 사실이 밝혀져 왔다(Lee, 1988). 우리나라에서는 자기가 사고 싶은 물건이나 자기가 투표하고 싶은 사람이 있어도 자기 주변의 중요한 타인들이 어떻게 생각하느냐에 따라 태도가 그대로 행동으로 이어지기도 하고 그렇지 않기도 한다.

한편 아동은 어떤 물건이 사고 싶어도 경제적 통제능력이 없기 때문에, 그리고 어떤 후보자를 좋아해도 투표권이 없기 때문에 구매행동이나 투표행동을 하지 못한다. 이와 같은 행동적 통제변수의 중요성이 추가된 수정된 행동의도 모형인 계획된 행위 모형도 있다(Ajzen, 1991).

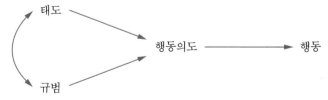

[그림 14-3] ｜ 피시바인의 합리적 행위 모형: 태도와 규범이 행동의도에 영향을 미치는 과정

(2) 갈등 사이의 선택

정치광고에서 유권자는 단일 후보를 놓고 가부를 결정하는 상황보다 여러 후보들 중 하나를 결정해야 하는 상황이 더 많다. 하나를 놓고 가부를 결정하는 상황도 결정상황이라고 할 수 있지만, 여럿 중에서 하나를 택하는 상황은 그 중에서 특히 선택을 해야 하는 결정상황이다.

마음속의 갈등을 일으키는 상황은 크게 다음 네 가지로 구분된다.

- 접근−접근 갈등: 두 후보 모두 장점을 지니고 있어서 어느 쪽을 택할까 고민하는 경우
- 회피−회피 갈등: 두 후보 모두 택하고 싶지 않지만 어느 한 쪽은 반드시 택해야 하는 경우
- 접근−회피 갈등: 한 후보의 장점을 생각하면 택하고 싶고, 단점을 생각하면 택하고 싶지 않은 양가감정이 있는 경우
- 이중 접근−회피 갈등: A라는 후보는 a^+라는 장점과 b^-라는 단점을 지니는 반면, B라는 후보는 a^-라는 단점과 b^+라는 장점을 지니고 있을 때, a를 생각하면 A를 택하고 싶고, b를 생각하면 B를 택하고 싶어 이중적인 접근−회피 갈등이 있는 경우. a와 b 중에서 어떤 특성을 더 중요하게 생각하느냐에 따라 A와 B 중에서 어느 쪽을 택할지 최종적으로 결정하게 된다.

선택상황에서는 대부분 이 중의 어느 하나에 해당하는 갈등을 느끼게 된다. 구매상황에서는 둘 모두 마음에 들지 않거나 마음에 드는 물건이 하나도 없으면 아무것도 사지 않아도 무방하다. 그러나 선거상황에서는 '둘 모두 싫지만' 또는 '마음에 드는 후보가 하나도 없지만' 자신이 투표를 하든 안 하든 누군가 한 사람은 당선되기 때문에 차선책이라도 택하는 경우가 많다. 접근−접근 갈등의 경우는 비록 갈등이라고는 하지만 행복한 고민을 하게 되는 경우이므로 잘못된 선택을 한다고 해도 크게 타격을 입지는 않는다. 접근−회피 갈등이나 이중 접근−회피 갈등 상황은 우리가 가장 흔히 접할 수 있는 상황인데, 이때는 각 후보의 어떤 측면을 더 중요시하느냐에 따라 우리의 최종 결정이 이루어진다.

5) 한국의 문화적 특성

우리나라의 문화는 유난히 가족 지향성이 강하다. 가족가치를 중요시하는 정치광고의 예는 우리나라와 미국의 대통령 선거과정에서 공히 찾아볼 수 있다. 특히 이미지가 지나치게 딱딱해 보일 것이라고 생각하는 후보, 또는 어떤 성적인 스캔들에 휘말려 윤리적으로 문제가 있을 것이라고 보이는 후보 측에서 많이 사용하는 기법이다. 자신은 이와 같은 다정하고 따뜻한 가족과 함께 있는 건실한 후보임을 보이는 것이다. 그러나 정치광고에서도 가족을 등장시켜 오히려 대통령이나 정치가로서의 역할에 장애가 될 수도 있다는 점이 부각되는 경우에는 가족과의 연결을 그리 강조하지 않는 편이 더 좋은 결과를 가져올 수 있다.

여성 후보는 강성 이미지보다 유권자의 기대에 크게 벗어나지 않는 부드러운 이미지를 강조하는 편이 더 효과적이라는 연구도 있지만, 또 한편으로는 여성 후보를 가족과 연결시키는 경우 '가족의 지지를 받고 있어 일에 더 열중할 수 있다.'는 장점과 함께 '가족에 얽매인 평범한 주부'의 이미지가 너무 강해져 자칫 전문성이 떨어지는 것처럼 인식될 수도 있기 때문에, 정치광고에서 가족가치를 들고 나오는 것은 어디까지나 전문성이 손상되지 않는 범위 안에서만 효과가 있을 것이라고 예상할 수 있다.

(1) 국가별 문화차와 정치광고

우리나라와 미국의 정치적 인물들이 보이는 언어적 비언어적 메시지의 양상이 여러 장면에서 드러난다. 예를 들면, 연설 중 손과 팔동작을 사용하지 않는 비율은 미국(22.1%)보다 한국(38.0%)이 더 컸고, 비공식적 의상을 입고 등장하는 예는 미국(21.5%)보다 한국(12.2%)이 더 적었다(탁진영, 1999). 표현성도 한국이 더 적어서, 후보자가 웃음을 사용한 비율이 미국(75.0%)보다 한국(38.9%)이 현격하게 더 적었다. 이와 유사하게 후보자의 직접적인 눈맞춤 정도도 미국(58.5%)이 한국(35.7%)보다 훨씬 더 높았다. 이성적 소구는 미국(45.6%)이 한국(23.0%)보다 더 많이 사용했으며, 감정적 소구는 한국(45.5%)이 미국(33.7%)보다 더 많이 사용했다. 윤리적 소구를 사용한 비율은 전반적으로 낮기는 했지만 한국(29.3%)이 미국(14.1%)보다 더 많이 사용하는 것으로 나타났다(탁진영, 1999).

긍정광고를 사용하는 비율은 한국(67.0%)이 미국(52.6%)보다 더 높았고, 부정광고를 사용하는 비율은 미국(47.4%)이 한국(33.0%)보다 더 높았다. 부정광고 중에서 직접적 부정광고를 사용하는 비율은 미국(87.4%)이 한국(48.6%)보다 훨씬 더 높았고, 간접적 비교광고를 사용하는 비율은 한국(51.4%)이 미국(12.6%)보다 훨씬 더 높았다. 이는 동양문화권의 경우 갈등상황에서 당사자끼리 직접적 대면을 꺼리고 제3자를 사이에 두고 싶어 한다는 룡(Leung, 1987)의 연구와 일맥상통하는 결과다. 의사소통 과정에 관한 사회심리학적 문화 간 연구에서도 동양문화권은 고맥락(high context) 상황에 바탕을 둔 간접적 의사소통(indirect communication)을, 서양문화권은 저맥락(low context) 상황에 바탕을 둔 직접적 의사소통(direct communication)을 한다는 사실이 이미 잘 알려져 있으며(Hall, 1977), 정치광고의 메시지에도 이러한 차이가 반영되고 있음을 시사한다.

(2) 세대별 · 성별 문화차와 정치광고

세대와 성별에 따라서도 생각하는 바가 다를 수 있기 때문에(Inglehart, 1997), 정치광고 제작시 염두에 두어야 할 부분이다. 기성세대는 대체로 남과 같거나 최소한 비슷해야 무난하다고 생각하고 마음의 편안함을 느끼는 반면, 젊은 층은 남과 다르고 싶은 욕구, 독특성, 튀는 멋에 가치를 둔다. 그러므로 당연히 기성세대를 겨냥한 광고와 젊은 층을 겨냥한 광고의 내용에도 이러한 차이가 반영되는 것이 효과적일 것이다. 뿐만 아니라, 신세대를 겨냥한 광고일수록 빠른 템포의 자극적인 제시가 더 효과적이다. 한편 여성의 출산율이 줄어들고(2009년 우리나라의 경우 평균 1.42명) 전반적인 평균수명이 길어짐에 따라 노년층의 인구가 점차 늘어나고 있기 때문에, 장 · 노년층의 수정된 가치관을 반영하는 것도 광고에 꼭 필요한 사항 중 하나다.

정치 전반에 대한 환멸이 특히 신세대에게서 더 심하고, 항상 기권율도 신세대가 가장 높다. 따라서 정치광고를 제작할 때에도 기성세대를 겨냥한 메시지와 신세대를 겨냥한 메시지가 구분될수록 효과가 더 클 수 있겠지만, 자칫 일관성의 결여라는 더 치명적인 상처를 입지 않도록 조심할 필요도 있다. 매체별로 약간의 특성을 달리하여, 예를 들어 기성세대가 많이 이용하는 인쇄신문에는 언어적 내용 중심의 안정 희구 메시지를 강조하고, 신세대가 많이 이용하는 인터넷 · 모바일 광고나 트위터에서는 비언어적 영상과 이미지 중심의 참신함을 강조하는 것도 한 방법이 될 수 있다.

정치광고에서 여성 후보자는 어색하게 강인함을 강조하기보다 원래의 강점인 여성

다움과 섬세함, 전문성 등을 강조하는 편이 더 효과적이라는 사실이 밝혀졌다(Benze
& Declercq, 1985). 뿐만 아니라, 여성 후보자는 부정광고를 많이 사용하지 않는 것이
좋다고 한다(Jamieson, 1988). 유권자가 일반적으로 지니고 있는 기대감에 어긋나는
경우 좋은 인상을 형성하기 어렵기 때문이다. 그러나 연약하다는 고정관념을 탈피하
여 경력을 강조하고 전문성을 내세우는 전략이 효과적이라는 사실도 밝혀졌다(탁진영,
1999; Wadsworth et. al., 1987). 요약하면 유권자의 기대에 크게 벗어나지 않으면서도
당선자로서의 역할을 하기에 충분한 역량을 소유하고 있음을 적극적으로 보이는 것이
여성 후보자의 경우 정치광고에서 가장 효과적이라고 할 수 있다. 사진이나 인쇄물을
제시할 때에는 남성의 경우는 얼굴이, 여성은 몸매가 모두 보이는 사진이 더 선호된다
는 연구결과도 있다(Adams et al., 1980; Archer et al., 1983).

6) 전달 매체의 효과

메시지의 내용이 같은 광고라 하더라도 어떤 매체를 이용하는가에 따라 효과가 달
라질 수 있다. 한 연구자에 따르면, 설득 커뮤니케이션이 '전달하는 채널속성에 적합하
게 짜였을 때' 효과적이다(Klapper, 1960; 오택섭, 1994에서 재인용). 대체로 인쇄매체는
전달하려는 내용이 어려울 때 효과적이고, 시청각적으로 제시되는 방송매체는 쉬운 내
용을 전달할 때 효과적이다(Chaiken & Eagly, 1976). 정치광고의 경우도 노년층과 교육
수준 및 소득수준이 낮은 계층일수록 TV 정치광고의 영향을 많이 받고, 젊은 층과 교
육수준 및 소득수준이 높은 계층일수록 인쇄매체의 영향을 많이 받는다(Patterson &
McClure, 1976).

이때 주의할 점은, 연구할 때 실험용으로 제시하는 인쇄매체는 실험참가자가 어쩔
수 없이 보아야 하지만, 실제 상황에서의 인쇄매체는 수용자가 선택적으로 보지 않을
가능성이 높다는 점이다. 물론 특수한 수용자 집단의 경우 정보를 애써 찾는 경우도 있
지만(예, 컴퓨터를 사야겠다고 마음먹었을 때 컴퓨터 관련 광고들을 적극적으로 찾아볼 수 있
다), 대부분은 신문에 딸려 들어오는 광고전단들은 보지도 않고 버리는 사람이 상당수
다. 대부분의 매체가 선택적 노출을 피할 수는 없지만, 이와 같은 선택적 노출의 정도
가 매체에 따라 달라질 수 있는 가능성도 광고제작 시 고려해야 할 변수다.

최근에 엄청나게 늘어난 인터넷 광고와 움직이는 광고의 효율성도 고려해야 한다.

인터넷 광고는 제작 및 수정과정이 비교적 쉽고 광고시점 선택도 자유로우며, 비용도 저렴한 편이고, 유권자의 세부 계층에 따라 정확히 목표삼아 광고할 수 있다. 움직이는 광고는 일단 사람들의 주의를 끌어 앞서 언급한 '주변경로 처리'에서 유리한 고지를 점할 수 있고, 또한 많은 사람들에게 노출시킴으로써 같은 시간에 최대의 효과를 노릴 수 있다.

7) 누구의 편이 될 것인가

연구자들이 과연 누구의 편이 되어야 하는가? 정치가의 지원으로 이루어지는 연구에서 과연 연구자는 유권자의 권익을 끝까지 보호할 수 있을까? 누구의 편도 아닌 객관적 사실과 보편적 진리를 발견하는 것이 학자의 역할이라 하더라도, 실제로 대립되는 두 이익집단 사이에서 진정 공평한 시사점을 줄 수 있는 연구를 하는 것은 그리 쉬운 일만은 아닐 것이다.

정상적이라면 택하지 않을 것을 다른 사람에게 택하게 하는 것은 비윤리적이며, 정상적인 판단을 하도록 제대로 된 정보를 제공하는 것이 윤리적이다(DeVito, 1997). 광고를 연구하는 사람들이 주로 광고주 측의 지원을 받기 때문에 이런 윤리적 자세가 특히 중요하다. 광고가 현대사회에 필수적이고 매체의 존폐 자체가 광고수입에 달려 있을 정도로 광고가 중요하므로 광고효과를 극대화시키는 것도 물론 중요하지만, 유권자를 보호하려는 자세가 기본적으로 전제되어야 함은 물론이다.

정치적인 광고에서 유권자가 합리적인 판단을 할 수 있도록 도와줄 수 있는 방향으로 광고를 제작해야 한다. 오도광고로 잘못된 선택을 했을 때의 피해는 매우 크게 나타날 수 있다. 더 이상 '편가르기'와 '몰표 유도형' 선거전략에서 벗어나 국민 개개인이 올바른 판단을 할 수 있도록 윤리적 자세가 선행되어야 한다.

마지막으로, 정치광고의 경우 정치적인 현장 속에서 유권자의 마음을 끌기 위한 전략을 생각하다 보니 자연스럽게 사회심리학적 원리가 이용되는 경우가 많기는 하지만, 이론적 원리와 적용이 따로 굴러가고 있는 실정이다. 서로 다른 영역의 종사자들이 자기 나름의 영역에만 집중하다 보니 이론가는 실무에 어둡고 실무자는 실제로 이론에 해당하는 것을 이용하고 있으면서도 이론 자체를 염두에 두지는 않는다. 만약 이론가와 실무자 간에 서로를 인정하고 신뢰에 바탕을 둔 효율적인 커뮤니케이션이 이루어질 수 있다면, 정치광고에서 큰 시너지 효과를 발휘할 수 있을 것으로 기대한다.

2. 기만광고*

2002년 11월 11일 공정거래위원회는 태양초를 사용한 고추장이 다른 제품보다 더 맛있다고 광고하는 것은 부당한 비교광고라는 결정을 내림으로써 한 식품회사에 대해 부당광고 중지명령을 내렸다. 공정거래위원회는 태양초 고추를 사용하면 맛이 없다는 주장도 역시 입증되지 않은 것으로 비방광고에 해당된다고 밝혔다. 이러한 광고는 경쟁에서 암시된 비방(implied slur on competition) 광고의 유형에 속한다. 이처럼 기만광고들은 명백하게 거짓광고라기보다는 인식과정에서 잘못되도록 교묘하게 만들어져 있다(Aaker & Day, 1982).

오늘날의 광고들은 거짓된 주장보다는 과장이나 신념에의 호소, 불완전한 비교진술을 통해 소비자를 현혹한다. 이와 관련하여 자주 언급되는 간접주장의 한 유형이 실용론적 암시(pragmatic implication)로, 이것은 사람으로 하여금 논리적으로 암시되지 않은 것을 명확하게 규정된 것처럼 믿게 한다. 대개의 경우 그것은 인간의 저장된 지식과 언어유입의 상호작용으로 이루어지며, 실용론적 암시는 해석된 정보에 따라 기억에 저장되고 현실 상황에서 사람에 의해 추론된다. 사람이 외부에서 유입되는 정보를 기억에 저장하고 인출할 때 기존의 도식에 의해 영향을 받는 것은 인간의 기본적인 성향이다. 기존의 연구들에서 미묘한 암시가 사람들로 하여금 추론을 하게 하고, 그 추론을 사실로 받아들이게 한다는 것을 보여 주었다(Harris, 1981; Harris & Monaco, 1978).

따라서 광고에서의 암시를 소비자가 어떻게 처리하는지를 규명하는 것은 소비자 보호 차원에서 의미 있는 일이다. 이 절에서는 실용론적 암시에 근거한 기만광고를 살펴본다.

---

* 기만광고는 양윤(2003)의 「광고에서 실용론적 암시의 영향」(한국광고학회 2003년 연차학술대회 발표논문집, 2-15) 에서 발췌하여 정리하였다.

1) 기만 관련 개념

기만광고를 정의하기에 앞서 기만(deception), 기만성(deceptiveness), 오해(mis-comprehension), 오도(misleading), 과대(puffery) 등의 개념에 대해 살펴보고자 한다. 김광석(1994)은 허위, 오해, 기만이라는 용어를 구분하기 위해서는 광고가 표현하고 있는 대상물, 광고의 표현, 소비자에게 전달된 의미라는 세 가지 측면을 비교할 필요가 있다고 주장하였다. 그의 연구에 따르면, 허위는 제품과 표현된 내용이 서로 다른 것을 뜻하며, 오해는 표현된 내용과 소비자에게 전달된 의미가 서로 다른 경우를 뜻하고, 기만은 소비자에게 전달된 의미가 광고 표현과는 상관없이 실제 표현물인 제품에 대한 사실과 다름을 의미한다.

연구자들(Preston & Richards, 1986)에 따르면, 오해는 청자에게 전달된 의미가 메시지의 문자 내용과 다를 경우에 나타난다. 이때 청자가 지각하는 현실이 메시지가 전달하고자 하는 의미와 다른 것이다. 반면 기만성은 광고가 명시하는 내용과 상관없이, 광고가 소비자에게 전달하는 의미가 제품에 대한 사실과 일치하지 않을 때 나타난다. 오도의 경우 결과적으로 소비자를 속이기 위한 의도를 숨기고 있다는 점에서 기만의 범주에서 크게 벗어나지 않는다. 하지만 정보처리 견지에서 본다면, 문제는 단순히 광고 그 자체의 진실이나 거짓을 밝히는 것보다 훨씬 복잡하다고 설명하고 있다. 정보처리 부분에서는 외부에서 유입된 광고가 기억에서 처리되는 과정에서 부호화 과정의 오해 때문에, 기억 재구성 과정에서 도식에 의한 각색 때문에, 또는 정보처리의 이해 영역에서의 문제 때문에 기만이 생긴다고 언급한다.

사전적 의미에서 기만(deception)은 소비자가 실제로 기만당한 것을 의미하지만, 광고에서의 기만은 기만의 잠재성을 포함한 의미를 뜻하는 기만성(deceptive)이므로 반드시 소비자가 기만당하는 사건을 전제로 하지는 않는다(박종민, 2001). 그러므로 광고에서 문제시되는 것은 기만보다는 기만성이라고 할 수 있다. 기만과 관련된 기존 연구들(예, Harris, 1977; Harris, Dubitsky, & Bruno, 1983; Preston & Richards, 1986)에서도 'deceptive advertising'으로 명명해 논의하고 있다. 따라서 여기서도 기만(deception)은 기만성(deceptive)의 의미로 사용하고 있다.

한편 과대(puffery)는 기만의 형태를 갖고 있지만, 특별한 제재를 받지 않는다. 과대는 제품품질의 단순한 과장으로 정의되며, 구매자가 잘 믿지 않는, 단지 판매자의 의견일 뿐인 것으로 받아들여지는 특성이 있다. 과대는 '최고' '환상적' '놀라운' 또는 '가장 뛰어난' 등의 수식어로 표현되며, 이러한 수식어는 해가 없는 것으로 고려되고, 주관적 특성 때문에 책임이 부과되지 않는다(Richards, 1990).

이러한 과대는 사실광고와 평가광고 간의 차이에 근거한다. 사실광고는 가격, 연구 결과, 제품의 물리적 속성 등과 같이 명백히 검증할 수 있는 객관적 주장을 포함한다. 반면에 평가광고는 검증할 수 없거나 허위를 부정할 수 없는 속성의 주관적 판단을 포함한다. 따라서 과대의 특성은 평가광고의 한 유형으로 생기는 결과다.

이번에는 오해와 기만을 살펴보자. 예를 들어, '○○약으로 일주일 내에 체중을 20kg 줄일 수 있습니다.'라는 광고문구는 오해를 발생시키지 않지만, 허위이며 기만이다. 즉, 명시적 메시지가 허위이고 같은 방식으로 전달되었다면, 기만은 있지만 오해는 발생하지 않는다. 그 이유는 소비자가 광고를 오해한 것이 아니라 사실(현실)과 틀린 의미를 구축했기 때문이다. 다음의 예들을 살펴보자. '○○ 과자는 숲속의 스머프들이 만듭니다.' '○○ 맛의 비밀은 우주의 마법에 있습니다.' '○○은 여러분의 가정에 어울리는 귀여운 천사를 보내드립니다.' 이러한 예들의 경우, 소비자가 오해할 수는 있지만, 기만당하지 않는다. 즉, 정말로 허위 주장을 했는데 소비자가 현실과 일치하는 방향으로 이해를 했다면 기만당하지 않는다고 말할 수 있다(Harris, 1989).

미국의 경우, FTC(연방거래위원회)와 법원은 소비자가 어느 정도의 지성을 갖고 있다고 가정한다. 사실 광고에는 허위 요소가 있지만, 기만으로 보지 않는다. 예를 들어, 광고촬영 시, 아이스크림 대신에 으깬 감자를 사용하거나, 맥주에서 샴푸 또는 비누 거품을 사용하는 것이다.

2) 기만광고의 정의와 관련 연구

기만광고의 정의에 관한 이슈는 1980년대 마케팅 문헌에서 뜨겁게 논의되었다(Armstrong, Gurol, & Russ, 1980; Ford & Calfee, 1986; Preston & Richards, 1986; Russo, Metcalf, & Stevens, 1981; Harris, MacCoy, Foster, Kranke, & Bechtold, 1988에서 재인용). 초기의 정의는 단순히 사실이 아닌 내용을 포함하는 것, 또는 명백히 거짓인 광고를 의미했다. 연구자들(예, Gardner, 1975; Jacoby, 1990; Russo, 1981)은 그 개념을 주관적으로 확대하여 광고가 정상적으로 기대할 수 있는 것과 다른 인상이나 신

념을 주게 되고, 그 인상이나 신념이 실제로 사실이 아니거나 소비자를 오도할 수 있는 잠재력을 지닌다면 기만광고라고 정의했다. 또 다른 연구자들(예, Russo, Metcalf, & Steven, 1981)은 기만광고에 대해 제품을 팔기 위해 만들어지는 수단에서 진실한 신념을 이용하거나 소비자가 이미 지니고 있는 잘못된 신념을 가중시킴으로써 속이는 것이라고 규정지었다.

한 연구자(Gardner, 1975)는 기만을 터무니없는 거짓말, 주장-사실의 불일치, 주장-신념의 상호작용 등의 세 가지 범주로 제안했다. 터무니없는 거짓말(unconscionable lie)은 전적으로 잘못된 주장으로 제품에 대한 주요 정보들이 진실이 아니고, 주장-사실의 불일치는 적절한 조건에 의해 사실인 듯 만들어질 수 있는 것을 의미한다. 주장-신념의 상호작용은 허위 주장임을 드러내거나 암시하지 않고 단지 광고된 서비스나 제품에 대해 거짓된 신념이나 태도를 남김으로써 소비자의 축적된 신념이나 태도와의 상호작용을 이용한 기만광고를 뜻한다.

우리나라의 광고 대사전에서는 기만광고를 '광고 표현에 의하여 암시적이든 명시적이든 소비자를 기만하거나 또는 오해하게 하는 내용의 광고'라고 포괄적으로 정의하고 있다. 미국의 광고 규제법에서도 이와 비슷하게 '광고 그 자체로는 명백한 허위가 아니지만, 그 지각된 결과에 따라 소비자에게 허위적인 인상을 주게 되는 경우를 말한다'고 서술하고 있다.

기만광고
광고 자체로는 허위가 아니더라도 소비자의 잘못된 신념을 이용하거나 가중시킴으로써 소비자를 오해하게 하는 광고

따라서 여기서는 미국 광고 규제법의 내용들과 기만광고 관련 연구(예, Russo, Metcalf, & Steven, 1981)를 근거로 기만광고를 '광고 자체로는 허위가 아니더라도 소비자의 잘못된 신념을 이용하거나 가중시킴으로써 소비자를 오해하게 하는 광고'로 정의할 것이다.

이러한 기만광고와 관련된 연구들로는 소비자의 광고에 대한 태도, 광고유형, 광고 이해와 판별능력 등에 관한 연구들과 정보처리 과정과 관련된 연구들이 있다. 후자의 내용은 언어심리학 측면에서 기만광고를 다룬 연구들의 내용과 중복되는 부분이 많고 이 절의 핵심이기에 별도로 다룰 것이다.

기만광고에 대한 소비자의 전반적인 광고태도를 다룬 연구들은 조사 대상자의 과반수가 광고가 소비자를 현혹시킨다고 믿고 있으며, 기만광고를 매우 심각하게 여기고 있음을 보여 주었다(Calfee & Ringold, 1988; Schultz & Casey, 1981). 소비자의 이해수

준 또는 광고판별능력을 측정한 연구들은 주로 소비자 교육 분야에서 소비자의 능력 개발을 위해 실시되었고, 대체로 소비자의 기만광고에 대한 판별능력은 매우 낮은 것으로 드러났다(민현선, 1991; Cunningham & Cunningham, 1977).

규제광고를 분석해 기만광고를 유형화한 연구에서는 기만광고를 광고의 전체적인 인상이 기만적인 경우, 애매모호한 표현을 사용한 경우, 허위성을 지닌 광고, 암묵적인 과장을 시도한 경우 등으로 구분하였다(Aaker, 1982). 어떤 광고유형이 소비자를 상대적으로 더 많이 오도하고 있는가를 실증한 연구들에 따르면, 소비자는 사실 주장보다 과장 주장을 더 믿고 있으며(Rotfeld & Rotzoll, 1978), 불완전한 비교진술은 소비자로 하여금 다양한 해석을 가능하게 하여 소비자를 그릇되게 오도할 수 있다고 한다(이은영, 여정성, 1995; Shimp 1978). 하지만 오히려 명백한 허위 주장에서는 오히려 소비자가 오도되지 않는다(Kuehl & Dyer 1977). 한 연구는 명백히 사실과 다른 주장을 담고 있는 허위적인 주장은 대체로 객관적 사실을 서술하고 있지 않으므로 이성적인 판단능력을 가진 소비자라면 오도되지 않을 것이라고 지적하고 있다(Oliver, 1979).

3) 실용 언어심리학 측면에서의 기만광고

정보이론은 언어학에서 심리학의 연구를 위한 지침으로 사용되었다. 행동주의 심리학자들은 다수의 언어연구에서 맥락, 실험참가자의 기대, 그리고 그들의 지식과 같은 언어의 외현적인 요소만을 참조하였다. 그러나 인지심리학자들은 기존 연구들의 초점이 맥락의 내용과 실험참가자에게 맞추어져서 문장의 영향은 무시되고 있다고 보고, 문장 그 자체를 언어와 사고와의 관계로 살펴보았다. 이것은 문장이 제시된 상황을 고려하여 화자와 필자의 의도를 추측하고 판단하는 것이다.

언어심리학에서 실용론(pragmatics)이란 정보적 측면에서의 언어를 넘어선 분석의 가장 높은 수준으로서 개념적 측면과 신념적 측면을 말한다. 즉, 실용 언어심리학(pragmatic psycholinguistic)이란 언어를 사용자 측면에서 연구하는 것으로, 소비자와 광고 영역에서는 광고메시지를 읽고 받아들이는 소비자 측면에서 광고언어를 이해하는 것을 의미한다. 특히 광고심리학 분야에서 실용론적 암시(pragmatic implication)는 실생활에서 광고를 접한 소비자의 추론을 유도하고, 그 밖의 직접적 혹은 간접적으로 해석된 정보에 따라 암시와 관련된 추론내용이 기억에 저장된다는 것을 의미한다.

몇몇 실용 언어심리학적인 연구들은 실험참가자가 사실인 것처럼 직접적으로 단언된 정보와 실용론적으로 암시된 정보를 같은 방법으로 기억하며, 암시된 정보가 직접적으로 언급되지 않았음에도 이를 구별하지 않음을 보여 주었다(Harris, 1977). 아울러 실험참가자가 암시된 정보보다는 단언된 정보에서 제공된 정보를 더 사실로 해석하였을지라도, 미묘한 암시 또한 직접적으로 주장된 사실로 기억될 수 있음을 알 수 있다(Bruno, 1980; Harris, 1977; Harris, Dubitsky, & Bruno, 1983; Harris, Pounds, Malorelle, & Mermis, 1993).

소비자가 광고주장의 어떤 유형을 일관되게 잘못 이해하고 있으며(Burke, DeSarbo, Oliver, & Robertson, 1988), 이 잘못된 이해가 다른 형태의 의사소통보다 광고에서 더 일반적이라는 것을 보여 주는 실제 증거들이 있다(Bruno, 1980; Preston & Scharbach, 1971). 몇몇 연구자들은 TV 프로그램, 광고, 그리고 공익서비스 보도를 포함한 60개의 검사문장 분류자료에 대한 시청자의 오해를 검사하여 평균 29.6%, 11~50% 범위의 오해수준을 발견하였다(Jacoby, Hoyer, & Sheluga, 1980).

사람은 입력된 내용을 문자 그대로 저장하지 않고 기존의 지식이나 신념에 기초하여 정보를 수정한다. 이것은 사람이 문자 그대로 기억하는 것이 아니라, 이해하는 동안 구성된 추론에 근거해 투입된 정보를 왜곡한다는 것을 의미한다. 기존 연구들은 아주 미묘한 암시일지라도 사람이 광고에서 추론을 하게 만들 수 있고, 이 추론이 명백하게 언급된 것으로 기억됨을 보여 주었다(Harris, 1983). 암시된 정보가 종종 사실로 기억된다는 이러한 연구내용들은 기만광고 연구에서 중요하다.

정보처리 과정에서 사람들의 추론-유도 성향이 광고에서 중요하다고 여긴 한 연구에서는 어떻게 소비자가 이미 기억에 지니고 있는 지식과의 상호작용을 통해 광고의 의미를 구성하는지를 검증하였다(Harris, Dubitsky, & Bruno, 1983). 또 다른 연구는 문자적·언어적 상황에서의 전달과 그 결과가 광고를 허위로 생성한다는 사실, 그리고 광고 산업에서 이 현상이 미치는 영향과 정보처리 부분에서의 영향을 논하였다(Preston, 1983).

한편 진실된 정보와 비속성 정보를 의문스러운 주장에 대한 소비자 반응과 비교하여 기만을 평가한 연구에서는 상표에 대해 비현실적으로 높은 성과를 암시함으로써 소비자를 속이는 광고를 대상으로 과거연구에서 증명된 다양한 메시지의 형태를 조사하였다(Burke, DeSarbo, Oliver, & Robertson, 1988). 연구결과, 문자적으로 진실된 주장, 덜 확장된 주장, 조건부로 제한된 주장 등이 통제조건과 비교해서 거짓된 상표-속성 신념, 구매의도, 정서 등을 증가시켰다. 다시 말해, 기만광고의 주장을 탐지하기 위한 암시가 소비자의 신념, 정서 그리고 구매의도를 이끌어 내었다.

광고에서 메시지 유형의 영향을 살펴본 또 다른 연구는 관련 주장의 사실평가 비율과 제품구매 경향성 비율에서 직접적으로 단언한 주장과 5개의 다른 암시 유형 주장의 영향을 검증하였다(Harris, Pounds, Malorelle, & Mermis, 1993). 그 결과, 직접적으로 단언한 주장이 암시된 짝진 쌍들보다 더 자주 사실적인 평가를, 그리고 더 큰 구매확신을 얻었다. 총체적으로 어떤 주장유형을 읽었던 간에 여성이 남성보다 광고주장이 사실이라는 반응을 더 보였다. 또한 특정 제품범주를 자주 사용했던 실험참가자가, 비록 일부 제품범주에서만 의미 있는 것으로 나타났지만, 전혀 사용하지 않았던 참가자보다 광고주장을 사실로 받아들일 빈도와 구매 가능성 모두에서 높은 경향을 보였다.

한 연구자는 피시바인(Fishbein)의 다속성 태도 모형을 이용하여 태도를 측정변수로 살펴보았다(Gardner, 1975). 그는 기만적 광고문구가 특정 제품이 특정한 속성을 가진다고 믿는 소비자의 신념에 영향을 주거나 제품의 속성 자체에 대한 평가에 영향을 줌으로써 소비자를 오도(misleading)시킨다고 보았다.

이와는 달리, 다른 연구자들은 인지과정을 포함시킴으로써 어떤 광고주장들이 소비자를 기만하는가에 대해 부분적으로 설명하였다(Armstrong, Kendall, & Russ, 1975). 이들의 모형은 가드너(Gardner)의 기만이론과는 달리 제품이 가지는 속성들 중에서 기만 가능성이 있는 속성들, 즉 소비자의 주의를 끌고 중요하다고 평가한 속성들을 그렇지 못한 속성들과 분리시켰다. 또한 태도가 아닌 광고에 대한 소비자의 인지, 즉 이해를 측정단위로 사용하였다.

이처럼 심리학적인 부분에서의 기만광고 연구는 광고의 내용과 소비자의 인지과정이 많이 관련되어 왔음을 알 수 있다. 주로 초기의 기만광고 연구는 소비자의 태도와 신념을 주로 살폈으나, 점차적으로 인간의 추론-유도 성향에 근거하여 광고메시지를 받아들이고 평가하는 실용론적인 언어접근에 의해 메시지 유형을 살피는 것으로 확대되었다. 그리고 이런 연구들은 광고메시지의 유형에 따라 소비자가 기만광고에서 받는 효과가 달라진다는 사실을 공통적으로 보여 주고 있다.

4) 실용론적 암시 주장의 유형

소비자에게 잠재적으로 상당한 해를 주는 광고는 문자 자체로는 진실이지만 소비자로 하여금 현실과 불일치하는 광고의 의미를 구성하게 함으로써 오해를 하게 만드는 것이다. 정보처리에서 사람들의 추론적 성향을 인식하고 진술의 의미를 끌어내기 위한

실용론적 암시 주장
문자 자체로는 진실이지만 소비자로 하여금 현실과 불일치하는 광고의 의미를 구성하게 함으로써 오해하게 만드는 주장

추론에 관한 연구를 보면, 실험참가자는 광고에서 명확하게 언급한 것 이상으로 판단하였다. 이러한 추론—유도 성향은 정신적 도식의 형태로 사람의 지식을 끌어오는 정보시스템의 본연적 요소다.

실제로는 거짓말을 하지 않지만 소비자를 기만할 수 있는 언어적 구성에는 여섯 가지 종류가 있다(Harris, 1989). 이러한 것들 때문에 소비자는 주어진 정보 이상으로 추론하고 더 강한 해석을 한다. 여섯 가지 유형에는 애매함, 생략적 비교, 함축된 인과, 경쟁에서 암시된 비방, 비교 그리고 사이비 과학 등이다.

① 애매함

애매함(hedge)은 애매한 표현을 사용함으로써 주장의 힘을 완전히 부정하지 않으면서 상대적으로 약화시켜 변명의 여지를 남기는 애매한 태도를 취하는 주장의 한 형태다. 예를 들어, '~일 지도 모른다' '~할 수 있을 것이다' '도울 수도 있다' 등의 표현들이 있다. 그러나 국내에서는 이러한 유형의 광고메시지가 거의 사용되지 않는다.

② 생략적 비교

생략적 비교(elliptical comparatives)는 비교 형용사나 부사가 사용되어 비교대상의 어떤 기준을 제공해 주는 것이다. 예를 들어, '○○ 제품은 생약성분을 보다 더 많이 포함하고 있습니다.'와 같이 '보다 더 많이' 등의 표현을 사용하는 경우다. 그러나 이러한 경우 비교대상이 생략되었기 때문에, 비교 자체가 어렵다. 따라서 비교를 완성하기 위해서는 사실적인 무언가가 사용되어야 하고, 사용되는 한 이 진술이 허위라고 여겨질 수는 없다. 그러나 사람은 객관적이고 정확한 비교기준이 아니라 가장 그럴듯한 비교근거를 마음속에서 구성하는 경향이 있다.

③ 함축된 인과

함축된 인과(implied causation)는 사실상 상관관계밖에 없을 때 인과관계를 암시하는 것이다. 소비자에 의해 증가된 능동적인 인지처리가 소비자로 하여금 직접적으로 언급된 것 이상으로 추론하게 만들며, 이러한 처리는 또한 소비자의 기억을 향상시킨다. 일반적 기법은 두 명령문을 병렬하는 것인데, 이 같은 인과관계는 보편적으로 많이 쓰이고 있다. 예를 들어, '아이를 똑똑하게 키우세요. ○○ 컴퓨터를 사주십시오.'의 표현이다.

또 다른 방법은 조건부 논리전개를 이용하는 것이다. 예를 들어, '○○ 캡슐은 당신을 건강하게 만듭니다.'라는 문장을 본 소비자는 '○○ 캡슐을 먹으면 건강해질 것이다.'라는 의미 외에도 '○○ 캡슐을 먹지 않으면 건강해지지 않을 것이다.'라는 의미까지 이끌어낸다. 조건부 추론 연구들(예, Evans, 1982; Wason & Johnson-Laird, 1972)은 사람들이 종종 불합리하게 추론한다는 것을 보여 준다.

④ 경쟁에서 암시된 비방

경쟁에서 암시된 비방(implied slur on competition)은 경쟁사의 제품이나 서비스에 관한 무언가 비호의적인 내용을 암시하는 것이다. 경쟁사에 관한 직접적인 허위진술은 대개 불법이지만, 암시적인 허위는 명백히 금지되어 있지 않다. 예를 들어, '항공권을 분실했다면 우리 회사는 즉각적으로 보상을 해 줍니다.'라는 광고문구를 읽은 소비자는 경쟁사는 이 회사와 같은 서비스를 제공하지 않는다고 추론할 수 있다.

⑤ 비교

특정한 상표가 전반적인 인상에서 돋보이도록 매우 선택적인 속성을 비교하는 것이다. 예를 들어, '○○ 자동차는 PP보다 넓은 앞좌석의 공간이 있고, SS보다 넓은 뒷좌석의 공간이 있으며, TT보다 넓은 트렁크를 갖고 있습니다.' 이러한 비교는 모든 면에서 공간이 넓음을 함축하지만, 사실이 아닐 수 있다. 이 예에서, ○○은 PP보다 뒷좌석이 좁을 수 있고, SS보다 앞좌석이 좁을 수 있으며, TT보다 실내 공간이 작을 수 있다.

⑥ 사이비 과학

사이비 과학(pseudo-science)은 불완전한 방식으로 과학적 증거를 보고하는 것으로,

이는 언급된 것보다 훨씬 많은 것을 암시할 수 있다. 예를 들어, 통계자료를 보고할 때 표집의 크기를 제시하지 않거나(예, '서울에 있는 자동차 정비사들의 경우, ○○ 오일을 가장 선호했습니다.'), 모집단의 수 없이 표집 수만을 제시하여 비율이나 빈도수를 언급하는 경우(예, '2백 명의 대학생들이 ○○ 영어 학원을 추천했습니다.'), 또는 허위는 아니지만 대표성에 문제가 있는 경우(예, '4명의 의사 중 3명이 ○○ 진통제를 추천했습니다.') 등이다.

5) 소비자 교육: 지시문

광고에서 암시주장과 단언주장을 구별하는 것에 대한 반복노출 효과를 검증한 연구자들은 사람들이 어떻게 광고에서의 암시를 단언된 사실로 기억하고 판단하는지를 실험하였다(Bruno & Harris, 1980). 그 결과, 실험참가자는 동일한 광고를 이틀 후, 7일 후, 9일 후 들었을 때, 암시된 주장을 암시로서 인식하는 비율이 증가하였고, 직접적으로 단언한 주장에 비해 사실이라는 판단을 덜 내렸다. 이 결과는 소비자 교육에 관한 부분과 관계가 있다. 즉, 실험참가자가 개별적으로 광고를 분석하는 훈련은 근거 없는 추론을 구별하게 하고, 추론-유도 성향에 제동을 거는 효과가 있기 때문이다(Bruno & Harris, 1980). 또한 이 연구에서 실험참가자를 통제 집단과 훈련 집단으로 나누어 실험하였는데, 적절히 훈련을 받은 실험참가자가 그렇지 않은 실험참가자보다 광고에서 기만을 덜 당하는 결과를 보여 주었다(Bruno & Harris, 1980).

요약 태도의 형성 및 변화과정에 관한 이론들은 물론이려니와 인상형성 및 학습과정과 가치관 변화과정에 개입되는 많은 사회심리학적 개념들이 정치광고 분야에 다양하게 응용될 수 있다. 인상형성에 관한 개념들 중에서는 가산 원리보다 평균 원리가 정치광고에 더 잘 적용될 가능성이 있다. 또한 긍정적인 정보보다 부정적인 정보가 더 강력한 효과를 줄 수 있다는 부정성 효과도 부정광고의 맥락에서 윤리에 벗어나지 않게 주의하여 사용한다면 어느 정도의 효과를 발휘할 수 있다. 후보자의 제시 또는 연설 순서나 공간적 배열에 따라서도 효과가 달라질 수 있다.

태도변화에 관한 이론들 가운데 '누가, 누구에게, 어떤 메시지를, 어떤 채널을 통해 전달하며, 이는 어떤 효과로 나타나는가'에 관심을 두는 메시지 학습이론의 틀이 전통적으로 가장 많이 응용되어 왔다. 특히 메시지의 이해와 수용의 함수로서 나타나는 태도변화량 곡선은 수용자의 연령, 지능 및 자존심 등 다양한 변수의 효과를 예언한다. 도식을 비롯한 인지적 접근이 유행하던 1980년대 이후에는 정교화 가능성 모형이 투표행동에 특히 많이 응용되어 왔다.

정치광고의 경우, 많은 상황에서 사람들이 반드시 이성적·논리적 과정으로 메시지의 언어적인 측면에만 의존하지 않는다는 점도 중요하다. 감정적·비논리적 과정에 의해 영상이나 이미지 처리과정만으로도 충분히 강한 행동성향을 일으킬 수 있기 때문이다.

'나에게 중요한 다른 사람들이 나의 행동을 어떻게 생각하는지'에 관한 주관적 규범은 미국보다 한국에서 더 큰 영향을 미칠 것이다. 광고메시지에 어려운 내용이 담겨 있을 때에는 인쇄매체가 유리하고, 쉬운 내용일 때에는 방송매체가 유리하다. 광고매체로서 인터넷이나 움직이는 차량을 이용하는 방법의 특성도 간단히 논의하였다.

아울러 우리나라 수용자의 측면에서 또 다른 중요한 변화는 가치관의 급격한 변화에 따른 세대차의 증가와 남녀차의 감소, 특히 남녀평등 의식의 증가에 의한 여성의 역할변화에 있다. 메시지 수용자의 공감을 이끌어 내기 위해서는 그만큼 수용자의 태도를 포괄적으로 설명해 줄 수 있는 수용자 가치관의 변화에 충실한 광고를 제작해야 할 것이다.

끝으로 가족지향성이 강한 우리 문화에서는 가족가치를 강조한 카피가 감정적으로 주의를 끌 수 있다. 그러나 가족가치를 정치광고에 활용할 때에는 전문성이 떨어져 보이지 않는 한도 안에서만 효과가 있을 것이라는 예상도 해 볼 수 있다. 정치가와 유권자 사이에서 공평하고 객관적인 자세를 유지하는 연구가 이루어져야 한다는 제안도 덧붙였다.

오해는 청자에게 전달된 의미가 메시지의 문자내용과 다를 경우에 나타난다. 이때 청자가 지각하는 현실이 메시지가 전달하고자 하는 의미와 다른 것이다. 기만성은 광고가 명시하는 내용과 상관없이, 광고가 소비자에게 전달하는 의미가 제품에 대한 사실과 일치하지 않을 때 나타난다. 오도의 경우 결과적으로 소비자를 속이기 위한 의도를 숨기고 있다는 점에서 기만의 범주에서 크게 벗어나지 않는다. 광고에서의 기만은 기만의 잠재성을 포함한 의미를 뜻하는 기만성이므로 반드시 소비자가 기만당하는 사건을 전제로 하지는 않는다. 과대는 기만의 형태를 갖고 있지만, 특별한 제재를 받지 않는다. 과대는 제품품질의 단순한 과장으로 정의되며, 구매자가 잘 믿지 않는 단지 판매자의 의견일 뿐인 것으로 받아들여지는 특성이 있다.

기만광고는 '광고 자체로는 허위가 아니더라도 소비자의 잘못된 신념을 이용하거나 가중시킴으로써 소비자를 오해하게 하는 것'으로 정의된다. 기만광고 연구들로는 소비자의 광고에 대한 태도, 광고유형, 광고이해와 판별능력 등에 관한 연구들과 정보처리 과정과 관련된 연구들이 있다. 후자의 내용은 언어심리학 측면에서 기만광고를 다룬다. 기만광고에 대한 소비자의 전반적인 광고태도를 다룬 연구들은 조사 대상자의 과반수가 광고가 소비자를 현혹시킨다고 믿고 있으며, 기만광고를 매우 심각하게 여기고 있음을 보여 주었다. 소비자의 이해수준 또는 광고판별능력을 측정한 연구들은 주로 소비자 교육 분야에서 소비자의 능력개발을 위해 실시되었고, 대체로 소비자의 기만광고에 대한 판별능력은 매우 낮은 것으로 드러났다.

언어심리학에서 실용론이란 정보적 측면에서의 언어를 넘어선 분석의 가장 높은 수준으로서 개념적 측면과 신념적 측면을 말한다. 즉, 실용 언어심리학이란 언어를 사용자 측면에서 연구하는 것으로, 소비자와 광고 영역에서는 광고를 읽고 받아들이는 소비자 측면에서 광고언어를 이해하는 것을 의미한다. 특히 광고심리학 분야에서 실용론적 암시는 실생활에서 광고를 접한 소비자의 추론을 유도하고, 그 밖의 직접적 혹은 간접적으로 해석된 정보에 따라 암시와 관련된 추론내용이 기억에 저장된다는 것을 의미한다.

소비자에게 잠재적으로 상당한 해를 주는 광고는 문자 자체로는 진실이지만 소비자로 하여금 현실과 불일치하는 광고의 의미를 구성하게 함으로써 오해를 하게 만드는 것이다. 정보처리에서 사람들의 추론적 성향을 인식하고 진술의 의미를 끌어내기 위한 추론에 관한 연구를 보면, 실험참가자는 광고에서 명확하게 언급한 것 이상으로 판단하였다. 실제로는 거짓말을 하지 않지만 소비자를 기만할 수 있는 언어적 구성에는 여섯 가지 종류가 있다. 이러한 것들로 인해 소비자는 주어진 정보 이상으로 추론하고 더 강한 해석을 한다. 여섯 가지 유형에는 애매함, 생략적 비교, 함축된 인과, 경쟁에서 암시된 비방, 비교 그리고 사이비 과학 등이다.

소비자가 개별적으로 광고를 분석하는 훈련은 근거 없는 추론을 구별하게 하고, 추론-유도 성향에 제동을 거는 효과가 있다.

참고문헌

김광석(1994). 광고비평-광고표현: 그 이론과 원칙. 서울: 한나래.

나은영(1997). 역고정관념의 암묵적 활성화와 인상형성: 남녀 고정관념을 중심으로. 한국심리학회
　　지: 사회 및 성격, 11(2), 129-145.

나은영(1998). 강한 태도의 편파적 처리과정을 포괄하는 새로운 패러다임의 모색: 이중처리과정
　　이론의 확장. 한국심리학회지: 사회 및 성격, 12(1), 37-70.

나은영(1999). 3수준 태도변화 이론의 검증: 태도강도에 따른 내·외집단 전달자와 메시지 강약의
　　효과. 한국심리학회지: 사회 및 성격, 13(1), 65-90.

나은영(2001a). 전달자의 전문성 및 메시지의 수와 질이 저·중·고 관여수준을 지니는 태도의 변
　　화량과 인지반응에 미치는 효과. 한국심리학회지: 사회 및 성격, 15(1), 17-37.

나은영(2001b). 정치광고와 상업광고에 응용되는 사회심리학적 원리. 한국심리학회지: 일반, 20(1),
　　177-209.

나은영, 차유리(2010). 한국인의 가치관 변화 추이: 1979년, 1998년, 및 2010년의 조사 결과 비
　　교. 한국심리학회지: 사회 및 성격, 24(4), 63-93.

민현선(1991). 청소년 소비자의 TV광고판별능력에 관한 연구. 서울대학교 석사학위 청구논문.

박종민(2001). 조작광고의 수사적, 윤리적, 그리고 논리적 허용기준에 관한 고찰. 광고학연구,
　　12(1), 131-148.

양윤(1993). 평균화 모형과 소비자 정보 통합과정. 한국심리학회 1993 연차대회 학술발표 논문집,
　　109-122.

양윤(2003). 광고에서 실용론적 암시의 영향. 한국광고학회 2003년 연차학술대회 발표논문집, 2-15.

오세진 역(1995). 광고심리의 분석(하코자키 소이치 저). 서울: 미진사.

오택섭 편역(1994). 설득이론과 광고. 서울: 나남출판.

이은영, 여정성(1995). 기만광고 유형별 소비자 오도에 관한 연구. 생활과학연구, 20, 21-34.

차배근(1999). 매스커뮤니케이션 효과이론(제2판). 서울: 나남출판.

차재호, 나은영 역(1995). 세계의 문화와 조직: 문화간 협력과 세계 속에서의 생존. 서울: 학지사.

탁진영(1999). 정치광고의 이해와 활용. 서울: 커뮤니케이션북스.

Aaker, D. A., & Day, G. S. (1982). *Marketing research*. New York: Wiley.

Abelson, R. P. (1988). Conviction. *American Psychologist, 43*(4), 267-275.

Abelson, R. P., Kinder, D. R., Peters, M. D., & Fiske, S. T. (1982). Affective and semantic
　　components in political person perception. *Journal of Personality and Social Psy-
　　chology, 42*, 619-630.

Adams, R. C., Copeland, G. A., Fish, M., & Hughes, M. (1980). The effects of framing on selection of photographs of men and women. *Journalism Quarterly, 57*, 463-467.

Ajzen, I. (1991). The theory of planned behavior. *Organizational Behavior and Human Decision Processes, 50*, 179-211.

Anderson, N. H.(1962). Application of an additive model to impression formation. *Science, 138*, 817-818.

Archer, D., Iritania, B., Kimes, D. D., & Barrios, M. (1983). Face-ism: Five studies of sex differences in facial studies. *Journal of Personality and Social Psychology, 45*, 725-735.

Armstrong, D. A., Kendall, & Russ, F. A. (1975). Application of consumer information processing research to public policy issues. *Communication Research, 2*, 232-245.

Benze, J. G., & Declercq, E. R. (1985). Content of television political spot ads for female candidates. *Journalism Quarterly, 62*, 278-283, 288.

Bruno, K. J., & Harris, R. J. (1980). The effect of repetition on the discrimination of asserted and implied claims in advertising. *Applied Psychology, 1*, 307-321.

Burke, R. R., DeSarbo, W. S., Oliver, R. L., & Robertson, T. S. (1988). Deception by implication: An experimental investigation. *Journal of Consumer Research, 14*, 483-494.

Calfee, J. E., & Ringold, D. J. (1988). Consumer skepticism and advertising regulation: What do the poll show? *Advances in Consumer Research, 15*, 244-248.

Chaiken, S., & Eagly, A. H. (1976). Communication modality as a determinant of message persuasiveness and message comprehensibility. *Journal of Personality and Social Psychology, 34*, 605-614.

Colburn, C. (1967). An experimental study of relationship between fear appeal and topic importance in persuasion. Doctoral Dissertation, University of Indiana.

Chung, J. M., & Nagel, J. (1992). Generational dynamics and the politics of German and Korean unification. *Western Political Quarterly, 45*, 851-868.

DeVito, J. A. (1997). *Human communication: The basic course* (7th ed.). New York: Longman.

Diamond, E., & Bates, S. (1988). *The spot: The rise of political advertising on television.* Cambridge, MA: MIT Press.

Eagly, A. H., & Chaiken, S. (1975). An attribution analysis of the effect of communicator characteristics on opinion change: The case of communicator attractiveness. *Journal of Personality and Social Psychology, 32*, 136-144.

Eagly, A. H., & Chaiken, S. (1993). *The psychology of attitudes.* Fort Worth, TX: Harcourt

Brace Javanovich.

Evans, J. S. B. (1982). *The psychology of deductive reasoning*. London: Routledge & Kegan Paul.

Festinger, L. (1957). *A theory of cognitive dissonance*. Evanston, IL: Row, Perterson.

Fishbein, M., & Ajzen, I. (1975). *Beliefs, attitudes, intention, and behavior: An introduction to theory and research*. Reading, MA: Addison-Wesley.

Fisk, S. T., & Taylor, S. E. (1991). *Social cognition* (2nd ed.). New York: McGraw-Hill.

Forsyth, D. R. (1999). *Group dynamics* (3rd ed.). Belmont, CA: Wadsworth Publishing company.

Gardner, D. N. (1975). Deception in advertising: A conceptual approach. *Journal of Marketing, 39*, 40-46.

Garramone, G. M., Atkin, C. K., Pinkleton, B. E., & Cole, R. T. (1990). Effects of negative political advertising on the political process. *Journal of Broadcasting and Electronic Media, 34*, 299-311.

Greenwald, A. G. & Banaji, M. R. (1995). Implicit social cognition: Attitudes, self-esteem, and stereotypes. *Psychological Review, 102*(1), 4-27.

Gruder, C. L., Cook, T. D., Hennigan, K. M., Flay, B. R., Alessis, C., & Halamaj, J. (1978). Empirical tests of the absolute sleeper effect predicted from the discounting cue hypothesis. *Journal of Personality and Social Psychology, 36*(10), 1061-1075.

Hall, E. T. (1977). *Beyond culture*. Garden City, NY: Doubleday.

Han, S. P., & Shavitt, S. (1994). Persuasion and culture: Advertising appeals in indivi-dualistic and collectivistic societies. *Journal of Experimental Social Psychology, 30*, 326-350.

Harris, R. J. (1977). Comprehension of pragmatic implication in advertising. *Journal of Applied Psychology, 67*(5), 603-608.

Harris, R. J. (1981). Inferences in information processing. In G. H. Bower (Ed.), *The Psychology of learning and Motivation, 15*, 81-128.

Harris, R. J. (1983). *Information processing research in advertising*. Hillsdale, NJ: La-wrence Erlbaum Associates.

Harris, R. J. (1989). *A cognitive psychology of mass communication*. Hillsdale, NJ: La-wrence Erlbaum Associates.

Harris, R. J., Dubitsky, T. M., & Bruno, K. J. (1983). Psycholinguistic studies of misleading advertising. In R. J. Harris (Ed.), *Information processing research in advertising* (pp.

241-262), Hillsdale, NJ: Lawrence Erlbaum Associates.

Harris, R. J., & Monaco, G. E. (1978). The psychology of pragmatic implication: Information processing between the lines. *Journal of Experimental Psychology: General, 107,* 1-22.

Harris, R. J., Pounds, J. C., Malorelle, M. J., & Mermis, M. (1993). The effect of type of claim, gender, and buying history on the drawing of pragmatic inferences from advertising claims. *Journal of Consumer Psychology, 2*(1), 83-95.

Heider, F. (1958). *The psychology of interpersonal relations.* New York: John Wiley.

Hofstede, G. (1991). *Cultures and organizations: Software of the mind.* London: McGraw-Hills.

Hovland, C. I., Lumsdaine, A. & Sheffield, F. D. (1949). *Experiments on mass communication.* Princeton, NJ: Princeton University Press.

Hovland, C. I., & Weiss, W. (1951). The influence of source credibility on communication effectiveness. *Public Opinion Quarterly, 15,* 635-650.

Inglehart, R. (1997). *Modernization and postmodernization: Cultural, economic, and political change in 43 societies.* Princeton, NJ: Princeton University Press.

Jacoby, J., & Hoyer, W. D. (1990). The miscomprehension of mass-media advertising claims. *Journal of Advertising Research, 29,* 9-16.

Jacoby, J., Hoyer, W. D., & Sheluga, D. A. (1980). Miscomprehension of televised communications. *American Association of Advertising Agencies.*

Jamieson, K. H. (1988). *Packaging the presidency: A history and criticism of presidential advertising.* New York, NY: Oxford University Press.

Janis, I. L., & Feshbach, S. (1953). Effects of fear-arousing communications. *Journal of Abnormal and Social Psychology, 48,* 78-92.

Johnson-Cartee, K. S., & Copeland, G. A. (1991). *Negative political advertising: Coming of age.* Hillsdale, NJ: Lawrence Erlbaum Publishers.

Kaid, L. L., & Boydston, J. (1987). An experimental study of the effectiveness of negative political advertisements. *Communication Research, 35,* 193-201.

Kanouse, D. E., & Hanson, L. R. Jr. (1972). Negativity in evaluations. In E. E. Jones, D. E. Kanouse, H. H. Kelley, R. E. Nisbett, S. Valins, & B. Wether (Eds.), *Attribution: Perceiving the causes of behavior*(pp. 47-62). Morristown, NJ: General Learning Press.

Kelman, H. C., & Hovland, C. (1953). Reinstatement of the communicator in delayed measurement of opinion change. *Journal of Abnormal and Social Psychology, 48,* 327-335.

Klapper, J. T. (1960). *The effects of mass communications.* New York: Free Press.

Kuehl, P. G., & Dyer, R. F. (1977). Brand belief measures in deceptive-corrective advertising: An experimental assessment. In K. L. Bernhardt (Ed.), *Marketing: 1776-1976 and Beyond* (pp. 373-379.), Chicago: American Marketing Association.

Lariscy, R. A. W., & Tinkham, S. F. (1999). The sleeper effect and negative political advertising. *Journal of Advertising, 28*(4), 13-30.

Lee, C. (1988). Cross-cultural validity of the Fishbein behavioral intention model: Culture-bound or culture-free? Doctoral dissertation. The University of Texas at Austin, U.S.A.

Leung, K. (1987). Some determinants of reactions to procedural models for conflict resolution: A cross-national study. *Journal of Personality and Social Psychology, 53,* 898-908.

McGuire, W. J. (1968). Personality and susceptibility to social influence. In E. F. Borgatta & W. W. Lambert (Eds.), *Handbook of personality theory and research.* Chicago: Rand McNally.

Moore, D. L., & Hutchinson, J. W. (1985). The influence of affective reactions to advertising direct and indirect mechanism of attitude change. In L. F. Alwitt & A. A. Mitchell (Eds.), *Psychological processes and advertising effect theory, research, and applications.* Hillsdale, NJ: Lawrence Erlbaum Associates.

Na, E. Y. (1999). Is biased processing of strong attitudes peripheral?: An extension of the dual process models of attitude change. *Psychological Reports, 85,* 589-605.

Na, E. Y., & Cha, J. H. (2000). Changes in values and the generation gap between 1970s and 1990s in Korea. *Korea Journal* (UNESCO), *40*(1), 285-324.

Oliver, R. (1979). An interpretation of the attitudinal and behavioral effects of puffery. *Journal of Consumer Affairs, 13*(1), 8-9.

Patterson, T. E., & McClure, R. D. (1976). *The unseeing eye.* New York, NY: Putnam.

Petty, R. E., & Cacioppo, J. T. (1981). *Attitudes and persuasion: Classic and contemporary approaches.* Dubuque, IA: Brown.

Petty, R. E., & Cacioppo, J. T. (1986). *Communication and persuasion: Central and peripheral routes to attitude change.* New York: Springer-Verlag.

Pratkanis, A. R., & Aronson, E. (1991). *Age of propaganda* (p. 201). New York: Freeman.

Pratkanis, A. R., Greenwald, A., & Leippe, M. R. (1988). In search of reliable persuasion effects: The sleeper effect is dead; Long live the sleeper effect. *Journal of Personality and Social Psychology, 54,* 203-218.

Preston, I. L. (1983). Research on deceptive advertising: Commentary. In R. J. Harris (Ed.), *Information processing research in advertising* (pp. 289-305), Hillsdale, NJ: Lawrence Erlbaum Associates.

Preston, I. L., & Richards, J. I. (1986). Consumer miscomprehension as a challenge to FTC prosecution of deceptive advertising. *The John Marshal Law Reiew, 57,* 1243-1310.

Rhodes, N., & Wood, W. (1992). Self-esteem and intelligence effect influence ability: The mediating role of message reception. *Psychological Bulletin, 11,* 156-171.

Richards, J. I. (1990). *Deceptive advertising*: Behavioral study of a legal concept. Hillsdale, NJ: Lawrence Erlbaum Associates.

Rotfeld, H. J., & Rotzoll, K. B. (1980). Is advertising puffery believed? *Journal of Advertising, 9,* 16-20.

Rothschild, M. L. (1975). The effects of political advertising on the voting behavior of a low-involvement electorate. Unpublished Doctoral Dissertation, Stanford University.

Russo, J. E., Metcalf, B. L., & Stephens, D. (1981). Identifying misleading advertising. *Journal of Consumer Research, 8,* 119-131.

Sabato, L. J. (1981). *The rise of political consultants: New ways of winning elections.* NY: Basic.

Sherif, M., & Hovland, C. I. (1961). *Social judgment: Assimilation and contrast effects in communication and attitude change.* New Haven, CT: Yale University Press.

Steinzor, B. (1950). The spatial factor in face to face discussion groups. *Journal of Abnormal and Social Psychology, 45,* 552-555.

Taylor, P. (1986). Negative ads becoming powerful political force. *The Washington Post,* October 5.

Trent, J. S., & Friedenberg, R. V. (1991). *Political campaign communication* (2nd ed.). New York, NY: Praeger.

Triandis, H. C., & Fishbein, M. (1963). Cognitive interaction in person perception. *Journal of Abnormal and Social Psychology, 67,* 446-453.

Troutman, C., Michael, R., & Shanteau, J. (1976). Do consumers evaluate products by adding or averaging attribute information? *Journal of Consumer Research, 3,* 101-106.

Wadsworth, A. J., patterson, P., Kaid, L. L., Cullers, G., Malcomb, D., & Lamirand, L. (1987). "Masculine" vs. "female" strategies in political ads: Implications for female candidates. *Journal of Applied Communication Research, 15,* 77-94.

Wason, P. C., & John-Laired, P. N. (1972). *Psychology of reasoning: structure and content.* Cambridge, Mass: Harvard University Press.

Weir, W. (1984). Another look at subliminal 'facts'. *Advertising age,* October 15, p. 46.

Wells, W., Burnett, J., & Moriarty, S. (1998). *Advertising: Principles and practice* (4th ed.). Upper Saddle River, NJ: Prentice-Hall.

Wimmer, R. D. & Dominick, J. R. (2000). *Mass media research.* Belmont, CA: Wadsworth Publishing Company.

찾ㅣ아ㅣ보ㅣ기

인 명

A

Abelson, R. P. 501

B

Bandura, A. 107
Barthes, R. 429, 432
Bassat, L. 307
Bernbach, B. 288
Blackwell, R. D. 178

C

Cacioppo, J. T. 90
Colley, R. H. 175, 177

D

de Saussure, F. 426
Dunn, W. S. 318

E

Engel, J. F. 178

F

Fazio, R. H. 76
Festinger, L. 500
Fishbein, M. 68

G

Gardner, M. 222
Gordon, W. 242

H

Heider, F. 66, 500
Horney, K. 182
Howard, J. A. 178

I

Izard, C. E. 52

K

Kitchen, P. J. 190

Kleppner, O. 288

L

Lavidge, R. T. 177

Leung, K. 505

Lever-Hulme, L. 175

Levi-Strauss, C. 432

Lynch, J. 117

M

Maslow, A. 42, 265

McGuire, W. J. 465

Miller, G. A. 113

P

Pavlov, I. 98

Petty, R. E. 90

Piaget, J. 456

S

Schultz, D. E. 190

Scott, W. D. 12

Sheth, J. N. 178

Skinner, B. F. 104

Snyder, M. 136

Srull, T. 117

Steiner, G. A. 177

Sternberg, S. 115

V

Vaughn, R. 250

W

Wallace, G. 229

Watson, H. B. 13

Y

Young, J. W. 307

Z

Zajonc, R. B. 74

내 용

4P　382

AIDMA 모형　408

AIO 분석　148

AISAS 모형　408

ATL　193

Big-5 요인　134

BTL　194, 389

CM 플래너　304

CPM　339

CPRP　339

DAGMAR　175

ELM　250

FMCG　412

IMC　175

PPL　173, 362

PPM　299

PR　204

t 모형　250

ㄱ

기초수준의 분류　240

가격전략　170

가산 원리　491

가상광고　362

가치목록 척도　150

가치표현 기능　59, 60

가현운동　30

간접광고　173, 362

감각　22

감각순응　23

감정강도　54

감정경험의 열망　46

감정소구　277

강화　104

개념　236, 239

개념결합　241

개인적 창의성　219

개척자　109

갱 서베이　398

거부 영역　496

게슈탈트 심리학　33, 189

경쟁에서 암시된 비방　516

경험위계　64

계열체　430

계획된 행위 모형 73, 277

고객생애가치 196

고전적 조건형성 97, 269

고정간격 일정 106

고정비율 일정 106

공익광고 15, 479

공통 속성 239

공포소구 273

과대 509

과정학파 423, 425

관계마케팅 278

관습 435

관여 32

광고 173

광고 매체계획 330

광고 카피 260

광고 콘셉트 183, 243

광고돌출도 398

광고목표 174, 291

광고심리학 11

광고에 대한 태도 181

광고의 기원 12

광고전략 기술서 296

광고태도 95

광고효과 조사 393

광고효과 조사 설계 397

광고효과 측정 381

교환 168

구매 고려군 385

구매 후 인지부조화 254

구매결정 전 저항 254

구매고려 상표군 183

구매시점 광고 117

구매시점 자극 278

구매시점 진열 172

구매시점 커뮤니케이션 208

구성기억 125

구전 197

구전 마케팅 198

구전 커뮤니케이션 281

구조화된 상상력 238

균형이론 66

긍정적 강화 104, 105

기대 32

기만 509

기만광고 508

기분 51

기분유지/전환 이론 55

기사홍보 172

기억 연결망 123

기의 426

기표 426

기호 426

기호학 37, 426

기호학파 424, 425

ㄴ

내연 429

내적 동기 222

뉴미디어 401

ㄷ

다매체 시장 199

다속성 모형 93

다양성추구 동기 44

다양성추구 성향 45

다중저장 모델 111

단순노출 효과 74

단순재생산적 문제해결 방식 231

대리소비 465

대리학습 107, 109

대비 29

대상태도 모형 68, 93

대조효과 496

데이터베이스 마케팅 200

도달률 333, 336

도상 427

도식 124, 236

독특한 판매주장 148

동기 32, 435

동화효과 496

ㄹ

라이프스타일 146

로지스틱스 170

리비도 133

ㅁ

마법의 수 7 113

마음 바꾸기 261

마케팅 목표 291

마케팅 믹스 15, 168, 169

매체 비히클 333

매체 접점 402

매체 접점 기획 402

매체기획 179

매체단위 333

매체유형 333

매체전략 294

메세나 활동 206

명시적 태도 414

모바일 매체 372

목적가치 121

목표반응 292

무조건반응 98

무조건자극 97

ㅂ

바디 카피 318

바이럴 마케팅 198

반대과정 이론 42

반복 99

발행부수 336

방송매체 13

방어적 시청 470

배경 33

버즈 마케팅 198

변동간격 일정 106

변동비율 일정 106

변산도 144

병렬탐색 115

보상 257

보조회상 117

부분강화 105

부정광고 492

부정광고의 역기능 492

부정성 효과 492

부정적 강화 104, 105

부정적 점화 414

부호화 112

분리−연결 특질 140

불안감과 비교심리를 자극하는 광고 274

브랜드 선호도 385

브랜드 인지도 385

브랜드 콘셉트 243

브랜드의 구조 384

브레인스토밍 224

블로그 198

비교광고 310

비네트 316

비속성 이미지 388

비유실증 311

비자발적 주의 28

빅 아이디어 288

빈도 333, 337

빈도 마케팅 106

빨리 지나가기 96

ㅅ

사이비 과학 516

사이코그래픽 분석 146

사전 제작회의 299

사회적 창의성 219

사회적 효용 464

사회학습 107, 258

사회학습 이론 107

상징 428

상징적 상호작용주의 143

상표개성 295

상표성격 145, 295

상표속성 145

상표의 예능화 401

상표인지도 180

생략적 비교 515

생생함 29

생활의 단면 313

선별과정 26

선택 27

설득 90

설득 커뮤니케이션 13

설득에 의한 태도변화 90

설득적 귀인 457

성격특성 221

성고정관념 462

세런디피티 227

소망적 준거집단 262

소비자 독특성 욕구 50

소비자 사회화 459

소비자 지식 120

소셜 미디어 281

수면자 효과 495

수직적 사고 228

수평적 사고 228

순응 26

순차탐색 115

순행간섭 118

스키너 상자 104

스타인저 효과 494

스폰서십 206

슬로건 260

시각적 은유 442

시각적 주의집중 457

시각적 환유 443

시각처리자 140

시나리오 설계 392

시너지 211

시넥틱스 242

시보광고 361

시연 114

시청률 336

식역하 광고 499

식역하 지각 24, 129

신기성 29

실버 마케팅 473

실생활의 스토리 313

실용 언어심리학 512

실용론 512

실용론적 암시 508, 512

실용론적 암시 주장 515

실재변화 99

실증광고 310

심리적 저항 49

싱글소스데이터 200

○

아동 대상 광고 460

아동 모델 광고 460

아트 디렉터 303

암묵기억 128

암묵적 사회인지 499

암묵적 연상 검사 414

암묵적 인지과정 499

암묵적 태도 414

암시적 비교광고 492

압축 436

애매함에 대한 관용 139

야누스적 사고 242

양방향 관계 13

억제 기제의 작동 414

언어처리자 140

에이전시 브리핑 296

역행간섭 118

연산방식 233

연합 269

연합학습 97

연합해제설 496

예방동기 48

오해 509

옥외매체 369

완결성 원리 35

외연 429

욕구위계 42, 265

원초아 132

원하지 않는 커뮤니케이션 441

위치화 100, 180

위험판별 이론 56

위협소구 272

유비쿼터스 368

유사성 원리 34

유지 시연 114

유추 242

유통전략 170

은유 438, 440

의미기억 123

의미부호화 115

의인화 144

이동 렌즈 모형 457

이미지 236

이미지 광고 14

이미지 일치 가설 145

이벤트 206

이상적 자기 262

이성소구 277

이중피해 492

이차 조건형성 101

인사이트 402

인쇄매체 13

인적 판매 171, 205

인지 욕구 92, 138

인지반응 91

인지부조화 253

인지학습 97

인출 114

인터넷 매체 370

일람표적 가치 356

일방향 관계 13

ㅈ

자극 22

자극변별 100

자극일반화 100

자기감시 136

자기개념 142, 182

자기긍정성 편견 480

자기발견적 해결방식 233

자기선물 109

자기일치성 145

자막광고 361

자아 133

자아방어 기능 59

자아가닉 효과 119

작업기억 111

장기기억 115

재인 117

저관여위계 63

저장 113

저항 253

전경 33

전체강화 105

절대역 22

정교화 가능성 모형 55, 90, 250, 498

정교화 시연 114

정보형 광고 365

정서 51

정치광고 15

제유 440

제품전략 169

제품차별화 101

조건반응 98

조건자극 97

조작적 조건형성 104, 257

조절초점 48

주변경로를 통한 태도변화 91

주변단서 91

주의 27

주장−사실의 불일치 511

주장−신념의 상호작용 511

주장적 귀인 457

중심경로를 통한 태도변화 91

증언식 광고 313

지각 21

지식 기능 59, 60

지적 능력 220

지표 427

직유 439

직접마케팅 205

직접반응 광고 391

직접적 비교광고 492

집단화 34

집중 27

총 노출량 334

최신성 효과 493

최적자극수준유지 동기 43

추동 40

충분성 역치 499

충성도 180

치환 437

ㅊ

차별적 소멸론 496

차이역 23

창의성 216, 286

채널 바꾸기 96

첫인상 효과 493

청각부호화 112

청각적 주의집중 457

초두효과 493

초자아 133

초점집단면접 395

촉진 믹스 171, 329

촉진동기 48

촉진전략 170

촌극 314

ㅋ

카피라이터 303

커뮤니케이션 효용 465

코드 425

코드화 434

코어 그룹 미팅 296

콘셉트 183

쾌락경험 욕구 46

쾌락소비 46

쾌락연계성 이론 55

쾌락주의 46

쿨 미디어 436

크로스 미디어 405

크리에이티브 215

크리에이티브 디렉터 303

ㅌ

탈코드화 434

태도 57

태도 접근 가능성 76

태도의 해리 414

터무니없는 거짓말 511

텍스트 425

토막광고 360

통합 마케팅 커뮤니케이션(IMC) 13, 175, 187, 389

통합체 430

투자수익률 189

특질론 134

ㅍ

판매촉진 172, 205

패러디 446

패러디의 조건 446

퍼블리시티 204

편화 113

평균 원리 491

폰 레스톨프 효과 119

표면변화 99

표적청중 293

표준학습위계 63

표현 욕구 40

프레젠터 312

프로그램 공급자 354

프로그램 광고 361

프로슈머 15

ㅎ

학습의 위계 모형 177

한국방송광고공사(KOBACO) 362

함축된 인과 516

합리적 행위 모형 277

합리적 행위 모형 71

합리적 행위 모형 94

핫 미디어 436

해석 36

해지 장애 279

핵심 성과 지표 393

핵심 속성 239

행동 이끌어 내기 277

행동영향위계 65

행동의도 모형 71, 277

행동자유에 대한 열망 49

행동태도 모형 70

향수광고 268

헤드라인 260

헤드라인 317

혁신자 109

현실성 위반 441

현저한 자극 28

협찬광고 361

호스트셀링 광고 460

홍보 172

환유 440

회상 116

회피집단 262

효과위계 모형 196

효과의 위계 177

효용 욕구 40

효용성 기능 59

휴리스틱−체계 모형 55

희소가치의 원리 271

저 자 소 개

양윤 (yyang@ewha.ac.kr)
성균관대학교 산업심리학과 졸업
성균관대학교 대학원 심리학 석사(소비자심리학 전공)
미국 Kansas State University, 심리학 Ph.D.(소비자심리학 전공)
전 한국소비자 · 광고심리학회장
현 이화여자대학교 심리학 전공 교수

〈저서 및 역서〉
소비자 심리학(학지사, 2008), 일과 심리학(공역, 박학사, 2008)

최윤식 (yschoi@gwangju.ac.kr)
경희대학교 국어국문학과 졸업
고려대학교 정책과학대학원 석사(광고학 전공)
경희대학교 대학원 언론학 박사(광고학 전공)
전 대홍기획 · 금강기획 카피라이터, 크리에이티브 디렉터
    칸국제광고제 필름 부문 심사위원, 대한민국광고대상 심사위원
현 광주대학교 광고이벤트학과 교수
    부산국제광고제 집행위원회 부위원장

나은영 (ena@sogang.ac.kr)
서울대학교 영어영문학과 졸업
서울대학교 대학원 심리학 석사(사회심리학 전공)
미국 Yale University, 심리학 Ph.D.(사회심리학 전공)
전 서강대학교 대외협력처장
현 서강대학교 신문방송학과 교수

〈저서 및 역서〉
미디어 심리학(한나래, 2010), 인간 커뮤니케이션과 미디어(한나래, 2002)
정신 · 자아 · 사회(역, 한길사, 2010)

홍종필 (jphong@ewha.ac.kr)
연세대학교 심리학과 졸업
연세대학교 대학원 심리학 석사
미국 The University of Texas at Austin, 광고학 M.A., Ph.D.
전 제일기획 브랜드마케팅연구소 선임연구원
현 이화여자대학교 언론홍보영상학부 교수

김철민 (kimcm@gwangju.ac.kr)
고려대학교 심리학과 졸업
고려대학교 대학원 석사, 박사(소비자심리학 전공)
전 고려대학교 부설 행동과학연구소 연구위원
    광주대학교 인문사회대학 언론광고학부 교수
현 광주대학교 언어 · 심리치료학부 교수

김연진 (yjkimb@lgad.co.kr)
성균관대학교 산업심리학과 졸업
성균관대학교 대학원 심리학 석사(인지심리학 전공)
뉴욕페스티벌광고제 동상 수상
대한민국광고제 및 부산국제광고제 우수상 수상
현 HS애드 Brand Solution Team 부장
    국가브랜드 위원회 위원

광고심리학

2011년 3월 15일 1판 1쇄 발행
2018년 9월 20일 1판 3쇄 발행

지은이 • 양윤 · 최윤식 · 나은영 · 홍종필 · 김철민 · 김연진
펴낸이 • 김 진 환
펴낸곳 • (주) **학지사**

04031 서울특별시 마포구 양화로 15길 20 마인드월드빌딩 5층
대표전화 • 02) 330-5114   팩스 • 02) 324-2345
등록번호 • 제313-2006-000265호

홈페이지 • http://www.hakjisa.co.kr
페이스북 • https://www.facebook.com/hakjisabook

ISBN 978-89-6330-625-4 93180

정가 24,000원

교육문화출판미디어그룹 **학지사**

학술논문서비스 **뉴논문** www.newnonmun.com
심리검사연구소 **인싸이트** www.inpsyt.co.kr
원격교육연수원 **카운피아** www.counpia.com
간호보건의학출판 **학지사메디컬** www.hakjisamd.co.kr